KB190833

학자들의 오랜 논의 끝에 복음서의 장르가 그리스-로마 시대의 전기라는 것은 이제 어느 정도 확립되었다. 그런데 복음서가 일종의 전기라는 것이 각 복음서 해석에 구체적으로 어떤 영향을 미치는가에 대해서는 논의가 적었다. 본서는 마가복음을 전기로 이해할 때 그 해석이 어떻게 달라지는지를 구체적으로 보여주는 최고의 작품이라 할 수 있다.

김동수 평택대학교 신약학 교수

마가복음서의 문학적 장르는 무엇인가? 가장 기초적인 질문인 동시에 중요한 질문이다. 장르 확인과 설정은 이후에 펼쳐질 해석에 지대한 영향을 미치기 때문이다. 이 책의 저자 헬렌 본드에 따르면 마가복음은 마가가 고대 전기작가(傳記作家)로서 문학적 역량을 충분히 발휘한 작품이란다. 마가복음 우선설에 기반을 두고 본드는 마가가 복음서 고대 전기작가로서 예수가 누구인지, 당시의 세상을 어떻게 인식하고 있는지를 보여준다고 주장한다. 즉 전기작가 마가는 그의 문헌적 자료들을 주도면밀하게 문학적으로 사용하여 로마 세계 안에서 사는 그리스도인들의 정체성을 형성하고 재구성하는 일에 공헌한다. 전기작가로서 마가는 주인공(예수)과 그의 성품과 덕, 그의 정체성과 가르침 등을 집중조명하는 데 그가 할 수 있는 모든 문학적 인습들을 사용한다. 전기라는 장르가 그렇듯이 저자는 독자들에게 주인공을 모범으로 제시한다. 마가복음을 전기로 읽는다는 것은 예수의 삶과 가르침에 대한 문학적 기념비로서 읽는다는 것이고, 이렇게 해서 마가의 독자들은 예수를 대대로 기억하게 된다는 것이다. 물론 전기작가의 문학적 창조와 그가 다루는 역사적 사실이 어떻게 균형을 이루어야 하는지에 관한 문제는 차치하고서라도 본드의 주장은 복음서에 관한 우리의 생각의 폭을 넓혀줄 것이다. 복음서를 공부하고 설교하려는 모든 이들에게 적극적으로 권장한다.

류호준 백석대학교 신학대학원 은퇴 교수, 현 한국성서대학교 초빙교수

복음서는 장르상 그리스-로마의 전기로 분류된다는 최근 신약학계의 지배적인 학문적 입장에 익숙한 사람이라면 왜 다시 우리가 이 책을 읽어야 하는가라는 의문이 들 수 있다. 이에 대해 헬렌 K. 본드는 복음서가 전기라는 이전 학자들의 입장은 단순한 출발에 불과하기 때문에 복음서 장르와 관련된 연구는 더 발전되어야 한다고 주장한다. 이런 점에서 본드의 책은 특별하다. 이 책에서 본드는 복음서의 목적, 구조, 도덕적 권면, 초기 교회의 정체성 형성과 마가복음의 "부차적인 인물의 역할"과 같은 다양한 주제를 파악하는 데 있어서 전기로서 복음서의 장르에 대한 이해가 어떻게 도움을 줄 수 있는지를 예리하고도 섬세하게 때로는 성공적으로 보여준다. 특히 본드는 전기로서 마가복음을 읽을 때 예수의 죽음에 대한 새로운 이해를 가질 수 있다는 다소 놀라운 주장을 한다. 본드는 마가가 죽음의 길을 걷는 예수를 이사야의 고난 받는 종으로 묘사한다는 다소 전통적인 입장을 따르는 대신, 8-10장에서 그가 제시한 반문화적 가르침에 따라 죽음의 길을 실제로 걷는 철학자로 설명한다. 본서는 리처드 버릿지 이후 다소 소강상태에 있던 복음서의 장르 연구에 매우 도전적이고 깊이 있는 논지를 제시하고 있기에 신선하고 도전적인 독서 경험을 원하는 독자라면 본서의 일독을 권한다.

박윤만 대신대학교 신약학 교수

본서는 마가복음과 고대의 여러 전기(傳記)를 비교함으로써 마가가 쓴 복음서를 "예수의 첫 번째 전기"라고 정의할 수 있는 이유를 제시한다. 저자는 마가복음 독서를 위한 모든 논의가 전기 장르를 인식하는 것에서 출발해야 마땅하다고 주장한다. 본서는 마가가 전기 장르를 활용하여 독자들에게 자기 생각을 완벽하게 전했을 뿐 아니라 문학성과 역사성은 물론 반(反)문화적 신학을 발현하는 데 성공했다고 본다. 이 책은 "당시의 문화를 뒤엎는 방식"으로 "남자다운 덕목에 근거한 위대성을 추구하는 로마 제국의 관습"에 이의(異意)를 제기함으로써, 제자도의 행동을 철저히 보이라고 요구한 마가복음의 신학을 정교하게 밝혀낸다. 성서 연구자들은 본서의 흥미로운 읽기를 통해 마가복음 해석의 새로운 돌파구를 찾게 될 것이다.

윤철원 서울신학대학교 부총장, 신약학 교수

이 책은 마가복음 장르에 관해 다양한 학자들의 견해를 방대하고 체계적으로 다루며 마가복음이 그리스-로마 전통을 따르는 전기라고 결론 내린다. 또한 그리스-로마 전기의 복합적인 유연성과 모방과 비교와 같은 다양한 특징들에 주목하며 마가복음의 본문들을 해석한다. 저자는 마가복음의 저자가 예수의 죽음과 부활에 관한 이전의 초점에서 그의 삶의 방식을 본받으라는 급진적 제자도를 요청하기 위해 예수의 첫 번째 전기를 집필하였다고 주장한다. 그녀의 견해와 동의하든 하지 않든 마가복음의 장르와 이를 적용한 해석에 관한 도발적인 내용과 통찰력을 보고 싶은 이에게 이 책을 적극적으로 추천하는 바이다.

이민규 한국성서대학교 신약학 교수, 한국신약학회 회장

에든버러 왕립학회 회원이자 에든버러 대학교 신학과 학과장을 맡고 있으며 역사적 예수 연구와 기독교의 기원 연구에서 중요한 학자인 헬렌 본드 교수는 『예수의 첫 번째 전기』에서 전통적인 역사비평과 문학비평을 장르비평의 관점에서 날카롭게 비평한다. 복음서 저자 마가를 예수 전승의 수용자이자 창의적인 전기작가로 보면서 마가가 역사적 예수에 대한 마가 자신의 전기를 썼다고 주장한다. 복음서 장르를 그리스-로마 시대의 고대 전기로 보는 신약학계의 전반적인 흐름을 수용하여 마가복음을 고대 전기물이라는 장르로 철저하게 읽어냄으로써 전통적인 비평학이나 마가 연구나 복음서 연구와는 여러모로 결이 다른 흥미로운 제안들을 제시한다. 신약비평학에 기반한 복음서 연구, 역사적 예수 연구에 관심이 있는 목회자와 신약학 연구자들에게 복음서를 고대 전기물로 첫 번째로 읽어낸 『예수의 첫 번째 전기』를 획기적이며 필수적인 책으로 강력하게 추천한다.

이상일 총신대학교 신약학 교수

신약성서 복음서의 문학적 장르를 그리스-로마 시대 양산된 유사한 작품과 비교하여 "전기"로 보는 관점은 20세기 들어 우여곡절을 겪어왔다. 1915년 보토(C. W. Votaw)의 선구적 논문에서 1992년 버릿지(R. A. Burridge)의 획기적인 연구 저서에 이르기까지 복음서의 전기 장르화 과정은 찬반의 논쟁을 거치면서 점점 더 풍성하게 진화해왔다. 복음서의 특이성과 창발성을 강조하는 진영에서는 "복음서는 복음"이라는 동어반복으로 그 고유한 성채를 고수하고자 하였으나 이후 연구가 깊어지고 넓어지면서 큰 틀에서 복음서를 "전기" 작품으로 보려는 관점이 학문적 설득을 더해가고 있다. 헬렌 본드의 이 성실한 저서는 그동안 이 주제와 관련하여 펼쳐진 신약성서 학계의 논의를 적절하게 요약, 정리하고 마가복음을 예수의 첫 번째 전기로 자리매김하고자 하는 시도이다. 이를 위해 그는 마가복음의 구조와 구성, 등장인물, 소주제, 문학적 특징 등을 상세하게 분석하여 전기로서 마가복음이 갖는 문화사적 의미와 기독교 역사상의 의의를 적절하게 조명한다. 특히 "독서 공동체" "책 문화" 등의 신선한 개념으로 마가복음의 탄생 저변에 깔린 역동적인 맥락을 짚어내는 재능은 20세기 양식비평과 편집비평의 한계를 멀찌감치 넘어서고 있으며 기존의 역사비평과 문학비평의 방법을 조화롭게 통섭하는 방향으로 마가의 예수 이야기를 성공적으로 재창조하기에 이른다. "모든 전기는 자서전의 한 형태"라는 결론 부분의 인용 문구에 담긴 함의대로 마가가 예수를 내세워 당시 기독교 신앙의 정체성을 고양하기 위해 자서전을 썼다면 21세기 오늘날 시점에서 독자가 그의 책을 읽고 이해하며 소화하여 적용하는 과정은 마가의 예수 이야기와 저자 헬렌 본드의 연구를 중층적 매개로 삼아 자신의 자서전을 써 내려가는 과제의 일부가 될 터이다.

차정식 한일장신대학교 신약학 교수

홍미롭다. 도전적이면서 전복적이다. 뜻밖에도 교훈적이다. 마가복음을 고대 그리스-로마 당대의 전기 장르로 읽겠다는 본드의 입장은 기존 학자들의 견해와 거리 두기를 분명히 한다. 마가복음을 전기로 읽고자 했을 때 그 폭넓고도 꼼꼼한 의미까지 읽어내야 할 책임 때문이다. "철저한 전기적 읽기"인 셈이다. 본드는 예수 전기로서의 마가복음을 파악하는 과정에서 그 당시 고대 전기의 특징 및 전기 작가로서 마가를 추적한다. 더불어 마가복음 내러티브의 흐름과 내용을 전기적 틀 안에서 낱낱이 재구성한다. 주변 등장인물들이 주인공 예수의 모범적 생애를 더욱 보강해주고 있음은 마가복음이 전기 장르라는 주장을 견고하게 해준다. 마침내 예수의 죽음은 그의 전 생애의 반문화적 삶의 연장선이란 점에서 마가의 독자가 "기독교의 창시자" 예수의 길을 따르도록 요청받는다. 나사렛 예수의 형상이 어느덧 1세기 그리스-로마의 가치문화를 전복시킨 철학자로 세례받은 셈이다. 영국 여성 신약학자의 섬세함을 이곳저곳에서 발견할 수 있다. 저자의 오랜 학문적 퍼즐 조각들이 "예수의 첫 번째 전기" 안에 농축되어 있다는 말이다. 동의 여부를 떠나 전기로 읽는 마가복음 접근에 학문적 진일보를 보여주었다는 점에서 주목받아 마땅하다.

허주 아신대학교 신약학 교수

이 책은 마가복음을 건전하게 탐구하고 그 의미를 파헤치는 아름다운 연구서로서 세계적으로 이 분야에서 가장 저명한 학자 중 한 사람이 집필했다. 본드는 복음서라는 장르를 진지하게 받아들이면서 복음서의 흥미로운 특징들이 얼마나 적절하게 자리 잡고 있는지를 잘 보여준다. 마가복음은 예수 전승을 제자도의 모델이 될 수 있는 형태로 재구성한 혁신적인 작품이다. 이러한 통찰력을 바탕으로 본드는 독자들을 고대 "전기"의 세계로 안내하여 이 복음서를 새로운 눈으로 바라보고 그 문학적 기교와 메시지에 감탄할 수 있도록 한다.

조앤 테일러 킹스 칼리지 런던

마가복음이 고대 전기라는 견해가 널리 퍼져 있음에도 불구하고 이 장르의 서사비평적 함의를 탐구한 마가 학자는 거의 없었다. 헬렌 본드는 신선한 통찰력으로 가득 찬 이 획기적인 연구서에서 이러한 결함을 능숙하게 보완하고, 고대 전기로서 마가복음을 읽는 것이 어떻게 그 메시지를 이해하는 데 유익한 정보를 제공할 수 있는지를 보여준다.

크레이그 키너 애즈버리 신학교

헬렌 본드는 특유의 통찰력과 명료함으로 마가복음을 다른 고대 철학자들의 전기와 함께 배치한다. 그 결과로 이제 우리는 마가복음을 그 주인공인 나사렛 예수에 모든 초점을 맞추어 해당 장르의 문학적 관습을 반영하고 전복하는 전기로 흥미롭게 읽을 수 있게 되었다. 본드의 이러한 탁월한 업적은 복음서의 내러티브 세계와 1세기 독자들의 사회적, 역사적 상황을 모두 긴장 상태로 유지하면서 마가복음을 단순히 어떻게 전기로 읽어야 하는지, 그리고 그것이 어떤 차이를 만들어냈고, 또 어떤 차이를 만들어내는지를 보여준다.

크리스 키스 세인트메리대학교, 트위크넘

헬렌 본드는 그녀의 탁월한 연구에서 마가복음을 고대 전기로 읽어야 한다는 주장을 강력하게 펼친다. 고대 전기에 대한 그녀의 세심한 분석은 복음서의 장르가 왜 중요한지를 잘 보여준다. 또한 이 복음서가 예수의 생생한 초상을 제공하는 창의적이고 박식한 작가가 쓴 작품임을 입증하기 위해 마가복음을 역사적 관점뿐만 아니라 문학적 관점에서 접근한다. 이 연구서는 이전 학계의 덜 유용한 대안을 극복하고 마가복음을 새롭게 읽을 수 있는 길을 열어준다.

옌스 슈뢰터 훔볼트 대학교 베를린

The First Biography of Jesus

Genre and Meaning in Mark's Gospel

Helen K. Bond

Copyright ⓒ 2020 Helen K. Bond
Originally published in English under the title
The first biography of Jesus by Helen K. Bond
Published by Wm. B. Eerdmans Publishing Co.
4035 Park East Court SE, Grand Rapids, MI 49546 USA
All rights reserved.

This Korean edition is translated and used by permission of Eerdmans Publishing Co. through
arrangement of rMaeng2, Seoul, Republic of Korea.

This Korean Edition Copyright ⓒ 2023 by Holy Wave Plus, Seoul, Republic of Korea.

이 한국어판의 저작권은 알맹2를 통하여 미국 Wm. B. Eerdmans Publishing Co.와 독점 계약한 새물
결플러스에 있습니다. 신저작권법에 의하여 한국 내에서 보호받는 저작물이므로 무단 전재와 무단
복제를 금합니다.

The First Biography

헬렌 K. 본드 지음   이형일 옮김

예수의 첫 번째 전기

마가복음의 장르와 의미

Genre and Meaning in Mark's Gospel   of

Jesus

새물결플러스

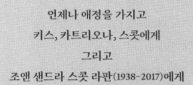

언제나 애정을 가지고
키스, 카트리오나, 스콧에게
그리고
조앤 샌드라 스콧 라판(1938-2017)에게

되돌아보면 여러 유형의 철학적·영적·윤리적 전기가 고대 전기의 주된 동맥임이 분명해진다. 이것은 자신의 윤리적 가르침을 구현한 것으로 표현되는 소크라테스의 인물로 시작하고, 고대의 현자들과 현대 철학자들의 생애와 삶의 방식에 대한 헬레니즘적 관심으로 이어진다. 주요 그리스-로마 전통 옆에 위치한 정경 복음서와 외경 복음서는 예수를 선생만큼이나 살아 있는 본보기로 만들어 예수의 완전한 전기를 보여주려고 노력한다. 표면적으로 플루타르코스의 정치적인 전기는 본질적으로 윤리적인 전기이며, 미덕과 악덕이라는 한 개인의 삶에서 볼 수 있는 결과를 분명히 보여주기 위해 위대한 역사적 인물들을 사용한다. 아이소포스의 전기와 루키아노스의 전기적 풍자 같은 다양한 성격의 희극도 똑같이 윤리에 관심을 보인다. 디오게네스 라에르티오스는 철학자들의 생애에 가장 많은 관심을 보이는 반면, 그들의 교리는 더 형식적으로 취급된다. 고대 후기의 계속되는 피타고라스주의적·초기 신플라톤주의적 전기 저술은 영적인 전기의 지속적인 중심성을 보여준다.

―토마스 해그(Tomas Hägg),
The Art of Biography (Cambridge: Cambridge University Press, 2012), 387.

목차

감사의 말

많은 사람이 이 책을 집필하는 데 기여했다. 어떤 이들은 나의 생각의 방향을 크게 바꾸었고, 다른 이들은 이 과정에서 격려와 지지를 보내주었으며 우정을 함께 나누었다. 나는 심지어 이 책이 매우 허술한 개요에 불과했을 때에도 이 책을 쓰자는 제안에 신뢰를 보내준 어드먼스의 마이클 톰슨(Michael Thomson)과 나중에 이 책이 출판되어 나오는 것을 지켜본 트레버 톰슨(Trevor Thompson)에게 감사의 말을 전하고 싶다. 리처드 버릿지(Richard Burridge)는 이 프로젝트가 진행되는 기간 내내 나에게 변함없는 지지와 도움을 주었다. 특별히 그는 『복음서는 어떤 것인가?』(*What Are the Gospels?*)의 제3판이 출간되기 전의 원고를 나에게 보내주었다. 나는 특별히 그에게 나의 고마운 마음을 전한다. 크레이그 키너(Craig Keener) 또한 전기에 대한 나의 관심에 마음을 모아주었다. 나는 이제 똑같이 어드먼스에서 출간된 그의 탁월한 새로운 연구서 『예수 그리스도 전기: 복음서의 기록은 신뢰할 만한 것인가?』(*Christobiography: Memory, History, and the Reliability of the Gospels*, 새물결플러스 역간)의 교정쇄를 나에게 보내준 것에 대해 깊이 감사한다.

학문의 세계에서 언제나 좋은 동료들과 함께할 수 있다는 것은 결코 쉬운 일이 아니다. 따라서 나는 에든버러 대학교의 동료들, 특히 성서학과의 팀원인 폴 포스터(Paul Foster), 매튜 노벤슨(Matthew Novenson), 필립파 타운센드(Philippa Townsend), 래리 허타도(Larry Hurtado), 데이비드 레이머(David Reimer), 티모시 림(Timothy Lim), 수재나 밀라(Suzanna Millar), 그리고 더 특별히 애니아 클라인(Anja Klein)과 앨리슨 잭(Alison Jack)에게 감사의 마음을 전하고 싶다. 모나 시디키(Mona Siddiqui)는 글래스고 라인에서 늘 나를 웃게 만들었고, 로버트 맥카이(Robert McKay), 루이사 그로트리언(Louisa Grotrian), 그리고 학과 직원들은 내가 하루를 즐겁게 시작할 수 있게 해주었다. 너새니얼 베트(Nathanael Vette)는 참고문헌을 어드먼스 사내 양식으로 바꾸고 색인을 만들어주었다. 그에게도 감사한 마음을 전한다. 나는 고전학과의 친구들, 특히 몇 년 전에 토마스 해그(Tomas Hägg)의 훌륭한 책을 내게 귀띔해준 로이드 루엘린 존스(Lloyd Llewellyn Jones, 지금은 카디프 대학교에 재직 중), 2장을 읽고 논평해준 샌드라 빙엄(Sandra Bingham), 기독교 텍스트보다 더 많은 고대 문헌이 존재한다는 사실을 상기시켜준 킴 차이콥스키(Kim Czajkowski), 마거릿 윌리엄스(Margaret Williams)에게도 감사하다는 말을 전하고 싶다. 나는 또한 〈첫 3세기의 예수 프로젝트〉(Bloomsbury Academic, 2019)의 동료 편집자인 크리스 키스(Chris Keith), 크리스틴 자코비(Christine Jacobi), 옌스 슈뢰터(Jens Schröter)에게 고마움을 전한다. 그들은 나에게 결국에는 모든 것이 수용사임을 깨닫게 해주었다.

나는 본서의 내용을 듣고 논평해준 다음과 같은 다양한 (학문적인 모임과 그렇지 않은) 모임—에든버러, 체스터, 세인트앤드루스, 엑서터, 훔볼트(베를린), 더럼 대학교의 학술세미나 및 초청 강연, 맨체스터 대학의 맨슨 기념 강의(2017), 신약연구학회(SNTS) 2018년 연례모임(아테네), 그리고 좀 더 일반적인 성경 모임인 아일랜드 성경학회(Irish Biblical Association), 아버딘 신학학회(Aberdeen Theological Society), 브레킨 주교의 스터디데이—에도 감사의 뜻을 표한다. 그 이후에도 질문을 하거나 이메일을 보내준 모든 분들에게도 고마움을 전한다. 그 하나하나가 이런저런 방식으로 나의 생각을 보다 더 선명하게 하는 데 도움이 되었다.

무엇보다도 나는 내가 무슨 책을 쓰는지 별로 관심이 없는 사람들도 언급하고 싶다. 나는 미드짓 젬스(영국의 유명한 젤리 사탕—역자주)를 지속적으로 공급해주시고 사랑과 안전을 끊임없이 제공해주신 나의 부모님(이블린과 존)께 감사를 드린다. 호기심과 다정함과 어지러움이라는 멋진 조화를 통해 세상을 바라볼 수 있게 해준 카트리오나(Katriona)와 스콧(Scott)에게도 고마움을 전한다. 그리고 지원을 아끼지 않고 놀라우리만큼 관대함을 보여준 키스(Keith)에게도 감사한 마음을 전한다. 마지막으로 내가 이 책을 쓰는 도중에 세상을 떠난 나의 시어머니 조앤 라판(Joan Raffan) 여사에게도 감사의 뜻을 표한다.

고부 관계가 아마도 이 세상에서 가장 헤쳐나가기 어려운 일이겠지만, 나는 항상 당신을 나의 시어머니로 모신 것을 정말로 행운이라고 여겼습니다. 당신은 늘 우리들 마음속에 남아 있을 것입니다.

약어

AB	Anchor Bible
ABD	*Anchor Bible Dictionary*. Edited by David Noel Freedman. 6 vols. New York: Doubleday, 1992
ABG	Arbeiten zur Bible und ihrer Geschichte
AJP	*American Journal of Philology*
ANRW	*Aufstieg und Niedergang der römischen Welt: Geschichte und Kultur Rom sim Spiegel der neueren Forschung*. Part 1, *Von den Anfängen Roms bus zum Ausgang der Republik*, and Part 2, *Principat*. Edited by Hildegard Temporini and Wolfgang Haase. Berlin: de Gruyter 1972-
ARW	*Archiv für Religionswissenschaft*
ASE	*Annali di Storia dell'esegesi*
AThR	*Anglican Theological Review*
AYB	Anchor Yale Bible Commentaries
BBR	*Bulletin for Biblical Research*
BETL	Bibliotheca Ephemeridum Theologicarum Lovaniensium
BHT	Beiträge zur historischen Theologie
Bib	*Biblica*
BibInt	*Biblical Interpretation*
BS	The Biblical Seminar
BSac	*Bibliotheca Sacra*
BTB	*Biblical Theology Bulletin*
BZNW	Beihefte zur Zeitschrift für die neutestamentliche Wissenschaft
CBET	Contributions to Biblical Exegesis and Theology
CBQ	*Catholic Biblical Quarterly*
CR:BS	*Currents in Research: Biblical Studies*

CJ	*Classical Journal*
ClQ	*Classical Quarterly*
DCLS	Deuterocanonical and Cognate Literature Studies
DJG	*Dictionary of Jesus and the Gospels.* Edited by Joel B. Green, Jeannine K. Brown, and Nicholas Perrin. 2nd ed. Downers Grove, IL: IVP Academic, 2013.
ExpTim	*Expository Times*
FRLANT	Forschungen zur Religion und Literatur des Alten und Neuen Testaments
G&R	*Greece and Rome*
HSCP	*Harvard Studies in Classical Philology*
HTR	*Harvard Theological Review*
Int	*Interpretation*
JAAR	*Journal of the American Academy of Religion*
JBL	*Journal of Biblical Literature*
JECS	*Journal of Early Christian Studies*
JETS	*Journal of the Evangelical Theological Society*
JGRChJ	*Journal of Greco-Roman Christianity and Judaism*
JJS	*Journal of Jewish Studies*
JRASup	Supplements to the *Journal of Roman Archaeology*
JRS	*Journal of Roman Studies*
JSHJ	*Journal for the Study of the Historical Jesus*
JSJ	*Journal for the Study of Judaism in the Persian, Hellenistic, and Roman Periods*
JSJSup	Supplements to the *Journal for the Study of Judaism in the Persian, Hellenistic, and Roman Periods*
JSNT	*Journal for the Study of the New Testament*
JSNTSup	Supplements to the *Journal for the Study of the New Testament*
JSOT	*Journal for the Study of the Old Testament*
JSP	*Journal for the Study of the Pseudepigrapha*
JTS	*Journal of Theological Studies*

LCL	Loeb Classical Library
LEC	Library of Early Christianity
LNTS	The Library of New Testament Studies
LSTS	The Library of Second Temple Studies
MH	*Museum Helveticum*
Neot	*Neotestamentica*
NIDB	*The New Interpreters Dictionary of the Bible.* Edited by Katharine D. Sakenfeld. 5 vols. Nashville: Abingdon, 2009.
NovT	*Novum Testamentum*
NovTSup	Supplements to *Novum Testamentum*
NTM	New Testament Monographs
NTS	*New Testament Studies*
PACE	*Project on Ancient Cultural Engagement*
RAC	*Reallexikon für Antike und Christentum.* Edited by Theodor Klauser et al. Stuttgart: Hiersemann, 1950-
SBB	Stuttgarter biblische Beiträge
SBLDS	Society of Biblical Literature Dissertation Series
SBLRBS	Society of Biblical Literature Resources for Biblical Study
SBLSymS	Society of Biblical Literature Symposium Series
SBS	Stuttgarter Bibelstudien
SBT	Studies in Biblical Theology
SEÅ	*Svensk Exegetisk Årsbok*
SemeiaSt	Semeia Studies
SJT	*Scottish Journal of Theology*
SNTSMS	Society for New Testament Studies Monograph Studies
SNTW	Studies of the New Testament and Its World
SWBA	Social World of Biblical Antiquity
TANZ	Texte und Arbeiten zum neutestamentlichen Zeitalter
TDNT	*Theological Dictionary of the New Testament.* Edited by G. Kittel and G. Friedrich. Translated by G. W. Bromiley. 10 vols. Grand Rapids: Eerdmans,

1964-76

TAPA	*Transactions of the American Philological Association*
TJT	*Toronto Journal of Theology*
TS	*Theological Studies*
TSAJ	Texte und Studien zum antiken Judentum
WUNT	Wissenschaftliche Untersuchungen zum Neuen Testament
ZNW	*Zeitschrift für die Neutestamentliche Wissenschaft*

서론

고대의 글이든 현대의 글이든 글을 이해하는 데 있어 가장 첫 단계는 그 문학 장르를 확정 짓는 것이다.…어떤 작품의 장르를 확정 짓는 것과 그 작품의 의미를 발견하는 것은 서로 불가분의 관계에 있다. 다른 유형의 텍스트는 다른 유형의 해석을 요구한다.

—그래엄 스탠턴[1]

1980년대에 중학생이었던 나는 종교 과목 시험으로 어떤 에세이를 써야 했는지를 아직도 생생하게 기억한다. "복음서는 어떤 것인가?"라는 믿기 어려울 정도로 단순해 보이는 질문에 나는 "복음서는 전기가 **아니다**"(나는 여기서 "아니다"라는 단어를 각기 다른 색으로 여러 번 밑줄을 쳤다)라는 주장으로 자신만만하게 써 내려가기 시작했다. 나는 복음서 저자들이 작가가 아니라 편찬자이자 편집자였으며, 초기 기독교 공동체 내에서 예수 전승이 전달된 과정은 다른 어떤 문학 전승 과정보다 민속 전설과 더 유사했으며, 복음서는 결과적으로 문학 역사에서 하나의 독특한 현상이었다는 그 당시의 일반적인 견해를 요약하기 위해 내 생각을 빠르게 정리해나갔다. 그로부터 30

---

1   G. Stanton, "Matthew: βίβλιος, εὐαγγέλιον, βίος?," in *The Four Gospels, 1992: Festschrift for Frans Neirynck*, ed. F. van Segbroeck with C. M. Tuckett, G. Van Belle, and J. Verheyden (Leuven: Leuven University Press, 1992), 1187.

년도 더 지난 지금 나는 그 에세이를 여전히 기억하고 있다. 내 기억 속에 아직 남아 있는 것은 그 당시 내가 열심히 공부한 학계의 합의 내용을 열거하는 것이 어려웠다거나 심지어 내가 "정답"을 알고 있어서 내 에세이가 좋은 점수를 받을 것이라는 나의 다소 의기양양한 확신이 아니다. 내가 그 첫 문장을 쓸 때 내 마음속에 강하게 자리 잡고 있었던 것은 내가 그것을 한마디도 믿지 않았다는 것이다.

그 당시 내가 전혀 몰랐던 것은 나의 순진한 십 대의 의구심이 점점 더 많은 학자들에 의해 공유되고 있다는 사실이었다. 복음서가 "독특한" 문학 양식이었다는 양식비평가들의 견해는 특별히 도전을 받을 만했다. 초기 기독교의 사회 세계에 관한 연구는 이 신생 운동이 크게 부흥할 수 있었던 이유가 그리스-로마의 문화를 적절하게 활용할 줄 아는 능력 때문이라는 점을 점점 더 강조했다. 그 운동이 (바울 서신에서 바울이 한 것처럼) 당대의 이동 경로, 교역망, 조합들을 활용할 수 있었다면 그들은 왜 문학적 관습을 활용하지 않았겠는가? 이와 동시에 문학 이론가들은 어떤 작품이 "독특한" 장르에 속한다는 사실을 이해하기 어렵다고 주장했다. (그런 작품은 결코 이해할 수 없을 것이다!) 복음서에 적절한 장르를 부여하는 과제는 신약학 연구에서 매우 빠르게 뜨거운 이슈로 부상했고, 이에 알맞은 유비가 다양하게 제기되었다. 복음서는 과연 전기에 가장 가까운가? 아니면 역사, 소설, 그리스 드라마 또는 묵시 문학에 더 가까운가? 그러나 선두 주자가 뚜렷하게 나타나는 데는 많은 시간이 걸리지 않았다. 즉 복음서는 고대 전기로 보는 것이 가장 좋다는 것이다.[2] 독일에서는 이 견해가 특별히 데틀레프 도르마이어(Detlev Dormeyer), 후베르트 프랑케묄레(Hubert Frankemölle), 후베르트 칸치크(Hubert Cancik), 클라우스 베르거(Klaus Berger)와 연관되어 있었다.[3] 영어권에서는 데이비드 오니(David Aune)의 『신약성경의 문학적 환경』(*The New Testament in Its Literary Environment*, 1987)이 이 견해를 강력하게 옹호해주었고, 리처드 버릿지(Richard Burridge)의 단행본 『복음서는 어떤 것인가? 그리스-로마 전기와의 비교』(*What Are the Gospels? A Comparison with Graeco-Roman Biography*, 1992)는 아예 이 논쟁에 종지부를 찍는 듯 보였다. 그리고 1990년 중반에 이르러서는 신약성경 첫 네 권의 복음서가 예수의 전기라는 데 광범위한 합의가 이루어졌다. 과거의 입장을 완벽하게 뒤집어버린 나의 중학교 시험 문제에 대한 "정답"은 이제 "복음서는 **전기다**"가 되었다.

그러나 이상하게도 학자들이 이 중요한 발견에 편승하는 데에는 다소 시간이 걸렸다. 복음서의 제자들에 대한 묘사, 윤리적 관점, 독자층과 유포 현황, 그리고 (가장 최근에는) 역사적 신뢰성 등 복음서의 특성을 드러내는 데 고대 전기의 특정한 면이 사용되었다.[4] 나아가 "장르"라는 단원이 복음서 주석서의 전체 서론에 포함되는 것은 이제 당연한 일이 되었다(물론 주석

---

2   학자들은 종종 우리가 현대 전기와 상당히 다른 고대 작품을 가리킨다는 점을 강조하기 위해 영어 "biography/biographies" 대신 그리스어 *bios/bioi*를 사용하는 것을 선호한다. 비록 나는 이 관행을 맹종하진 않았지만, 내가 다르게 표현하지 않는 한, 독자들은 내가 고대 전기를 가리킨다는 점을 인식할 필요가 있다.

3   더 자세한 논의는 아래 72-75을 보라.

4   더 자세한 내용은 아래 82-85을 보라.

서에서 제기하는 질문과 주석서의 **내용**이 종종 그 학자가 작품에 부여하는 장르와 무관해 보이기도 하지만 말이다). 그러나 안타깝게도 복음서를 전기로 간주하는 것의 실제적인 결과(그 보상)는 상당히 미미해 보인다. 아무튼 이것은 1980년대의 열띤 논쟁에 합류한 자들이 약속한 것처럼 복음서 해석에 커다란 혁명을 일으키지는 못한 것으로 보인다.

왜 그렇게 되었는지 설명하긴 어렵지만, 나는 이 분야에서 일어난 세 가지 발전이 학자들의 관심을 완전히 다른 방향으로 돌려놓았기 때문이라고 생각한다. 첫째는 내러티브 비평의 발전이었다. 이러한 발전은 장르 논쟁과 전반적으로 일치했으며, 텍스트를 문학적 산물로 보는 이들에게도 똑같은 관심을 불러일으켰다. 성경 내러티브 비평가들 사이에서도 흥미로운 모습이 나타났는데, 그것은 그들이 대다수 세속적 문학 비평가와 달리 사실상 장르에 관심을 보이지 않았다는 점이다.[5] 이 주제가 대두되면 그들은 줄거리, 등장인물, 설정 등의 관점에서 복음서가 단순히 다른 동시대 작품들과 거의 다르지 않은 (짧은) 이야기라고 가정했다.[6] 따라서 우리는 (더 일

---

5   다음과 같은 개론서에서는 "장르"라는 주제를 심지어 언급조차 하지 않는다. M. A. Powell, *What Is Narrative Criticism?* (Minneapolis: Fortress, 1990), 또는 J. L. Resseguie, *Narrative Criticism of the New Testament: An Introduction* (Grand Rapids: Baker Academic, 2005). "내러티브 비평"의 독특한 성서적 성격에 대해서는 다음을 보라. Powell, *What Is Narrative Criticism?*, 19-21.

6   이것에 대한 근간은 대체로 선구자적인 작품인 D. Rhoads and D. Michie, *Mark as Story* (Philadelphia: Fortress, 1982)가 제공했다. 그들은 마가복음을 하나의 짧은 이야기로 읽는다. M. A. Tolbert는 장르에 특별히 큰 관심을 보이지만, 마가복음은 고대 소설로 이해하는 것이 가장 좋다고 결론짓는다. *Sowing the Gospel: Mark's World in Literary-Historical Perspective* (Minneapolis: Fortress, 1989), 55-79.

반적인 **작가들**이 아닌) **고대 전기 작가들**의 문학을 들여다볼 좋은 기회를 놓치게 되었고, 장르의 분류는 (적어도 이 학자들에게는) 무관한 일처럼 되어버렸다.

둘째, 1980년대와 1990년대는 소위 세 번째 역사적 예수 탐구가 부상하는 시대였다. 우리에게 가장 중요한 자료로서 복음서가 전기로 분류된 점은 이러한 역사적 예수 탐구에 중요한 역할을 담당했을 것이다. 즉 학자들은 다른 전기들과 역사적 사건들 간의 관계가 어떠했으며, 전기 작가들이 그 자료를 어떻게 사용했고, 이 장르의 범주 안에서 풍부한 상상력이 동원되는 허구가 어느 정도 받아들여졌는지 등을 살펴볼 수 있었을 것이다. 하지만 그들은 그렇게 하지 않았다. 그 대신 세 번째 탐구는 "구술성"과 복음서 저자들의 "구술적 유산"에 대한 새로운 관심과 맥을 같이했다. 즉 이러한 관심은 텍스트 자체보다는 복음서 **배후에** 있는 "전승 전수 과정(들)"에 집중되었다.[7] 심지어 복음서를 다양한 초기 기독교 집단의 사회적 기억의 표현으로 이해하려는 최근의 경향조차도─비록 복음서 자료에서 "진본"을 찾으려는 원자론적 탐색에서 벗어난 것은 환영할 만한 변화이긴 하지만─복음서를 독특한 문학적 창작물로 보는 대신에 그리스도를 따르는

---

[7] James D. G. Dunn의 중요한 저서, *Jesus Remembered*, vol. 1 of *Christianity in the Making* (Grand Rapids: Eerdmans, 2003)의 제목은 이 특별한 접근법의 의미를 제대로 담고 있다. "구술성"에 대한 현재의 관심에 대한 공은 주로 ("동결된") 텍스트보다 구술성에 더 특권을 부여하도록 유도한 다음 저서에 돌려진다. W. H. Kelber's *The Oral and the Written Gospel: The Hermeneutics of Speaking and Writing in the Synoptic Tradition, Mark, Paul and Q* (Philadelphia: Fortress, 1983). 더 자세한 논의는 아래 170-73을 보라.

집단 내에서 문화적 기억이 형성되는 과정에 관심을 집중하는 경향이 있었다.

셋째, 최근 20년 동안에는 복음서 안에서 성경 본문에 대한 반향과 암시를 확인하는 경향(주로 다소 시대착오적으로 "신약에 나타난 구약" 연구로 지칭됨)이 두드러지게 나타났다. 전기 작가가 자신의 글에 문학적 암시를 더하는 것은 전혀 특이한 일이 아니었다. 그리스-로마 작가들은 일반적으로 호메로스와 고전 전통의 다른 "위인"에 대한 지식을 보여주었고, 필론은 여러 유대인 영웅의 전기를 썼는데, 각 전기는 성경 전통에 크게 의존했다. 그러나 복음서 저자들을 전기 작가로 보는 시각은 점차 희미해져 갔고, 그들은 **전기 작가**나 심지어 창작 작가가 아니라 성경 본문의 여러 가닥을 공들여 엮어낸 유대인 **서기관**에 가까웠다.[8] 그리스-로마 전기가 "상호본문성"(intertextuality)이라는 고대 관행의 측면에서 새로운 빛을 제시할 수 있는 기회는 전적으로 유대 텍스트에만 집중하는 바람에 모두 외면당했다.

신약성서 연구에서(그리고 당연히 다른 연구에서도) 이 세 가지 발전이 미친 영향은 복음서를 전기로 구분하는 작업이 중심적이며 결정적인 위치에서 그저 각주에 지나지 않는 위치로 빠르게 전락시켰다는 점이다. 많은 학자들은 모든 것을 분류 체계로 환원할 수 있다는 아리스토텔레스적 관점을

---

8 이러한 일반적인 관찰에 대한 흔치 않은 예외적인 사례는 S. Porter의 에세이다. S. Porter, "The Use of Authoritative Citations in Mark's Gospel and Ancient Biography: A Study of P.Oxy. 1176," in *Biblical Interpretation in Early Christian Gospels*, vol. 1, *The Gospel of Mark*, ed. T. R. Hatina (London: T&T Clark, 2006), 116-30.

고수하면서 장르의 구분은 그저 하나의 목적에 불과하다고 생각했을 것이다.[9] 복음서는 **전기**다. 이제는 문제가 해결되었으니 다음 단계로 넘어가자.

이와는 대조적으로 복음서를 고대 전기로 읽는다는 것은 우리가 복음서를 이해하는 방식에 커다란 차이를 가져다준다고 나는 생각한다. 존 프로우(John Frow)는 문학 비평가로서 다음과 같이 말한다. "장르는 단순히 '문체적' 장치가 아니라 현실과 진실, 권위와 타당성이라는 효과를 만들어 내는데, 이는 역사나 철학이나 과학책에서 혹은 그림이나 일상 대화에서 이 세계를 이해하는 다양한 방법의 중요한 위치를 차지한다."[10] 다시 말해 장르는 자의적이거나 우발적이지 않다. 내용은 의미의 손실 없이 단순히 한 장르에서 다른 장르로 옮겨질 수 없다. 작가는 특정 장르를 신중하게 선택하는 과정에서 생각을 정리하고, 사건 간의 인과 관계와 패턴을 만들고, 자신이 표현하는 세계를 형성하는 방법을 적극적으로 선택한다. 복음서 저자들이 (최고의 수준은 아니더라도) 문학적 열망을 가지고 있었다는 사실을 우리가 인정하는 순간, 장르는 중요해진다. 우리가 전기 문학을 다루고 있다는 사실은 모든 복음서 논의의 출발점이 되어야 한다. 우리가 고대 전기에 대해 무언가를 이해할 때만 비로소 복음서 저자들이 무엇을 전달하고자 했는지, 그리고 왜 특정한 문학 장르를 선택했는지 이해할 수 있다.

---

9   아리스토텔레스의 식별 방법론 문제에 관해서는 다음을 보라. J. Frow, *Genre* (London: Routledge, 2006), 24, 55-59.

10   Frow, *Genre*, 2.

본서

이 책의 목적은 마가복음이 고대 전기라는 것이 정확하게 어떤 의미인지를 탐구하는 것이다. 나는 이 책의 제목이 의도적으로 도발적이라는 것을 인정한다. 비록 마가복음이 현존하는 "예수의 생애"에 대한 최초의 기독교 작품이지만, 마가가 사실상 처음으로 그의 작품을 이 특정 문학 형태에 적용한 사람인지 우리는 알 길이 없다. 어쩌면 다른 사람이 이미 이 방향으로 첫발을 떼었을 개연성이 더 높다(우리는 이 주제를 3장에서 더 깊이 다룰 것이다). 하지만 마가가 자기보다 앞서 이런 문학 작품을 쓴 사람을 알지 못한다는 것도 여전히 사실이며, 그가 예수의 첫 번째 전기 작가라고 주장할 수 있든 없든 간에, 그의 작품은 분명히 이러한 초기 작품들 가운데 가장 성공적이었다.

　　나는 마가의 문학적 활동을 예수 전통에 대한 매우 구체적인 **수용**(reception) 사례라고 여긴다. 이것은 이전 자료의 수동적인 전달, 즉 고대 "전기"의 형식을 폭넓게 따르며 후대를 위해 이야기와 어록을 편찬하고 보존하려는 시도가 아니다. 나는 마가의 프로젝트는 첫 구상부터 훨씬 더 거창했다고 제안한다. 이것은 당시 체계화되지 않고 비역사적인 수많은 어록과 일화 중에서 엄선한 자료를 재구성하여 형식적이며 문학적인 작품으로 재탄생시키려는 적극적인 시도였다. 마가는 전통적인 자료에 **전기적** 구조를 부여함으로써 그 자료에 역사적 틀을 동시에 부여했다. 따라서 마가의 작품은 로마 세계 내에서 자신의 정체성을 표현하고자 했던 마가와 그의 청중들이 자신의 현재를 대변하는 방식으로 창시자의 삶과 밀접하게 연결된 규범적 기독교의 과거를 의식적으로 형성한 것이었다.[11] 나는 마가의 작품은 기독교의 "복음"을 확장하여 더 이상 예수의 죽음과 부활에만 국한시키지 않고 예수의 사역도 포함시켰다고 주장할 것이다. 따라서 마가의 전기는 아직 태동기에 있던 신흥 기독교 "책 문화" 내에서뿐만 아니라 창시자의 반문화적 삶의 방식(과 죽음)에 기반한 독특한 기독교 정체성을 형성하려는 시도로서도 큰 의미가 있다.

이 연구에서 나의 접근 방식은 문학적이며 역사적이다. 나는 합리적인 교육을 받은 창의적인 작가가 의식적으로 자료를 선택하고 각색하여 이 복음서를 썼다고 생각한다. 우리는 그가 단순하고 "대중적인" 문체를 채택했다고 해서 그의 신학적 통찰력, 감수성, 문학적 정교함을 놓쳐서는 안 된다.[12] 좀 더 구체적으로 말하자면 나는 고대 전기 문학의 문학적 관습에 따

---

11 복음서를 독특한 장르로 간주하면 집단 정체성의 "메커니즘"은 다른 곳—전승을 형성하고 이를 전달한 이름 없는 그리스도 추종자들 사이—에 있다고 추론된다. 그러나 복음서를 독특한 문학 창작물로 보면 집단 형성의 영향력은 복음서를 작성한 이들에게 더 크게 주어진다.

12 어떤 이들은 우리가 이 사람에 대해 텍스트에서 얻을 수 있는 것 외에는 아무것도 알 수 없다는 사실을 인정하는 차원에서 내가 여기서 내재 독자를 언급하는 것을 선호한다. 이것은 종종 타당한 구별이지만(특히 현대 문학에서), 내가 보기에 "실제" 저자와 "내재" 저자 사이의 차이점은 마가복음과 같은 텍스트에서는 매우 미미할 것 같다. 우리에게는 이 작품 전반에 걸쳐 만나게 되는 권위 있는 내레이터가 실제 저자와 다른 의견을 가지고 있다고 생각할 만한 이유가 없다. Powell, *What Is Narrative Criticism?*, 5는 복음서에서 이러한 구분이 "미미하다"고 본다. B. J. Malina는 현대 "저자"와 고대 저자 간의 중요한 차이점을 강조한다(비록 내 생각에는 너무 지나치긴 하지만). 다음을 보라. "Were There 'Authors' in New Testament Times?," in *To Set at Liberty: Essays on Early Christianity in Its Social World in Honor of John H. Elliott*, ed. S. K. Black (Sheffield: Sheffield Phoenix, 2014), 262-71.

라 마가의 작품을 읽는 것을 목표로 한다(그리고 이것이 본 연구가 기존의 "내러티브" 독법과 차별화되는 점이다). 다음 장들에서 살펴보겠지만, 고대의 전기는 인물을 묘사하는 방식, 일화의 구조, 윤리적 관심사의 측면에서 고유의 관습을 가지고 있다는 점에서 현대의 전기와 매우 달랐다. 우리는 이러한 문학적 관습을 이해해야만 마가의 작품을 원래의 정황에서 이해하는 것에 근접할 수 있다. 나는 마가복음과 가장 유사한 것이 그리스 철학자들의 전기라고 주장할 것이다. 예를 들자면 크세노폰의 『소크라테스의 회상』, 필론의 『모세의 생애』, 익명의 『아이소포스의 생애』, 루키아노스의 『데모낙스의 삶』, 필로스트라토스의 『티아나의 아폴로니우스의 생애』 또는 디오게네스 라에르티오스의 『저명한 철학자들의 생애』 등이다. 비록 이들 중 어느 것도 마가복음과 정확히 일치하지는 않지만, 각 작품의 다양한 측면은 유익한 정보를 제공해줄 수 있다. 따라서 우리는 3-6장에서 마가가 일반적인 전기의 기대에 부합하는 부분과 부합하지 않는 부분을 비교하는 데 많은 지면을 할애한다. 나의 관심사는 저자가 무엇을 하려고 했는지를 (우리가 알 수 있는 범위 내에서) 상상하는 것뿐만 아니라[13] 초기의 청중들이 그의 작품을

---

13 어떤 이들은 마가의 저작 활동을 확정하려는 나의 관심사에 다소 동요할 수도 있을 것이다. 1940년대의 신비평(New Criticism)이 그 이전의 과도한 전기적 접근에 대한 반응으로 저자의 죽음을 선언한 이래로 비평가들은 "저자의 의도"에 대해 보다 더 온순한 태도를 취해 왔다. 그러나 오늘날 대다수 내러티브 비평가들은 어느 정도 (내재) 저자의 의도를 허용하면서 신비평의 극단적 입장을 거부한다. 다음을 보라. Powell, *What Is Narrative Criticism?*, 4-5; Resseguie, *Narrative Criticism*, 22-23. 그러나 이 가운데 그 어떤 것도 고대의 책 제작의 "어수선한" 성격이나 텍스트 전승의 예상 밖의 변동과 위험(특히 신생 기독교 초창기에)에 대해 이의를 제기하는 것은 아니다. 이 주제에 관해서는 다음을 보라. M. D. C. Larsen, "Accidental Publication, Unfinished Texts and the Traditional Goals of New Testament Textual

어떻게 받아들이고 이해했는지를 상상하는 데 있다.

여기서 한 가지 주의할 점이 있는데, 장르는 매우 창의적인 활동의 일부로서 유동적이고 유연하며 불안정하고 개방적이다. 특히 실험과 혁신과 혼합이 일반적이었던 초기 제국 시대에는 더더욱 그러했다. 우리가 때때로 고대 문법가들에게서 받는 인상과는 달리 작가가 어떻게 글을 써야 하는지에 대한 단일한 "청사진"은 없었다. 전기는 진지하고 교육적인 것부터 억지스럽고 상상력이 풍부한 것까지 그 범위가 매우 다양했다. 대부분은 찬사(encomium)와 역사 사이의 어딘가에 위치할 수 있지만, 비극, 소설, 시, 편지 등 다른 장르의 특징을 아주 쉽게 통합하는 경우도 많았다. 그럼에도 여전히 고대의 전기는 현대의 전기와 마찬가지로 "의미를 생산하고 해석하는 데 있어 전통적이고 고도의 조직화한 제약 내에서 작동했다."[14] 전기는 사회적으로 제한되어 있으며, 일반적으로 특정한 의미의 "세계"를 만들고 관습적인 특징, 기대, 표현(topoi)을 사용한다. 특히 그리스 "전기"는 서로 다른 목적으로 저술되었지만, 일반적으로 구조와 도덕적 권면의 측면에서 많은 유사성을 보인다.[15] 따라서 이 책에서 "고대 전기"나 "전기적 전통"에

Criticism," *JSNT* 39 (2017): 362-87. 비록 나는 Larsen보다 일종의 마가의 "초기 텍스트"가 존재했다고 훨씬 더 확신하고, 이 견해가 마가복음을 자의적으로 저술된 문학 전기라고 간주함으로써 더 강화된다고 보지만 말이다(Larsen은 이것을 "완성되지 않은 텍스트의 원재료"로 본다, 378).

14 Frow, *Genre*, 10. 더 구체적으로 신약성경 본문과 관련해서는 다음을 보라. R. A. Burridge, *What Are the Gospels? A Comparison with Graeco-Roman Biography*, 3rd ed. (Waco: Baylor University Press, 2018), 25-52; S. Adams, *The Genre of Acts and Collected Biography* (Cambridge: Cambridge University Press, 2013), 1-5.

15 공상과학 작가인 N. Gaiman은 장르가 존재하지 않았기 때문에 결국 독자가 속거나 실

대해 이야기할 때 나의 의도는 고대 전기를 어떤 엄격한 문학 장르로 축소하려는 것이 아니라 현존하는 사례에서 공통으로 나타나는 특징을 지적하려는 것이다.

시간, 장소, 저자

전기는 다른 모든 문학 작품과 마찬가지로 그 작품이 기록된 시대를 반영한다. 일반적인 수준에서 이것은 지극히 당연한 일이다. 19세기 전기 작가들은 정치가, 군인, 모험가, 작가 등 위인들의 생애를 소개하는 경향이 있었다. 그러나 오늘날 독자들은 더욱 민주화된 취향을 갖고 있다. 일반인, 여성, 가사도우미 또는 노예의 삶이 인기 있는 주제이며, "삶"의 개념을 확장하여 도시와 상품(예. 소금 또는 대구)까지도 포함할 수 있다. 19세기 전기의 핵심은 도덕적 교훈이었지만, 현대 작가들은 타인에 대해 판단하는 것을 극도로 꺼린다. 넓은 의미에서 전기는 특정 시대와 문화에 의해 만들어질 뿐만 아니라 그것을 반영한다. 찰스 디킨스나 플로렌스 나이팅게일에 대한 19세기의 전기는 현대의 전기와 매우 다를 것이며, 각 작품은 그 중심에 있는 역사적 인물만큼이나 그 전기가 저술된 지적·문화적 시대에 대해 많은

망하는 경우를 가정하여 장르를 정의한다. "The Pornography of Genre, or the Genre of Pornography," *Journal of the Fantastic in the Arts* 24 (2013): 401-7. 그리스 전기의 경우에 그것은 아마도 어떤 생애와 도덕적 교훈에 맞추어진 폭넓은 초점일 것이다.

것을 알려줄 것이다.[16]

어떤 텍스트, 특히 먼 문화권에서 온 텍스트를 이해하려면 우리는 그 텍스트의 역사적 맥락에 주목해야 한다. 모든 글에는 그저 페이지에 기록된 단어로만 표현되는 것보다 훨씬 더 많은 의미가 담겨 있다. 텍스트는 문화적 지식을 가정하고 연상시키며, 이를 고려하지 않고 읽는 것은 위험하다. 다시 한번 말하지만, 장르는 독자에게 어떤 범위의 독서가 가능한지, 심지어 그럴 가능성이 있는지를 알려주고 그렇지 않은 독서에 제약과 한계를 설정하는 데 중요한 역할을 한다. 특정 장르는 무의식적인 기대감을 미묘하게 불러일으키며 특정 상황에서 사용되는 경향이 있다. 존 프로우가 지적하듯이 "장르의 틀은 텍스트에서 말하지 않는 부분, 즉 우리가 필요에 따라 사용하는 그늘진 영역에 잠재되어 있는 정보의 조직을 구성한다. 이것은 우리가 알고 있는지 모를 수도 있고 직접 조사할 수도 없는 정보다."[17] 물론 마가의 전기를 해석하는 데 있어 가장 어려운 점은 텍스트에서 "말하지 않는 부분", 즉 마가의 청중이 그의 작품을 이해하기 위해 본능적으로 활용하는 방대한 문화적 가정에 있다. 우리는 우리가 초기 독자의 입장에 설 수 있기를 기대할 수는 없지만, 마가의 일반적인 설정에 대해서는 몇 가지 지적할 수 있다.

16　이 일반적인 요점에 대해서는 (대다수의) 전기 주인공의 단명하는 성격을 지적하는 T. Hägg의 저서를 보라. *The Art of Biography in Antiquity* (Cambridge: Cambridge University Press, 2012), 69.

17　Frow, *Genre*, 83. 또한 93: "장르에 대해 말하는 것은 말할 필요가 없는 것에 대해 말하는 것이다. 왜냐하면 그것은 이미 강력하게 전제되어 있기 때문이다."

학계의 합의에 따라 나는 이 책 전반에 걸쳐 마가의 전기가 기원후 70
년대 초중반,[18] 즉 로마와의 비극적인 유대인 전쟁, 69년 내전, 플라비우
스 황조 베스파시아누스의 즉위 이후에 쓰였다고 가정한다. 비록 나는 고
대 사료의 문제점을 잘 알고 있지만, 전통적인 로마 기원설이 항상 추천
할 만한 견해라고 생각했다.[19] 이 견해는 이 작품에 짙게 깔린 박해의 분위
기, 즉 기원후 65년 네로 치하에서 잔인하고 예기치 않게 발발한 박해가 전
쟁 이후에도 그리스도를 따르는 공동체를 계속 위협했을 가능성을 설명한

---

18 일부 학자들은 마가복음의 매우 이른 시기 저작설을 주장했다. 예를 들면 다음을 보라. J.
A. T. Robinson, *Redating the New Testament* (London: SCM, 1976); E. E. Ellis, "The Date
and Provenance of Mark's Gospel," in Van Segbroeck et al., *The Four Gospels, 1992*, 801–
15; J. G. Crossley, *The Date of Mark's Gospel: Insight from the Law in Earliest Christianity*
(London: T&T Clark, 2004). 다른 학자들은 유대-로마 전쟁이 한창이던 60년대 후반으
로 본다. 예를 들어 다음을 보라. M. Hengel, *Studies in the Gospel of Mark* (London: SCM,
1985), 14–28; A. Y. Collins, *Mark: A Commentary* (Minneapolis: Fortress, 2007), 11–14. 그
러나 요즘에는 70년 이후를 가장 많이 지지한다. 대표적인 예는 다음과 같다. D. Lührmann,
Das Markusevangelium (Tübingen: Mohr Siebek, 1987), 222; P. J. J. Botha, "The Historical
Setting of Mark's Gospel: Problems and Possibilities," *JSNT* 51 (1993): 27–55; J. Marcus. "The
Jewish War and the *Sitz im Leben* of Mark," *JBL* 113 (1992): 441–62; H. N. Roskam, *The
Purpose of the Gospel of Mark in its Historical and Social Context* (Leiden: Brill, 2004), 89–
92; E.-M. Becker, "Dating Mark and Matthew as Ancient Literature," in *Mark and Matthew
I, Comparative Readings: Understanding the Earliest Gospels in Their First-Century Setting*, ed.
E.-M. Becker and A. Runesson (Tübingen: Mohr Siebeck, 2011), 123–43; J. Kloppenborg,
"*Evocatio Deorum* and the Date of Mark," *JBL* 124 (2005): 419–50. 최근의 학계 동향을 논
의한 후 J. R. Donahue는 "점점 더 많은 학자들이 기원후 66–70년의 유대 전쟁과 성전의 파
괴에 대한 반응으로 마가복음이 기원후 70년 이후에 기록된 것으로 추정한다"고 결론짓는
다. "The Quest for the Community of Mark's Gospel," in Becker and Runesson, *Mark and
Matthew I*, 817–38.

19 로마 기원설을 옹호하는 최근의 시도는 다음을 보라. B. J. Incigneri, *The Gospel to the
Romans: The Setting and Rhetoric of Mark's Gospel* (Leiden: Brill, 2003).

다.[20] 71년에 로마에서 거행된 베스파시아누스의 개선식에 대한 지식도 여러 학자들이 마가의 십자가 처형 기사에서 발견한 "반-개선식" 모티프를 설명할 수도 있다.[21] 또한 본 연구와 관련하여 마가복음의 로마 기원설은 우리의 저자를 역동적인 문학 문화의 중심에 위치시키는 추가적인 이점이 있다. 그러나 본서의 어떤 내용도 로마 기원설에 **의존하지** 않으며, 시리아나 다른 장소 기원설을 더 선호하는 독자들도 걱정할 필요는 없다.[22]

이 전기의 작가는 여전히 수수께끼로 남아 있다. 학자들은 현재 일반

---

20   특히 막 4:17; 8:34; 10:37-40; 13:9-13을 보라. 또한 다음을 보라. B. M. F. van Iersel, "The Gospel according to St. Mark—Written for a Persecuted Community?," *Ned TTs* 34 (1980): 15-36. 그리고 더 최근에는 H. N. Roskam, *The Purpose of the Gospel of Mark* (Leiden: Brill, 2004), 27-74. 최근에는 네로 박해설 전체에 대해 이의가 제기되었다. 다음을 보라. B. D. Shaw, "The Myth of the Neronian Persecution," *JRS* 105 (2015): 73-100. 베드로와 바울의 죽음을 이 사건과 연결할 증거는 강하지 않지만, 박해의 사실(타키투스가 개관했듯이)은 강력해 보인다. 다음을 보라. C. P. Jones, "The Historicity of the Neronian Persecution: A Response to Brent Shaw," *NTS* 63 (2017): 146-52.

21   요세푸스는 *Jewish War* 7.119-62에서 이 사건에 대한 목격자 증언으로 보이는 것을 제공한다. "반-개선식" 모티프에 관해서는 아래 432-36을 보라.

22   요즘에는 시리아 기원설이 로마 기원설에 대한 가장 강력한 대안으로 보인다. 상세한 논의는 다음을 보라. Marcus, "Jewish War"; Roskam, *Purpose*; 또한 T. Wardle, "Mark, the Jerusalem Temple and Jewish Sectarianism: Why Geographical Proximity Matters in Determining the Provenance of Mark," *NTS* 62 (2016): 60-78. *Redescribing the Gospel of Mark*, ed. B. S. Crawford and M. P. Miller(Atlanta: SBL Press, 2017)에 수록된 에세이들은 시리아 기원설을 단순히 전제한다. 결국 복음서 자체만으로는 단순히 기록 장소를 추론할 수 없다. J. M. Smith는 의도적으로 이 복음서를 널리 전파하려 했다는 주장의 일환으로서 "마가복음의 자료는 이 작품이 1세기 지중해 그 어느 도시에서 기록되었다고 재구성해도 될 만큼 모호하다"고 말한다. *Why βίος? On the Relationship between Gospel Genre and Implied Audience* (London: T&T Clark, 2015), 157. 다소 덜 건설적으로 D. N. Peterson은 마가복음의 기록 장소를 추론하는 시도 자체가 무익하다고 본다. *The Origins of Mark: The Marcan Community in Current Debate* (Leiden: Brill, 2000).

적으로 알려진 복음서의 이름이 주로 이단과의 싸움에서 2세기에야 붙여졌다고 주장한다.[23] 그러나 마르틴 헹엘이 지적했듯이 초창기 기독교 공동체들은 매우 이른 시기부터 텍스트들을 식별하고 구별할 수 있는 방법이 필요했을 것이다. "마태복음"이 완성된 후 그의 교회는 "마가복음"을 어떻게 불렀을까? 그리고 누가의 많은 "내러티브들"(*diēgēseis*, 눅 1:1)이나 요한의 책(*biblion*, 요 20:30)은 서로 어떻게 구분되었을까? 비록 초기의 파피루스학적 증거는 없지만, 복음서의 순서가 다를 수는 있어도 특정 복음서를 특정 저자와 연결하는 명칭은 심지어 그것이 지리적으로 서로 다른 지역에서 유래한 경우에도 결코 다르지 않다는 점은 주목할 만하며, 이는 우리가 알고 있는 이 복음서들의 명칭이 가장 초기로 거슬러 올라간다는 점을 시사한다.[24] 또한 2세기 교회가 복음서를 (저자가 사도임을 암시하는) "요한"과 "마태"로 명명한 이유를 쉽게 알 수 있지만, "마가"와 "누가"는 설명하기가 더 어렵다. 그들은 예수의 제자도 아니었고 목격자의 권위를 주장할 수도 없었기 때문이다. 적어도 2세기 초부터 마가복음 지지자들은 베드로와의 연관성에서 저자의 권위를 도출해야 했고(Eusebius, *Ecclesiastical History* 3.39.15-16에 보존된 파피아스의 논평을 보라), 베드로전서 5:13에서 그에 대한 언급을

---

23   이것은 매우 흔한 견해다. 예를 들어 다음을 보라. C. M. Tuckett, "Mark," in *The Oxford Bible Commentary*, ed. J. Barton and J. Muddiman (Oxford: Oxford University Press, 2000), 886; J. Marcus, *Mark 1-8: A New Translation with Introduction and Commentary*, AYB (New York: Doubleday, 2000), 30.

24   Hengel, *Studies*, 66-67.

발견해야만 했다.[25] 이 모든 점을 고려하면 마가(마르쿠스)라는 흔한 로마식 이름을 가진 사람이 실제로 이 전기를 썼을 가능성에 힘이 실린다.[26]

한 가지 더 고려해야 할 점이 있다. 마태와 누가가 마가복음을 사용한 것에서 알 수 있듯이 만약 복음서가 폭넓게 유포되었다면 우리는 복음서가 유래한 **장소**(로마, 안디옥 또는 다른 지역)가 각 복음서 서명에 붙여졌을 것으로 기대할 수 있을 것이다. 하지만 마가의 작품(과 그가 영감을 준 다른 작품들)은 특정 개인과 연관되어 있으며, 이 사실은 이 전기가 창의적인 작가의 작품이라는 일반적인 추론을 반영하는 것 같다.[27] 대다수 고대 전기 작가와 달리 마가는 서문에서 자신의 저술 경력을 밝히지 않았지만(이 부분은 3장에서 다시 다룰 것이다), 적어도 처음에는 작품의 저자에 대한 일부 정보가 구전으로 또는 준-텍스트 형태로 전해졌을 것이다.[28] 초기의 청중들은 저자의 신원과 저술 능력 또는 자격에 대해 알고 싶어 했을 것이다. 특히 그것이 자

---

25   자세한 논의는 다음을 보라. C. C. Black, *Mark: Images of an Apostolic Interpreter* (Edinburgh: T&T Clark, 2001). 마가복음과 베드로 간의 연관성은 아래 206-207을 보라.

26   예를 들어 다수의 독일 학자들도 마찬가지다. R. Pesch, *Das Markusevangelium* (Freiburg: Herder, 1976), 1:9-11; D. Luhrmann, *Das Markusevangelium* (Tübingen: Mohr Siebeck, 1987), 5-6. Hengel이 지적하듯이 기독교 저작은 거의 다 익명으로 되어 있다. 대다수는 실제 저자의 이름이 붙어 있고(예. 바울, 클레멘스, 이그나티오스), 저자가 자신의 정체를 숨기는 경우에는 옛날의 위대한 선생(바울 또는 베드로)의 권위 뒤에 숨는 것이 더 보편적이다. 그가 올바르게 지적하듯이 데오빌로가 복음서를 자신에게 헌정한 사람의 정체를 알았을 개연성은 매우 희박하다. Hengel, *Studies*, 72-74.

27   참조. R. A. Burridge, "About People, by People, for People: Gospel Genre and Audiences," in *The Gospels for All Christians: Rethinking Gospel Audiences*, ed. R. Bauckham (Grand Rapids: Eerdmans, 1998), 125-30. 또한 Collins, *Mark*, 129.

28   추가 논의는 아래 187-89을 보라.

신들에게 익숙한 전통과 다른 측면이 있다면 더더욱 그러했을 것이다.[29] 그러나 이 정보는 이제 사라졌다. 우리가 확실하게 말할 수 있는 것은 이 전기가 아마도 마가라는 교회 지도자에 의해 작성되었을 것이며, 그는 그리스도를 따르는 지역 사회에서 어느 정도 학식을 갖춘 사람이었다는 것이다. 여기서 우리가 발견한 것은 다소 빈약하지만, 적어도 초기의 "예수의 전기"를 이해할 수 있는 역사적·문화적 맥락을 어느 정도는 제공해준다.

개요

그렇다면 우리는 어떻게 전개해나가는 것이 좋을까? 우리의 첫 번째 과제는 20세기 초에 마가복음을 독특한 형태의 문학으로 간주하는 것에서부터 고대 전기의 한 예라는 현재의 견해에 이르기까지 지난 세기 동안 마가복음 장르에 관한 학계의 논쟁을 간략하게 개관하는 것이다. 여기서 나의 의도는 (관련 문헌은 방대하며 다른 연구에서 이 주제를 충분히 다루고 있기 때문에) 이 주제에 대해 자세히 설명하려는 것이 아니라 논의의 대략적인 윤곽을 그리고 어떤 가정과 관심사가 참가자들의 생각을 주도했는지 살펴보려는 데 있다. 나는 이 시점에서 이 책의 목적이 마가가 전기를 썼다는 것을 **입증하는** 것이 아니라 그러한 일반적인 가정이 마가복음을 해석하는 데 어떤 영향을 미칠 수 있는지 살펴보는 것임을 밝히고 싶다. 우리의 독법의 결과가 이러

---

29   Hengel, *Studies*, 74-83.

한 장르 확인 작업에 도움이 된다면 그보다 더 좋을 순 없을 것이다.

다음으로 우리는 고대 전기에 대한 확실한 이해가 필요하다. 앞으로 살펴보겠지만, 전기는 1세기에 전성기를 누렸으며 많은 예가 남아 있다는 것은 행운이 아닐 수 없다. 따라서 두 번째 장의 과제는 마가복음이 기록된 시기에 전기에 대한 폭넓은 기대와 관습—가장 초기의 이소크라테스와 크세노폰의 찬사부터 거의 동시대 인물인 수에토니우스, 타키투스, 플루타르코스, 루키아노스의 완전히 발전된 전기까지—을 개관하는 것이다. 최근 수십 년 동안 고전주의자들 사이에서 전기에 대한 관심이 급증했으며, 전기를 단순히 역사 서술의 부실한 사례로 간주하지 않고 독자적으로 연구하려는 의지가 더 강하게 나타났다(따라서 최신 정보를 제시하는 작업이 훨씬 더 쉬워졌다). 이 장에서는 독특한 문학 장르로서 전기의 출현과 그 특징, 사람들이 전기를 쓴 이유, 전기와 도덕성의 밀접한 관계 등에 관해 살펴볼 것이다. 우리는 고대 전기가 인물을 구성하는 방식과 그 인물의 실체가 가장 분명하게 드러나는 순간, 즉 그 인물의 죽음을 살펴볼 것이다. 이 모든 과정에서 우리는 복음서와 가장 유사한 그리스 철학자들의 삶에 특히 주의를 기울일 것이다. 이 장은 전기 작가들이 자신이 선택한 "삶"을 저술할 때 어느 정도의 자유가 주어졌는지 이해하는 데 도움이 될 주제인 전기적 사실과 허구에 대한 몇 가지 성찰로 마무리할 것이다.

세 번째 장에서는 마가복음의 저술 방식과 관련된 일련의 일반적인 주제를 살핀다. 여기서 중요한 것은 마가를 신흥 기독교 "책 문화"의 초기 단계에 두려는 시도와 함께 그의 교육 수준과 글쓰기 스타일에 관한 논의다.

나는 마가의 최초기 독자들에 관해 우리가 알고 있는 것과 기독교 창시자에 대한 전기가 어떻게 그리스도를 따르는 자들의 정체성을 형성하는 데 도움을 주었는지를 살필 것이다. 더 구체적으로 나는 마가복음의 구조와 일화 사용을 분석하여 다른 전기와 비교하고, 이러한 특징을 올바른 문학적 맥락에서 이해하는 것이 널리 통용되는 몇 가지 양식비평적 가정에 어떻게 도전하는지에 주목할 것이다. 비록 나의 초점은 마가복음의 최종 본문에 맞추어져 있지만, 여기서 우리 저자의 이전 자료(구전 전승과 문서) 사용은 고려할 만한 가치가 있다(비록 내가 그것들을 복구할 수 있을 것이라는 희망은 별로 없지만 말이다). 마지막으로 나는 마가복음에 서문이 없다는 점과 저자의 목소리가 축소된 점을 고려하면서 이 작품의 이러한 측면이 고대 청중에게 어떻게 다가갔을지 생각해볼 것이다.

다음 두 장은 예수(4장)와 다른 인물들(5장)의 묘사에 대해 다룬다. 고대의 인물 묘사는 "말하기"보다는 "보여주기"에 중점을 두는 경향이 있는데, 4장에서는 기적, 반대자들과의 갈등, 소위 메시아 비밀과 같은 요소가 예수의 정체성과 성품을 어떻게 드러내는지 보여준다. 앞부분 전체에서 마가복음의 예수는 엘리트 남성들이 소중히 여기는 많은 자질, 즉 권위 있고, 자제력이 있으며, 관대하고, 하나님의 아들로 입양되기에 합당한 자질을 보여준다(1:9-11). 그러나 동시에 그는 대중의 존경보다는 고난과 섬김에 기초한 새로운 명예 규범을 가르칠 뿐만 아니라 이를 구현한다. 마가는 예수를 본받아야 할 인물로 분명히 제시하고 있으며, 이는 예수를 "따르라"는 끊임없는 요청을 통해 드러나며 마가복음 구조 자체에 내재하여 있다.

그러나 추종자들은 어디까지 따라야 할까? 마가는 또 왜 자신의 영웅의 신체를 묘사조차 하지 않았을까? 이것은 그의 모범적인 성격과 관련이 있을까?

그러나 이 모든 것은 우리에게 문제를 제기한다. 예수가 이 전기의 중심인물이자 기독교 제자도의 모델이라면 다른 인물들은 어떤 역할을 하는가? 5장에서는 고대 청중이 부차적인 인물들을 어떻게 이해했을지 살펴보고, 비교(*synkrisis*) 기법과 삽화의 예시적(*exampla*) 사용에 주의를 기울인다. 우리는 주변 인물뿐만 아니라 보다 복잡한 단위(예. 작품 중반의 "헤롯 왕"을 둘러싼 본문이나 결말 부분의 대제사장/빌라도와 관련된 본문)에서도 여러 장면을 병치하는 작업을 통해 마가가 어떻게 인물을 만들어내는지 살펴볼 것이다. 가장 중요한 것은 우리가 열두 제자에게 주목해야 한다는 점이다. 우리는 그들의 모호한 모습을 어떻게 설명할 수 있을까? 이들을 활용한 마가의 의도는 논쟁적일까, 목회적일까, 아니면 또 다른 기능이 있을까? 그리고 열두 제자가 도망친 후에 수난 기사를 가득 채우고 있는 "비주류" 인물들은 어떻게 설명할 수 있을까? 이 장에서는 다른 어떤 장보다도 마가의 작품을 현대의 단편 소설이 아닌 고대 전기로 읽을 때 어떤 효과가 있는지 살펴볼 것이다.

마지막으로 6장에서는 예수의 죽음에 대한 마가의 놀라운 기록을 살펴본다. 나는 본문에서 성경적 모델(일종의 고난 받는 의인 또는 이사야의 고난 받는 종)을 찾기보다는 마가복음의 마지막 장을 자신의 가르침, 특히 8-10장의 반문화적 가르침에 따라 죽은 철학자의 이야기로 읽었다. 나는 우리

저자가 의도적으로 예수의 수치스럽고 굴욕적인 십자가의 죽음에서 시작했고, 예수를 자신의 가르침에 따라 죽음을 맞이하는 철학자로 제시하기 위해 전기 전체를 세심하게 구성했다고 가정한다. 추종자들에게 자신을 부인하고 다른 사람의 종이 되라고 가르친 예수는(8:34; 10:43-44) 하나님의 뜻에 순종하여 이 가르침을 끝까지 수행할 것이다. 그렇다면 마가에게 있어 예수의 죽음은 무엇을 성취했을까? 그리고 그것은 신자들에게 어느 정도까지 모범을 제시할까? 여기서도 우리는 다른 전기와의 비교를 통해 몇 가지 해답을 얻을 수 있다. 그리고 마가는 왜 자신의 작품을 이런 방식으로 끝냈을까? 여기서도 우리는 다른 전기들과의 비교를 통해 몇 가지 해답을 얻을 수 있다.

이 모든 것을 염두에 두고 이제 우리는 복음서 장르에 대한 현대 학계의 논쟁을 분석하는 첫 번째 장으로 넘어갈 준비가 되었다. 그러나 이 전체 질문에 대한 해답을 찾기 위해 우리는 맨 처음으로 돌아가서 초창기 그리스도 추종자들이 이 중요한 텍스트를 어떻게 이해했는지에 대해 우리에게 어떤 단서를 제공하는지 물어보는 것이 유익하리라고 생각한다.

1장

전기로서의 마가복음

장르는 모든 텍스트를 이해하는 데 있어 중요하다.

—존 프로우[1]

1970년대와 1980년대에 학자들이 복음서가 전기라고 주장했을 때 그들은 기독교 내에서 거의 1,900년 동안 그저 당연하게 여겨왔던 견해를 옹호한 것뿐이었다. 그런데 더 놀라운 것은 복음서가 전기라는 것을 아예 아무도 의심할 필요가 없었다는 것이다. 이 첫 번째 장에서는 복음서의 장르에 대한 논쟁을 살펴보고, 복음서의 성격과 형성에 대한 가정, 복음서 저자들의 교육 수준, 그리고 종종 고대 전기 자체에 대한 다소 경직된 개념 등 다양한 문제가 논쟁에 어떤 영향을 미쳤는지에 주목할 것이다. 우리는 학자들도 다른 사람들 못지않게 지배적인 문화적 추세와 사고방식으로부터 자유롭지 못하다는 신념에 기초하여 학문적 주장뿐만 아니라 그 주장이 논의된 사회적 맥락에도 주의를 기울일 것이다.

---

1 J. Frow, *Genre* (London: Routledge, 2006), 28.

고대인에서 보토까지

언뜻 보기에 고대 세계에서 아무도 복음서를 전기라고 부르지 않았다는 것은 다소 놀라운 일이다. 그러나 그 이유는 아주 간단할 수 있다. 거의 처음부터 이 특별한 "전기"는 "복음"(euangelia)으로 알려졌기 때문이다.

물론 "복음"이라는 단어는 문학적 장르가 아니다. 종종 복수로 사용되는 이 단어는 그리스-로마 세계에서 중요한 소식─군사적 승리, 새로운 황제의 즉위 또는 황제의 은총을 알리기 위한─이나 제국의 포고문을 선포하는 데 사용되었고, 이는 시민들이 함께 기뻐할 수 있는 계기가 되곤 했다. 예를 들어 그 유명한 프리에네 달력에서 아우구스투스는 자신의 생일을 "세상을 위한 좋은 소식(euangelia)의 시작"이라고 부를 수 있었다.[2] 바울이 "복음"을 이야기할 때 그는 예수의 죽음과 부활에 대한 기독교의 선포를 염두에 두고 있다. 비록 그의 언어는 다양할 수 있지만, 그는 고린도전서 15:3b-5에 나오는 일련의 공유된 전승에 호소하는 것으로 보인다. "이는 성경대로 그리스도께서…죽으시고 장사 지낸 바 되셨다가 성경대로 사흘 만에 다시 살아나사 게바에게 보이시고 후에 열두 제자에게 [보이셨다]."

---

2   다음을 보라. *Orientis Graeci Inscriptiones Selectae*, ed. W. Dittenberger (Leipzig, 1903-5), 2:458. C. A. Evans, "Mark's Incipit and the Priene Calendar Inscription: From Jewish Gospel to Greco-Roman Gospel," *JGRChJ* 1 (2000): 67-81은 이 글을 인용함. 또한 다음을 보라. Josephus, *Jewish War* 4.618, 656. 현대 문학에서 "유앙겔리온"(*euangelion*)이란 단어의 의미를 논하는 글은 다음을 보라. J. P. Dickson, "Gospel as News: εὐαγγελ- from Aristophanes to the Apostle Paul," *NTS* 51 (2005): 212-30.

마가도 때로는 이 단어를 비슷한 방식으로 사용하지만, 마가의 위대한 혁신은 자신이 이해하는 "복음" 안에 예수의 생애와 사역과 가르침을 포함시킨다는 것이다(1:1, 14, 15; 8:35; 10:29; 13:10; 14:9).[3] 그러나 마가와 바울에게 있어서도 복음은 주로 **구두로 선포되는 것**을 의미했다.

그러나 이 용어는 그 후 수십 년이 지난 어느 시점에서 그 의미가 변화하여 이제는 구두 선포뿐만 아니라 예수에 관한 책도 지칭하게 되었다. 이러한 변화에 대한 명확한 증거는 순교자 유스티누스, 이레나이우스, 알렉산드리아의 클레멘스가 모두 "복음"이라는 용어를 사용하여 기록된 예수의 생애(후대에 정경으로 간주된 것과 그렇지 않은 것 모두)를 지칭하기 시작한 2세기 중반까지 나타나지 않는다.[4] 그러나 이 단어의 용법이 이보다 훨씬 이전으로 거슬러 올라간다고 추정할 만한 충분한 이유가 있다. 마르키온은 자신의 누가복음 요약본을 "복음"이라고 지칭한 것으로 보이며, 클레멘스 2서, 이그나티오스, 디다케의 언급은 우리가 원하는 만큼 분명하진 않지만, 그럼에도 이 저자들이 이제는 "복음"이라는 용어를 구두 선포뿐만 아니라 기록된 책들과 연관시켰음을 암시하는 것 같다.[5] 제임스 켈호퍼(James

---

3   이 단어의 가장 "바울적인" 용례는 16:7에서 발견된다.
4   Justin, *Dialogue with Trypho* 10.2, 100.1; Irenaeus, *Against Heresies* 3.1.1; Clement of Alexandria, *Stromata* 1.21 (352).
5   H. Koester는 기록된 텍스트를 가리키는 데 "복음서"라는 단어를 사용한 것은 마르키온에 대한 구체적인 반응이었다고 주장한다. "From the Kerygma-Gospel to Written Gospels," *NTS* 35 (1989): 361-81; 또한 R. H. Gundry, "Εὐαγγέλιον: How Soon a Book?," *JBL* 115 (1996): 321-25. 다른 문헌에 대한 개관은 다음을 보라. M. Hengel, *Studies in the Gospel of Mark* (London: SCM, 1985), 67-72; G. Stanton, "Matthew: βίβλιος, εὐαγγέλιον, βίος," in *The Four Gospels, 1992*, ed. F. van Segbroeck, C. M. Tuckett, G. van Belle, and J. Verheyden

Kelhoffer)는 최근 마태복음의 저술과 디다케(마태의 작품을 "복음"으로 묘사한 것으로 보이는)의 저술 사이의 어느 시점, 즉 1세기 후반에 이러한 변화가 일어났다고 설득력 있게 주장한 바 있다.[6] 이러한 용법은 마가복음의 첫 대목에서 상당히 자연스럽게 설명할 수 있다. "하나님의 아들 예수 그리스도의 복음의 시작이라." 마가가 "시작"(archē)에 프롤로그만 포함하도록 의도했든, 아니면 책 전체를 포함하도록 의도했든(이 점은 3장에서 다시 다룰 것이다) 그의 첫 문장은 "복음"이라는 용어를 글로 된 텍스트에 적용했고, (의식적이든 아니든) 결과적으로 "복음"이란 용어를 특정 유형의 문학 작품과 동일시하는 일련의 사고를 촉발했다.[7] 기독교 교회에 유포되고 모임에서 낭독되면서 마가의 전기는 자연스럽게 "복음"으로 알려지게 되었으며, 이 용어는 마태복음, 그리고 나중에는 누가복음과 요한복음에도 적용될 수 있었다.[8]

(Leuven: Leuven University Press, 1992), 1190-95; J. A. Kelhoffer, "'How Soon a Book' Revisited: ΕΥΑΓΓΕΛΙΟΝ as a Reference to 'Gospel' Materials in the First Half of the Second Century," *ZNW* 95 (2004): 1-34.

6 Kelhoffer, "'How Soon'; 디다케의 관련 텍스트(구체적으로 8.2, 11.3-4, 15.3-4)에 대한 논의는 16-29을 보라. Stanton은 이 혁신자가 실제로 마태였다고 주장하면서 그 시기를 더 앞당긴다. Stanton은 마태복음의 예수가 "이 천국 복음"(24:14, 26:13)을 언급할 때 마태는 이제 예수의 생애에 대한 자신의 책을 염두에 두고 있다고 주장한다. "Matthew," 1193-95. 이것은 불가능하진 않지만, 아마도 Kelhoffer의 더 신중한 저작설이 더 안전할 것이다.

7 Hengel, *Studies*, 83은 아마도 마가의 작품이 "혁명적인 혁신"이었다고 제안함으로써 자신의 주장을 과대평가하지만, 그의 주장은 분명히 이 변화에 중요한 역할을 한 것으로 보인다. 또한 다음을 보라. D. E. Aune, *The New Testament in Its Literary Environment* (Philadelphia: Westminster, 1987), 17; U. Schnelle, *The History and Theology of the New Testament Writings* (Minneapolis: Fortress, 1998), 161(그는 Hengel을 긍정적으로 인용한다).

8 흥미롭게도 비록 누가가 사도행전에서 "유앙겔리온"이란 단어를 두 번 사용하고 해당 동사를 열 번 사용하지만, 누가와 요한은 이 단어를 전혀 사용하지 않는다. 두 저자 모두 자신의 작품의 장르에 대해 별로 언급하지 않는다. 자신의 첫 번째 책에 대한 서문에서 누가는 자기

이러한 초기의 의미 변화는 우리의 연구에 중요한 시사점을 제공한다. 초기 교회에서 어느 누구도 예수의 초기 생애를 전기로 묘사하지 않은 이유는 아마도 아주 초기부터 그것이 그리스도를 따르는 모임에서 신학적 의미를 빠르게 획득한 용어인 "복음서"로 알려졌기 때문일 것이다.

주목할 만한 다른 용어가 하나 더 있다. 2세기 초에 파피아스는 마가가 베드로의 "회고록"(*apomnēmoneumata*)을 기록했다고 주장했고, 얼마 지나지 않아 순교자 유스티누스는 성찬식에서 낭독되는 "사도들의 회고록"(*apomnēmoneumata tōn apostolōn*)을 언급할 수 있었다.[9] 두 작가는 복음서를 예수의 초기 추종자들의 믿을 만한 기억과 연결하고자 했으며, "회고록"이라는 용어는 그런 의미에서 분명히 유용한 단어였다. 그러나 『소크라테스의 회상』(= *apomnēmoneumata*)으로 알려진 크세노폰의 소크라테스 전기에도 정확히 같은 단어가 사용되었다는 점은 흥미롭다.[10] 비록 "회고록"은 다소 느슨한 문학 장르였지만, 크세노폰이 소크라테스와 관련된 일화 모음집과 현재 기독교 "복음서"로 알려진 것을 모두 지칭하는 데 같은 용어를 사용했다는 것은 파피아스와 유스티누스(그리고 아마도 다른 사람들)가 그것들이

작품을 사건들의 "내러티브"(*diēgēsis*, 어떤 종류의 기록물이라도 모두 포괄할 수 있는 일반적인 용어)라고 부른다. 요한은 자신의 작품을 책 또는 두루마리(*biblion*, 20:30)라고 부르는데, 이것 또한 자신의 작품의 장르를 구체적으로 밝히지 않는 다소 일반적인 용어다.

9   Justin, *First Apology* 67. 이 용어는 유스티누스의 책에서 선호하는 용어이며, *First Apology* 66.3, 67.3에서 다시 사용되고, 그의 *Dialogue with Trypho*에서 열세 번 사용된다(예. 103.8, 106.3).

10   유스티누스는 크세노폰의 작품을 알고 있었다. *Second Apology* 11.2–3을 보라. 이에 대한 논의는 다음을 보라. Hengel, *Studies*, 65–67.

광범위한 전기 문학의 동일한 범주에 속한다고 가정했음을 시사한다.

그러나 마가복음이 실제로 전기로 읽혔다는 가장 강력한 증거는 마태복음과 누가복음이 그의 작품을 수용하고 확장한 방식에서 찾을 수 있다. 후대의 두 저자는 모두 초기 기록에 족보를 추가했으며, 전기적 기대에 따라 성인 예수의 전조 역할을 하는 정교한 출생 이야기를 포함했다. 누가는 심지어 열두 살 예수가 지혜와 성경 해석으로 당대의 통치자들을 압도했다는 어린 시절 이야기까지 추가했다(2:41-51). 두 복음서 모두 일반적인 기대에 따라 예수의 죽음 이후의 사건에 대한 더 자세한 설명을 포함하고, 이제는 마가의 빈 무덤 이야기에 부활 이후의 출현 이야기를 추가했다.[11] "두 문서설"의 일반적인 타당성을 가정할 때 후대의 두 저자가 상당히 독자적으로 초기 텍스트의 전기적 성격을 강화하는 요소들을 추가했다는 사실은 그들(그리고 아마도 다른 대다수 청중들)이 초기 텍스트를 전기로 이해했음을 강력하게 시사한다. 그들은 마가의 작품이 여러 가지 측면—쉽게 개선할 수 있는—에서 결함이 있다고 생각할 수도 있지만, 그들의 의도가 전기를 쓰려는 것이었음에는 틀림없다.

그리고 이러한 일반적인 추론은 현대까지 이어진 것으로 보인다. 19

---

11 "프로귐나스마타"(*progymnasmata*)로 알려진 수사학 핸드북들은 "죽음 이후의 사건들"에 대해 논하는 것을 보여준다. 다음을 보라. M. W. Martin, "Progymnasmatic Topic Lists: A Composition Template for Luke and Other Bioi?," *NTS* 54 (2008): 18-41, 특히 22쪽의 도표. 설령 복음서 저자 중 아무도 이 수사학 핸드북들에 대해 정통하지 않았다 하더라도(이 점은 3장에서 다룰 것임), 그들이 다른 전기에 대해 알았다면 이 지점에서 추가적인 내용이 덧붙여졌을 수도 있었을 것이다.

세기 중반에 마가복음 우선설이 확립되면서 복음서 중 가장 초기에 기록된 것으로 알려진(따라서 가장 믿을 만하다고 여겨지는) 복음서에 근거한 "예수의 생애"가 대거 쏟아져 나왔다. 이들 중 상당수는 연구의 대상보다는 당대의 관심사에 대해 더 많이 이야기하지만, 저자들은 모두 복음서가 (비록 이 장르에 대한 빈약한 예이기는 하지만) 대체로 전기라는 것을 당연하게 여겼다. 예를 들어 에르네스트 르낭(Ernest Renan)은 다음과 같이 말한다. 복음서는 "수에토니우스의 방식을 따른 전기도 아니고, 필로스트라토스의 방식을 따른 허구적인 전설도 아니다. 복음서는 전설적인 전기다. 나는 복음서를 성인들의 전설, 플로티노스, 프로클로스, 이시도르의 생애, 그리고 역사적 사실과 미덕의 모델을 제시하려는 욕구가 다양한 수준에서 결합한 같은 종류의 다른 작품들과 나란히 놓는다."[12]

그러나 복음서를 전기로 간주하는 사례에 대한 완전한 설명은 1915년에 *American Journal of Theology*라는 미국 신학 저널에 두 편의 긴 논문을 게재한 C. W. 보토에게 맡겨졌다. 이 시카고 대학교 교수는 복음서를 플라톤과 크세노폰의 소크라테스, 아리아노스의 에픽테토스, 필로스트라토스의 티아나의 아폴로니우스 등 다른 지성인들의 "유명한" 전기와 비교했다. 보토는 이들 각 저자가 주인공의 가르침에 대한 선택적이고 이상적인 기록을 제시했으며, 그들의 관심은 고고학적인 것(즉 역사적 설명을 제공하는 것)이

---

12 E. Renan, *The History of the Origins of Christianity. Book 1: Life of Jesus*, trans. from the 13th French ed. (Woodstock, Ont.: Devoted Publishing, 2016; orig. 1890), 23.

아니라 주인공의 삶의 방식을 자신의 시대에 맞게 소개하는(즉 존경하고 본받기 위한) 데 있었다고 지적했다. 이러한 광범위한 목표하에 보토는 복음서와 상당히 유사한 점을 발견했으며, 복음서 역시 단순히 전통을 보존하기 위해서가 아니라 "도덕적-종교적 영역에서 실천적인 결과를 얻기 위해" 기록된 전기적 기록이라고 결론지었다.[13]

보토의 통찰은 매우 중요했고, 훨씬 더 심도 있는 비평적 연구를 요구했다. 그러나 이를 위해서는 수십 년을 기다려야 했다. 학자들은 복음서 작성과 문학 장르를 매우 다르게 이해하는 새로운 접근 방식－양식비평－을 받아들여야 할 처지에 놓여 있었다.

전기의 쇠퇴

독일에서는 이미 변화의 씨앗이 뿌려져 있었다. 프란츠 오버베크(Franz Overbeck)는 복음서의 다소 원시적인 문체에 주목하면서 복음서가 현대 문학보다는 구전 민담이나 설화와 훨씬 더 공통점이 많다고 주장했다. 그는 복음서가 광범위한 문학적 청중을 위해 고안된 것이 아니라 미학적 장점보다 내용에 더 관심이 많은 소박한 기독교 회중을 위해 쓰였다는 의미에서 "원시 문학"(Urliteratur)이라는 용어를 만들었다. 오버베크의 견해에 따르면

---

13   C. W. Votaw, "The Gospels and Contemporary Biography," *American Journal of Theology* 19
       (1915): 223.

기독교 작가들이 당대의 대중적인 문학 장르에 참여하기 시작한 것은 교부 시대에 이르러서부터였다.[14] 아돌프 다이스만(Adolf Deissmann)도 비슷한 방식으로 그가 명명한 "대중 문학"(Kleinliteratur)과 "고급 문학"(Hochliteratur, 교양 있는 지식층의 문학)을 구분했다. 그는 복음서가 "대중 문학"의 한 예이며, 당시 이집트에서 나온 많은 소박한 파피루스 문서들, 즉 기초 교육만 받은 평범한 사람들의 삶을 들여다볼 수 있는 기초적인 편지, 계약서, 대중적인 문학적 노력과 비슷한 양식이라고 제안했다.[15] 오버베크와 다이스만의 견해는 지식층에 의해 그리고 그들을 위해 생산된, 특정한 일반적 전통에 빚진 의식적인 문학 작품("고급 문학")과 구전 자료의 보고 역할을 하는 비지식층을 위한 작품("원시 문학 또는 "대중 문학")을 구분하는 데 힘을 실어주었다. 이러한 구분은 양식비평가들에게 기본이 되었으며, 이들은 복음서와 동시대 문학 작품 사이에 더 큰 쐐기를 박게 된다.

복음서를 고대의 전기로 구분하는 일에 가장 큰 제동을 건 사람은 양식비평가 K. L. 슈미트(Schmidt)였다. 그는 1923년 헤르만 궁켈(Hermann Gunkel)을 위한 기념 논문집에 기고한 "문학의 일반 역사에서 복음서의 위

---

14 F. Overbeck, "Über die Anfänge der patristischen Literatur," *Historische Zeitschrift* 12 (1882): 417-72.

15 A. Deissmann, *Light from the Ancient East: The New Testament Illustrated by Recently Discovered Texts of the Graeco-Roman World*, trans. L. R. M. Strachan (London: Hodder and Stoughton, 1927; German orig. 1908). 이 시기의 다른 비평은 다음을 보라. E. Norden, *Die antike Kunstprosa vom vi Jahrhundert vor Chr. bis in die Zeit der Renaissance* (Stuttgart: B. G. Teubner, 1978; orig. pub. 1898), 2:480-81; P. Wendland, *Die Urchristliche Literaturformen*, 2nd ed. (Tübingen: Mohr Siebeck, 1912). Wendland는 양식비평적인 요점 다수를 미리 내다봤다.

치"라는 제목의 논문에서 복음서 장르의 문제를 정면으로 다루었다.[16] 그는 보토의 유사점이 단순히 피상적인 것에 불과하다고 일축하면서 복음서와 그리스-로마 전기의 차이점을 강조했다. 그는 그리스-로마 작가들은 자의식을 지닌 문필가로 자신을 드러내며, 그들의 작품은 영웅의 혈통, 가족, 교육, 성장 과정을 묘사하고, 그들의 초상에는 신체적 묘사, 성격과 개성에 관한 내용, 주인공의 동기, 감정, 사적인 생각이 담겨 있다고 주장했다.[17] 예를 들어 필로스트라토스의 『티아나의 아폴로니우스의 생애』에서 저자인 "나"는 작품 전반에 걸쳐 등장하며, 저자는 작품의 성격과 자료의 출처를 명확히 밝히고, 완성도와 좋은 문체를 드러내는 등 문학적 가식이 돋보이는 작품을 썼다.

그는 복음서는 매우 다르다고 주장했다. 슈미트는 마가복음의 틀에 대한 연구를 통해 복음서 저자가 연결 자료에만 책임이 있고, 전승 자료(페리코페)에는 책임이 없다는 확신을 갖게 되었다.[18] 이 전승 자료는 기본적으로 초기 교회의 케리그마, 즉 대체로 제의적 정황에서 보존되고 다양한 회중의 필요에 따라 형성된 생생한 구두 설교 자료였다. 복음서 저자들의 공

---

16 K. L. Schmidt, *The Place of the Gospels in the General History of Literature*, trans. B. R. McCane (Columbia: University of South Carolina Press, 2002; German orig. 1923); 영역본은 J. Riches 의 유용한 서문을 포함하고 있다.

17 우리는 나중에 고대 전기에 대한 Schmidt의 개관이 다소 지나치게 획일적이었음을 보게 될 것이다. 전기 가운데 이 모든 특징을 지닌 것은 거의 없었고, 심리적인 발전을 다루는 전기는 드물었다. 2장을 보라.

18 K. L. Schmidt, *Der Rahmen der Geschichte Jesu: Literarkritische Untersuchungen zur ältesten Jesusüberlieferung* (Berlin: Trowitzsch, 1919).

헌은 단순히 자료를 한데 모은 것뿐이었다. 따라서 슈미트를 비롯해 다른 모든 양식비평가들에게 있어 마가와 그의 추종자들은 창의적인 작가가 아니라 수집가, 편찬자, 편집자였다. 초기의 신자들 대다수가 교육을 받지 못했다는 점과 그들의 강력한 묵시론적 성향은 그리스도인들이 단순히 전승을 보존하는 것을 넘어서는 일을 추진하기까지는 다소 시간이 더 걸릴 것임을 암시했다. 슈미트에게 복음서는 다이스만이 말한 "대중 문학"의 수준에 불과했다. 따라서 가장 가까운 유비는 전기와 같은 의식적인 문학 작품이 아니라 호메로스 문학이나 모세 오경에 나오는 이야기와 유사한 민담과 구전 속담 모음집이었다. 슈미트는 자신의 견해를 다음과 같이 간결하게 요약했다. **"복음서는 본질적으로 고급 문학이 아니라 저급 문학이며, 개인 작가의 산물이 아니라 민속 책이며, 전기가 아니라 종교적 전설이다."**[19]

　　루돌프 불트만은 심지어 더 명확했다. 그에게 있어 복음서는 "문학사에서 [유례가 없는] 독특한 현상"이었다.[20] 특히 가장 먼저 기록된 마가복음은 "기독교의 독창적인 창조물"이었다.[21] 복음서는 한마디로 고유한 장르, 즉 수이 게네리스(*sui generis*)였다.

19　Schmidt, *Place of the Gospels*, 27(강조는 원저자의 것임).

20　인용문은 다음에서 발췌한 것임. from R. Bultmann, "The Gospels (Form)" (trans. R. A. Wilson), in *Twentieth Century Theology in the Making*, ed. J. Pelikan (London: Fontana, 1969-70), 1:86-92. 또한 다음을 보라. R. Bultmann, *A History of the Synoptic Tradition*, trans. J. Marsh (Oxford: Blackwell, 1968), 371-74.

21　Bultmann, *History*, 74; 또한 347-48.

물론 모든 사람들은 양식비평가들의 견해에 동의하지 않았으며, 특히 독일 이외의 일부 학자들은 복음서 형성에 대해 다소 덜 급진적인 견해를 제시했다.[22] 하지만 그 이후로 양식비평가들은 반세기 동안 더 논쟁의 분위기를 이끌어나갔다. 복음서가 전기라는 주장은 더 이상 어떤 단서 없이 제기될 수 없었다.[23]

여러 측면에서 양식비평가의 견해는 당시의 시대 정신에 부합했다. 1920년대와 1930년대에 유럽은 제1차 세계대전과 그 후의 격렬한 사회적·경제적 격변을 모두 경험했다. 당연히 다양한 사회적 변화는 문학, 특히 전기 집필에 지대한 영향을 미쳤다. 빅토리아 시대의 고도로 도덕주의적이고 거의 위인전에 가까운 전기는 (버지니아 울프의 용어를 빌리자면) "새로운 전기"로 나아가고 있었다. 유명한 인물의 영웅적인 공적 행위에 대한 관심은 이제 라이튼 스트래치(Lytton Strachey)의 작품에서 볼 수 있듯이 심리학에 대한 강한 집착과 종종 불경건한 재치로 대체되었다. 전기 작가들은 이제 전기의 주인공을 미덕의 모범적인 모델로 제시하기보다는 주인공의 다양성과 비합리성을 모두 드러내는 데 훨씬 더 관심을 보였다. 지그문트 프로이트(Sigmund Freud)는 심리, 초기 양육 및 성적 성향이 개인의 삶에 얼

---

22 예를 들어 다음을 보라. C. H. Dodd, *History and the Gospel* (New York: Scribner's, 1938); B. H. Branscomb, *The Gospel of Mark* (London: Hodder and Stoughton, 1937), xix(그는 유럽 본토의 발전에 대해 전혀 몰랐던 것으로 보인다).

23 S. Walton은 다음의 글에서 이 시기의 대표적인 저자들의 글에서 발췌한 인용문을 모아놓았다. "What Mark Are the Gospels? Richard Burridge's Impact on Scholarly Understanding of the Genre of the Gospels," *CBQ* 14 (2015): 83-85.

마나 중요한 역할을 하는지를 보여주었고, 이 주제에 대한 탐구가 모든 전기 집필의 핵심으로 빠르게 인식되도록 만들었다.[24]

물론 이 논쟁은 (슈미트가 분명히 밝혔듯이) 복음서가 **고대의** 전기인지 아닌지에 대한 것이었지만, 사람들은 자신의 경험과 일치할 때 진실을 더 쉽게 받아들였다. 복음서가 빅토리아 시대의 전기에 대항할 수 있었다면 1920년대와 1930년에 등장한 매우 다른 유형의 전기는 그렇지 못했다. 복음서는 예수의 내면, 심리, 사생활에 거의 무관심했기 때문에 대부분의 사람들이 말하는 "전기"와는 잘 맞지 않았다. 더 긍정적으로 양식비평가들은 아마도 자신들의 입장에 대한 지지를 문학비평가들 사이에서 발견할 수 있었을 것이다. 규범적 분류의 관점에서 장르를 경직적으로 이해하는 것에 대한 저항의 일환으로 당시의 문학비평가들은 모든 문학 창작물을 포괄하는 단 하나의 장르만 존재하거나 모든 작품이 어떤 의미에서 독특하다는 관점에서 끝없이 다양한 장르가 존재한다고 생각하는 경향이 있었다.[25] 이러한 지적 분위기 속에서 복음서가 다른 유형의 문학과 구별되는 독특성을 지니고 있다는 것은 그리 놀라운 일이 아니었다.

---

24 여러 시대 전반에 걸친 전기에 대한 개관은 다음을 보라. A. Shelston, *Biography* (London: Methuen, 1977); N. Hamilton, *Biography: A Brief History* (Cambridge, MA: Harvard University Press, 2007); H. Lee, *Biography: A Very Short Introduction* (Oxford: Oxford University Press, 2009). 전기 작가들이 쓴 개인 연구의 탁월한 모음집은 다음을 보라. E. Homberger and J. Charmley, eds., *The Troubled Face of Biography* (London: Macmillan, 1988). 다음의 책도 유용하다. V. Woolf, *The Art of Biography—A Collection of Essays* (London: Reed Books, 2011; orig. 1927).

25 다음을 보라. Frow, *Genre*, 26–28. 그는 이러한 발전을 후기 낭만주의 및 Friedrich Schlegel의 연구와 연결한다.

한 가지 더 주목해야 할 점은 복음서가 "독특하다"는 주장이 항상 보수적인 성향의 학자들에게 특히 더 호소력이 있었다는 것이다(독특한 메시지를 전달하기 위한 독특한 형식을 지녔다는 의미에서). 비록 이 학자들 중 다수는 양식비평가들의 매우 급진적인 견해에 거의 공감하지 않았겠지만, 복음서가 주변 문화의 다른 어떤 것과도 같지 않다는 생각은 상당히 매력적이었다. 일부 학자들이 양식비평가들이 주장하는 더 폭넓은 틀을 거부하면서도 이 특별한 양식비평적 주장을 받아들이기로 한 것은 그리 놀라운 일이 아니다. (그리고 독특한 장르라는 주장이 지속적인 호소력을 발휘하는 이유도 이 주장이 기독교 복음의 핵심에 고유성을 부여하기 때문일 것이다.) 따라서 복음서는 고대 세계에서 유례를 찾아볼 수 없는 새로운 문학 양식, 즉 완전히 새로운 장르라는 견해가 자리를 잡게 되었다.

그러나 20세기에 접어들면서 양식비평의 많은 가정이 도전을 받기 시작했고, 그중 일부는 복음서 장르와 직접 관련이 있었다. 사회 계층의 측면에서 초기 그리스도인들은 특히 다이스만이 주장한 것처럼 사회의 하층 계급에 국한되지 않았고, 예수 운동은 주로 도시에 집중되어 있었으며 "사회적으로 허식적인 그룹의 지배를 받았다"는 것이 점점 더 분명해졌다.[26] 의

---

26   따라서 예를 들면 E. A. Judge, *The Social Pattern of the Christian Groups in the First Century* (London: Tyndale, 1960), 60. 그 이후의 연구는 이러한 평가를 강화하는 경향을 보였다. 다음을 보라. G. Theissen, *The Social Setting of Pauline Christianity* (Philadelphia: Fortress, 1978); W. Meeks, *The First Urban Christians: The Social World of the Apostle Paul* (New Haven: Yale University Press, 1983), 51-73; R. L. Rohrbaugh, "Methodological Considerations in the Debate over Social Class Status of Early Christians," *JAAR* 52 (1984): 519-46; R. Stark, "The Class Basis of Early Christianity: Influences from a Sociological

심할 여지 없이 일부는 사회경제적 수준이 낮은 계층에 속했지만, 다른 일부는 독립 공예가, 장인, 소규모 상인 계층에 속했을 수도 있었다. 다른 사람들은 여전히 집과 노예를 소유하고 여행할 수 있는 능력을 지닌 상당히 부유한 자들이었을 것이다(그런 의미에서 우리는 글로에나 스데바나 같이 고린도의 부유한 개종자들을 생각할 수 있다). 그런 사람들은 교육을 받았거나 적어도 친구나 노예를 통해 문학 작품을 접할 수 있었다. 아무튼 그들은 당대의 문학적 관습을 이해하고 감상하는 데 어려움이 없었을 것이다.

또한 양식비평가들이 19세기의 연구에서 도출한 "원시적" 민속 공동체에 대한 다소 낭만적인 시각을 가지고 작업하고 있다는 사실이 점점 더 분명해졌다.[27] 비록 1세기에는 문해율이 극도로 낮았지만, 초기 기독교의 상황을 "구전 사회"로 규정하는 것은 잘못된 것이다. 그 시대는 책과 글을 아는 세상이었다. 1세기의 엄청난 양의 파피루스 편지를 보면 문서를 통한 의사소통이 결코 드문 일이 아니었음을 알 수 있다. 특히 유대인들은 풍부하고 오래된 문서 전통을 가지고 있었으며, 매주 모임이나 축제에 함께 모여 이러한 텍스트를 낭독하고 해석하여 일상생활에 적용하는 관습이 있었

Model," *Sociological Analysis* 47 (1986): 216-25. 다수의 최근 연구는 그리 높지 않은 그룹을 지지하는 주장을 펼쳤다. 예를 들면 다음을 보라. J. J. Meggitt, *Paul, Poverty and Survival* (Edinburgh: T&T Clark, 1998); B. Longenecker, "Socio-Economic Profiling of the First Urban Christians," in *After the First Urban Christians: The Social Scientific Study of Early Christianity Twenty-Five Years Later*, ed. D. Horrell and T. Still (London: T&T Clark, 2009), 36-59.

27 따라서 H. Gamble, *Books and Readers in the Early Church: A History of Early Christian Texts* (New Haven: Yale University Press, 1995), 20.

다.[28] 우리는 묵시론적 사고를 하는 집단이 문학을 회피했다고 가정해서도 안 된다. 쿰란에서 발견된 수많은 텍스트는 말할 것도 없고, 이 시기의 풍부한 유대 묵시 문학은 묵시론적 기대가 텍스트 생산에 결코 걸림돌이 되지 않았음을 보여준다.

그러나 지난 수십 년 동안 가장 결정적으로 도전을 받았던 양식비평적 견해는 아마도 복음서 저자들이 편찬자와 편집자에 지나지 않았다는 가정이었을 것이다. 20세기 중반에 이르러 편집비평가들은 마가복음이 특정한 신학적 의제를 가진 지성적인 저자에 의해 의식적으로 집필되었다고 점점 더 주장하기 시작했고, 이러한 견해는 1970년대 이후 서사비평가들에 의해 크게 강화되었다. "대중 문학"과 "고급 문학"을 엄격하게 구분하는 것이 더 이상 유용하지 않다는 것도 곧 분명해졌다. 복음서 저자들은 타키투스, 수에토니우스, 플루타르코스처럼 우아함과 예술성을 갖추지 못했지만, 그렇다고 해서 그들의 작품에 문학적 가치나 예술적 장점이 없다는 의미는 아니었다.

대학 내에서 일어난 광범위한 구조적 변화도 한몫을 했다. 1970년대에는 영어권에서 고등교육이 확대되면서 미국과 영국에서는 종교학과가 생겨났다. 학자들은 이제 단순히 전통적인 "신약학"뿐만 아니라 훨씬 더

---

28 다음을 보라. J. Assmann, "Form as a Mnemonic Device: Cultural Texts and Cultural Memory," in *Performing the Gospel: Orality, Memory and Mark; Essays Dedicated to Werner Kelber*, ed. R. A. Horsley, J. A. Draper, and J. M. Foley (Minneapolis: Fortress, 2006), 78. 이 단락에서 이 개념에 대한 더 자세한 논의는 아래 158-60을 보라.

학제적인 맥락에서 사회학자, 인류학자, 철학자들과 공간을 공유하며 활동하는 경우가 점점 더 많아졌다. 이 시기에 초기 기독교 저술이 종교적·문화적·사회경제적 배경의 산물이라는 점을 강조하는 옛 "종교사학파"(*Religionsgeschichtliche Schule*)가 부활한 것은 우연이 아닐 것이다. 빌헬름 부세(Wilhelm Bousset)의 『주 그리스도』(*Kyrios Christos*)와 윌리엄 브레데(William Wrede)의 『메시아적 비밀』(*The Messianic Secret*)을 비롯하여 다수의 고전 작품이 최초로 영어로 번역되었다.[29] 성경 본문에 대한 사회학적 접근 방식의 부상과 함께 이러한 발전은 초기 기독교가 현실적인 고대 지중해의 맥락 속에 확고히 자리잡게 했다. 학자들은 이제 새로운 신앙의 구성원들이 주변 세계에 참여하고, 지배적인 문화를 인식하며, 외부 압력에 대응하고 적응하는 모습을 상상했다. 이러한 관점에서 볼 때 기독교 문서의 "고유성"에 대한 생각은 희미하고 시대착오적인 것처럼 보였다. 바울이 편지라는 일반적인 문학 양식을 통해 새로 설립된 교회와 소통하는 데 만족했다면 복음서 저자들은 왜 달라야 했을까?

이러한 모든 발전과 동시에 문학 이론가들은 장르라는 주제에 점점 더 관심을 보이게 되었고, 그들의 발견은 성경비평가들에게 영향을 주었다. 고유한 장르라는 개념이 의미가 없다는 것이 점차 분명해졌다. 텍스트는 의미를 전달하기 위해 기존의 방법을 사용해야 하고, 기존의 방법을 응

---

29 W. Bousset, *Kyrios Christos: A History of the Belief in Christ from the Beginnings of Christianity to Irenaeus*, trans. J. E. Steely (Nashville: Abingdon, 1970; German orig. 1913); W. Wrede, *The Messianic Secret*, trans. J. C. G. Grieg (Cambridge: Clarke, 1971; German orig. 1901).

용하고 변형할 수는 있지만, 완전히 새로운 장르를 통해 아이디어를 전달할 수 있다는 생각은 불가능해 보였다. 복음서의 주된 목적은 분명 소통이었으며, 완전히 새로운 양식은 그리스도를 따르는 사람이나 외부자가 결코 이해할 수 없었을 것이다. 이로써 복음서가 독특한 문학적 현상이라는 기존의 양식비평적 견해는 더 이상 지속될 수 없게 되었다.

1970년대와 1980년대에 이르러서는 학자들이 복음서의 일반적인 전례를 찾기 시작하는 새로운 지적 분위기가 형성되었다. 복음서가 전기라는 보토(Votaw)의 에세이가 재출판되기도 했지만,[30] 그리스-로마 세계가 과연 유비를 찾기에 가장 적합한 곳이었을까? 기독교가 발전한 유대 맥락을 고려할 때 유비를 찾는 작업을 시작하기에 가장 확실한 곳은 유대 세계 그 자체였다. 그러나 여기서 유사점은 우리가 예상하는 것보다 훨씬 설득력이 떨어졌다.

유대 배경?

히브리어 성경에는 아브라함(창 12-25장), 야곱(창 25-26장), 요셉(창 37-50장), 모세(출애굽기-신명기), 다윗(삼상 16장-삼하 5장), 엘리야/엘리사(왕상 17장-왕하 13장) 등 특정 주요 인물을 중심으로 구성된 "전기적 일화"라고 부

---

30   C. W. Votaw, *The Gospels and Contemporary Biographies in the Greco-Roman World* (Philadelphia: Fortress, 1970).

를 수 있는 내용이 담겨 있다. 그러나 이 모든 경우에 성경 저자의 관심은 인물 자체보다는 하나님과 이스라엘의 관계에 대한 더 넓은 이야기에서 그들이 맡은 역할에 초점이 맞추어져 있다.[31] 그리고 비록 히브리어 성경과 외경에는 개인의 이름(룻, 에스더, 유딧, 토빗)이 붙은 다수의 책이 있지만, 특별히 복음서와 일치하는 책은 없으며, 주인공의 생애와 죽음에 관한 이야기보다는 주인공의 삶에서 일어난 특정 사건에 초점을 맞추는 경향이 있다. 예언서 역시 개별 예언자의 이름을 담고 있지만, 예언자의 삶에 대한 기록을 제공하기보다는 하나님의 말씀을 보존하는 데 주로 관심을 두고 있다. 유대 성경 전체의 중심 주제는 하나님 그리고 하나님과 이스라엘의 구원사적 관계이며, 이 광범위한 이야기 안에서 등장인물은 오직 그들이 수행하는 역할만큼만 중요하다.

랍비 문헌에서도 비슷한 현상이 나타난다. 비록 개별 랍비들의 명언과 이야기는 많지만, 개별 현인들의 삶과 활동에 대한 일관된 기록을 제공하려는 시도는 없었다. 랍비 문헌을 편찬한 사람들의 초점은 랍비 선생 자체보다는 토라와 그 의미를 파악하려는 학문적 시도에 맞추어져 있었다. 필립 알렉산더(Philip Alexander)가 지적했듯이 랍비 전통의 그 누구도 기독

---

31 따라서 Aune, *Literary Environment*, 36–45; G. Strecker, *History of New Testament Literature*, trans. C. Katter with H.-J. Mollenhauer (Harrisburg, PA: Trinity Press International, 1997; German orig. 1992), 106–7; A. D. H. Mayes, "Biography in the Ancient World: The Story of the Rise of David," in *The Limits of Ancient Biography*, ed. B. C. McGing and J. Mossman (Swansea: Classical Press of Wales, 2006), 1–12. 그러나 이러한 기사의 전기적인 특징에 대한 더 긍정적인 평가는 다음을 보라. K. Baltzer, *Die Biographie der Propheten* (Neukirchen-Vluyn: Neukirchener Verlag, 1975).

교 사상에서 예수가 차지했던 위치를 점한 사람은 없었으며, 그들의 삶을 더 높은 수준으로 끌어올리려는 시도는 잘못된 것처럼 보였을 것이다.[32] 따라서 랍비 문헌은 우리에게 복음서와 실제적인 유사점을 제공하지 않는다. 또한 사해 주변의 쿰란에 모인 사람들도 (현대 학자들에게는 실망스럽겠지만) 그들의 "의의 선생"(Teacher of Righteousness)에 대한 전기를 쓰지 않았다.

복음서와 유사한 유대교 사례는 성경 시대 이후에 비로소 나타나기 시작했다. 예를 들어 순교자 텍스트는 기원전 2세기 안티오코스 4세 에피파네스의 박해 이후 인기를 얻게 되었다. 가장 유명한 것은 마카베오2서 6:18-7:42에 기록된 마카비 순교자들에 대한 기사이며, 이는 유대인들이 조상의 전통에 충실하도록 격려하기 위해 저술된 이야기다. 이 시기에는 유언 또는 긴 임종 장면이라는 장르도 두드러지게 나타난다. 예를 들어 1세기의 『아담과 하와의 생애』(*Life of Adam and Eve*)는 최초의 인류가 살았던 삶의 특정 에피소드에 대한 미드라쉬 기사로서 회개와 낙원으로의 귀환을 포함한 임종의 회고와 교훈이 담겨 있다.[33] 또 다른 1세기 텍스트인 팔레스

---

32 P. Alexander, "Rabbinic Biography and the Biography of Jesus," in *Synoptic Studies*, ed. C. Tuckett (Sheffield: JSOT Press, 1984), 19-50. 다수의 학자들은 유대 회당의 관습에서 유사점을 찾아 복음서가 초기 기독교 예배 정황에서 발전했으며, 매년 예배 기간 내내 낭독을 위한 용도로 설계되었다고 제안한다. 예를 들어 P. Carrington은 마가복음이 유대교의 전례력에 기초를 두고 있다고 제안했으며, M. Goulder와 E. Guilding은 각각 마태복음과 누가복음에 이와 흡사한 이론을 제안했다. 그러나 Aune, *Literary Environment*, 26-27은 이러한 이론이 지닌 난점을 간략하게 요약한다.

33 (현재 후대 그리스어 및 라틴어 버전으로만 남아 있는) 이 텍스트는 다음을 보라. M. D. Johnson, "*Life of Adam and Eve*: A New Translation and Introduction," in *The Old Testament Pseudepigrapha*, ed. J. H. Charlesworth (New York: Doubleday, 1985), 2:249-95. 또한

타인의 『예언자들의 생애』(*Lives of the Prophets*)는 스물세 명의 예언자의 생애(다니엘과 엘리야와 엘리사처럼 자신의 책이 없는 다수의 인물을 비롯하여 세 명의 대예언자와 열두 명의 소예언자)를 칭송하는 작품이다. 각각의 경우 저자는 예언자의 이름, 출신 지역, 죽음을 맞이하는 방식, 매장 장소를 알려준다. 예언자 중 여섯 명이 순교했지만, 저자는 이를 신학적으로 성찰하지도 않고, 윤리적 선생으로서 관심을 보이지도 않는다. 저자가 잠시 멈추어 일화를 이야기하면 그것은 기적이나 예언이 되기도 하는데, 일반적으로는 예언자의 매장지와 관련이 있다. 사실 이 모음집의 주된 목적은 예언자들의 매장지 목록과 그들의 기념비를 제공하는 것이었던 것 같다. 이것은 아마도 헤롯 1세가 죽은 자들을 추모하기 위해 다윗의 무덤 입구에 값비싼 흰 대리석 기념비를 세우게 한 원동력의 일부였을 것이다(Josephus, *Jewish Antiquities* 16.182).[34] 아무튼 이것은 이스라엘의 과거 인물들의 삶—그리고 특히 그들의 죽음—에 대한 새로운 관심이며, 하나님이 이스라엘을 다루시는 이야기에서 그들이 맡은 역할뿐만 아니라 어느 정도는 그 인물 자체에 대한 새로운 관심을 보여주는 것이다. [35] 아마도 복음서와 가장 유사한 유대교 작

W. Zemler-Cizewski의 리뷰 논문을 보라. "The Apocryphal Life of Adam and Eve: Recent Scholarly Work," *AThR* 86 (2004): 671-77.

34 따라서 D. R. A. Hare, "*The Lives of the Prophets*: A New Translation and Introduction," in Charlesworth, *The Old Testament Pseudepigrapha*, 2:379-99. 눅 11:47//마 23:29은 이 시기에 예언자들을 위해 무덤을 만드는 것을 언급하며, 히 11:37에서 나열하는 예언자들이 처형당한 여러 가지 방법(돌로 쳐 죽이기, 톱으로 썰기, 목 베기)은 『예언자들의 생애』에 나오는 유사한 전승과 관심을 반영하는 듯하다.

35 『이사야 승천기』의 첫 부분(3.13-4.22을 제외한 1-5장은 종종 『이사야의 순교』로 불림)은 만약 더 이른 시기의 유대 자료에 의존한 것이라면 한 예언자의 죽음에 대한 유사한 관심을

품은 필론의『모세의 생애』(*Life of Moses*)일 것이다. 알렉산드리아 출신의 이 철학자는 족장들의 전기를 다수 집필했다. 아브라함과 요셉의 전기는 알레고리를 많이 사용했으며, 아마도 그 대상은 유대인 청중이었을 것이다. 그러나『모세의 생애』는 서술 방식과 스타일에서 상당히 다르다. 이 책은 이방인을 대상으로 썼으며, 비록 필론은 그 위대한 율법 수여자에게도 반대자들이 있었다고 말하지만(*Life of Moses* 1.1-2),[36] 이 작품은 잘못된 오해를 반박하는 데는 별 관심이 없고 주인공에 대한 이상적인 이야기를 소개하는 데 관심이 많다. 루이스 펠드만(Louis Feldman)이 지적하듯이 필론은 "모세의 공식적인 전기"를 제시하면서 모세를 이상적인 왕, 율법 수여자, 대제사장, 예언자로 드러내고(*Life of Moses* 2.2-7), 유대교에서 가장 유명한 인물을 통해 유대교 신앙을 간접적으로 칭송한다.[37]

여기서 우리는 요세푸스가 성경을 재서술한 그의『유대 고대사』(*Jewish Antiquities*)와 다수의 중요한 유사점을 발견한다. 비록 역사적 틀 안에 들어 있긴 하지만, 이 내러티브는 (적어도 헤롯 1세가 통치할 때까지는) 대체로 어떤 특정 족장, 예언자 또는 왕을 둘러싼 일련의 준(準)전기에 해당한다. 요세푸스는 주인공들의 성격을 묘사할 때 헬레니즘적 서사시와 관습을 활용한다.

반영할 수 있다. 하지만 이 책의 현재 상태는 분명히 기독교 문서이며, 일반적으로 2세기 초의 문서로 추정된다.

36 반대자들에 대한 논평은 단순히 필론에게 그의 전기를 쓸 구실을 제공해주는 하나의 문학적 관행일 수 있다.

37 다음을 보라. L. H. Feldman, *Philo's Portrayal of Moses in the Context of Ancient Judaism* (Notre Dame: University of Notre Dame Press, 2007). 인용문은 7쪽에서 발췌함.

그들은 거의 예외 없이 좋은 가문 출신이며 용모가 준수하고 조숙하다. 그들은 경건과 부귀와 더불어 지혜, 용기, 절제, 정의라는 네 가지 주요 덕목을 보여준다.[38] 독자들은 유대 신앙의 창시자들과 지도자들이 그리스나 로마의 지도자들 못지않게 인상적이라는 것을 알게 될 것이다. 요세푸스는 영웅들의 행동을 강조하기 위해 하나님의 역할을 최소화하는 경향을 보였으며, 성경의 본래 이야기에 비하면 이야기에 훨씬 더 전기적인 느낌을 불어넣었다.[39] 이로써 우리는 이제 "이스라엘의 이야기"가 아니라 이와는 미묘하게 다른 "이스라엘의 과거 위인"의 이야기를 접하게 된다.

위의 마지막 몇 단락에서 언급한 모든 유대 텍스트는 헬레니즘의 문학적 관습의 영향을 받았으며, 필론이 그중에 가장 대표적인 예다.[40] 물론 유대인들도 이 시기에 헬레니즘의 문물을 많이 받아들였으며, 작품을 쓰기 위해 작가들이 그리스-로마의 모델을 찾는 것은 자연스러운 일이었다. 유대 작품 중에서 복음서와 가장 유사한 작품은 특히 헬레니즘의 전기 장르가 크게 영향력을 행사하기 시작하면서 등장한다. 따라서 다수의 학자들이

---

38 L. H. Feldman의 요약을 보라. *Studies in Josephus' Rewritten Bible* (Leiden: Brill, 1998), 546-51.

39 또다시 다음을 보라. Feldman, *Studies*, 568. 적어도 기원후 100년경에 출간된 요세푸스의 『유대 고대사』 재판(再版)에 부록으로 첨부된 『요세푸스의 자서전』을 지적하는 것도 가치가 있다. 과도하게 변증적인 이 작품은 주로 요세푸스의 전쟁 기록에 대해 그의 라이벌인 티베리아스의 유스투스가 제시한 적대적인 글에 대응하기 위해 집필되었다. 『요세푸스의 자서전』에 대해서는 다음을 보라. S. Mason, *Life of Josephus* (Boston: Brill, 2003).

40 그의 작품은 초기 그리스 모델, 특히 이소크라테스와 크세노폰(이 둘에 대해서는 다음 장을 보라)에 빚을지고 있으며, 모세의 이상적인 자질은 플라톤이 *Republic* 5.473D에서 주창한 것에 기초한다. 다음을 보라. Feldman, *Philo's Portrayal*, 7.

마가복음의 장르에 가장 가까운 선례를 유대 문학 장르가 아닌 그리스-로마 전기에서 발견한 것은 그리 놀라운 일이 아니다.

유대교 선례의 문제를 마무리하기 전에, 본 논의의 명확성을 위해 여기서 **내용**과 **장르**를 서로 구분하는 것이 유용할 것이다. 유대 경전이 예수의 이야기의 **내용**—복음서 자체와 초기 단계에서 복음서 저자들이 물려받은 전승 모두—에 지대한 영향을 미쳤다는 데는 의심의 여지가 없다. 마가는 분명히 유일신론, 선택, 언약이라는 성경의 폭넓은 주제와 예언서 및 다른 문헌에서 발전한 사상과 이미지를 활용했다. 그가 제시하는 예수의 초상에 유대적 뿌리는 논쟁의 여지가 없다. 하지만 마가는 적절한 문학 **장르**를 선택하는 데 있어 자신의 시선을 보다 더 광범위한 그리스-로마 세계로 돌렸다.

그리스-로마 전기의 귀환

지난 수십 년 사이에 복음서가 고대 전기의 한 유형이라는 견해는 점차 자리를 잡아 가고 있다. 초기의 연구는 복음서를 전기 전통의 한 가닥과 연결하려는 시도에 의해 방해를 받았다. 예를 들어 모지스 해더스(Moses Hadas), 모턴 스미스(Morton Smith), 헬무트 쾨스터(Helmut Koester)는 복음서가 "아레탈로지"(aretalogy, 신이나 영웅의 기적적인 행적에 대한 이야기)라고 주장했고,[41]

---

41   M. Hadas, *Hellenistic Culture: Fusion and Diffusion* (New York: Columbia University Press,

72   예수의 첫 번째 전기

필립 슐러(Philip Shuler)는 복음서를 "엔코미아"(*encomia*, 찬사)로 규정했다.[42] 또 다른 초기 선구자인 찰스 탈버트(Charles Talbert)는 다소 다른 방향에서 이 문제에 접근했다. 그는 『복음서는 무엇인가?』(*What Is a Gospel?*, 1977)에서 복음서를 전기로 규정하는 것에 대한 양식비평가들의 반론을 반박하면서[43] 마가복음은 실제로 "교회의 구세주에 대한 오해를 바로잡고 제자들이 따를 수 있도록 그를 진정한 모습으로 묘사하기 위해 기록된" 고대 전기의 한 특정 유형이라고 결론지었다.[44] 탈버트의 저서에 대한 평가는 엇갈렸지

1959), chap. 13; M. Hadas and M. Smith, *Heroes and Gods: Spiritual Biographies in Antiquity* (New York: Harper and Row, 1965); H. Koester, "One Jesus and Four Gospels," *HTR* 61 (1968): 230-36; M. Smith, "Prolegomena to a Discussion of Aretalogies, Divine Men, the Gospels and Jesus," *JBL* 90 (1971): 174-99. 그러나 이것의 중심에 있는 문제가 많은 "신인"(divine man)의 개념과는 별개로 "아레톨로지"가 하나의 독특한 장르를 형성했다는 증거는 거의 없다. 이 입장에 대한 평가는 다음을 보라. H. C. Kee, "Aretalogy and Gospel," *JBL* 92 (1973): 402-22.

42 P. L. Shuler, *A Genre for the Gospels: The Biographical Character of Matthew* (Philadelphia: Fortress, 1982). Shuler의 저서 서평자들은 찬사적 전기에 대한 그의 초점이 지나치게 협소하다고 보는 경향이 있다. 그가 찬사의 중요한 부분으로 본 많은 특징들이 사실은 전기 문학에서 더 폭넓게 공유되고 있었다(예를 들어 확대 및 비교 기법). 그리고 비록 칭송이 분명히 복음서의 특징이긴 했지만, 믿음을 끌어내려는 중심 목적은 찬사가 제공하는 것보다 더 폭넓은 범주를 필요로 했던 것 같다. 예를 들어 다음을 보라. Stanton, "Matthew: βίβλιος, εὐαγγέλιον, βίος," 1198-99.

43 C. H. Talbert, *What Is a Gospel? The Genre of the Canonical Gospels* (Philadelphia: Fortress, 1977). 그는 주로 Bultmann의 연구를 활용하여 양식비평의 주장을 지탱하는 세 "기둥"을 확인했다. (1) 복음서는 신비적인 세계관을 보여준다. (2) 복음서는 제의적(cultic) 배경에서 나왔다. (3) 복음서는 문학 활동에 도움이 되지 않는 세상을 부정하는 견해를 가진 공동체들에서 나왔다. 그는 첫 두 기둥은 다른 전기에도 똑같이 적용될 수 있지만, 세 번째 기둥은 사실이 아니라고 주장했다.

44 Talbert, *What Is a Gospel?*, 134.

만,[45] 그의 짧은 책은 학자들의 상상력을 자극하고 복음서 장르에 대한 질문을 다시금 제기하는 데 결정적인 역할을 했다.[46]

1980년대에는 특히 독일에서 이 주제와 관련된 많은 논문이 발표되었으며, 1984년은 정점을 찍은 해로 기억된다. 그 해에는 후베르트 칸치크(Hubert Cancik)가 쓴 두 편의 소논문이 출간되었다. "복음서 장르"(Die Gattung Evangelium)라는 제목의 첫 번째 소논문에서 칸치크는 현대 전기와 고대 전기 간의 차이점을 지적하면서 후자는 교육적 목표가 강하고, 종종 주인공의 삶과 성격을 본보기로 제시하는 경향이 있다고 주장했다. 일화, 어록, 허구적인 꾸밈, 순교는 모두 일반적으로 전기 작가의 주장을 뒷받침하는 데 사용되었다. 비록 유대 청중들은 종종 예수의 생애를 예언자들의 생애와 연결했지만, 이방인들은 마가의 작품을 다소 이국적이긴 하지만 단순히 전기로 읽었을 것이라고 칸치크는 결론지었다. 두 번째 소논문에서 칸치크는 마가복음을 루키아노스의 『데모낙스』와 비교하면서 두 작품의 구조와 목적이 유사하다는 점에 주목했다.[47] 이 두 소논문은 같은 해에 영향력 있는 학술지인 「로마 세계의 흥망성쇠」(*Aufstieg und Niedergang der*

---

45 가장 혹독한 비평은 그가 낯선 영역으로 돌진했다고 비난한 D. E. Aune에게서 나왔다. "Review of C. H. Talbert," in *Gospel Perspectives*, 2:9-60.

46 전기에 대한 다른 초기 연구에는 자신의 출간된 강의에서 마가복음을 "거칠고 거슬리는 전기"라고 부른 J. Drury의 소논문도 포함된다. "What Are the Gospels?," *ExpTim* 87 (1976): 324-28.

47 H. Cancik, "Die Gattung Evangelium: Das Evangelium des Markus im Rahmen der antiken Historiographie," in *Markus—Philologie*, ed. H. Cancik (Tübingen: Mohr Siebeck, 1984), 85-113; H. Cancik, "Bios und Logos: Formgeschichtliche Untersuchungen zu Lukians 'Demonax,'" in Cancik, *Markus*, 115-30.

Römischen Welt)에 실렸다. 클라우스 베르거(Klaus Berger)는 신약성경의 헬레니즘적 장르에 관한 소논문에서 복음서와 가장 유사한 작품은 고대 전기라고 결론지었고,[48] 데틀레프 도르마이어(Detlev Dormeyer)와 후베르트 프랑케묄레(Hubert Frankemölle)는 신약성경과 후기 저술에서 "복음"이라는 용어의 발전을 분석하고, 수 세기에 걸쳐 복음서에 붙여진 일반 명칭을 조사했으며, 고대 전기로서 마가복음에 대한 몇 가지 관찰 사항을 제시했다.[49]

미국에서는 버논 로빈스(Vernon Robbins)가 마가복음과 크세노폰의 『소크라테스의 회상』을 비교하면서 두 작품에서 제자들을 부르는 것부터 스승의 죽음에 이르기까지 비슷한 관계와 대화의 흐름을 발견했다. 비록 두 텍스트 사이에는 상당한 차이점도 있지만, 로빈스는 "크세노폰의 『소크라테스의 회상』과 마가복음의 근간을 이루는 기본적인 요소는 주변 사람들과의 상호작용을 통해 성숙한 모습을 보여주는 종교-윤리적 스승의 모습"이라고 결론지었다.[50] 몇 년 후 데이비드 오니(David Aune)는 『신약성경의 문학적 환경』(*The New Testament in Its Literary Environment*, 1987)이라는 중요한 연구서에서 복음서를 변형된 전기의 형태로 규정했다. 즉 양식과 기능 면에서는 헬레니즘적이지만, 내용 면에서는 유대적이라는 것이다. 그는 전기

---

48   K. Berger, "Hellenistische Gattungen im NT," *ANRW* II 25.2:1031-1432.

49   D. Dormeyer and H. Frankemölle, "Evangelium als literarische Gattung und als theologischer Begriff. Tendenzen und Aufgaben der Evangelienforschung im 20. Jahrhundert, mit einer Untersuchung des Markusevangeliums in seinem Verhältnis zur antiken Biographie," *ANRW* II 25.2:1543-1704. 또한 다음을 보라. Frankemölle's *Evangelium—Begriff und Gattung: Ein Forschungsbericht* (Stuttgart: Katholisches Bibelwerk, 1988).

50   V. Robbins, *Jesus the Teacher: A Socio-Rhetorical Study of Mark* (Philadelphia: Fortress, 1984).

1장 전기로서의 마가복음   75

의 복합성과 유연성을 하나의 장르로서 강조하며, 복음서가 그 특수성에도 불구하고 고대의 전기적 관습의 범주 안에 안정적으로 자리 잡을 수 있었음을 보여주었다.[51]

그러나 해당 논의에 대한 가장 유의미한 연구는 1992년에 영국의 리처드 버릿지(Richard Burridge)라는 학자에게서 나왔다.[52] 다른 연구들은 복음서를 특정 전기와 비교하거나 일반적으로 전기의 범위를 자유롭게 넘나드는 경향을 보인 반면, 버릿지는 복음서를 대략 열 권의 동시대 전기(다섯 권은 복음서보다 이른 시기의 것, 그리고 나머지 다섯 권은 그 이후의 것)와 비교했다. 각 전기는 (1) 서문, (2) 주제, (3) 외적 특징(운율, 길이, 구조, 규모, 문학적 단위, 자료 사용, 인물 묘사 방법), (4) 내적 특징(설정, 주제/모티프, 문체, 어조, 묘사 수준, 사회적 배경과 상황, 저자의 의도 및 목적) 등 네 가지 항목으로 분석했다.[53] 모든 예에서 이러한 특징이 나타나는 것은 아니었지만, 그 유사성은 그룹 전

---

51 Aune, *Literary Environment*, esp. 46-76; 또한 다음을 보라. "The Gospels as Hellenistic Biography," *Mosaic* 20 (1987): 1-10. 최근에 Aune는 마가가 단순히 그리스-로마 전기와의 경합보다는 그것에 대한 반응으로, 즉 사실상 전기 장르에 대한 패러디로 썼다고 주장했다. D. E. Aune, "Genre Theory and the Genre-Function of Mark and Matthew," in *Mark and Matthew I, Comparative Readings: Understanding the Earliest Gospels in Their First-Century Setting*, ed. E.-M. Becker and A. Runesson (Tübingen: Mohr Siebeck, 2011), 145-75. 마가가 1세기 그리스도인들의 반문화적·사회적·종교적 가치를 촉진한다는 점은 의심할 여지가 없지만(우리는 이 점에 대해 다음 장들에서 여러 차례 언급할 것이다), "패러디" 자체는 장르가 아니며, 잘 알려진 장르를 사용하면서도 사회의 기준을 풍자하는 것은 전적으로 가능하다(『아이소포스의 생애』가 가장 좋은 예라고 하겠다).

52 R. A. Burridge, *What Are the Gospels? A Comparison with Graeco-Roman Biography* (Cambridge: Cambridge University Press, 1992). 앞으로 나는 원판의 쪽수를 그대로 유지한 제3판(Waco: Baylor University Press, 2018)을 인용할 것이다.

53 특히 다음을 보라. Burridge, *What Are the Gospels?*, 105-23.

체에서 "가족 유사성"(family resemblance)을 입증할 수 있을 만큼 충분했다. 버릿지의 접근 방식의 장점은 복음서가 전기로 분류되기 위해 선택한 전기(또는 심지어 어떤 그룹의 전기)의 모든 면과 모두 일치할 필요는 없으며, 허용 가능한 변수의 범위 내에서 광범위하게 일치하기만 하면 된다는 점을 보여 주는 것이었다.

버릿지에 따르면 전기의 특징은 한 개인의 삶(그리고 주로 죽음)에 집중한다는 점이다. 하지만 그 외에도 매우 다양한 방식이 존재할 수 있다. 저자는 연대기적 접근 방식이나 주제별 접근 방식, 또는 이 두 가지를 혼합한 방식을 자유롭게 채택할 수 있다. 전기 작가는 전 생애를 고르게 다루는 것을 목표로 할 수도 있고, 다른 시기를 희생하면서 특정 시기를 강조하는 것을 선택할 수도 있다.

복음서를 전기로 분류하는 데 반대하는 일반적인 주장에는 복음서(특히 마가복음)에서 예수의 죽음에 할애한 지면과 중요성이 포함되지만,[54] 버릿지는 여러 전기에서 영웅의 죽음을 똑같이 강조했음을 보여주었다. 플루타르코스는 아티쿠스에 관한 기사에서 코르넬리우스 네포스가 그랬던 것처럼 카토의 죽음을 길게 묘사했고, 필로스트라토스는 전기의 사 분의 일을 티아나의 아폴로니우스의 재판과 죽음에 할애했다.[55] 고대 전기 작가

---

54 따라서 M. Edwards, "Gospel and Genre: Some Reservations," in *The Limits of Ancient Biography*, ed. B. C. McGing and J. Mossman (Swansea: Classical Press of Wales, 2006), 51–75.

55 정확한 통계에 따르면 각 작가는 카토의 죽음에 대해 17.3%, 네포스의 죽음에 대해 15%, 아폴로니우스의 죽음에 대해 26.3%(주인공의 재판을 포함하면)를 할애한다. 다음을 보라.

들의 작업 방식에는 분명 상당한 유연성이 있었으며, 이러한 관점에서 볼 때 복음서는 한 장르에서 허용하는 변수의 범위 내에 편안하게 들어맞는다.

버릿지의 접근 방식에서 빼놓을 수 없는 것은 장르 이론에 대한 그의 관심이다. 그는 장르는 정해진 규칙과 엄격한 요구 사항을 따르는 고정된 실체가 아니라 유동적이고 탄력적인 것, 즉 창의적인 작가에 의해 다양한 방식으로 변형될 수 있는 "유연한 기대의 집합"이라고 강조한다. 장르는 "경계와 명칭이 바뀌는 역동적이고 유연한 범주"다.[56] 우리는 마가복음의 모든 특징이 플루타르코스나 수에토니우스 또는 다른 저자의 작품처럼 전기적 "이상"과 완벽하게 일치할 것이라고 기대해서는 안 된다. 작가들이 한 장르를 자유자재로 다루며 때로는 그 한계까지 밀어붙이는 것이 글쓰기의 본질이며 창의적인 작가들의 본질이다. 또한 장르가 중복된다고 해서 놀랄 필요도 없다. 신약 시대에는 산문 서사의 여러 유형 사이의 경계가 다소 모호해졌다. "역사와 찬사와 도덕 철학" 사이의 교차점에 자리 잡은 전기는 이러한 상호보완적인 장르의 특징을 쉽게 받아들일 수 있었다.[57] 우리

Burridge, *What Are the Gospels?*, 133, 160, and 163.

56 인용문은 다음에서 발췌함. Burridge, What Are the Gospels?, 54, 47. 또한 Aune, "Genre Theory."

57 Burridge, *What Are the Gospels?*, 54, 67. 이와 비슷한 생각은 또한 다음을 보라. Aune, "Genre Theory," 149-52; J. Fitzgerald, "The Ancient Lives of Aristotle and the Modern Debate about the Genre of the Gospels," *Restoration Quarterly* (1994): 209-21; C. B. R. Pelling, "Breaking the Bounds: Writing about Julius Caesar," in *The Limits of Ancient Biography*, ed. B. C. McGing and J. Mossman (Swansea: Classical Press of Wales, 2006), 256; 그리고 다음의 책 편집자들의 서론을 보라. McGing and Mossman, *Limits*, ix-xx.

는 학자들이 이러한 다른 장르의 특징을 복음서에서 발견했다고 해서 전혀 놀랄 필요가 없다. 마가복음의 줄거리에는 때때로 그리스 비극,[58] 고대 소설, 역사 또는 묵시 문학에서 가져온 모티프가 포함될 수 있다. 그러나 이러한 특징들 중 어느 것도 복음서가 "전기"로 분류되는 광범위한 작품들 가운데 아주 쉽게 자리 잡을 수 있었다는 사실을 바꾸지는 못한다.[59] 이 모든 것은 특정한 관습에 얽매이지 않고 다양한 소재와 전통을 기꺼이 활용했던 한 저자의 모습을 보여준다.

버릿지 이후에 진행된 연구는 그의 결론을 강화하는 경향을 보여주었다.[60] 물론 이것은 모든 사람이 설득되었음을 의미하지는 않는다. 일부

---

58 따라서 예를 들면 B. H. M. G. M. Standaert, *L'Evangile selon Marc: Composition at Genre Litteraire* (Nijmegen: Stichting Studentenpers, 1978); A. Stock, *Call to Discipleship: A Literary Study of Mark's Gospel* (Wilmington, DE: Michael Glazier, 1982); M. A. Beavis, *Mark's Audience: The Literary and Social History of Mark 4.11-12* (Sheffield: JSOT Press, 1989).

59 Aune는 전기 이론에 대한 비평 대부분이 장르에 대한 지나치게 융통성 없는 생각을 하는 이들로부터 나온다는 것을 통찰력 있게 지적한다. "Genre Theory," 167.

60 D. Frickenschmidt는 사실상 포괄적이라고 할 수 있는 문헌학 연구에서 같은 시기의 142권의 전기 작품을 비교했으며, Burridge와 유사하게 복음서가 문학적으로 같은 과(科)에 속한다는 결론을 내렸다. *Evangelium als Biographie: Die vier Evangelien im Rahmen antiker Erzählkunst* (Tübingen: Francke, 1997). 또한 다음을 보라. A. Dihle, "The Gospels and Greek Biography," in *The Gospel and the Gospels*, ed. P. Stuhlmacher (Grand Rapids: Eerdmans, 1991), 361-86(약간의 불안한 마음과 함께); C. Bryan, *A Preface to Mark: Notes on the Gospel in Its Literary and Cultural Settings* (New York: Oxford University Press, 1993), 9-64. 1992년 이후의 연구에 대해서는 다음을 보라. Burridge's second edition of What Are the Gospels?, 96-104; 또한 Walton, "*What Are the Gospels?*," 81-93; 그리고 더 최근에는 Burridge의 제3판에 실린 서론적 에세이를 보라. *What Are the Gospels?*, 1.1-112.

학자들은 여전히 마가복음을 일종의 역사적 단행본,[61] 소설[62] 또는 무언가 덜 확정적인 것으로 보는 것을 선호하며 여전히 유보적인 태도를 취한다.[63] 하지만 시계추는 확실히 복음서를 고대의 전기로 보는 쪽으로 기울었다. 다수의 신약성경 입문서는 이제 학생들에게 복음서를 전기로 소개한다. 예를 들어 바트 어만(Bart Ehrman)의 매우 인기 있는 신약학 교과서를 사용하는 학생들은 "복음서는 (현대 전기와 대조를 이루는) 일종의 그리스-로

---

61 비록 누가-행전에 관한 글이긴 하지만, G. Sterling은 요세푸스의 『유대 고대사』도 속해 있는 동양의 "변증적 역사 서술"(apologetic historiography)을 식별한다. *Historiography and Self-Definition: Josephus, Luke-Acts and Apologetic Historiography*, NovTSupp 64 (Leiden: Brill, 1991). A. Y. Collins는 마가복음을 에녹1서, 다니엘, 쿰란의 페셰르, 요세푸스 등의 방식을 따른 하나의 "묵시적 역사 단행본"(apocalyptic historical monograph)으로 간주한다. 다음을 보라. *Is Mark's Gospel a Life of Jesus? The Question of Genre* (Milwaukee: Marquette University Press, 1990). 최근에 E.-M. Becker는 이 복음서를 그리스-로마 역사 서술로 분류했다. *Das Markus-Evangelium im Rahmen Antiker Historiographie* (Tübingen: Mohr Siebeck, 2006). C. C. Black은 마가복음을 전기로 인정하지만, 이것을 "역사 장르의 한 종류"로 본다. "Mark as Historian of God's Kingdom," *CBQ* 71 (2009): 64-83.

62 M. A. Tolbert는 이것을 대중적인 헬레니즘적 소설 또는 로맨스로 본다. *Sowing the Gospel: Mark's World in Literary-Historical Perspective* (Minneapolis: Fortress, 1989). 또 다른 한편으로 M. E. Vines는 마가복음의 배경을 유대 문학에서 찾기를 원하며, 이 복음서가 (유대) 소설이라고 결론짓는다. *The Problem of Markan Genre: The Gospel of Mark and the Jewish Novel*, Academia Biblical 3 (Atlanta: Scholars Press, 2002).

63 N. Petersen은 복음서가 모두 같은 장르에 속하지 않는다고 주장한다. 그는 "플롯 유형"을 생각하는 것이 더 유용하며, (예를 들어) 마가복음은 "은닉/인식 유형"의 한 예라고 제안한다 ("Can One Speak of a Gospel Genre?," *Neot* 28 [1994]: 153). M. Edwards도 수난 기사에 할애한 분량뿐만 아니라 기적 기사의 숫자를 문제시하며 마가복음이 전기라는 것에 대해 의문을 제기한다. "Gospel and Genre: Some Reservations," 51-75. 그리고 J. Marcus는 마가복음이 "본래 기독교 예배 정황에서 공연한 좋은 소식에 대한 드라마"라고 제안한다. 비록 드라마, 전기, 성경 역사의 특징이 이 작품 안에 모두 들어 있지만, Marcus는 이것은 "기독교의 예배 정황과 밀접하게 연관되어 있기 때문에 새로운 창작물"이라고 주장한다. *Mark 1-8*, AYB (New Haven: Yale University Press, 2002), 69.

마 전기다"라는 내용을 접하게 될 것이다.[64] 『블랙웰 신약성경 핸드북』(*The Blackwell Companion to the New Testament*)은 복음서가 "고대 그리스-로마 전기 또는 비오스(*bios*)의 하위장르"라고 선언한다.[65] 또한 학문적인 『앵커 성경 사전』(*Anchor Bible Dictionary*, 1992)뿐만 아니라 『새 해석자들의 성경 사전』 (*New Interpreters' Bible Dictionary*) 2007년도 개정판과 『예수와 복음서 사전』 (*Dictionary of Jesus and the Gospels*)의 2013년도 개정판도 대다수 학자가 복음서를 고대 전기로 본다고 말한다.[66] 또한 고전학자들의 최근 연구에서도 복음서를 고대 전기의 "정경"으로 받아들였다는 사실은 주목할 만하다. 예를 들어 토마스 해그는 그의 기념비적인 저서인 『고대 전기의 예술』(*The Art of Biography in Antiquity*, 2012)에서 한 장을 복음서에 할애한다. 해그는 특히 마가복음에 몇 가지 특이한 점이 있다고 지적하면서도 복음서가 다른 동시대

---

64 B. Ehrman, *The New Testament: A Historical Introduction to the Early Christian Writings*, 5th ed. (Oxford: Oxford University Press, 2012), 84.

65 D. C. Duling, "The Gospel of Matthew," in *The Blackwell Companion to the New Testament*, ed. D. Aune (Oxford: Wiley-Blackwell, 2010), 300.

66 W. Vorster, "Gospel, Genre," ABD, 2:1077-79; D. Aune, "Gospels," *NIDB*, 2:637-39은 "다양한 요소가 많은 이들로 하여금 복음서가 그리스-로마 전기의 한 독특한 유형이라고 확신하게 만들었다"고 말한다(638); R. A. Burridge, "Gospel, Genre," *DJG*, 335-42은 "20세기 말 이후로 복음서 장르에 대한 전기적 이해가 학계의 합의된 견해가 되었다"고 말한다(340). 물론 Aune와 Burridge는 모두 복음서 장르 논쟁에 깊이 관여했지만, 그들이 이 소논문 집필을 의뢰받았다는 사실은 그들의 견해가 얼마나 탁월한지를 보여주는 척도가 된다. 좀 더 (다소 지나치게) 신중한 평가는 "마가복음의 장르를 문학적 선례나 고대 문학의 유사성의 관점에서 확인하려는 시도는 서로 상반된 결과를 가져왔다"고 제안하는 W. R. Telford의 *Writing on the Gospel of Mark* (Dorchester: Deo, 2009), 9을 보라(비록 그는 마가복음을 그리스-로마 전기로 보는 것이 하나의 "인기 있는 접근법"이라고 말하지만).

다른 전기와 크게 다르지 않으며 별로 특별하지도 않다고 주장한다.[67] 이와 마찬가지로 최근에 편집된 고전 세계의 전기 학술집에는 복음서에 대한 에세이가 하나 이상 포함되어 있다.[68] 신약학 연구에서 "합의"에 대해 언급하는 것은 항상 위험하지만, 복음서가 고대의 전기로 이해하는 것이 가장 좋다는 견해는 확실히 지배적인 학문적 입장이 되었다.

최근 25년

그러나 본서의 서론에서 언급했듯이 최근에 가장 주목할 만한 "발견"—다양한 해석학적 가능성을 수반하는—중 하나로 여겨졌던 것이 이제는 극히 당연한 것이 되어버렸다. 복음서를 그리스 전기 문학 안에 배치할 수 있는 엄청난 잠재력은 소수의 연구를 제외하고는 여전히 거의 제자리 걸음을 하는 듯 보였다.[69]

---

67 Hägg, *Art of Biography*, 148-86.

68 McGing and Mossman, *Limits*는 (문화적으로나 연대적으로) 전기 장르의 경계에 있는 작품들을 구체적으로 탐구하려는 관심과 함께 복음서를 전기에 포함하지만, 또한 다음의 두 책을 보라. R. Ash, J. Mossman, and F. B. Titchener, eds., *Fame and Infamy: Essays for Cristopher Pelling on Characterization in Greek and Roman Biography and Historiography* (Oxford: Oxford University Press, 2015). 이 책에서 T. Morgan의 글은 복음서에 특별한 관심을 보인다. K. De Temmerman and K. Demoen, eds., *Writing Biography in Greece and Rome: Narrative Technique and Fictionalization* (Cambridge: Cambridge University Press, 2016). 이 책에서 D. Konstan and R. Walsh의 글은 상당 부분 복음서에 관한 논의가 주를 이룬다.

69 최근 25년 사이에 출간된 저서에 대한 철저한 비평은 다음을 보라. Burridge, *What Are the Gospels?*, 3rd ed., I.1-112. 여기서 Burridge의 목적은 전기 이론이 대체로 설득력이 있었음을 보여주는 것이지만, 그의 에세이는 이 이론이 얼마나 미미하게 개척되어 있었는지를 간접적

물론 논쟁을 주도한 사람들은 새로운 장르 분류에 대한 연구를 빠르게 추진해나갔다. 오니(Aune)의 원저서는 전기 장르에 비추어 마가복음을 한 장 분량으로 평가했고[70] 도르마이어(Dormeyer)는 마가복음을 그리스-로마 전기와 유대성경의 역사서 및 예언서(특히 모세. 다윗, 솔로몬, 엘리야, 이사야)의 이상화된 전기적 삽화의 융합으로 제시했다.[71] 버릿지는 장르를 사용하여 복음서의 기독론을 강조하고, 최근에는 복음서에 내재된 윤리적 측면을 강조하기도 했다.[72] 리처드 보컴(Richard Bauckham)은 복음서가 특정 "공동체들"을 위해 기록되었다는 지배적인 견해에 반대하며 복음서가 광범위하게 보급되는 것을 목적으로 기록되었다는 자신의 중요한 논증을 펼치는 데 장르를 활용했다.[73] 또한 크레이그 키너(Craig Keener)와 에드워드 라이트(Edward Wright)는 고대 전기의 역사적 신빙성에 초점을 맞춘 논문집을 편

으로 보여준다. 나는 이 에세이에 대한 출간 이전 교정쇄를 보여준 데 대해 그에게 감사한다.

70 다음을 보라. Aune, *Literary Environment*, 특히 2장(마가복음에 관하여).

71 D. Dormeyer, *Das Markusevangelium als idealbiographie von Jesus Christus, dem Nazarener* (Stuttgart: Verlag Katholisches Bibelwerk, 1999; 2nd ed., 2002).

72 R. Burridge, *Four Gospels, One Jesus? A Symbolic Reading*, 2nd ed.(Grand Rapids: Eerdmans, 2005; first published 1994)은 일반 청중을 위해 기록된 사복음서의 기독론을 탐구했다. 또한 그의 유용한 논평은 다음을 보라. "Reading the Gospels as Biography," in McGing and Mossman, *Limits*, 31-49; 윤리에 관해서는 다음을 보라. R. Burridge, *Imitating Jesus: An Inclusive Approach to New Testament Ethics* (Grand Rapids: Eerdmans, 2007).

73 R. Bauckham, ed., *The Gospels for All Christians: Rethinking Gospel Audiences* (Grand Rapids: Eerdmans, 1998), 9-48; 또한 같은 책에 수록된 Burridge의 소논문을 보라. "About People, by People, for People: Gospel Genre and Audiences," 113-45. Bauckham은 다수의 출판물을 통해 복음서를 전기로 이해할 필요성을 강조했다. 예를 들어 다음을 보라. *Jesus and the Eyewitnesses: The Gospels as Eyewitness Testimony* (Grand Rapids: Eerdmans, 2006), 『예수와 그 목격자들』(새물결플러스 역간); *Testimony of the Beloved Disciple: Narrative, History, and Theology in the Gospel of John* (Grand Rapids: Baker Academic, 2007).

집했다.[74] 이제 복음서 주석은 서론에 "장르"에 대한 섹션을 포함하는 것이 일반적이다. 비록 많은 사람들이 전기가 가장 적합하다고 결론을 내리지만, 이러한 결정이 작품의 해석에 어떤 차이를 가져왔는지 항상 명확하지만은 않다.[75] 어떤 이들은 심지어 특정 복음서를 전기로 읽으려고 시도하지만, 그 결과는 종종 일관성이 없다.[76] 불과 몇십 년 전만 해도 그렇게 시급해 보였던 문제에 비해 연구 문헌은 그리 많지 않으며, 장르에 전혀 관심을 기울이지 않고서도 복음서의 기원에 관한 긴 책을 쓰는 것이 여전히 가능하다(서평자에게도 그리 특별할 것이 없다는 점은 말할 것도 없고).[77]

그렇다 하더라도 "그렇다면 그것이 무슨 의미일까?"라는 후속 질문은

---

74 C. S. Keener and E. T. Wright, eds., *Biographies and Jesus: What Does It Mean for the Gospels to Be Biographies?* (Lexington: Emeth, 2016). 이 주제와 참고문헌에 관해서는 아래 136-42을 보라.

75 마가복음에 관해서는 예컨대 다음을 보라. R. H. Stein, *Mark*, Baker Exegetic Commentary on the New Testament (Grand Rapids: Baker Academic, 2008), 19-21. 일반적으로 요한복음은 이 부분에서 좀 더 나은 경향이 있다(아마도 폐기해야 할 케케묵은 양식비평적 생각이 적기 때문일 것이다). 예컨대 다음을 보라. C. S. Keener, *The Gospel of John: A Commentary* (Peabody, MA: Hendrickson, 2003), 1:3-34; A. T. Lincoln, *The Gospel according to John* (Peabody, MA: Hendrickson, 2005), 14-17.

76 B. Witherington은 마가복음을 전기로 읽는다. 비록 내 생각에는 언제나 일관되진 않지만 말이다. *The Gospel of Mark: Socio-Rhetorical Commentary* (Grand Rapids: Eerdmans, 2001).

77 예를 들어 다음을 보라. Francis Watson, *Gospel Writing: A Canonical Perspective* (Grand Rapids: Eerdmans, 2013); R. Bauckham의 비평, "Gospels before Normativization: A Critique of Francis Watson's *Gospel Writing*," *JSNT* 37 (2014): 198-99. 복음서를 전기로 보는 다른 유용한 연구는 다음과 같다. Bryan, *Preface to Mark*; D. B. Capes, "*Imitatio Christi* and the Gospel Genre," *BBR* 13 (2003): 1-19; K. Keefer, *The New Testament as Literature: A Very Short Introduction* (Oxford: Oxford University Press, 2008), 23-29; A. T. Lincoln, *Born of a Virgin? Reconceiving Jesus in the Bible, Tradition and Theology* (Grand Rapids: Eerdmans, 2013).

여전히 필요해 보인다. 마가가 역사나 신학 논문이나 서신을 쓴 것이 아니라 전기를 썼다는 것이 과연 어떤 차이가 있는가? 이러한 장르 분류는 마가의 작품의 저술과 목적에 관해 어떤 단서를 제공해주는가? 본서의 나머지 부분은 이러한 질문들을 다룰 것이다. 그러나 우리는 먼저 고대 전기에 대한 올바른 이해가 필요하다. 이 작품들의 특성은 무엇이며, 전형적인 특징은 무엇일까?

2장

고대 전기

전기는 유명 인사의 생애(즉 그의 인격과 업적)의 의미를 전달하며, 선택적으로 출신과 청년기에 관한 서사와 죽음과 영속적인 의미에 관한 서사의 틀 안에 배치된다.

—데이비드 오니[1]

모든 인간 사회는 영웅들의 이야기를 전했다. 길가메시 서사시부터 오디세우스의 방랑 이야기에 이르기까지 위인(때때로 여성들)의 대담한 행동과 업적은 평범한 사람들의 존경과 동경의 대상이 되어왔다. 서로 공유된 민족적 영웅들에 대한 이야기들은 친족, 부족, 민족의 유대를 강화한다. 이 이야기들은 불안한 사회적 또는 정치적 상황에서 안정감을 조성하고 집단에서 중요하게 여기는 자질과 가치를 명확하게 표현한다. 그러나 헬레니즘 시대에 이르러서야 독특한 전기적 스타일의 글쓰기가 발전하기 시작했으며, 헬레니즘 말기와 제국 초기에 "황금기"를 누렸다. 본 장의 목적은 이러한 고대 전기에 대한 개요를 제공하는 것이다. 전기라는 장르는 어떻게 역사 기록에서 더 보편적으로 등장하게 되었나? 저자가 전기를 쓰게 된 이유는 무

---

1 D. E. Aune, *The New Testament in Its Literary Environment* (Philadelphia: Westminster, 1987), 27.

엇일까? 전기가 해당 인물을 구성하는 방법과 목적은 무엇인가? 전기 문학에서 죽음의 장면은 얼마나 중요한가? 그리고 작가들은 진실과 허구의 경계선을 어디에 긋는가? 이 모든 것을 확실하게 파악할 때 비로소 우리는 마가의 전기를 다루는 장으로 넘어갈 수 있을 것이다.

전기의 출현

문학 양식으로서 전기의 기원과 발전은 오랫동안 논의되어 왔지만, 어느 정도는 여전히 모호한 상태로 남아 있다. 많은 고대 문학에 대한 우리의 지식이 단편적이기 때문에 정확한 진화 과정을 파악하기는 어렵다.[2] 하지만 다행히도 우리의 목적에 비추어볼 때 전기의 기원에 대한 정확한 설명은 불필요하며, 우리가 주목해야 할 것은 마가에게 친숙했을 전기의 유형으로 이어진 몇 가지 주요 궤적뿐이다.

독특한 전기적 글쓰기 방식을 향한 첫 번째 움직임은 기원전 5세기 초에 시작되었다. 이 무렵 그리스인들은 외국 땅과 다른 민족에 대한 깊은 관심을 갖게 되었고, 역사가 헤로도토스는 자신의 작품에 인물 묘사를 포함하기 시작하여 역사와 전기의 "아버지"라는 찬사를 받게 되었다.[3] 심지어

---

2   관련 논의는 다음을 보라. A. Momigliano, *The Development of Greek Biography* (Cambridge, MA: Harvard University Press, 1971); P. Cox Miller, *Biography in Late Antiquity: A Quest for the Holy Man* (Berkeley: University of California Press, 1983), 3-16; T. Hägg, *The Art of Biography in Antiquity* (Cambridge: Cambridge University Press, 2012), 67-98.

3   인물에 대한 헤로도토스의 역동적인 개념과 윤리적 진실 탐구에 대한 관심은 다음을 보라.

다소 더 엄격한 투키디데스도 때때로 전기에 가까운 내용을 쓰기 위해 본 주제에서 벗어났으며, 사건이 인간 행동에 미치는 심리적 영향에 뚜렷한 관심을 보였다.[4] 이 시기에 "개인"에 대한 관심이 커지면서 위대한 삶을 기념하려는 관심(종종 장례식 맥락에서)이 문학뿐만 아니라 미술과 조각을 비롯한 다양한 매체에서 표현되었다.[5] 4세기경 아리스토텔레스와 그의 추종자들(소요학파)은 위인들의 삶에서 얻은 일화를 미덕과 악덕의 예시로 사용하기 시작했다.[6] 아리스토텔레스의 제자 테오프라스토스는 그의 학파가 동물과 식물에 대해 했던 것처럼 인물의 특성을 분류하고 각각의 특성을 설명하기 위해 전기적 삽화를 썼다.[7] 학자들은 시인들의 작품이나 동시대 사람들의 일화를 바탕으로 시인들의 삶을 엮어냈고,[8] 아이소포스, 알렉산드로

E. Baragwanath, "Characterization in Herodotus," in *Fame and Infamy: Essays for Christopher Pelling on Characterization in Greek and Roman Biography*, ed. R. Ash, J. Mossman, and F. B. Titchener (Oxford: Oxford University Press, 2015), 17-35.

4 Aune는 투키디데스가 주제에서 벗어나는 다수의 사례를 제시한다. 쿨론(1.126.3-12); 파우사니아스(1.128-34), 테미스토클레스(1.138). *Literary Environment*, 29.

5 물론 나는 "개인"이란 용어를 오늘날 우리가 이해하는 의미로 사용하지 않고, 사람들이 자신의 가족과 친척 이상의 정체성을 가질 수 있다는 의미로 사용한다. 관련 논의는 다음 논문집의 서론을 보라. C. B. R. Pelling, *Characterization and Individualism in Greek Literature* (Oxford: Clarendon, 1990), especially v-vii.

6 소요학파에 관해서는 다음을 보라. Hägg, *Art of Biography*, 67-98. 아리스토텔레스와 그의 추종자들은, 비록 일화에 관심을 가졌지만, 결코 온전한 전기를 출판하지는 않았다. G. L. Huxley, "Aristotle's Interest in Biography," *Greek, Roman and Byzantine Studies* 15 (1974): 203-13.

7 Theophrastus, *On Character*; 이 작품은 서른 가지 성격에 대한 스케치를 포함하고 있다(추가로 아래를 보라).

8 오직 이 작품의 단편들만 현재 남아 있다. 이 가운데 한 인물의 발전상에 대해서는 다음을 보라. M. R. Lefkowitz, "The Euripides *Vita*," *Greek, Roman and Byzantine Studies* 20 (1979): 187-210.

스 대제, 호메로스와 같은 영웅에 대한 대중적 로맨스는 교육 수준이 훨씬 더 낮았다.[9]

그러나 첫 번째 전기 저작의 영예는 일반적으로 에바고라스에 대한 글(기원전 370년경에 씀)에서 자신이 최초로 장례식 추도사를 산문으로 바꾼 사람이라고 주장한 이소크라테스에게 돌아간다. 엄밀히 말하면 그의 작품은 위대한 인물을 존경하고 그의 기억을 보존하기 위한 찬사의 글이지만, 한 인간의 삶에 초점을 맞춘 것은 뚜렷한 유형의 전기 문학으로 나아가는 중요한 움직임이었다. 아테네의 동시대 군인이자 수사학자였던 크세노폰은 페르시아의 키루스 대왕의 교육에 대한 다소 환상적인 이야기인 『키루스의 교육』(Cyropaedia)과 활기차고 겸손하며 친근하고 온화하며 친구들에게 관심을 기울이는 모범적인 스파르타인 왕을 묘사한 『아게실라오스』(Agesilaus)를 모두 저술했다.

얼마 지나지 않아 (추론상) 이소크라테스의 제자인 테오폼포스는 주인공의 성격이 지배하는 역사 전체를 구성하여 헤로도토스를 능가했다. 그의 『필리피카』(Philippica)는 58권으로 구성된 방대한 분량의 작품으로, 방대한 분량에도 불구하고 주로 필리포스 2세의 생애와 업적에 초점을 맞췄다. 폴리비오스는 그리스가 아닌 한 사람을 중심으로 역사를 구성한 작품에 대

---

9   Hägg, *Art of Biography*, 99-147. 비록 이 익명의 "텍스트들"에 대한 최초기 버전은 로마 시대로 추정되지만, 훨씬 더 일찍이 개방적이고 유동적인 형태로 유통되었을 개연성이 있다. "개방적인 텍스트"로서 『알렉산드로스의 로맨스』에 관해서는 다음을 보라. D. Konstan, "The 'Alexander Romance': The Cunning of the Open Text," *Lexis* 16 (1998): 123-38.

해 경멸했지만(*Histories* 2.8.10), 테오폼포스는 위대한 역사적 사건보다는 필리포스 자신과 이야기 속 주요 인물들의 감정과 동기에 더 관심을 보였다. 이 작품은 역사에 대한 강한 도덕적 접근이 특징이며, 필리포스에 대한 초점은 단순히 위인에 대한 호기심이 아니라 유혹에 직면한 위대한 지도자의 강점과 약점에 대한 관심으로 이어졌다. 테오폼포스는 전기에서 필리포스를 유럽이 배출한 최고의 인물이라고 칭했지만, 책 전체에서 그의 행동을 평가하는 데 주저하지 않았으며, 적절하다고 판단되는 경우 칭찬을 하거나 (훨씬 더 자주) 비난을 가하기도 했다.[10]

테오폼포스의 대작은 이후 오랫동안 필리포스에 대한 표준 작품이 되었다. 또한 이 작품은 역사 서술에 대한 준(準)전기적 접근 방식을 도입하여 그의 후계자들에게 큰 영향을 미쳤다. 기원전 1세기에 테오폼포스를 열렬히 추종했던 할리카르나소스의 디오니시오스는 그의 『로마사』(*Roman Antiquities*)에서 공인들의 미덕과 악덕을 포함하여 그들의 삶과 업적에 대해 논의했다.[11] 그리고 기원후 1세기 후반에 요세푸스는 그의 『유대 고대사』(*Jewish Antiquities*)에서 위인들의 삶으로 유대 성경을 개작했다.[12]

이 작품들은 고대에 다양한 장르 사이의 경계가 매우 불투명하고 유연

---

10   테오폼포스에 관해서는 다음을 보라. I. A. F. Bruce, "Theopompus and Classical Greek Historiography," *History and Theory* 1 (1970): 86-109; G. Shrimpton, "Theopompus' Treatment of Philip in the 'Philippica,'" *Phoenix* 31 (1977): 123-44; M. R. Christ, "Theopompus and Herodotus: A Reassessment," *ClQ* 43 (1993): 47-52.
11   예컨대 다음을 보라. 5.48.2-4(푸블리콜라에 관하여), 8.60-62(코리올라노스에 관하여).
12   위 71을 보라.

했다는 사실을 상기시킨다. 전기와 역사, 또는 전기와 찬사의 구분은 항상 명확하지 않으며, 수사학, 도덕적인 글 또는 논쟁과 연관된 요소들은 어느 쪽에서나 발견할 수 있다.[13] 또한 헬레니즘 시대는 지중해 동부 전역에서 문학적 생산성이 매우 높았던 시기로, 참신함과 유연성, 그리고 실험이 활발했던 시기였다는 점도 주목할 필요가 있다.[14] 그러나 고대 이론가들은 종종 새로운 장르에 대한 성찰이 느렸으며, 이 새로운 장르는 점차 무언가 역사와 구별될 수 있는 것으로 드러났다.[15] 플루타르코스는 알렉산드로스 대제에 대한 연구의 서두에서 "우리가 쓰고 있는 것은 역사가 아니라 전기"라고 선언하면서 이 둘을 구분한 것으로 유명하다. 그는 역사는 유명한 행동과 사건을 다루는 반면, 전기에서는 한 사람의 성격이 종종 세세한 부분을 통해 더 적절하게 드러난다는 차이점이 있다고 말했다(*Alexander* 1.1-2). 이 구분은 탁월하고 유용하지만, 현실은 그렇게 항상 명확하지 않았다.

그리스 전기의 발전에 가장 큰 영향을 미친 인물은 단연 소크라테스이며, 특히 크세노폰의 『소크라테스의 회상』(*Memorabilia*)은 훨씬 더 후대의 전기 문학의 표본이 되었다. 플라톤은 실제로 자기 스승의 전기를 쓴 적은

---

13 따라서 R. A. Burridge, *What Are the Gospels? A Comparison with Graeco-Roman Biography*, 3rd ed. (Waco: Baylor University Press, 2018), 62-63.

14 J. Fitzgerald, "The Ancient Lives of Aristotle and the Modern Debate about the Genre of the Gospels," *Restoration Quarterly* (1994): 210-11.

15 자신의 저술에 대한 고대 전기 작가들의 (보기 드문) 성찰 모음에 관해서는 다음을 보라. S. Adams, "What Are *bioi/vitae*? Generic Self-Consciousness in Ancient Biography," in *The Oxford Handbook of Ancient Biography*, ed. K. De Temmerman (Oxford: Oxford University Press, 2020).

없지만, 티베리우스의 점성술사였던 트라실루스는 소크라테스의 마지막 몇 시간 동안의 다양한 모습을 담은 네 편의 작품(에우튀프론, 소크라테스의 변론, 크리톤, 파이돈)을 엮어 위대한 철학자의 재판과 죽음에 대한 이야기를 효과적으로 창작했다.[16] 소크라테스의 명성으로 "그 철학자"가 일반적이고 잘 알려진 전기의 소재가 되었으며, 플라톤, 피타고라스, 견유학파 디오게네스 등 더 잘 알려진 몇몇 철학자들은 헬레니즘 시대와 로마 시대에 걸쳐 여러 전기의 주인공이 되었다. 기원전 2세기에 사모사타의 루키아노스는 소피스트인 페레그리누스의 우스꽝스러운 삶과 죽음을 비웃는 패러디를 쓰면서도 자신의 스승인 데모낙스를 격찬하는 글도 쓸 수 있었다. 3세기 초에 필로스트라토스는 『티아나의 아폴로니우스의 생애』(*Life of Apollonius of Tyana*)라는 긴 전기를 집필했고, 디오게네스 라에르티오스는 그의 『저명한 철학자들의 생애』(*Lives of Eminent Philosophers*)를 썼다. 후자의 야심 찬 프로젝트는 철학의 기원으로부터 잇따르는 개인 철학자들의 전기에 이르기까지 철학 자체의 발전을 이끌며 사실상 "각 철학자를 가계도의 특정 위치에 배치하면서 철학의 계보"를 창조했다.[17]

공화정 말기에 등장한 라틴어 전기는 철학자보다는 황제, 정치가, 장

---

16 다음을 보라. Diogenes Laertius, *Lives of Eminent Philosophers* 3.56-61; 9.45. 소크라테스의 또 다른 제자인 안티스테네스도 위대한 스승에 관한 글을 썼는데, 이 글은 더 이상 남아 있지 않다.

17 W. James, "Diogenes Laertius, Biographer of Philosophers," in *Ordering Knowledge in the Roman Empire*, ed. J. König and T. Whitmarsh (Cambridge: Cambridge University Press, 2007), 146.

군 등 사회 구조를 지탱하는 공적 인물에 더 집중하는 경향이 있었다. 이 전기들은[18] 조상, 공적 명예, 엘리트 코스 밟기(한 사람의 군사 및 정치 관직), 장례식 연설 등 로마인들의 전통적인 관심사와 잘 어울렸다.[19] 그러나 초기 제국 시대에 전기 문학의 중요성이 커진 또 다른 이유가 있었는데, 그것이 바로 원수(*princeps*)의 등장이었다. 이 시기의 라틴어 역사 문헌은 거의 남아 있지 않지만, 이 시기에는 일반적으로 로마 사람들의 행적에서 황제의 행적으로 초점만 좁혀진 것으로 보인다. 역사가들은 여전히 외국 전쟁과 장군들에 대해 글을 쓸 수 있었지만, 황제의 영향력은 모든 당대 역사가 궁극적으로 그의 영광을 기록한다는 것을 의미했다. 크리스티나 셔틀워스-크라우스(Christina Shuttleworth-Kraus)가 지적하듯이 "로마에 관한 역사에서 황제에게 구현된 로마에 관한 역사"로의 전환이 일어났다.[20] 타키투스조차도 극도로 공화주의적인(ultra-republican) 형식의 연보(annals, 집정관의 연간 순환제를 반영하도록 설계된)를 채택했지만, 그의 작품이 역대 황제들의 전기를 나열하는 것에 불과하다는 사실을 피하기는 어려웠다. 타키투스는 티베리우스에 관한 섹션에서 그의 이름을 자주 생략하고 단순히 "그"라고만 언급한

---

18 "전기"(biography, 그리스어 *biographia*에서 유래한)라는 단어는 기원후 5세기까지 사용되지 않았다. 그리스인들은 자신들의 문학 작품을 *bios*(전기)라고 불렀고, 로마인들은 *vita*(전기)라고 불렀다. 이 두 단어는 "생애" 또는 "이력"을 의미했을 뿐만 아니라 주인공의 "삶의 방식"이라는 더 폭넓은 의미를 포함했다.

19 로마의 정치적 전기에 관해서는 다음을 보라. Hägg, *Art of Biography*, 187-238.

20 C. Shuttleworth Kraus, "From Exempla to Exemplar? Writing History around the Emperor in Flavian Rome," in *Flavius Josephus and Flavian Rome*, ed. J. Edmondson, S. Mason, and J. Rives (Oxford: Oxford University Press, 2005), 183.

것으로 유명하다.[21] 아피아노스와 디오 카시우스의 작품에서도 이와 비슷한 특징이 나타나는데, 크리스토퍼 펠링(Christopher Pelling)은 이것을 내러티브의 "전기적 구조화"(biostructuring)라고 불렀다.[22] 결국 이 역사가의 개인적인 의견과 상관없이 카이사르는 모든 역사적·정치적 담론의 중심이 되었다.

초기 제국 시대 이후의 많은 라틴어 전기는 위인들의 전기 모음집의 일부가 된다. 가장 오래 살아 남은 라틴어 전기는 코르넬리우스 네포스의 백과사전적인 『명사전』(On Famous Men)의 일부다. 전체 작품은 적어도 16권의 책으로 구성되었지만, 현재는 "유명한 장군들에 관하여" 섹션만 몇 명의 다른 전기와 함께 남아 있다. 네포스는 공화정 말기에 쓴 이 작품에서 당대의 본보기로 삼기 위해 지중해의 유명인사들을 다양하게 소개했다. 이러한 약전(略傳)에는 다양한 문화권의 매우 다른 인물들이 특정 표제(장군, 역사가 등) 아래 모여 있으며, 청중들이 그들의 미덕(또는 미덕의 부재)을 되돌아보도록 독려한다. 네포스는 뛰어난 문체를 갖고 있지는 않지만, 사려 깊고 꼼꼼한 편찬자였으며, 아마도 이 시대에 인기를 끌었던 정치 위인전의 창시자였을 것이다.[23]

---

21 Kraus, "From Exempla to Exemplar," 185.
22 C. B. R. Pelling, "Breaking the Bounds: Writing about Julius Caesar," in McGing and Mossman, *Limits*, 258.
23 네포스를 사려 깊은 정치적 전기 작가로 회복시키려는 유용한 논의는 다음을 보라. R. Stern, *The Political Biographies of Cornelius Nepos* (Ann Arbor: University of Michigan Press, 2012); R. Stern, "Shared Virtues and the Limits of Relativism in Nepos' *Epaminondas* and *Atticus*," *CJ* 105 (2009): 123-36; M. M. Pryzwansky, "Cornelius Nepos: Key Issues and Critical

한 세기 반이 지난 기원후 96년 도미티아누스의 암살 이후 로마 문학의 부흥기에 그리스어로 쓴 플루타르코스의 『영웅전』(*Parallel Lives*)은 네포스에게서 영감을 받은 것으로 보인다. 그러나 네포스가 하나의 표제하에 일련의 전기를 나열했다면, 플루타르코스의 위대한 천재성은 (일반적으로 로마인 한 명과 그리스인 한 명으로 구성된) 한 쌍의 전기를 신중하게 선택했다는 데 있다. 그리고 네포스의 전기는 약전에 불과했지만, 플루타르코스의 전기는 규모가 훨씬 더 컸고, 주인공의 생애를 어느 정도 더 깊이 있게 다루었다. 『영웅전』은 교양 있고 여유로운 삶을 즐기는 계층 사이에서 큰 인기를 끌었으며, 현재는 스물두 쌍의 전기가 남아 있다.[24] 이와 비슷한 맥락에서 수에토니우스도 황제의 전기를 집필했다. 그의 『황제열전』(*Lives of the Caesars*)은 율리우스 카이사르부터 도미티아누스까지 열두 명의 로마 황제의 삶을 기록하고 있으며, 폭넓은 주제하에 주인공 각자의 성격을 적절하게 잘 서술하고 있다. 아우구스투스는 모범적인 황제로서 사후에 신격화될 자격이 충분히 있는 훌륭한 원수(*princeps*)였다. 엄밀히 말하면 율리우스 카이사르가 원수인 적이 없었다는 점을 고려하면 우리는 왜 수에토니우스가

Approaches," *CJ* (2009): 97-108; J. Beneker, "Nepos' Biographical Method in the Lives of Foreign Generals," *CJ* 105 (2009): 109-21.

24 플루타르코스에 관해서는 다음을 보라. D. A. Russell, "On Reading Plutarch's Lives," *G&R* 13 (1966): 139-54; *Plutarch* (London: Duckworth, 1973); J. Geiger, "Nepos and Plutarch: From Latin to Greek Political Biography," *Illinois Classical Studies* 13 (1988): 245-56; C. B. R. Pelling, *Life of Antony* (Cambridge: Cambridge University Press, 1988); T. Duff, *Plutarch's Lives: Exploring Virtue and Vice* (Oxford: Oxford University Press, 1999); Hägg, *Art of Biography*, 239-81.

그로부터 시작했는지 의문을 가질 수 있다. 그 이유는 수에토니우스의 주군인 하드리아누스가 아우구스투스와 마찬가지로 전임 황제에게 입양된 덕에 그의 지위를 얻었고, 또 율리우스 카이사르의 독재를 시작으로 아우구스투스와 하드리아누스 사이의 유사점을 강화함으로써 황제에게 아첨할 뿐만 아니라 암묵적으로 왕위에 대한 그의 주장도 강화했다고 볼 수 있기 때문이다.[25] 아니면 존 헨더슨이 제안한 것처럼 수에토니우스는 아우구스투스와 율리우스 카이사르의 삶에서 제국의 긍정적 특성과 부정적 특성을 모두 보여주려고 의도했을 수도 있다.[26]

전기가 한 사람의 행적을 설명하거나 (종종 저자가 공유하는) 어떤 특정한 관점을 정당화하기 위해 사용될 수 있다는 생각은 흔히 있는 일이었다. 언뜻 보기에 네포스의 친구인 아티쿠스에 대한 전기는 다소 평범해 보이지만, 바로 그 점이 핵심이다. 삼두정치의 혼란과 옥타비아누스의 집권을 그다지 좋아하지 않았던 네포스는 아티쿠스의 정치적 참여 부족을 칭찬하기 위해 글을 썼다. 그의 영웅은 공적 생활에 등을 돌리고 내전에 편승하지 않았으며, 의식적으로 문학과 골동품 수집을 통해 편안한 노후를 보내며 폭풍우를 피하는 것을 선호했다. 네포스에게는 이러한 선택이 옳은 선택이었

---

25   따라서 D. Wardle, *Suetonius: Life of Augustus* (Oxford: Oxford University Press, 2014), 9. 플루타르코스는 갈바와 오토의 전기도 집필했다. 이에 Wardle은 그가 아마도 기원전 31년부터 기원후 69년에 이르기까지 로마의 원수 정치의 첫 100년을 다룸으로써 플라비우스 왕조의 새로운 시작을 알리고 싶어 했을 수도 있다고 제안한다(Wardle, *Suetonius*, 8).

26   J. Henderson, "Was Suetonius' Julius a Caesar?," in *Suetonius the Biographer: Studies in Roman Lives*, ed. T. Power and R. K. Gibson (Oxford: Oxford University Press, 2014), 81-110.

으며, 실제로 옛 공화주의적 삶의 방식을 보존할 수 있는 유일한 선택이었다.[27] 타키투스 역시 기원후 97-98년에 쓴 아그리콜라의 전기에서 그를 시민적·군사적 전문성과 개인적 청렴성의 모범으로 소개하며, 나쁜 황제가 통치하는 동안에도 선량한 사람이 어떻게 행동할 수 있는지를 보여준다. 이 작품은 타키투스의 장인에게 바치는 적절한 찬사이지만, 여기서도 어느 정도의 사심을 발견하는 것은 그리 어렵지 않다. 타키투스 자신도 도미티아누스 치하에서 잘 지냈기 때문이다. 이 작품은 고개를 숙이고 품위 있고 절제된 방식으로 주어진 임무를 수행함으로써 아그리콜라나 타키투스와 같은 사람들이 스스로 목숨을 끊어 큰 찬사를 받았던 화려한 스토아 반대파보다 궁극적으로 로마 국가에 더 유용하게 봉사했음을 보여준다.[28]

그러나 다른 작가들은 소(小) 카토(기원전 95-46년)를 반역 정서를 자극하는 인물로 삼아 전기를 더욱 전복적인 방식으로 사용하기도 했다. 율리

---

27 특히 아티쿠스에 관해서는 다음을 보라. F. Millar, "Cornelius Nepos, 'Atticus,' and the Roman Revolution," in *Rome, the Greek World, and the East*, vol. 1, *The Roman Republic and the Augustan Revolution*, ed. G. M. Rogers and H. M. Cotton (Chapel Hill: University of North Carolina Press, 2002), 346-73; Stern, "Shared Virtues." 네포스의 『아티쿠스』는 고대에 전기 대상이 살아 있는 동안에 출간된 첫 번째 전기다(아티쿠스의 죽음에 관한 이야기는 재판(再版)에 나온다(1.9.1).

28 타키투스의 『아그리콜라』에 관해서는 다음을 보라. D. Sailor, "The Agricola," in *A Companion to Tacitus*, ed. V. E. Pagan (Chichester: Wiley-Blackwell, 2012), 23-44; A. J. Woodward with C. S. Kraus, *Tacitus: Agricola* (Cambridge: Cambridge University Press, 2014); B. C. McGing, "Synkrisis in Tacitus' *Agricola*," *Hermathena* 132 (1982): 15-25. 도미티아누스 치하에 이루어진 타키투스의 출세에 관해서는 그의 다음과 같은 글을 보라. *Histories* 1.1.3 and *Annals* 11.11. 타키투스의 유일한 전기 작품이 황제에 관한 것이 아니라는 점을 지적하는 것도 흥미롭다.

우스 카이사르의 사면 제안을 받아들이기보다는 스스로 목숨을 끊는 것을 선호했던 스토아주의자 카토의 삶은 지지자와 반대자 모두에게 많은 관심을 불러일으켰다. 스토아 반대파의 한 명인 트라세아 파에투스는 네로 치하에서 공직에서 물러나 『카토의 생애』(Plutarch, *Cato the Younger* 37.1)를 썼으며, 아룰레누스 루스티쿠스는 도미티아누스 시대에 파에투스를 찬양하는 전기를 썼다가 곧바로 처형당했다.[29]

이미 잘 알려져 있듯이 고대 전기의 가장 두드러진 특징 중 하나는 다양성이다. 데이비드 오니가 지적했듯이 고대의 전기 작가는 문학적 목적뿐만 아니라 주인공의 성격, 활용 가능한 증거, 자신의 문학적 능력에 따라 다양한 선택권이 주어졌다. 전기는 진지한 것부터 희극적인 것까지, 주인공에 대한 칭찬부터 비난까지, 극도로 교훈적인 것에서부터 대체로 오락적인 것까지 다양한 위치를 차지할 수 있다. 작품의 구조도 다양할 수 있다. 어떤 작가는 광범위한 연대기적 배열을 선호하는 반면, 다른 작가는 주제별 접근 방식을 선호하고, 어떤 작가는 작품을 연속적인 내러티브로 구성하는 반면, 다른 작가는 일화만 나열하는 데 만족하는 경우도 있다.[30] 대부분의 전기가 역사와 찬사 사이의 어딘가에 위치했지만, 그 경계가 유연했기

---

[29] (플루타르코스가 카토에 관한 자신의 저서에서 사용한) 트라세아 파에투스의 작품에 대한 재구성은 다음을 보라. J. Geiger, "Munatius Rufus and Thrasea Paetus on Cato the Younger," *Athenaeum* 57 (1979): 48-72. 카토의 결말에 관한 이야기는 아래 121-23을 보라.

[30] 유용한 논의는 다음을 보라 Aune, *Literary Environment*, 34-35. 우리는 3장에서 구조에 관한 문제를 다룰 것이다.

때문에 다른 장르와 관련된 특징들을 쉽게 흡수할 수 있었다.[31] 그러나 이러한 다양성에도 불구하고 고대 전기의 두 가지 특징이 분명하게 드러나는데, 첫째는 위대한 삶을 기념하려는 관심과 둘째는 그것으로부터 배우고자 하는 도덕적 열망이다. 우리는 이 두 번째 관심사에 더 주목할 필요가 있다.

전기와 도덕성

그리스인과 로마인의 교육 제도는 모방(또는 *mimēsis*)의 개념에 기초했다. 이것은 문학 저술의 영역과 도덕성의 영역에서도 나타났다. 전자의 경우에는 학생들이 탁월한 수준에 도달하기 위해 과거의 위대한 작품을 모방하도록 장려했으며, 후자의 경우에는 위인들의 생애에 대한 관심이 탁월한 도덕성의 본보기 역할을 했다.[32] 퀸틸리아누스는 소년들이 모방하도록 세워진 기준이 그들에게 도덕적 교훈을 전달해야 하고(*Institutes of Oratory* 1.1.35-36), 선생은 자신의 행동으로 좋은 모범을 보여주어야 한다(2.2.8)는 의견을 갖고 있었다. 마찬가지로 디온 크리소스토모스는 소크라테스가 호메로스에

---

31 따라서 Burridge, *What Are the Gospels?*, 62-63

32 유용한 논의를 위해서는 다음을 보라. E. A. Castelli, *Imitating Paul: A Discourse of Power* (Louisville: Westminster John Knox, 1991), 59-87. 비록 누가-행전에 초점을 맞추고 있지만 또한 다음을 보라. W. S. Kurz, "Narrative Models for Imitation in Luke-Acts," in *Greeks, Romans, Christians: Essays in Honor of Abraham J. Malherbe*, ed. D. L. Balch, E. Ferguson, and W. A. Meeks (Minneapolis: Fortress, 1990), 171-89. 저술 모방에 대해서는 다음을 보라. Dionysius of Halicarnassus, *On Imitation*; Quintilian, *Institutes of Oratory* 10.2; Longinus, *On the Sublime* 13.

게서 배웠는데, 그를 개인적으로 만나서가 아니라 이미 알고 있던 그의 말과 행동을 본받음으로써 배웠다고 주장했다(*Discourses* 55.4-5).[33]

덕목이나 악덕을 보여주는 짧은 훈화(라틴어로는 *exempla*, 그리스어로는 *paradeigmata*)는 호메로스만큼 이른 시기에 나타났으며, 그리스와 로마의 내러티브 기법에서 꾸준히 사용되었다. 그러나 아우구스투스 시대 초기부터 본보기에 대한 관심이 점점 더 커지기 시작했다. 문학 영역에서 바로(Varro)는 (지금은 남아 있지 않은) 그리스와 로마의 유명한 인물 700명의 초상을 산문과 풍자시를 곁들여 작품을 썼다.[34] 비슷한 맥락에서 아우구스투스는 로마 역사와 전설에 등장하는 유명한 인물들의 조각상을 새 연회장 양옆에 세웠는데, 각 조각상에는 그의 직책과 업적이 새겨져 있었다. 이 인물들은 아우구스투스 자신뿐만 아니라 후대 원수들에게 적합한 행동을 보여주는 본보기로 삼기 위한 것이었다(Suetonius, *The Divine Augustus* 31). 철학자들 역시 역사적 훈화를 예로 들어 본받아야 할 미덕과 피해야 할 악덕을 설명하는 것이 일반적이었다. 세네카와 다른 스토아학파는 특히 동시대 사람들의 도덕적 약점에 맞서 끊임없이 싸울 때 훈화를 교훈적으로 사용하는 데 관심이 많았는데, 한번은 세네카가 유익한 내용을 이미 표시한 책을 친구 루킬리우스에게 보낸 적이 있다(*Moral Epistles* 6.5). 역사가들도 도덕적 삽화를

---

33 나는 이 문헌에서 다음의 글에 빚을 지고 있다. D. Capes, "*Imitatio Christi* and the Gospel Genre," *BBR* 13 (2003): 3-7.

34 Pliny, *Natural History* 35.11; Aulus Gellius, *Attic Nights* 3.10. 다음을 보라. Millar, "Cornelius Nepos," 362.

잘 활용했다. 예를 들어 타키투스는 역사의 첫 번째 의무는 "공로를 기록으로 남기고 악한 언행으로 후손에게 공포와 불명예를 남기지 않도록 하는 것"이라고 선언했으며(*Annals* 3.65), 그의 작품은 독자들에게 미덕을 심어주고 자신의 도덕적 어려움을 극복할 수 있도록 안내하는 예시로 가득 차 있다.[35]

훈화(*exempla*)는 웅변의 세계에서 항상 특히 소중히 여겨져 왔다. 아리스토텔레스는 훈화 사용을 옹호했으며, 능숙한 훈화 사용은 문법학자들과 수사학자들의 작품에서 자주 논의되는 주제였다.[36] 티베리우스 치하에서 발레리우스 막시무스는 로마와 외국에서 수집한 거의 1,000개의 역사적 훈화를 모아 여러 가지 보편적인 표제(종교, 거짓 종교심, 징조, 용기 등)로 분류한 『기념할 만한 업적과 어록』(*Memorable Doings and Sayings*)을 편찬해 큰 인기를 끌었다. 수사학 학교의 젊은이들은 연설에 사용하기 위해 훈화를 활용했지만, 그 못지않게 중요한 것은 이 작품이 고전 시대의 도덕적 가치에 대한 "요령 안내서"(cheat's guide)를 제공했다는 점이다. 사회적 이동성과 불확실성의 시대에 이 훈화집은 신흥 기업가 계층과 "새로운 남성"을 위한

---

35 타키투스의 인용문은 다음의 글에서 발췌하였음. Moore and Jackson, LCL 249. 훈화 (*exempla*)에 관해서는 다음을 보라. H. W. Lichfield, "National Exempla *Virtutis* in Roman Literature," *HSCP* 25 (1914): 1-71; A. J. Malherbe, *Moral Exhortation: A Greco-Roman Sourcebook* (Philadelphia: Westminster, 1986), 135-38; C. Skidmore, *Practical Ethics for Roman Gentlemen: The Work of Valerius Maximus* (Exeter: University of Exeter Press, 1996), 3-27; W. Turpin, "Tacitus, Stoic *exempla*, and the *praecipuum munus annalium*," *Classical Antiquity* 27 (2008): 359-404.

36 Aristotle, *Rhetoric* A2.1356a35-b6. 추가로 다음을 보라. Cicero, *On Invention* 1.49; *Rhetoric for Herennius* 4.62.

종합 참고서로서 현대적 행동의 모델을 제시했다.[37]

전기적 전통에는 항상 다른 사람의 삶을 관찰함으로써 배우고자 하는 의식이 강했다. 어떤 의미에서 전기는 일종의 훈화(exempla)였다.[38] 에바고라스의 아들 니코클레스에게 다음과 같이 말한 이소크라테스도 이 점을 이미 분명히 알고 있었다.

> 게으름을 피우지 않고 좋은 사람이 되기를 원하는 이들에게 동료들의 품격과 그들의 생각과 목적을 모방하는 것은 쉽다. 그러니까 발화된 말에 담긴 것들 말이다. 내가 이 담화를 쓰기로 한 이유는 자네와 자네의 자녀와 에바고라스의 다른 모든 후손들을 위해 누군가가 그의 업적을 모아 말로 장식하여 너의 사색과 연구를 위해 그것들을 자네에게 제출하는 것이 가장 좋은 동기 부여가 될 것이라고 믿었기 때문이다. 우리는 다른 사람들을 칭찬함으로써 젊은이들에게 철학 공부를 권유하고, 이로써 그들이 찬사를 받는 사람들을 본받아 그와 같은 일을 하기를 바란다. 그러나 나는 다른 사람이 아니라 자네와 자네의 가족을 예로 들어 자네와 자네의 가족에게 호소하며, 자네가 말이나 행동에서 그

---

[37] 발레리우스 막시무스와 그의 작품에 관해서는 다음을 보라. W. M. Bloomer, *Valerius Maximus and the Rhetoric of the New Nobility* (Chapel Hill: University of North Carolina Press, 1992); Skidmore, *Practical Ethics*; and H. J. Walker, *Valerius Maximus: Memorable Deeds and Sayings; One Thousand Tales from Ancient Rome* (Indianapolis: Hackett, 2004), esp. xiii–xxiv.

[38] 디오게네스 라에르티오스의 『저명한 철학자들의 생애』는 이에 대한 몇 안 되는 예외 중 하나다. 위에서 지적했듯이 그의 작품은 모방의 대상을 제시하기보다는 철학 그 자체의 계보를 추적하는 데 더 관심이 있다.

리스인에게 뒤지지 않도록 이것에 관심을 기울일 것을 권고한다(*Evagoras* 76-77).[39]

이소크라테스의 목적은 철학자-왕의 도덕적 우수성을 강조할 뿐만 아니라 그의 아들에게 본받을 만한 가치가 있는 이상적인 통치자의 초상을 제시하려는 것이었다.[40] 플루타르코스도 이에 대한 생각이 분명했다. 그의 『영웅전』(*Parallel Lives*)에 나오는 인물들은 그리스 신화부터 공화정 로마에 이르기까지 다양했지만, 그 이면의 목적은 언제나 같았다. 그는 독자들이 스스로 선하고 고결한 삶을 사는 법을 배우기를 원했다(그는 이것이 전염성이 있다고 생각함). "나는 다른 사람들을 위해 나의 『영웅전』을 쓰기 시작했지만, 역사를 거울 삼아 그 안에 묘사된 미덕에 따라 나의 삶을 꾸미기 위해 노력하면서 지금 나 자신을 위해서도 그 일을 계속하고 기뻐하고 있다는 것을 발견한다"(*Aemilius Paulus* 1).[41]

플루타르코스가 쓴 78편의 도덕 에세이로 구성된 『모랄리아』(*Moralia*)의 인물 대부분은 도덕적 탁월함(*aretē*)의 예로서 공적 생활에서 인간의 행동을 안내하는 여러 가지 다양한 예시를 제공한다. 그러나 안토니우스나 데메트리오스처럼 나약한 인물은 악덕(*kakia*)의 삶을 보여주며 경고의 역

---

39 Van Hook, LCL 373. 이와 유사한 생각은 다음을 보라. Xenophon, *Agesilaus* 10.
40 Hägg, *Art of Biography*, 30.
41 *Pericles* 1-2에 담긴 이와 유사한 생각을 참조하라. 타키투스는 자신의 본보기를 따라 아그리콜라를 존경하는 것에 대해서도 글을 썼다. *Agricola* 46.

할을 하기도 한다. 플루타르코스는 그의 작품에 반영웅(antiheroes)을 포함시키는데, 이는 쉽게 정당화될 수 있다. "그렇다면 권력의 위치나 중대한 일에서 무모하게 행동하거나 분명하게 악을 대변한 이들 한두 쌍을 우리 전기의 예에 포함시키는 것은 그리 나쁜 일이 아니다.…우리가 나쁘고 비난받아 마땅한 자들의 삶도 살펴본다면 훌륭한 삶을 존경하고 본받으려는 우리의 노력도 더 열정적으로 변할 것이다."[42] 여기서 요점은 청중이 주인공의 특정한 행동을 본받아야 한다는 것이 아니었다. 그들의 소명은 도시를 세우거나 다른 사람들을 전투로 이끄는 것이 아니었다. 플루타르코스 자신도 공적인 삶의 시련에 대한 경험이 제한적이었고, 때로는 공감하지도 못했다.[43] 오히려 독자들은 영웅의 충성심, 경건함, 용기, 자제력, 절제력 등 역사적 상황에서 드러나는 미덕을 본받는 법을 배워야 했다.

본 연구의 특별한 관심사는 철학자들의 삶이다. 당연히 철학자 대부분의 전기는 추종자들이 지도자의 삶과 가르침을 설명하고 다른 사람들이 그의 본보기를 따르게 하려는 분명한 의도로 작성되었다(비록 어떤 전기는 논쟁적이거나 루키아노스의 『페레그리누스의 죽음』과 같이 심지어 조소적일 수도 있지만 말이다). 여기서도 기억과 모방이라는 두 가지 목표가 지배적인데, 이 두 가지 목표는 루키아노스가 데모낙스에 대해 서술하는 서두에 명시되어 있다. "이제 두 가지 이유에서 데모낙스에 대해 말하는 것이 적절하다. 그것은 내

---

42   이것과 그 이전의 인용문은 *Demetrius* 1.4-6에서 발췌한 것임. 번역은 Pelling, *Antony*, 11의 것임.

43   따라서 Russell, "On Reading," 141; Hägg, *Art of Biography*, 277.

가 할 수 있는 한 교양 있는 사람들이 그를 기억할 수 있도록 하고, 철학을 열망하는 선한 본능을 가진 젊은이들이 고대의 선례만으로 자신을 형성할 필요 없이 현대 세계의 패턴을 보고 내가 아는 모든 철학자 중 최고인 그 사람을 본받을 수 있도록 하기 위한 것이다"(*Demonax* 1-2). 흥미롭게도 데모낙스의 철학은 일련의 가르침에 담겨 있는 것이 아니라―그는 공개 강의를 하거나 철학적 대화에 참여하지 않는다―야망으로부터의 자유와 대담한 언변(*eleutheria*와 *parrēsia*)에서 가장 분명하게 드러나는 그의 삶의 방식에 담겨 있다.[44] 독자들은 데모낙스의 고결한 행동에 주목하고 자신의 삶에서 이를 본받아야 한다. 이와 같은 맥락에서 이암블리코스도 그의 『피타고라스의 생애』(*Life of Pythagoras*, 27-33)에서 피타고라스뿐만 아니라 학파 전체의 행동을 미덕의 화신으로 제시한다. 휘트니 샤이너(Whitney Shiner)의 말처럼 독자들은 여기서 자신의 행동에 대한 가장 명확한 모범을 보게 될 것이다.[45]

철학자의 전기는 산 자와 죽은 자 사이에 의미 있는 관계를 형성했다. 사실상 철학자의 삶과 가르침에 대한 묘사를 통해 존경받는 인물은 다시 살아나고, 새로운 청중은 그를 기억하고 그의 삶을 본받을 수 있는 기회를 얻게 된다. 데이비드 케이프스(David Capes)는 철학자와 제자 간의 이러

---

44 D. Clay, "Four Philosophical Lives" (Nigrinus, Demonax, Peregrinus, Alexander Pseudomantis), in *ANRW* II 36.5:3426. Clay가 주장하듯이 데모낙스가 실제로 "철학적 허구"인지는 이 문제와 별로 관련이 없다.

45 W. T. Shiner, *Follow Me! Disciples in Markan Rhetoric* (Atlanta: Scholars, 1995), 83-88.

한 인격적인 관계를 잘 표현한다. "위대한 스승과 개인적인 인연이 없어도 '제자' 또는 '추종자'가 될 수 있다. 그들에 대한 글(특히 잘 구성된 글)에 담긴 그들의 말과 행동을 연구하고 모방함으로써 그들이 어떤 스승인지 알 수 있고 궁극적으로 그들과 같이 될 수 있다."[46]

모방에 대한 유사한 관심은 유대 전기에서도 찾아볼 수 있다. 필론의 『모세의 생애』(*Life of Moses*)에서 모세는 의식적으로 자신을 본받아야 할 모범으로 설정하고(*Life of Moses* 1.158-59), 그의 눈부신 경력은 독자들에게 미덕의 모델을 제시한다. 필론은 모세에 대해 다음과 같이 말한다. "[그는] 일상적인 행동으로 자신의 철학적 신조를 모범적으로 보여주었다. 그의 말은 그의 감정을 표현하고 그의 행동은 그의 말과 일치하여 말과 삶이 조화를 이루었고, 상호 합의를 통해 악기처럼 다 함께 멜로디를 만들어냈다"(1.29). 유대 역사를 재구성한 요세푸스의 『유대 고대사』(우리가 살펴보았듯이 일련의 전기로 된)에는 그의 수많은 긍정적인 예를 본받으라는 요청이 자주 등장한다. 예를 들어 엔돌의 신접한 여인은 요세푸스로부터 극찬을 받는데, 요세푸스는 독자들에게 "이 여인을 본보기로 삼고 도움이 필요한 모든 사람에게 친절을 베풀라"고 조언한다(*Jewish Antiquities* 6.342).[47] 아합 왕의 안타까운 최후는 운명의 필연성에 대한 교훈으로 제시되며(8.418-20), 죽어가는 헤롯에 대한 안티파트로스의 음모는 "모든 상황에서 미덕을 실천하는 것이

---

46   D. B. Capes, "*Imitatio Christi* and the Gospel Genre," *BBR* 13 (2003): 7.

47   Thackeray and Marcus, LCL 210.

인류에게 주는 본보기와 경고가 될 수 있도록 자세히 소개된다"(17.60).[48] 사실상 요세푸스는 『유대 고대사』 서문에서 본보기를 통해 하나님의 율법에 대한 순종이 가져다주는 유익을 가르치는 것이 이 작품의 목적임을 분명히 밝힌다(1.14-15).

전기의 인물을 역사적으로 확정된 독특한 개인으로 간주하는 것과 동시에 그 삶을 다른 사람을 위한 패러다임으로 제시하는 것 사이에는 항상 일정한 긴장이 존재했다. 예를 들어 필론과 요세푸스는 모세를 하나님이 특별한 목적을 위해 선택하신 사람으로 가장 높이 평가했다. 필론은 모세를 완벽한 사람(*Life of Moses* 1.1)으로 묘사하고, 다른 사람처럼 하나님의 사랑을 받고(2.67), 심지어 "하나님과 민족의 왕(*theos kai basileus*; 1.158)으로 지명된" 사람으로 소개한다. 요세푸스는 모세를 신격화하는 것처럼 보이는 것을 막기 위해 다소 신중한 태도를 보이지만, 세 권의 책을 유대 율법 수여자를 위해 할애하고, (필론과 유사한 방식으로) 출생과 죽음에 경이로운 상황이 수반된 철학자-왕이자 스토아적 현자로 그를 소개한다.[49] 모세에 대한

---

48   Marcus and Wikgren, LCL 410. 또한 참조. *Jewish Antiquities* 6.347; 8.24, 193, 196, 251-52, 300, 315; 9.44, 99, 173, 243, 282; 10.37, 47, 50; 12.20, 241; 13.5; 17.97, 109-10, 245-46; 18.291. 이 주제는 *Against Apion* 2.204, 270에서 또다시 등장한다. 모범에 관한 주제는 유대 전통 전반에 걸쳐 공통되게 나타난다. 또한 마카베오2서 6:27-31이나 벤 시라의 작품 44-50장에 나오는 유명한 사람들에 대한 그의 칭송(특히 47:13-18에서 솔로몬을 모델 현자로 소개하는)을 보라. 또한 바나바의 긍정적인 예와 아나니아와 삽비라의 부정적인 예를 대조하여 소개하는 누가복음도 참조하라(행 4:34-5:11).

49   모세에 대한 요세푸스의 묘사는 다음을 보라. L. H. Feldman, *Josephus' Interpretation of the Bible* (Berkeley: University of California Press, 1998), 374-442. Feldman은 요세푸스가 필론이 모세를 "거의 신격화"한 것에 대해 반응했을 것이라고 제안한다(376).

찬사에도 불구하고 두 작가는 이 위인의 삶이 동시대 사람들에게 도덕적인 모범이 될 수 있다는 점을 분명히 인식하고 있었다. 본보기가 먼 (그리고 심지어 신비적인) 옛날의 것이어도 상관 없었다. 전기는 과거와 현재의 구분을 허무는 경향이 있기 때문에 미덕(또는 악덕)의 예가 보편적으로 적용될 수 있다고 여겨졌다. 전기의 핵심은 인물에 대한 관심, 즉 플루타르코스가 말한 대로 "인간 내면에 있는 영혼의 표징"이었다(*Alexander* 1.3). 전기는 주인공의 삶의 방식을 서술함으로써 미덕과 악덕을 모든 사람이 볼 수 있게 했다.[50] 하지만 인물은 정확히 어떻게 만들어졌을까?

인물

고대 작가들의 작품 속 인물은 현대 작가들의 작품에 비해 피상적이고 발전이 부족해 보일 수 있다. 이는 대부분 사람의 성격(또는 *ēthos*)이 선천적으로 타고나며, 조상과 혈통(*eugeneia*)에 의해 미리 결정되고, 자연스러운 기질 (또는 *phusis*)로 나타난다고 생각했기 때문이다.[51] 물론 이것이 전부는 아니

---

50 이것은 다음에서 명시적으로 나타난다. Xenophon, *Agesilaus* 1; Tacitus, *Agricola* 1; Lucian, *Demonax* 67.

51 성격에 대한 유용한 논의는 다음을 보라. D. A. Russell, "On Reading," *G&R* 13 (1966): 139-54; C. Gill, "The Question of Character Development: Plutarch and Tacitus," *ClQ* 33 (1983): 469-87; C. B. R. Pelling, "Aspects of Plutarch's Characterization," *ICS* 13 (1988): 257-74; A. Billault, "Characterization in the Ancient Novel," in *The Novel in the Ancient World*, ed. G. L. Schmeling (Leiden: Brill, 1996), 115-29; S. Halliwell, "Traditional Greek Conceptions of Character," in *Characterization and Individuality in Greek Literature*, ed. C. B. R. Pelling (Oxford: Clarendon, 1990), 32-59; C. B. R. Pelling, "Childhood and Personality in

며, 고대인들은 부모, 선생, 동료 및 사회 전반을 포함한 외부 영향의 중요성을 인정했다. 또한 사람은 잘 살기로 선택하고 올바른 도덕적 선택을 습관화하여 좋은 사람이 될 수 있다. 사실 그렇지 않았다면 초기 제국 시대에 일화가 많이 사용될 이유가 없었을 것이다. 소년 시절부터 철학자들과 대중적인 도덕 사상가들은 동시대 사람들에게 자신의 도덕성을 성찰하고 뿌리 깊은 결함을 근절하며 고결한 삶을 살도록 노력할 것을 권장했다.[52]

고대 문학에서 인물을 묘사할 때는 작품의 장르가 가장 중요했다. 안티고네, 아약스 또는 메데이아와 같은 비극적 인물들은 실제와 같은 개성과 심리적 깊이를 보여줄 수 있지만, 전기나 역사에 등장하는 인물들은 일반적으로 그렇지 않았다. 그들은 종종 정적이고[53] 때로는 고정 관념적인 경향을 보이는 경우가 많았다. 그 이유는 서로 밀접하게 연관된 이 두 장르의 근본적인 도덕적 목적에 있다. 여기서는 인격(personality)과 성격(character)의 차이에 대한 크리스토퍼 길(Christopher Gill)의 연구가 유용하다. 길은 "인격"에 관심이 있는 작가들은 도덕적으로 중립적인 방식으로 인물들을 이해하

Greek Biography," in Pelling, *Characterization*, 213-44; A. Smith, "Tyranny Exposed: Mark's Typological Characterization of Herod Antipas (Mark 6:14-29)," *BibInt* 14 (2006): 259-93.

52   관련 문헌은 다음을 보라. Gill, "Question of Character Development," 470.

53   심지어 여기서도 우리는 이 인물들이 변하고 발전하는 수준을 과대평가해서는 안 된다. 비극은 등장인물 없이도 존재할 수 있지만, 플롯 없이는 존재할 수 없다는 아리스토텔레스의 견해는 신중한 판단이며(*Poetics* 6.7-21), 텍스트가 허용하는 것보다 더 많은 심리적 현실주의를 이 인물들 안으로 끌어들이지 못하게 한다. 그리스 드라마의 등장인물에 관해서는 다음을 보라. S. Goldhill, *Reading Greek Tragedy* (Cambridge: Cambridge University Press, 1986), 168-74; P. F. Easterling, "Constructing Character in Greek Tragedy," in Pelling, *Characterization*, 83-99.

고, 개인으로서 그들을 평가하고, 그들과 공감하며, 사실상 "그들의 피부 속으로" 들어가기 위해 노력한다고 제안한다. 그러나 "성격"에 관심이 있는 작가들은 인물을 좋은 자질 또는 나쁜 자질의 소유자로 취급하고, 자신의 임무를 칭찬 또는 비난이라는 도덕적 평가의 하나로 인식한다.[54] 윤리에 대한 관심을 고려할 때 대다수 전기 작가들이 "성격"에 초점을 맞추는 경향이 있다는 것은 놀라운 일이 아니다. 그들의 목표는 실제 인물의 일반적인 초상을 제공하는 것이 아니라 인물의 삶의 방식을 면밀히 살펴보고, 그의 미덕과 악덕을 드러내며, 청중이 그의 행동을 평가하고 그로부터 배우도록 격려하는 것이었다. 따라서 전기의 인물은 충성심, 용기, 절제력 또는 그 반대의 윤리적 특성을 다양하게 구현하는 경향이 있다. 여기서는 플루타르코스가 좋은 예인데, 『영웅전』(*Parallel Lives*)이라는 그의 긴 전기는 종종 그의 인물들에게 상당한 복잡성이 있음을 인정한다. 예를 들어 안토니우스에 대한 그의 묘사는 특히 마지막 단계에서 이 로마 지도자의 고귀하고 훌륭한 본성이 어떻게 산산조각 났는지를 탐구하면서 심리적으로 깊은 수준에 도달한다.[55] 그러나 여기서도 실제 인물이라는 느낌은 거의 없다. 크리스토퍼 펠링(Christopher Pelling)의 표현을 빌리자면 안토니우스의 성격은 놀랍게도 "통합"되어 있다.[56] 개인의 특성은 서로 매끄럽게 결합되어 일관된 성격을 만들

---

54 다음을 보라. Gill, "Question of Character Development"; 그리고 더 나중에 쓴 그의 소논문도 보라. "The CharacterPersonality Distinction," in Pelling, *Characterization*, 1-31.

55 관련 논의는 다음을 보라. Pelling, *Life of Antony*, 14-15.

56 Pelling, "Aspects," 263.

어내고, 혈육을 가진 사람들을 정의하는 특이성과 역설적인 조합은 전혀 없다. 이와 유사한 현상은 생애 주기의 시작에서 발견할 수 있다. 플루타르코스의 도덕 에세이는 유년기에서 성인기로의 중요한 전환과 교육의 영향의 결정적인 중요성에 큰 관심을 보이지만,『영웅전』에서 다루는 그의 인물들은 이상하게도 진부하고 유익하지 않은 것처럼 보이며, 생애 후기에 나타날 특성만을 주로 반영한다. 우리는 마치 모순되고 일관되지 않은 특성이 모두 제거된 것처럼 다시 한번 통합된 느낌을 받는다. 물론 여기에는 그럴 만한 이유가 있다. 펠링이 지적한 바와 같이 특성의 조합이 규칙적일수록 도덕을 도출하기가 더 쉬워지고, 이러한 도덕은 더 일반적으로 적용될 수 있다.[57]

　　모든 인물 중에서 철학자나 선생에 대한 전기는 특이성이나 "별난 점"을 더 많이 허용할 수 있다. 왕, 장군, 정치가와 달리 철학자들에게는 어떻게 행동해야 하는지에 대한 정해진 규범이 거의 없었다. 디오게네스 라에르티오스는 몇몇 철학자들의 특이한 점을 부각하는 데 큰 기쁨을 느꼈다. 예를 들어 건장한 피타쿠스가 어둠 속에서 등불 사용을 거부한 점(*Lives* 1.4.8), 크세노크라테스의 느리고 서툰 행동(4.2), 아리스토텔레스의 가느다란 종아리와 반지 사랑(5.1.1), 누구에게나 친절을 베푸는 테오프라스토스의 따뜻한 마음(5.2) 녹색 무화과와 햇볕 쬐는 것을 좋아하는 제논의 취향

57　Pelling, "Aspects," 267. 플루타르코스의 인물들은 비교 독법을 유도하는 쌍쌍 구조에서 그들의 복잡성을 대부분 가져온다. 다음을 보라. M. de Poureq and G. Roskam, "Mirroring Virtues in Plutarch's Lives of Agis, Cleomenes and the Graachi," in De Temmerman and Demoen, *Writing Biography*, 163-80.

등이 그런 것이다(7.1.1).[58] 그러나 그의 작품은 색다르다. 그의 많은 철학자들은 주로 독자들에게 모범이 되지 않고(아무튼 많은 이야기가 분량이 매우 짧음) 오히려 철학의 "가계도"에서 연결고리 역할을 한다. 그러나 철학자의 삶의 방식이 본보기의 모델로 명확하게 제시되는 경우, 우리는 주로 다양한 미덕을 구현하는 통합된 인물에 대한 동일한 경향을 접한다. 예를 들어 루키아노스의 데모낙스는 솔직함, 야망으로부터의 자유, 건전한 판단력의 모델로 제시된다.[59] 성경은 모세에게 오직 겸손함만 부여하지만(민 12:3), 필론은 그에게 전통적인 지혜, 용기, 절제력, 정의뿐만 아니라 정직, 경건, 금욕주의와 같은 미덕을 아낌없이 부여한다. 요컨대 완벽한 율법 수여자로서 그는 "모든 미덕을 온전하고 완전하게" 소유한 자였다(*Life of Moses* 2.8).

작가들은 전기를 집필할 때 미리 정해진 주제와 미덕 또는 악덕에 대한 고정관념적인 목록을 사용했다. 인물을 표현하는 방법에 대한 훈련은 초등 교육에서 시작하여 고등 교육까지 이어졌다. 학생들은 특정 연사의 성격을 모방하는 기술인 "프로소포에이아"(*prosōpoeia*)를 훈련받았다. 그들은 전쟁에서 승리한 군대 앞에서 거행하는 연설이나 부자인 척하는 사람이 할 수 있는 말과 행동을 상상할 수 있다. 테오프라스토스의 『성격론』(*On Characters*)은 학생들이 흡수하고 모방할 수 있는 주로 부정적인 성격

---

58   다음을 보라. James, "Diogenes Laertius," 135-36.
59   데모낙스에 관해서는 루키아노스의 묘사에서 한정된 "개성"이 나타난다는 M. Beck의 주장을 보라. "Lucian's *Life of Demonax*: The Socratic Paradigm, Individuality, and Personality," in De Temmerman and Demoen, *Writing Biography*, 80-96.

특성 서른 가지를 보여준다(그가 이 목적을 위해 그것들을 작성했는지는 확실하지 않지만).[60] 이 모든 것에서 강조된 것은 전형적인 것, 즉 어떤 상황에 놓인 사람이 어떻게 행동할지, 어떤 특성을 보일지, 이러한 특성이 도덕적 성격을 어떻게 나타낼 수 있는지에 대한 것이었다. 고정 관념은 잘 알려져 있었지만, 얼마나 창의적으로 사용되었는지는 전기 작가의 문학예술에 따라 달랐다.

그러나 전기의 인물을 구성하는 것과 관련하여 종종 간과되는 한 가지 측면이 더 있다. 자신이 원하는 방식으로 인물을 자유롭게 창조할 수 있었던 소설가들과 달리 고대 전기 작가들은 전기 작가가 문학적 노력을 기울이기 전에 다양한 문학적·문화적 전통 속에서 이미 실재했던 인물을 다루었다. 코엔 데 템머만(Koen De Temmerman)은 이것을 『황금 당나귀』(*The Golden Ass*) 밖에서는 독립적으로 존재하지 않는 순전히 허구의 인물인 아풀레이우스의 루키우스를 예를 들어 설명한다. 루키우스에 대해 알 수 있는 모든 것은 아풀레이우스의 이야기에서 비롯된 것이므로 그는 문학적인 인물로서 "완전하다"고 할 수 있다.[61] 그러나 전기의 인물에 대해서도 마찬가지다. 황제, 장군, 철학자 등 다양한 인물들의 삶은 일반적으로 다양한 방식으로 기

---

60 놀랍게도(적어도 현대 독자에게는) 테오프라스토스의 관심은 오로지 어떤 특성과 관련된 행동의 "유형"에 있으며, 무엇이 사람을 그러한 방식으로 행동하게 만들었는지에 대한 논의는 전혀 없다. 고대 교육에서 다루는 성격에 관한 추가 논의는 다음을 보라. W. M. Wright, "Greco-Roman Character Typing and the Presentation of Judas in the Fourth Gospel," *CBQ* 71 (2009): 544-59.

61 K. De Temmerman, "Ancient Biography and Formalities of Fiction," in De Temmerman and Demoen, *Writing Biography*, 8-9.

록되었거나 적어도 기억되어왔으며, 새로운 전기와 함께 경쟁하는 전통이 계속 존재했다. 따라서 전기 작가가 한 개인의 초상을 근본적으로 새롭게 그려낼 의도가 아니라면 전기 작가는 그 인물의 성격을 완전히 자유롭게 창조할 수는 없었다. 전기의 내용은 기본 사항으로 압축되고, 매끄럽게 다듬어지고, "통합"될 수도 있지만, 대부분의 경우 해당 인물에 대해 일반적으로 알려진 내용을 대체로 따라야 했다. 게다가 고대의 청중은 일반적으로 그 인물에 대해 널리 알려진 것에서 도출된 일련의 전제를 가지고 전기에 접근했을 것이다. 따라서 전기의 인물은 고대 소설에서 볼 수 있는 인물과 같은 방식으로 "완전"할 수 없었다. 전기를 읽는 독자는 필연적으로 인물의 성격에 대해 들은 내용을 이미 알고 있던 내용과 연관시킬 수밖에 없었다. 데 템머만이 지적하듯이 "독서의 과정 끝에 독자의 머릿속에 그려지는 아이소포스나 데모낙스에 대한 이미지는 단순히 텍스트 자체의 특징뿐만 아니라 독자들이 첫 페이지를 읽기 시작한 순간부터 이 인물에 내포된 더 넓은 문화적·문학적·역사적 요소의 상호작용에 따라 달라질 수 있다."[62]

따라서 전기의 인물은 전형적이고 "평면적"인 경향이 있었으며, 종종 그 인물의 것으로 이미 인정된 미덕(또는 악덕)을 강조하거나 때로는 인물의 명예를 회복시키기 위해 다른 속성을 제시하기도 했다(여기서 우리는 필론이 모세를 비방하려는 자들에게 대항하려는 시도를 생각할 수 있다. *Life of Moses* 1.2-3). 고대의 청중은 현대 독자들이 개인의 내면, 감정, 모순을 깊이 탐구하는

---

[62]   De Temmerman, "Ancient Biography," 11.

19세기 소설의 주인공에 공감하는 것과 같은 방식으로 이러한 도덕적 자질의 소유자들과 "동일시"하지 않았을 수도 있다.[63] 그러나 전기와 훈화 전통 전체는 사건의 중심에 있는 도덕적 특성을 추출하여 자신의 삶에 적용하는 능력과 함께 주인공 및 그가 처한 상황과 일정 수준의 "동일시"를 장려했다. 청취자들은 자신을 이러한 인물과 비교하고 자신의 행동이 그들이 보여주는 미덕에 얼마나 부합하는지 측정하도록 권유받았다. 적어도 전기

---

63 많은 학자들은 텍스트의 인물들과 동일시하는 것이 낭만주의 시대 이후에 극도로 자주 눈에 띄는 일이었다고 주장했다. 비록 이것이 사실이지만, 이것을 너무 지나치게 과장해서도 안 된다. 다음을 보라. M. A. Talbert, "How the Gospel of Mark Builds Character," *Int* 47 (1993): 347-57; P. Mehrenlahti, "Characters in the Making: Individuality and Ideology in the Gospels," in *Characterization in the Gospel: Reconceiving Biblical Criticism*, ed. D. Rhoads and K. Syreeni (Sheffield: Sheffield Academic, 1999), 49-72; S. S. Elliott, "'Witless in Your Own Cause': Divine Plots and Fractured Characters in the Life of Aesop and the Gospel of Mark," *Religion and Theology* 12 (2005): 397-418; S. D. Moore, "Why There Are No Humans or Animals in the Gospel of Mark," in *Mark as Story: Retrospect and Prospect*, ed. K. R. Iverson and C. W. Skinner (Atlanta: SBL Press, 2011), 71-93. 다소 다른 관점에서 F. W. Burnett는 중재(agent)에서 유형(type)으로, 그리고 인물(character)로 이동하면서 "묘사의 정도"(degrees of characterization)를 주장한다. 그는 우리가 성경의 인물들과 고전 세계의 인물들 간의 밀접한 연관성을 가정하는 것을 조심해야 한다고 경계하면서 "고대 청중들과 독자들은 일반적으로 생각하는 것보다 훨씬 더 온전한 인물을 구성했다"고 주장한다("Characterization and Reader Construction of Characters in the Gospels," *Semeia* 63 [1993]: 13; 또한 다음을 보라. C. Bennema, "A Theory of Character in the Fourth Gospel with Reference to Ancient and Modern Literature," *BibInt* 17 [2009]: 375-421. 그는 여기서 Burnett의 주장을 활용함). 내 생각에 이 접근법은 고대 문학과 현대의 심리적인 묘사 간의 간극을 너무 과하게 연결하려고 노력한다. 게다가 이 접근법은 전기의 본보기 기능을 충분히 고려하지 않는다(종종 묘사가 장르에 따라 달라진다고 지적함에도 불구하고, Burnett는 복음서 장르의 문제에 대해 불가지론자로 남아 있다[8-9]. Bennema는 복음서가 독특한 장르이며 전기라고 선언한다[379]). 현대 독자들은 종종 엉성한 인물 묘사로 인해 생긴 간극을 심리학적으로 유의미하게 메울 수는 있지만, 그것이 고대 청중들도 그렇게 했다는 것을 의미하지는 않는다.

의 인물 묘사는 사색과 자기 성찰, 그리고 궁극적으로는 변화를 촉진했다.

한 사람의 인생에서 일어나는 모든 사건 중에서 전기 작가들이 가장 흥미를 느끼는 부분은 아마도 죽음이었을 것이다. 존재에서 무(無)로의 거의 신성한 전환의 순간인 죽음은 종종 한 인간의 진정한 성격이 마침내 드러나는 시점으로 여겨졌다. 따라서 여러 전기에서 죽음의 장면이 중요한 위치를 차지하고 있다는 사실은 놀랄 일이 아니다.

죽음의 묘사

죽음과 임종은 고대 세계에서 일상적인 경험의 일부였다. 엄청나게 높은 사망률, 열악한 위생과 영양 상태, 전염병과 자연재해로 인한 피해는 너무나도 쉽게 볼 수 있었다.[64] 폭력적인 죽음은 도둑과 강도, 전쟁, 공식적으로

---

64 고대의 죽음에 관해서는 많은 문헌이 있다. 예컨대 다음을 보라. V. M. Hope, *Death in Ancient Rome: A Sourcebook* (London: Routledge, 2007); D. G. Kyle, *Spectacles of Death in Ancient Rome* (London: Routledge, 1999). 특히 고귀한 죽음에 대한 전승은 다음을 보라. H. A. Musurillo, *The Acts of the Pagan Martyrs: Acta Alexandrinorum* (Oxford: Clarendon, 1954), 236-46; A. Ronconi, "Exitus illustrium virorum," *RAC* 6 (1966): 1258-68; D. Seeley, *The Noble Death: Graeco-Roman Martyrology and Paul's Concept of Salvation* (Sheffield: JSOT Press, 1990), esp. 83-141; A. J. Droge and J. D. Tabor, *A Noble Death: Suicide and Martyrdom among Christians and Jews in Antiquity* (San Francisco: HarperSanFrancisco, 1992); A. Y. Collins, "The Genre of the Passion Narrative," *ST* 47 (1993): 3-28; G. Sterling, "Mors philosophi: The Death of Jesus in Luke," *HTR* 94 (2001): 383-402; J.-W. van Henten and F. Avemarie, *Martyrdom and Noble Death: Selected Texts from Graeco-Roman, Jewish and Christian Antiquity* (London: Routledge, 2002); R. Doran, "Narratives of Noble Death," in *The Historical Jesus in Context*, ed. A.-J. Levine, D. C. Allison, and J. D. Crossan (Princeton: Princeton University Press, 2006), 385-99.

승인된 공개 처형, 경기장에서 벌어지는 참혹한 광경 등의 형태로 나타날 수 있었다.

물론 죽음은 피할 수 없었지만, 어떤 사람들은 영광스러운 죽음을 선택하기도 했고, 그리스인과 로마인은 어떤 종류의 죽음이 명예로운 죽음인지에 대한 확고한 개념을 발전시켰다. 전장에서 아킬레우스처럼 죽거나 외세의 폭정에 맞서 용감하게 조국을 지키는 것은 명예와 불멸을 얻을 수 있는 확실한 방법이었다.[65] 마찬가지로 이피게니아는 조국의 자유를 위해 자신의 목숨을 기꺼이 희생할 준비가 되어 있었으며, 이는 그녀의 정신이 얼마나 고귀한지를 보여준다.[66] 그러나 고귀한 죽음의 가장 대표적인 예는 특히 플라톤의 『파이돈』(Phaedo)에 묘사된 것처럼 기원전 399년의 소크라테스의 죽음이다. 소크라테스는 전쟁터에서 죽지 않고, 감옥에서 가족과 친구들에게 둘러싸인 채 조용히 죽었다. 운명의 시간이 다가오자 그는 죽음을 맞이할 준비를 하고 단숨에 독배를 들이켰다. 놀랍게도 그의 죽음의 방식은 그의 철학적 가르침 및 삶의 방식과 완벽하게 조화를 이루었다. 그는

---

65 Homer, *Iliad* 9.410-16; 19.95-121. 이와 비슷한 맥락에서 아테네의 장례식 연설을 통해 영예를 얻은 많은 군사 영웅의 목록은 다음을 보라. van Henten and Avemaire, *Martyrdom*, 16-19.

66 다음을 보라. Euripides's *Iphigenia at Aulis*, esp. lines 1368-401. 운이 좋게도 이피게니아는 마지막 순간에 구출되었다. 폼페이우스 트로구스는 신탁을 통해 자신의 죽음만이 도리아의 승리를 막을 수 있다는 것을 알게 되자 변장을 하고 적진에 들어갔다가 살해당한 아테네의 코드로스에 대해 이야기한다. 그리하여 아테네인들은 "조국의 구원을 위해 자신의 목숨을 바친 한 지도자의 힘으로" 전쟁에서 해방되었다(폼페이우스 트로구스의 작품들은 기원후 3세기에 야르쿠스 유니아누스 유스티누스가 만든 선집(epitome)에 보존되어 있다. Justinus, *Epitome of Pompeius Trogus* 2.6.16-21; trans. Doran, "Narratives of Noble Death," 387.

억울한 죽음을 굳건하고 품위 있게 받아들였고, 투옥 중에도 자유롭게 생각하고 공개적으로 말했으며, 그의 죽음은 신의 뜻에 따른 것이었고(*Apology* 29d; *Crito* 43b), 독약을 마신 후 그의 영혼은 다른 세계로 행복하게 이동했다 (*Apology* 40b-41c). 소크라테스는 로마의 여러 가지 중요한 미덕을 예시하는 데 사용될 수 있었으며, 그의 죽음은 이 시기, 특히 죽음에 대한 무관심과 칭찬받을 만한 "최후"의 중요성을 주장한 스토아학파 사이에서 고귀한 죽음의 개념에 큰 영향을 미쳤다.[67]

로마의 엘리트들은 죽음에 대해 특별한 집착을 보인 것 같다. 공화정 말기와 "나쁜" 황제들(특히 네로와 도미티아누스 황제 치하에서 강제 처형과 자발적 자살이 잇따랐던)의 혼란스러운 정치 환경은 한 사람의 최후를 맞이하는 방식에 특히 관심을 기울이게 했다.[68] 여기서 중요한 인물은 마르쿠스 포르키우스 (소) 카토였다. 기원전 46년에 율리우스 카이사르의 승리가 불가피해 보인다는 소식을 들은 카토는 적의 주권을 인정하는 대신 죽기로 결심

---

[67] 소크라테스의 죽음에 관한 플라톤의 이야기에 대한 유용한 개론은 다음을 보라. H. Tarrant, *Plato: The Last Days of Socrates* (London: Penguin, 2003), 99-115; 또한 C. Gill, "The Death of Socrates," *ClQ* 23 (1973): 25-28. 이 시기에 소크라테스가 끼친 영향에 관해서는 다음을 보라. K. Döring, "Sokrates bei Epiktet," in *Studia Platónica: Festschrift für Hermann Gundert zu seinem 65; Geburtstag am 30.4.1974*, ed. K. Döring and Wolfgang Kullman (Amsterdam: Grüner, 1974), 195-226. 또한 J. P. Hershbell은 세네카, 에픽테토스, 플루타르코스의 작품에 소크라테스가 자주 언급된다는 점을 지적한다. "Plutarch's Portrait of Socrates," *Illinois Classical Studies* 13 (1988): 365-81. 또한 Turpin, "Tacitus, Stoic *exempla*."

[68] Momigliano, *Development*, 72; Hägg, *Art of Biography*, 236-38. 카토부터 티베리우스의 치세까지의 정적들에 대한 이야기는 다음을 보라. W. Allen Jr., "The Political Atmosphere of the Reign of Tiberius," *TAPA* 72 (1941): 1-25.

했다. 자발적인 죽음을 통해 카토는 공화정의 탁월한 상징이자 전제 정치 하에 사라질 자유(*libertas*)를 신실하게 옹호하는 인물로 자리매김했다.[69] 그의 최후에 대한 기록은 로마 문학에 널리 퍼져 있지만, 그것이 미덕으로 여겨지는 정도는 작가의 정치적 견해에 따라 달라졌다.[70] 많은 사람들이 그를 로마의 소크라테스로 여겼고, 실제로 카토 자신도 의도적으로 이 아테네인의 숭고하고 고요한 최후를 모델로 삼은 것으로 보인다. 예를 들어 플루타르코스의 장황한 기록에 따르면 카토는 죽기 전날 밤 우티카의 시골 저택에서 친구들을 모아 스토아 철학에 대해 차분하게 토론했다고 한다. 잠자리에 들면서 그는 검과 함께 "영혼 불멸에 관한 플라톤의 책"(아마도 『파이돈』으로 추정)을 가져갔다. 첫 번째 시도는 실패했지만, 카토는 자신의 상처를 찢으며 마침내 동료들 앞에서 죽었다(*Cato the Younger* 66-73). 플루타르코스 자신은 이 치밀한 최후를 이해하지 못했지만, 다른 사람들은 철학적 인식과 자제력, 그리고 연극적 요소가 합쳐진 그의 마지막 시간을 명예롭고 원칙적인 최후라고 생각했다.[71]

---

69 카토에 관해서는 다음을 보라. C. Edwards, "Modelling Roman Suicide? The Afterlife of Cato," *Economy and Society* 34 (2005): 200-22. 고대 세계에서 스스로 자신의 목숨을 끊는 것이 반드시 치욕감을 수반하지 않았다는 것을 지적하는 것은 중요하다. 이유가 선하기만 하다면 그것은 필요하고 고귀하며 영웅적인 것으로 볼 수 있었다. 고대의 자살에 대한 더 자세한 논의는 다음을 보라. Droge and Tabor, *Noble Death*.

70 비록 카이사르가 그를 공격했지만, 키케로는 카토를 스토아학파의 현자로 보았고, 세네카와 루카누스에 의하면 그는 도덕적·정치적 자유의 상징이 되었다. 텍스트를 서로 비교하려면 다음을 보라. R. J. Goar, *The Legend of Cato Uticensis from the First Century BC to the Fifth Century AD: With an Appendix on Dante and Cato* (Brussels: Latomus, 1987).

71 카토의 결말에 대한 플루타르코스의 설명은 다음을 보라. A. V. Zadorojnyi, "Cato's Suicide

네로 치하에서 "스토아 반대파"의 죽음, 특히 타키투스가 "죽음의 자유 선택권"(*liberum mortis arbitrium*; *Annals* 11.3)이라고 부르는 죽음을 맞이한 사람들에 대한 기록에는 카토와 소크라테스의 그림자가 짙게 깔려 있다. 이들은 사형 선고를 받았지만 높은 사회적 지위로 인해 스스로 죽음을 선택하고 친구나 친척들과 함께 생을 마감할 수 있는 기회를 얻었던 사람들이다.[72] 모두가 저녁에 스스로 목숨을 끊는다는 소식을 듣고 충격을 받은 친구와 친척들에게 위로를 받은 후 모두가 음독으로 생을 마감한다. 카토가 죽기 전날 플라톤을 읽었다면, 트라세아 파에투스는 독배를 마시기 전 영혼의 본질에 대해 이야기하며 눈물을 흘리는 청중과 대조적인 용기를 보였다(Tacitus, *Annals* 16.34.1). 여기서 우리는 소크라테스의 죽음에서 비롯된 모티프를 명시적으로 재활용하고 있는 것을 보는데, 이 모티프는 강제 자살 자체뿐만 아니라 관련된 사람들의 고결한 성격에도 고귀함을 부여한다. 타키투스를 비롯한 많은 사람들에게 이 사람들은 명예로운 삶과 완벽하게 일치하는 품위 있는 죽음을 맞이한 "로마의 소크라테스"로 여겨졌을 것이다.[73]

---

in Plutarch," *ClQ* 57 (2007): 216-30. Zadorojnyi는 플루타르코스가 카토의 자살을 크게 칭송하지 않은 이유가 그의 반스토아학파적 의제와 철학이 책을 통해서만 파생되는 것이 아니라는 인식 때문이라고 주장한다. 흥미롭게도 플루타르코스의 책에서 카토의 짝이었던 포키온은 플라톤과 크세노크라테스와 함께 아카데미에서 공부했고(*Phocion* 4.2; 27.1-3), 소크라테스를 진정으로 연상시키는 방식으로 생을 마감했다(*Phocion* 38.5).

72   이러한 관행은 기원후 131년에 Appian, *Civil Wars* 1.26을 통해 처음 접할 수 있었지만, 원수정치하에서만 일반적인 관행이 되었다. 다음을 보라. Edwards, "Modelling," 205.

73   J. Ker, *The Deaths of Seneca* (Oxford: Oxford University Press, 2009), 56-57. 그러나 앞에서 지적했듯이 타키투스는 『아그리콜라』를 썼을 당시에는—거기서 그들의 자살 행위는 이제 무의미한 것으로 보임—순교자에 대해 다소 다른 견해를 가졌던 것으로 보인다.

내전과 초기 제국 시대의 로마 영웅들의 특징은 그들의 영광스러운 죽음이 종종 실패와 패배의 맥락에서 발생한다는 것이다. 칼린 바튼(Carlin Barton)이 관찰한 바와 같이 이 시기의 영웅은 때 묻지 않고 승리한 인물보다는 불명예를 당하고 구원을 받은 인물에게서 나오는 경향이 있다.[74] 이는 소크라테스, 카토, "스토아 반대파"의 구성원들뿐만 아니라 다른 다양한 인물에게도 마찬가지였으며, 리비우스와 다른 초기 제국 작가들의 작품에도 그 예가 가득하다. 예를 들어 우리는 에트루리아 진영에 몰래 들어가 왕을 죽이려다 체포된 후 제단 불에 오른손을 집어넣고 불타는 모습을 무덤덤하게 지켜보면서 명예를 회복하고 자신의 자유와 평화 조약을 얻어냈다고 전해지는 전설적인 무키우스 스카에볼라를 떠올릴 수 있다.[75] 또는 부하들이 전투에서 큰 피해를 당한 것을 보고 지옥의 신들에게 자신을 바치고, 자신의 죽음을 통해 로마인들이 승리를 향해 나아갈 수 있는 원동력이 된 푸블리우스 데키우스 무스를 생각해볼 수 있다.[76] 또는 아드리아해에서 뗏목을 타고 수천 명의 폼페이우스 병사들에게 둘러싸인 채 적에게 항복하는 대신 새벽에 자살을 선택한 불테이우스와 600명의 카이사르 지지자들도

---

[74]   C. A. Barton, "Savage Miracles: The Redemption of Lost Honor in Roman Society and the Sacrament of the Gladiator and the Martyr," *Representations* 45 (1994): 41-71.

[75]   이 이야기는 Livy, *History of the Roman People* 2.12-14에 담겨 있다. 스카에볼라 역을 맡은 어떤 검투사에 관한 마르티알리스의 시에 대해서는 다음을 보라. Barton, "Savage Miracles," 41-44.

[76]   Livy, *History of the Roman People* 8.9.1-8.10. 다음을 보라. Doran, "Narratives of Noble Death," 387-89. Van Henten and Avemarie, *Martyrdom*, 19-21은 이 이야기를 어떤 장군이 자신이나 적군의 군대(또는 둘 다)를 지하세계의 신들에게 바치는 로마의 헌신 전통과 연관 짓는다.

있다.[77] 마가복음과 더 비슷한 시기인 기원후 69년에 비텔리우스와의 전쟁에서 패배가 불가피해 보였던 오토 황제는 내전의 참화로부터 국가를 구하기 위해 스스로 목숨을 끊었다.[78] 이 모든 이야기에서 영웅은 극한의 용기와 심지어 죽음으로 굴욕과 불명예 앞에서 영광과 명예를 되찾게 된다.

고귀한 죽음의 이야기는 어렸을 때부터 로마 소년들의 영혼에 용기와 남자다움, 미덕이라는 위대한 로마의 미덕을 심어준 것 같다.[79] 목숨을 희생해서라도 폭군에 맞서는 선하고 현명한 사람의 초상은 당시 수사학 및 철학 학파의 주요 모티프가 되었다.[80] 어떤 사람들에게 이 이야기는 은유적인 의미로만 받아들여져 어떤 반대에 부딪히더라도 자신의 신념에 충실하도록 영감을 주기도 했다. 따라서 플루타르코스는 어려운 시기에 독자들이 소크라테스의 모범을 정신적으로 재연하고 그의 미덕을 자신의 것으로 만들어야 한다고 주장했다.[81] 그러나 다른 사람들은 이러한 이야기를 훨씬 더 문자적으로 받아들여 자기 죽음에 대한 청사진을 제시하기도 했다. 예를 들어 네로의 조언자였던 세네카는 이러한 이야기를 마음에 새겼으며, 기원후 65년에 자살을 강요당했을 때 그의 죽음도 분명히 이러한 훈화(exempla)

---

77   Lucan, *Civil War* 4, ll. 447-581.
78   Tacitus, *Histories* 2.46-56; Martial, *Epigrams* 6.32.
79   따라서 Seneca, *Moral Epistles* 24.6.
80   예컨대 다음을 보라. Horace, *Epistles* 1.16.73-78. 이 이미지는 아마도 초기 그리스 철학자 엘레아의 제논과 압데라의 아낙사르코스의 사례에서 유래된 것 같다. 이에 관해서는 아래 130-32을 보라.
81   Plutarch, *On the Tranquility of the Mind* (*Moralia* 475D-475F).

에 의해 형성되었다(Tacitus's *Annals* 15.60-64의 기록 참조).[82]

　"죽음" 이야기 모음집은 1세기에 일반적이었던 것으로 보인다. 예를 들어 대 플리니우스는 다수의 갑작스러운 죽음을 한곳에 모았고(*repentinae mortes*, *Natural History* 7.180-86), 발레리우스 막시무스는 자신의 작품에 일련의 특이한 죽음을 포함시켰다(*On Extraordinary Deaths* 9.2). 특히 흥미로운 것은 저명한 사람의 최후/죽음에 관한 문학 장르로 알려진 *exitus illustrium virorum*이다.[83] 안타깝게도 최후 문학의 예는 남아 있지 않지만, 이에 대한 언급이 소 플리니우스의 작품에 두 차례 나타난다. 첫 번째 언급에서 플리니우스는 가이우스 파니우스의 갑작스러운 죽음으로 인해 자신의 "최고의 작품"이 미완성으로 남게 되었다고 한탄한다. 분명히 "그는 네로에 의해 죽거나 추방된 사람들의 다양한 운명에 대한 역사를 끄집어내고 있었다." 플리니우스는 계속해서 다음과 같이 말한다. "그의 연구의 정확성과 (담론적인 것과 역사적인 것 중간에 있는) 스타일의 순수성은 그가 이미 완성한 세 권에서 분명하게 드러났으며, 첫 번째 책이 많은 대중에게 얼마나 열렬히 읽혔는지를 보고 시리즈를 완성하고 싶어 더 애를 썼다"(*Letters* 5.5.3). 따라서 이 책은 산문과 직접화법으로 서술된 네로의 손에 의한 (아마도 귀족의) 죽음

82　수에토니우스의 더 짧은 보고(*Nero* 35.5)와 디오 카시우스의 다소 더 적대적인 설명(*Roman History* 62.25.1-3) 등 세네카의 죽음에 관한 몇 가지 묘사는 다음을 보라. Ker, *Deaths*.

83　이 문학 장르에 관해서는 다음을 보라. F. A. Marx, "Tacitus und die Literatur der exitus illustrium virorum," *Philologus* 92 (1937): 83-103; Ronconi, "Exitus"; Ker, *Deaths*, 41-62; Hägg, *Art of Biography*, 236-38. 유명인사들의 죽음(종종 *teleutai*로 알려짐)에 관한 더 초기의 그리스 이야기에 대해서는 다음을 보라. Collins, "Genre," 5-13; Sterling, "Mors philosophi," 384-86.

을 다룬 인기 시리즈였던 것으로 보인다.

두 번째 언급에서 플리니우스는 유명인사들의 죽음에 대해 글을 쓰던 자신의 친구이자 후견인인 티티니우스 카피토의 낭송회에 참석하겠다는 의사를 밝힌다. 그는 이 중 몇 명은 그에게 매우 소중한 사람이었으며, 낭송회에 참석하는 것은 그들의 장례식에 참석하는 듯한 분위기였다고 말한다(*Letters* 8.12). 파니우스의 작품과 마찬가지로 카피토의 작품도 가혹한 황제의 손에 의한 한 개인의 죽음을 다룬 일련의 삽화(揷話)였던 것 같다. 적어도 플리니우스에게 알려진 희생자들의 죽음 중 일부는 도미티아누스 치하에서 발생했는데, 이들에 대한 추도사를 쓰는 것은 사형에 해당하는 범죄였을 것으로 추정된다.[84] 카피토의 목적은 의심할 여지 없이 이들을 추모하고 존엄성을 회복하는 것이었다. 따라서 카피토와 파니우스의 작품, 그리고 일반적으로 최후 문학은 희생자들의 고귀함과 미덕을 찬양함으로써 "나쁜" 황제들의 통치를 재서술하려고 했다. 네르바, 트라야누스, 하드리아누스가 통치하던 자유의 시대에 이 사람들의 이야기는 새 정권에 대한 암묵적인 찬사로 바뀔 수도 있었다.[85]

---

[84] 따라서 Tacitus, *Agricola* 2.1. 헤렌니우스 세네키오는 그의 책 『헬비디우스의 생애』 때문에 도미티아누스에 의해 처형당했다(Tacitus, *Agricola* 45.1). 비록 도미티아누스가 죽은 후이긴 하지만, 플리니우스도 헬비디우스에 대한 짧은 작품을 출간했다(*Letters* 9.13.1).

[85] 따라서 Musurillo, *Acts*, 241. 학자들은 종종 타키투스가 『연대기』 15–16권에서 네로 치하에 일어난 일련의 긴 죽음 장면을 기록할 때 최후(*exitus*) 문학(아마도 심지어 파니우스의 작품도)에 의존했을 것으로 추정한다(다음을 보라. Marx, "Tacitus"; Ker, *Deaths*, 41–62). 타키투스는 "아무리 고귀하더라도 [수많은] 시민들의 최후"로 인해 그의 독자들이 지루해하지 않을까 걱정한다(16.16.1). 물론 이것이 그가 같은 방식을 계속 이어가는 것을 막진 못했지만 말이다. 죽음에 대한 이야기는 연대기적 작품의 구조를 방해하는 것으로 보일 수도 있지만

한 사람의 에토스를 나타내는 최고의 지표인 죽음에 대한 강렬한 관심을 고려할 때 전기 작가들이 주인공의 마지막 시간에 특히 주의를 기울이는 것은 놀라운 일이 아니다.[86] 모든 전기 작가들이 영웅의 죽음을 기록하는 것은 아니지만, 절대다수는 그것을 기록한다. 실제로 고대 수사학자들은 주인공의 죽음뿐만 아니라 "죽음 이후의 사건들"(여기에는 장례식과 매장, 대회 개최 등 특이한 사건들이 모두 포함될 수 있음)도 포함되어야 한다고 주장했다.[87] "좋은 죽음"은 고결한 삶의 정점이 될 수 있으며, 반대로 부끄러운 죽음은 악당의 확실한 징표였다. 이 원리의 예는 수에토니우스의 『황제 열전』(*Lives of the Caesars*)에서 찾아볼 수 있다. "선한" 황제였던 아우구스티누스는 아내와 함께 집에서 조용히 죽었는데, 그의 죽음은 그가 제국에 가져

(그 이전의 티베리우스 치세에는 그런 목록을 작성하는 것을 자제했다; 4.71.1), 그 목적은 죽은 사람들의 존엄성을 기리기 위한 것으로 보인다. 그들의 죽음의 고귀함은 로마 역사의 어두운 시기에 위엄을 부여하고, 그의 『역사』(*Histories*)의 서문에서 당대의 좋은 사례들은 "고대인들의 영광스러운 죽음과 동등한 최후"를 포함하고 있다고 말한 그의 주장을 정당화한다(*Histories* 1.3).

86 플루타르코스는 두 명(카밀루스와 플라미니누스)을 제외한 그의 모든 주인공의 죽음을 기록한다. 디오게네스 라에르티오스는 그의 『저명한 철학자들의 생애』(*Lives*)에 등장하는 철학자 88명 중 58명의 죽음을 기록한다. 그러나 죽음에 대한 이야기가 생략된 이들의 이야기는 극도로 짧은 경우가 많다(예. 제2권의 아낙시만드로스 또는 아낙시메네스, 제2권의 크라테스, 또는 제8권의 아르키타스와 알크마이온). 필로스트라토스는 종종 『소피스트들의 생애』(*Lives of the Sophists*)에 나오는 주인공들의 죽음(과 출생)에 대한 세부 내용을 생략한다. 그러나 그는 티아나의 아폴로니우스에 대한 긴 이야기는 이 철학자의 죽음에 관한 이야기가 빠지면 완전할 수 없다고 주장한다(*Life of Apollonius of Tyana* 8.29).

87 이론가들과 전기 작가들 간의 연관성에 대해서는 다음을 보라. M. W. Martin, "Progymnasmatic Topic Lists: A Compositional Template for Luke and Other *Bioi*?," *NTS* 54 (2008): 18-41. 이 목록이 철저하게 지켜졌든 그렇지 않든 간에 그것은 사람들이 기대했던 것에 대한 **일반적인** 느낌을 제공한다.

온 평화와 안정을 반영하며 그의 최고 존엄성은 끝까지 유지된다. 그의 죽음은 황제의 죽음 중 가장 고귀한 죽음이며, 그의 고결한 성품을 보여주는 마지막 증거다.[88] 이와는 대조적으로 네로는 그의 비서인 에파프로디투스의 도움을 받아 자살한다(*Nero* 49.3-4). 그의 죽음을 혐오스럽고 수치스럽게 만드는 것은 그것이 자살이라는 사실(우리가 살펴본 바와 같이 올바른 상황에서 자살은 지극히 고귀한 것일 수 있음)이 아니라 네로의 비열하고 비인간적인 행동이다. 그는 갈바와 스페인 지방이 반란을 일으켰다는 소식을 듣고 기절했고(42.2), 극단적으로 연극을 하는 것 외에는 행사에 참여하지 않았으며, 여러 가지 징조와 꿈에 겁을 먹었고(46), 결국에는 친구와 적에게 모두 버림받고 공포에 질려 울면서 마지막 순간까지 자살할 용기를 내지 못했다. 수에토니우스는 네로가 죽었을 때 튀어나온 눈과 놀란 표정이 그를 보는 모든 사람을 공포로 가득 채웠다고 덧붙인다(49.4). 이와 마찬가지로 율리우스 카이사르와 칼리굴라도 암살당했지만, 카이사르는 그를 공격한 자들에 용감하게 맞서 싸우며 죽음을 맞이한 반면(*The Divine Julius* 82.2), 칼리굴라는 은밀한 부위에 칼이 꽂히자 몸부림치며 땅에 쓰러졌고, 집안에 유령을 남겼다고 한다(*Gaius Caligula* 58-59).[89] 발레리 호프(Valerie Hope)의 말

---

88 아우구스투스의 죽음에 대한 수에토니우스의 이야기에 대해서는 다음을 보라. M. Toher, "The 'Exitus' of Augustus," *Hermes* 140 (2012): 37-44; 수에토니우스의 죽음 장면에 대한 더 일반적인 논의는 다음을 보라. R. Ash, "Never Say Die! Assassinating Emperors in Suetonius' Lives of the Caesars," in De Temmerman and Demoen, *Writing Biography*, 200-216.

89 이러한 수사(trope, 修辭)는 고대 전기 곳곳에서 발견된다. 예를 들어 코르넬리우스 네포스의 글에서 에파미논다스는 전투에서 용감하게 죽음을 맞이하는가 하면, 포키온은 부당한 최후에 맞서 용감함을 보여준다. 타키투스 역시 고결한 죽음을 맞이하는 그의 장인의 덕망 있

처럼 "무엇이 당신을 죽였는가보다 어떻게 죽었는가가 더 중요했다"고 할 정도로 죽음에 다가가는 방식이 죽음의 형태보다 더 중요했다.[90] 침착하고 용기 있고 품위 있게 자신의 운명을 받아들이는 것은 좋은 죽음을 의미하지만, 자제력을 잃고 광적으로 자비를 구걸하며 죽음을 마주하지 않으려는 것은 그 반대의 죽음을 의미했다.

본 연구에서 특히 관심을 끄는 것은 철학자들의 죽음인데, 일반적으로 좋은 죽음은 철학자들의 삶의 방식에 대한 지지를 의미했다. 디오게네스 라에르티오스의 기념비적인 저작을 자세히 분석한 세르기 그라우는 "전투에 임하는 영웅처럼 현명한 사람은 죽는 순간까지 완전히 확인되지 않는다"고 말한다.[91] 철학자들은 사람들이 어떻게 살아가야 하는지에 대한 실질적인 지침을 제시했고, 그 원칙을 자신의 삶에서 잘 활용해야 한다는 것은 당연한 이치였다. 따라서 철학자는 자신의 가르침에서 최고의 모범이 되었다. 엘레니 케차기아의 말처럼 "그들의 삶과 삶의 중요한 마지막 행위, 즉 죽음은 정당하게 그들의 이론을 대표하는 것으로 볼 수 있다."[92] 철학자에게 중요한 것은 자신의 최후가 자신의 가르침과 일치해야 한다는 것, 즉 죽

는 초상을 완성하는데, 거기서 연로한 장군의 용맹과 죽음을 평화롭게 받아들이는 모습은 사랑하는 사람들의 고뇌와 극적으로 대비된다(43.1-2).

90   Hope, *Death*, 10. 또한 Barton, "Savage Miracles," 50-51 (with examples).

91   S. Grau, "How to Kill a Philosopher: The Narrating of Ancient Greek Philosopher's Deaths in Relation to Their Way of Living," *Ancient Philosophy* 30 (2010): 348; 또한 다음을 보라. E. Kechagia, "Dying Philosophers in Ancient Biography: Zeno the Stoic and Epicurus," in De Temmerman and Demoen, *Writing Biography*, 181-99; Burridge, *What Are the Gospels?*, 160-62.

92   Kechagia, "Dying Philosophers," 182.

음은 단순히 자신이 살아온 원칙의 연장선상에 있다는 것이었다. 좋은 죽음, 즉 극도의 노년기에 행복하고 즐겁게 떠나는 것은 철학자의 진실성뿐만 아니라 그의 가르침의 진실성과 일관성을 강조하는 것이었다. 반대로 질병이나 어처구니없는 사고로 인한 나쁜 죽음은 철학자와 그의 가르침의 진정성을 모두 훼손했다. 루키아노스의 작품에는 두 가지 극단이 잘 드러나 있다. 그의 스승 데모낙스는 자신의 죽음을 스스로 통제하고 끝까지 지혜와 유머를 유지한 채 노년에 평화롭게 죽었다(*Demonax* 65). 이와는 대조적으로 그의 저서 『페레그리누스의 죽음』은 무의미한 철학적 죽음, 즉 개인적인 명성과 영광을 얻는 데에만 몰두한 한 사람의 화려한 최후를 풍자한다(*The Passing of Peregrinus* 35-39).[93]

극단적인 노년기의 좋은 죽음의 한 변형은 마지막까지 자신의 철학적 신념을 지키다 폭력적인 최후를 맞이한 철학자였다. 그라우는 이런 사람들을 "철학의 순교자"라고 부르는데, 독재자의 손에 의해 고문과 처형을 당하면서도 꿋꿋하게 자신의 철학적 신념을 지킨 사람들이다.[94] 폭군 네아르코스에 맞서 굳건히 버틴 엘레아의 제논이나 니코크레온에 맞서 "진짜" 아낙사르코스는 신체 고문으로 건드릴 수 없다고 주장한 압데라의 아낙사르

---

93 이와 마찬가지로 알렉산드로스의 죽음에 대한 루키아노스의 풍자(*Alexander* 59-60)는 신의 승인으로 영광스러운 죽음을 추구하지만 괴저(壞疽)와 벌레로 보상을 받은 어떤 사람을 소개한다. 결국에는 의사들이 그가 가발을 쓰고 있는 것을 발견하는데, 이것은 그가 계속 속이고 있었다는 것을 암시하는 것이다.

94 Grau, "How to Kill," 371.

코스가 대표적인 예다.[95] 플라톤의 행복한 최후에 대한 묘사에도 불구하고 무신론과 도시의 젊은이들을 타락시켰다는 혐의로 아테네 법정에서 독배를 마셔야 했던 소크라테스는 여기에 속한다. 분명하게 긍정적으로 기억되는 철학자는 극소수이며, 소크라테스, 제논, 아낙사르코스의 죽음은 끝까지 자신의 신념에 충실했던 철학자로서의 위상을 더욱 높여주었을 뿐이다. 폭압적인 정권에 의해 사형을 당했지만, 이들의 칭찬할 만한 죽음은 불명예스러운 형벌을 무색하게 만들었고, 그들의 죽음의 방식과 가르침이 후손들에게 길이 보존될 수 있게 했다.

죽음에 대한 이러한 관심은 유대 세계에서도 마찬가지였다. 요세푸스는 삼손(*Jewish Antiquities* 5.3-17)이나 사울(6.344-50) 같은 위인이나 마사다의 자유 투사(*Jewish War* 7.389-406) 등 유대 영웅들의 고귀한 죽음에 대해 자주 이야기한다.[96] 실제로 그는 유대 국가 전체가 조상의 율법이 짓밟히는 것을 볼 바에는 차라리 기꺼이 죽겠다고 주장한다(*Jewish War* 2.174, 184-203; *Against Apion* 2.232-35). 필론은 다소 다른 맥락에서 모세의 죽음을 "그의 전

---

95 디오게네스 라에르티오스는 그의 『저명한 철학자들의 생애』(*Lives of Eminent Philosophers*)에서 이 둘을 모두 묘사한다. 제논에 관해서는 9.26-29을 보라. 아낙사르코스에 관해서는 9.58-59을 보라.

96 이것은 자살에 대한 요세푸스의 어떤 양면적 태도를 부정하는 것은 아니다(자살에 대해 비판적이었던 그의 요타파타에서의 연설과 비교하라. *Jewish War* 3.361-82). 그러나 엘르아자르의 마사다에서의 연설은 플라톤의 『파이돈』에서 아이디어를 가져와 죽기로 결심하는 행위를 고귀한 자유의 행위, 즉 로마인들이 등장했을 때 그들에게 감명을 주는 고귀한 행위로 제시한다(7.406). 다음을 보라. J. Klawans, *Josephus and the Theologies of Ancient Judaism* (Oxford: Oxford University Press, 2013). 그는 이 이야기 전체를 "경계의 이야기"로 본다 (132).

존재를 햇빛처럼 순수한 정신으로 변화시킨" 천국으로의 영광스러운 출발, 즉 죽음을 불멸과 교환한 것으로 묘사한다(*Life of Moses* 2.288).[97] 그러나 아마도 가장 고귀한 유대인의 죽음은 기원전 2세기의 마카비 순교자들의 죽음이었을 것이다. 마카베오2서는 용감하게 부정한 고기를 거부하면서 자신의 원칙을 배신하지 않고 침착하게 죽음을 맞이한 노년의 고귀한 서기관 엘르아자르의 이야기를 다룬다. 주인공은 "경건하고 거룩한 율법을 지키기 위해 기꺼이 좋은 죽음을 맞이하는 고귀한 모범"을 보여주는 유대인 소크라테스로 묘사된다(마카베오2서 6:18-31, 여기서는 28절).[98] 마찬가지로 한 어머니와 일곱 아들의 끔찍한 고문과 죽음은 극심한 시련 속에서도 고귀한 인내를 보여주며(마카베오2서 7:1-41), 예루살렘의 장로 라지스는 니카노르의 부하들에게 항복하지 않고 스스로 목숨을 끊었다(마카베오2서 14:37-46).[99] 기원후 1세기 또는 2세기에 기록된 마카베오4서는 이 초기 순교자들에 대한 철학적 성찰을 통해 죽음에 대한 열망을 고조시키고 유대 율법에 따라 이성이 열정을 통제할 수 있다고 주장한다. 저자는 군사적 승리(전혀 언급되지 않음) 대신 순교자들의 고귀함, 용기, 인내로 폭군이 정복되고 땅이 정화되었다고 주장한다. 그러나 이러한 유대 기록이 그리스-로마 기록과 다른 점은 순교자들이 죽음 이후에도 정당성을 입증받고 보상을 받을 것이

---

97   Colson, LCL 289. 필론과 대략 동시대의 다른 유대 문헌에 나오는 모세의 비상한 죽음에 대해서는 다음을 보라. Feldman, *Philo's Portrayal*, 220-33.

98   다음의 논의를 보라. J. A. Goldstein, *II Maccabees: A New Translation, with Introduction and Commentary* (New York: Doubleday, 1983), 285.

99   텍스트와 논의는 다음을 보라. Doran, "Narratives of Noble Death."

라는 강한 믿음과 무고한 사람들의 죽음이 하나님의 자비와 개입을 불러일으킬 것이라는 준-희생적 의미가 있다는 것이다.[100]

죽음의 장면에서 가장 중요한 것은 이야기를 전달하는 방식이었다. 친구와 가족에 대한 용기 있는 관심, 차분한 태도, 과도한 공포와 울음의 억제 등 몇 가지 세부사항만으로도 좋은 죽음과 나쁜 죽음의 차이는 달라질 수 있었다. 플라톤의 『파이돈』이 이것을 잘 보여준다. 크리스토퍼 길의 지적처럼 음독은 구토, 질식, 경련, 그리고 결국에는 마비로 이어졌다. "역사적 소크라테스"가 어떻게 세상을 떠났든지 간에 우리는 그것이 플라톤이 묘사한 이상적인 방식이 아니었음을 확신할 수 있다.[101] 그러나 이 이야기의 의도는 소크라테스의 죽음을 그의 삶과 가르침과 일치시켜 그의 철학의 본질적인 진리를 보여주는 것이다. 물론 전기 작가가 인물의 최후, 특히 최후의 친밀한 순간에 대해 정확히 알 수 없었기 때문에 어쩔 수 없이 적절한 최후의 순간을 종종 만들어내야 했을 것이다. 당대에 가장 많은 기록을 남긴 인물에 대해 글을 쓴 수에토니우스조차도 실제 사실에 근거한 내용은 거의 없고, 죽음의 장면 전체를 예술적인 패턴과 상상력에 의존한다.[102] 때

---

100 마카비 순교자들에 관해서는 다음을 보라. Droge and Tabor, *Noble Death*, 69-76; van Henten and Avemarie, *Martyrdom*, 45-49, 62-76. 1세기 유대교의 내세에 대한 다양한 견해는 다음을 보라. Klawans, *Josephus*, 92-115.

101 Gill, "Death of Socrates." 위 124에서 언급한 리비우스의 데키우스 무스의 경우에는 그가 심지어 전투에 참여했는지조차 불분명하다! 다음을 보라. Doran, "Narratives of Noble Death," 385.

102 따라서 R. Ash, "Never Say Die!". 또한 다음을 보라. D. Hurley, "Rhetorics of Assassination: Ironic Reversal and the Emperor Gaius," in Power and Gibson, *Suetonius the Biographer*, 146-58. 디오게네스 라에르티오스의 글에 나오는 유사한 특징은 다음을 보라. Kechagia, "Dying

로는 전기 작가가 자료에서 상충되는 기록을 발견할 수도 있는데, 사실상 이것은 놀라운 일이 아니다. 왜냐하면 한 사람의 친구와 적들은 자신이 목격한 사건에 의미를 부여하려 하면서 동일한 사건을 상당히 다른 방식으로 묘사할 수도 있기 때문이다. 그러나 때로는 기록이 서로 매우 다른 경우도 있었다. 예를 들어 코르넬리우스 네포스는 아테네 해군 사령관 테르미스토클레스의 죽음에 대한 다양한 기록을 알고 있었는데, 어떤 이들은 그가 감옥에서 죽었다고 말했지만, 네포스 자신은 그가 마그네시아에서 병으로 죽었다고 주장한 투키디데스의 말을 따르는 것을 선호했다(2.10). 디오게네스 라에르티오스는 여러 철학자들의 죽음에 대해 상반된 주장들이 전개되고 있다는 사실을 잘 알고 있었기 때문에 어느 한쪽을 선택하기보다는 모든 이야기를 다 전하는 것을 선호했다. 따라서 디오게네스의 죽음에 대해서는 여러 가지 이야기가 떠돌았다고 한다. 어떤 이들은 그가 날문어를 먹고 복통에 걸렸다고 했고, 다른 이들은 그가 개들에게 문어를 나눠주다가 발을 물렸다고 주장했으며, 세 번째 버전(그의 친구들이 선호하는)은 그가 의도적으로 숨을 참으며 생을 마감했다고 한다(*Lives* 6.2.76-77).[103] 필로스트라토스 역시 아폴로니우스의 최후에 대해 서로 다른 기록이 존재했음을 시사한다.[104] 물론 대부분의 경우 전기 작가는 자신의 목적에 가장 적합한 기록

Philosophers."

103 또한 *Lives*에 나오는 메네데무스(2.142-43), 헤라클리데스(5.89-91), 크리시포스(7.184-85), 피타고라스(8.39-40), 엠페도클레스(8.67-75), 엘레아의 제논(9.26-28)의 최후에 대한 다양한 이야기를 보라.

104 Philostratus, *Life of Apollonius of Tyana* 8.30-31.

을 선택하거나 심지어 자신이 직접 작성하기도 했다. 예를 들어 크세노폰은 키루스가 전투에서 죽었다는 기록(『키루스의 교육』[Cyropaedia]에서 그의 목적에 더 적합한 죽음)을 받아들인 것으로 보인다.[105]

고대인들은 죽음을 보도할 때 이러한 모든 한계와 제약을 잘 알고 있었기 때문에 많은 예술적 자유를 허용했다. 키케로는 역사가들이 죽음을 묘사할 때 "수사학적으로나 비극적으로 장식할" 권리가 있다고 주장했다(*Brutus* 11.42). 마지막 유언은 특히 "세련되게 꾸밀" 필요가 있었고, 그럴 만한 실력을 갖춘 작가라면 유려한 마지막 문장을 쓰고 싶은 유혹을 뿌리칠 수 없었을 것이다(이에 관해서는 6장에서 다시 다룰 것이다).[106] 그렇다면 주인공의 나머지 삶은 어떠한가? 여기서 역사적 정확성은 얼마나 중요했을까?

전기적 사실과 허구

우리는 대다수 전기의 도덕적 목적이 어느 정도의 왜곡과 이상화로 이어졌다고 의심할 수 있다. 적어도 전기 작가는 주어진 모든 자료에서 자신이 보여주고자 하는 인물과 일치하는 말과 사건만 선택해야 했을 것이다. 루키아노스는 그의 『데모낙스』의 마지막 대목에서 "주어진 자료 중 극히 일부

---

105 Xenophon, *Cyropaedia* 8.7. 전투에서 전사한 키루스에 관해서는 다음을 보라. Ctesias, *Persica* 7 and Herodotus, *Histories* 1,214(비록 이 둘은 서로 다른 전투를 묘사하지만!). 또한 다음을 보라. S. R. Bassett, "The Death of Cyrus the Younger," *ClQ* 49 (1999): 473-83.

106 광범위한 개관은 다음을 보라. J. M. Smith, "Famous (or Not So Famous) Last Words" (paper given to the Markan Literary Sources Section, SBL Annual Meeting, Atlanta, 2016).

만을 선택했다"고 말하지만, 그럼에도 그것이 "독자들이 이 위대한 인물의 성격을 이해하는 데 도움이 되기를 바란다"고 밝힌다(67). 플루타르코스 역시 실제의 삶이 미덕이나 악덕으로만 구성되어 있지 않다는 사실을 잘 알고 있었지만, 자신의 대표적인 전기 중 하나에서 인물의 긍정적인 속성은 최대한 살리고 부정적인 속성은 과감히 배제하려고 노력했음을 인정한다(*Cimon* 2.4-5).[107] 대부분의 전기 작가들은 풍자하고 과장하고 이상화하려는 경향을 저항하기 어려웠을 것이다. 그리고 플루타르코스나 수에토니우스처럼 역사적 연구와 신뢰성에 분명한 관심을 가진 작가도 있었지만,[108] 『키루스의 교육』의 크세노폰이나 『티아나의 아폴로니우스의 생애』의 필로스트라토스처럼 전설적인 자료로만 여겨질 수 있는 것을 활용하는 작가도 있었다.[109]

---

107   추가적인 논의는 다음을 보라. Russell, "On Reading," 143.

108   C. S. Keener는 오토에 대한 수에토니우스의 묘사를 타키투스가 그의 『역사』에서 그린 모습과 주의 깊게 비교하고, 수에토니우스가 역사적 정확성을 목표로 삼았다고 결론지었다. 물론 해석자는 그 장르의 특정 관행을 고려할 필요가 있지만(전기 작가는 역사가보다 전쟁의 세부사항이나 연설을 소개할 개연성이 낮다), 수에토니우스의 역사적 정보는 대체로 타키투스의 것 못지않게 인상적이다(그리고 플루타르코스도 마찬가지다). Keener는 수에토니우스에 대한 진실은 다른 고대 전기에도 똑같이 적용되며, 이 장르는 전체적으로 역사적 정확성에 높은 가치를 두는 경향이 있다고 결론 내렸다. "Otho: A Targeted Comparison of Suetonius' Biography and Tacitus' *History*, with Implications for the Gospels' Historical Reliability," *BBR* 21 (2011): 331-56. 또한 그의 다음 글도 보라. "Assumptions in Historical-Jesus Research: Using Ancient Biographies and Disciples' Traditioning as a Control," *JSHJ* 9 (2011): 26-58. 그리고 더 최근에는 다음을 보라. *Christobiography: Memories, History, and the Reliability of the Gospels* (Grand Rapids: Eerdmans, 2019), 『예수 그리스도 전기』(새물결플러스 역간). 다음 단락에서 분명히 알 수 있듯이 나는 Keener보다 역사적 정확성을 대다수 전기 작가들의 특별한 관심사로 간주하는 경향이 덜하다.

109   Keener와는 대조적으로(앞의 각주를 보라) J. B. Chance는 복음서를 전기와 소설 사이 그 어

키케로는 역사가들은 진실에 충실해야 하지만 전기 작가는 사실에 대해 좀 더 자유로울 수 있다는 자신의 견해를 뒷받침하기 위해 폴리비우스의 말을 인용했다(*Letters to Friends* 5.12).[110] 이러한 일반적인 추론은 플루타르코스의 역사적 정확성에 대한 크리스토퍼 펠링의 연구에 의해 강화되었다.[111] 펠링은 전기 작가가 솔론과 크로이소스의 만남과 같이 연대기적 이유로 그 정확성에 의문이 제기된 경우에도 기꺼이 이야기를 사용했음을 발견한다(*Solon* 27.1). 플루타르코스는 안토니우스의 사치성이나 클레오파트라에 대한 그의 열광적인 사랑 이야기처럼 특정 이야기가 자신의 목적에 부합하는 경우에는 자료를 사용하는 데 훨씬 덜 비판적이었다. 그는 특정 인물의 특성(예. 안토니우스의 소극성)을 강조하거나 이야기의 흐름을 개선하기 위해(예. 카이사르의 그리스와 로마 여행이 깔끔하게 정리됨) 정황적 세부사항

딘가에 속한 네 작품—『니노스의 로맨스』, 크세노폰의 『키루스의 교육』, 필로스트라토스의 『티아나의 아폴로니우스의 생애』, 『알렉산드로스의 로맨스』—과 비교했다. 이 작품들은 각각 높은 수준의 허구와 때로는 역사적 사실에 대해 전혀 관심이 없어 보이는 것을 선보인다. Chance는 이를 근거로 허구적인 요소들은 고대 전기의 필수적인 부분이며, 복음서에서 발견되는 요소들은 전기적 서사 자체의 특성 때문이라고 결론지었다. "Fiction in Ancient Biography: An Approach to a Sensitive Issue in Gospel Interpretation," *Perspectives in Religious Studies* 18 (1991): 125-42. (우리는 여기에 허구적인 내용이 주를 이루는 4세기 후반 또는 5세기 초반의 전기 모음집인 『아우구스투스의 역사』[*Historia Augusta*]를 추가할 수도 있다.) 그러나 다음 단락들이 보여주듯이 이것은 너무 일방적인 해석이다. 초기 그리스 시인들의 전기에 나타나는 허구에 관해서는 다음을 보라. M. R. Lefkowitz, "Patterns of Fiction in Ancient Biography," *The American Scholar* 52 (1983): 205-18.

110   이 점에 관해서는 또한 다음을 보라. Momigliano, *Development*, 55-56.

111   C. R. B. Pelling, "Truth and Fiction in Plutarch's *Lives*," in *Antonine Literature*, ed. D. A. Russell (Oxford: Oxford University Press, 1990), 19-52. 또한 Pelling, *Life of Antony* (Cambridge: Cambridge University Press, 1988), 여러 곳에서.

을 추가하고 진실을 왜곡한다. 마지막으로 같은 사건도 각기 다른 전기에서 다소 다르게 서술된다(예를 들면 폼페이우스, 카이사르, 안토니우스의 전기에서 다양하게 묘사된 50년 12월/49년 1월의 논쟁, 안토니우스와 카이사르의 전기에 나오는 44년의 루페르칼리아 사건, 안토니우스와 브루투스의 전기에 서술된 필리포이에서의 안토니우스의 행동 등). 펠링은 자신의 연구 결과를 다음과 같이 요약한다. "그렇다면 우리는 진실에 대한 플루타르코스의 태도에 대해 어떤 결론을 내릴 수 있을까? 물론 그는 항상 우리처럼 행동하지는 않는다. 그는 정리하고 개선하며, 어떤 경우에는 자신이 역사적으로 부정확하다는 것을 알고 있었을 것이다. 하지만 그 과정에는 한계가 있으며, 진실하지 않은 정리와 개선은 결코 광범위하지 않다. 큰 변화, 실질적인 개선은 그가 일반적으로 '그래, 그랬을 거야'라고 주장할 수 있는 부분에서 이뤄지는 경향이 있다."[112] 플루타르코스의 "창조적인 재구성"에는 한계가 있다. 특정 사건에서 주인공의 역할을 강화할 수는 있지만, 그 인물을 부각하는 데 도움이 되는 한도 내에서만 가능하며, 전기의 핵심을 왜곡하는 정도는 아니다. 특히 어린 시절과 관련하여 출처에 공백이 있는 경우, 그는 일반적으로 완성도를 위해 그 공백을 메워야 한다는 강박관념을 느끼지 않는다.[113] 무엇보다도 그의 목표는 독자를 오도하지 않고 가능한 한 가장 명확하게 인물을 묘

---

112 Pelling, "Truth and Fiction," 41. 이와 비슷한 생각은 또한 다음을 보라. Pelling, *Antony*, 35. Pelling이 지적하듯이 플루타르코스는 다른 전기(예. 안토니우스)보다 특정 전기(예. 카이사르)에서 역사에 더 많은 관심을 보인다. "Truth and Fiction," 29.

113 또한 다음을 보라. Pelling's "Childhood and Personality in Greek Biography," in Pelling, *Characterization*, 213-44.

사하는 것이다.[114]

최근에 코엔 데 템머만(Koen De Temmerman)과 크리스토펠 데모엔 (Kristoffel Demoen)이 편집한 논문집도 고대 전기의 "허구화"(fictionalization) 라는 주제에 관해 이와 비슷한 특징을 보여준다. 이 책의 첫 장에서 데 템머 만은 대부분의 문학에서 역사와 소설의 경계가 모호해지는 경향이 있지만, 전기는 특히 허구에 빠지기 쉽다고 지적한다. 이것은 부분적으로 전기라는 장르의 추켜세우려는 목적 때문이기도 하지만, "전기는 거의 항상 행동, 사 적인 순간, 동기 및 태도를 추측하고 해석하고 재구성해야 하기 때문"이기 도 하다.[115] 데 템머만은 우리가 "진실"과 "허구" 사이의 쉬운 대립을 넘어 서야 한다고 올바르게 주장한다. 전기의 한쪽 끝에는 시인들의 전기와 크 세노폰의 『키루스의 교육』이 있고, 다른 쪽 끝에는 플루타르코스와 수에토 니우스가 있다. 어떤 전기들은 역사적 정확성을 더 중요하게 생각하지만, 어느 쪽도 어느 정도의 허구화로부터 자유로울 수 없다. 사실 내러티브를 구성하는 과정에는 저자가 성실한 연구를 했다는 정교한 주장을 포함한다 하더라도 항상 허구적 요소가 포함되기 마련이다. 이는 지어낸 연설에서부 터 출생과 어린 시절에 대한 허구적인 이야기에 이르기까지 다양한 영역에 서 나타나며, 작가가 자신의 주인공과 연관시키려는 다른 인물에 대한 상

---

114 코르넬리우스 네포스에 대한 이와 유사한 평가는 다음을 보라. Pryzwansky, "Cornelius Nepos," esp. 99-100. 그녀가 지적하듯이 현대 학자들은 네포스를 그의 모습 그대로 높이 평 가하는 경향이 있으며, 그를 "실패한 역사가"보다는 노련한 전기 작가로 간주하는 경향이 있다.

115 De Temmerman, "Ancient Biography," 4.

호문헌 간 암시에서부터 그가 상상하는 주인공의 죽음에 이르기까지 다양한 방식으로 표현된다.

여러 측면에서 이것은 놀랄 만한 일이 아니다. 현대의 가장 성실한 전기 작가들도 똑같은 도전과 제약에 직면해 있기 때문이다. 현대 사회에서는 저자나 학자가 자신이 선택한 주제에 대해 세세한 부분까지 연구하는 데 많은 시간을 할애하는 "연구 전기"에 익숙하다. 우리는 종종 이러한 장문의 책이 "사실적"이고 "역사적으로 정확"하기를 기대하며, 실제로 서평자가 부정확한 부분을 쉽게 지적할 수 있다면 그 전기의 위상은 심각하게 훼손될 것이다. 하지만 여기에도 한계가 있다. 전기 작가가 자료를 구성하는 방식, 자료의 병치, 연결 또는 단절에 따라 많은 부분이 달라진다. 주인공의 내적 감정과 동기를 추정하는 것이 아마도 가장 어려운 작업일 것이다. 아이비 콤튼 버넷, 앙리 마티스 등의 전기로 다수의 전기작가상을 수상한 힐러리 스펄링(Hilary Spurling)은 다음과 같이 말한다. "사실적인 내용을…전달하기 위해 전기 작가는 일반적으로 그리고 필연적으로 허구에 의존할 수밖에 없을 것이다.…순전히 외적인 것, 즉 피상적인 것이 아닌 모든 재구성은 상당 부분 지어내야 한다. 결국 당신이 하는 일은 인물을 창조하는 것이다."[116] 현대의 전기조차도 아무리 꼼꼼하게 연구했다 해도 단순히

---

[116] H. Spurling, "Neither Morbid nor Ordinary," in *The Troubled Face of Biography*, ed. E. Homberger and J. Charmley (London: Macmillan, 1988), 116. 이와 비슷한 생각을 표현하는 내용은 다음을 보라. V. Glendinning, "Lies and Silences," in the same volume, particularly 49, and by H. Mantel in her BBC Radio 4 Reith Lectures (2017).

잘 연구된 사실만을 전달하는 데 그치지 않고, 지면 위의 단어를 살아 있는 것으로 바꾸는 상상력이 필요하다.

또 다른 복잡한 문제는 일화 또는 크레이아(*chreia*) 사용과 관련이 있다 (이 주제는 다음 장에서 다시 다룰 것이다). 전기 작가에게 있어 일화는 필수 불가결한 요소이며, 실제로 많은 전기들이 단편적인 이야기와 재치 있는 명언의 모음에 지나지 않는다. 하지만 리처드 살러(Richard Saller)가 지적했듯이 일화는 본질적으로 출처가 불분명하고, 가십이나 이야기꾼에 의해 퍼지거나, 웅변가나 도덕가의 본보기로 삼기 위해 억지로 만들어낸 경우가 많다는 것이 문제다. 일화는 일반적으로 기록되어 있어도 유동적이며, 핵심 요지는 어느 정도 안정성을 유지하지만, 설정, 부수적인 인물, 심지어 주인공의 정체성과 같은 다른 요소는 거의 무한한 다양성을 지니게 된다. 그러나 이 가운데 그 어떤 것도 전기 작가에게는 큰 문제가 되지 않는다. 전기 작가에게 중요한 것은 일화가 간결하고 함축적인 방식으로 주인공의 성격을 드러낸다는 것이다. 다시 한번 강조하지만 여기에는 그것이 실제로 일어났는지 여부와 관계없이 사람의 본성을 완벽하게 포착하는 "외경" 이야기의 현대 개념과 일치하는 부분이 있다. 우리는 일반적으로 그러한 이야기가 사실에 근거한 것인지 의심하더라도 그러한 이야기를 반복하는 것을 매우 즐겁게 생각한다. 처칠은 정말 일반 시민들에게 히틀러에 맞서는 것에 대해 어떻게 생각하는지 묻기 위해 런던 지하철을 탔을까? 조지 워싱턴은 아버지의 벚나무를 베었다고 정말로 시인했을까? 둘 다 사실에 근거한 것은 아니지만, 위인들이 했을 만한 일을 완벽하게 보여주므로 반복할 가치가 있다.[117] 역사적 정확성에 대한 질문은 현재와 고대에 모두 해당 일화가 주인공의 성격에 대해 심오한 진실을 말해줄 수 있는지에 비하면 부차적인 문제다.

　　많은 고대 전기 작가들은 그들의 주인공을 개인적으로 알고 있었다. 코르넬리우스 네포스는 아티쿠스와 우호적인 관계였고, 타키투스는 장인과 좋은 관계를 유지했으며, 루키아노스는 그의 스승 데모낙스와 성장기를 함께 보냈다.[118] 하지만 우리는 여기서도 신중할 필요가 있다. 타키투스는 아그리콜라와 개인적인 친분이 있었음에도 불구하고 장인의 능력을 강조하고 자신의 정치적 주장을 펼치기 위해 역사적 사실을 기꺼이 왜곡했다.[119] 그리고 학자들은 루키아노스가 스승을 자신의 이미지로 묘사하는 것을 자주 포착했기 때문에 그의 존재 자체를 의심하는 사람들도 있다.[120] 직접적인 친분은 전기 작가가 활용할 수 있는 훌륭한 이야기와 정보의 원천을 분명히 제공해주었지만, 주인공의 모범적인 미덕에 대한 일방적인 강조는 말할 것도 없고, 전기 작가 자신의 관심사와 의제에 의해 전기의 결과가

117　처칠이 런던 지하철을 탔다는 증거는 전혀 없는 것 같다(최근에 상영된 영화 〈다키스트 아워〉[2017]는 이것을 드라마화했다). 워싱턴과 벚나무 이야기는 앞으로 미래의 대통령이 보여줄 덕목으로서 그의 첫 번째 전기 작가인 Mason Locke Weems가 의도적으로 지어낸 것이다(*The Life of Washington*, 1800).

118　Bryan은 또한 수에토니우스가 하드리아누스의 비서였고 플리니우스와 친구였으며, 자신이 관찰한 것(*The Divine Augustus* 7.1; *Nero* 57.2; *Domitianus* 12.2) 또는 풍문(*Gaius Caligula* 9.3; *Otho* 10; *The Divine Titus* 3.2), *Preface*, 47-48에 호소할 수 있었다고 말한다.

119　『아그리콜라』의 역사적 가치에 대해서는 다음을 보라. D. Sailor, "The Agricola," 39-41.

120　예컨대 D. Clay, "Lucian of Samosata."

나타날 것이라는 점은 쉽게 예견될 수 있었다.[121]

　이 모든 것은 전기가 여러 면에서 역사와 밀접한 관련이 있고, 종종 "역사적" 인물을 주제로 삼았지만, 전기 작가가 그 자체로 역사에 관심이 있었다고 가정하는 데는 유의할 필요가 있다는 것을 의미한다. 전기 작가들의 목적은 해당 인물의 모든 행동과 말을 정확하게 나열하는 것이 아니라 그 사람의 본질을 드러내고 살아 있는 인물을 재창조하는 것이었다. 플루타르코스가 깨달았듯이 여기에는 종종 삶의 사소한 부분이 포함되며, 정확한 사실을 더 이상 구할 수 없을 경우 전기 작가는 추측, 해석 및 창의적 재구성에 의존해야 했다. 이 모든 것은 토마스 해그(Tomas Hägg)가 고대 전기를 철저하게 다룬 연구에 잘 요약되어 있다. "고대의 전기 작가들은 현대의 동료 작가들의 경우처럼 동시대인들로부터 다큐멘터리적인 진실을 요구받지 않았으며, 이 문제에 있어서는 고대 역사가들도 마찬가지였다.…어느 정도의 사실성이 유지된다면 대화는 허구적일 수 있고, 등장인물의 감정, 생각, 동기에 대한 통찰력은 쉽게 부여될 수 있다. 시적이든, 심리적이든, 철학적이든, 종교적이든, 어떤 형태의 더 높은 진리의 확립은 사실의 진실에 대한 요구를 압도한다."[122]

121　흥미롭게도 목격자 증언은 종종 현대 전기 작가들에 의해 문제시된다. A. Thwaite는 다음과 같이 말한다. "이용 가능한 증거 중에서 특히 누군가가 50여 년 전에 죽었다면 그것은 보통 내가 가장 가치가 없다고 생각하는 생존자들의 기억이다. 그들을 기억하는 사람들은 그들의 기억을 너무 자주 반복해서 중국인의 속삭임이라는 어린이 놀이에 나오는 말처럼 사실 진정한 의미가 없다." "Writing Lives," in Homberger and Charmley, *Troubled Face*, 17.

122　Hägg, *Art of Biography*, 3-4. 이와 유사한 생각은 Momigliano, *Development*, 57에서도 나타난다.

엘리트들의 전유물?

지금까지 본 장에서 살펴본 모든 작품은 고도의 문학적 소양을 갖춘 작가들이 썼으며, 그중 상당수는 사회의 최고위층과 연관이 있는 사람들이었다. 독자들은 이 모든 것이 마가복음과 어떤 관련이 있는지 자문해 볼 수 있는데, 어떤 독법으로 읽든지 간에 이 복음서는 엘리트 집단에서 유래했을 것 같진 않다.

안타깝게도 제국 시대의 "일반 지식인을 위한"(middle-brow) 문학은 대부분 살아남지 못했다(실제로 성서학자들은 위에서 언급한 많은 작품들이 오직 소수의 후대 사본으로만 남아 있다는 것 때문에 놀랄지도 모른다). 그러나 "낙수"(trickle-down) 효과가 있었을 것이라고 가정하는 것이 합리적이다. 사람들은 다양한 상황─축제의 연극 공연, 경기장에서의 공개적인 시 낭송, 문학 작품 낭송, 콜로네이드에서의 강연, (공개된 장소에서 열리는) 법정 연설, 이야기꾼, 길거리의 철학자 등─에서 문학을 접했을 것이다.[123] 따라서 교

---

[123] 다음의 학자들을 포함하여 대다수 학자들은 "낙수" 효과를 가정한다. Aune, *Literary Environment*, 12-13; G. Strecker, *History of New Testament Literature*, trans. C. Katter with H.-J. Mollenhauer (Harrisburg, PA: Trinity Press International, 1997; German orig., 1992), 109; H. Gamble, *Books and Readers in the Early Church: A History of Early Christian Texts* (New Haven: Yale University Press, 1995), 18; P. J. Achtemeier, "Omne Verbum Sonat: The New Testament and the Oral Environment of Late Western Antiquity," *JBL* 109 (1990): 7, 20; M. A. Beavis, *Mark's Audience: The Literary and Social History of Mark 4.11-12* (Sheffield: JSOT Press, 1989), 8-9; C. Bryan, *A Preface to Mark: Notes on the Gospel in Its Literary and Cultural Settings* (New York: Oxford University Press, 1993), 17-18. 로마 사회의 이야기꾼들의 활발한 활동에 대해서는 다음을 보라. A. Scobie, "Storytellers, Storytelling, and the Novel in Graeco-Roman Antiquity," *Rheinisches Museum für Philologie* 122 (1979): 229-59.

육받은 엘리트들의 수사학적·문학적 관습은 사회의 하위 계층으로 쉽게 스며들었을 것이다. 기본적인 교육만 받았더라도 지적이고 사려 깊은 작가는 자신이 접한 장르를 완벽하게 모방할 수 있었으며, 심지어 그들의 표준 관습과 관행의 일부를 따를 수 있었을 것이다. 그리고 우리는 그의 청중 중 많은 사람들이 그가 무엇을 하고 있는지 이해했을 것이라고 추측할 수 있다. 알렉산드리아의 지도자들(특히 연무장 감독관들)과 여러 황제들 간의 대립에 초점을 맞추어 대체로 허구적인 이야기를 모아놓은『알렉산드리아의 순교자 행전』(Acts of the Alexandrian Martyrs)에는 대중의 취향이 잘 반영되어 있을 것이다. 기원후 1세기에서 3세기의 것으로 추정되는 이 작품들은 알렉산드리아 내 여러 민족 집단 간의 긴장을 분명하게 반영한다. 황제들은 유대인, 자유민, 여성에게 과도하게 영향을 받는 조악한 독재자로 풍자되어 있으며, 정의와 고문 앞에서도 고귀함을 드러내는 알렉산드리아의 순교자들과는 극명한 대조를 이룬다. 단편적이긴 하지만 이 책은 생생한 대화, 재판 장면, 소름 끼치는 처형 장면으로 구성되어 있다.[124]

하위 문화권에서 유래했을지도 모르는 전기 중 하나는『아이소포스의 생애』(Life of Aesop)다. 익명으로 널리 퍼져 다양한 판본으로 전해지는 이 작품은 노예 아이소포스가 주인을 끊임없이 속이고 자유를 얻지만 결국 델포

---

124 종종 『이교 순교자 행전』(Acts of the Pagan Martyrs)으로 불리는 이 텍스트에 관해서는 다음을 보라. Musurillo, Acts, especially 247-58; van Henten and Avemarie, Martyrdom, 21-23. 더 최근에는 다음을 보라. A. Harker, Loyalty and Dissidence in Roman Egypt: The Case of the ActaAlexandrinorum (Cambridge: Cambridge University Press, 2008).

이 시민들을 모욕한 후 목숨을 잃는다는 이야기를 담고 있다.[125] 그라마티키 칼라(Grammatiki Karla)는 이 작품에서 "대중적 미학"의 여러 특징을 찾아냈는데, *kai*-병렬과 접속어 생략(구어의 두 가지 특징)을 많이 사용하는 등 코이네 그리스어의 단순한 용법, 성적 풍자와 신체 기능에서 자주 파생되는 유머, 아이소포스의 모험과 만남을 다양한 길이의 일화로 구성한 간결한 구조가 그것이다.[126] 이 작품은 보이는 것과는 전혀 다른 반전의 세계를 보여주는 사회 풍자 작품이다. 아이소포스 우화는 오락적인 목적도 있지만, 도덕적 진리와 실용적인 지혜를 청중에게 전달하는 교훈적인 목적도 분명하다. 주로 교육을 받지 못한 청중을 대상으로 하지만, 이 작품은 아마도 더 많이 배운 사람들에게 상호본문 간의 반향을 식별하고 더 정교한 수준에서 작품을 감상하도록 도전하기 위해 다양한 문체를 활용한다.[127] 그러나 이 작품이 분명하게 보여주는 것은 초기 제국 시대의 전기가 결코 교육받은 계층에 국한된 것이 아니라 광범위한 대중적 매력을 가지고 있었다는 것이다.

---

125 『아이소포스의 생애』는 종종 본문 유통의 유동성과 분명한 단일 저자가 없음을 나타내기 위해 "열린 텍스트"로 묘사된다. 위의 각주 9번을 보라.

126 G. A. Karla, "*Life of Aesop*: Fictional Biography as Popular Literature?," in De Temmerman and Demoen, *Writing Biography*, 47-64. 이 작품의 광범위한 유통은 또한 대중적인 매력을 암시한다(63). 또한 다음을 보라. R. Pervo, "A Nihilist Fabula: Introducing the *Life of Aesop*," in *Ancient Fiction and Early Christian Narrative*, ed. R. F. Hock, J. B. Chance, and J. Perkins (Atlanta: Scholars, 1998), 77-120.

127 Karla, "*Life of Aesop*," 63-64. 물론 나는 이 작품을 "대중적인" 작품으로 분류할 때 광범위한 유통과 관련이 있는 그 어떤 "대중문화"도 전제하지 않는다. M. A. Tolbert가 지적하듯이 "대중 문학의 가장 명확한 정의는 **유식한 자와 무식한 자를 막론하고 광범위한 사회 계층에 접근할 수 있도록 구성된 문학**이라고 할 수 있다." *Sowing the Gospel*, 72(강조는 원저자의 것임).

다음 장에서는 마가의 교육 수준과 청중의 교육 수준을 조사하여 그의 작품이 초기 기독교 "책 문화"에 어떻게 부합하는지 살펴볼 것이다. 또한 작품의 구조, 자료의 사용, 저자의 목소리를 이 장에서 살펴본 전기와 비교하여 마가복음이 대략 동시대의 다른 전기와 일반적인 측면에서 어떻게 부합하는지 살펴볼 것이다. 하지만 나는 먼저 한 가지를 더 명확히 하고 싶다. 과연 우리는 고대 전기 내에서 "하위 그룹"에 대해 이야기해야 할까?

하위 그룹과 하위 유형?

신약학자들 사이에서는 복음서가 그리스-로마 전기의 특정 유형에 속한다고 말하는 것이 일반화되었다. 예를 들어 데이비드 오니(David Aune)는 복음서를 전기 문학의 "하위 유형"으로 설명하며, 그 핵심적인 특징은 "유대-기독교적 가정"이라고 말한다.[128] 다소 다른 맥락에서 리처드 보컴(Richard Bauckham)과 크레이그 키너(Craig Keener)는 복음서의 내용이 실제로 일어난 일에 대한 대체로 정확한 기록이라는 가정에서 비롯된 "역사적 전기"라고 부르는 경향이 있으며, 이는 허구적인 성격의 전기와 구별하는 데 도움이 된다.[129] 그러나 이 두 가지 분류는 같지 않다. 하나는 내용에 초점을 맞추고 다른 하나는 역사적 정확성에 대한 평가에 중점을 둔다. 각각의 분류는 내

---

128   Aune, *Literary Environment*, 46-47.
129   R. J. Bauckham, "The Eyewitnesses in the Gospel of Mark," *SEÅ* 74 (2009): 19-39; C. S. Keener, *The Gospel of John: A Commentary* (Peabody, MA: Hendrickson, 2003), 1:29-34.

용에 관한 논의(오니) 또는 역사성(보컴과 키너)과 관련된 경우에만 유용하며, 다른 주제를 고려해야 하는 경우에는 이 분류법이 무의미해진다.

고대 전기 문학을 전체적으로 분류하려는 시도는 적어도 1901년에 출판된 프리드리히 레오(Friedrich Leo)의 『문학 양식에 따른 그리스-로마 전기』(*Die griechisch-römische Biographie nach ihrer literarischen Form*)로 거슬러 올라갈 만큼 오랜 역사를 가지고 있다. 레오는 문학적 형식에 따라 두 가지 "유형"의 전기를 구분한 것으로 유명하다. 첫 번째 그룹인 "돌아다니는" 그룹은 연대기적 구조를 띠며 장군과 정치인에 초점을 맞추는 경향이 있었는데, 대표적인 예로는 개별 전기로 구성된 플루타르코스의 『영웅전』(*Parallel Lives*)이 있다. 두 번째 그룹인 "알렉산드리아" 그룹은 시인과 예술가의 삶을 조명하는 데 적합한 주제별 체계화를 선호했는데, 대표적인 인물은 수에토니우스였다(레오에 의하면 그는 이 유형의 전기를 황제에게 처음으로 적용한 사람이다).[130] 레오에 이어 다른 사람들도 이 분류를 확장하려고 노력했다. 예를 들어 프리츠 벨리(Fritz Wehrli)는 (1) 철학자와 시인의 삶(자료를 연대순으로 배열), (2) 정치 지도자와 장군에 대한 찬사, (3) 문학적 인물의 삶이라는 세 가지 구분을 제안했다.[131] 그리고 클라우스 베르거(Klaus Berger)는 레오의 두 가지 유형에 찬사와 대중적인 소설 전기(예. 아이소포스의 생애)를 추가

---

[130] F. Leo, *Die griechisch-römische Biographie nach ihrer literarischen Form* (Leipzig: Teubner, 1901). Leo의 분류 체계는 어떤 면에서 형식적인 특징을 넘어섰는데, 이는 특히 첫 번째 그룹의 전기는 종종 공연을 목적으로 구성된 반면, 두 번째 그룹의 전기는 주로 개인 연구를 위한 것이라는 그의 제안에서 발견된다.

[131] F. Wehrli, "Gnōme, Anekdote und Biographie," *MH* 30 (1973): 193-208.

하는 네 가지 분류 방식을 제안했다.[132] 이 모든 것이 이론적으로는 좋게 보이지만, 특정 작품에 관해서는 회색 영역과 불확실성이 필연적으로 존재한다. 예를 들어 복음서는 이 모든 것에 속해야 하나? 수에토니우스 유형에 들어야 할까? 아니면 찬사? 또 아니면 심지어 소설적 전기에라도 속해야 할까? 좋은 주장은 이들 중 어느 하나(또는 여럿)로 모일 수 있다.

1970년대에 찰스 탈버트(Charles Talbert)는 사회적 기능에 따라 완전히 새로운 분류 체계를 고안했다. 일반적으로 탈버트는 영웅을 본받도록 고안된 교훈적 전기(현존하는 전기의 절대다수)와 도덕적 본보기를 제시하는 것에 관심이 없는 전기를 구분했다. 첫 번째 그룹은 다시 다섯 가지 유형으로 나뉘는데, A 유형은 단순히 독자들에게 모방할 수 있는 본보기를 제공한 유형(예. 루키아노스의 『데모낙스』), B 유형은 스승에 대한 잘못된 이미지를 없애고 따라야 할 진정한 모델을 제공한 유형(예. 크세노폰의 『소크라테스의 회상』 또는 필로스트라토스의 『티아나의 아폴로니우스의 생애』), C 유형은 스승의 명예를 떨어뜨리고자 한 유형(예. 루키아노스의 『페레그리누스의 죽음』)으로 분류할 수 있다. D 유형은 철학자의 후계자들 사이에서 "살아 있는 목소리"를 찾을 수 있는 곳을 보여주고(예. 디오게네스 라에르티오스의 『저명한 철학자들의 생애』), E 유형은 스승의 가르침에 대한 해석학적 열쇠를 제공했다(포르피리오스의 『플로티노스의 생애』에서 보여주듯이 그의 저술에 대한 설명적 서론의 역할을 함). 탈버트는 복음서를 B 유형에 포함하면서 복음서가 예수에 대한 상반

---

132   K. Berger, "Hellenistische Gattungen im Neuen Testament," *ANRW* II 25.2: 1236.

된 이해를 공격하고 각기 더 정확한 버전을 제시했다고 주장했다.[133] 이러한 분류는 고무적으로 들리지만, 실제보다는 이론적으로 더 타당하다. 개별 전기들은 탈버트가 규명한 특징 중 하나 이상을 나타낼 수 있으며, 일부는 어디에 배치할지 결정하기가 어렵다. 예를 들어 우리는 『아이소포스의 생애』를 어디에 배치할 것인가? 게다가 학자들은 오늘날 탈버트 시대보다 복음서에 논쟁적인 의제가 있다고 가정하고, 경쟁적인 입장(그것이 헬레니즘적 그리스도 추종자들의 입장이든 예루살렘 신자들의 입장이든)을 공격한다고 보는 경향이 훨씬 덜하다(우리는 이 부분을 나중에 다시 살펴볼 것이다). 결국 탈버트의 분류는 우리가 어떤 전기가 복음서와 가장 유사한지 파악하는 데 실질적인 도움을 주지 못한다.

2015년에 저스틴 스미스(Justin Smith)는 청중에 따라 전기를 구분했다. 그는 비동시대적인 주제와 동시대적인 주제를 구분하고, "초점이 있는" 텍스트와 "열린" 텍스트를 구분했다. 전자는 유대 신앙을 비판하는 이들을 위해 저술된 필론의 『모세의 생애』나 비슷한 생각을 하는 로마 지식층을 위해 저술된 타키투스의 『아그리콜라』같이 특정 청중을 대상으로 기록된 반면, 후자는 훨씬 더 폭넓은 독자층을 위해 기록되었다(스미스는 수에토니우스의 『아우구스투스의 생애』나 루키아노스의 『데모낙스』를 여기에 배치한다).[134] 그러

---

133   C. H. Talbert, *What Is a Gospel? The Genre of the Canonical Gospels* (Minneapolis: Fortress, 1977), 91-98. 그는 D형을 제외한 모든 유형이 통치자들의 전기와도 유사하다고 제안한다.

134   J. M. Smith, *Why Βίος? On the Relationship between Gospel Genre and Implied Audience* (London: T&T Clark/Bloomsbury, 2015), 55-61.

나 스미스 자신도 인정하듯이 이러한 분류는 "작가와 주인공과 청중의 관계와 관련된 질문을 다루는" 목적으로만 유용하다.[135] 특정 전기를 어디에 배치할지 결정하는 것이 항상 쉬운 것만은 아니다. 때로는 작품의 독자를 결정할 수 없는 경우도 있고, 일부 전기는 주 독자층과 다양한 이차 독자층 등 여러 독자층을 대상으로 삼았을 수도 있다. 작품의 독자를 양극으로 나누기보다는 한쪽 끝에는 보다 구체적인 목표 독자가 있고 다른 쪽 끝에는 보다 광범위한 잠재 독자가 있는 폭넓은 스펙트럼으로 생각하는 것이 좋다 (우리는 이 점에 관해 다음 장에서 다시 다룰 것이다).

더 최근에는 데이비드 콘스탄(David Konstan)과 로빈 월쉬(Robyn Walsh)가 전기 전통 내에서 두 가지 주요 궤적을 구분했다. 첫 번째는 지배적인 사회적 가치를 중심으로 구성된 "시민적" 전기로 정의할 수 있다. 이 궤적은 궁극적으로 크세노폰의 『아게실라오스』(*Agesilaus*)에서 파생되었으며, 네포스, 플루타르코스, 수에토니우스의 전기 작품이 여기에 포함된다. 여기서 근본적인 관심사는 행동을 통해 주인공의 성격을 드러내는 것이며, 따라서 소재에 따라 작품을 연대기적으로 또는 주제별로 구성할 수 있다. 두 번째는 "전복적" 전기로서 소크라테스와 다양한 대화 상대가 관련된 일화나 대화를 다양한 주제에 따라 느슨하게 정리한 크세노폰의 『소크라테스의 회상』에서 그 기원을 찾을 수 있다. 물론 소크라테스도 미덕의 표본이었지만,

---

135 Smith, *Why Bίος?*, 55. Smith는 복음서가 특정 공동체보다는 주요 독자층을 겨냥하고 있다는 의미에서 복음서를 "당대에 초점을 맞춘" 것으로 분류한다(204).

그의 초상은 첫 번째 그룹에 속한 것과는 다르다. 소크라테스의 성격과 가르침은 그의 말을 통해 드러난다. 그는 비순응주의자이자 사회의 변두리에 있는 사람이다. 정치적 권력이 부족한 그는 재치와 예리한 정신, 기존 사회질서를 끊임없이 위협하는 능력에 의존해야 했다. 이런 유형의 전기는 반문화적이고 전복적인 경향이 있으며, 『아이소포스의 생애』, 『알렉산드로스의 로맨스』, 복음서 등이 이에 해당한다.[136]

이러한 분류는 생산적인 방식으로 전기를 비교하고 대조하는 데는 도움이 될 수 있지만, 나는 일반적으로 이러한 구분이 특별히 도움이 되지 않는다고 생각한다. 고대 작가들은 전기를 여러 유형으로 분류하지 않았던 것 같고, 문학 분야에서 창작물, 특히 전기처럼 유동적인 작품에 현대적 구분을 적용하는 것은 현명치 않다.[137] 일반적으로 마가복음은 그리스 철학자의 전기, 특히 자신의 주인공을 본받아야 할 모델로 삼은 철학자(대다수)의 전기와 가장 공통점이 많다. 러브데이 알렉산더(Loveday Alexander)는 이를 "지적인 전기"라고 명명하는데, 이는 "지적인 분야에서 탁월한 능력을 발휘한 개인(철학자, 시인, 극작가, 의사)의 전기"를 의미한다. 여기에는 반문화적인 가르침(또는 "철학")으로 유명한 종교 집단의 창시자도 당연히 포함되는 것으로 보인다. 따라서 다음 몇 장에 나오는 대부분의 비교는 이러한 유

---

136 D. Konstan and R. Walsh, "Civic and Subversive Biography in Antiquity," in De Temmerman and Demoen, *Writing Biography*, 26-44.

137 T. Hägg의 말은 여기서 매우 시의적절하다. "내가 이 텍스트들을 더 많이 연구할수록, 나는 저자들 자신이 그토록 자신 있게 활동했던, 지도도 없는 지형 위에 경계선을 그리는 이유를 더욱더 알 수 없다." *Art of Biography*, xi; 그리고 또 67-68.

형의 전기, 특히 필론의 『모세의 생애』, 루키아노스의 『데모낙스』, 필로스트라토스의 『티아나의 아폴로니우스의 생애』, 디오게네스 라에르티오스의 『저명한 철학자들의 생애』와 함께 이루어질 것이다. 그러나 때로는 초기의 찬사나 코르넬리우스 네포스, 플루타르코스, 수에토니우스의 작품이 특히 문화적 가정과 기대를 설명하는 한 유용한 비교가 될 수 있다. 다음 장에서는 마가복음과 다른 고대의 전기 중에서 가장 유사하다고 생각되는 작품들을 비교하고 대조하는 것이 나의 기본적인 작업 방식이 될 것이다.

모든 전기적 글쓰기는 대체로 두 가지 다른 전기와 관련되어 있다. 글의 초점을 제공하는 전기적 주체도 있지만, 이 특정한 삶을 특정한 방식으로 이야기하기를 원하는 훨씬 더 신비스럽지만 항상 존재하는 작품의 작가도 있다. 다음 장에서는 이 두 번째, 다소 베일에 싸인 인물에 대해 우리가 알고 있는 내용을 살펴볼 것이다.

3장

전기 작가 마가

나는 아주 멋진 삶을 살았다고 그들에게 전해주시오.

—루드비히 비트겐슈타인, 자신의 임종을 맞이하며[1]

전기 작가는 막강한 위치를 차지한다. 전기의 내용뿐만 아니라 전기의 서
술 방식, 즉 누구에 대한 이야기를 어디서 시작하고 어디서 끝내야 하는지,
무엇을 포함해야 하고 무엇을 강조해야 하며 무엇을 과감하게 빼야 하는
지, 자료를 어떻게 구성하고 서술의 어조를 어떻게 가져가야 하는지 등을
결정한다. 이 장에서는 고대의 전기 작가로서 마가를 살펴보기 시작한다.
우리는 작가로서 마가에 대해 무엇을 말할 수 있을까? 그는 어떤 유형의 청
중에게, 어떤 목적으로 글을 쓰려고 했을까? 그는 거시적 차원과 미시적 차
원 모두에서 자신의 이야기를 어떻게 구성했을까? 그는 어느 정도까지 전
승의 제약을 받았을까? 그리고 그의 갑작스러운 도입부를 어떻게 해석해
야 할까? 우리는 먼저 마가복음을 1세기 후반에 존재했던 활기찬 독서 문
화 속에 위치시키는 것이 유용할 것이다.

---

1   N. Malcolm, *Ludwig Wittgenstein: A Memoir* (Oxford: Oxford University Press, 1966), 100.

전기 작가의 프로필

초기 제국 시대는 책과 글에 대한 지식이 풍부했던 시대였다. 문학 작품뿐만 아니라 비문, 공문, 편지, 계약서, 세금 영수증, 인구 조사 기록, 결혼/이혼 증명서, 유언장, 벽돌 도장, 도공의 표식, 낙서 등 모든 유형의 텍스트가 이 시기에 중요한 역할을 담당했다. 이러한 텍스트의 내용과 중요성은 교육을 받은 인구의 극소수만이 아니라 그 이상의 사람들이 알고 있었을 것이다.[2] 문해율이 낮았던 것은 부인할 수 없는 사실이지만, 제국 시대의 신분 상승은 독서가 그 어느 때보다 더 넓은 사회 계층의 특징이 된 상황을 부추

---

2 다음을 보라. E. Rawson, *Intellectual Life in the Late Roman Republic* (London: Duckworth, 1985); R. S. Bagnall, *Everyday Writing in the Graeco-Roman East* (Berkeley: University of California Press, 2011); H. Gamble, "The Book Trade in the Roman Empire," in *The Early Text of the New Testament*, ed. C. H. Hill and M. J. Kruger (Oxford: Oxford University Press, 2012), 23-36; L. W. Hurtado and C. Keith, "Writing and Books Production in the Hellenistic and Roman Periods," in *The New Cambridge History of the Bible: From the Beginning to 600*, ed. J. Carleton Paget and J. Schaper (Cambridge: Cambridge University Press, 2013), 63-80; J. Kloppenborg, "Literate Media in Early Christian Groups: The Creation of a Christian Book Culture," *JECS* 22 (2014): 21-59; C. Keith, "Early Christian Book Culture and the Emergence of the First Written Gospel," in *Mark, Manuscripts and Monotheism. Essays in Honor of Larry W. Hurtado*, ed. C. Keith and D. T. Roth (London: Bloomsbury, 2015), 22-39. 고대 세계에서 글을 읽을 수 있는 수준에 대해서는 다음을 보라. H. V. Harris, *Ancient Literacy* (Cambridge, MA: Harvard University Press, 1989). 그는 약 10%로 본다. 글을 읽을 수 있는 유대인의 비율에 관해서는 다음을 보라. C. Hezser, *Jewish Literacy in Roman Palestine* (Tübingen: Mohr Siebeck, 2001). R. Thomas는 문해율을 제시한다는 것은 다양성과 복잡성을 제거하는 문해력의 정의를 전제로 한다는 것을 올바르게 지적한다. 그녀는 글쓰기의 용도와 다양한 유형의 문해력에 대해 이야기하는 것이 더 유용하다고 제안한다. "Writing, Reading, Public and Private 'Literacies': Functional Literacy and Democratic Literacy in Greece," in *Ancient Literacies: The Culture of Reading in Greece and Rome*, ed. W. A. Johnson and H. N. Parker (Oxford: Oxford University Press, 2011), 14.

긴 것으로 보인다.[3] 해리 갬블(Harry Gamble)은 다음과 같이 말한다. "책을 여유롭게 즐기는 것이 전통이었던 소수의 귀족층을 넘어 전문 수사학자, 문법가, 철학자, 그리고 교육을 많이 받지는 못했지만 어느 정도 글을 읽을 줄 알고, 순수 문학은 아니더라도 더 저급 문학에 어느 정도 관심을 가진 하류 사회 계층도 있었다."[4]

물론 유대인들은 길고 풍부한 문서 전통을 가지고 있었으며, 매주 모임이나 명절에 함께 모여 텍스트를 낭독하고 해석하여 일상의 필요에 적용하는 관습을 가지고 있었다.[5] 그리스도를 따르는 사람들 역시 텍스트의 사회적·문화적 힘을 인식하고 있었다. 완전한 기독교 서적 문화는 4세기에 이르러서야 비로소 등장했지만, 존 클로펜보그(John Kloppenborg)는 이 시기의 대다수 신자들의 낮은 교육 수준에도 불구하고 적어도 일부 지역에서는 2세기 후반에 이미 그리스도인의 정체성이 특정 서적을 소유하는 것과 밀접하게 연관되어 있음을 보여주었다.[6] 그러나 한 세기 전에도 이미 복음서

3　따라서 T. Morgan, *Literate Education in the Hellenistic and Roman Worlds* (Cambridge: Cambridge University Press, 1998), 2, 63. 또한 R. Cribiore, *Gymnastics of the Mind: Greek Education in the Hellenistic and Roman Egypt* (Princeton: Princeton University Press, 2001), 159; M. Beard et al., *Literacy in the Roman World* (Ann Arbor: University of Michigan Press, 1991); Gamble, "Book Trade."

4　Gamble, "Book Trade," 27.

5　J. Assmann, "Form as a Mnemonic Device: Cultural Texts and Cultural Memory," in *Performing the Gospel: Orality, Memory and Mark; Essays Dedicated to Werner Kelber*, ed. R. A. Horsley, J. A. Draper, and J. M. Foley (Minneapolis: Fortress, 2006), 78; Gamble, *Books and Readers*, 19.

6　Kloppenborg, "Literate Media."

에는 놀랍게도 "기록성"(writtenness)에 대한 강조가 나타나 있다. 13:14에서 마가가 독자들에게 직접 언급한 것에서 알 수 있듯이 마가는 자신의 작품이 **읽히기를** 기대하고 있다.[7] 그리고 다른 곳에서 거룩한 성경은 분명히 글로 된 텍스트다. 예를 들어 마가복음의 화자와 마가복음의 예수는 모두 기록된(*graphō*) 내용에 호소하며,[8] 마가복음의 예수는 반대자들이 성경을 듣는 것이 아니라 **읽는 것**(2:25, *anaginōskō*)에 대해 이의를 제기한다. 이러한 마가복음의 기초를 바탕으로 누가가 공개적으로 두루마리를 읽고 그 의미를 설명할 수 있는, 완전한 문해력을 갖춘 예수를 제시하는 것은 그리 어려운 일이 아니었을 것이다 (눅 4:16-21).[9] 이 장면의 역사성이 무엇이든 간에 교육받은 예수의 이미지는 분명 신흥 기독교의 사회적·문화적 야망을 강력하게 대변했다. 따라서 마가가 예수의 생애를 전기로 기록하기로 결정한 것은 아마도 열정적인 초기 기독교 서적 문화의 시초가 된 것으로 볼 수 있다.

마가가 이 문학적 환경에 어떻게 참여했는지를 더 깊이 이해하려면 그의 교육 수준을 조사해야 한다. 최근 헬레니즘과 로마 시대의 그리스 교육에 대한 많은 연구가 진행되어 고대 교육(*paideia*)에 대해 그 어느 때보다

---

7 마가가 사적인 독자(Kloppenborg, "Literate Media," 39) 또는 낭독자(Hurtado "Oral Fixation," 338; Keith, "Early Christian Book Culture," 37n66)를 염두에 두고 있는지는 실제로 그리 중요하지 않다. 아마도 이 둘 모두를 의도했을 것이다.

8 마가복음의 화자: 1:2; 마가복음의 예수: 7:6; 9:12, 13; 11:17; 14:21, 27.

9 예수의 문해력을 2세기에 요한복음에 삽입했다고 보는 견해는 다음을 보라. C. Keith, *The Pericope Adulterae, the Gospel of John and the Literacy of Jesus* (Leiden: Brill, 2009).

완전한 그림을 재구성할 수 있게 되었다. 또한 학자들은 파피루스, 오스트라카, 밀랍판에 기록된 수백 개의 이집트 학교 교과서를 고대 문학 이론가들의 더 이상화된 작품(예. 유명한 수사학자 퀸틸리아누스가 쓴 『변론 가정 교육』[*Institutes of Oratory*]과 같은)과 비교함으로써 실제로 어떠했는지를 보다 현실적으로 평가할 수 있게 되었다.[10] 이로 인해 드러난 그림은 매우 다양했다. 규제가 없고 교육이 전적으로 사적 영역에 머물렀던 시절에 학생들은 사회적 또는 지리적 환경, 교육을 통해 이루고자 하는 목표, 교사의 가용성, 부모의 희망 등에 따라 다양한 방식으로 교육을 받을 수 있었다.[11] 하지만 또 다른 한편으로 알렉산드로스의 정복 시대부터 로마 시대와 그 이후까지 도시와 농촌에서 놀라우리만큼 일관되게 유지되고 거의 변하지 않은 **내용**이 있다.[12] 테레사 모건(Teresa Morgan)이 지적하듯이 "고대 세계에서는 교육 내

---

10 최근의 유용한 연구는 다음을 보라. Morgan, *Literate Education*; Cribiore, *Gymnastics*; M. A. Beavis, *Mark's Audience: The Literary and Social Setting of Mark 4.11-12* (Sheffield: Sheffield Academic, 1989), 20-31; R. F. Hock, "Introduction," in *The Chreia in Ancient Rhetoric*, vol. 1, *The Progymnasmata*, ed. R. F. Hock and E. N. O'Neil (Atlanta: Scholars, 1986), 3-47; R. F. Hock and E. N. O'Neil, *The Chreia in Ancient Rhetoric*, vol. 2, *Classroom Exercises* (Atlanta: SBL Press, 2002). 그리고 G. A. Kennedy가 수집한 교육 활동에 대한 상세한 논의를 보라. *Progymnasmata: Greek Textbooks of Prose Composition and Rhetoric* (Atlanta: SBL Press, 2003). (기원후 1세기 말에 출현한 것으로 보이는) 유대 교육에 관해서는 다음을 보라. Hezser, *Jewish Literacy*. 또한 "Private and Public Education," in *The Oxford Handbook of Jewish Daily Life in Roman Palestine*, ed. C. Hezser (Oxford: Oxford University Press, 2010), 465-81; Hezser, "The Torah versus Homer: Jewish and Greco-Roman Education in Late Roman Palestine," in *Ancient Education and Early Christianity*, ed. M. R. Hauge and A. W. Pitts (London: Bloomsbury, 2016), 5-24.
11 Cribiore, *Gymnastics*, 18, 37.
12 한 가지 변화는 초기 로마 시대에 이집트의 시골 지역에 문법서가 도입된 것인데, 이것은 아마도 도시에서 한동안 표준적이었던 관행을 따른 것으로 보인다. Morgan, *Literate*

용이 교육 방식보다 더 중요하게 여겨졌다."[13]

　고대 교육은 보통 세 단계로 나뉜다. 이는 의심할 여지 없이 실제로는 훨씬 덜 명확한 구분(특히 가장 낮은 단계)을 숨기고 있지만,[14] 다양한 단계를 고려하는 것이 마가의 교육 수준을 정확하게 파악하는 데 유용할 것이다. 첫 번째 단계는 알파벳을 배우고, 자신의 이름을 쓰고, 전체 문장을 따라 쓸 수 있을 때까지 음절과 단어를 만드는 것을 포함한다.[15] 학생들은 주로 일화(*chreiai*)와 속담(*gnōmai*)의 형태로 된 그리스-로마의 지혜의 글이 담긴 짧은 글 쓰는 법을 배웠다. 호메로스(특히 『일리아스』)가 인기가 많았지만, 에우리피데스와 이소크라테스의 격언도 이에 상응하는 인기를 얻었다. 이러한 짧은 글 암기는 학생들의 초기 문해력을 향상시켰을 뿐만 아니라 어린 시절부터 그리스-로마의 미덕과 가치를 심어주었다.[16] 이 단계가 끝나면 학생은 간단한 글을 읽고 그것을 베껴 쓸 수 있었지만, 작문에 있어서는 뛰어난 실력을 갖추지 못했을 것이다. 더 높은 수준에 도달하기를 원하는 사람들은 문법가(*grammaticus*)와 함께 공부를 계속하게 되는데, 이 단계에서는 어미 변화를 통한 언어 숙달, 형태학적 도표 숙달, "좋은" 그리스어의 인식

　　　Education, 60.

13　Morgan, *Literate Education*, 32. 또한 다음을 보라. Cribiore, *Gymnastics*, 36-37.

14　Cribiore, *Gymnastics*, 38.

15　이 단계에 대한 개관은 다음을 보라. Morgan, *Literate Education*, 90-151; Cribiore, *Gymnastics*, 50-53, 160-84; Hock and O'Neil, *Chreia*, 2:1-49.

16　다음의 논평을 보라. Quintilian, *Institutes of Oratory* 1.1.35-36 and 1.8.5; 또한 Theon, *Progymnasmata* 2.147-8; Seneca, *Moral Epistles* 33.7; Plutarch, *Marriage Advice* 48.

및 사용 능력에 큰 중점을 두었다.[17] 짧은 시적 텍스트 읽기는 계속해서 기본이 되었고, 거기에 우화(*mythoi*)와 짧은 서사(*diēgēmata*)가 추가되었다. 호메로스는 여전히 가장 중요했지만, 그리스 전통의 "위대한" 시인들 작품에서 발췌한 시적인 글이 점차 더 많이 소개되었다.[18] 교사는 학생들에게 점점 더 복잡한 자료를 다루는 법을 가르치기 위해 교재와 용어집을 준비했다. 이 단계를 마치면 학생은 짧은 글, 의역하기, 소환장, 편지 등을 작성할 수 있게 되는데, 이는 거의 모든 행정직에서 요구하는 요건을 충족하기에 충분한 수준이었다.

교육 제도의 정점은 세 번째 단계로, 변호사나 정치인의 화려한 경력을 준비하기 위해 수사학자의 지도를 받는 단계였다.[19] 이 과정에는 종종 도시로 이주하는 것을 비롯하여 더 큰 비용이 수반되었다. 학생들은 난이도가 높은 순으로 배열된 프로귐나스마타(*progymnasmata*)라고 하는 여러 가지 예비 훈련과정을 통과해야 했다. 가장 초기의 예인 알렉산드리아의 아엘리우스 테온의 예를 보면 젊은 남학생들(여학생들은 이 단계에서 이미 중퇴)이 잘 알려진 문학 양식을 확대, 축소, 비교, 설명, 해설 등을 통해 스스로 사고력을 향상하려고 할 때 그들에게 어떤 기대가 있었는지 짐작할 수 있다. 이 프로그램은 연설가 지망생에게 유창한 표현력과 기본적인 수사학적 논

---

17 이 단계의 학습 내용에 대해서는 다음을 보라. Morgan, *Literate Education*, 152-204; Cribiore, *Gymnastics*, 53-56, 185-219; Hock and O'Neil, *Chreia*, 2:51-77.
18 이 단계의 학습 내용에 대해서는 다음을 보라. Cribiore, *Gymnastics*, 192-204.
19 더 상세한 내용은 다음을 보라. Morgan, *Literate Education*, 190-239; Cribiore, *Gymnastics*, 220-44; Hock and O'Neil, *Chreia*, 2:79-359.

증을 따르는 능력을 가르쳤으며, 지속적인 독서(역사 문헌을 포함한 산문 장르까지 포함)는 그리스 문화에 대한 완전한 이해를 보장했을 뿐만 아니라 학생들이 자신의 작품에서 모방할 수 있는 좋은 글쓰기 모델을 제공했다.

물론 문제는 이 교육 사다리에서 마가의 위치를 어디까지 올려야 하느냐는 것이다. 과거에는 우리의 저자가 저조한 성적을 거두는 경향이 있었다. 그의 문체는 확실히 최고의 수준이 아니며, 그는 짧은 문장에서 카이(*kai*)를 병렬하는 경향이 있고, 역사적 현재를 좋아하며, 문학적인 종속절 대신 우언적(periphrastic) 시제를 선호한다. 마크 에드워즈(Mark Edwards)는 그를 "어휘력이 부족하고, 문법에 오류가 있으며, 문체가 어눌하다"고 평가한다.[20] 마가복음의 특징은 일반적으로 "셈어적 말투" 또는 "저속한 말투"로 묘사되어왔는데, 좀 더 신중한 저자라면 이를 회피했을 것이다. 그러나 어떤 그리스어 표준에 마가복음을 맞추어야 할지 판단하는 것은 어려운 일이다. 공관복음 전승의 "경향"에 대한 면밀하고 상세한 연구에서 E. P. 샌더스(Sanders)는 (일반적으로 더 문학적 스타일로 기록된) 여러 외경 복음서가 카이(*kai*)를 병렬하여 사용하는 것을 꺼리지 않으며, 『야고보의 원복음』(*Protevangelium of James*)도 다소 높은 수준의 그리스어를 구사함에도 불구하고 이러한 문장 구조를 선호한다고 지적한다. 저자는 여기서 셈어 스타일을 모방하고 있을 수도 있는데, 만약 그렇다면 이는 교육 수준이 낮다는 표

---

20   M. Edwards, "Gospel and Genre: Some Reservations," in *The Limits of Ancient Biography*, ed. Brian McGing and Judith Mossman (Swansea: Classical Press of Wales, 2006), 56.

시가 아니라 의도된 **선택**이다.[21] 샌더스는 오히려 놀랍게도 역사적 현재 사용이 외경 복음서에서도 증가하는 경향이 있으며, 요세푸스도 마카베오1서의 과거 시제를 계속해서 현재로 바꾼다는 사실을 지적한다.[22] 샌더스는 *kai*-병렬과 역사적 현재는 모두 개인적인 취향에 따른 것이라고 결론지었다. 따라서 마가복음에서 이러한 시제가 사용되었다고 해서 우리가 마가의 교육 수준을 제대로 파악할 수 있는 것은 아니며, 어쩌면 마가에게는 직설적이고 토속적인 문체가 더 잘 어울렸을 수도 있다.

1980년대에 수사비평이 출현하면서 마가의 교육 수준은 상당히 높아졌다. 버논 로빈스(Vernon Robbins)와 버튼 맥(Burton Mack)의 선구적인 연구는 클레어몬트 대학의 고대 및 기독교 연구소의 장기 프로젝트와 더불어 복음서 페리코페를 그리스 작가들의 페리코페와 비교하여 분석했으며, 특히 복음서 페리코페가 프로굄나스마타 내에서 분류되고 설명되는 방식을 분석했다.[23] 마가의 글은 더 이상 자유롭게 떠다니는 전승의 조각으로 여겨

---

21 E. P. Sanders, *The Tendencies of the Synoptic Tradition* (Cambridge: Cambridge University Press, 1969), 190-255.

22 Sanders, *Tendencies*, 229, 253.

23 초기 선구자 중 하나는 R. O. P. Taylor였다. "Form Criticism in the First Centuries," *Exp Tim* 55 (1944): 218-20. 또한 다음을 보라. Hock and O'Neil, *Chreia*, vols. 1-2; V. K. Robbins, "Classifying Pronouncement Stories in Plutarch's Parallel Lives," *Semeia* 20 (1981): 29-52; Robbins, "Pronouncement Stories and Jesus's Blessing of the Children: A Rhetorical Approach," *Semeia* 29 (1983): 42-74; Robbins, "The *Chreia*," in *Greco-Roman Literature and the New Testament: Selected Forms and Genres*, ed. D. Aune, Sources for Biblical Study 21 (Atlanta: Scholars Press, 1988), 1-23; B. Mack and V. K. Robbins, *Patterns of Persuasion in the Gospels* (Sonoma, CA: Polebridge, 1989); B. Mack, *Rhetoric and the New Testament* (Minneapolis: Fortress, 1990); V. K. Robbins, ed., *The Rhetoric of Pronouncement*, *Semeia* 64

지지 않고 "교묘하게 설계된 논증 단위로 모여 있다."[24] 로널드 호크(Ronald Hock)가 "간결하게 표현되고, 어떤 인물에게 귀속되며, 생활에 유용하다고 여겨지는 말이나 행동"이라고 정의한 크레이아(*chreia*) 또는 일화는 큰 관심을 끌었다.[25] 일화는 특히 철학자들과 연관되어 그들의 특징적인 가르침이나 행동을 간결하게 담아낸다. 가장 간략한 형태의 일화는 불필요한 세부사항이 없는 매우 짧은 이야기다. 좋은 예는 다음과 같다. "철학자 디오게네스는 어떻게 하면 유명해질 수 있느냐는 질문에 '명성에 대한 걱정을 최대한 줄이면 된다'라고 대답했다."[26]

그러나 학생들은 단순한 크레이아를 다양하게 응용하는 방법을 배웠는데, 이를 "에르가시아" 또는 정교화라고 한다. 이것은 테온의 글에는 없는 듯 보이는데, 그는 대신 더 단순한 일련의 "확장"(또는 *epekteinōseis*)을 제

(1993); J. H. Neyrey, "Questions, Chreiai and Challenges to Honor: The Interface of Rhetoric and Culture in Mark's Gospel," *CBQ* 60 (1998): 657-81; M. C. Moeser, *The Anecdote in Mark: The Classical World and the Rabbis* (Sheffield: Sheffield Academic, 2002); A. Damm, *Ancient Rhetoric and the Synoptic Problem: Clarifying Markan Priority* (Leuven: Peeters, 2013).

24   Mack, *Rhetoric*, 22.

25   Hock, "Introduction," 1:26. 테온은 세 가지 주요 유형의 일화를 구분한다. 그중 각 유형은 더 세분화될 수 있다. 첫 번째는 말씀 일화로서 "행동 없이 말로" 요점을 전달한다. 두 번째는 "행동 일화" 또는 "말 없이 어떤 생각을 드러내는 것"이며, 세 번째는 "혼합된 일화"로서 비록 행동으로 요점을 전달하지만, 말과 행동을 모두 담고 있다. 다음을 보라. Hock and O'Neil, *Chreia*, 1:84-89.

26   Hock and O'Neil, *Chreia*, 1:313. 이것은 책 끝부분에 열거된 일화 목록 중 하나다(301-43). 가장 긴 일화는 라틴어로 여덟 줄밖에 되지 않지만(아리스티포스와 안티스테네스와 연결된 이중 일화, §9, 305-6), 대다수는 이보다 더 짧다.

시한다.[27] 그러나 2세기 수사학자 타르수스의 헤르모게네스는 당시 널리 사용된 것으로 보이는 8단계 방법을 나열한다.[28] 학생들은 주연 배우의 연설을 추가하고, 이야기를 의역하고, 이야기 재구성에 대한 근거를 추가하고, 반대 방향으로 논지를 제시하고, 비유나 예를 추가하고, 권위자의 무게 (일반적으로 위대한 문인의 추천사를 통해)를 추가하고, 이야기의 교훈에 유의하라는 권고로 마무리함으로써 간단한 일화를 정교화할 수 있다.[29] 수사비평 지지자들은 정교한 일화와 마가복음의 일화 사이에서 연관성을 발견한다. 복음서에서 발견할 수 있는 다른 유사한 수사학적 양식으로는(테온이 "진실이란 이미지를 주는 허구 이야기"라고 정의한) "우화"(mythos)[30]와 "짧은 이야기"(diēgēma)를 들 수 있다. 학자들은 마가복음에 이러한 양식이 존재한다는 것은 저자가 수사학에 능통하고 심지어 정교한 작가임을 암시한다고 주장했다.

복음서에서 그리스 양식을 확인하는 것은 의심할 여지 없이 확실히 마가복음 연구에 엄청난 도움이 되었는데, 나중에 마가복음의 구조를 살펴볼 때 이 점을 다시 다룰 것이다. 그러나 전반적으로 마가는 최고의 교육 수준

---

27 테온이 본래 이러한 논의를 포함시켰다는 주장은 다음을 보라. Moeser(*Anecdote*, 81-82). 테온의 작품이 후대에 편집되었다는 주장에 관해서는 다음을 보라. Hock in "Introduction," 1:17-18(또한 65-66을 보라). 그는 35-41에서 테온의 글에서 발견된, 일화를 개작한 짧은 글을 소개한다(또한 68-74를 보라).

28 일화를 확대하는 것에 관한 유용한 논의는 다음을 보라. Robbins, "The Chreia," 1-23; Damm, *Ancient Rhetoric*, 3-80.

29 텍스트와 번역은 다음을 보라. Hock and O'Neil, *Chreia*, 1:160-63, 175-77.

30 Kennedy, *Progymnasmata*, 23.

에 도달했을 것으로 보이지 않으며, 그의 작품에서 기본적인 일화의 수사학적 확장에 대한 인식은 그 어디에서도 찾아볼 수 없다. 라파엘라 크리비오레(Raffaella Cribiore)가 지적하듯이 확장된 일화는 결국 단순하고 기본적인 형태와는 거리가 먼 상당히 완성된 형태가 될 수 있다.[31] 그리고 테온이 묘사한 다소 초보적인 일화의 "확장"조차도 우리가 마가복음에서 발견하는 그 어떤 것보다 더 정교해 보인다. 우리는 또한 복음서에 수사학적 표현이 없다는 것이 교부들에게는 다소 당황스러운 문제였다는 것을 기억할 필요가 있다.[32] 또한 수사학 훈련을 받으면 저자가 사회적·문화적·재정적으로 최상위 계층에 속하게 되는데, 이것이 불가능한 것은 아니지만, 어떤 그리스도 추종자도 그토록 초기에 이 높은 계층에 합류했을 가능성은 낮아 보인다.[33] 일부 수사비평 지지자들은 프로귐나스마타를 세 번째 교육 단계가 아닌 두 번째 단계에 배정하기도 한다. 이러한 견해는 저자가 수사학자와 함께 공부하지 않고도 어느 정도의 수사학 훈련을 받았을 가능성을 열

---

31   Cribiore, *Gymnastics*, 223.

32   Hock and O'Neil, *Chreia*, 1:94-107. 기독교 작품에 대한 교부들의 태도(대다수는 여기서 수사학의 존재를 거부한다)에 관해서는 다음을 보라. N. W. Lund, *Chiasmus in the New Testament: A Study in Formgeschichte* (Chapel Hill: University of North Carolina Press, 1942), 4-7; 또한 L. Alexander, *The Preface to Luke's Gospel: Literary Convention and Social Context in Luke 1.1-4 and Acts 1.1* (Cambridge: Cambridge University Press, 1993), 180-81.

33   고위층에 속한 초기 그리스도인이 없다는 점에 관해서는 다음을 보라. B. Longenecker, "Socio-Economic Profiling of the First Urban Christians," in *After the First Urban Christians: The Social Scientific Study of Early Christianity Twenty-Five Years Later*, ed. D. Horrell and T. Still (London: T&T Clark, 2009), 36-59. Morgan은 이런 수준의 교육을 받은 사람의 비율이 얼마나 적은지를 강조한다. *Literate Education*, 57. 또한 Cribiore, *Gymnastics*, 56.

어두지만,[34] 우리가 살펴보았듯이 최근의 연구는 오히려 만장일치로 프로 굄나스마타를 가장 높은 세 번째 단계에 배정한다. 우리는 마가복음에서 확인된 모든 양식―일화, 속담, 우화, 짧은 이야기―은 저학년부터 잘 알려져 있었고, 학년이 올라갈수록 점점 더 복잡해졌으며, 두 번째 단계에 속한 사람에게는 상당히 친숙할 것이라는 점을 염두에 두어야 한다. 게다가 마가가 더 높은 단계의 프로굄나스마타에 대해 알고 있었다는 명확한 증거도 없다. 마가는 "프로소포에이아"(인물에 적합한 말을 만들어내는 기술)를 거의 사용하지 않으며, 찬사나 독설을 탁월하게 사용하는 능력도 보여주지 않는다. 마가의 시대에는 두 번째 학습 단계의 학생들에게 일화, 우화, 짧은 이야기와 관련된 다소 기본적인 수사학적 관습 중 일부를 가르쳤을 **가능성**이 있는데, 퀸틸리아누스는 문법학자들이 수사학자들의 영역을 침해하고 있다고 불평한다(*Institutes of Oratory* 1.9; 2.1).[35] 그러나 일반적으로 마가의 직설적인 산문에는 그의 교육 수준이 문법가와 함께 일한 사람보다 높다고 평가할 만한 근거가 없다.

그러나 한 가지 더 고려해야 할 사항이 있다. 학자들은 때때로 마가복음에서 "싱크리시스"(또는 비교)라는 수사학적 기법을 사용한 것처럼 보이는 것을 발견한다. 예를 들어 아구스티 보렐(Agusti Borrell)은 마가가 베드로가 예수를 부인하는 장면과 대제사장 앞에서 예수가 확고한 태도를 보이는

34　따라서 Mack, *Rhetoric*, 30; Neyrey, "Questions," 658.

35　따라서 Hock, "Introduction," 1:21; Hock and O'Neil, *Chreia*, 1:117-18.

장면을 병치하는 것에서 이 기법을 확인한다(14:53-72).[36] 이것은 내가 많이 공감하는 부분이다. 실제로 우리는 5장과 6장에서 마가복음의 묘사 중 상당 부분이 싱크리시스라는 일련의 비교를 통해 이루어졌음을 보게 될 것이다. 그러나 우리가 또 언급하겠지만, 마가는 이 장치를 다소 독특하게 사용한다. 이는 그가 로마 사회에 널리 퍼져 있던 공개 낭송회, 길거리 철학자, 이야기꾼의 강연에 참석하고, 그의 상당한 수준의 교육을 보완하기 위해 이미 특정 스타일의 미묘한 점을 포착할 줄 아는 지적인 작가임을 시사할 수 있다.[37]

다소 다른 맥락에서 마가의 작품에는 구술의 흔적이 남아 있다는 이른바 "잔존 구술성"의 존재가 종종 제기된다. 이 견해를 지지하는 학자들은 이 복음서가 사람들에게 들여지고 심지어 제스처, 극적인 정지, 청중의 반응과 함께 연행되도록 고안되었다고 강조하면서 텍스트보다 구두 소통에 더 중요성을 부여하는 경향이 있다.[38] 어떤 이들은 복음서가 **구술 작품**이었

---

36 A. Borrell, *The Good News of Peter's Denial: A Narrative and Rhetorical Reading of Mark 14:54, 66-72* (Atlanta: Scholars, 1998), esp. 119-24.

37 "낙수" 효과에 관해서는 위 145-48을 보라. 그리스-로마의 수사학적 관습(이 수준의 형식적인 교육이 아니라면)에 대한 어느 정도의 지식을 제안하는 학자들은 다음과 같다. Gamble, *Books and Readers*, 35; Beavis, *Mark's Audience*, 25, 29-31; P. J. Achtemeier, "Omne Verbum Sonat: The New Testament and the Oral Environment of Late Western Antiquity," *JBL* 109 (1990): 229-59.

38 W. Kelber, *The Oral and the Written Gospel: The Hermeneutics of Speaking and Writing in the Synoptic tradition, Mark, Paul and Q* (Philadelphia: Fortress, 1983); 그리고 다소 절제된 형태로는 *Imprints, Voiceprints, and Footprints of Memory: Collected Essays of Werner H. Kelber* (Atlanta: SBL Press, 2013); Achtemeier, "Omne Verbum Sonat." "연행비평" 관해서는 다음을 보라. W. Shiner, *Proclaiming the Gospel: First Century Performance of the Gospel of*

으며, 현재의 텍스트는 특정 공연의 대본에 지나지 않았다고 주장하기도 한다.[39] "구술성"으로 확인된 특징으로는 작품의 과장, 단순한 플롯, 회상, 테마 및 테마의 변화, 빈번한 반복, 셋으로 이루어진 그룹, 동심 구조, 교차법, 수미상관법, 반복되는 문구, 반향 및 규칙적인 요약 등이 있다.[40] 그러나 "구술성"의 특징을 정확히 파악하는 것은 쉽지 않다. 예를 들어 테마와 테마의 변화는 좋은 문학적 스타일의 핵심이다. 마찬가지로 동심원 구조, 교차법, 수미상관법은 글쓰기와 관련된 특징이며 유대 성경에서 광범위하게 사용된다.[41] 심지어 민담과 동화의 영향을 연구하는 학자들에게 사랑받는 셋으로 이루어진 그룹도 숙련된 작가의 손에서 쉽게 탄생할 수 있는 것이

Mark (Eugene, OR: Cascade, 2001); D. M. Rhoads, "Performance Criticism: An Emerging Methodology in Second Testament Studies—Part 1," *BTB* 36 (2006): 18-33; D. M. Rhoads, "Performance Criticism: An Emerging Methodology in Second Testament Studies—Part 2," *BTB* 36 (2006): 164-84, with references; K. R. Iverson, "Orality and the Gospels: A Survey of Recent Research," *CBR* 8 (2009): 71-106.

39 P. J. J. Botha, "Mark's Story as Oral Traditional Literature: Rethinking the Transmission of Some Traditions about Jesus," *Hervormde Teologiese Studies* 47 (1991): 304-31; J. Dewey, "The Survival of Mark's Gospel: A Good Story?," *JBL* 123 (2004): 495-507; A. C. Wire, *The Case for Mark Composed in Performance* (Eugene, OR: Cascade, 2001). "Oral Tradition in New Testament Studies"라는 짧은 소논문에서 R. Horsley는 마가의 "텍스트"(따옴표 사용을 주목)의 가능한 구술 작성과 규칙적인 연행에 대해 말한다; *Oral Tradition* 18 (2003): 34-36.

40 다음을 보라. Kelber, *Oral and Written Gospel*, 64-70; J. Dewey, "Oral Methods of Structuring in Mark," *Int* 43 (1989): 32-44; Achtemeier, "Omne Verbum Sonat," 17-19; Botha, "Mark's Story as Oral Traditional Literature," 304-31; J. Dewey, "Mark as Aural Narrative: Structures as Clues to Understanding," *Sewanee Theological Review* 36 (1992): 45-56; Bryan, *Preface*, 72-81; and the collection of essays in *Performing the Gospel: Orality, Memory and Mark; Essays Dedicated to Werner Kelber*, ed. R. A. Horsley, J. A. Draper, and J. M. Foley (Minneapolis: Fortress, 2006). 이러한 "구술적 특징"은 처음으로 W. Ong에 의해 확인되었다. *Orality and Literacy: The Technologizing of the Word* (London: Methuen, 1982), esp. 36-56.

41 다음의 상세한 연구를 보라. Lund, *Chiasmus*, esp. 51-136.

다. 예를 들어 플리니우스는 자신의 주장을 셋으로 묶지 않은 친구를 비난한다(*Letters* 2.20). 수사학 핸드북에는 셋으로 이루어진 그룹에 대한 언급이 없지만, 플리니우스의 발언을 보면 (당시나 지금이나) 일부 작가들은 글에 우아함을 더하기 위해 셋으로 이루어진 그룹을 고려한다는 것을 알 수 있다. 라파엘 로드리게스(Rafael Rodriguez)가 지적했듯이 문학 원고에서 "구술의 특징"을 도출하기 위해서는 무언가 다소 아이러니한 점이 있어야 한다.[42]

다시 한번 강조하지만, 이러한 연구는 1세기의 구술과 문서 간의 경계가 오늘날 우리가 예상하는 것보다 훨씬 유동적이었다는 사실을 상기시키는 데 매우 유용하다.[43] 그러나 마가복음에는 이 복음서가 하나의 문학 작품으로 출현하지 못하게 하는 것이 전혀 없다. 위에 제시된 특징 목록에서 알 수 있듯이 마가는 "잔존 구술성"을 지니고 있기보다는 좋은 이야기를 들려줄 줄 아는 저자였다. 아마도 마가는 자신의 전기가 대부분 교육을 받지 못한 그리스도 추종자 모임에서 읽힐 것으로 기대했을 것이다. 그의 산문은 단순하고 직설적이며 다양한 청중에게 공감을 불러일으킬 수 있는

---

42   R. Rodriguez, *Oral Tradition and the New Testament: A Guide for the Perplexed* (London: Bloomsbury, 2014), 63-64.

43   앞의 단락에서 개관한 입장에 대한 비평은 다음을 보라. B. W. Henaut, *Oral Tradition and the Gospels: The Problem of Mark 4* (Sheffield: Sheffield Academic, 1993), 96-99, 113-15; L. W. Hurtado, "Oral Fixation and New Testament Studies? 'Orality,' 'Performance' and Reading Texts in Early Christianity," *NTS* 60 (2014): 321-40. Hurtado가 쓴 이전의 두 소논문도 여기서 유용하다. "Greco-Roman Textuality and the Gospel of Mark: A Critical Assessment of W. Kelber's *The Oral and the Written Gospel*," *BBR* 7 (1997): 91-106; "The Gospel of Mark—Evolutionary or Revolutionary Document?," *JSNT* 40 (1990): 15-32.

구어체 느낌을 지니고 있다.[44] 퀸틸리아누스는 학생들에게 교육을 거의 또는 전혀 받지 못한 사람들을 위해 내용을 수정할 수도 있다고 가르쳤으며(Institutes of Oratory 3.8), 핸드북에서도 연설의 내용뿐만 아니라 연설이 이루어진 맥락을 고려하는 "적절성" 또는 "적합성"(prepon 또는 aptum)에 대해 조언했다.[45] 작가는 수사학 교육을 받지 않았더라도 스스로 이 문제를 해결할 수 있었다. 또한 마가가 자신의 작품에 곁들이는 내러티브 여담이나 간단한 저자 논평은 아람어 단어와 관습의 의미를 설명하고 본문 내에서 더 깊은 연결고리를 형성함으로써 청중을 작품 안으로 끌어들이고 그들에게 확신을 주는 데 도움이 되었을 것이다.[46]

전반적으로 마가의 글은 더할 나위 없이 능숙하다. 코르넬리우스 네포스,[47] 『아이소포스의 생애』,[48] 그리스-로마 소설,[49] 위에서 언급한 여러 비정

---

[44] 마가의 구어체적 표현은 다음을 보라. C. H. Turner and J. K. Elliott, *The Language and Style of the Gospel of Mark: An Edition of C. H. Turner's "Notes on Marcan Usage" Together with Other Comparable Studies* (Leiden: Brill, 1993), 3-146(Turner는 구어체가 마가복음의 독특한 그리스어 용법의 많은 부분의 중심을 차지한다고 본다).

[45] 유용한 논의는 다음을 보라. Damm, *Ancient Rhetoric*, xix-xxx. 설령 그가 이미 프로귑나스마타 과정을 마친 학생들을 위해 글을 쓰고 있다 하더라도, 단순하고 꾸밈없는 문제를 사용하라는 데메트리오스의 조언은 여기서도 관련이 있을 수 있다(*Style* 4.191). 직설적인 문체는 많은 영역에서 인정받았을 것이다. 다음을 보라. D. M. Schenkeveld, "The Intended Public of Demetrius' *On Style*: The Place of the Treatise in the Hellenistic Educational System," *Rhetorica* 18 (2000): 29-48.

[46] 아래 220을 보라.

[47] 네포스는 한때 가난하고 부주의한 작가로 여겨졌지만, 오늘날에는 그의 평범한 문체가 폭넓은 청중에게 호감을 주고 있다. 다음을 보라. M. M. Pryzwansky, "Cornelius Nepos: Key Issues and Critical Approaches," *CJ* 105 (2009): 97-108, esp. 98-100.

[48] 『아이소포스의 생애』에 관해서는 위 146-47을 보라.

[49] "타깃 청중(target audience)의 측면에서 유사한 점은 다음을 보라. R. F. Hock, "Why New

경 자료의 작가처럼 그는 청중에게 맞춰 산문을 썼으며, 듣는 청중에게 적합한 활기차고 재미있는 방식으로 자신의 이야기를 구성했다.[50] 마가는 유대 성경을 인용하여 이스라엘의 이야기를 아는 사람들이 예수의 모습과 그의 메시지를 더 깊이 성찰할 수 있게 했다. 우리는 마가의 문학적 능력을 과대평가해서는 안된다. 하지만 그는 전기라는 문학 양식으로 자기 생각을 완벽하게 전달할 수 있는 유능하고 상당히 숙련된 작가임이 분명하다.

마가의 독자에게로 넘어가기 전에 마가의 학력에 대해 마지막으로 한 가지 짚고 넘어갈 필요가 있는데, 이 주제는 다음 여러 장에서 본문을 분석하는 데 중요한 역할을 하게 될 것이다. 테레사 모건이 분명히 밝힌 것처럼 고대 교육의 목적은 단순히 기술을 전수하는 것이 아니라 문화를 전수하는 것이었다.[51] 교육은 로마의 정체성을 창출하고 유지할 뿐만 아니라 학생들에게 문화의 세계를 접하고 지위와 영향력을 얻을 수 있는 길을 제공하는 강력한 제도였다. 앞서 살펴본 것처럼 아이들은 초등 교육 단계부터 제국

Testament Scholars Should Read Ancient Novels," in *Ancient Fiction and Early Christian Narrative*, ed. R. F. Hock, J. B. Chance, and J. Perkins (Atlanta: Scholars, 1998), 121-38. 그러나 모든 학자가 이 소설들이 직접 하류층 청중을 겨냥하고 있다고 확신하는 것은 아니다. 다음을 보라 T. Whitmarsh, ed., *The Cambridge Companion to the Greek and Roman Novel* (Cambridge: Cambridge University Press, 2008), 7-14.

50 마가에 대한 이와 비슷한 평가는 다음을 보라. Gamble, *Books and Readers*, 34; E. P. Sanders and M. Davies, *Studying the Synoptic Gospels* (London: SCM, 1989), 72; Beavis, *Mark's Audience*, 44; M. A. Tolbert, *Sowing the Gospel: Mark's World in Literary-Historical Perspective* (Minneapolis: Fortress, 1989), 35-47, 70-76; Aune, "Genre," 47; Hurtado, "Oral Fixation," 339; Damm, *Ancient Rhetoric*, xxii.

51 Morgan, *Literate Education*. 이것은 이 책에서 계속 반복되는 주제이지만, 특히 19-21, 102-3, 236을 보라.

의 문화적 규범을 흡수하고 경쟁이 치열한 사회에서 자신의 위치와 가치를 타협하는 법을 배웠다. 이러한 점을 고려할 때 마가가 그리스-로마 세계의 많은 가치를 구현하고, 권위를 가지고 말하며, 남자들의 공론의 장에서 상대방을 침묵시키고, 자신이 살아온 가치를 위해 죽는 예수의 초상을 홍보하는 것은 놀랄 일이 아니다. 그러나 동시에 마가는 이 문화를 완전히 전복시킨다. 그의 영웅은 로마 세계에 만연한 위대함을 추구하는 것에 이의를 제기하고, 추종자들에게 자신을 부인할 것을 요구하며, 국가 처형을 자처한다. 마가는 호메로스의 말 대신 70인역을 인용하며, 그에게 친숙한 그리스 작가들보다 이 유대 작품의 언어와 어조를 반영하고 모방한다.[52] 데이비드 오니는 마가복음에 반문화적 가치가 존재한다는 점에 주목하면서 이 작품이 그리스-로마 전기의 단순한 모방이 아니라 그에 대한 **반응으로** 기록되었으며, 현대 전기의 전형적 특징인 가치의 위계를 **패러디**하기 위해 고안되었다고 제안한다.[53] 그러나 내가 보기에 이것은 너무 미묘해 보이며, 그리스-로마의 가치에 대해 마가가 너무나 철저하고 참신한 비판을 하는

---

[52] 일부 학자들은 마가복음에서 호메로스에 대한 반향을 발견했다. 특히 다음을 보라. D. R. MacDonald, *The Homeric Epics and the Gospel of Mark* (New Haven: Yale University Press, 2003). 분명히 호메로스의 사상 세계와 마가복음 사이에는 연관성이 있지만(다음 장에서 보게 되듯이), 그것이 구체적으로 문학적인 유사성인지는 덜 분명하다. 이 접근법에 대한 비평은 다음을 보라. K. O. Sandnes, "Imitatio Homeri? An Appraisal of Dennis R. MacDonald's 'Mimesis Criticism,'" *JBL* 124 (2005): 715-32. 이 시기의 문화적 이중언어의 복잡성에 대해서는 다음을 보라. K. Ehrensperger, "Speaking Greek under Rome: Paul, the Power of Language and the Language of Power," *Neot* 46 (2012): 9-28.

[53] D. Aune, "Genre Theory and the Genre-Function of Mark and Matthew," in Becker and Runesson, *Mark and Matthew*, 167-68.

것처럼 보인다. 그러나 동시에 오니는 자신의 메시지를 전달하기 위해 제국의 문학을 활용하면서도 제국의 가치에 이의를 제기하고, 또 자신의 유대 배경과 그리스도를 따르는 미래를 조화시키려고 노력하면서 그리스 교육을 포용하기도 하고 거리를 두기도 하는 한 전기 작가의 내면에서 모종의 긴장을 포착한다.

마가의 그리스도를 따르는 독자들

이 책에서 나는 마가가 예수의 추종자였으며, 주로 예수에 대한 헌신을 공유하는 사람들을 위해 글을 썼다고 가정한다. 작품 내의 몇 가지 지표는 작품의 대략적인 내용을 청중들도 알고 있었음을 시사한다. 예를 들어 "성령", "세례", "복음", "하나님 나라" 같은 기독교 용어는 아무런 설명 없이 이야기 곳곳에서 등장한다. 세례자 요한, 헤롯, 빌라도와 같은 인물도 아무런 소개 없이 등장한다. 그리고 메시지의 내용보다는 즉각적인 수용에 중점을 둔 제자를 부르는 이야기는 완전히 외부 사람들을 설득하려고 작성된 것처럼 읽히지 않는다. 저자는 분명히 유대 배경을 가지고 있다. 우리는 이미 그가 유대 성경을 인용하는 것을 보았고, 또 그가 이스라엘의 폭넓은 역사에 비추어 예수의 중요성을 이해하고 있음을 분명히 알 수 있다. 아마도 마가의 청중 중 일부는 유대인 또는 하나님을 경외하는 자로서 회당과 관련이 있을 뿐만 아니라 이러한 유산을 공유했을 것이다. 그러나 동시에 마가는 유대인의 관습과 신념을 설명하고(7:3-4; 12:18), 이방인 세계에 대한 선교에 관심과 공감을 표명한다(7:24-30; 11:17; 13:10; 14:9; 15:39).[54] 그가 그리스-로마 세계에서는 엄청난 인기를 끌었지만 유대 사회에서는 이상하게도 흔치 않았던 문학 양식인 전기를 쓰기로 결정한 사실은 이러한 유형의 문학에 친숙한 사람들에게 호감을 얻으려는 시도임을 암시할 수 있다.

그렇다면 우리는 마가가 이 그리스도 추종자 그룹 내에서 자신의 텍스트가 어떻게 기능하기를 바랐는지에 대해 더 구체적으로 말할 수 있을까? 윌리엄 존슨(William Johnson)은 최근 여러 연구에서 로마 세계의 **독서 사회학**을 강조했다. 그는 특정한 맥락에서 어떤 텍스트에 접근할 때마다 작용하는 복잡한 사회문화적 요인을 강조하기 위해 단순히 "독자"가 아닌 "독서 문화" 또는 "독서 공동체"를 언급한다. 그는 독서는 단순히 "신경생리학적, 인지적 행위"가 아니라 한 사람의 문화적 배경, 자아 정체성, 계승된 전통, 열망 등과 밀접하게 연관된 "사건"이라고 말한다.[55] 존슨은 다수의 예를 제시하지만, 그의 주장을 설명하기에는 두 가지 정도면 충분할 것이다. 첫 번째 예는 기원후 2세기 초에 『서간집』(*Letters*)을 출간한 소 플리니우스에 초점을 맞춘다. 존슨은 플리니우스가 이 편지들을 특정 독자들에게 배포함

---

54 마가의 독자들을 더 구체적으로 명시하려는 시도는 다음을 보라. E. Best, "Mark's Readers: A Profile," in *The Four Gospels, 1992*, ed. F. Van Segbroeck, C. M. Tuckett, G. van Belle, and J. Verheyden (Leuven: Leuven University Press, 1992), 2:839-58; D. H. Juel, *A Master of Surprise: Mark Interpreted* (Minneapolis: Fortress, 1994), 123-46.

55 Johnson, "Towards," esp. 600-6. 또한 다음을 보라. Johnson, *Readers and Reading Cultures in the High Roman Empire: A Study of Elite Communities* (Oxford: Oxford University Press, 2010), 3-16; Johnson and Parker, *Ancient Literacies*, 3-10.

으로써 이상화된 세계관을 제시하고 자신을 그 중심에 놓는 문학 세계를 창조했음을 보여준다. 플리니우스에게 이상적인 로마인이란 자신처럼 높은 수준의 문학적 추구와 정치적·사회적 의무를 통합하는 사람이다. 낭송회에서 공개적으로 또는 집에서 개인적으로 이러한 텍스트를 "읽고" 동의하는 것은 플리니우스의 그룹을 다른 그룹과 구별하는 역할을 하며, 그의 문학 동호회 회원들을 그의 조언자(amici)로 규정하고, 그들이 그의 가치를 지지하고 있음을 보여주며, 플리니우스가 그 모임 내에서 중심적인 위치를 유지하게 한다.[56]

두 번째 예는 기원후 2세기 중후반에 기록된 아울루스 겔리우스의 『아테네의 밤』(Attic Nights)에서 나온다. 언뜻 보기에 이 작품은 뚜렷한 연관성이 없는 다양한 문학적 주제에 대한 사색과 보고된 대화를 모은 것으로 보인다. 그러나 이것은 "무엇이 올바르게 말하고 생각하는 방법인지, 과거의 누구의 목소리에 귀를 기울여야 할지, 누가 이러한 올바름의 중재자, 즉 논평자이자 주인인지에 대한 해설이 가득하다."[57] 겔리우스에게 있어 문학은 배타적인 장치로 작용하며, 충분한 교육을 받은 사람만이 그룹에 가입할 수 있고, 그렇지 못한 사람은 공개적으로 수치를 당한다(이 작품에서 두 명의 거짓 문법가에게 일어난 일처럼). 이 책을 읽고 토론하기 위해 모인 사람들은 "올바른" 로마식 말하기, 생각하기, 과거 기억하기의 "문지기"로서 스스로

---

56 플리니우스에 관해서는 다음을 보라. Johnson, *Readers*, 32-62.
57 겔리우스에 관해서는 다음을 보라. Johnson, "Constructing Elite Reading Communities in the High Empire," in Johnson and Parker, *Ancient Literacies*, 327.

자리매김한다. 가장 중요한 것은 아마도 작품의 이상화된 장면이 독서 그룹 구성원이 따라야 할 행동 규범을 구현한다는 점일 것이다. 따라서 이 텍스트는 "작품이 지향하는 (이상적인) 독서 공동체를 만들기 위해 적극적으로 노력한다."[58]

존슨은 각 "독서 공동체"의 특수성을 강조하며, 엘리트층의 경우를 다른 문화적 수준으로 섣불리 확대해석하지 말 것을 경계한다.[59] 하지만 적절한 주의를 기울인다면 그의 통찰력 중 일부를 마가와 그의 청중에게 적용할 수 있을 것이다.[60]

첫 번째 단계로, 단순히 전기를 쓰는 것의 문학적 의미뿐만 아니라 사회적·문화적 파급 효과도 고려하는 것이 좋다. 철학자나 종교인의 전기를 쓴다는 것은 그의 기억을 영원히 보존하고 그의 삶과 가르침에 대한 문학적 기념비를 세우는 일이다. 우리는 마가의 작품을 "기억 보조 장치"나 초기 전승의 보고로 보거나 초기 구전 시대에서 자연적으로 진화한 것으로 간주하기보다는 권위 있는 기록물로 만들려는 시도로 이해해야 한다.[61] 우리는 그의 작품이 개인적으로 깊이 관심을 가졌던 인물의 기억을 되살리려는 시도이자 그 인물에 대한 매우 구체적인 견해에 정당성을 부여하려는

---

58   Johnson, "Constructing," 329.
59   Johnson, "Towards," 624–25.
60   Johnson의 연구를 기독교 본문에 적용하려는 시도는 특히 다음을 보라. Kloppenborg, "Literate Media"; Keith, "Early Christian Book Culture"; L. W. Hurtado, "Manuscripts and the Sociology of Early Christian Reading," in Hill and Kruger, *Early Text*, 49–62.
61   따라서 또한 다음을 보라. Keith, "Early Christian," 31, 37–38.

시도였다고 볼 수 있다. 비록 우리 저자 역시 더 넓은 세상과 다른 초기 기독교 그룹 내에서 예수에 대해 달리 평가하는 사람들이 존재한다는 것을 알고 있었겠지만, 그의 작품은 그가 "올바른" 초상이라고 생각하는 것, 즉 자기 신앙의 중심에 있는 인물의 삶과 의미를 가장 잘 포착하는 이야기를 서술한다.[62] 또한 마가복음은 예수를 이스라엘의 이야기와 확고하게 연결하고(예언서 인용을 통해), 미래의 희망을 공유함으로써(예수의 종말론적 말씀을 통해) 과거, 현재, 미래의 그리스도인의 정체성에 대한 확고한 기반을 마련하는 것을 목표로 삼고 있다.

다른 작가들도 전기를 사용하여 중요한 인물에 대한 자신의 견해를 제시했으며, 종종 다른 입장에 대한 반응으로 전기를 사용했다. 예를 들어 필론은 그의 『모세의 생애』에서 그를 폄하하는 사람들을 잘 알고 있었지만 (Life of Moses 1.2-3), 모세의 미덕을 찬양하고 비유대인들에게 그를 추천하기 위해 글을 썼다. 코르넬리우스 네포스는 일각에서 우려의 대상이 되었던 친구 아티쿠스의 정치적 중립을 미덕으로 바꾸었다. 그리고 도미티아누스 치하에서 아그리콜라의 승진을 비판하는 사람들을 의식한 타키투스는 장인을 추모할 뿐만 아니라 그의 명성을 지키기 위해 글을 썼다. 루키아노스가 스승 데모낙스의 기억을 변호하는 글과 포르피리오스가 자신의 스승인 플라톤 철학자 플로티노스에 대해 서술한 글에서 기득권을 발견하지 못

---

62 따라서 또한 다음을 보라. J. M. Smith, *Why Bioς? On the Relationship between Gospel Genre and Implied Audience* (London: T&T Clark/Bloomsbury, 2015), 41-43.

하기는 쉽지 않다.[63] 그리고 필로스트라토스도 아폴로니우스가 주술 행위를 했다는 혐의(모에라게네스의 초기 작품 때문에 제기된 것으로 보이는)로부터 그를 변호하려는 모습을 분명하게 보여준다.[64] 이 모든 작품에는 단순히 삶에 대한 유쾌한 이야기를 쓰는 것보다 훨씬 더 중요한 것이 들어 있다. 결정적으로 문제가 되는 것은 그 삶을 기억하는 규범적인 방법을 확립하고, 자신과 자신의 집단을 그 기억에 대한 적절한 "문지기"로 자리매김하여 자신의 삶의 방식을 정당화하려는 시도다.[65]

존슨의 연구는 이 모든 것의 사회적 측면을 우리에게 상기시킨다. 마가를 비롯하여 방금 언급한 다른 전기 작가들은 반대자들에 대해 잘 알고 있었지만, 같은 생각을 하는 사람들로 구성된 그룹을 대변한다는 면도 잘 인식하고 있었다. 마가는 내부자와 외부자, 즉 하나님 편에 선 자들과 인간 편에 선 자들을 서로 대조하고(8:33), 이 이야기의 더 깊은 의미를 "들을 수 있는 귀"를 가진 이상적인 독자/청자를 구성한다(4:9, 23). 비슷한 방식으로 코르넬리우스 네포스는 프롤로그에서 지각력 있는 독자와 지각력 없는 독자를 대치시킨다. 학자들은 전통적으로 네포스가 그리스 관습을 포함했기 때문에 "많은 독자들"이 자신의 글을 "사소하고 가치 없다"고 여길 것이라고 말한 것을 두고 그가 교양 없는 청중을 위해 썼다는 의미로 이해해왔다.

---

63 포르피리오스의 『플로티노스의 생애』에 관해서는 다음을 보라. M. J. Edwards, "A Portrait of Plotinus," *ClQ* 43 (1993): 480-90.

64 다음을 보라. Philostratus, *Life of Apollonius of Tyana* 1.2-3. 모에라게네스의 작품에 관해서는 또한 다음을 보라. Origen, *Against Celsus* 6.41.

65 따라서 또한 다음을 보라. Smith, *Why Bίος?*, 146.

하지만 제프리 베네커(Jeffrey Beneker)는 오히려 서로 다른 두 가지 유형의 독자―그리스 문학과 관습에 무지한 "많은 독자들"과 (추론을 통해) 그의 작품을 감상할 수 있을 정도로 교양 있고 세련된 독자들―를 설정하기 위해 영리한 문학 장치를 사용했다고 주장했다. 베네커는 이것을 문학적 비유로 간주한다. "문학 작품의 피상적인 요소를 넘어 그 양식이나 내용을 더 깊은 수준에서 감상할 수 있는 현명한 피헌정자(dedicatee)."[66] 그러나 이 작품은 그리스 방식을 이해하지 못하는 사람들을 비판하기보다는 그리스의 관습에 익숙하든 그렇지 않든 간에 모든 독자가 더 세련된 독자 대열에 합류하여 사실상 내부자가 될 것을 독려한다.

내부자를 이해한다는 개념은 고대의 책 제작의 전체 과정을 통해 더욱 더 강화되었을 것이다. 초고가 완성되면(손으로 직접 쓴 필사자에게 받아쓰기를 하든)[67] 저자는 신뢰할 수 있는 소수의 친구나 동료들에게 자신의 작품을 미리 선보였을 것이다. 이들은 기독교 세계에서 교회 지도자나 장로, 교사

---

66 J. Beneker, "Nepos' Biographical Method in the Lives of Foreign Generals," *CJ* 105 (2009): 112. 이와 관련이 있는 본문은 서문, 1-4이다. 이와 유사한 생각은 후기 작품에서 나타난다. 1.1(펠로피다스에 관하여), 4.5-6(티모테오스에 관하여), 8.1(아게실라오스에 관하여).

67 물론 바울은 필사자를 사용했고, 받아쓰기는 일반적이었다(따라서 R. J. Starr, "Reading Aloud: Lectores and Roman Reading," *CJ* 86 [1990-91]: 337; 또한 N. Horsfall, "Rome without Spectacles," *G&R* 42 [1995]: 49-56. 그는 시력이 좋지 않은 이들에게 받아쓰기가 얼마나 유용한지를 언급한다). 비록 받아쓰기가 "지금 아주 유행하고" 있음을 알고 있었지만, 퀸틸리아누스는 성찰을 할 수 있는 시간을 주지 않는다는 점과 느린 필사자가 문제가 될 수 있다는 점을 이유로 받아쓰기에 반대한다(*Institutes of Oratory* 10.3.18-20). 직접 글쓰기(최소한 엘리트들 사이에서)에 관한 정보는 다음을 보라. M. McDonnell, "Writing, Copying and Autograph Manuscripts in Ancient Rome," *ClQ* 46 (1996): 469-91. 이제는 마가가 그의 작품을 어떻게 썼는지 정확하게 알 길은 없다.

나 선교사 등 오랫동안 신앙생활을 해왔고 저자의 의견을 신뢰하는 사람들이었을 가능성이 높다. 이들은 문법과 구문의 문제(그 정도의 교육을 받은 사람이 있다면)뿐만 아니라 내용과 구조에 대해서도 새로운 제안과 조언을 제공해주었을 것이다. 저자가 제안을 받아들이고 수정된 버전에 만족하면 더 많은 독자에게 공개할 수 있는 단계에 이른 것이다. 이제 이 필사본은 제작 단계를 거쳐 친구, 후원자, 더 많은 독자에게 발송될 것이다.[68]

마가는 자신의 작품이 기독교 모임에서 읽히기를 기대했을 가능성이 압도적이다. 그의 주변에는 개인적으로 전기를 읽을 수 있는 지위와 부를 가진 사람들이 일부 포함되어 있긴 했지만,[69] 대다수 그리스도 추종자들은 글을 읽을 수 없었고 낭독을 통해서만 작품을 접할 수 있었다. 엘리트층에서 자주 고용했던 전문 낭독자보다는[70] 그룹의 일원이 이 전기를 읽었을 가능성이 더 높다. 바울은 분명 자신의 편지가 수신 교회에서 읽히기를 기대

---

68   고대의 책 제작에 관해서는 다음을 보라. G. Downing, "Word Processing in the Ancient World: The Social Production and Performance of Q," *JSNT* 64 (1996): 29-48; McDonnell, "Writing," 486; Johnson, "Towards," 615-18; Gamble, "Book Trade," 28-29.

69   이 사람들은 노예가 그들에게 읽어주거나 그들 스스로 큰 소리로 또는 조용히 읽을 수 있었다(고대에 더 이상 특이한 일로 여겨지지 않았던 후자의 경우에 대해서는 다음을 보라. B. M. W. Knox, "Silent Reading in Antiquity," *GRBS* 9 [1968]: 421-35; F. D. Gilliard, "More Silent Reading in Antiquity: *Non Omne Verbum Sonabat*," *JBL* 112 [1993]: 689-96; Johnson, "Towards," 594-600; 또한 H. N. Parker, "Books and Reading Latin Poetry," in Johnson and Parker, *Ancient Literacies*, 186-30, esp. 196-98).

70   다음을 보라. Kloppenborg, "Literate Media," 42-43. 플리니우스는 *Letters* 8.1과 5.19.3에서 두 명의 낭독자 이름을 언급한다. 전반적으로 낭독자들에 관해서는 다음을 보라. Starr, "Reading Aloud."

했을 것으로 보이며,[71] 2세기에 순교자 유스티누스는 기독교 집회에서 복음서를 읽는 것에 대해 언급한다. 하지만 우리는 그저 수동적인 청자만을 생각해서는 안 된다. 고대의 증거에 따르면 낭독은 결코 조용히 진행되는 것이 아니었음을 알 수 있다. 그룹 구성원들은 낭독자(남자이든 여자이든[72])가 읽는 동안 질문을 할 수 있었고, 마지막에는 활발한 토론과 질문의 기회가 충분히 주어졌을 것이다. 존슨이 지적했듯이 이러한 적극적인 질문은 해석과 토론을 위한 그룹의 노력에 보답할 만큼 해당 텍스트에 깊은 의미가 있다는 확신을 보여준다.[73] 우리는 적어도 마가의 저작이 존경받는 지위에 오르기 전인 초창기에는 이를 너무 성급하게 "종교적인" 독서로 분류해서는 안 된다. 존 클로펜보그는 유스티누스 시대에 대해 언급하면서 특정 텍스트의 암송과 모종의 식사(성찬식)가 결합된 것은 엘리트층의 관습을 의도적으로 모방한 것이라고 주장한다.[74] 그러나 적어도 일부 초기 기독교 회중이 엘리트 관습이나 철학 학교를 모델 삼아 수십 년 전에 이와 비슷한 사회적

---

71 살전 5:27을 보라. 골 4:16을 쓴 저자는 이것을 가정한다(계 1:3의 저자도 그의 작품이 큰 소리로 읽히기를 기대한다).

72 여자들도 때로는 문법가에게 교육을 받았고(Cribiore, *Gymnastics*, 74-101), 고대에는 여성 낭독자도 있었다(Starr, "Reading Aloud," 339n13 for epigraphic references). 로마인들에게 보낸 바울의 편지는 아마도 뵈뵈가 낭독했을 것이다(롬 16:1-2). 아마도 낭독에 필요한 기술을 가진 그리스도 추종자라면 누구나 텍스트 낭독을 요청받을 수 있었을 것이다.

73 Johnson, *Readers*, 202.

74 Kloppenborg, "Literate Media," 42-43. 초기 순교자 텍스트에 관해 논평하면서 C. R. Moss는 이와 마찬가지로 우리가 이 본문이 오직 전례적인 정황에만 해당한다고 너무 성급하게 가정해서는 안 된다고 주장한다. *The Other Christs: Imitating Jesus in Ancient Christian Ideologies of Martyrdom* (New York: Oxford University Press, 2010), 8-18.

환경을 상상하는 것을 원칙적으로 막을 수는 없다. 따라서 존슨이 제시한 예처럼 마가의 모임은 마가의 전기를 비롯하여 그룹에서 중요하고 권위 있는 것으로 여기는 다른 텍스트(예. 유대 경전의 일부)를 통해 자신들을 정의하고 검증하는 "독서 공동체"를 형성했을 것이다.[75]

마가의 독자들이 괴롭힘과 심지어 고통을 경험했다는 분명한 암시처럼(내가 그렇다고 생각하듯이) 박해에 대한 마가의 언급을 진지하게 받아들인다면 마가복음과 같은 텍스트가 더욱 절실했을 것이다. 가장 기본적인 수준에서 자신이 소외당하고 외부자로부터 박해를 받는다고 생각하는 공동체는 자신을 정의하고 공유된 가치와 약속을 명확히 하는 데 상당한 시간과 에너지를 투자할 가능성이 높다. 공동체의 구성원들은 텍스트 자체가 자신들의 행동과 신념에 결정적인 영향을 미쳤던 것처럼 텍스트가 무엇을 의미하고 어떻게 해석되어야 하는지에 대해 일종의 "문지기" 역할을 했을 것이다. 실제로 전기는 존경받는 스승이나 영향력 있는 인물을 강조하고 그의 삶을 다른 사람들에게 모범으로 제시하는 등 공동체 형성 과정에 특히 적합했던 것으로 보인다. 따라서 마가의 전기는 그룹을 하나로 묶고 신

---

[75] 초기 기독교의 성경 읽기에 관해서는 딤전 4:13과 약간 후대의 Justin Martyr, *Apology* 1.67을 보라. 분명히 이것은 유대 회당의 관습과 유사하다. 눅 4:16-21; 행 13:15; 15:21; 17:10-11을 보라. 그러나 큰 두루마리를 만드는 비용을 고려하면 내 생각에는 어느 초기 기독교 회중도 기껏해야 두 개 이상의 두루마리를 소유했을 것 같지 않고, 발췌본 모음집에 의존했을 개연성이 더 높다. 성경 텍스트의 비용에 관해서는 다음을 보라. R. S. Bagnall, *Early Christian Books in Egypt* (Princeton: Princeton University Press, 2009), 21. 심지어 회당들도 항상 토라 두루마리 완본을 갖고 있지 않을 개연성에 대해서는 다음을 보라. C. Hezser, "Torah versus Homer," 14.

념을 검증하는 데 중요한 역할을 했을 것이며, 크리스 키스가 지적한 것처럼 그리스도를 따르는 자의 정체성을 "상징하게" 되었을 것이다.[76]

　그렇다면 이 기독교 독자들은 얼마나 광범위하게 흩어져 있었을까? 과거의 학자들은 복음서 저자들이 특정 지역에 위치한 독립된 "공동체"를 위해 글을 썼으며, 이 공동체는 독특한 전망과 관심사를 가지고 있었다고 생각하는 경향이 있었다. 그러나 리처드 보컴(Richard Bauckham)과 다른 여러 기고자들은 『모든 그리스도인을 위한 복음서』(The Gospels for All Christians, 1998)에서 복음서가 훨씬 더 광범위하고 열려 있는 독자를 위해 저작되었다고 주장하면서 이러한 가정에 이의를 제기했다. 보컴의 주장의 핵심은 전기가 소규모의 폐쇄적인 집단을 위해 쓴 것이 아니라 문학 작품으로서 더 광범위하고 불특정 다수에게 전달되기를 기대하며 집필되었다는 것이다. 이 주장은 "초점이 있는" 전기와 "열린" 전기를 구분한 저스틴 스미스에 의해 어느 정도 반박되었는데, 그는 전자의 범주가 구별 가능한 독자를 염두에 두고 있었다고 주장했다.[77] 분명히 문학적 환경은 매우 다양하며 장

76　Keith, "Early Christian," 28.

77　Smith, Why Bíoç?, 44-61; 또한 132-69. 다소 더 날카로운 비판은 다음을 보라. P. Esler, "Community and Gospel in Early Christianity: A Response to Richard Bauckham's *Gospels for All Christians*," *SJT* 51 (1998): 249-53; D. Sim, "The Gospels for all Christians?," *JSNT* 84 (2001): 3-27; M. Mitchell, "Patristic Counter-Evidence to the Claim That 'The Gospels Were Written for All Christians,'" *NTS* 51 (2005): 36-79; J. Marcus, *Mark 1-8: A New Translation with Introduction and Commentary* (New York: Doubleday, 2000), 25-28; H. N. Roskam, *The Purpose of the Gospel of Mark* (Leiden: Brill, 2004), 17-22. R. Last도 마찬가지로 그리스-로마와 유대 단체 내에서 생산된 문학은 항상 "공동체를 위한" 것이었으며, 오로지 집단의 보존만을 지향했다고 주장하면서 Bauckham의 제안에 반대한다. "Communities

르만으로 독자의 범위를 결정할 수는 없지만, 보컴의 지적은 일리가 있다. 의심의 여지 없이 마가는 자신이 가장 많이 접촉한 교회(또는 교회들)에서 영감과 동기 부여를 얻었겠지만, 문학 작품, 특히 전기와 같이 대중적인 인기를 기대하는 작품에 이처럼 시간과 에너지를 투자한 작가라면 당연히 폭넓은 청중에게 다가가기를 바랐을 것이다. 리처드 버릿지(Richard Burridge)가 지적했듯이 마가는 자기 그룹에 속한 사람들뿐만 아니라 더 멀리 있으면서도 같은 생각을 공유하는 다른 기독교 독자들을 "타깃 독자층"으로 겨냥했을 것이다.[78]

바울의 편지는 여기서 유용한 비유로 작용한다. 비록 그의 편지는 분명히 한 특정한 청중에게 영감을 받았겠지만, 그는 편지를 쓰는 동안에도 자신의 편지가 각 지역의 모든 교회에 전파되기를 기대했으며(갈 1:2; 롬 1:7), 나중에 골로새서의 저자는 바울이 자신의 편지를 훨씬 더 먼 곳에 있는 그리스도인 모임에도 공유할 의도가 있었다고 가정한다. 물론 이는 1세기 후반의 상황을 반영한 추정에 불과하지만 말이다(골 4:16). 증거는 빈약하지만

That Write: Christ-Groups, Associations, and Gospel Communities," *NTS* 58 (2012): 173-98. 여기서 문제는 Last가 제시한 텍스트들이 주로 비문이나 『희년서』와 같이 복음서와 장르(그리고 아마도 기능도)가 매우 다르다는 점인데, 이 점은 Last 자신도 인정한다(178).

78 다음을 보라. R. A. Burridge, "About People, by People, for People: Gospel Genre and Audiences," in Bauckham, *The Gospels for All Christians*, 113-45. Bauckham의 논지를 지지하는 글은 E. W. Klink가 편집한 다음 논문집을 보라. *The Audience of the Gospels: The Origin and Function of the Gospels in Early Christianity* (London: T&T Clark, 2010). M. Bird는 마가와 한 특정 공동체(우리는 "원조적인" 또는 "영감을 준" 공동체라고 말하고 싶다) 간의 모든 연관성을 다소 너무 전면적으로 부인하는 경향이 있다. "The Markan Community, Myth or Maze? Bauckham's 'The Gospel for All Christians' Revisited," *JTS* 57 (2006): 474-86.

마가의 전기도 이와 같은 맥락에서 작성된 것으로 보인다. 이 작품은 20여 년 동안 사람들에게 알려졌을 뿐만 아니라 세 명의 전기 작가(마태, 누가, 요한)에 의해 사용되었다. 물론 우리는 이 작품들이 어디에서 집필되었는지는 알 수 없지만, 모두 같은 도시에서 기록되었을 가능성은 매우 낮아 보인다.[79] 그리고 파피아스에 따르면 마가의 작품은 2세기 초에 소아시아의 교회들 사이에서 어느 정도 명성을 얻었다고 한다.[80] 초기 기독교 그룹들이 텍스트에 관심을 보였을 뿐만 아니라 이를 효율적으로 제작하고 보급하는 방법도 고안해낸 것으로 보인다. 아마도 작품은 입소문을 통해 퍼져나갔고, 기독교 회중은 필사본을 얻기 위해 가능한 모든 인맥을 총동원했을 것이다.[81] 토레 얀손(Tore Janson)은 플라비우스 시대에 책과 함께 편지를 보내는 관행을 강조하며, 이는 새로운 청중이 작품과 그 목적을 어느 정도 이해할 수 있게 해 주었을 것이라고 말한다.[82] 많은 교회가 마가복음이 매우 친근하고 도움이

---

79   마가복음의 지리적 위치와 관련된 다소 잠정적인 견해는 본서 서론 31-32을 보라.

80   Eusebius, *Ecclesiastical History* 3.39.15.

81   Gamble이 지적했듯이 기독교 문학은 아마도 상업적인 출판업계로부터 큰 관심을 끌지 못했을 것이며, 따라서 초기 그리스도 추종자들은 그들의 텍스트를 유포하는 그들 고유의 방법을 고안해야 했을 것이다. "Book Trade," 31. 책 제작의 경제성에 관해서는 다음을 보라. Bagnall, *Early Christian*, 50-69. Johnson은 기원후 2세기에 옥시링쿠스와 그 주변에서 서로 밀접하게 연관된 학자 모임들에 대해 흥미로운 논의를 제공하는데, 그들은 친구들과 지인들에게 정기적으로 편지를 써서 자주 꽤 특정한 주제에 관한 책을 가져다 달라고 요청했다. 비록 이들은 분명히 배타적인 문화 엘리트의 일원이지만, 기독교 공동체들도 이와 마찬가지로 마가복음과 같은 텍스트를 얻기 위해 제국 전역에 퍼져 있는 네트워크를 이용했으리라고 상상하는 것은 그리 큰 비약이 아니다. Johnson, *Readers*, 179-99. 다음을 보라. Cribiore, *Gymnastics*, 146.

82   T. Janson, *Latin Prose Prefaces: Studies in Literary Conventions* (Stockholm: Almqvist and Wiksell, 1964), 106-12. Janson은 시에서 그의 증거를 가져오지만, 이것을 근거로 책 문화

된다는 것을 알게 되었을 뿐만 아니라 텍스트를 공유하는 과정 자체도 더 거대한 운동에 대한 소속감을 불러일으켰을 것이다.

요약하자면 마가는 신자들을 위해 기독교 창시자에 대한 특정 견해를 분명히 하면서 글을 썼다. 특정 교회와의 관계에서 영감을 받은 것은 틀림없지만, 저자는 로마 세계에서 각기 그리스도인의 정체성을 정립하기 위해 고군분투하는 다른 이들에게도 자신의 글이 유용하게 사용되기를 바랐을 것이다. 이제 우리는 저자가 그의 이야기를 어떻게 배열하고 구성했는지 그 구조부터 살펴볼 것이다.

마가복음의 구조

마가복음은 두루마리 한 장 분량인 12,000 단어가 조금 넘는 분량으로,[83] 요단강 유역에서 시작된 예수의 사역에서부터 예루살렘에서의 폭력적인 결말과 기적적인 후기에 이르기까지 예수의 사역을 추적한다. 다른 전기와 마찬가지로 예수는 거의 모든 동사의 주어이며, 거의 모든 이야기의 주인공이다.[84] 세례자 요한의 죽음(6:14-29), 대제사장들의 음모와 유다의 배신을 묘사하는 짧은 장면(14:1-2, 10-11), 벌거벗은 청년의 도주(14:51-2), 무

에 대한 일반적인 요점을 더 폭넓게 추론한다. A. Y. Collins도 이와 유사하게 초기 필사자들이 저자에 관한 정보를 전달했다고 제안한다. 설령 그것을 구두로만 했다 하더라도 말이다. *Mark: A Commentary* (Minneapolis: Fortress, 2007), 129.

83 따라서 Bagnall, *Early Christian*, 52. 그의 계산으로는 12,076 단어다.

84 따라서 Burridge, *What Are the Gospels?*, 189-91.

덤의 여인들(16:1-8) 등 몇몇 장면에서만 예수가 등장하지 않는다. 그러나 여기서도 모든 상황의 중심에는 예수가 있다. 예를 들어 세례자 요한의 폭력적인 최후는 예수의 죽음을 예고하고, "왕" 헤롯을 잘못된 길을 걷는 무자비한 적으로 설정하는데, 이는 나중에 빌라도의 모습과 유사할 뿐만 아니라 예수 자신의 "왕권"과도 대비를 이룬다.[85] 심지어 예수가 물리적으로 나타나지 않거나 언급조차 되지 않더라도 예수는 여전히 청중의 마음속에 깊이 자리 잡고 있다.

마가의 작품은 비교적 명확한 구조를 가지고 있다. 기본 개념은 지리적 개념으로, 전반부에는 갈릴리 지역(특히 갈릴리 바다 주변)에 관한 내용이 있고, 중간 부분(8:22-10:52)에는 여행 이야기가 이어지며, 예루살렘을 배경으로 한 내용으로 마무리된다. 요단강에서의 출현, 요한에게 받은 세례, 광야에서의 시험(1:1-13)과 같은 예수의 사역 시작을 다루는 도입부는 작품에 연대기적 분위기를 부여하며, 마지막 세 장은 예수의 마지막 시간, 매장, 그 여파에 대해 이야기한다(14:1-16:8). 그러나 다른 섹션에서는 주제별 접근 방식을 따른다. 빠르게 진행되는 첫 번째 섹션—"즉시"라는 단어의 과도한 사용과 군중들 사이에서 예수의 인기가 높아지는—에서 마가는 일련의 갈등 이야기(2:1-3:6), 일련의 비유(4:1-34), 기적에 관한 섹션(4:35-5:43), 일련의 이방인 이야기(7:1-8:10)를 한데 모아 엮는다. 전기의 중앙 부분에는 여러 지리적 위치를 언급하여 이동과 여행의 느낌을 주고, "따라가

---

85   아래 329-41을 보라.

다", "길에서"와 같은 용어가 자주 사용되며,[86] 이 전체 섹션은 예수가 시각 장애인에게 시력을 회복시켜주는 이야기로 둘러싸여 있다(8:22-26, 10:46-52). 여기서 발견되는 자료는 모두 기독교 제자도와 관련이 있으며, 이 섹션은 기독교 독자를 위한 규칙서처럼 읽힌다("누구든지"[ei tis]와 같은 표현이 자주 나온다). 마지막으로 작품 결말 부분의 예루살렘 자료는 다시 한번 두 개의 모음으로 구성되어 있는데, 이번에는 두 번째 갈등 이야기(11:27-12:37)와 묵시 자료 모음이 등장한다(13:1-37). 하지만 예수의 예루살렘 입성과 성전 사건, 그리고 "대제사장들과 서기관들이 듣고 예수를 어떻게 죽일까"(11:18) 궁리하는 내용으로 이어지는 이 섹션의 도입부는 이미 그 자료에 인과관계에 대한 연대기적 이야기—결말 부분에서 더 완전하게 전개될—를 부여하기 시작한다.[87]

마가의 이야기 안에서는 일화가 가장 돋보인다. 이 작품은 대부분 이야기, 명언, 대화 등 짧은 일화로 구성되어 있다. 대부분은 짧은 장면에 대한 묘사, 독자적인 명언 또는 이 두 가지를 결합한 경우가 많다. 전통적으로 "페리코페"(pericope, "단락"을 뜻하는 라틴어 용어에서 유래함)라고 불리는 마가복음의 일화는 주로 양식비평가들에 의해 도입되어 지난 세기 전반에 걸쳐 오랜 연구 역사를 가지고 있다. 가장 포괄적인 분석을 수행한 루돌프 불트

---

86   "호도스"(hodos)라는 단어는 8:27; 9:33, 34; 10:32에서 등장한다.
87   마가복음의 정확한 구조는 자신의 자료를 뒤섞는 마가의 성향 때문에 명확하게 밝히기 어렵다(이 문제는 5장에서 다룰 것이다). 다음을 보라. J. Dewey, "Mark as Interwoven Tapestry: Forecasts and Echoes for a Listening Audience," *CBQ* 53 (1991): 221-36.

만(Rudolf Bultmann)은 내러티브 자료를 "기적 이야기"와 "역사적 이야기와 전설"로, 말씀 자료를 "주님의 말씀"과 "격언"(*apophthegms*, 예수의 말씀을 마무리하는 짧은 결론 부분)으로 나누었다.[88] 후기 양식비평가들은 불트만의 세부 분류를 따르는 경향이 있었지만, 예를 들어 "격언"이란 용어는 일반적으로 "선언 이야기"로 대체되었다.[89] 최근에는 우리가 이미 살펴보았듯이 마가의 짧은 삽화나 명언은 그리스-로마 교육의 기초를 구성하는 짧은 문학 단위인 일화, 격언, 짧은 이야기, 우화(*chreiai, gnōmai, diēgēmata, mythoi*)와 밀접하게 연관되어 있는 것으로 나타났다.[90] 마가복음의 거의 모든 내용은 이러한 형태 중 하나 또는 그 이상의 조합으로 크게 구분할 수 있다. 때로는 다양한 형태 간의 구분이 약간 모호한 경우가 있는데, 이는 아마도 교실에서 학습하는 것과 실제로 사용하는 것의 차이를 반영할 것이다. 대부분의 고대 저자들은 고대 문법가들이 제시한 고도의 분류 체계보다 훨씬 더 유동적인 방식으로 이러한 짧은 일화적 내러티브를 사용했으며, 마가는 이러한 양식

---

88   R. Bultmann, *History of the Synoptic Tradition*, trans. J. Marsh (Oxford: Blackwell, 1968). Bultmann보다 앞서 M. Dibelius는 복음서 안에서 세 가지 종류의 이야기—예수의 독립적인 말씀, 설화 또는 전설, 패러다임(또는 예화)—를 확인했다. 다음을 보라. Dibelius, *From Tradition to Gospel*, trans. B. L. Woolf (London: Ivor Nicholson and Watson, 1934), 37-132.

89   이것은 일반적으로 다음 학자들의 견해로 돌려졌다. V. Taylor, *The Formation of the Gospel Tradition*, 2nd ed. (London: Macmillan, 1953); A. J. Hultgren은 "갈등 이야기"라는 용어를 고안했다. *Jesus and His Adversaries: The Form and Function of the Conflict Stories in the Synoptic Tradition* (Minneapolis: Augsburg, 1979). 마가의 일화에 대한 탁월한 연구는 다음을 보라. Moeser, *Anecdote*.

90   위 165-69을 보라. M. R. Hauge는 예수의 비유들을 우화(*mythoi*)로 보아야 한다고 생각한다. "Fabulous Narratives: The Storytelling Tradition in the Synoptic Gospels," in Hauge and Pitts, *Ancient Education*, 89-105.

을 예술적으로 능숙하게 사용했다.[91]

일화는 교육 제도뿐만 아니라 그리스-로마 문학에서도 일반적으로 인기가 있었다. 앞 장에서 우리는 이미 일화가 도덕가와 역사가의 작품에서 종종 훈화(*exempla*)로 사용되었음을 살펴보았다.[92] 하지만 일화가 실제로 빛을 발한 것은 전기에서였다. 아널도 모미글리아노(Arnaldo Momigliano)가 지적한 것처럼 작은 말이나 행동에 초점을 맞춘 이 일화는 거창한 역사적 서술보다는 인격과 개인의 본질에 대한 전기의 관심을 완벽하게 보여주었다.[93] 비록 현대의 전기 작가들은 연대기의 노예가 되긴 했지만, 고대의 전기 작가들은 그렇지 않았다. 한 사람을 칭찬하는 방법에 대한 논의에서 퀸틸리아누스는 때로는 한 사람의 삶의 여정과 행동의 질서를 따르는 것이 가장 좋지만, 때로는 한 사람의 삶을 여러 가지 미덕의 예로 나누는 것이 더 좋으며, 어떤 방법을 사용할지는 인물에 따라 다르다고 말한다(*Institutes of Oratory* 3.7.15-16). 연대기적 접근 방식은 정치가나 왕의 전기에 적합했기 때문에 코르넬리우스 네포스가 대체로 간략하게 묘사하는 그의 『명사전』(*On Famous Generals*)과 그의 친구이자 문학 후견인인 아티쿠스에 대한 그의

---

91 문학적으로 뛰어난 작가들은 "금언"(*aphorismoi*), "본보기"(*paradeigmata*) 또는 "격언"(*apophthegmata*)과 같은 다소 더 일반적인 용어를 사용하여 작품을 구성하는 단위를 명명하는 과정에서 자연스러운 수준의 유동성을 보여준다. 이 용어들에 관한 상세한 논의는 다음을 보라. Moeser, *Anecdote*, 52, 57-66. 막 8:27-10:45에 대한 Moeser의 분석은 마가의 이야기 안에 다양한 양식이 혼합되어 있음을 보여준다. *Anecdote*, 188-242. Hock, "Introduction," 1:26은 교실 밖에서 이 용어들이 유동적으로 사용되고 있음을 지적한다.

92 위 103-106을 보라.

93 Momigliano, *Development*, 68-73. 고대 전기의 문학적 구성단위와 배열에 관한 논의는 다음을 보라. Burridge, *What Are the Gospels?*, 115-16, 135-38.

더 긴 전기에서 이 순서를 채택한 것은 결코 놀라운 일이 아니다. 네포스에게서 영감을 받은 플루타르코스도 그의 방대한 정치 전기에서 이 방식을 선호한다. 이러한 연대기적 초점은 특히 로마의 전기와 관련이 있는데, 여기서 엘리트 코스(*cursus honorum*, 명예로운 관직의 연속)는 한 사람의 공적인 삶에 자연스럽게 순차적인 구조를 부여했다. 따라서 타키투스는 그의 『아그리콜라』에 연대기적 접근 방식을 도입하여 장인의 삶의 여러 단계를 소개하고, 다양한 일화적 사례를 장인의 고결한 성품을 보여주는 예시로 제사함으로써 해롤드 매팅리의 의견에 따르면 "한 사람의 초상이라기보다는 한 사람의 경력에 대한 초상"이라고 할 수 있는 작품을 만들어냈다.[94] 그러나 로마인들 가운데 가장 고귀한 인물인 황제에 대한 기록에서도 연대기적 배열이 유일한 방법은 아니었다. 수에토니우스는 『카이사르의 생애』(*Lives of the Caesars*)에서 주제별 구성을 선호했고, 주인공의 최후의 순간과 죽음을 다루는 부분에서만 (대략 마가복음처럼) 더 연대기적 접근 방식을 채택했다. 수에토니우스의 기록은 의심할 여지 없이 그의 고고학적 관심에 기인한 것이 많아 순차적 접근보다는 주제별 "분류"를 선호했지만, 한 사람의 생애를 이렇게 정리하는 방식이 특별히 이상한 것이 아니었던 것은 분명하다.[95]

---

94   *Tacitus on Britain and Germany*, trans. H. Mattingley (Middlesex: Penguin, 1948), 13.

95   다음을 보라. Aune, "Genre," 32. 타키투스의 『아우구스투스의 생애』의 구조에 관해서는 다음을 보라. D. Wardle, *Suetonius: Life of Augustus* (Oxford: Oxford University Press, 2014), 14-18. Wardle은 수에토니우스가 "종류" 또는 범주에 따라 그의 작품을 구성하고 있으며, 이 분류 안에서는 자료가 일반적으로 연대순 또는 위계질서에 따라 배열되어 있다고 말한다 (비록 분명한 구조 없이 전개되는 짧은 부분도 있지만 말이다).

(주로 그리스 전통에 속하는) 철학자의 전기는 그 구성이 훨씬 더 유동적인 경향이 있으며, 사실상 뚜렷한 구조가 드러나지 않는 경우가 많다. 아마도 마가복음과 가장 가까운 유비는 기원후 2세기 후반에 기록된 루키아노스의 『데모낙스』일 것이다. 작품의 도입 부분은 서문(*Demonax* 1-2)에 이어 철학자의 가족, 교육, 유년기에 대한 개요(3)를 포함하고 있으며, 이는 자유 및 언론의 자유에 대한 사랑, 독립적이고 소박한 삶, 차분하고 관대한 성격, 아테네에서 존경받았던 모습에 대한 상세한 설명으로 이어진다(3-12). 그러나 책의 대부분은 서로 연관성이 없는 짧은 일화들(주로 *chreiai*)로 이루어져 있으며, 데모낙스의 날카롭고 재치 있는 말과 함께 도입 부분에서 강조된 미덕을 설명한다(13-62). 이 작품은 오직 결말에 가서야 연대기적 접근 방식을 채택하며 거의 100세에 가까운 나이에 자신을 스스로 돌볼 수 없던 철학자가 음식을 어떻게 절제하고 여생을 기쁘게 살았는지, 그의 반대에도 불구하고 어떻게 장엄한 장례식이 치러졌는지를 이야기한다(63-67). 분명히 데모낙스의 죽음에 대한 비교적 상세한 설명은 그의 성격을 설정하는 데 중요했다. 루키아노스는 일찍이 그것을 암시했으며(4), 철학자가 그의 최후를 맞이한 방식은 그의 성향을 완벽하게 보여준다(66과 19, 20, 35 비교). 또한 이 부분은 보다 순차적이고 연대기적인 방식으로 기술되어야만 했는데, 이는 한 인생의 마지막을 가장 자연스럽게 기술하는 방법이며, 일화만으로는 거의 불가능했을 것이다. 따라서 루키아노스는 데모낙스의 "수난 이야기"를 묘사할 때 이전의 잘 짜인 일화의 연속을 포기하고, 철학자에 대한 애정, 장례식 문제 등 이전의 일화보다 더 자세한 내용이 담긴 서사

(*diēgēsis*)를 채택한다. 이 결말 부분에서 일화가 완전히 생략된 것은 아니지만(루키아노스는 두 가지 일화를 포함함), 이야기의 구조는 이전과 극명하게 다르다. 루키아노스는 마지막에 "이것들은 내가 언급했을 수도 있는 많은 것 중 극히 일부에 불과하지만, 독자들에게 그가 어떤 사람이었는지를 알려주기에는 충분할 것"이라고 말했다(*Demonax* 67).[96]

마찬가지로 디오게네스 라에르티오스가 쓴『저명한 철학자들의 생애』(*Lives of Eminent Philosophers*)는 서로 구조가 어느 정도 유사하지만, 개별 생애의 사건을 어떤 연대기적 틀에 맞춰 나열하는 데는 큰 관심이 없다. 루키아노스와 마찬가지로 디오게네스는 엄격한 연대기적 틀을 세우는 것보다는 주인공의 성격과 삶의 방식을 확립하는 데 훨씬 더 관심이 많다. 디오게네스 라에르티오스의 프로젝트에 담긴 여러 가지 삶에 어느 정도의 "구조"를 부여하는 것은 철학 자체의 "삶의 이야기"를 보여주는 그들의 삶의 위치다.[97] 필론은 다소 다른 접근 방식을 채택하여『모세의 생애』(*Life of Moses*)를 두 가지 방식으로 구성한다. 첫 번째 책(모세를 왕으로 묘사한 책)은 연대순으로, 두 번째 책(율법 제정자, 제사장, 예언자로서의 자질을 다룬 책)은 주제별로 진행된다.

다시 마가복음으로 돌아와 일화적인 미시적 구조나 작품 전체의 광범

---

96 Harmon, LCL 14. 더 상세한 내용은 다음을 보라. N. Hopkinson, ed., *Lucian: A Selection* (Cambridge: Cambridge University Press, 2008); D. Clay, "Lucian of Samosata: Four Philosophical Lives" (Nigrinus, Demonax, Peregrinus, Alexander Pseudomantis), in *ANRW* II 36.5:3425-29.
97 위 52, 114-15을 보라.

위한 구조의 연대기적 구조와 주제별 구조의 혼합 등 마가의 자료 나열 방식에는 이상한 점이 없다. 마지막 몇 장에서 보다 순차적인 내러티브로 전환하는 것도 특별히 이례적인 것은 아니다. 사실 마가의 일화 모음은 주제별로 배치되는 경향이 있으며, 종종 다소 정교한 교차대구법적 구조를 보인다.[98]

그러나 2세기 초에 파피아스는 마가의 작품이 "순서대로 구성되어 있지 않다"(*ou taxei*)고 선언했고, 이 감독의 발언은 오늘날까지 마가의 문학성에 부정적으로 작용해왔다.[99] 학자들은 여기서 "순서"(*taxis*)가 수사학적으로 유쾌하고 가독성 있는 작품을 만들기 위해 자료를 신중하게 배열하는 것을 가리키는 수사학적 용어라는 데 일반적으로 동의한다.[100] 안타깝게도 수사학자들은 무엇이 좋은 문체를 구성하는지에 대해 거의 언급하지 않기 때문에 이것은 그저 현대 학자들의 추측에 맡겨져 있다.[101] 학자들은 마가복음의 단점을 다양하게 지적했다. 예를 들면 갑작스러운 시작과 끝, 예수의 친

---

98 막 2:1-3:8에 대한 분석은 다음을 보라. Lund, *Chiasmus*, 303-4.

99 이 논평은 현재 Eusebius, *Ecclesiastical History* 3.39.15에 보존되어 있다.

100 다음을 보라. F. H. Colson, "Τάξει in Papias (The Gospels and Rhetorical Schools)," *JTS* 14 (1912): 62-69; M. Black, "The Use of Rhetorical Terminology in Papias on Mark and Matthew," *JSNT* 37 (1989): 31-41.

101 루키아노스는 『어떻게 역사를 쓸 것인가』(*How to Write History*, 48)에서 "순서"(*taxis*)에 대해 간략한 글을 남긴다. 더 자세한 내용은 다음에서 찾아볼 수 있다. Dionysius, *On Thucydides* 10-12. 여기서는 이 단어가 "오이코노미아"(*oikonomia*)인데, 디오니시오스는 "디아이레시스"(*diairesis*, 구분), "탁시스"(*taxis*, 순서), "엑스에르가시아"(*exergasia*, 균형)에 대한 논의로 나눈다. Colson이 지적했듯이 파피아스는 "순서"(*taxis*)를 다소 일반적인 방식으로, 디오니시오스의 "오이코노미아"에 상응하는 것으로 사용한다. "Τάξει," 62-67.

자 관계에 대한 명백한 정보의 부재(다음 장에서 다룰 사항), 극도로 간결하게 묘사된 장면(예수의 시험 장면처럼)과 관련이 없어 보이는 내용(벌거벗고 도망치는 청년처럼)이 담긴 장면 간의 불균형 등이다. 에우세비오스의 작품에서 마가복음에 대한 파피아스의 언급은 마태복음에 대한 그의 언급과 나란히 놓여 있으며, 학자들은 파피아스가 마가복음을 후대의 복음서보다 불리하게 취급하고 있다고 일반적으로 주장한다. 마태복음은 더 대중적인 작품으로 빠르게 자리 잡았고, 마태는 마태복음을 깔끔하게 다섯 부분으로 구분한 것 외에도 방금 언급한 부분에서 마가복음을 눈에 띄게 개선했다.[102]

그러나 우리가 지금 가지고 있는 것은 **에우세비오스**가 파피아스의 진술을 순서대로 나열한 것일 뿐, (지금은 사라진) 원본에서 두 진술이 그토록 근접해 있었다고 가정할 이유가 없다는 점을 기억해야 한다. 사실 파피아스가 마가복음을 마태복음이 아닌 요한복음과 비교하고 있다는 점은 그의 설명에서 분명하게 드러난다. 마가복음에 순서가 없다는 것에 대해 그는 마가가 수사학적으로 적절한 훈련이 부족해서가 아니라 "그는 주님의 말씀을 듣지도 않았고, 주님을 따르지도 않았지만" 그가 일화들(chreiai)을 기억하는 대로 적었다고 설명한다. 문제의 요점은 연대기에 관한 것이다. 파피아스의 요점은 마가를 비판하려는 것이 아니라(그것과는 아주 거리가 멀다. 그는 전형적인 수사학적 토포스를 사용하여 마가가 얼마나 성실하고 주의 깊게 자신의

---

102   따라서 Colson, "Τάξει."

작업을 수행했는지를 강조한다[103]), 종종 마가복음과 순서가 다른 요한복음과의 어색한 비교(예루살렘 방문 횟수, 성전 사건의 장소, 십자가 처형 날짜 등)를 피하기 위한 것이었다.[104] 물론 요한복음 저자는 사도로 여겨졌으므로 마가복음과는 달리 정확한 순서를 보존했다고 가정해야 했다. 앞서 살펴본 바와 같이 마가복음에 연대기가 없다는 것은 고대 청중에게 어떤 식으로든 이상하게 느껴지지 않았을 것이며, 파피아스의 동기는 마가의 수사학적 능력에 대해 우려를 표명하려는 것이 아니라 명백히 모순되는 두 전승을 화해시키려는 변증적 열망 때문이었을 것이다.

마가복음의 구조에 대한 논의를 마치기 전에 우리는 두 가지 점을 더 고려할 필요가 있다. 첫째, 마가복음에 담긴 일련의 일화는 일반적으로 "에피소드적 내러티브"(episodic narrative)라고 불리는 결과물을 낳았다. 이러한 유형의 글쓰기는 고대 세계, 특히 전기에서 흔히 볼 수 있지만, 오늘날 우리에게 더 익숙한 연속적인 서술 스타일과는 여러 가지 면에서 달랐다. 휘트니 샤이너(Whitney Shiner)는 이러한 유형의 작품에서 공통적으로 나타나는 여러 가지 특징에 주목한다.[105] 이미 살펴본 바와 같이 2:1-3:6의 갈등

---

103 파피아스의 논평과 평행을 이루는 내용은 다음에서도 나타난다. Josephus, *Jewish Antiquities* 1.17; Plutarch, *Life of Lycurgus* 6.4; 13.2; 25.4.

104 다음을 보라. A. Wright, "Τάξει in Papias," *JTS* 14 (1913): 298-300; M. Hengel, *Studies in the Gospel of Mark* (London: SCM, 1985), 48; R. Bauckham, *Jesus and the Eyewitnesses: The Gospels as Eyewitness Testimony*, 2nd ed. (Grand Rapids: Eerdmans, 2017), 217-21.

105 W. Shiner, "Creating Plot in Episodic Narratives," in *Ancient Fiction and Early Christian Narratives*, ed. R. F. Hock, J. B. Chance, and J. Perkins (Atlanta: Scholars, 1998), 155-76. 또한 *Poetics* 9.11-13에서 일화적 내러티브에 관한 아리스토텔레스의 견해에 대해 논하는 C. Breytenbach의 글을 보라. "Das Markusevangelium als Episodische Erzählung," in

이야기처럼 비슷한 일화들은 서로 한곳에 모여 독립된 섹션을 형성하는데, 이러한 일련의 짧은 이야기들은 다양한 주제를 놓고 예수와 종교 당국 간에 지속적인 갈등이 있었다는 인상을 준다. 또한 빠른 전개는 내레이터가 예수의 생애를 특징짓는 전형적인 것들을 선별하여 제시하고 있다는 인상을 주며, 이러한 인상은 마가의 빈번한 요약 진술(예: 1:32-34, 39, 4:33-34)을 통해 더욱 강화된다. 일화의 길이의 변화는 다양성을 창출하고 청자의 관심을 끄는 동시에 특정 주제를 강조한다. 예를 들어 초반의 짧은 일화들은 예수를 치유자로 빠르게 자리매김하는 반면, 4:35-8:10의 기적에 대한 자세한 이야기는 이야기의 속도를 늦추고 예수가 기적을 행할 수 있는 인물이라는 인상을 강화한다. 세례자 요한의 죽음에 대한 긴 기사는 주변 이야기에 비해 돋보이며, 나중에 예수의 수난 이야기에서 부각될 주제들을 제시한다. 보다 연속적인 내러티브와 달리 마가복음에서는 인과관계가 특별히 강하게 드러나지 않는다. 분명한 것은 사건들이 성경이나 예수 자신이 여러 차례 예언한 하나님의 계획의 성취를 향해 나아간다는 점이다(예를 들어 8:31; 9:31; 10:33-34의 세 번의 수난 예고나 14:18, 27-28, 30의 선언). 샤이너가 지적했듯이 이는 에피소드 내러티브의 잠재적 무작위성을 극복하고 작품에 "앞으로 전개될 운명"의 분위기를 부여한다.[106]

Der Erzähler des Evangeliums: Methodische Neuansätze in der Markusforschung, ed. F. Hahn (Stuttgart: Verlag Katholisches Bibelwerk, 1985), 138-69.

106 Shiner, "Creating Plot," 168. 따라서 또한 다음을 보라. S. S. Elliott, "'Witless in Your Own Cause': Divine Plots and Fractured Characters in the Life of Aesop and the Gospel of Mark," *Religion and Theology* 12 (2005): esp. 408-9.

둘째, 듣는 공동체 내에서 마가의 에피소드 이야기가 지닌 실질적인 가치를 되새길 필요가 있다. 사이먼 골드힐(Simon Goldhill)은 여러 일화적 "전기"를 바탕으로 짧고 기억에 남는 이야기가 원작에서 발췌되어 다양한 맥락에서 쉽게 예화로 활용될 수 있다는 점에 주목한다. 일화는 그 자체로 완전하며, 요점을 전달하기 위해 원래의 맥락이 필요하지 않다. 또한 그 간결함 덕분에 지식과 가치를 특별한 방식으로 포장하여 정리할 수 있으며, 골드힐의 표현을 빌리자면 일화는 "세상을 바라보는 견해를 매우 효율적으로 유통시킨다."[107] 그리스-로마 교육에서 학생들에게 특정 가치와 태도를 심어주기 위해 일화를 암기하도록 했던 것처럼 마가는 어쩌면 자신의 작품이 기독교적으로 이와 거의 유사한 수준의 기능을 수행해주길 기대했을지도 모른다. 아마도 그는 사람들이 전기 전체를 읽고 이에 반응할 뿐만 아니라 모인 회중이 개별 일화들을 기억하고 숙고할 수 있기를 바랐을 것이다. 마가의 전기에 반복적으로 노출되면 글을 모르는 사람들도 좋아하는 이야기를 암기할 수 있고, 그 내용을 전부 또는 부분적으로 일상생활에 적용할 수 있을 것이다. 마가복음은 그리스도이자 하나님의 아들인 예수의 정체성을 강조하는 일화, 예수의 기민한 재치와 적을 제압하는 기술을 보여주는 일화, 금식, 안식일 준수, 납세, 소외당한 자들과의 관계, 관

---

107 S. Goldhill, "The Anecdote: Exploring the Boundaries between Oral and Literate Performance in the Second Sophistic," in Johnson and Parker, *Ancient Literacies*, 101. Goldhill은 루키아노스의 『데모낙스』, 필로스트라토스의 『소피스트들의 생애』, 크세노폰의 『소크라테스의 회상』—이 작품들은 모두 이야기의 에피소드적 성격의 관점에서 서로 유사점을 갖고 있음— 을 다룬다.

대한 기부의 필요성 등 당대의 다양한 상황에 유용하게 적용할 수 있는 일화들을 제공한다. 따라서 개별 일화는 위대하고 고귀한 로마인의 삶이 아니라 기독교 창시자의 삶에서 가져온 예를 제공하는 기독교 "파이데이아"(*paideia*, 교육)로 기능할 것이다. 흥미롭게도 이 사실은 구전을 통한 "페리코페"(*pericope*, 단락)의 유통이 마가복음이 기록되기 이전의 구전 시대의 특징이기보다는 마가가 문학적으로 전승을 알맞은 크기의 일화로 만든 결과일 가능성을 제기한다. 그렇다면 양식비평가들의 추론과는 정반대로, 이기억에 남을 만한 일화들은 주로 익명의 그리스도를 따르는 공동체에서 구두로 전해졌기 때문이 아니라 마가가 **기록한** 텍스트 때문에 유통되기 시작했다고 볼 수 있다. 그렇다면 우리는 마가가 자신의 이야기를 구성할 때 어떤 자료와 전승을 가지고 있었는지에 대해 생각해 볼 필요가 있다.

마가 이전의 전승

이 책에서 나의 관심사는 마가 이전의 자료와 전승을 분리하려는 시도(나는 이것은 거의 불가능하다고 생각한다)보다는 마가의 전기를 하나의 완성된 결과물로 읽는 데 있다. 그러나 명확성을 위해서는 마가가 구전 및 문서 형태로 무엇을 물려받았는지에 대한 질문을 고려하는 것이 유용할 것이다. 먼저 우리는 많은 신약학자들이 생각하는 것처럼 마가복음이 실제로 "구전 전승"을 담고 있는지 확인하기 위해 마가복음의 페리코페에 대한 조사를 계속할 필요가 있다.

마가의 페리코페에서 눈에 띄는 특징은 정황적 세부사항이 없다는 것이다. 일반적으로 연대기적 표시가 생략되어 있을 뿐만 아니라 사건이 일어난 장소나 심지어 누가 그곳에 있었는지도 알려주지 않는 경우가 많다.[108] 양식비평가들은 이것을 구전으로 전해져 내려오는 가운데 구체성을 상실한 이야기의 구전적 특성을 보여주는 증거로 보았다.[109] 그러나 다른 전기와 비교하면 우리는 이러한 현상을 쉽게 설명할 수 있다.[110] 첫째, 이미 살펴본 바와 같이 일화 양식은 상황적 세부사항에 관해서는 최소주의적인 접근 방식을 취하는 경향이 있다. 여기서는 루키아노스의 『데모낙스』를 한눈에 살펴보는 것도 도움이 된다. 철학자의 신랄한 반박이 직접 인용되기는 하지만, 그 배경이 모호한 경우가 많다. "다른 때", "어느 날 산책 중", "누군가 물었을 때" 등 모호한 배경이 많다.[111] 정확한 상황과 함께 질문자의 이름이 거론되더라도 언제, 어디서, 누가 그 자리에 있었는지 알 수 없다. 루키아노스는 데모낙스를 잘 알고 있었고, 오랫동안 그의 밑에서 공부했으며(Demonax 1), 한 번은 그가 그 자리에 있었다고 구체적으로 언급하지만, 이 짧은 장면에는 다른 어떤 장면보다 더 자세한 내용이 포함되어 있지

---

108   다음을 보라. L. Alexander, "What Is a Gospel?," in *The Cambridge Companion to the Gospels*, ed. S. Barton (Cambridge: Cambridge University Press, 2006), 17-21.

109   이에 관한 명확한 설명은 다음을 보라. D. E. Nineham, "Eye-Witness Testimony and the Gospel Tradition I," *JTS* 9 (1958): 13-25; "Eye-Witness Testimony and the Gospel Tradition III," *JTS* 11 (1960): 253-64.

110   이미 지적한 바와 같이 다음을 보라. T. F. Glasson, "The Place of the Anecdote: A Note on Form Criticism," *JTS* 32 (1981): 142-50.

111   예컨대 다음을 보라. *Demonax* 17, 23, 26, 62.

않다(59).[112] 따라서 상황적 세부사항을 포함시키지 않기로 한 결정은 일화 양식의 특정한 문학적 요구에 따른 구체적인 선택이지, 그러한 세부사항이 구전 과정에서 손실되었음을 암시하는 것은 아니다.

둘째, 전기 내에서 일화의 맥락을 구체적으로 파악하는 것도 중요하다. 앞 장에서 살펴본 것처럼 전기는 본받아야 할 모델로 주인공을 제시하고, 다소 정형화되고 대표적인 장면을 통해 그 인물의 성격을 표현하는 경향이 있다. 우리의 관심을 끄는 것은 구체적인 상황보다는 주인공이 어떤 말과 행동을 했느냐는 것이다. 따라서 시간적, 지리적 또는 공간적 지표, 참여자의 내적 감정, 기타 외부적인 세부사항 등 목격담에서 자연스럽게 연상되는 세부사항의 범위는 모두 최소한으로 축소되고, 오직 주인공의 성격에 대해 알려주는 내용만이 관심의 대상이 된다. 예를 들어 이소크라테스는 그의 찬사적 전기를 광범위하게 연대순으로 배열했지만, 개별 일화 안에서는 시간적 표지를 제공하거나 사건이 서로 어떻게 연결되는지를 거의 알려주지 않는다. 특정 시기 또는 날짜가 등장할 경우에는 문학적 목적이 있는 경우가 많다. 예를 들어 2.313에서 "겨울"에 대한 언급은 사건이 일어난 시기보다는 노쇠한 왕이 "국가에 대한 의무를 다하기 위해 날씨와 맞서 싸웠다"는 것을 보여주기 위한 것이었다. 또한 정황적 세부사항이 너무 많으면 전기의 주인공의 위대하고 화려한 지위(또는 그 외의 것)가 손상될 수

---

112 이와 마찬가지로 크세노폰도 자신이 그 자리에 있었던 사건을 서술하지만, 그 계기, 시기 또는 장소에 대해 언급하지 않는다(*Memorabilia* 3.3).

있다. 전기 독자는 평범하고 일반적인 내용에 얽매이지 않고 위대한 인물의 실상을 확인하고 싶어 한다.[113]

물론 마가복음에서 예수의 사역과 관련된 다른 역사적 특징은 말할 것도 없고 연대적[114] 또는 지리적[115] 세부사항을 찾으려는 시도 역시 만족스러운 해답을 얻지 못할 것이다. 그렇다면 마가복음 이전 전승을 복구하려는 탐구는 어떻게 해야 할까? 우리는 여기서 좀 더 안전한 지대에 와 있을까?

구전 전승에 대한 연구는 지난 수십 년 동안 급성장했으며, 학자들은 구전 전승이 정해진 형식과 내용을 빠르게 형성했다고 상상하는 사람들이 한쪽 끝을 차지하고, 예수 전승의 유동성을 주장하는 사람들이 다른 한쪽 끝을 차지하는 스펙트럼을 따라 자신의 위치를 정한다.[116] 나는 마가가 많

---

113 이와 비슷한 개념에 관해서는 다음을 보라. S. Halliwell (이소크라테스의 『에바고라스』에 관하여), "Traditional Greek Conceptions of Character," in Pelling, *Characterization and Individualism in Greek Literature*, 56-57.

114 학자들은 일반적으로 마가복음을 통해 예수의 사역이 1년 이상 지속되지 않았을 것이라고 추정한다(예컨대 다음을 보라. E. P. Sanders, *The Historical Figure of Jesus* [London: Penguin, 1993], 13; 또한 Hägg, *Art of Biography*, 162-63). 전술한 논의의 관점에서 보면 이러한 해석은 본문에 근거하여 추론될 수 없다.

115 팔레스타인 지리에 대한 마가의 지식은 논란의 여지가 있다. 일부 학자들은 그가 이 지역의 지리에 대해 잘 알고 있었다고 주장한다. 예를 들어 Roskam은 유대와 데가볼리에 대한 저자의 지식은 미미하지만, 그는 갈릴리 지리에 관해서는 "잘 알고 있다"고 주장한다. *Purpose*, 97-100, 104-13. 다른 학자들은 그의 지식이 절망스러우리만큼 혼란스럽다고 주장한다. 예를 들어 H. C. Kee는 마가가 5:1-20에서 거라사가 해변에 있다고 생각하지만, 실제로는 내륙 깊숙이 위치해 있었으며, 예수가 7:31과 11:1에서 이상한 길을 선택한다고 말한다. *Community of the New Age: Studies in Mark's Gospel* (Philadelphia: Westminster, 1977), 101-5. 그러나 일단 우리가 이야기의 에피소드적 성격을 인식하게 되면 Kee가 지적한 난제는 덜 심각해진다.

116 유용한 개관은 다음을 보라. Rodriguez, *Oral Tradition*; E. Eve, *Behind the Gospels: Understanding the Oral Tradition* (London: SPCK, 2013).

은 구전 전승의 계승자이며, 이 자료가 제자들의 집단적 기억과 새로운 정체성에 중요한 역할을 했다는 사실을 한 순간도 의심하지 않는다. 훌륭한 전기 작가로서 마가는 목격자(아직 살아 있었다면)를 찾거나 최소한 유용한 정보를 가지고 있을 만한 사람들을 수소문했을 것이다.[117] 전통에 따르면 마가가 한때 베드로와 친분이 있었을 가능성이 전혀 없지 않으며, 그 친분은 분명 마가에게 풍부한 자료를 제공했을 것이다.[118] 그는 또한 편지, 증언 모음집 및 회고록과 같은 서면 자료를 소유하고 있었을 수도 있다.[119] 고대

---

[117] 이 역사가와 그의 연구에 관해서는 다음을 보라. S. Bryskog, *Story as History—History as Story: The Gospel Tradition in the Context of Ancient Oral History* (Tübingen: Mohr Siebeck, 2000). 구체적으로 목격자에 관해서는 다음을 보라. Bauckham, *Jesus and the Eyewitnesses*. 그러나 나는 이러한 목격자 증언이 마가로 하여금 "역사적 예수"와 접촉하게 했다고 확신하지 않는다. 다음 연구를 보라. J. Redman, "How Accurate Are Eyewitnesses? Bauckham and the Eyewitnesses in the Light of Psychological Research," *JBL* 129 (2010): 177-97, 그리고 (좀 더 긍정적으로) R. K. McIver, *Memory, Jesus, and the Synoptic Gospels* (Atlanta: SBL Press, 2011). 이에 비해 요세푸스는 그의 경쟁자인 티베리우스의 유스투스가 그의 전쟁 이야기를 출간하기까지 20년(물론 그때는 이미 목격자들이 다 죽었다)을 기다렸다고 불평한다(*Life* 359-60). 이와는 대조적으로 그는 참가자들이 자신의 작품의 진실성을 지지할 수 있도록 빠르게 글을 썼다(*Life* 361-66). 마가는 요세푸스가 목격자가 사라졌다고 추정하는 것보다 두 배의 시간이 지난 후에 자신의 이야기를 썼다.

[118] 따라서 Eusebius, *Ecclesiastical History* 3.39.3-4에 나오는 파피아스. 베드로와의 연관성(실제로든 아니든)은 마가의 작품이 마태에 의해 더 인기 있는 책으로 흡수되었을 때에도 그의 작품이 왜 살아 남았는지를 설명해주고, 또 왜 마태와 누가가 앞선 작품을 그토록 독창적이지 않고 이례적인 방식으로 사용했는지를 설명해준다. 그러나 우리는 베드로와의 연관성에서 너무 많은 것을 추론하는 것을 경계해야 한다. 마가가 글을 쓸 당시 베드로는 거의 10년 전에 이미 죽은 것으로 보이며, 이 문학 저작은 마가 본인의 것임이 분명하다. 더 자세한 논의는 나의 다음 소논문을 보라. "Was Peter behind Mark's Gospel?," in *Peter in Earliest Christianity*, ed. H. K. Bond and L. W. Hurtado (Grand Rapids: Eerdmans, 2015), 46-61.

[119] 따라서 Gamble, *Books and Readers*, 26. 물론 증거 본문 모음집은 쿰란, 특히 4QTestim에서 발견되었다.

세계에서는 일화 모음집이 일반적이었다(실제로 Q 자료도 초기 기독교 격언 및 일화 모음집이었을 수 있지만, 마가는 그것을 알지 못했던 것 같다).[120] 분명히 루키아노스(*Demonax* 67)와 요한복음 저자(요 21:25)처럼 마가복음 저자도 풍부한 자료를 가지고 있었고 그중에서 자신의 목적에 맞는 것만 선택했을 것이다. 그러나 결정적으로 우리는 일화의 선택, 형성 및 개작뿐만 아니라 나름 자료에 영향을 미친 더 넓은 문학적 내러티브 안에 일화를 배치하는 마가복음의 문학적 성격을 고려할 필요가 있다.[121] 완성된 전기에서 마가 이전

---

[120] 예컨대 다음을 보라. Plutarch, *On Controlling Anger* 457D-E; *How a Man May Become Aware of His Progress in Virtue* 78F; Seneca, *Moral Epistles* 33.7-8. 디오게네스 라에르티오스도 그의 『저명한 철학자들의 생애』를 쓸 때 일화 모음집을 광범위하게 사용했다. 다음을 보라. Hock, "Introduction," 1:8-9. 학자들은 다양한 가상 자료를 분리하는 데 많은 시간과 에너지를 소비했다. 여기에는 "열두 제자" 자료, 일련의 갈등 이야기(1:40-3:6), 비유의 책(4:1-34), 기적 모음집(7:32-7; 8:22-26; 10:46-52), 아마도 기원후 40년대인 칼리굴라 위기 시기의 짧은 묵시(13장), 마가 이전의 수난 이야기(아래를 보라)가 포함된다. 마가의 자료에 대한 가장 상세한 연구는 W. L. Knox의 연구다. 그는 마가의 세례자 요한의 죽음에 관한 이야기, 7:1-23의 고르반 이야기, 12:37b-40의 바리새인들의 고발 및 다른 본문의 배후에 더 초기의 자료가 있다고 제안한다. 다음을 보라. *The Sources of the Synoptic Gospels*, vol. 1, *St Mark* (Cambridge: Cambridge University Press, 1953), 특히 150-51의 목록. 또한 다음을 보라. E. Meyer, *Ursprung und Anfaenge des Christentums*, 3 vols. (Stuttgart: Magnus, 1921-23), 1:133-47("열두 제자" 자료); B. W. Bacon, "The Prologue of Mark: A Study of Sources and Structure," *JBL* 26 (1907): 84-106; D. W. Riddle, "Mark 4.1-34: The Evolution of a Gospel Source," *JBL* 56 (1937): 77-90; P. B. Lewis, "Indications of a Liturgical Source in the Gospel of Mark," *Encounter* 39 (1978): 385-94 (who finds a "boat source"). 일부 학자들은 복음서 배후에서 아람어 자료(개관을 위해서는 다음을 보라. J. H. Charlesworth, "Can One Recover Aramaic Sources behind Mark's Gospel?," *Review of Rabbinic Judaism* 5 [2002]: 249-58), 또는 심지어 마가의 도마복음 사용(S. Davies, "Mark's Use of the *Gospel of Thomas*, Part One," *Neot* 30 [1996]: 307-34; S. Davies and K. Johnson, "Mark's Use of the *Gospel of Thomas*, Part Two," *Neot* 31 [1997]: 233-61)을 발견했다.

[121] 우리가 "구전의 단계"를 재구성할 수 없다는 것과 유사한 견해는 다음을 보라. Henaut, *Oral Tradition*, and rather more cautiously, D. Aune, "Greco-Roman Biography," in Aune, *Greco-*

의 자료를 구분하는 것은 흔히 우리가 생각하는 것보다 훨씬 더 어렵다고 나는 생각한다.

한 가지 더 고려해야 할 점은 마가가 독자들이 현실에 안주하지 않도록 도전하거나 다소 새로운 방식으로 이야기를 표현하도록 독려하고 싶었을 가능성이 있다는 점이다. 우리는 여기서 주의할 필요가 있다. 마가와 그가 의도한 청중은 대체로 유사한 기독교 서사를 공유했을 것이며, 그의 전기는 청중을 완전히 소외시키지 않고는 결코 벗어날 수 없는 제약과 한계가 있었을 것이다.[122] 그러나 특정 범위 내에서 저자는 특정 지점에서 독자들의 생각에 의도적으로 이의를 제기하거나 적어도 다른 전승을 경시하면서 특정 전승을 강조했을 수 있다. 예를 들어 마가복음 16:1-8에 나오는 빈 무덤에 대한 이야기가 마가의 회중 사이에서 일반적으로 이렇게 갑작스럽고 이해할 수 없는 방식으로 회자했다는 것은 상상하기 어렵다. 마찬가지로 종종 열두 제자에게만 전달되는 사적 가르침의 모티프는 이전에는 청중에게 알려지지 않은 이야기와 해석을 암시할 수 있다(4:10-20, 33-4; 7:17-23; 8:14-21; 9:28-50; 10:10-12; 13:1-37). 그러나 마가가 물려받은 것과

Roman Literature and the New Testament, 123-24. 설령 마가가 다수의 자료를 수중에 갖고 있지 않았다 하더라도 그가 한 번에 하나 이상의 자료를 참고했을 개연성은 낮다. 저작 방법에 관한 논의는 다음을 보라. F. G. Downing, *Doing Things with Words in the First Christian Century* (Sheffield: Sheffield Academic, 2000), 152-73.

122 초기 기독교 정체성에 관해서는 다음 책에 담긴 에세이들을 보라. A. Kirk and T. Thatcher, eds., *Memory, Tradition, and Text: Uses of the Past in Early Christianity* (Atlanta: SBL Press, 2005). 요한복음 저자도 독자들에게 이러한 도전을 주려고 했을 수 있다는 제안은 다음을 보라. T. Thatcher, "Why John Wrote a Gospel: Memory and History in an Early Christian Community," in Kirk and Thatcher, *Memory, Tradition, and Text*, 79-97.

그가 직접 작성한 것을 어떻게 구별할 수 있을까? 저자를 단순히 기존 전승의 전달자가 아니라 창의적인 전기 작가로 볼수록 마가 이전의 자료를 식별하는 작업은 더욱더 막막해진다.

이 모든 것은 예수의 죽음에 대한 마가의 기록에도 똑같이 적용된다. 복음서 연구에서는 일반적으로 자료비평이 인기가 없지만, "마가 이전의 수난 내러티브"는 놀라울 정도로 탄력성이 강한 것으로 나타났다.[123] 일부 학자들은 심지어 이 이야기에 성경의 특정 본문에서 발견되는 "고난받는 의인"의 변형이라는 장르를 부여할 만큼 자신감을 보이기도 한다.[124] 이 "자료"는 더 큰 문학적 응집력, 더 구체적인 설정, 연대기적 구조를 바탕으

---

[123] 예컨대 다음을 보라. L. Shenke, *Studien zur Passionsgeschichte des Markus: Tradition und Redaktion in Markus 14,1-42* (Wuerzburg: Echtr Verlag Katholishes Bibelwerk, 1971); D. Dormeyer, *Die Passion Jesu als Verhaltensmodell: Literarishe und theologische Analyse der Traditions und Redaktionsgeschichte der Markuspassion* (Muenster: Aschendorff, 1974); J. B. Green, *The Death of Jesus: Tradition and Interpretation in the Passion Narrative* (Tübingen: J. C. B. Mohr [Paul Siebeck], 1988); R. Pesch, *Das Markusevangelium. II. Teil. Kommentar zu Kap. 8,27-16,20* (Freiburg: Herder, 1977), 1-27; G. Theissen, *The Gospels in Context: Social and Political History in the Synoptic Tradition* (Edinburgh: T&T Clark, 1992), 166-99; A. Y. Collins, *The Beginnings of the Gospel: Probings of Mark in Context* (Minneapolis: Fortress, 1992), and "Genre of the Passion Narrative," *Studia Theologica—Nordic Journal of Theology* 47 (1993): 3-28. 최근에는 다음 주석서를 보라. Collins, *Mark*, 620-39; Marcus, *Mark 8-16*, 2:925; R. H. Stein, *Mark* (Grand Rapids: Baker Academic, 2008), 627-28; C. Focant, *The Gospel according to Mark: A Commentary*, trans. L. R. Keylock (Eugene, OR: Pickwick, 2012), 557-58. 이 모든 주석서들은 여전히 이 지점에서 모종의 배후 자료를 전제한다.

[124] 문제의 본문은 창세기(요셉의 이야기), 시편, 이사야, 지혜서 2, 4, 5장, 에스더, 다니엘 6장 등이다. 다음을 보라. G. W. E. Nicklesburg, "The Genre and Function of the Markan Passion Narrative," *HTR* (1980): 153-84; R. Watts, "The Psalms in Mark's Gospel," in *The Psalms in the New Testament*, ed. S. Moyise and M. J. J. Menken (London: T&T Clark, 2004), 25-45. 마가가 예수를 "의인"(*dikaios*)으로 언급한 적이 없음을 지적하면서 Collins는 마가의 자료가 최후(*exitus*) 문학과 더 유사점이 많았다고 주장한다. "Genre of the Passion Narrative."

로 양식비평가들에 의해 처음 확인되었다.[125] 그러나 우리는 설령 작품의 다른 부분이 주제별로 배열되는 경향이 있더라도 한 사람의 죽음에 대한 연대기적 기록은 고대 전기에서 일반적이었음을 이미 살펴보았다. 사실 여기서 이야기의 구성이 바뀐 데에는 그럴 만한 타당한 이유가 있을 수 있는데, 그것은 자료의 사용 때문이 아니라 소재의 형태에서 비롯되었을 것이다. 특히 그 사람이 일화의 주인공일 경우에는 일화와 격언만으로 그 사람의 죽음을 묘사하기는 쉽지 않다. 저자는 방향을 바꾸고, 더 일관된 내러티브를 제공하고(여전히 많은 일화가 포함되어 있더라도), 이야기에 더 강한 인과관계를 도입할 필요성을 느끼게 된다. 우리가 이미 살펴보았듯이 루키아노스의 『데모낙스』와 수에토니우스의 『카이사르의 생애』는 이러한 접근 방식의 전형적인 예다. 반대되는 예로, Q에 수난 내러티브가 없는 것은 단순히 그 문서의 양식의 결과일 것이다. 누가 이 문서를 작성했든지 간에 일화와 명언으로 이루어진 구조를 심각하게 훼손하지 않고서는 예수의 죽음에

---

125 다음을 보라. Dibelius, *From Tradition*, 43, 178-217; Bultmann, *History of the Synoptic Tradition*, 262-84. 양식비평가들은 실제로 이 자료의 재구성에 있어 상당히 다른 견해를 견지했다. Dibelius에 의하면 마가는 예수가 죽은 직후로 거슬러 올라가는 극히 원시적인 기사에 단지 몇 가지 쉽게 확인 가능한 수정을 가했을 뿐이다. 그러나 Bultmann은 이야기가 전해져 내려오면서 간략한 케리그마적인 진술(막 10:33-34 또는 고전 15:3b-5과 유사한)이 점차 확대되는 훨씬 더 복잡한 발전 과정을 포착했다. 이 두 학자는 이 초기 수난 기사가 어느 정도 유대 성경을 반영하는지에 대해서도 의견이 달랐다. Dibelius는 성경에 유사한 본문이 있는 이야기들(특히 시 22, 31, 69장; 사 53장)이 수치스러운 사건들이 하나님의 뜻에 따라 일어났음을 보여주기 위해 조합된 본래 이야기의 근간을 형성했다고 보았다. 그러나 Bultmann은 본래의 이야기가 대체로 역사적이었으며, 거기에 예언을 통해 입증되는 이야기들이 삽입되었다고 보았다.

대한 기사를 추가할 수 없었을 것이다. 마가복음으로 돌아와서 우리는 마가의 마지막 여러 장 전반에 나타나는 언어와 문체가 복음서의 앞부분과 완전히 일치한다는 사실에 조금도 놀랄 필요가 없다. 이것은 이미 1920년대에 C. H. 터너가 마가복음의 그리스어 구문과 어휘에 대한 일련의 상세한 분석에서 지적한 바 있다.[126] 최근에 편집비평가들과 서사비평가들은 이전 세대의 학자들이 "서투른 편집"으로 간주했던 것에 대해 보다 정교한 문학적·신학적 설명을 제시했다.[127] 그리고 다른 학자들은 복음서 여러 곳에서 반복되는 패턴, 즉 저자의 편집을 강력하게 암시하는 패턴이 존재한다는 점에 주목했다.[128] 학자들이 "마가 이전의 수난 자료"의 정확한 길이나 내용에 대해 합의를 이루지 못했다는 사실은 오래 전에 이미 그 허구성

---

126 본래의 소논문들은 *JTS*의 여러 호에 게재되었지만, 이제는 편의를 위해 다음 책에 함께 수록되었다. Turner and Elliott, *Language and Style*. Turner의 견해는 비록 다른 자료들이 베드로의 증언에 섞여 있지만, 마가의 자료는 대체로 베드로에게서 비롯되었다는 것이다. 마가의 다소 특이한 어순에 대해서는 126-30과 J. K. Elliott의 각주(144-45)를 보라.

127 예를 들어 학자들은 일반적으로 마가가 14:10에서 유다를 "열두 제자 중 하나"로 지목한 것은 그가 이제 이 제자를 소개하는 자료를 사용하고 있다는 것을 암시하기보다는 가까운 친구에 의한 배신을 강조하려는 것일 수 있다고 주장했다. 이와 비슷한 맥락에서 F. Neirynck는 마가복음에 널리 퍼져 있는 "이중 표현"은 자료의 결합보다는 단순히 저자의 특징적인 문체라고 주장했다. *Duality in Mark: Contributions to the Study of the Markan Redaction* (Leuven: Leuven University Press, 1988).

128 따라서 Beavis, *Mark's Audience*, 114-26. 그녀는 7:31-7; 8:22-26, 27-33; 14:53, 55-65; 15:1-5의 예를 제시하지만, 다른 것도 더 여기에 추가될 수 있다. 또한 6:30-7:37//8:1-26의 병행 이야기에 관한 논의는 다음을 보라 R. M. Fowler, *Loaves and Fishes: The Function of the Feeding Stories in the Gospel of Mark* (Chico, CA: Scholars, 1981), 7-31. Fowler는 여기서 이 병행 이야기는 "저자가 직접 의도한 것이지, 변형된 전승들이 우연히 보존된 것이 아니다"(31)라고 결론짓는다. 따라서 또한 F. J. Matera, *The Kingship of Jesus: Composition and Theology in Mark 15* (Chico, CA: Scholars, 1982), 16.

을 우리에게 경고했어야 했다.[129]

다시 한번 말하지만, 이것은 마가가 예수의 죽음에 대한 기사를 몰랐다는 것을 의미하지는 않는다. 오히려 나는 저자가 예수의 죽음과 관련하여 순교자, 희생양, 고난받는 의인, 이사야의 주의 종 등 다양한 해석에 대해 잘 알고 있었을 것으로 추정한다.[130] 이 모든 것은 예수의 수치스러운 죽음을 받아들이고, 이스라엘의 역사에 비추어 이해하며, 그리스도를 따르는 독특한 이야기를 구성하기 위한 시도였다. 마가의 그리스도인 모임 안에서 성찬식 거행은 이러한 이해 중 하나 또는 그 이상이 계속 표현되도록 했을 것이다. 이러한 해석 중 일부는 이야기의 기본적인 틀을 가지고 유포되기 시작했을 수도 있다. 유대 순교자들의 이야기와 로마의 "최후" 문학은 이러한 짧은 이야기의 모델이 될 수 있었을 것이다. 그러나 일반적으로 사려 깊은 전기 작가인 마가는 예수의 죽음에 관한 유동적이고 광범위한 전승을

---

129 M. L. Soards의 분석을 보라. "Appendix IX: The Question of a Pre-Markan Passion Narrative," in *The Death of the Messiah: From Gethsemane to the Grave; A Commentary on the Passion Narratives in the Four Gospels*, ed. R. E. Brown (New York: Doubleday, 1994), 1492-1524. 또한 W. Telford의 결론을 보라. *Writing on the Gospel of Mark* (Dorchester: Deo, 2009), 710. 다수의 연구가 "마가 이전의 수난 이야기"를 문제 삼았지만, 그들의 연구는 대체로 무시되었다. 예를 들어 다음을 보라. W. H. Kelber, ed., *The Passion in Mark: Studies on Mark 14-16* (Philadelphia: Fortress, 1976), 특히 J. R. Donahue의 서론(1-20)과 Kelber의 결론(153-80). 또한 다음을 보라. Matera, *Kingship of Jesus*, 그리고 더 최근에는 W. Arnal, "Major Episodes in the Biography of Jesus: An Assessment of the Historicity of the Narrative Tradition," *Toronto Journal of Theology* 13 (1997): esp. 209-15.

130 예수의 죽음에 대한 초기 해석에 관한 유용한 개관은 다음을 보라. A. J. Dewey, "The Locus for Death: Social Memory and the Passion Narratives," in Kirk and Thatcher, *Memory, Tradition, and Text*, 79-97.

문학 작품으로 만들기 위해 자료를 창의적으로 편집하고 배열하면서 복음서의 마지막 부분에서도 적극적으로 관여했을 것이라고 나는 생각한다. 우리는 6장에서 예수의 죽음에 대한 마가의 기록을 더 자세히 살펴보면서 예수가 그의 삶과 완전히 일치하는 방식으로 죽었다는 점을 보여주기 위해 그의 죽음과 가르침을 일치시키려는 저자의 관심에 주목할 것이다.

명확한 답을 얻지 못할 수도 있지만 마지막으로 한 가지 더 고려해야 할 사항이 있다. 마가는 예수의 전기를 최초로 썼을까? 마가복음은 현존하는 최초의 예수 전기임이 분명하지만, 다른 사람들이 이미 그러한 작업을 시도했을 가능성도 배제할 수는 없다. 50년대에 글을 쓴 사도 바울은 예수의 삶의 사건에 대해 거의 관심을 보이지 않는다. 그의 관심은 지상의 예수가 아니라 부활하신 주님이다. 그가 "주님"에 대한 말씀이나 전승을 인용할 때는 항상 전기와 연관성이 전혀 없다(고전 11: 23-26에 나오는 주의 만찬에 대한 기록은 그런 의미에서 "그가 잡히시던 밤"과 잠깐 연결되어 있는 예외적인 경우다). 바울의 기독교 이야기는 예수에 대한 구체인 이야기와는 상당히 독립적으로 존재했다. 사도 바울은 분명히 풍부한 전승을 가지고 있었고 필요에 따라 이를 사용할 수 있었지만, 하나로 연결된 권위 있는 "예수의 생애"에 대해 알고 있거나 필요하다는 암시를 주지 않는다. 이처럼 이른 시기에 또 한 가지 놀라운 점은 예수 전승의 유동성이다. 바울의 편지는 새로운 신앙을 가진 신자들이 진정한 전승과 그렇지 않은 전승을 거의 구분하지 않았다는 인상을 준다. 어떤 말씀은 의심할 여지 없이 지상의 예수에게서 유래한 것이지만, 어떤 말씀은 그리스-로마의 주제, 유대 윤리, 성경의 인용,

세례자 요한의 말, 초기 기독교 예언자의 말 등 다른 곳에서 유래했을 수도 있다. 바울이 언급하는 전승은 분명히 유동적이고 아직 확정된 것이 아니며, 무엇보다 그에게 결정적인 것은 가르침 전체가 주님의 권위 아래 있다는 점이었다.[131]

물론 문제는 바울이 얼마나 전형적인 인물이었느냐는 것이다. 우리는 그의 편지를 통해 초창기 그리스도인들이 일반적으로 기독교 창시자의 지상 생활에 거의 관심이 없었다는 것을 유추할 수 있을까? 이러한 발상은 반직관적으로 보이지만, 학자들이 초기 단계에서 "공관복음과 유사한" 자료라고 부르는 것에 대한 증거가 없다는 사실을 강조하기 위한 것이기도 하다. 그러나 우리는 적어도 일부 모임에서는 지상의 예수에 대해 관심이 있었고, 아직 고정된 틀이 없더라도 초기 회중을 중심으로 일화와 말씀이 퍼져 나갔다고 합리적으로 추측할 수 있다(일부는 적어도 본래의 목격자 기록에 근거한 것이고, 다른 일부는 성경이나 당대의 관심사에서 영감을 받은 것일 수 있음). 마가복음과 거의 동시대에 작성된 Q 문서가 여기서 좋은 예가 될 수 있다. 대체로 **말씀** 모음집이긴 하지만, Q는 전기의 방향으로 이동하고 있다고 볼 수 있다. 세례자 요한에 관한 자료와 시험 이야기는 모두 초반(정확한 연대순으로 보이는 위치)에 언급되어 있고, 일부 말씀에는 배경이 포함되어 있으며,

---

131 다음을 보라. J. Schröter, "Jesus and the Canon: The Early Jesus Traditions in the Context of the Origins of the NT Canon," in Horsley, Draper, and Foley, *Performing the Gospel*, 104-22; 또한 C. Jacobi, *Jesusüberlieferung bei Paulus? Analogien zwischen den echten Paulusbriefen und den synoptischen Evangelien* (Berlin: de Gruyter, 2015).

예수의 죽음(눅/Q 11:49-51)은 직접 서술되어 있진 않더라도 미래의 재림(눅/Q 12:22)과 함께 분명히 **암시**되어 있다.[132]

마가의 작품은 이를 다른 차원으로 발전시킨다. 그의 기록에서 이야기와 말씀은 확고하게 역사화되어 있으며, 예수의 생애에서 결코 빠질 수 없는 특정 시점에 고정되어 있다.[133] 물론 마가가 전기를 쓴 후에도 유연성은 어느 정도 계속 유지되었다. 후대의 복음서 저자들은 마가복음의 내용을 상당 부분, 때로는 아주 많이 수정했으며, 마가복음 사본에 많은 이문이 존재한다는 사실은 후대의 필사자들이 자신들의 신학적 사상에 따라 초기의 이야기를 계속 수정했음을 보여준다.[134] 그러나 마가복음은 예수에 관한 전기를 가장 먼저, 그리고 아마도 가장 성공적으로 시도한 작품이다. 그의 작

---

132 D. Dormeyer and H. Frankemölle는 Q 자료를 말씀 자료와 전기 중간쯤으로 본다. "Evangelium als literarische Gattung und als theologischer Begriff: Tendenzen und Aufgaben der Evangelienforschung im 20. Jahrhundert, mit einer Untersuchung des Markusevangeliums in seinem Verhältnis zur antiken Biographie," *ANRW* II 25.2, 1600-1601. G. Downing은 Q 자료와 특히 디오게네스 라에르티오스의 글에 등장하는 견유학파의 전기들을 비교한다. "Quite Like Q: A Genre for Q; The 'Lives' of the Cynic Philosophers," *Bib* 69 (1988): 196-215. 그는 예수의 말씀을 Q 자료로 수집한 자들이 견유학파의 전기에 대해 알고 있었으며 본능적으로 그것을 모델로 사용했다고 주장한다. J. Kloppenborg Verbin은 Q 자료에서 세 개의 편집 층을 확인하고, 그중 마지막 층(Q3)을 "초기-전기"라고 명명한다. *Excavating Q: The History and Setting of the Sayings Gospel* (Edinburgh: T&T Clark, 2000), 160-63. Q의 전기적인 특징에 관해서는 다음을 보라. Schröter, *Erinnerung*, 460; Labahn, *Der Gekommene*, 72-73.

133 따라서 또한 Schröter, "Jesus and the Canon," 104-22. 요한이 마가복음의 많은 부분을 재배치했음에도 불구하고 역사적 예수 학자들은 여전히 마가의 이야기를 선호하는 경향이 있다.

134 예컨대 다음을 보라. D. Parker, *The Living Text of the Gospels* (Cambridge: Cambridge University Press, 1997); B. Ehrman, *The Orthodox Corruption of Scripture: The Effect of Early Christological Controversies on the Text of the New Testament* (Oxford: Oxford University Press, 1993; 2nd ed., 2011).

품은 특정 이야기와 말씀을 확실한 "예수 전승"으로 확보하는 한편, 다른 이야기와 말씀은 배제하면서 기독교의 가르침에 문학적·역사적 틀을 제공했다. 그리고 마가는 이것 역시 복음, 즉 "유앙겔리온"(euangelion, 1:1)이라고 단호하게 선언한다. 따라서 데틀레프 도르마이어(Detlev Dormeyer)가 관찰한 것처럼 마가가 여기서 "복음"이라는 용어를 사용한 것은 그 의미를 확장하여 예수의 세례부터 예루살렘에서의 마지막 날까지의 삶을 포함시키고, 예수의 삶과 사역에 대한 전기적 이야기가 기독교 선포의 일부가 되어야 한다는 주장을 펼치기 위한 것일 수도 있다.[135]

이 장에서는 지금까지 마가복음과 다른 고대 전기, 특히 철학자들의 전기 간의 광범위한 유사점을 살펴보았다. 그러나 그리스-로마 독자들에게는 한 가지 특징이 다소 특이하고 낯설게 느껴졌을 것인데, 그것은 바로 마가복음에 서문이 없다는 점과 상대적으로 작아진 저자의 목소리였다. 이에 대해서는 결론 부분에서 다시 살펴볼 것이다.

---

135 D. Dormeyer, "Die Kompositionsmetapher 'Evangelium Jesu Christi, Des Sohnes Gottes' Mk 1.1. Ihre Theologische und Literarische Aufgabe in der Jesus-Biographie des Markus," *NTS* 33 (1987): 452-68. 마가가 "복음"이라는 용어를 "바울의" 더 제한적인 용법과 예수의 더 폭넓은 가르침과 사역을 가리키는 데 사용할 수 있었다는 사실은 M. Hengel이 이 용어에 대한 마가의 이해가 여전히 새롭고, 일부 모임에서 논쟁이 되고 있었다고 제안하도록 만들었다. *Studies in the Gospel of Mark* (London: SCM, 1985), 53. 또한 다음을 보라. Schröter, "Jesus and the Canon," 111-13, 그리고 위 38-41을 보라.

저자의 목소리

대부분의 그리스-로마 문학은 저자의 목소리가 강하다. 이는 서문에서 바로 드러나며 작품 전체에서 계속된다. 특히 역사가들은 종종 길고 형식적인 서문을 통해 주제의 중요성과 자신의 공정성 및 자격을 선언하고, 자신의 문체와 문학적 역량에 대한 자조적인 언급으로 마무리하는 경우가 많았다. 루키아노스는 서문 없이 유통되는 역사서를 머리 없는 몸에 비유하며 경멸을 퍼부었다(*How to Write History* 23). 그러나 이 위대한 인물의 경멸은 역사서에도 가끔 이런 식으로 등장하는 것이 전혀 낯선 일이 아니었음을 보여준다.[136]

다른 유형의 글에 달린 서문은 덜 정교한 경향이 있지만, 서문 없이 작품이 유통되는 것은 드문 일이었다. 전기 작가들은 대개 대상의 중요성 및 집필 이유와 관련된 몇 가지 서문을 포함하곤 했다. 크세노폰의 서문은 짧기로 유명하다(따라서 루키아노스는 머리 없는 몸과 같은 서문은 그에게서 영감을 받은 것으로 추정한다). 그의 『아게실라오스』에 달린 서문은 간결하여 눈앞에 놓인 과제의 어려움과 과제를 시도하려는 결심만 언급하지만(1장), 독자를 안내하고 왕의 훌륭한 인격에 대한 자신의 견해와 의견을 제시하는 크세노

---

[136] 그리스 서문에 관해서는 다음을 보라. Janson, *Latin Prose Preface*, esp. 51-52, 96-100; Alexander, *Preface*; D. Earl, "Prologue-Form in Ancient Historiography," *ANRW* I 22:842-56; 또한 K. Yamada, "The Preface to the Lukan Writings and Rhetorical Historiography," in *The Rhetorical Interpretation of Scripture*, ed. S. E. Porter and D. L. Stamps (Sheffield: Sheffield Academic, 1999), 154-72.

폰의 성격은 책 전체에서 분명하게 드러난다. 그의 아테네 동료인 이소크라테스는 니코클레스에게 상당히 긴 서문을 통해 자신의 목적은 후손을 위해 아버지 에바고라스의 삶의 방식을 묘사하고, 그의 고귀한 자질을 기억하게 하며, 사람들이 동시대 사람들을 칭찬하는 일을 스스로 감당하도록 격려하는 데 있다고 말한다(*Evagoras*, 1-11). 저자인 "나"는 항상 존재하며, 어느 시점에서 그는 (아마도 어느 정도의 그릇된 겸손으로) 자신의 전성기가 이미 지났다고 불평한다(*Evagoras*, 73).

　루키아노스의 『데모낙스』의 서두는 짧고 활기차며 매우 실용적이다. 그는 두 명의 위인을 만났다고 주장한다. 그중 한 명은 "엄청난 신체적 능력"을 지닌 소스트라투스였고, 다른 한 명은 "고도로 철학적인 사고"를 지닌 데모낙스였다. 루키아노스는 다른 곳에서 소스트라투스의 경력에 대해 몇 가지 특징을 강조한 적이 있다고 말하면서 이제는 데모낙스에게 관심을 돌려 옛 스승의 기억을 기록하고 동시대 젊은이들을 위한 본보기를 제공하고 싶다고 선언한다(*Demonax* 1-2). 그리고 그는 곧바로 전기로 넘어간다. 작품 전체에 걸쳐 "나"라는 저자가 등장하는데, 예를 들어 『데모낙스』 12에서 루키아노스는 스승의 재치 있는 발언 몇 가지를 인용하되 거슬리지 않게 하겠다고 선언한다. 가끔 등장하는 여담을 제외하면(44, 54, 59) 일화는 루키아노스가 다시 등장하는 마지막 결론 문장까지(67) 거의 중단 없이 계속 이어진다.

　타키투스는 최근의 정치 분위기에 대해 불평하고, 위대한 전기를 쓰는 일에는 온갖 종류의 구실이 필요하다는 사실에 한탄하며, 트라야누스 치하의 변화된 시대를 환영하기 위해 그의 서문을 활용한다. 그는 막판에 가서야 이 책의 목적이 장인을 기리는 것이라고 간략하게 언급한다(*Agricola* 1-3). 다시 한번 말하지만, 저자를 의미하는 "나"는 때로는 개인적인 반성(4, 24)으로, 때로는 특정 자료를 포함시킨 당위성(10)으로, 나중에는 아그리콜라의 죽음이 가족에게 미친 영향(43)과 마지막 순간에 그와 함께하지 못한 타키투스 자신의 매우 애절한 슬픔(45)에 대한 설명으로 빈번하게 등장한다. 이 작품을 듣고 나면 청중들은 분명히 자신들이 타키투스를 알고 있고 그의 관심사와 우려 또는 적어도 그가 보여주기로 한 그의 인격의 여러 측면을 이해했다고 느낄 것이다.

자신의 작품에서 저자의 존재를 크게 드러내지 않는 전기 작가는 디오게네스 라에르티오스다. 그의 방대한 편찬물에는 서문이 포함되어 있지 않으며, 독자들은 무엇이 그에게 그토록 힘든 작업을 수행하도록 동기부여를 했는지 또는 그 작업이 왜 그런 형태를 취하게 되었는지에 대한 아무런 힌트도 얻지 못한다. 또한 그는 자신이나 자신의 철학적 신념에 대해 아무것도 말하지 않는다. 작품이 전개됨에 따라 그는 특정 철학자에 대한 자신의 짧은 풍자시를 포함하고, 때때로 철학사의 문제에 대한 자신의 견해를 제시하거나 자료에서 수집한 정보의 타당성에 대한 의견을 제시한다.[137] 하지만 일반적으로 그는 자신이 직접 나서서 주목받는 것을 회피하는 조용한

---

137   W. James, "Diogenes Laertius, Biographer of Philosophers," in *Ordering Knowledge in the Roman Empire*, ed. J. König and T. Whitmarsh (Cambridge: Cambridge University Press, 2007), 138.

안내자의 역할을 한다.

디오게네스 라에르티오스가 겉으로 드러나는 사람이라면 마가는 확실히 그림자와 같은 사람이다. 그의 작품은 그 범위에 대한 간략한 선언(1:1)으로 시작하며, 저자의 신원이나 자신에게 주어진 과제에 대한 자격에 대해서는 아무런 언급도 하지 않는다. 그러나 작품의 명확하고 일관된 관점은 전기가 진행될수록 드러난다.[138] 저자는 모든 등장인물의 생각과 동기를 알고 있는 전지전능한 3인칭 화자라는 페르소나를 채택한다. 그는 짧은 설명(2:15; 3:10, 30; 5:42; 6:14; 16:4), 유대 관습에 대한 설명(7:3-4, 11b), 아람어 번역(5:41; 14:36; 15:34), 예수의 말씀이 지닌 함의를 강조하거나(7:19b) 더 깊은 의미를 깨닫게 하는 짤막한 글(13:14) 등 믿음직한 안내자의 느낌을 주는 내용을 자주 삽입한다.[139] 내레이터는 예수와 밀접하게 연관되어 있으며, 독자들은 내레이터와 예수가 전하는 것만 보고 알 수 있기 때문에 청중과 이야기의 주인공은 서로 긴밀하게 하나가 된다. 그러나 이 모든 것에도 불구하고 저자의 신원은 묘하게도 안개 속에 가려져 있다.

학자들은 마가복음에 서문이 없다는 것에 대해 거의 다루지 않지만, 이 문제를 다루는 학자들도 같은 답변을 제시하곤 한다. 우리 저자는 작품이 본래 자신의 것이 아니므로 저자의 도장을 찍는 것을 자제한다는 것이다. 작품의 형태와 내용은 모두 대체로 예수의 구전 전승으로 구성되어 있

---

138 다음을 보라. N. R. Petersen, "Point of View in Mark's Narrative," *Semeia* 12 (1978): 97-121.
139 마가의 여담에 관해서는 다음을 보라. Fowler, *Loaves and Fishes*, 160-64.

어 마가가 기여한 것은 그저 이 모든 것을 종합한 것에 불과하다는 것이다.[140] 물론 이 설명은 복음서 형성 과정에 대한 양식비평적 관점에 깊이 뿌리를 두고 있는데, 나는 이 관점에는 큰 결함이 있다고 생각한다. 또한 마가의 이러한 자제하는 모습도 단순히 자신의 작업을 공동체의 활동으로 보았기 때문일 개연성은 낮다.[141] 앞서 살펴본 것처럼 모든 고대 서적 제작은 공동체적 차원을 가지고 있었지만, 그렇다고 해서 대부분의 작품에 "저자"가 있었다는 분명한 의미가 훼손되지는 않는다. 신뢰할 수 있든 없든 간에 파피아스와 다른 초기 교회 교부들은 이 텍스트의 배후에 공동체가 아닌 한 **개인**이 있었다고 기억하거나 단순히 가정했다.

더 그럴 듯하게 오다 위슈마이어(Oda Wischmeyer)는 마가가 유대 성경에서 힌트를 얻었다고 제안한다. 유대 성경도 저자의 목소리가 개입하지 못하게 하면서 전지전능한 화자의 관점에서 사건을 서술한다.[142] 도입부는 모호한 시기를 언급하면서 종종 갑작스럽게(창 1:1; 룻 1:1; 스 1:1; 에 1:1) 또는 누군가의 죽음에 대한 언급(수 1:1; 삿 1:1; 삼하 1:1; 왕하 1:1)으로 시작한다. 예언서에는 예언자의 이름과 함께 그의 아버지, 고향, 시기에 대한 언급

140　Hurtado, "Greco-Roman Textuality," 101. 이와 비슷한 맥락에서 R. A. Guelich는 이 작가가 자신의 신원을 밝히지 않은 것은 이 복음서가 자신의 것이 아니라 하나님의 것이기 때문이라고 제안한다. *Mark 1-8.26* (Dallas: Word, 1989), xxvi.

141　Last, "Communities That Write," 196은 최근에 이 주장을 펼쳤다.

142　다음을 보라. O. Wischmeyer, "Forming Identity through Literature: The Impact of Mark for the Building of Christ-Believing Communities in the Second Half of the First Century CE," in *Mark and Matthew I, Comparative Readings: Understanding the Earliest Gospels in Their First-Century Setting*, ed. E.-M. Becker and A. Runesson (Tübingen: Mohr Siebeck, 2011), 366; also Alexander, *Preface*, 14-15.

이 나오는 경우가 많으며(느 1:1; 사 1:1; 렘 1:1-3; 호 1:1), 짧은 이야기를 통해 중심인물이 간략하게 소개된다(욥 1:1; 토비트 1:1-2). 마가복음과 가장 유사한 서문은 아마도 "다윗의 아들 이스라엘 왕 솔로몬의 잠언"(1:1)이라고 선언한 후 곧바로 잠언을 열거하는 잠언서일 것이다. 두 헬레니즘 텍스트— 집회서(저자의 손자이자 번역자가 쓴)와 마카베오2서 2:19-32(구레네의 야손이 쓴 초기 작품의 축약본)—는 서문을 포함하지만, 마카베오4서로 알려진 고도로 철학적인 1인칭 논설에는 서문이 없다(1:1-6이 서문의 기능을 한다고 간주하지 않는 한). 따라서 이와 반대되는 몇 가지 예에도 불구하고 압도적으로 많은 70인역의 전통은 서문과 강력한 저자인 "나"를 통해 본문에 개입하는 것에 반대하는 경향이 있다. 앞서 살펴본 바와 같이 마가는 전기의 형식을 채택했지만, 그리스 문학 전통이 아닌 그가 친숙했던 유대 텍스트에서 그의 언어와 주제를 가져온다. 이러한 맥락에서 마가가 강력한 저자를 나타내는 동시대 이교도들의 "나"라는 1인칭을 피하고 70인역의 훨씬 더 차분한 인칭을 사용했다는 것은 놀라운 일이 아니다.[143]

---

[143] 필론과 요세푸스는 모두 심지어 모세의 삶을 개관하거나(필론) 성경 이야기를 개작할 때도(요세푸스) 서문을 포함하고 저자의 존재를 밝힌다. 이 두 작가의 학력은 그들을 엘리트 문학가의 가장 높은 계층에 올려놓았고, 두 사람 모두 모든 측면에서 그리스-로마 문학 양식을 온전히 수용하기를 원한다. 아마도 누가의 높은 교육 수준이 마가복음을 개작한 그의 버전에 짧은 서문이라도 포함하게 만든 것으로 보인다(눅 1:1). 후자에 관해서는 누가의 프롤로그를 역사 서술보다는 "과학적" 전통에 의거한 것으로 본 Alexander, *Preface*를 보라. 이와는 대조적으로 Yamada, "Preface"는 누가의 서문이 역사 서술의 기준에 들어맞는다고 주장한다. 또한 S. Adams, "Luke's Preface and Its Relationship to Greek Historiography: A Response to Loveday Alexander," *JGRChJ* 3 (2006): 177-91. 이 두 학자는 모두 전기 작품의 서문을 깊이 있게 다루지 않는다.

이와 관련하여 한 가지 더 고려할 점이 있다. 점점 더 많은 명예가 황제와 그 가족에게 집중되면서 로마 귀족들이 명성(*fama*) 또는 명예(*dignitas*)를 얻는 것이 점점 더 어려워졌다. 그러나 문학은 새로운 길을 제시했고, 많은 문헌들은 로마의 귀족들이 문학적 노력을 통해 무엇을 얻고자 했는지를 보여준다. 로마의 엘리트층 사이에서 흔히 유행했던 말은 글쓰기는 불멸의 수단이며, 육신은 필연적으로 죽지만 사람의 생각과 아이디어는 기록을 통해 후손들에게 보존될 수 있다는 것이었다. 소(小) 플리니우스는 거의 강박적으로 옥타비우스 루푸스에게 다음과 같은 말로 자기 작품을 출판해줄 것을 촉구했다. "그대는 인간의 죽음에 얽매여 있지만, 그대의 이 한 가지 기념물이 그대를 자유롭게 할 수 있다는 것을 명심하십시오. 다른 모든 것은 죽어 없어지는 인간처럼 연약하고 덧없습니다"(*Letters* 2.10.4).[144] 귀족 출신 남성들의 경쟁 세계에서 프롤로그는 자신에게 관심을 끌고, 영광과 명성을 얻으며, 궁극적으로 자신의 이름을 오래도록 기억하게 하는 수단이었다.[145] 우리는 명성과 불멸에 대한 이러한 추구가 사회적 또는 교육적 수준이 낮은 작가 지망생들의 문학적 노력에 동기를 부여했다고 생각할 수 있다. 그러나 다음 장에서 살펴보겠지만 마가의 이야기는 영광과 명예에 대해 매우 분명하고 전복적인 관점을 가지고 있다. 마가의 영웅은

---

144 Radice, LCL 55. 또한 다음을 보라. 1.3.4-5; 5.5, 5.8.7, 5.21; 6.16; 7.4.10; 9.14, 27. 인용문은 다음에서 발췌한 것임. Johnson, *Readers and Reading Cultures*, 61-62.

145 위인(*vir magnus*) 및 그의 친구와 동료들의 모임에 대해서는 다음을 보라. Johnson, *Readers and Reading Cultures*, 202-3.

추종자들에게 다른 사람들 위에 군림하는 이방인들처럼 되지 말라고 가르친다. 그는 앞으로 종처럼 행동할 정도로 자신을 부인하고 십자가에서 수치스러운 죽음을 맞이할 것이다. 그는 오직 한 번만 자신의 진정한 정체성을 공개적으로 드러낼 것이며, 그 사건은 세상의 명성과 존경이 아닌 정죄로 이어질 것이다(14:62). 이러한 글의 저자가 찬사를 보내는 친구들과 열렬한 팬들 사이에서 자신을 대단한 문학가로 내세우려 한다는 것을 상상하기란 쉽지 않다. 마가가 당시에 흔히 볼 수 있던 자기 홍보성 서문에 대해 알고 있었다면 그가 자신의 서문을 다른 곳에서 물색했다는 것은 그리 놀라운 일이 아니다.

마가가 자신의 전기를 이렇게 시작한 데에는 나름의 이유가 있었겠지만, 특히 이교도 문학에 익숙한 독자들은 작가에 대한 언급이 없다는 점이 다소 이상하게 느껴졌을 것이다. 그러나 전기의 갑작스러운 시작은 이미 이것이 기존의 평범한 "전기"가 아니라는 것을 매우 분명하게 보여주었다.

다음 장에서 우리는 마가의 작품을 고대의 전기로 읽기 시작한다. 여기서 내가 의도하는 것은 이 내러티브를 미리 정해진 전기의 틀에 끼워 맞추려는 것이 아니다. 우리는 전기라는 장르가 지나치게 가변적이어서 그러한 시도가 큰 의미가 없다는 것을 이미 보았기 때문이다. 오히려 나는 이 이야기가 전기라는 장르에 대한 일반적인 기대에 어떻게 부합하는지, 그리고 어떤 점에서 다른지에 더 관심이 많다. 전기로서 접근한 독자들은 어떤 점이 평범하고, 어떤 점이 이상하게 느껴졌을까? 그리고 일반적인 기대에서 벗어난 마가의 몇 가지 일탈 행동은 어떻게 설명해야 할까? 이 장에서는 중심인물인 예수의 생애와 사역에 초점을 맞출 것이다. 다른 인물들에 대한 분석은 5장에서 다루고, 예수의 죽음에 대한 고찰은 6장에서 다룰 것이다.

4장

예수의 전기

고대 전기 작가들은 비난이나 칭찬을 위한 인물 묘사를 중요하게 여겼기 때문에 서사비평가들이 최근에 인물 묘사에 관심을 갖는 것은 전혀 이상하지 않다. 그러나 그들은 현대 문학 이론가들에게서 복음서 저자들의 인물 묘사 방법에 대한 통찰력을 얻으려 했고, 현대 작가들이 사용하는 기법 중 일부가 고대에는 알려지지 않았다는 사실에 주목하지 못했다.

―그래엄 스탠튼(Graham Stanton)[1]

아리스토텔레스는 "행동은 인격의 표시"라고 생각했다.[2] 이 말을 통해 이 고대 철학자는 인물을 평가하는 가장 좋은 방법은 권위 있는 화자의 판단에 의존하는 것이 아니라 단순히 그 사람의 말과 행동을 관찰하는 것이라는, 고대에 깊이 자리 잡은 가정을 명확하게 표현했다. 따라서 일부 찬사 위주의 전기는 한 사람의 미덕을 설명하기 전에 그 사람의 미덕을 나열하기도 하지만,[3] 대부분의 전기는 단순히 다양한 일화나 격언을 제시하고, 독자

---

1   G. Stanton, "Matthew: βίβλιος, εὐαγγέλιον, βίος?," in *The Four Gospels, 1992: Festschrift for Frans Neirynck*, ed. F. van Segbroeck with C. M. Tuckett, G. Van Belle, and J. Verheyden (Leuven: Leuven University Press, 1992), 1200.

2   Aristotle, *Rhetoric* 1.9.33; also 1367b.

3   예를 들어 크세노폰은 먼저 아게실라오스의 미덕을 나열하고 나서(*Agesilaus* 3-8) 각각의 미덕을 설명하기 위해 예를 제시한다. 네포스의 에파메이논다스도 이 패턴을 따르는 경향이 있고(*Lives* 15), 필론의 『모세의 생애』 2권은 이 보다는 덜 따르는 경향을 보인다.

가 자신의 의견을 스스로 형성할 수 있도록 했다.[4] 이러한 유형을 흔히 "간접적 묘사"라고 하고, 또는 "말하기"가 아닌 "보여주기"라고 한다. 이 기법의 대가인 플루타르코스는 복잡한 인물 묘사를 피하고 일련의 짤막한 묘사를 통해 독자가 삶의 복잡성을 숙고하고 스스로 판단할 수 있도록 유도했다.[5]

우리에게는 다소 신기하게 여겨질 수도 있지만, 전기 작가가 역사가가 인생의 "주요 사건"으로 여길 수 있는 사건을 일화들 사이에 포함시켜야 한다는 기대는 아마도 없었을 것이다. 다시 한번 플루타르코스는 우리에게 유익한 교훈을 준다. 그는 인생의 사소한 일들에서 "영혼의 표징"이 가장 분명하게 드러난다고 확신하며 "가장 뛰어난 행적"에는 관심이 없다고 선언한 것으로 유명하다.

내가 쓰는 것은 역사가 아니라 전기이며, 가장 뛰어난 행적에는 항상 미덕이나 악덕이 드러나지 않으며, 농담의 한 구절과 같은 사소한 것이 종종 수천 명이 쓰러지는 전투나 가장 큰 군대 또는 도시의 포위보다 한 사람의 성격을 더 크게 드러낼 때가 많다. 따라서 화가가 얼굴과 눈의 표정에서 초상화의 특징을 얻어 인물을 표현하고 신체의 다른 부분은 거의 묘사하지 않는 것처럼, 나

---

4   다음을 보라. Xenophon, *Agesilaus* 1.6; *Memorabilia* 1.1.20, 3.1; Isocrates, *Evagoras* 76. 또한 다음을 보라. R. Burridge, *What Are the Gospels? A Comparison with Graeco-Roman Biography*, 2nd ed. (Grand Rapids: Eerdmans, 2004), 172.

5   플루타르코스의 기법에 관한 논의는 다음을 보라. T. Duff, *Plutarch's Lives: Exploring Virtue and Vice* (Oxford: Oxford University Press, 1999), 9.

도 인간 내면의 영혼의 표징에 전념하고 이를 통해 각자의 삶을 묘사하고, 그들의 위대한 경연에 대한 묘사는 다른 사람에게 맡기는 것이 좋다고 생각한다 (*Alexander* 1.2–3).[6]

플루타르코스는 한 사람의 진정한 성품("내면", *psychē*)을 알 수 있는 길은 종종 사소해 보이는 사건, 다른 사람과의 관계, 친구들 사이의 우연한 말을 통해 가능하다고 올바르게 판단했다. 이것은 전기와 역사 또는 연보와의 차이점일 뿐만 아니라 오늘날에도 "누군가가 무언가를 했다"고 회상하는 것이 한 사람의 "내면"을 드러내는 데 여전히 효과적이라는 점에서 사람의 성격과 삶의 방식을 드러내는 데 널리 사용된다.

　마가의 전기는 바로 이러한 인물 묘사 방식을 사용한다. 저자는 예수의 정체성 문제에 대해서는 상당히 분명하지만(우리는 곧 이 문제로 다시 돌아올 것이다), 예수에 대한 인물 묘사에 있었서는 대체로 간접적이다. 청중들은 예

6　Perrin, LCL 99. Burridge가 *What Are the Gospels?*, 62에서 지적했듯이 플루타르코스는 여기서 장르 이론에 별로 관심이 없다. 그는 여기서 안토니우스의 모든 것에 관해 지면을 충분히 할애하지 못한 것에 대해 간접적으로 사과했을 개연성이 더 높다(또한 다음을 보라. *Pompey* 8.6–7 and *Nicias* 1.5). 라틴어 전기는 이 점에서 다소 달랐다는 점에 주목해야 한다. 아마도 엘리트 코스(*cursus honorum*)의 강한 전통 때문에 라틴어 전기는 주인공의 삶의 모든 주요 사건, 특히 공적과 업적을 다루는 경향이 있다. 다음을 보라. T. Hägg, *The Art of Biography in Antiquity* (Cambridge: Cambridge University Press, 2012), 192, 236. 그는 아우구스투스의 『업적록』(*Res Gestae*)과 네포스의 『명사전』(*Eminent Commanders of Foreign Nations*)을 인용한다. 공적을 쌓는 것은 어떤 면에서는 로마인의 인격에 해당했다. 네포스는 만약 그가 펠로피다스의 행적을 자세히 서술하면 그가 전기가 아니라 역사를 서술하는 것처럼 보일 수 있지만, 만약 그가 영웅의 주요 업적만 언급한다면 독자들은 그가 얼마나 위대한 인물이었는지 깨닫지 못할 수도 있음을 우려한다(*Pelopidas* 16.1).

수의 말과 행동, 청원자, 반대자, 친구 등을 대하는 방식, 다른 인물들이 (좋든 나쁘든) 예수에 대해 말하는 것을 통해 예수의 초상을 함께 구성해 나가도록 독려받는다. 때때로 저자는 예수의 내면의 감정과 정서에 대한 접근을 허용하지만, 세부적인 내용은 거의 알려주지 않는다.[7] 그가 선호하는 인물 묘사 방식은 일련의 일화를 제시하고 청중이 스스로 결론에 도달하도록 하는 것이다.[8] 실제로 이 복음서에는 "본다"는 동사가 자주 등장하는데, 이는 예수의 행적이 공개적으로 드러나고 대중의 평가를 받는다는 의미를 강조한다. 이 모든 것은 청중이 단순히 이야기를 듣는 것이 아니라 사건이 전개되는 가운데 주인공을 **지켜본다**는 생생한 느낌을 불러일으킨다.

게다가 마가는 예수 사역의 "주요 사건"이라고 생각하는 것을 우리가 항상 고수해야 한다는 강박감을 느끼지 않는다. 그는 종종 중요한 사안과 친밀하고 사적인 장면을 나란히 배치한다. 예를 들어 대제사장들이 모여

---

7 그는 바리새인들의 완악한 마음에 분노하고(3:5), 부자에 대해 사랑을 느끼고(10:21), 겟세마네에서 눈에 띄게 흔들린다(14:32-42). 후자에 대해서는 아래 421-22을 보라. 마가는 다른 등장인물들의 감정, 특히 예수에 대한 감정을 우리에게 더 보편적으로 보여준다. 그 이유는 다음 장에서 다룰 것이다.

8 마가의 묘사 방법에 대해서는 다음을 보라. E. Best, "Mark's Narrative Technique," *JSNT* 37 (1989): 43-58; M. A. Tolbert, "How the Gospel of Mark Builds Character," *Int* 47 (1993): 347-57; Chris W. Skinner and Matthew R. Hauge, eds., *Character Studies and the Gospel of Mark* (London: Bloomsbury, 2014). 마가복음의 예수를 구체적으로 전기의 중심인물로 읽으려는 시도는 다음을 보라. V. Robbins, *Jesus the Teacher: A Socio-Rhetorical Interpretation of Mark* (Philadelphia: Fortress, 1984); R. Burridge, *Four Gospels, One Jesus? A Symbolic Reading*, 2nd ed. (Grand Rapids: Eerdmans, 2005), 35-65; Burridge, *Imitating Jesus: An Inclusive Approach to New Testament Ethics* (Grand Rapids: Eerdmans, 2007), 159-85; K. Keefer, *The New Testament as Literature: A Very Short Introduction* (Oxford: Oxford University Press, 2008), 23-29; Hägg, *Art of Biography*, 181.

예수를 체포할 음모를 꾸미는 중요한 장면 바로 뒤에 예수가 한 여인에게 기름 부음을 받는 사사로운 장면이 나온다(14:1-9). 우리는 이 일련의 사건에 익숙한 탓에 두 번째 장면이 첫 번째 장면과 얼마나 이상하게 맞물려 있는지 보지 못했을 수도 있다. 마찬가지로 무화과나무 저주 사건(11:12-14, 20-21)은 언뜻 보기에 성전에서 일어난 훨씬 더 중요한 사건(마가에게는 예수의 죽음으로 직결되는 사건, 11:18)이 배치되어 있는 현재의 위치에서 이상하고 별것 아닌 이야기처럼 보인다. 그러나 마가의 전기가 중요한 것과 겉으로는 사소해 보이는 것의 조합이라면 이러한 이야기 중 일부 또는 전체에서 주인공의 "내면"을 들여다보는 데 익숙한 고대 독자들에게는 이것이 그리 놀라운 일은 아니었을 것이다.

이미 언급한 바와 같이 마가는 특히 예수의 정체성에 관심이 많다. 현대 학자들은 정체성과 인격을 구분하고, 마가가 후자에 대해서는 거의 관심이 없다고 생각하는 경향이 있다.[9] 그러나 고대인들에게 이 두 가지는 매우 밀접하게 연결되어 있었다. 칭찬받을 만한 왕의 전기에는 경건함, 정의, 욕망 통제, 용기 등 일반적으로 왕권과 관련된 다양한 미덕을 보여주며 당당하게 행동하는 왕의 모습이 그려졌다. 마찬가지로 유능한 장군은 리더십, 용기, 자제력, 애국심을 보여주어야 한다. 테오프라스토스의 『성격론』(On Character)을 보면 아첨하는 사람, 술꾼, 거만한 사람 등 특정 "유형"의

---

9 따라서 D. E. Aune, "Greco-Roman Biography," in *Greco-Roman Literature and the New Testament*, ed. D. E. Aune (Atlanta: Scholars, 1988), 124.

사람에게는 특정한 특성이나 행동 패턴이 기대되었다는 것을 알 수 있다. 마가복음에 나오는 이러한 사고방식의 한 예로는 유다의 "성격"을 들 수 있다. 예수를 배신한 사람으로 소개되는 유다(3:19)는 정해진 임무를 수행하는데, 그는 그저 "배신자"에게 기대되는 행동을 한다(그의 배신에 대해서는 어떠한 이유도 제시하지 않으며, 실제로 그럴 필요도 없다). 따라서 정체성은 인격 및 행동과 밀접하게 연관되어 있으며, 이 둘은 쉽게 분리될 수 없다. 이 장에서 살펴보겠지만, 예수에 대한 마가의 인물 묘사는 영웅의 정체성(하나님의 아들이라는 것이 무엇을 의미하는지)에 대한 온전한 이해를 더해줄 뿐만 아니라 추종자들이 본받을 수 있는 확고한 삶의 방식을 제시한다.

물론 예수는 마가복음의 중심인물이지만, 스티븐 무어가 지적했듯이 우리는 예수를 현대의 기준에 따라 너무 성급하게 "원만한" 인물로 단정 짓는 것을 경계해야 한다.[10] 마가가 우리에게 제시하는 예수는 우리가 존경하고 본받을 만한 일련의 미덕을 보여주는 인물이다. 마가는 예수의 내면을 대중에게 공개하지 않는다. 그러므로 우리는 예수 안에서 어떤 변화를 확인하거나, 상충하는 감정을 관찰하거나, 무엇이 "그를 움직이게 하는지" 알아내려고 노력할 필요가 없다. 이러한 관심은 개성과 내면에 대한 강

---

10   S. D. Moore, "Why There Are No Humans or Animals in the Gospel of Mark," in *Mark as Story: Retrospect and Prospect*, ed. K. R. Iverson and C. W. Skinner (Atlanta: SBL Press, 2011), 83-86. Moore는 여기서 D. M. Rhoads와 D. Michie의 획기적인 책으로 시작된 접근법에 반론을 제기하고 있다. *Mark as Story: An Introduction to the Narrative of a Gospel* (Philadelphia: Fortress, 1982); 3rd ed., ed. D. M. Rhoads, J. Dewey, and D. Michie (Minneapolis: Fortress, 2012).

한 집착을 통해 현대 소설이 이루어낸 대대적인 성과다.[11] 그러나 2장에서 살펴본 바와 같이 이러한 관심은 고대의 작가, 특히 전기 작가들의 생각과는 거리가 멀다. 그들의 주된 관심사는 제자가 되려는 사람이 본받아야 할 특정 덕목을 보여주는 데 있었다. 이러한 점을 염두에 두고 우리는 마가복음을 한 섹션씩 살펴보면서 예수의 독특한 성품과 삶의 방식을 강조해나갈 것이다.

마가복음의 도입부(1:1-15)

마가복음을 고대의 전기로 보는 것에 반대하는 대표적인 논거 중 하나는 마가복음이 예수의 어린 시절에 대한 관심이 없다는 점이다.[12] 고대의 전기는 일반적으로 주인공의 조상(genos)과 고귀한 혈통(eugeneia)에 대한 기록으로 시작하여 고향, 부모, 태어날 때의 특이한 현상 등을 기록하는 것이 특징이다.[13] 그러나 현대 전기와는 달리 이것은 가족과 어린 시절의 경험이 성인의 인격을 형성하는 데 중요한 역할을 했다는 것을 의미하지는 않는다. 오히려 2장에서 살펴본 바와 같이 한 사람의 성격의 일부는 타고나는 것이며, 집안 배경과 환경에서 비롯된 것이라고 가정했다. 특정 가문과 지리적

---

11   위 111-19을 보라.
12   이것은 K. L. Schmidt의 반론 중 하나다. 위 57-59을 보라.
13   다음을 보라. J. H. Neyrey, "Josephus' *Vita* and the Encomium: A Native Model of Personality," *JSJ* 25 (1994): 177-206; M. W. Martin, "Progymnasmatic Topic Lists: A Composition Template for Luke and Other Bioi?," *NTS* 54 (2008): 18-41.

위치는 (좋든 나쁘든) 다소 정형화된 특성을 나타낸다고 믿었고, 출생의 고귀함은 고귀한 정신과 동일시되어 성격의 다른 측면이 형성될 수 있는 견고한 토대를 제공한다고 가정했다.[14] 자세한 내용은 밝히지 않더라도 그 가문이 유명하다는 것을 언급하는 것은 중요했다. 예를 들어 필론은 모세의 부모의 이름을 밝히지는 않지만, 그들이 당대에 최고였다고 독자들에게 단언한다.[15]

　　어린 시절 이야기가 포함된 경우, 그 목적은 오로지 훗날 그 인물을 돋보이게 하는 훌륭한 자질을 보여주기 위한 것이었다. 위대한 전술가는 일찍이 전장에서 조숙한 능력을 발휘하기도 하고, 신진 정치가는 나이보다 훨씬 뛰어난 정치 감각을 보여주기도 한다.[16] 철학자나 선생의 경우에는 어린 시절에 받은 교육(*paideia*)을 강조하는 것이 중요했으며, 아마도 그의 저

14　유용한 논의는 다음을 보라. S. Haliwell, "Traditional Greek Conceptions of Character," in *Characterization and Individualism in Greek Literature*, ed. C. B. R. Pelling (Oxford: Clarendon, 1990), 32-59.

15　L. H. Feldman이 지적했듯이 아마도 필론의 의도는 모든 것을 모세 자신에게 초점을 맞추는 것으로 보인다. *Philo's Portrayal of Moses in the Context of Ancient Judaism* (Notre Dame: University of Notre Dame Press, 2007), 16-17. 필론은 모세가 아브라함으로부터 7대손이었으며, 바로가 아기들을 죽인 목적은 (출애굽기의 이야기에서 암시하듯이) 이스라엘 자손이 너무 많아지는 것을 막기 위한 것이 아니라 모세의 출생을 막기 위한 것이라고 말한다. 이와 마찬가지로 네포스도 밀리티아데스의 부모의 이름을 언급하지 않고, 단순히 그의 독자들에게 그들이 유명했다고 단언한다(*Lives of Eminent Commanders, Militiades* 1).

16　발레리우스 막시무스는 그의 『기념할 만한 업적과 어록』 서문 3.1에서 유년 시절의 이야기들은 "시간이 지남에 따라 영광의 가장 높은 정점에 도달할 운명인 영혼의 자연스러운 기질"을 보여준다고 말한다(Shackleton Bailey, LCL 492). 그는 이어서 정치가와 장군에 대한 여러 가지 예를 제시한다. 또한 다음을 보라. C. B. R. Pelling, "Childhood and Personality in Greek Biography," in Pelling, *Characterization and Individualism*, 213-44.

명한 스승의 평가와 그의 조숙한 학문적 재능을 강조하는 것이 중요했다. 누가복음은 이러한 관습을 반영하여 예수의 어린 시절에 대한 유일한 정경 이야기에서 예수를 율법을 능숙하게 해석하는 사람으로 묘사하며 장성한 사람의 지혜를 가졌다고 언급한다(눅 2:41-51). 나중에 비정경 복음서 중 일부는 이를 한층 더 발전시켜 이미 자신을 하나님으로 알고 있는 소년 예수의 온갖 이야기를 소개한다(『도마 유년기 복음서』가 여기서 좋은 예가 된다). 그렇다면 요단강에 나타난 예수의 모습으로 시작하는 마가복음의 갑작스러운 시작을 우리는 어떻게 이해해야 할까?

우리는 고대 전기에서 가족과 어린 시절에 대한 세부 정보가 없는 것이 전혀 드문 일이 아니라는 점을 처음부터 인정할 필요가 있다. 예를 들어 크세노폰의 『소크라테스의 회상』(Memorabilia)에는 소크라테스의 혈통이나 어린 시절에 대한 언급이 없으며, 그의 가족은 오직 한 번만 언급된다(Memorabilia 2.2). 사모사타의 루키아노스는 그의 영웅 데모낙스의 타고난 천성이 벌써 어린 시절에 나타났다고 말하지만(Demonax 3), 예가 될 만한 이야기는 제공하지 않는다. 마찬가지로 디오게네스 라에르티오스는 아버지의 이름과 고향만 알려줄 뿐, 그의 가장 저명한 철학자라 할지라도 그의 어린 시절 이야기는 거의 언급하지 않는다.[17] 그리고 극도로 허구적인 『아

---

17 코르넬리우스 네포스도 어린 시절 이야기를 많이 소개하지 않는 경향이 있다. 그는 아테네의 장군 알키비아데스(소크라테스에게 가르침을 받은)에 대한 묘사에서 그는 "더 높고 나은 본성"의 문제에 도달하기 위해 그런 것들에 대해서는 빠르게 지나간다고 말한다. *Alcibiades* 7.2.

이소포스의 생애』도 주인공의 조상, 출생 또는 어린 시절에 대해 전혀 언급하지 않으며, 처음부터 아이소포스는 언어 장애가 있는 못생긴 노예로 등장한다.[18]

마지막 단락에서 언급된 여러 인물을 서로 이어주는 것은 주인공의 가족과 어린 시절에 대해 언급하는 것이 특별히 유익하지 않다는 점이다. 고대 작가들은 칭찬받을 만한 인물이 항상 인상적인 배경을 가지고 있지 않다는 사실을 잘 알고 있었으며, 특히 철학자의 경우에는 더더욱 그러했다. 아리스토텔레스는 불우한 가정의 배경을 감추는 여러 가지 전략을 제시했는데, 그중 대부분은 칭찬받아야 할 사람은 조상이 아니라 본인이라는 점을 강조하는 것이었다.[19] 마가와 거의 동시대를 살았던 발레리우스 막시무스도 이와 유사한 정서를 표현한다.

그래서 미덕(Virtue)의 접근은 까다롭지 않다. 그녀(Virtue)는 자신의 임재 안으로 들어오기 위해 행동에 자극을 받는 활발한 기질에 시달리고, 사람에 대한 차별에서 관대하거나 원망하지 않는 자신의 밑그림을 그들(기질)에게 제시한다. 모든 이들에게 똑같이 열려 있는 그녀는 당신의 지위가 아니라 당신이 가

---

18   루키아노스의 『페레그리누스의 죽음』도 출생이나 유년기에 대한 이야기가 없다(아마도 루키아노스의 경멸을 반영하는 듯). 익명의 『침묵하는 철학자 세쿤도스』도 이와 마찬가지다 (물론 이 작품은 여러 면에서 매우 이례적인 전기이지만 말이다).

19   Pseudo-Aristotle, *Rhetoric to Alexander* 1440b.30-1441a.14. 플라톤도 이와 유사하게 고귀함의 가장 위대한 형태는 그의 조상보다 자신에게서 오는 고귀함이라고 말했다고 전해진다 (Diogenes Laertius, *Lives of Eminent Philosophers* 3.88-89).

져오는 욕망을 평가하고, 그녀의 좋은 것들을 수용하는 과정에서 그녀는 당신이 스스로 결정하도록 그 무게를 남겨두어 당신의 마음이 지탱할 수 있는 만큼만 가져갈 수 있도록 한다. 그래서 한편으로는 비천한 환경에서 태어난 사람들이 최고의 존엄성까지 오르고, 또 다른 한편으로는 가장 고귀한 가문의 후손이 다시 치욕을 당하고 그들이 조상들로부터 받은 빛이 어둠으로 바뀌는 일이 일어난다.[20]

실제로 발레리우스 막시무스는 "비천한 환경에서 태어나 저명한 인물이 된 사람들"에게 한 장 전체를 할애했다. 여기에는 시골 오두막에서 태어나 어린 시절 가축을 돌보던 툴루스 호스틸리우스(로마의 세 번째 전설적인 왕), 정육점의 아들이었던 가이우스 테렌티우스 바로(기원전 216년 집정관), 투스쿨룸의 농부 집안에서 태어난 검열관 카토가 포함된다.[21]

테온은 그의 수사학 핸드북에서 연설가가 비천한 태생을 유리하게 활용할 수 있는 방법을 제시한다. 그는 연설가가 좋은 태생이나 다른 장점을 자랑할 수 없다면 불행한 일로 비천해지거나 가난으로 인해 억울하게 살지

---

20   Valerius Maximus, *Memorable Doings and Sayings* 3.3.ext.7 (Shackleton Bailey, LCL 492).

21   Valerius Maximus, *Memorable Doings and Sayings* 3.4. 이 목록에 속한 다른 인물은 타르킨 왕, 세르비우스 툴리우스 왕, 마르쿠스 페르페르나(집정관, 기원전 130년)이며, 외국인의 예로는 소크라테스, 에우리피데스(아테네 극작가), 데모스테네스(아테네 웅변가)가 있다. 다음 일화들은 "유명한 부모 밑에서 자랐지만 타락한 자들"을 다루는데, 이에 대해 발레리우스는 다음과 같이 논평한다. "나는 태만과 비열함이라는 더러운 쓰레기에 폭 빠져 있는 화려하고 고결한 그들의 괴물들 때문에 타락한 자들에 대해 말해야 한다"(3.5, preface; Shackleton Bailey, LCL 492).

않고 궁핍함으로 인해 비굴해지지 않았다는 점을 강조할 수 있다고 제안한다. 심지어 소도시 출신임에도 불구하고 저명한 인물이 된 것은 그 사람의 공로일 수도 있다. 그는 다음과 같이 말한다. "산파 파에나레테와 석각 소 프로니쿠스의 아들인 소크라테스처럼 소박한 집안에서 태어난 사람이 위인이 된 것도 칭찬할 만하다. 가죽공 시몬과 매춘부 레온티운이 철학자가 되었다는 말처럼 노동자나 하층민 출신이 스스로 훌륭한 일을 이루어내는 것도 존경할 만하다. 미덕은 불행 속에서 가장 밝게 빛나기 때문이다."[22] 마가에게는 어쩌면 이것이 현명한 방법이었을지도 모른다. 비록 다른 초기 기독교 작가들은 예수가 메시아적 연관성이 내포된 다윗의 혈통이라고 주장했지만, 마가에게는 분명히 족보가 큰 관심의 대상이 아니었다.[23] 그러나 그는 예수의 배경에 대해 어느 정도 알고 있었다. 마가는 그의 어머니의 이름이 마리아였고, 그가 목수였으며, 그의 집안이 나사렛 출신이었다는 것과 심지어 그의 형제들의 이름까지도 알고 있었다(막 6:1-6). 우리가 한 마

---

22 G. A. Kennedy, *Progymnasmata: Greek Textbooks of Prose composition and Rhetoric* (Atlanta: SBL Press, 2003), 52. 여기서 "석각"으로 번역된 그리스어 단어는 J. Butts가 "조각가"로 번역한 *hermoglyphos*다. "The Progymnasmata of Theon: A New Text with Translation and Commentary" (PhD diss., Claremont Graduate School, 1987), 475.

23 시각장애인 바디매오는 10:47-48에서 예수를 두 번이나 "다윗의 자손"이라고 부르지만, 예수 앞에 가서는 이 칭호를 "선생님"[*rabbouni*]으로 대체한다. "다윗의 자손"은 마가복음의 예루살렘 입성 장면에서 눈에 띄게 생략되고(11:1-10), 12:35-37의 대화는 의도적으로 예수를 서기관들이 기다리는 다윗의 자손과 거리를 두는 것으로 보인다. P. J. Achtemeier가 지적하듯이 "예수가 다윗의 자손이라는 사실에 대한 확증보다는 부정이 증가하고 있는" 것 같다. *Jesus in the Miracle Tradition* (Eugene, OR: Cascade, 2008), 153. 마가의 이 칭호 사용을 더 크게 부각하려는 시도는 내가 보기에 잘못된 것 같다.

을의 *tektōn*(목수)에 어떤 사회적 지위를 부여하든, 예수의 태생은 상대적으로 보잘것없었고, 고대 청중들에게 정신의 고귀함이나 인격의 고귀함을 보여줄 만한 인물로 큰 기대를 불러일으키지는 않았을 것이다. 마찬가지로 구체적인 정보가 없는 상황에서 저자는 예수가 교육을 거의 받지 못했고, 확실히 로마의 기준으로 볼 때에도 내놓을 만한 것이 전혀 없다고 생각했을 것이다.[24] 마가는 자신의 영웅이 훌륭한 혈통이나 교육을 받지 못했기 때문에 예수의 보잘것없는 태생에서 미덕을 찾아내어 그를 소크라테스의 계보를 잇는 위대한 인물로 묘사할 수도 있었다. 그러나 마가는 그 길을 선택하지 않고, 작품의 3분의 1 이상이 진행될 때까지 예수의 가족과 관련된 대부분의 정보를 공개하지 않기로 결정한다.

사실 마가는 예수의 아버지가 다름 아닌 하나님 자신이라는 전혀 다른 혈통을 주장한다. 마가복음 1:9-11 장면은 일반적으로 예수의 세례에 대한 기사로 여겨지지만, 그것은 어디까지나 이야기의 일부에 불과하다. 마가는 일반적으로 세례에 대해 거의 관심이 없으며, 이 의식은 이야기에서 훨씬 더 중요한 요소, 즉 예수를 하나님이 기뻐하시는 사랑하는 아들이라고 선언하는 하나님의 음성을 위한 배경일 뿐이다(1:11). "하나님의 아들"(*huios theou*)이라는 용어가 원래 작품의 첫 문장에 사용되었는지 여부와

---

24 2세기에 글을 쓰면서 예수의 비천한 출신을 조롱한 사람은 아마도 켈수스가 처음이 아니었을 것이다. 그는 유대 마을에서 자란 그의 성장 과정을 조롱했고, 그의 어머니를 가난한 실 뽑는 여인으로 묘사했으며, 그가 가난 때문에 이집트에서 노동자로 일을 했다고 주장했다 (*Against Celsus* 1.27-29, 38; 6.34).

상관없이[25] 여기서 예수를 하나님의 아들로 지칭하는 것은 이 첫 구절의 절정을 형성한다. 마가가 이 사건 **이전에도** 예수를 하나님의 아들로 여겼는지, 그래서 하늘의 음성이 이미 존재했던 견해를 단지 승인한 것인지는 분명치 않다. 아마도 하늘이 갈라지고 성령이 강림한 것은 이스라엘의 하나님이 인간의 영역으로 들어오셔서 예수에게 그의 영을 불어넣으시고 그를 아들로 입양하셨다는 일종의 신분 변화를 암시하는 것일 가능성이 높다.

하나님의 아들이라는 개념은 유대인과 로마인이 모두 쉽게 이해할 수 있는 개념이었다. 이 개념은 유대인들 사이에서 비교적 익숙한 방식으로 사용될 수 있었다. 하나님은 종종 아버지와 같은 존재로 여겨졌고, 모든 유대인들은 하나님의 선택과 언약으로 인해 자신을 "하나님의 아들"이라고 생각했지만, 마가의 시대에는 헬레니즘 철학의 영향으로 이 용어가 고결한 삶을 산 사람이라는 보다 개인적인 의미로 사용되는 경향이 있었다(지혜서 2:16-18에서 사용된 것처럼).[26] 그러나 마가가 하나님의 아들과 그리스도(*christos*)를 병치한 것(1:1)과 1:11에서 제왕 시편을 분명히 암시한 것은 이 칭호가 하나님의 아들로 자주 지칭되던 유대 **왕**을 연상시키기 위해 의도적으로 사용되었음을 암시한다.[27] 그렇다면 유대 독자들에게 마가복음의 이

25　다음의 논의를 보라. A. Y. Collins, *Mark: A Commentary* (Minneapolis: Fortress, 2007), 130.

26　비록 마가가 의도한 것은 아니겠지만, 유대 성경에서 "하나님의 아들"에 대한 또 다른 용법은 예를 들어 창 6:1-4이나 욥 1:6처럼 천상의 존재를 가리키는 것이다. 하나님의 아버지 되심에 관해서는 다음을 보라. M. R. D'Angelo, "Abba and Father: Imperial Theology in the Contexts of Jesus and the Gospels," in *The Historical Jesus in Context*, ed. A.-J. Levine, D. C. Allison, and J. D. Crossan (Princeton: Princeton University Press, 2006), 64-78.

27　또한 시 89:26-27과 삼하 7:14을 보라. 1:11의 이 인용문은 시 2:7과 사 42:1 또는 창 22장

장면은 예수를 하나님과의 독특한 부자 관계 속에서 특정 임무를 위해 선택된 왕적 인물로 묘사한다.

로마의 독자들(유대인과 이방인 모두)은 위대한 인물들이 신이나 영웅의 후손일 수 있다는 생각에 익숙했지만, 이러한 신과의 연관성은 종종 신화적 과거로 이어지는 경향이 있었다. 따라서 이소크라테스는 에바고라스의 조상을 신의 보호를 보장하는 제우스에게까지 추적했다(*Evagoras* 13-18, 25). 제우스의 다른 아들로는 견유학파 디오게네스,[28] 티아나의 아폴로니우스 등이 있다(Philostratus, *Life of Apollonius of Tyana* 1.3). 크세노폰은 아게실라오스를 헤라클레스와 연결했고(*Agesilaus* 1), 피타고라스는 전생에 헤르메스의 아들이었다고 주장했으며, 아폴로는 플라톤을 낳았고, 엠페도클레스는 아스클레피오스의 후손이라고 말했다.[29] 마가의 시대에 더 가까운 율리우스 카이사르는 자신의 혈통을 아이네이아스와 베누스 여신으로 거슬러 올라갔고, 아우구스투스는 자신을 아폴로와 연관시켰다.[30] 플루타르코

의 요소를 조합한 것으로 보인다. 유대인에게 "하나님의 아들"이 의미하는 바에 관해서는 다음을 보라. A. Y. Collins, "Mark and His Readers: The Son of God among Jews," *HTR* 92 (1999): 393-408; 또한 그녀의 *Mark*, 135.

28 Diogenes Laertius, *Lives* 6.2.77에 따르면.

29 마지막 세 인물에 대해서는 다음을 보라. Diogenes Laertius, *Lives* 8.1.4 (Pythagoras); 3.1-2, 43 (Plato); 8.2.61 (Empedocles). 포르피리오스는 피타고라스가 아폴로의 후손이라고 주장한다(*Life of Pythagoras* 2). 다음을 보라. Collins, "Mark and His Readers." 유대 전설들도 예를 들어 에녹1서 6-7장, 솔로몬의 유언 5:8에서 천사가 사람을 임신시키는 이야기를 전한다.

30 아이네이아스에 관해서는 다음을 보라. Homer, *Iliad* 2.819-22; 5.247-8. 율리우스 카이사르에 관해서는 다음을 보라. Suetonius, *The Divine Julius* 6. 아우구스투스에 관해서는 다음을 보라. Suetonius, *The Divine Augustus* 70, 94.

스는 이런 이야기를 믿지 않는 자들에게 로마 국가의 신적 기원이 아니었다면 현재의 권력을 얻을 수 있었는지 묻는다(*Romulus* 8). 또한 대다수 로마 황제들은 죽는 순간에 신적 존재(*divus*)로 선포되었고, 이는 살아 있는 황제를 하나님의 아들(*divi filius*) 또는 신격화된 전임자의 아들로 지칭하는 관습으로 이어졌다. 이 칭호는 (신적 아버지를 통한) 아들의 권력의 원천과 통치권의 정당성을 강조하는 것이었다.[31] 흥미롭게도 율리우스-클라우디우스 황제 중 일부는 혈통이 아닌 **입양**으로 황제의 자리에 올랐는데, 이는 엘리트들 사이에서 계승과 상속을 보장하기 위한 일반적인 관행이었다.[32] 명예로운 대회와 축제는 말할 것도 없고 주화, 비문, 칙령, 신전이 많았기 때문에

---

31 황제 숭배가 활발했던 동방 그리스어권에서는 황제를 "하나님의 아들"(*theou huios*)이라고 불렀다. 그러나 최근에는 심지어 로마에서도 황제들이 살아 있는 동안에 신적 영광을 누렸다는 연구 결과가 나왔다. 특히 아우구스투스는 그의 "신적 아우라"—사실상 그의 이름 자체가 그를 "인간 이상의 존재"로 규정함—를 건설했다(아우구스투스라는 이름에 대한 논의는 다음을 보라. Dio Cassius, *Roman History* 53.16.8). 로마 황제들이 사용한 용어에 관해서는 다음을 보라. S. R. F. Price, "Gods and Emperors: The Greek Language of the Roman Imperial Cult," *JHS* 104 (1984): 79-95. 보다 최근에는 다음을 보라. I. Gradel, *Emperor Worship and Roman Religion* (Oxford: Oxford University Press, 2002); K. Galinsky, "Continuity and Change: Religion in the Augustan Semi-Century," in *A Companion to Roman Religion*, ed. J. Rüpke (Oxford: Blackwell, 2007), 71-82. 인간과 신의 경계에 대해서는 다음을 보라. D. S. Levene, "Defining the Divine in Rome," *TAPA* 142 (2012): 41-81.

32 황제들은 그들이 필요로 하는 것보다 더 많은 후계자를 입양하는 경향이 있었기 때문에 아우구스투스는 티베리우스와 아그리파 율리우스 카이사르를 모두 입양했고, 티베리우스에게 그의 조카 게르마니쿠스를 입양하도록 강요했다. 이 주제에 대한 상세하고 설득력 있는 논의는 다음을 보라. M. Peppard, *The Son of God in the Roman World: Divine Sonship in Its Social and Political Context* (Oxford: Oxford University Press, 2011). 입양에 대한 더 일반적인 논의는 다음을 보라. H. Lindsay, *Adoption in the Roman World* (Cambridge: Cambridge University Press, 2009); 또한 R. B. Lewis, *Paul's "Spirit of Adoption" in Its Roman Imperial Context* (London: T&T Clark, 2016), 44-56.

황제의 칭호는 제국 전역에 널리 알려질 수 있었다.[33]

마가복음의 서두에서 하나님의 음성은 예수의 놀랍고도 예기치 못한 친자 관계를 선언한다. 예수의 삶이 다른 하나님의 아들들(유대인과 로마인 모두)의 삶과 얼마나 정확하게 일치할지는 아직 미처 알 수 없지만, 만약 비둘기를 군사주의적 제국의 독수리에 대한 의도적인 반대 상징으로 보는 마이클 페파드(Michael Peppard)의 견해가 옳다면 독자들은 이 특별한 하나님의 아들이 "사나운 독수리의 정신이 아니라 순결하고 온화하며 평화롭고 심지어 희생적인 비둘기의 정신으로" 통치할 것임을 이미 짐작했을지도 모른다.[34]

---

33   마가가 그의 독자들이 예수와 제국 통치자들의 하나님 아들 됨의 관계를 스스로 파악하도록 의도했다는 것은 그의 작품이 끝나갈 무렵, 특히 15장의 십자가 처형 이야기에서 분명해질 것이다. 아래 430-36을 보라.

34   M. Peppard, "The Eagle and the Dove: Roman Imperial Sonship and the Baptism of Jesus (Mark 1,9-11)," *NTS* 56 (2010): 431-51. 비둘기의 존재는 학계에 많은 추측을 불러일으켰다. 새는 특히 호메로스에서 종종 신의 강림과 떠남을 나타내는 데 사용되었으며(참조, E. P. Dixon, "Descending Spirit and Descending Gods: A 'Greek' Interpretation of the Spirit's 'Descent as a Dove' in Mark 1:10," *JBL* 128 [2009]: 759-80), 마가가 하나님의 영의 강림을 표현하기에 좋은 이미지로 보였을지도 모른다. 비둘기는 일종의 징조로 기능할 가능성도 꽤 있다. 예를 들어 수에토니우스는 베스파시아누스 가문이 "모호한 혈통"을 가지고 있었고 "조상의 영예"를 자랑하지 않았기 때문에(*Vespasian* 1.1) 한 장 전체를 그의 통치 시작과 관련된 비범한 이야기들을 위해 할애한다(5). 티베리우스의 초기 통치에도 이와 비슷한 징조가 수반된다(*Tiberius* 14). U. Riemer가 지적하듯이 "벼락출세한" 베스파시아누스는 그의 통치권을 정당화할 신의 승인이 필요했고(그 이전에 아우구스투스처럼), 티베리우스는 원수들(*princeps*)의 세습 제도가 아직 완전히 확립되지 않은 상황에서 자신의 승계를 비준받아야 했다. U. Riemer, "Miracle Stories and Their Narrative Intent in the Context of the Ruler Cult of Classical Antiquity," in *Wonders Never Cease: The Purpose of Narrating Miracle Stories in the New Testament and Its Religious Environment*, ed. M. Labahn and B. J. Lietaert Peerbolte (London: T&T Clark, 2006), 39-40. 1:9-11과 예수의 죽음 사이의 연관성에 주목하면서 L. E. Vaage는 여기서 이 비둘기(*peristera*)와 종종 고귀한 죽음의 이야기에 등장하는 하늘

예수의 새로운 부계(paternity)의 마지막 측면도 주목할 가치가 있다. 비록 양자가 새 아버지의 가부권(家父權, potestas) 아래에 새로운 가족관계를 맺게 되지만, 그 반대 측면에서는 이전의 이름, 부계, 가족을 잃게 된다. 예수가 이스라엘의 하나님께 입양되었다는 것은 그가 더 이상 그의 친아버지의 아들로 여겨지지 않는다는 것을 의미했을 것이다. 마가복음에서 예수의 친부에 대한 언급이 전혀 없는 것은 그가 하늘에 계신 새 아버지로 완전히 대체되었음을 의미할 수 있다.[35] 비록 나사렛 회당에서 언급되긴 하지만, 예수의 생가는 그가 고향에 돌아온 이야기 전체에서 전혀 눈에 띄지 않는다 (6:1-6). 그리고 그보다 앞서 3:31-35에서 마가복음의 예수는 그의 생물학적 가족과 거리를 두면서 그의 진정한 가족은 하나님의 뜻을 행하는 자들이라고 선언한다. 일반적으로 학자들은 예수가 신학적·목회적 이유에서 자신을 그의 "진짜" 가족과 분리하고 있으며, 마가는 복음을 고수하기 위해 가족관계를 끊어버린 청중들에게 믿음을 독려하기 위해 글을 썼다고 가

로 날아가는 새를 서로 연결한다(참조. Lucian, *The Passing of Peregrinus*). 비록 이 입양 장면이 예수가 숨을 거두는 순간을 분명히 연상시키긴 하지만(아래 443-44을 보라), 나는 그것이 이처럼 이른 시점에 예수의 죽음과 명확하게 연관되어 있었는지는 잘 모르겠다. 내가 보기에 비둘기는 단순히 성령 강림의 가시적인 징표인 것 같다. 다음을 보라. L. E. Vaage, "Bird-Watching at the Baptism of Jesus: Early Christian Mythmaking in Mark 1:9-11," in *Reimagining Christian Origins: A Colloquium Honoring Burton L. Mack*, ed. E. A. Castelli and H. Taussig (Valley Forge, PA: Trinity Press International, 1996), 280-94.

35 마태와 누가는 아마도 독립적으로 예수의 아버지의 이름을 요셉이라고 말하는데, 이는 그의 이름이 이미 잘 알려져 있었음을 암시한다. 그러나 이 두 후기 복음서 저자는 세례 장면을 입양으로 소개하지 않는다. 두 저자 모두 서로 매우 다른 방식으로 예수가 수태 때 "하나님의 아들"이 되었음을 보여준다.

정한다. 물론 여기에도 어느 정도의 진실이 있을 수 있지만, 예수의 친가족이 상대화되는 것이 신적 입양으로 인한 불가피한 부작용인지도 생각해볼 만한 가치가 있다.

바로 이 시점에서 예수는 성령을 받는다. 마가는 단순히 성령이 예수 위에 머물렀다고 말하지 않고(1:10의 번역에서 종종 암시하는 것처럼),[36] 성령이 **예수 안으로**(*eis auton*) 들어왔다고 훨씬 더 생생하게 표현한다. 하나님의 영은 유대 성경에서 왕, 예언자(특히 엘리야와 엘리사), 미래의 메시아적 지도자 등으로 특별히 임명된 다양한 인물에게 나타나는 신적 임재의 표시로 잘 알려져 있다.[37] 마가복음에서 예수는 세례를 받은 후 성령 충만한 아들로 분명하게 등장한다.[38]

그렇다면 마가는 영웅의 초라한 태생을 해명하는 대신 그에게 가장 화려한 배경을 부여한 셈이다. 예수의 옛 가족과의 관계는 그가 하나님의 아들로 선택받는 도입부 장면으로 대체된다. 이것이 예수와 그를 따르는 모든 사람들에게 어떤 의미가 있는지는 전기가 전개되면서 더욱 분명해진다.

세례와 신적 입양 이후에 마가복음의 예수는 곧바로 광야로 쫓겨나 40일 동안 사탄의 시험을 받는다(1:12-13). 이 짧은 본문은 마가복음이 (병

---

36 예컨대 RSV를 보라.

37 다수의 본문 중에서 다음을 보라. 민 24:2(발람); 왕하 2:9-15(엘리야와 엘리사); 사 11:2; 42:1; 61:1(메시아적 지도자들).

38 시인들의 전기에서 귀중한 선물을 받기 위해 신적 존재와 만나는 일은 드문 일이 아니다. Collins는 아이소포스와 서정시인 아르킬로코스가 모두 뮤즈와의 만남을 통해 변했다고 말한다(*Mark*, 147).

행 본문인 Q와 달리) 이 시험이 무엇과 관련이 있는지, 그리고 심지어 예수가 사탄을 이겼는지에 대해 말하지 않는다는 사실 때문에 더욱 호기심을 자극한다.

이 복음서에서 고도의 묵시론적인 분위기를 감지하는 사람들은 이 장면을 매우 중요하게 여긴다. 그들에게 있어 사탄은 이야기 초반에 자신의 존재감을 드러내는 최후의 적이다.[39] 다른 사람들은 사탄이 여기서 패배하고, 나중에 이어지는 축귀는 "소탕"(mopping up) 작전에 불과하다고 주장한다.[40] 그러나 이 두 가지 추론 중 어느 것도 본문 자체에 분명하게 드러나 있지 않다.

첫째, 우리는 "사탄"(Satanas)이라는 용어가 마가의 청중들의 머릿속에서 무엇을 연상시켰든지 정확히 알 수 없지만, 이 이야기에서 사탄의 역할은 크게 두드러지지 않는다. 가장 중요한 장면은 3:22-27의 대화에서 사탄이 귀신들의 왕자인 바알세불과 동일시되고, 집을 약탈하려면 먼저 결박해야 하는 집주인과 은유적으로 연결되는 부분이다. 여기서 사탄은 분명히 마가의 이야기에 자주 등장하는 부정한 귀신들보다 더 강하고 정복하기 어려운 악한 세력이다. 그러나 나머지 두 용례는 훨씬 더 소극적이다. 4:15에서 사탄은 예수의 사역에 반대하여 그의 말씀을 헛되게 만들고, 베드로가

---

39 예컨대 다음을 보라. H. C. Kee, *Community of the New Age: Studies in Mark's Gospel* (Philadelphia: Westminster, 1977), 64-76. 그는 귀신들이 악의 의인화로 등장하는 이원론적 체계를 주장한다. 또한 다음을 보라. E. Shively, "Characterizing the Non-human: Satan in the Gospel of Mark," in Skinner and Hauge, *Character Studies and the Gospel of Mark*, 127-51.

40 따라서 예컨대 Rhoads, Dewey, and Michie, *Mark as Story*, 83.

사탄으로 불리는 8:33에서는 마가복음의 예수가 사탄을 걸림돌(예컨대 욥 1-2장에서처럼)로 이해하는 성경의 오래된 용법을 사용한다. 여기서 이 설명은 다른 본문들에도 적용될 수 있다. 즉 "사탄"은 무엇이든지 사람들이 하나님의 뜻보다는 사람의 욕망에 따라 행동하게 하는 것이다.[41]

둘째, 마가의 짧은 이야기에는 사탄이 실제로 **패배했다**는 암시가 없다. 여기서 사탄의 역할은 단순히 예수를 시험하는 것(*peirazō*)일 뿐, 그 이상은 아니다. 물론 이야기 후반부에 등장하는 더러운 영들은 사탄의 패배에 대해 전혀 알지 못하며, 귀신의 군대에 사로잡힌 사람의 끔찍한 장면은 인간의 비참함과 절망의 끔찍한 예로서, 인간에 대한 그들의 지배력은 여전히 줄어들지 않고 계속된다(5:1-20). 마가에게 있어 사탄은 무시할 수 없는 세력이며, 사탄의 귀신들을 물리쳐야 한다는 것은 분명하지만, 이 싸움은 현재진행형이며 저자가 이 초기 이야기에서 또는 십자가에서 이미 승리했다고 생각했는지는 전혀 분명하지 않다. 사탄은 마가에게 여전히 활동적인 세력이며 추종자들이 경계해야 할 대상이다. 그에게 궁극적인 패배를 안길 더 나은 당사자는 별들이 하늘에서 떨어지고 하늘의 권세가 흔들리며 택하신 자들이 사방에서 모이게 될(13:24-27) "파루시아"(*parousia*, 재림)다. 그러나 그것은 모두 먼 미래이거나 적어도 마가의 서사 시간 저 너머에 있다.

여기서 우리는 사탄에 초점을 맞추기보다는 예수에게 온전히 집중하

---

41   따라서 또한 T.-S. B. Liew, "Tyranny, Boundary and Might: Colonial Mimickry in Mark's Gospel," *JSNT* 73 (1999): 21.

는 것이 더 좋을 것이다. 본문은 예수가 부정한 존재들을 내쫓을 때 사용한 같은 동사(*ekballō*; 1:34; 3:22; 7:26)를 사용하여 성령이 그를 광야로 내몰았다고 말한다.[42] 예수를 "저항하는" 인물로 묘사하는 것은 지나치겠지만, 이 강한 동사는 성령 충만한 하나님의 아들이라는 것이 무엇을 의미하는지 또는 그의 삶이 어떤 방향으로 나아갈지 처음에는 명확하지 않았던 영웅의 이미지를 남긴다. 이 장면의 핵심을 이해하려면 바로 이어지는 구절과 함께 읽어야 한다. 요한이 체포된 후 예수는 확신을 가지고 명확하게 하나님 나라를 공개적으로 선포한다(1:14-15). 예수는 광야로 내몰릴 수밖에 없었지만, 새롭게 발견한 사명과 권세를 가지고 등장한다. 마가복음의 이 짧은 부분 전체에서 강조하는 것은 (침묵하는) 사탄의 시험도 아니고, 천사나 들짐승은 더더욱 아니며,[43] 예수가 광야에서 보낸 시간과 하나님이 그에게 부여하신 임무를 그가 받아들인 것이다.

영웅이 자신에게 주어진 소명을 점검하는 모티프는 고대 전기의 일반적인 주제였다. 가장 유명한 예는 기원전 5세기 철학자 프로디코스가 전한 이야기를 바탕으로 크세노폰의 『소크라테스의 회상』(2.1.21)에서 소크라테스가 소개한 "헤라클레스의 선택"이다. 이 이야기에 따르면 성인이 되기

---

[42] 마가복음의 성령은 꾸며주는 형용사 없이 단순히 "프뉴마"(*pneuma*)로 묘사되지만, 분명한 것은 앞의 장면에서 이것이 하나님의 영이며, 예수는 궁극적으로 하나님에 의해 사람이 없는 장소로 내밀렸다는 것이다.

[43] 여기서 들짐승의 역할은 분명치 않다. F. G. Downing은 마가복음의 예수와 로물루스를 비교하고, 두 인물의 초기 이야기에서 들짐승의 역할이 나타난다고 지적한다. *Doing Things with Words in the First Christian Century* (Sheffield: Sheffield Academic, 2000), 138.

직전에 헤라클레스는 미덕의 길로 갈지, 악의 길로 갈지 결정하기 위해 조용한 곳을 찾았다. 그가 이 문제를 놓고 고민하는 동안 두 여신이 나타났다. 매혹적인 악의 여신 카키아와 아름답지만 단정한 옷차림의 미덕의 여신 아레테가 그것이었다. 두 여신은 각각 젊은 영웅에게 짧고 쉬운 카키아의 길과 길고 어려운 아레테의 길 중 하나를 따르도록 설득했다. 필로스트라토스도 그의 『티아나의 아폴로니우스의 생애』(6.10)에서 같은 이야기를 들려주었는데, 이 이야기는 견유주의-스토아주의 전통에서 즐겨 사용되었는데, 쉬운 악의 길을 선택하는 것보다 미덕의 길에서 고난에 직면하는 것이 더 낫다는 생각을 은유적으로 표현했다.[44] "광야"는 종종 시험의 장소로 기능하며, 외딴곳에서의 고행 경험에 대한 이야기는 전기에서 흔히 볼 수 있다.[45] 예를 들어 요세푸스는 청년 시절 반누스와 함께 광야에서 3년 동안 수련한 내용을 기록한다(*Life* 8-27).

따라서 여기서 마가의 짧은 이야기는 조용한 곳으로 물러나 앞으로 나아갈 길을 고민하는 청년에 대한 전통적인 주제에 비추어볼 때 가장 잘 이

---

44   다음을 보라. Guthrie, *A History of Greek Philosophy*, 3:277-78, 366-67; H. J. Rose, "Herakles and the Gospels," *ARW* 34 (1937): 42-60; Haliwell, "Traditional," 32-33. C. Gill, "The Question of Character Development: Plutarch and Tacitus," *ClQ* 33 (1983): 469-87. 그는 청년기를 청년이 미덕 또는 악덕으로 끌릴 수 있는 불안정한 시기로 보는 것은 로마 시대의 진부한 개념이었다고 지적한다(마가는 예수의 나이를 언급하지 않지만—나는 이 점을 아래에서 다룰 것이다—그것이 암시하는 바는 젊은이처럼 그가 삶의 새로운 단계에 들어섰다는 것이다). 청년기의 중요한 특성에 대해서는 다음을 보라. E. Eyben, "The Beginning and End of Youth in Roman Antiquity," *Paedagogica Historica* 29 (1993): 247-85.

45   Philostratus, *Life of Apollonius of Tyana* 1.8도 인용하는 다음 저자의 글을 보라. Martin, "Progymnasmata," 37.

해할 수 있다. 마가의 청중은 이 짧은 장면을 초기의 시련으로 받아들였을 것이다. 예수는 사탄에게 반응할 것인가, 아니면 그의 시험을 물리치고 자신이 하나님의 아들로 입양되기에 합당한 자임을 입증할 것인가?[46] 1:14-15을 보면 그가 후자의 길을 선택했음이 분명하다. 하나님의 영으로 충만한 예수는 사탄이 제시할 수 있는 모든 악에 선으로 대항할 수 있는 강력한 자원을 소유하고 있다. 물론 예수는 죽기 전날 겟세마네에서 다시 한번 시험을 받겠지만(14:36), 현재로서 그의 결심은 매우 굳건해 보인다.

갈릴리의 예수(1:16-8:21)

전기의 첫 번째 주요 부분으로 접어들면서 청중을 놀라게 하는 것은 예수가 한 상황에서 다른 상황으로 "즉시" 이동하면서 자신의 사명을 감당할 수 있게 하는 힘이다. 그는 집을 떠나 길거리에서 남성 추종자들과 함께 지내는 공적인 영역에서 꽤 편안함을 느낀다(1:16-20; 2:14; 3:13-19). 그는 고향인 나사렛을 버리고 갈릴리 바다 주변의 어촌 마을을 중심으로 순회하는 생활 방식을 택한다. 실제로 단 한 번의 고향 방문은 저항과 의심에 부딪히게 되고, 이에 예수는 "선지자가 자기 고향과 자기 친척과 자기 집 외에서는 존경을 받지 못함이 없느니라"라고 말한다(6:1-6). 분명히 예수의 신적

---

46 다음을 보라. M. A. Powell, *What Is Narrative Criticism?* (Minneapolis: Fortress, 1990), 75-76,; J. L. Resseguie, *Narrative Criticism of the New Testament: An Introduction* (Grand Rapids: Baker Academic, 2005), 96. 두 학자는 모두 여기서 똑같이 시험의 주제를 강조한다.

입양은 이전의 모든 것과의 단절을 의미한다.

기적

복음서의 전반부는 놀라운 기적에 관한 이야기가 주를 이룬다.[47] 예수는 군중을 모으고 그가 하는 모든 일에서 놀라움을 불러일으키는 강력한 축귀사이자 치유자로 자리매김한다(1:27-8; 2:12; 5:42 등). 이야기가 진행됨에 따라 우리는 그가 자연의 힘을 통제하고(4:35-41; 6:45-52), 죽은 자를 살리며(5:21-24; 35-43), 수많은 사람들에게 음식을 제공할 수 있는 인물임을 알게 된다(6:30-44; 8:1-10).

유대 성경에 익숙한 사람이라면 과거 이스라엘의 위인들을 떠올렸을 것이다. 뱀에 물린 사람을 구리 뱀으로 고친 모세(민 21:4-7), 과부의 아들을 죽은 자 가운데서 살린 엘리야(왕상 17:17-24), 죽은 아이를 살리고(왕하 4:18-37), 나병을 치유하기도 하고 다른 사람에게 나병에 걸리게도 할 수 있는 엘리사(왕하 5:1-27) 등이 그 예다. 하나님의 능력으로 행동한 이들

---

47 마가는 18편의 기적 이야기(축귀 4편, 치유 9편, 음식 제공 2편, 바다에서 구조 2편, 예언자적 표적 1편)와 다수의 요약 이야기(예. 1:32-34, 39; 3:7-12; 6:53-56)를 포함한다. 그중 두 이야기(9:14-29; 11:12-14)를 제외하고는 모두 복음서 전반부에 등장한다(시각 장애인에게 두 번째로 시각을 부여하는 이야기[10:46-52]는 첫 번째 이야기[8:22-26]와 수미상관 관계를 구성하며, 이 두 이야기는 이 복음서의 중심 부분에서 예수의 가르침을 둘러싸고 있다). 마가복음의 기적에 관해서는 다음을 보라. F. J. Matera, "'He Saved Others; He Cannot Save Himself': A Literary-Critical Perspective on the Markan Miracles," *Int* 47 (1993): 15-26; several of the essays in Achtemeier, *Jesus in the Miracle Tradition*; E. Eve, *The Healer from Nazareth: Jesus's Miracles in Historical Context* (London: SPCK, 2009), esp. 92-117.

은 각각 굶주린 사람들에게 양식을 제공할 수 있었고, (여호수아와 더불어) 바다를 갈라놓을 수 있었다.[48] 다윗과 솔로몬 역시 축귀와 널리 연관되어 있었으며(Josephus, *Jewish Antiquities* 6.166-69; 8.44-45), 1세기 경에는 "원 그리는 자" 호니(오니아스)와 하나나 벤 도사가 놀라운 이적으로 큰 명성을 얻기도 했다.[49] 또 다른 이들은 모든 치유의 신들 중 가장 위대한 아스클레피오스를 연상했을 것이다. 에피다우로스의 신전에는 시각 장애인과 지체 장애인을 치유하고 심지어 죽은 자를 살린 신에게 감사하는 비문이 새겨져 있었다.[50] 티아나의 아폴로니우스에 대한 이야기도 전해져 내려오는데, 그는 시각 장애인, 지체 장애인, 하반신 장애인을 치유하고, 악한 귀신을 내쫓고, 여인이 성공적으로 출산할 수 있게 하고, 죽은 신부를 되살린 것으로 알려져 있다.[51] 왕과 황제도 (적어도 자신들을 선전하는 글에서는) 인간을 초월하는

---

48 음식 제공: 모세(출 16:1-18), 엘리야(왕상 17:8-16), 엘리사(왕하 4:42-44). 바다를 가름: 모세(출 14:15-29), 여호수아(수 3:1-16), 엘리야(왕하 2:6-8), 엘리사(왕하 2:13-15).

49 Josephus, *Jewish Antiquities* 14.22-24은 오니아스를 언급한다. 또한 이 두 인물과 관련된 랍비 텍스트에 대한 논의는 다음을 보라. J. D. Crossan, *The Historical Jesus: The Life of a Mediterranean Jewish Peasant* (San Francisco: HarperSanFrancisco, 1991), 142-58.

50 이와 관련이 있는 선별된 텍스트는 다음을 보라. W. Cotter, *Miracles in Greco-Roman Antiquity* (Oxford: Routledge, 1999), 15-30; 또한 J. den Boeft, "Asclepius' Healings Made Known," in Labahn and Lietaert Peerbolte, *Wonders Never Cease*, 20-31.

51 필로스트라토스는 기원후 3세기에 아폴로니우스의 전기만을 편찬했지만, 그의 기적에 관한 이야기들이 더 이른 시기로 거슬러 올라간다는 점은 의심할 이유가 없다(필로스트라토스가 아폴로니우스의 제자인 다미스가 쓴 더 이른 시기의 전기에 의존했는지의 여부와 상관없이). 자신의 주인공을 마법 사용 혐의로부터 벗어나게 하려는 필로스트라토스의 소원이 아마도 이 전승의 기적적인 측면을 경시하게 만들었을 것이다. 텍스트는 다음을 보라. Cotter, *Miracles*, 43-45, 83-89. 필로스트라토스의 글보다 훨씬 더 이전에 전승이 존재했다는 것에 대해서는 다음을 보라. E. Koskenniemi, "The Function of the Miracle Stories in Philostratus's *Vita Apollonii Tyanensis*," in Labahn and Lietaert Peerbolte, *Wonders Never Cease*, 78-80.

능력을 가진 것으로 명성이 나 있었다. 플루타르코스는 피로스의 치유 능력에 대해 기록하고(*Pyrrhus* 3.4), 필론은 아우구스투스가 폭풍을 진정시키고 역병을 치료한 공로를 인정한다(*Embassy to Gaius* 144-45). 그리고 가이우스는 바다에 대한 주권을 과시하기 위해 (배로 만든 다리를 이용하여) 말을 타고 바이아이 만을 건넜다.[52] 마가가 글을 쓸 당시에도 알렉산드리아에서는 베스파시아누스에 대한 이야기가 돌고 있었는데, 그가 시각 장애인의 시력을 되찾아주고, 다른 사람의 손을 다시 회복시켰다는 것이었다.[53] 그리고 마르티알리스와 다른 시인들은 자연이 어떻게 플라비우스 황제들의 신성을 인식했는지를 전해주었다.[54]

---

[52] Suetonius, *Gaius Caligula* 4.19.2-3; Josephus, *Jewish Antiquities* 19.16. 이 탈출 이야기는 헬레스폰토스 해협 전반에 걸쳐 크세르크세스와 경쟁하기 위한 시도로 보인다.

[53] 관련 텍스트는 다음과 같다. Tacitus, *Histories* 4.81-82; Suetonius, *Vespasian* 7.2(그는 두 번째 사람이 지체 장애인이었다고 말한다); Dio Cassius, *Roman History* 65.8(그는 그의 명예를 위해 나일강 제방이 넘쳤다고 덧붙인다). 이 치유 사건들은 베스파시아누스가 황제의 자리에 오른 69/70년경에 일어났을 것이다. 막 8:22-25에서 예수가 그 사람의 눈에 침을 뱉은(*ptuō*) 것에 주목하면서 E. Eve는 베스파시아누스가 시각 장애인을 치유한 사건(여기서도 침이 수반되었다고 전해짐)과 흥미롭게 연관 지으며 마가가 의도적으로 알렉산드리아의 이야기를 모델로 삼았다고 주장한다. "Spit in Your Eye: The Blind Man of Bethsaida and the Blind Man of Alexandria," *NTS* 54 (2008): 1-17. T. S. Luke는 베스파시아누스의 이야기의 기원을 너무 이른 시기로 책정하지 말 것을 경고하면서 새 왕조와 알렉산드리아의 신 세라피스 간의 연관성이 티투스의 통치하에 더 우호적인 환경을 만났을 것이며, 더 나아가 (그리스를 애호하는 네로와 거리를 두고 싶어 했던) 베스파시아누스의 통치보다는 도미티아누스의 통치하에 더 우호적인 환경을 만났을 것이라고 주장한다. "A Healing Touch for Emperor: Vespasian's Wonders in Domitianic Rome," *G&R* 57 (2010): 77-106. 그러나 Luke가 호소하는 이 문제에 대한 요세푸스의 침묵은 단순히 그가 (세라피스보다는) 유대인의 하나님을 정치적인 문제의 중심에 두려고 했기 때문일 수도 있다. 따라서 이 이야기는 (어떤 형태로든) 마가의 시대에 유통되고 있었을 것이다.

[54] 예컨대 다음을 보라. Martial, *Book of Spectacles* 17; 30.1-4; *Epigrams* 1.6; 8.21. 더 상세한 논의는 다음을 보라. Riemer, "Miracle Stories," 33-38.

전기 작가들은 이러한 비범한 이야기를 잘 활용했다. 일반적인 수준에서 이 이야기들은 매우 흥미로웠다. 꽤 진지한 역사에 기적적인 이야기를 삽입하는 것은 헤로도토스까지 거슬러 올라가며, 율리우스 카이사르와 요세푸스 같은 냉철한 작가들의 작품을 거쳐 기원후 2세기에 특히 인기를 끌기까지 오랜 전통을 가지고 있었다.[55] 갈리아에 유니콘이 존재한다거나 (카이사르) 귀신을 쫓아내는 놀라운 능력을 가진 식물이 있다는 특별한 이야기(요세푸스)[56]를 곳곳에 추가하면 이야기에 경이로움을 더해주고 독자들이 먼 이국적인 세계로 들어온 듯한 느낌을 받게 된다. 그러나 특별한 이야기를 삽입하는 데에는 훨씬 더 진지한 목적이 있을 수도 있다. 예를 들어 수에토니우스는 베스파시아누스가 알렉산드리아에서 기적적인 치유를 행한 이야기를 수록하여 황제에게 권위(auctoritas)와 위엄(maiestas)을 부여했다. 그는 이전에는 신의 승인뿐만 아니라 자신의 신적 지위를 분명하게 나타내는 표징이 황제에게 없었다고 주장했다(Vespasian 7.2).[57] 필로스트라토스는 아폴로니우스가 마법사라는 비난을 받을 위험에도 불구하고, 철학자가 폭군보다 우위에 있다는 것을 보여주기 위해 아폴로니우스의 놀라운 업적에 대한 이야기를 전하기로 마음 먹었다.[58] 그리고 디오게네스 라에르티오스

---

55 다음을 보라. Koskenniemi, "Function," 73-74.
56 Julius Caesar, *Gallic War* 6.26-28(유니콘에 관해); Josephus, *Jewish War* 7.180-86(그 식물에 관해).
57 Riemer가 지적하듯이 타키투스는 여전히 목격자의 존재에 주목하지만 더 회의적이다 (*Histories* 4.81.1-2).
58 Koskenniemi, "Function," 76.

는 피타고라스와 그의 제자 엠페도클레스가 폭풍우를 가라앉히고, 지진을 예측하고, 병자를 고치는 이야기를 들려주며 그들이 자연의 비밀을 완전히 터득했음을 보여주었다.[59]

마가복음으로 돌아와서 우리는 예수의 기적적인 행위의 오락적 가치를 배제해서는 안 된다. 1세기 청중이 영웅의 능력에 크게 놀라서 그 이야기를 친구들에게 전하기 위해 신중하게 메모하는 모습을 우리는 쉽게 상상할 수 있다. 그러나 다른 전기 작가들과 마찬가지로 마가에게는 기적을 기록하는 목적이 훨씬 더 진지했다. 아주 기본적인 수준에서 기적은 예수의 우주적 권위를 확립한다. 성령의 능력을 받은 예수의 놀라운 행위는 그가 하나님의 은총을 누리는 자일 뿐만 아니라 무시할 수 없는 강력한 힘의 소유자임을 보여준다. 특히 두 번이나 광풍을 잔잔하게 하는 등 예수의 능력은 유대인의 하나님과 동등시될 때도 있다.[60] 그러나 기적의 의미는 더욱 더 중요하다. "하나님의 나라"가 가까이 왔다는 선포(1:15)와 함께 예수의 위대한 행적은 하나님의 왕적 통치가 사람들의 삶 속으로 강하게 파고들어 깨어지고 소외되고 멸시받던 것을 모두 회복시키는 것을 보여준다. 마가는 이사야 35:5-6의 메시아적 희망, 즉 시각 장애인이 앞을 보고, 청각 장애인이 들으며, 하반신 장애인이 뛰고, 언어 장애인이 노래하는 영광스

---

59 텍스트는 다음을 보라. Cotter, *Miracles*, 37-39, 143-45.

60 참조. 시 29:3; 89:8-9; 107:23-20; 느 1:4; 합 3:15; 욘 1:4-7; 납달리의 유언 6:1-10(이 문헌의 연대는 기원후 2세기로 추정된다). 또한 바다 이야기들과 몇 가지 접촉점이 있는 사 43:1-10도 보라. 마가복음에 나타난 예수의 "신성"에 관해서는 아래 286 각주 123을 보라.

러운 시대를 염두에 두고 있었을 것이다.[61] 오병이어의 기적 역시 유대인과 이방인 모두가 참여할 장엄한 미래의 잔치, 곧 다가올 메시아의 잔치를 미리 맛보게 한다.[62] 그러나 이것이 예수의 능력과 하나님 나라의 임박을 보여주는 예시임에도 불구하고 마가복음에서 기적이 그 자체로 제자도의 적절한 근거가 아니라는 점에 유의하는 것은 중요하다. 폴 액트마이어(Paul Achtemeier)가 지적하듯이 마가복음에 등장하는 첫 번째 제자들은 예수가 어떤 위대한 일을 행하기 이전에 이미 부름을 받았으며, 곧 보게 되겠지만 마가복음에서 제자가 되는 길은 기적을 행하는 사람을 따르는 것이 아니라 끝까지 예수를 따를 각오를 다지는 것이다.[63]

그러나 예수의 기적은 그의 성품을 드러내기도 한다. 웬디 코터(Wendy Cotter)는 통찰력 있는 연구에서 예수에게 (자신이나 다른 사람을 위해) 치유나 축귀를 청원하는 많은 사람들이 "대담하고 뻔뻔하며 터무니없고" 심지어 "무례하다"고 말한다.[64] 예를 들어 1:40-45에서 예수에게 다가온 나병 환

---

61 비록 마가가 이 본문을 직접 인용하거나 암시하지 않지만, 이사야에 대한 그의 긍정적인 생각은 잘 나타나 있다. 예컨대 다음을 보라. R. E. Watts, *Isaiah's New Exodus and Mark* (Tübingen: Mohr Siebeck, 1997); M. D. Hooker, "Isaiah in Mark's Gospel," in *Isaiah in the New Testament*, ed. S. Moyise and M. J. J. Menken (London: T&T Clark, 2005), 35-49.

62 이것이 이 두 이야기의 중요한 의미인 것 같다. 첫 번째 이야기는 유대인들을 초대하는 것이고(6:35-44), 두 번째 이야기는 이방인들을 초대하는 것이다(8:1-10). 메시아적 연회라는 주제에 관해서는 다음을 보라. 사 25:6-8; 34:5-7; 슥 9:15, 그리고 D. E. Smith, "Messianic Banquet," *ABD* 4:788-91.

63 여기서 마가복음은 누가복음과 눈에 띄게 다르다. 누가복음에서 기적은 제자가 되는 정당한 근거다. 다음을 보라. Achtemeier, *Jesus*, 159-62.

64 W. Cotter, *The Christ of the Miracle Stories: Portrait through Encounter* (Grand Rapids: Baker Academic, 2010). Cotter의 주된 관심은 마가 이전의 이야기에 있지만, 그녀의 논의 가운데

자는 청중에게 두려움과 혐오감을 불러일으키고, 예수에게 끈질기게 호소하는 모습에 공포심을 불러일으켰으며, 전신 마비 환자의 친구들은 자신들에게 맡겨진 환자를 앞자리로 내밀기 위해 고의로 다른 사람의 재산을 파괴했으며(2:1-12), 앞을 보지 못해 구걸하는 바디매오는 시끄럽게 고함을 치는 바람에 청중에게 더욱 혐오감을 불러일으켰을 것이다. 보통 이런 청원자들은 각자의 위치를 알고 자기 자리를 지키라는 엄중한 경고와 질책을 받아야 했다. 그러나 예수는 비난받을 만한 그들의 행동에서 그들이 경험하는 절망과 고통, 그리고 그가 그들에게 도움을 줄 수 있다는 흔들리지 않는 그들의 믿음을 본다. 수로보니게 어머니의 이야기(8:24-30)에서 보듯이 예수는 처음에는 개입하기를 꺼리지만, 간청하는 사람의 말을 듣고 나서 기꺼이 마음을 바꾼다.[65] 이 사람들을 돕기로 한 예수의 결정은 강압적이고 집요하고 심지어 공격적인 그들의 행동 앞에서도 자제력(*sōphrosynē*)을 잃지 않을 뿐만 아니라 타인에 대한 진심어린 관심, 친절과 용서라는 "필란트로피아"(*philanthrōpia*)를 보여준다. 코터가 지적한 바와 같이 이러한 자질은 호메로스 이래로 남자에게 가장 칭찬받을 만한 자질 중 하나였다.[66]

많은 부분은 마가복음에 등장하는 이야기에도 똑같이 적용된다. 그녀가 지적하듯이 마태는 마가보다 이 이야기들이 지니고 있는 문제의 본질을 훨씬 더 약화시킨다(7-8). 그러나 나는 Cotter보다 마가의 이전 전승을 밝히는 데 있어 더 확신이 없다. 나의 논평은 위 202-16을 보라.

[65] 이것은 반드시 잘못된 것으로 보이지 않았을 것이다. Cotter는 평민의 지적을 받아들일 각오가 되어 있는 하드리아누스를 긍정적으로 평가하는 디오 카시우스의 말을 인용한다. *Roman History* 69.6.2 (*Christ*, 190-91).

[66] Cotter, *Christ*, 9-13. 구체적으로 *philanthrōpia*에 관해서는 다음을 보라. H. Martin, "The Concept of Philanthrōpia in Plutarch's Lives," *AJP* 82 (1961): 164-75.

마가복음의 본문은 여러 일화에 나타난 다른 사람들에 대한 예수의 관심을 강조한다. 그는 나병 환자(1:41),[67] 뇌전증 소년(9:22), "목자 없는 양과 같은" 군중(6:34, 8:2 참조)을 향해 연민을 느낀다. 예수는 전신 마비 환자에게 "내 아들"(2:5), 하혈하는 여인에게 "딸"(5:34)이라고 부르며, 환자들에게 아버지 같은 친절을 베풀고, 여러 차례 사람들에게 음식을 먹이려고 생각한다(5:43, 6:30-44, 8:1-10). 첫 번째 배 이야기에서 그가 자연에 대해 신적인 능력을 발휘한 사건은 자기 과시용이 아니라 겁에 질린 추종자들을 진정시키기 위한 것이었다(6:35-41).[68] 반대로 그는 다른 사람들 마음속에 동정심이 없다는 것을 보고 분노와 슬픔에 빠지기도 한다(3:5; 참조. 10:14). 마가복음의 예수가 관습을 무시하고, 세리와 "죄인들"과 공개적으로 식사하고(2:15-17), 친가족이 자신을 집으로 데려가려 하자 거부하는 모습(3:31-35)은 그리 놀라운 일이 아니다. 이 모든 과정에서 예수는 성령으로 충만한 자의 자신감과 용기를 통해 당시의 관습에 당당하게 도전할 수 있었다.[69]

다른 사람들에 대한 매우 실질적인 관심에도 불구하고 마가의 예수에게는 약간 "초자연적인"(otherworldly) 무언가가 있다. 그는 남들이 뭐라고

---

67 여기에는 사본상 이문이 있다. 대부분의 사본은 흔치 않은 *splanchnizomai*(연민/동정)로 읽지만, 소수의 사본은 *orgizomai*(분노)로 읽는다. 여기서 *splanchnizomai*에 대한 강력한 변호는 다음을 보라. P. J. Williams, "An Examination of Ehrman's Case for *orgistheis* in Mark 1.41," *NovT* 54 (2012): 1-12.

68 따라서 Cotter, *Christ*, 206.

69 발레리우스 막시무스는 자신감(*fiducia sui*)에 대해 한 장을 할애하면서 용기 있는 사람들은 종종 관행에 이의를 제기한다는 점에 주목한다. *Memorable Deeds and Sayings* 3.7.

수군거리는지 알고(2:8), 절망에 빠진 여인이 자신의 옷을 만지는 것을 알아차리는 기묘한 능력을 가지고 있다(5:30-33). 그는 주변 사람들보다 약간 더 나은 그리스어를 구사하며, 때때로 고전 그리스어 또는 70인역의 예언서에서 가져온 더 "정확한" 또는 형식적인 표현을 사용하기도 한다.[70] 그리고 그는 종종 군중을 떠나 조용한 곳으로 가서 기도할 필요를 느낀다(1:35-37, 45, 3:7, 19b-20, 6:31-32, 46, 7:24). 이 모든 것은 그가 강인한 정신력과 절제력을 갖춘 사람이지만, 하나님의 음성을 새롭게 듣기 위해 광야의 고독한 환경으로 물러나는 사람이라는 인상을 준다.

갈등

그러나 예수의 큰 성공은 사람들의 원망을 불러일으켰고, 2:1-3:6에 수록된 다섯 가지 일화에서 알 수 있듯이 이른 시기부터 갈등이 나타나기 시작한다. "서기관", "바리새인", "헤롯당원" 등 다양하게 묘사되는 이 반대자들은 예수의 말과 행동에 모두 이의를 제기한다. 그들은 예수가 죄를 용서한다고 주장하는 것(2:1-10), 동료들과 함께 식사하는 것(2:15-17), 제자들에게 금식을 요구하지 않는 것(2:18-20), 안식일에 밀 이삭을 자르는 제자들을 책망하지 않는 것(2:23-28)에 대해 문제를 제기한다. 이러한 논쟁이 중

---

70 따라서 J. A. L. Lee, "Some Features of the Speech of Jesus in Mark's Gospel," *NovT* 27 (1985): 1-26. 그는 "사람들"(4:4; 9:12; 12:5; 14:1; 14:8), "좋은"(*eu*, 14:7), 기원법 *ŏ* + 호격 (9:19), 금지 또는 강한 부정을 위한 *ou mē* + 가정법/미래 등 예수의 독특한 용법을 인용한다(8-23의 논의를 보라). 아마도 저자는 무의식적으로 그의 지위에 더 잘 맞게 말하는 방식을 예수에게 부여했을 것이다.

요한 이유는 그것이 공개적으로 이루어지고, 남성의 명예와 논쟁의 세계를 배경으로 하고 있기 때문이다. 제롬 네이레이(Jerome Neyrey)는 이러한 일화의 "적대적이고 공격적인" 성격을 강조하는데, 이것은 인류학자들이 "도전과 응전"이라는 게임에 붙이는 이름이다.[71] 예수의 반대자들은 그를 망신시키고 신성모독자이자 범법자로 폭로하여 대중의 조롱과 경멸을 받게 하려한다.[72] 그러나 그들의 시도는 좌절된다. 마가복음의 예수는 자신이 한줄짜리 명언의 대가임을 보여주고(2:10, 17, 19, 27-28; 또한 5:39, 6:4), 아무런 대응도 하지 못하는 그의 라이벌에 비해 월등히 뛰어나다. 이 섹션의 다섯 번째이자 마지막 사건에서 상황은 절정에 달한다. 안식일에 그의 반대자들은 예수가 손이 마른 사람을 고쳐줄지 지켜보는데, 예수가 직접 나서서 그들에게 도전적인 질문을 먼저 던진다. "안식일에 선을 행하는 것과 악을 행하는 것, 생명을 구하는 것과 죽이는 것, 어느 것이 옳으냐?" 예수를 대적하는 사람들은 아무런 대답도 하지 못하고 예수가 그 사람을 고치는 모습을 가만히 지켜본다(3:1-6). 고대 청중이라면 이 장면의 역학 관계를 이해할 수 있었을 것이다. 반대자들은 예수를 망신시키기는커녕 예수의 뛰어난 재치와 이해력에 굴욕을 당하고, 우유부단함을 드러내며 궁극적으로 망신을 당한다. 따라서 이 지역의 "귀족들"이 3:6에서 예수를 죽이려고 음모를 꾸미

---

71   J. H. Neyrey, "Questions, *Chreiai*, and Challenges to Honor: The Interface of Rhetorical Culture in Mark's Gospel," *CBQ* 60 (1998): 657-81.

72   구체적으로 조롱에 관해서는 다음을 보라. D. Neufeld, *Mockery and Secretism in the Social World of Mark's Gospel* (London: Bloomsbury, 2014).

는 것은 전혀 놀라운 일이 아니다.[73]

이러한 논쟁의 이야기는 새것을 옛것에 접목할 수 없음을 강조하는 두 가지 말씀을 중심으로 전개된다(2:21, 22). 전기가 진행될수록 예수가 "새 천 조각" 또는 "새 포도주"를 상징한다는 것이 분명해진다.[74] 그러나 예수는 반대자들이 생각하는 것처럼 율법을 범하는 사람이 아니라 율법의 의미와 목적을 더 깊이 이해하고 있음을 보여준다. 이 논쟁을 통해 예수는 엄격한 율법주의를 신봉하는 무정하고 몰인정한 반대자들에 맞서 다시 한번 자신의 "필란트로피아", 즉 친절과 동정심을 보여준다.[75] 율법에 대한 예수의 탁월한 이해는 7장을 여는 긴 대화에서 재차 강조될 것이다. 예수의 반대자들은 제자들이 왜 식사 전에 손을 씻지 않느냐고 묻고, 이에 대해 예수는 그들이 하나님의 율법을 자신들의 율법으로 대체했다고 비난하며 성경을 인용한다(막 7:6-10은 사 29:13; 출 20:12; 21:17; 신 5:6; 레 20:9를 반영한다).[76] 이전의 충돌에서 그랬던 것처럼 반대자들은 아무런 대응도 하지 못하고 단순히 마가의 이야기에서 사라진다.

---

73 여기서는 주인공이 그의 뛰어난 재치로 상대를 끊임없이 능가하는 『아이스포스의 생애』와 유사한 점들이 있다. 다음을 보라. S. S. Elliott, "'Witless in Your Own Cause': Divine Plots and Fractured Characters in the Life of Aesop and the Gospel of Mark," *Religion and Theology* 12 (2005): 405-6.

74 교차대구법적 구조에 관해서는 다음을 보라. N. W. Lund, *Chiasmus in the New Testament: A Study in Formgeschichte* (Chapel Hill: University of North Carolina Press, 1942), 303-4.

75 당연히 나는 여기서 역사적 서기관들과 바리새인들이 아닌, 이 적대자들에 대한 마가의 묘사를 가리킨다. 다음을 보라. E. P. Sanders, *Judaism: Practice and Belief, 63 BCE-66 CE* (London: SCM, 1992), 380-451.

76 예수의 권위와 유대 성경의 권위의 관계에 대해서는 다음을 보라. Liew, "Tyranny," 13-16.

갈등에 대한 다른 기사들도 같은 패턴을 따른다. 예수의 가족들은 예수가 "미쳤다"(existēmi)는 소식을 듣고 집으로 데려가려 하지만, 예수는 그들을 거부한다(3:21, 31-35). 예루살렘의 서기관들은 조사하러 와서 예수가 귀신들려 바알세불의 힘으로 귀신을 쫓아낸다고 선언한다. 그들의 높은 지위("예루살렘에서 내려온")가 갈등을 고조시킨다. 이 사람들은 더 좋은 평판을 받고 있기 때문에 공개적인 굴욕을 당하면 잃을 것이 더 많을 수밖에 없다.[77] 그러나 예수는 다시 한번 그들의 판단을 쉽게 무시하며, 그들의 주장에 논리가 없을 뿐만 아니라 그들 스스로가 "영원한 죄"를 범할 수 있다고 경고한다(3:22-30). 예수는 "하늘로부터 오는 표적"(8:11-13)을 구하는 바리새인들과 대화를 거의 하지 않고, 나중에 이혼법(신 24:1-4)에 대한 그들의 문자적인 이해를 남자와 여자의 관계에 대한 자신의 뛰어난 생각(10:2-9, 창 1:27; 5:2; 2:24에 근거하여)으로 능가한다.

따라서 예수의 말과 행동은 공개적으로 끊임없이 검증을 받아, 모두 진실하고 합당한 것으로 드러난다. 예수에게 이의를 제기하는 사람은 거의 항상 경멸당하는 그의 반대자들이지만, 예수가 때로는 직접 주도권을 잡는 경우도 있는데, 언제나 그의 발언이 논쟁에 마침표를 찍는다. 예수의 말은 담대하고 권위가 있으며, 재치와 논증 및 율법에 관한 지식에 있어 갈릴리 종교 지도자들보다 확실히 뛰어나다. 마가는 이 첫 장들에서 하나님의 선택을 받은 아들에 걸맞게 예수를 명예롭고 심지어 엘리트 남자로 묘사한

---

77   Neyrey, "Jesus, Gender," 65.

다. 그는 인애(*philanthrōpia*)와 자제력(*sōphrosynē*)이라는 남자다운 미덕을 보여준다. 물론 마가는 이러한 미덕을 언급하지 않지만(그는 70인역의 언어로 자신을 표현하는 것을 선호한다), 로마의 독자들이 매력적으로 여길 만한 자질을 갖춘 인물로 예수를 묘사하고 있음은 분명하다.

정체성

이 첫 번째 섹션에서 소개되는 또 다른 주제는 정체성의 문제다. 이미 살펴본 바와 같이 청중은 처음부터 예수가 그리스도라는 사실을 알게 되는데(1:1), 첫 단락은 그를 하나님의 아들(1:9-11)이라고 지칭한다. 마가복음에서 이 두 칭호는 거의 같은 의미로 사용되며, "하나님의 아들"은 그리스도를 더 명확하게 설명하는 역할을 한다. 예수는 복음서 전체에 걸쳐 중요한 세 가지 장면에서 하나님의 아들이라고 선포되는데, 세례를 받을 때 홀로 자신에게(1:9-11), 변용될 때 가장 가까운 제자들에게(9:2-8), 마지막으로 죽을 때 로마 백부장에 의해 더 많은 청중에게(15:36-39) 선포된다.

　독자들은 프롤로그의 이점을 누리지만, 이야기 속의 인물들은 예수를 어떻게 이해해야 할지 모른다. 가버나움 회당에 모인 사람들, 충격을 받은 서기관들, 놀란 제자들, 분개한 마을 사람들, 심지어 헤롯까지 모두 한결같이 던지는 질문은 언제나 똑같다. 과연 이 사람은 누구인가? 그리고 그의 권위는 어디에서 나오는가?(1:27; 2:7; 6:2, 14) 이야기 속의 인물들은 예수에게

다양한 정체성을 부여한다. 가장 일반적인 칭호는 선생님(*didaskalos*)이며,[78]
랍비[79] 또는 주님(*kyrios*)은 덜 자주 사용된다.[80] 그가 엘리야와 같은 예언자
(6:15, 8:28)나 죽음에서 돌아온 세례자 요한(6:14, 16, 8:28) 또는 귀신의 왕자
바알세불(3:22, 30)에게 들린 사람일 수도 있다는 추측도 있다. 오직 부정한
영들만 예수가 진정으로 누구인지―하나님의 거룩한 자(1:24-25), 하나님
의 아들(1:34; 3:11-12) 또는 지극히 높으신 하나님의 아들(5:7)―를 인식할
수 있다.

그러나 예수는 덜 고상한 방식으로 자신을 지칭하는 것을 선호한다.
그는 자신을 의사(2:17), 신랑(2:20), 예언자(6:4)에 비유한다.[81] 그리고 그
는 자신을 한 번씩 주님(11:3)과[82] 선생님이라고 칭하지만(14:14), 그가 선
호하는 칭호는 더 베일에 가려져 있는 사람의 아들 또는 인자(*ho huios tou
anthrōpou*)다.[83] 이 어구에 대한 대부분의 학술적 논의는 역사적 질문을 중심
으로 이루어졌다. 예수가 실제로 이 용어를 사용했을까? 그렇다면 그 의미

---

78   막 4:38; 5:38; 9:17, 38; 10:17, 20, 35; 12:14, 19, 32; 13:1.
79   막 9:5; 10:51; 11:21; 14:45.
80   막 7:28.
81   아마도 암묵적으로 목자(*poimēn*, 6:34)도.
82   예수는 5:19에서 이 용어를 사용하는데, 거기서 그는 귀신의 군대에 사로잡힌 자에게 집으
      로 돌아가 사람들에게 "주께서 네게 어떻게 큰일을 행하"셨는지를 전하라고 말한다. 이 사
      람은 이 호칭을 예수 자신을 가리키는 것으로 받아들인다(5:20에서 분명히 밝히듯이). 물론
      그 문맥에서는 하나님을 가리킬 개연성이 더 높지만 말이다.
83   막 2:10, 27-28; 8:31, 38; 9:9, 31; 10:33, 45; 13:26; 14:21, 41, 62. 나는 이 표현의 일반적인
      번역이 지닌 성차별적 성격을 인정하지만, "인류의 아들"(Son of Humanity/Humankind)은
      특별히 더 우아하지 않다.

는 무엇이었을까?[84] 그러나 우리의 목적에 비추어볼 때 역사적 질문의 가치는 제한적이다. Q에서 이 용어가 사용된 점을 고려하면 예수가 자신을 지칭하기 위해 이 용어를 사용했을 가능성이 압도적으로 높으며, 마가는 전승에서 이 표현을 물려받았을 가능성이 높다(아마도 현재의 표현은 그리스어로 다소 어색하게 번역되었을 것이다). 그러나 본 연구에서 더 관심을 끄는 것은 다음과 같은 질문이다. 마가는 왜 이 표현을 그대로 유지하면서 예수가 자주 사용하는 자기 호칭으로까지 사용하고 있는가?[85] 그리고 왜 다른 인물들은 그를 지칭할 때 이 호칭을 사용하지 않는가?

잘 알려진 바와 같이 이 다소 특이한 용어는 70인역에서 단수형과 복수형(전자는 관사가 없는 형태)으로 모두 166회 등장하며, 일반적으로 "인간" 또는 "사람"을 일관되게 지칭한다.[86] 이 용어가 가장 광범위하게 사용된 본

---

84 이 주제에 대한 좋은 개요는 다음을 보라. A. Y. Collins, "The Origin of the Designation of Jesus as 'Son of Man,'" *HTR* 80 (1987): 391-407; D. R. Burkett, *The Son of Man Debate: A History and Evaluation* (Cambridge: Cambridge University Press, 1999); M. Müller, *The Expression "Son of Man" and the Development of Christology: A History of Interpretation* (Sheffield: Equinox, 2008); L. W. Hurtado and P. W. Owen, eds., *Who Is This Son of Man? The Latest Scholarship on a Puzzling Expression of the Historical Jesus* (London: T&T Clark, 2010).

85 마태와 누가는 때때로 이것을 수정한다. 예를 들어 (30회 정도 사용하며 이 용어를 특별히 좋아하는) 마태는 때때로 마가가 생략한 곳에 이 용어를 덧붙이기도 하고(예. 마 16:13; 참조. 막 8:27; 눅 9:18), 완전히 제거하기도 한다(예. 마 16:21; 참조. 막 8:31). 이러한 전승의 유동성을 고려하면(심지어 문학 문서 중에서도) 마가가 오로지 그것이 그의 전승에 들어 있었다는 이유로 그 표현을 넣었다고 상상할 이유가 없다.

86 이 표현은 분명히 아람어와 히브리어에서도 알려져 있지만, 오직 이 언어들에서 번역된 그리스어 텍스트에서만 발견된다. 이 표현의 아람어 용법에 관해서는 다음을 보라. A. L. Lukaszewski, "Issues Concerning the Aramaic behind ὁ υἱὸς τοῦ ἀνθρώπου: A Critical Review of Scholarship," in Hurtado and Owen, *Who Is This Son of Man?*, 1-27.

문은 에스겔서인데, 거기서 하나님은 이 예언자를 "인자"(huie anthrōpe, 호격을 사용하여)라고 부르며, 이 용법은 그의 겸손과 무가치함을 강조하는 것으로 보인다. 마가복음의 예수가 이 표현과 함께 정관사를 사용한 것은 이상하며, 이 용어에 특수성을 부여하는 것처럼 보인다(예. "이 특정한 인자", "이 사람"). 이 점에 주목한 이전 세대의 학자들은 종말에 "인자 같은 이"가 특별한 역할을 하는 다니엘 7장에 근거하여 "인자"가 어떤 종말론적 인물의 칭호라고 생각했다. 오늘날에는 이러한 견해가 주목을 받지 못하는데, 이는 제2성전기 유대교에서 "인자"를 칭호로 사용했다는 증거가 없기 때문이다.[87] 더 중요한 것은 **예수의 입에서 나오는 이 용어가 자신을 높이려는 것이 아니라 그 정반대**라는 결정적인 사실을 이 주장이 간과하고 있다는 점이다.[88] 마가복음의 예수는 고귀한 칭호와 다른 사람들의 찬사를 계속해서 거부한다. 비록 그는 죄를 용서할 수 있고(2:10), 안식일의 주인이며(2:28), **자신**에 대한 충성이 재림 때 한 사람의 지위를 결정한다(8:38)고 주장할 만큼 자신에 대해 상당히 권위 있는 주장을 할 수 있지만, 그는 자신이 그저 한 인간으로 보이기를 원한다. 정관사는 이 용어에 훨씬 더 구체적인 의미를 부여하지만─이 용어는 분명히 다른 어떤 사람이나, 일반적인 "사

---

[87] 단 7:13 외에도 이 표현은 에녹의 비유(에녹1서) 48:10, 52:4; 에스라4서 13장에서도 등장한다. 이 두 묵시 문헌은 다니엘서를 발전시켜 "인자"가 더 높임 받은 인물이 되지만, 1세기 유대인 모임 안에서 어떤 신적 중개인을 광범위하게 기대하고 있었다는 증거가 전혀 없다. 다음을 보라. R. Leivestad, "Exit the Apocalyptic Son of Man," *NTS* (1972): 243-67; L. W. Hurtado, "Fashions, Fallacies and Future Prospects in New Testament Studies," *JSNT* 36 (2014): esp. 307-13.

[88] 따라서 또한 D. R. A. Hare, *The Son of Man Tradition* (Minneapolis: Fortress, 1990), 189-90.

람"이 아니라 **예수**를 염두에 두고 있음—이 어구의 의미는 여전히 평범함, 가식 없음, 겸손함의 모습에 근거를 두고 있다.[89] 서서히 전개되는 하나님의 종말론적 드라마에서 예수의 소명과 위치는 모두 대중의 찬사를 겸손하게 사양하는 태도에 가려져 있다. 마가에게는 다니엘서의 천상의 "인자"와 연관되어 있다는 점이 이점으로 작용했을 것이다. 이 어구는 예수의 자기 비하를 함축함과 동시에 미래의 영광을 암시할 수 있다(8:38, 13.26, 14:62에서 알 수 있듯이).

이 용어의 극도로 문학적인 사용을 고려할 때 다른 등장인물들이 예수를 "인자"라고 부르는 것은 분명히 부적절하다. 그들은 예수가 이 용어를 가지고 자신을 지칭하고 있다는 것을 알고 있지만, 지금까지 그들이 예수에 대해 경험한 것은 경이로움과 감탄의 연속이었다. 당연히 그들은 예수에게 세례자 요한, 엘리야, 예언자 중 한 사람과 같이 더 고귀한 칭호를 부여하고자 한다(8:28). 이와 매우 유사한 모습이 필로스트라토스의 『티아나의 아폴로니우스의 생애』에서도 나타난다. 그의 위대한 능력에 감명을 받은 아스바마 사람들은 이 철학자를 "제우스의 아들"이라고 말하지만, 그는

---

89 Hare는 역사적 예수가 이 표현을 이런 방식으로 사용했고, 이 표현은 그가 요한과 공유한 예언자적 임무를 언급할 때 겸손하게 자신을 지칭하는 기능을 했다고 제안한다(*Son of Man*, 257-82). 나의 제안은 **마가복음의** 예수가 이 표현을 이런 방식으로 사용한다는 것이다(나는 우리가 역사적 예수가 사용한 방식을 재구성할 능력에 대해 훨씬 덜 확신적이다). Hurtado는 언어학적으로 이 표현이 "특징짓기"보다는 "지칭하는" 기능을 하므로 나머지 문장이 그 의미를 밝혀준다고 말한다("Summary and Concluding Observations," in Hurtado and Owen, *Who Is This Son of Man?*, 166-67). 이것은 분명히 맞지만, 나는 특히 강한 성경적 메아리를 고려할 때 Hurtado가 생각하는 것보다 이 언급 자체 안에서 더 많은 의미를 발견한다.

단지 "아폴로니우스의 아들"이라고 주장한다(*Life of Apollonius of Tyana* 6).[90]

예수의 "인자" 사용에 담긴 겸손과 절제의 의미는 좀 더 깊이 살펴볼 가치가 있다. 이러한 절제(*metriotēs*, 라틴어로는 *moderatio*)는 마가가 저술할 당시 널리 인정받던 미덕이다. 발레리우스 막시무스는 이것이 "영혼의 가장 유용한 부분"이라고 선언하며 그것에 상당한 지면을 할애했다.[91] 절제는 사람들이 오만해지려는 경향을 억제하고, 지위와 직함을 너무 빨리 얻으려는 충동에 저항하며, 다른 사람이 제공하는 영예를 거절하고, 지나친 야망이나 정당한 분노를 억제하게 하는 힘이었다. 그러나 초기 제국 시대에 이 단어가 사용된 것은 좀 더 구체적인 문화적 연관성을 불러일으켰을 수도 있다. 기원전 27년의 평정 이후 아우구스투스는 전제적 통치를 연상시키는 것은 무엇이든 받아들이지 않은 것으로 유명하며, 옛 공화정 방식을 철저하게 고집하며 자신에게 특별한 권한을 부여하는 것은 무엇이든 거부하는 모습을 보여주었다(이것은 *recusatio imperii*[정부의 거부]로 알려져 있다).[92] 황제는 자신의 『업적록』(*Res Gestae*)에 자신이 **수락하지 않은** 공직과 명예를 조심스럽게 나열했다. 커크 프로이덴버그(Kirk Freudenburg)가 지적하듯이 이러

---

90 이와 유사하게 *Life of Apollonius of Tyana* 4.31에서 아폴로니우스는 질투를 불러일으킬까 봐(*hos mē phthonoito*) 사람들이 그에게 경의를 표하는 것을 장려하지 않는다. 물론 "질투"는 막 15:10에서도 나타난다.

91 Valerius Maximus, *Memorable Deeds and Sayings* 4.1. 인용문은 서문에서 발췌함. Shackleton Bailey, LCL 492.

92 A. Wallace-Hadrill, "*Civilis Princeps*: Between Citizen and King," *JRS* 72 (1982): 32-48; K. Freudenburg, "*Recusatio* as Political Theatre: Horace's Letter to Augustus," *JRS* 104 (2014): 105-32.

한 치밀한 퍼포먼스의 요점은 그의 정부를 절제된 정부로 분류하고, "매우 모순적인 성격의 황제 주변에 존경할 만한 로마의 한계를 설정하는 것"이었다고 할 수 있다.[93] 이는 아우구스투스의 후계자들이 이어받은 관행이었는데, 이들은 모두 최고 권력과 절제 및 거절의 표현을 다양한 방식으로 결합하려고 노력했다.[94] 앤드루 월리스-해드릴(Andrew Wallace-Hadrill)의 말에 의하면 거절은 "각 황제의 통치 기간 내내 놀라울 정도로 다양한 맥락에서 행해진 의식이었다. 왕이 되거나 신의 화신이 되는 것만으로는 충분치 않았다. 집정관, 국부(Pater Patriae, 國父), 황제라는 칭호 등 모든 직책은 거절하거나 포기할 만한 가치가 있었지만, 현실을 가리는 사법권의 겸허한 권력은 예외였다. 황제의 승리는 영원했고, 그 사실은 승리를 거부함으로써 가장 잘 드러났다."[95]

이와 비슷한 맥락에서 티베리우스는 자신의 우월함을 암시하는 언어 사용을 자주 금지했고(Suetonius, *Tiberius* 27-31), 아우구스투스는 때때로 화려한 예복보다 소박한 옷을 선호했다(Suetonius, *The Divine Augustus* 5, 40, 73).[96] 물론 모든 황제가 이와 관련하여 같은 수준의 절제를 보인 것은 아니며, 가이우스나 네로는 쉽게 전제주의적 과시에 빠질 수 있었지만, 이러한 자세

---

93   Freudenberg, "Recusatio," 111.
94   Wallace-Hadrill, "*Civilis Princeps*," 36.
95   Wallace-Hadrill, "*Civilis Princeps*," 37.
96   Wallace-Hadrill, "*Civilis Princeps*," 38-39. 나중에 수에토니우스는 율리우스 카이사르가 "황제"와 "조국의 아버지"라는 칭호를 채택한 것을 그의 자제력 부족으로 보고 그의 암살을 정당화했다. *The Divine Julius* 76.

를 단순히 위장이나 가식으로 이해하는 것은 경계해야 한다. 명예를 거절하는 것은 원로원과 시민 단체에 대한 진정한 존중, 옛 공화정의 사회 구분 고수, 황제의 권력이 궁극적으로 신뿐만 아니라 국민 자신으로부터 나온다는 점을 인정하는 것이었기 때문이다.[97]

당연히 황제의 거절과 마가복음에서 발견되는 거절 사이에는 많은 차이가 있다. 후자의 경우, 귀신을 제외하고는 아무도 구체적으로 예수에게 칭호를 부여하지 않고, 예수도 그것을 거부하지 않는다(예수의 정체성에 대한 질문과 그것을 포착하는 적절한 방법은 사건과 결코 무관하지 않지만 말이다). 나는 여기서 마가가 의도적으로 황제를 모델로 삼아 예수의 초상을 그렸다고 주장하는 것이 아니다. 나의 요점은 오히려 절제와 자제력이 최고의 지위를 가진 사람에게 가장 중요한 덕목이었던 문화적 환경에서 마가가 이 전기를 썼다는 것이다. 또한 황제나 저명한 인물들처럼 예수의 권력과 지위는 실로 그가 어떤 칭호를 받아들이기로 했는지와 아무런 상관이 없다. 청중은 그가 그리스도이자 하나님의 아들이며, 자신을 인자로 더 적절하게 표현하는 것을 선호하더라도 그가 특별한 능력을 소유하고 있다는 것을 알고 있다. 결정적으로 여기서 예수가 이미 보여준 겸손은 8:27-10:45의 가르침에서 더욱 두드러지게 나타날 것이다(아래에서 곧 살펴볼 것이다).

나는 마가복음의 "비밀" 주제에서도 비슷한 모티프가 작용하고 있다고 제안한다. 빌리암 브레데(William Wrede)가 1901년에 이 특징에 주목한

97　　다음을 보라. Wallace-Hadrill, *"Civilis Princeps,"* esp. 45-48.

이래로 소위 메시아적 비밀은 학계의 엄밀한 조사를 받았다.[98] 마가복음의 예수는 이 모티프를 다음과 같은 세 가지 주요 문맥에서 사용한다. 첫째, 항상 자신이 누구인지 정확히 알고 있는 부정한 영들을 잠잠하게 하기 위해. 둘째, 치유와 관련하여 예수가 (다소 비효율적으로) 치유받은 사람들에게 자신이 한 일을 다른 사람들에게 말하지 말라고 명령할 때(예: 1:44; 5:43). 셋째, 제자들이 자신의 정체성을 드러내는 것을 막기 위해(8:30; 9:9). 전통적인 명칭에서 알 수 있듯이 이 비밀 모티프는 일반적으로 예수의 메시아적 정체성을 중심으로 전개된다. 대다수 현대 해석자들은 마가가 "그리스도"라는 용어를 재정의하여 고난이라는 개념을 포함하려 했으며, 따라서 예수의 메시아적 지위는 그가 죽을 때까지 숨겨져야 했고, 그 시점에서 로마 백부장이 그의 하나님의 아들 됨을 세상에 선포할 수 있었다고 주장한다(15:39). 마가에게 있어 예수의 메시아적 지위는 그의 죽음과 밀접하게 연관되어 있다. 예수는 분명히 죽을 메시아다. 그러나 마가복음의 독자들에게 이것이 새로운 소식이었다고 상상하기는 어렵다. 이 "전통적인" 해석은 사람들이 메시아를 승리주의적으로 이해하는 (유대) 맥락에서만 이해가

---

98 Wrede는 최초기 그리스도인들은 예수를 오직 부활 때 메시아로 인식했고, 나중에 가서야 비로소 그의 지상의 삶도 메시아의 삶이었다고 믿게 되었다고 주장했다. 마가복음의 이 비밀 모티프는 이 두 (마가 이전의) 해석의 흐름이 합쳐진 것이다. 즉 예수의 공생애는 실제로 메시아의 삶이었지만, (비역사적인) 비밀 모티프가 오직 부활 때 이것을 공개적으로 드러나게 했다는 것이다(참조. 9:9); W. Wrede, *The Messianic Secret*, trans. J. C. G. Grieg (Cambridge: Clarke, 1971; German orig., 1901). 더 최근의 논의는 다음의 논문집을 보라. C. M. Tuckett, ed., *The Messianic Secret* (Philadelphia: Fortress, 1983); H. Räisänen, *The Messianic Secret in Mark's Gospel* (Edinburgh: T&T Clark, 1990); Watson, *Honor*; Neufeld, *Mockery*.

가능하며, 죽을 구세주를 포용하기 위해서는 크게 수정되어야 한다.[99] 그러나 우리는 마가복음의 청중 대부분이 이미 기독교 이야기에 익숙했을 것이며, 적어도 일부는 이방인 출신일 가능성이 높다는 사실을 확인했다. 후자의 그룹은 아마도 예수의 죽음과 부활에 대한 소식을 들음과 동시에 "메시아"라는 용어에 익숙해졌을 것이며, 따라서 그 칭호를 새롭게 정의할 필요가 없었을 것이다. 더 중요한 것은 "메시아"라는 용어가 마가복음에서는 더 이상 설명을 필요로 하지 않는다는 점이다. 만약 설명이 필요했다면 이에 관한 예수의 짧은 말씀 하나를 삽입하는 것이 더 확실한 방법이었을 것이다(아마도 12:35-40과 같은).

최근에 많은 학자들은 마가복음의 "비밀" 본문을 명예와 수치라는 고대의 범주에 따라 해석하기 시작했다. 일부 학자들은 이러한 은폐 행위가 예수 자신에게로 거슬러 올라가며, 그의 강한 능력이 반대자들 사이에서 필연적으로 유발했을 시기심과 적대감을 피하기 위한 일종의 방어 전략이었다고 주장한다.[100] 이것은 전적으로 가능하지만, 마가가 왜 이 모티프를 그대로 유지했는지, 그리고 왜 그의 작품에서 이 모티프가 그렇게 지배적인지는 일러주지 않는다. 이에 대한 그럴듯한 해답은 데이비드 왓슨(David

---

99 이마저도 요즘에는 대대적인 수정이 필요하다. 탁월한 논의는 다음을 보라. M. V. Novenson, *A Grammar of Messianism: An Ancient Jewish Political Idiom and Its Users* (New York: Oxford University Press, 2017).

100 예컨대 다음을 보라. J. J. Pilch, "Secrecy in the Gospel of Mark," *PACE* 21 (1992): 150-53; "Secrecy in the Mediterranean World: An Anthropological Perspective," *BTB* 24 (1994): 51-57.

Watson)이 그의 단행본 『그리스도인들 사이에서 나타난 명예』(*Honor among Christians*)에서 제시했다. 왓슨은 예수를 자신과 가족 모두에게 적용되는 대중의 지지와 명예를 소중히 여기는 고대 문화 안에 위치시킨다. 그는 명예를 얻는 중요한 방법은 다른 사람에게 물품이나 서비스를 베풀어 그들이 그 후원자의 관대함에 대한 소문을 널리 퍼뜨리는 것이라고 말한다.[101] 예수는 치유와 축귀를 통해 사람들에게 특별한 가치의 선물, 즉 일반적으로 자신에게 명성과 명예를 가져다줄 은총을 베푼다. 그러나 치유를 받은 사람들에게 침묵을 요구함으로써 예수는 그들에게 아무것도 요구하지 않을 뿐만 아니라(그를 찬양해야 할 의무에서 벗어난다는 점에서) 자신에게 마땅히 주어져야 할 명예도 거부하려고 한다. 마찬가지로 마귀들은 자신들이 사용한 거창한 칭호를 가지고 예수에게 영광을 돌린다. 예수가 그들의 입을 막으려는 행위는 다시 한번 영광을 거부하려는 시도이자 그들에게 휘둘리지 않으려는 시도일 것이다.[102] 그리고 제자들의 입을 막은 것은 만약 자신의 신분이 지나치게 공개적으로 거론될 경우 자신에게 쏟아질 엄청난 영예를 다시 한번 무마하려는 것이다. 물론 예수의 노력은 자주 무시된다. 사람들은 소문을 내고 그의 명성은 널리 퍼진다(예: 6:14, 32-33, 55; 7:24). 예수는 분명 최고의 존경을 받을 만하지만, 마가는 결정적으로 이것이 그가 추구하는

---

101 Watson은 신중하게 신적 능력을 중재하는 예수를 "후견인"이 아닌 "브로커"로 보고자 노력하지만(*Honor*, 46-47), 나는 마가의 기독론이 이것이 암시하는 것만큼 그렇게 신중한지는 의심스럽다.

102 Watson, *Honor*, 56-61.

것이 아님을 분명히 한다. 이것이 예수의 성품뿐만 아니라 일반적으로 제자도와 어떻게 부합하는지는 8:27-10:45의 가르침에서 다시 한번 확실해질 것이다.

따라서 "비밀" 모티프와 예수의 "인자" 언어 사용은 많은 공통점을 가지고 있다. 예수는 계속해서 절제와 자제력을 발휘하여 자신이 주목을 받는 것을 거부하고 마땅히 받아야 할 명예를 수용하지 않는다. 물론 이것은 마가복음의 현명한 선택이다. 왜냐하면 사실은 명예를 탐하지 않는 사람이 가장 명예로운 사람이기 때문이다.[103] 그러나 이야기 속 인물들, 심지어 화자조차도 계속해서 예수에게 다시 관심을 집중시킨다.[104] 부정한 영들은 예수가 그들의 입을 막고 자신을 비천한 인간으로 드러내더라도 더 고귀한 칭호를 염두에 두고 있으며, 사람들은 예수가 하지 말라고 당부했음에도 불구하고 계속해서 그의 "비밀"을 누설한다. 결국 예수는 "찬송 받을 이의 아들 그리스도"(14:61-62)와 "왕"(15:2)이라는 칭호를 받아들이지만, 이제

---

103 Watson, *Honor*, 53. 그는 티아나의 아폴로니우스가 자신의 행적을 크게 알리는 것을 거부한 것에 주목한다(Philostratus, *Life of Apollonius of Tyana* 8.15).

104 문학적 관점에서 E. S. Malbon은 마가복음의 화자가 예수에 대해 말하는 것(그가 그를 만나는 모든 사람에게 신과 같은 행적과 놀라운 이적을 행할 수 있는 "그리스도", "하나님의 아들"이라는)과 예수가 자신에 대해 말하는 것(그가 "인자"이며 다른 사람들은 그의 정체성과 이적 행위에 대해 침묵해야 한다는) 사이의 긴장에 주목한다. 그녀는 "화자처럼 말하는 예수는 '섬김을 받으러 온 것이 아니라 섬기러'(10:45, 새번역) 온 예수이기 어렵고, 마가복음의 예수가 말하는 것만을 긍정하는 예수는 '하나님의 아들 예수 그리스도'(1:1)의 복음의 온전한 무게를 감당하기 어렵다"고 올바르게 지적한다. "History, Theology, Story: Re-contextualizing Mark's 'Messianic Secret' as Characterization," in Skinner and Hauge, *Character Studies*, 53.

이 칭호는 그를 영광과 존귀가 아니라 죽음으로 이끌 것이다.

　　마가는 작품의 첫 번째 주요 부분을 통해 예수를 하나님의 아들에 걸맞은 엘리트 남자로 묘사했다.[105] 앞서 살펴본 것처럼 예수는 연민, 자제력, 절제, 중용, 겸손 등 다양한 미덕을 보여준다. 그는 사치스러운 삶을 경멸하고, 종교 지도자들에게 담대하게 말하며, 자신의 권위로 군중에게 깊은 인상을 남긴다. 그는 여성을 옹호하는 자이며, 백성들에게 음식과 건강을 제공하며, 관계를 회복시켜주는 관대한 후원자다. 여기서 눈에 띄게 결여된 단 하나의 전통적인 "남자다운" 덕목은 전장에서 발휘할 기술이다.[106] 물론 이것은 철학자에게 기대할 것은 아니지만, 워런 카터(Warren Carter)가 지적한 것처럼 거라사 무덤에 사는 귀신 "군대"를 물리친 예수의 승리는 그가 원했다면 이곳에서도 영광을 누릴 수 있었음을 암시할 수 있다(5:1-20).[107] 마가가 이 도입 장들을 쓴 목적은 아마도 그리스-로마 세계의 위인들 사이에서 고개를 들어도 손색이 없는 존경할 만한 예수를 소개하기 위함이었을 것이다. 예수가 하나님 나라에 들어가려는 사람들에게 전혀 다른 일련의 "노예와 같은 덕목"을 강조하고자 했다면 그것은 그가 천박한 기질을 가졌

105　특히 엘리트 남자와 관련된 남성다움에 관해서는 다음을 보라. S. D. Moore and J. C. Anderson, eds., *New Testament Masculinities* (Atlanta: SBL Press, 2003); B. E. Wilson, *Unmanly Men: Refigurations of Masculinity in Luke-Acts* (Oxford: Oxford University Press, 2015), 39-75. 물론 고대 세계에는 "남성다움"에 대한 상반된 견해가 존재했지만(우리는 6장에서 이 주제를 다룰 것임), 대다수가 여기서 나열한 미덕들을 받아들였을 것이다.

106　남성다움과 전쟁의 밀접한 관계에 대해서는 다음을 보라. T.-S. B. Liew, "Re-Markable Masculinities," in Moore and Anderson, *New Testament Masculinities*, 96-97.

107　W. Carter, "Cross-Gendered Romans and Mark's Jesus: Legion Enters the Pigs (Mark 5:1-20)," *JBL* 134 (2015): 139-55.

기 때문이 아니라 의식적으로 자신을 다른 방식으로 선보이고자 했기 때문일 것이다. 하나님 나라와 관련된 덕목과 삶의 방식에 대한 명료한 설명은 복음서 중심 부분에 제시되어 있다.

제자도에 관한 가르침(8:22-10:52)

"선생님"이라는 호칭에도 불구하고 마가복음의 예수는 지금까지 거의 가르치는 일을 하지 않았다.[108] 복음서의 첫 부분은 비유(4:1-34), 정결에 관한 논의(7:1-23), 바리새인과 헤롯의 "누룩"과 관련된 수수께끼 같은 경고(8:11-21) 등 비교적 짧은 세 개의 교훈 본문만을 포함하고 있다. 각 구절은 공개적으로 시작하지만, 곧바로 사적인 공간("예수께서 홀로 계실 때에", 4:10; "무리를 떠나 집으로 들어가시니", 7:17; "배에 올라", 8:13)으로 이동하고, 예수는 거기서 제자들에게 "하나님 나라의 비밀"(4:11)을 가르치려고 한다.[109] 전형적인 "내부자"인 제자들은 스승과 함께 조용한 공간으로 물러나 스승의

---

108 Hägg가 지적하듯이 마가복음의 5분의 1만이 예수의 말씀에 할애한다는 점은 마가가 예수가 한 말보다 그가 행한 일과 그가 주변 사람들에게 어떻게 보였는지에 더 관심이 있었음을 암시한다. 다르게 표현하자면 마가에게 예수는 교리의 대변자이기보다는 삶의 방식에 대한 모범이었다(*Art of Biography*, 161). 아마도 이것 또한 마가가 그의 작품을 말씀 복음서보다는 전기로 선보이기로 한 결정에 영향을 미쳤을 것이다.

109 P. Sellew는 (모두 가르침 단락으로 구성된) 4:1-20; 8:14-21; 7:1-23; 9:14-29; 10:1-12의 비슷한 구조에 주목했다. "Composition of Didactic Scenes in Mark's Gospel," *JBL* 108 (1989): 613-34. 그러나 나는 Sellew보다 이것들이 마가 이전의 구조를 나타낸다는 데 덜 확신적이다. 나는 마가가 이 비슷한 패턴에 책임이 있다고 생각한다.

가르침을 듣고 그 의미를 논의한다.[110] 지금까지 제자들은 주님을 따르는 것이 매우 어렵고 실패로 끝나는 경우도 많지만, 그 메시지를 받은 사람들 중 일부는 기하급수적으로 반응할 것이며, 하나님 나라는 크게 성장할 것임을 알게 되었다(4:1-32). 그들은 또한 정결법을 지키는 것보다 올바른 행동을 하는 것이 더 중요하다는 것도 잘 알고 있다(7:1-23). 그리고 무엇보다도 그들에게 가장 어려운 과제는 그들이 예수의 사명을 이해하고 이에 올바르게 반응해야 한다는 것이다(8:11-21). 이제 전기의 중심 부분에서 마가복음의 예수는 다시 한번 가르침에 관심을 돌리는데, 이번에는 제자도의 도전적인 요구 사항을 간략하게 설명한다.

학자들은 오래전부터 마가의 작품 중 이 중간 부분의 일관성을 인정해 왔다. 이 부분은 시각 장애인이 시력을 회복하는 이야기로 둘러싸여 있다 (실제로 마가복음에서 유일한 시력 치유 사건임, 8:22-26; 10:46-52). "길에서"(*en tē hodō*)라는 짧은 어구는 여러 단락에서 등장하며(8:27; 9:33, 34; 10:17, 32), 이 부분 전체에서 두드러지게 나타나는 주제인 제자도의 개념을 강조한다.[111] 그리고 이 전체 단원은 예수의 세 번의 수난 예고를 중심으로 구성되어 있으며, 각 예언은 제자들의 저항과 추가 가르침의 필요성으로 이어진다 (8:31, 9:31, 10:33-34). 제자들의 오해의 내용과 마찬가지로 수난 예고의 내

---

110 관계없는 남자들이 모여 다른 사람들과 함께하는 자리를 즐기거나 서로의 생각을 논하는 남자들의 사적인 공간에 대해서는 다음을 보라. Neyrey, "Jesus, Gender," 49.

111 70인역에서 "주의 길"(*hodos*)은 하나님의 요구를 따르는 것을 가리킨다. 예. 출 32:8; 신 5:33; 렘 7:33. 또한 막 1:1. "도"는 사도행전에서 종종 신자들을 가리키는 용어로 사용된다. 9:2; 18:25; 19:9, 23; 22:4; 24:14, 22.

용은 매번 구체성을 더해간다. 8:32에서는 베드로가 예수를 "꾸짖고", 9:34에서는 누가 더 큰지에 대한 제자들의 논쟁은 간접 화법으로 보고되고, 10:35-40에서는 세베대의 아들들의 오해가 직접적인 생생한 화법으로 더욱더 극적으로 전해진다.[112] 이 모든 것은 이 전기에서 중추적인 역할을 할 이 핵심 부분이 촘촘하게 짜여 있다는 인상을 준다.

다시 한번 강조하지만, 이 장들에서 예수의 가르침의 주요 대상은 제자들이다. 결정적으로 세 번의 수난 예고를 포함하여 예수의 가장 중요한 가르침은 모두 길에서(8:27-33; 9:30-50; 10:23-31, 32-45), 산 밑자락에서(9:9-13) 또는 집에서(10:13-16) 제자들에게만 주어진다. 이들은 예수의 가장 가까운 추종자들로서 그의 가르침에 대해 모두 알고 있으며, 일반적으로 편안하게 질문하고 설명을 구하는 데 익숙한 내부 그룹이다. 그러나 이 메시지는 그들을 위한 것만은 아니다. 마가는 때때로 이 단원에서 폭넓은 그룹을 소개한다. 군중들은 8:34-9:1과 10:1-9에서 나타나며, 예수에게 달려온 부자는 10:17-22에서 등장한다. 무엇보다도 이 가르침이 먼저 열두 제자에게 주어진 것이라면 그것은 분명히 예수를 따르는 모든 사람을 위한 것이기도 하다.

이 섹션은 예수가 주도권을 쥐고 제자들에게 자신이 누구라고 생각하는지 묻는 것으로 시작한다. 제자들의 대변인 역할을 맡은 베드로는 예수

---

112   A. D. Kaminouchi, *"But It Is Not So among You": Echoes of Power in Mark 10.32-45* (London: T&T Clark, 2003), 68-70.

를 그리스도라고 선언한다(8:27-30). 이 복음서의 등장인물 가운데 어떤 사람이 예수의 정체성에 관해 무언가 깨달은 것은 이번이 처음이지만, 아직 완전한 그림은 아니다. 마가복음에서는 이 사건 바로 직전에 벳새다에서 시각 장애인이 두 단계에 걸쳐 치유되는 특이한 사건이 일어난다. 예수의 첫 번째 치유 시도에 이어 시각 장애인은 부분적으로 보긴 하지만(그의 눈에는 여전히 사람이 나무처럼 보임), 예수가 다시 시도하자 이 사람은 비로소 모든 것을 선명하게 보게 된다(8:22-26). 마가가 이 이야기를 베드로가 예수를 올바르게 인식하는 장면과 병치한 데에는 그럴 만한 이유가 있다. 비록 제자들이 중요한 이해 단계에 도달하긴 했지만, 그것은 첫 단계일 뿐이다. 베드로는 중요한 것을 깨달았지만, 아직 명확하게 보지 못했다. 그러기 위해서는 이야기에 좀 더 암울한 내용이 들어가야 하는데, 예수는 제자들에게 자신이 죽을 것이라고 분명하게 말한다(8:31). 베드로는(그리고 아마도 다른 제자들도) 아직 이 사실을 깨닫지 못한 것이 분명하다(8:31-33). 그러나 더 끔찍한 일이 기다리고 있다. 예수는 많은 군중을 불러 모으고 제자가 된다는 것은 그를 죽기까지 따르는 것을 의미한다고 설명한다. 그의 첫 문장이 이 중간 부분 전체의 가르침을 요약한다. "무리와 제자들을 불러 이르시되 '누구든지 나를 따라오려거든 자기를 부인하고 자기 십자가를 지고 나를 따를 것이니라. 누구든지 자기 목숨을 구원하고자 하면 잃을 것이요, 누구든지 나와 복음을 위하여 자기 목숨을 잃으면 구원하리라'"(8:34-35).

이제부터 마가복음의 예수는 신자들을 위한 규칙서처럼 읽히는("누구든지…누구든지…" 등등) 여러 단락에서 제자도에 대한 이론을 개괄적으로 설명한다.[113] 예수가 예루살렘으로 향해 나아갈수록 임박한 죽음에 대한 예수의 예언이 더욱 분명해지면서 자기희생과 섬김에 대한 주제는 더욱 명확해진다. 추종자들은 재물(10:17-22)뿐만 아니라[114] 집과 가족(10:23-30)까지 모든 것을 포기해야 한다. 예수는 "먼저 된 자로서 나중 되고 나중 된 자로서 먼저 될 자가 많으니라"(10:31)라고 선언하면서 제자들에게 주변 문화에서 권력을 행사하는 방식을 거부하고, 자신을 가장 마지막에 두고 노예(둘로스)처럼 행동할 때만 진정한 위대함을 발견할 수 있음을 깨닫기를 촉구한다. "이방인의 집권자들이 그들을 임의로 주관하고 그 고관들이 그들에게 권세를 부리는 줄을 너희가 알거니와 너희 중에는 그렇지 않을지니, 너희 중에 누구든지 크고자 하는 자는 너희를 섬기는 자가 되고 너희 중에 누구든지 으뜸이 되고자 하는 자는 모든 사람의 종이 되어야 하리라. 인자가 온 것은 섬김을 받으려 함이 아니라 도리어 섬기려 하고 자기 목숨을 많은 사람의 대속물로 주려 함이니라"(10:42-45).

학자들은 종종 "섬기는 왕"(servant king)"이라는 개념은 유대교와 그리스-로마 전통 모두에서 그 선례를 찾아볼 수 있다고 말한다.[115] 마가복음의

---

113 이 단원에 관해서는 다음을 보라. M. D. Hooker, *Not Ashamed of the Gospel: New Testament Interpretations of the Death of Chris*t (Grand Rapids: Eerdmans, 1994), 47-67; Kaminouchi, *But It Is Not So*, 9-17.

114 10:22에서 이 단어는 *ktēma*인데, "무엇이든지 얻은 것", 즉 재산, 소유물 또는 모든 종류의 물품을 가리킨다.

115 다음을 보라. M. Weinfeld, "The King as the Servant of the People," *JJS* 33 (1982): 189-94; D. Seeley, "Rulership and Service in Mark 10:41-5," *NovT* 35 (1993): 234-50; O. Wischmeyer, "Herrschen als Dienen—Mk 10,41-45," *ZNW* 90 (1999): 28-44. 또한 다음을 보라. 신 17:23; 왕상 12:7; Plato, *Republic* 5.463B; 7.540B; *Laws* 6.762E; Xenophon,

예수는 10:42에서 이교도 지도자들의 관행을 강조하지만, 여기서 그의 가르침은 주로 왕권에 관한 것이 아니다.[116] 오히려 이것은 더 일반적으로 신자들 사이의 관계, 특히 그리스도 추종자들과 다른 사람들을 구별하는 행동을 가리킨다. 그 당시의 사회 풍조를 강하게 거부하는 마가복음의 예수는 그리스도를 따르는 공동체의 구성원들이 자기를 과시하거나 타인의 존경을 구걸하는 데 관심을 가져서는 안 된다는 점을 분명히 하고 있다. 오히려 진정한 제자도의 특징은 공동체의 유익을 위해 다른 사람을 섬기는 것이다. 데이비드 왓슨(David Watson)이 관찰한 바와 같이 신자들은 주변 세계에 만연한 명예 규범을 거부하고 섬김과 고난 그리고 비하를 기반으로 하는 새로운 명예 이해를 수용할 것을 요구받는다.[117]

이 반문화적 가르침은 단순히 다른 사람들을 위한 청사진이 아니라 예수가 자신의 삶을 어떻게 이끌어나갈 것인지에 대한 기초를 형성한다. 우리는 이미 이야기 속의 다른 인물들이 계속해서 예수를 주인공으로 내세우더라도 그가 자신에게 부여하는 거창한 칭호와 찬사를 일관되게 거부하는 것에 주목했다. 복음서가 진행됨에 따라 예수는 모든 것을 포기하고 자신

Memorabilia 3.2.3; Aelian, *Various Histories* 2.20; Seneca, *On Clemency* 8.1; *Letter of Aristeas* 101, 188–265; Philo, *Special Laws* 4.165–66; Josephus, *Jewish War* 4.616 (on Vespasian); Dio Chrysostom, *On Kingship* 3.53. 특히 그리스 사상에서 왕권 주장과 국민에게 친근하고 세심할 필요성 간의 긴장에 대해서는 다음을 보라. Wallace-Hadrill, *"Civilis Princeps,"* 32–35.

116 Wischmeyer, "Herrschen." 예수와 관련하여 왕권은 당연히 복음서 후반부에 가서야 나타날 것이며, 거기서 왕권과 섬김의 관계가 중요한 주제가 될 것이다.

117 Watson, *Honor*, 80. 그는 종이 되는 것보다 통치자가 되는 것이 남자에게 적절하다고 선언한 플라톤(*Gorgias* 492b)과 섬김은 정신을 망가뜨린다고 주장한 세네카를 인용한다(*On Anger* 2.21.3).

을 마지막에 두고 십자가를 질 것이다. 수치와 비하를 상징하는 십자가는 고대의 명예 체계를 완전히 뒤집어엎는 상징적인 사건이다. 마가에게 있어 기독교 제자도는 당시 사회에서 천박하고 경멸스럽게 여기던 것에서 오히려 명예와 미덕을 발견하는 것을 포함한다.[118] 교활하고 못생긴 노예가 주인공으로 등장하는 『아이소포스의 생애』처럼 마가의 전기 역시 누가 명예를 누릴 자격이 있는지에 대한 기존의 생각을 약화시키고 독자들에게 근본적으로 다른 세계관을 공유할 것을 촉구한다.[119]

이처럼 세상의 명예를 포기하는 것은 부와 사치를 경멸하는 것과도 관련이 있다. 이는 예수의 떠돌이 생활과 타인의 후원에 의존하는 삶에서 이미 드러났지만, 10:17-22의 부자와 예수가 나눈 대화와 10:23-31에 이어지는 토론에서 더 잘 드러난다. 이러한 가르침은 일반적인 문화적 기대에 반하는 것이지만, 철학자들의 가르침에서도 흔히 볼 수 있었다. 예를 들어 소크라테스는 부와 사치를 경멸한 것으로 알려져 있는데(Plato, *Apology* 23C, 30A-B, 31C, 36D), 루키아노스는 이러한 특징을 데모낙스에게 부여한다 (*Demonax* 4, 5, 8, 63). 필로스트라토스는 아폴로니우스가 돈에 무관심했다고 말하고(*Life of Apollonius of Tyana* 1.13, 21; 2.25; 4.45), 디오게네스 라에르티오스

---

118 마가는 이와 관련하여 전혀 새롭지 않은 것 같다. 사도 바울도 고전 9:19-23에서 이와 비슷한 방식으로 자기 생각을 표현하는데, 거기서 그는 모든 사람의 종이 되는 것에 대해 말한다. 다음을 보라. D. B. Martin, *Slavery as Salvation*, 86-116.
119 다음을 보라. Watson, *Honor*, 130-36. 더 일반적으로 『아이소포스의 생애』에 대해서는 위 145-48을 보라.

는 많은 철학자들이 이와 비슷한 태도를 보였다고 말한다.[120] 필론 역시 모세가 검소하게 살았고 사치를 위한 시간이 없었다고 주장한다.[121] 하나님 나라를 구하고 예수를 따르고자 하는 사람들도 마찬가지로 세상의 재물에 대한 신뢰를 버리고 오직 예수의 길만을 신뢰할 것을 요구받는다.

마가는 예수가 노예와 같은 행동을 점점 더 강조하는 것에 대한 대응으로 예수의 하늘 영광이 소수의 제자들 앞에서 나타나는 장면을 포함한다 (9:2-8). 산상 계시 사건은 특히 출애굽기 24장의 시내산 이야기와 열왕기상 19장의 엘리야의 "세미한 소리"를 통해 유대교적 모티프를 강하게 드러낸다. 그러나 캔디다 모스(Candida Moss)가 지적했듯이 이 본문은 그리스 신화에서 흔히 볼 수 있는 "신의 현현" 장면과도 유사하며, 중심인물이 유사하게 변용되어(보통 모종의 빛이 관여하는) 구경꾼들에게 두려움과 경배를 불러일으킨다.[122] 하늘의 음성은 다시 한번 예수를 "사랑하는 아들"이라고 선언하며, 이번에는 "그의 말을 들으라"(akouete autou, 9:7)라는 명령이 추가된

---

120 디오게네스 라에르티오스는 플라톤은 수수료를 받지 않았지만, 스페우시포스는 받았으며 (*Lives* 4.1.2), 크세노크라테스는 금전을 선물로 받기를 거부했으며(4.2), 아르켈실라오스는 매우 부유했음에도 돈에 거의 관심이 없었다(4.6.38)고 말한다.

121 *Life of Moses* 1.29. 그러나 요세푸스는 모세의 부(富)를 강조하는 경향이 있는데, 이는 아마도 유대인들이 거지 나라의 국민이었다는 비난에 대한 반응일 것이다. Feldman, *Studies*, 547.

122 C. Moss, "The Transfiguration: An Exercise in Markan Accommodation," *BibInt* 12 (2004): 69-89. 문화에 의해 결정된 신의 현현의 성격에 대한 철저한 논의는 다음을 보라. G. Petridou, *Divine Epiphany in Greek Literature and Culture* (Oxford: Oxford University Press, 2015). 흥미롭게도 Petridou는 신의 현현은 종종 커다란 공포가 동반됨에도 수혜자들의 지위를 높이고 그들을 신이 선호하는 자로 만든다고 말한다(334). 어쩌면 이것이 지금까지 충분한 관심을 받지 못한 제자들의 "성격 묘사"의 한 측면이 아닐까?

다. 이 장면은 자기부인에 대한 예수의 가르침에도 불구하고 자기 십자가를 지고 모든 사람의 종이 된 예수가 참으로 성령으로 충만한 하나님의 아들임을 극적으로 상기시킨다.[123]

예루살렘(11:1-13:44)

11장에서 예수는 예루살렘에 도착한다. 그는 제자 두 명을 먼저 보내 새끼 나귀를 끌고 오게 하고 군중의 환호를 받으며 나귀를 타고 왕처럼 입성한다(11:1-10). 이 장면은 예수가 큰 인기를 누리고 있으며 그를 "주의 이름으로 오시는 이"(11:9)로 알아 보는 유월절 순례자들에게 소망을 불어넣어 주고 있음을 강조한다. 이 이야기는 또한 질투라는 주제를 설정하는데, 이

---

123 학자들은 마가가 예수를 "신적 존재"로 생각하는지에 대해 끊임없이 논의하고 있다. 문제의 일부는 우리가 누가 "신"이었고 누가 그렇지 않았는지에 대한 명확한 구분을 이미 세워놓고 이것을 유일신론의 관점에서 이해하는 경향이 있다는 것이다. 내가 보기에 마가는 이 문제에 있어 훨씬 덜 명확한 것 같고, 아마도 현대 학자들만큼 이에 대해 크게 신경을 쓰지 않았을 것이다. 비록 이야기 안에서 이스라엘의 하나님이 분명히 별개의(그리고 현저하게 초월적인) 인물임에도 그의 예수는 확실히 어떤 면에서 신성과 맞닿아 있다. M. E. Boring의 유용한 연구를 보라. "Markan Christology: God-language for Jesus?," *NTS* 45 (1999): 451-71. 이제는 무척이나 인기가 없는 "신인"(*theios anēr*, 神人)이라는 명칭에 대해 그는 다음과 같이 말한다. "이 문제는 헬레니즘 세계가 신의 지혜나 기적적인 행위를 통해 나타나는 초자연적인 힘을 가진 인물, 즉 단순한 인간 이상이면서도 완전한 신이 아닌 인물에 대해 잘 알고 있었느냐는 것이다. 이러한 일반적인 종교적 유형은 그리 흔치 않았던 것으로 보인다"(458). 이것은 나에게 매우 합리적인 판단으로 보이며, 여러 전기의 주인공에 적용되는 것으로 보인다(유대교 맥락에서 우리는 필론의 모세를 생각할 수 있는데, 그는 구체적으로 신적 존재였다고 전해진다. *Life of Moses* 1.6, 27; 2.51, 291). 마가복음에 나타난 하나님에 관해서는 다음을 보라. J. R. Donahue, "A Neglected Factor in the Theology of Mark," *JBL* 101 (1982): 563-94.

주제는 나중에 재판 장면에서 중추적인 역할을 하게 된다(특히 15:10을 보라). 우리는 나중에 마가가 통치자들의 질투심을 자극해 죽임을 당한 철학자의 흔한 비유에 빗대어 예수를 묘사하는 것을 보게 될 것이다. 여기서 축제의 군중들은 예수에게 열렬한 지지를 보내는데, 이러한 지지는 그가 체포될 때까지 계속될 것이다(11:17; 12:12; 14:2).

이튿날 예수는 예루살렘으로 돌아와 성전에서 소동을 일으킨다(11:15-19). 이 장면의 의미는 이 사건을 둘러싸고 있는 무화과나무 이야기로 더욱 분명해진다. 즉 열매를 맺지 못한 무화과나무처럼 성전도 파괴될 것이다(11:12-14, 20-25). 마가는 이 일화를 통해 "대제사장들과 서기관들"(11:18)이라는 새로운 반대 세력을 소개한다. 처음에는 군중에 대한 두려움 때문에 그들의 계획이 좌절되지만, 결국 그들은 예수의 체포를 음모하는 집단이 된다(11:18).

갈릴리에서와 마찬가지로 예수는 다시 한번 반대자들과 언쟁을 벌이고, 재치와 놀라운 말솜씨로 그들을 쉽게 물리친다. 11:27에서 예수의 권위에 의문을 제기하며 적대감을 드러내는 자들은 바로 예수의 경쟁자인 "대제사장들과 서기관들과 장로들"이다. 예수는 그들이 세례자 요한의 권위가 어디에서 왔는지 알지 못한다고 스스로 자백하게 만듦으로써 그들을 제압한다. 예수는 공개적으로 비유를 통해 그들의 파멸을 예언하지만, 그들이 군중을 두려워하므로 체포되는 것을 면한다(12:12). 다시 한번 그들은 바리새인과 헤롯당원 몇 사람을 보내 세금에 대해 질문하면서 예수를 함정에 빠뜨리려고 하지만, 이번에도 예수는 그들을 따돌리는 데 성공한다(12:13-17). 그다음에는 사두개인들이 예수에게 부활에 관해 묻지만, 그들은 성경이나 하나님의 능력에 대해 아무것도 모른다는 대답을 듣는다(12:18-27). 마지막으로 지혜로운 서기관이 예수에게 가장 큰 계명이 무엇인지 묻고 그의 대답에 칭찬을 받는다. 그리고 그 후로는 아무도 감히 그에게 묻지 못한다(12:34). 베니 리우(Benny Liew)가 관찰한 바와 같이 예수와 당국자들은 이 일화들이 진행되는 동안 역할을 바꿔가며 공세를 펼치지만, 수치를 당한 당국자들은 곧 침묵으로 돌아서고, 14:1에서 예수의 죽음을 음모할 때까지 다시는 나타나지 않는다. 그러나 예수는 점점 더 존경을 받고, 12:35-37에서 그가 서기관들이 어떻게 그리스도가 다윗의 자손이라고 말할 수 있느냐는 난해한 질문으로 도전하자 아무도 이에 답하지 못한다.[124]

복음서 중심 단원을 관통했던 자기부인이라는 주제는 예루살렘에서 다시 짧게 재조명된다. 예수는 제자들에게 회당에서 가장 좋은 자리와 잔치에서 상석을 좋아하는 명예를 추구하는 서기관들을 조심하라고 경고하고(12:38-40), 대신 성전에 아낌없이 헌금한 가난한 과부를 칭찬한다(12:41-44). 그러나 이제 예수의 가르침은 새로운 전환점을 맞이한다. 13장에서 예수는 자신의 시대와 마가의 청중 시대 간의 경계를 허물면서 미래의 일들에 대해 말씀하기 시작한다.[125] 독자들이 이전에는 이 전기가 자신

---

124 Liew, "Re-Mark-able," 104-7. 다윗 혈통의 메시아 사상에 대한 마가의 견해는 위 239-41을 보라.

125 막 13장과 유대 및 그리스-로마 문학의 "고별 대화" 간의 유사점에 대해서는 다음을 보라.

들의 상황에 어떻게 적용되는지 깨닫지 못했다면 이제는 그 적용점이 너무나도 분명하게 드러난다. 이 장은 지금까지 암묵적으로 내재되어 있던 주제를 전면에 내세운다. 즉 예수의 제자들은 목숨을 잃는 한이 있더라도 스승을 본받을 준비가 되어 있어야 한다.

예수 본받기

2장에서 언급했듯이 고대 전기에는 독특하고 역사적으로 규정된 한 개인의 삶을 개괄적으로 설명하는 것과 이와 동시에 그 삶을 다른 사람들이 따라야 할 하나의 모범으로 제시하는 것 사이에 항상 일정한 긴장이 존재했다. 마가복음에서 예수는 하나님의 선택을 받고 그분의 영으로 충만한 유일한 아들이지만, 토마스 해그가 관찰했듯이 그는 "그의 삶의 방식을 통해 본보기가 된다."[126] 비록 동사 "모방하다"(*mimeomai*)는 마가복음에 나타나

Robbins, *Jesus the Teacher*, 173-79.

126 Hägg, *Art of Biography*, 161. 또한 다음을 보라. R. A. Burridge, *Imitating Jesus: An Inclusive Approach to New Testament Ethics* (Grand Rapids: Eerdmans, 2007), 159-85; M. A. Tolbert, *Sowing the Gospel: Mark's World in Literary-Historical Perspective* (Minneapolis: Fortress, 1989), 133-35; D. Capes, "Imitatio Christi and the Gospel Genre," *BTBR* 13 (2003): 3; Hurtado, "Following Jesus"; F. J. Matera, *New Testament Ethics: The Legacies of Jesus and Paul* (Louisville: Westminster John Knox, 1996), esp. 31-34; R. Hays, *The Moral Vision of the New Testament: Community, Cross, New Creation* (London: T&T Clark, 1996), 73-92. 그리스도를 모방하는 것에 대한 개념은 다른 많은 신약 본문에서도 발견된다. 예. 살전 1:6; 고전 11:1; 고후 10:1; 빌 2:5; 엡 4:32; 5:1-2; 벧전 2:21-3. 그리스도를 모방하는 것에 대한 교부 시대의 예는 다음을 보라. Capes, "Imitatio Christi," 16-19; C. R. Moss, *The Other Christs: Imitating Jesus in Ancient Christian Ideologies of Martyrdom* (New York: Oxford University

지 않지만, "나를 따르라"(*akolouthein*)라는 요구는 빈번하게 등장한다(1:17; 8:34; 10:21 [10:28, 52]).[127] 마가가 이 표현을 사용한 것은 아마도 "하나님과 함께(또는 "하나님의 방식대로") 걷는다"는 유대교 사상과 공명했기 때문일 것이다.[128] 제자가 되고자 하는 사람들은 예수를 "따르고", 그의 모범을 보고 배우며, 그의 삶을 본받도록 부름을 받았다.

예수를 따른다는 의미는 전기의 구조 자체에 고스란히 녹아 있다. 우리는 이미 마가가 요단강 강변에서 세례자 요한은 물로 세례를 베풀었지만(*ebaptisa*), 예수는 성령으로 세례를 베풀 것(*baptisei*)이라고 선언하는 다소 갑작스러운 서두에 주목한 바 있다(1:8). 그러나 우리는 실제로 예수가 세례를 베푸는 것을 보지 못하며, 세례 자체도 이 작품에서 더 이상 아무런 역할을 하지 않는다. 여기서 미래의 세례에 대한 언급이 이야기 속 인물들의 세례가 아니라 예수의 이름으로 세례를 받은 마가의 기독교 신자들의 세례와 관련이 있다는 것을 우리가 이해하기 전까지는 이 모든 것이 이상하게 보인다. 초기 교회의 세례에 대해 우리가 알고 있는 것은 모두 세례가 물과

Press, 2010).

127 *mimēsis*에 대한 유용한 논의(비록 바울과 관련된 것이지만)는 다음을 보라. E. A. Castelli, *Imitating Paul: A Discourse of Power* (Louisville: Westminster John Knox, 1991), esp. 59-87. H. D. Betz와 달리 나는 (그가 팔레스타인-유대 개념으로 보는) "따르기"와 (그가 헬레니즘적 개념으로 보는) "모방"을 구별할 이유가 없다고 본다. *Nachfolge und Nachahmung Jesu Christi im Neuen Testament* (Tübingen: Mohr Siebeck, 1967), 3. 마가가 사용하는 것은 성경의 언어일 수 있지만, 그가 요구하는 것은 분명히 *mimēsis*다. 또한 다음을 보라. Moss, *The Other Christs*, 21-23, 28. 그 역시 모방과 제자도는 사실상 서로 구별할 수 없다고 본다.

128 예컨대 창 5:22(에녹); 6:9(노아); 24:40(아브라함); 신 5:33의 명령을 보라. 유용한 논의는 다음을 보라. K. Grobel, "He That Cometh After Me," *JBL* 60 (1941): 397-401.

성령의 은사와 관련이 있다는 것을 암시한다(고전 16:11; 행 2:38). 따라서 지금까지 살펴본 바와 같이 예수의 세례 장면은 그의 신적 친자 관계 선언을 위한 배경일 뿐이지만, 마가복음의 믿는 청중들에게는 자신의 세례, 즉 자신의 그리스도인 여정이 시작된 시점을 상기시켜줄 것이다.[129] 흥미롭게도 이와 비슷한 특징이 약간 후대의 기독교 미술에서도 나타나는데, 종종 그 장면이 예수의 세례인지 신자의 세례인지 구분하기 어려운 경우가 많다.[130] 마가복음에서처럼 초기 기독교 예술가들에게도 신자의 세례는 예수의 세례를 본받는 것이었기 때문에 이 두 가지를 모두 의도했을 가능성이 높다.

마가복음의 결말도 갑작스럽다. 여인들이 하늘의 사자로부터 예수가 살아났다는 소식을 듣고 베드로와 제자들에게 이 기쁜 소식을 전하라는 지시를 받자마자 마가복음의 이야기는 갑자기 끝이 난다(16:6). 그러나 겁에 질린 여인들은 너무 놀란 나머지 메시지를 전하지도 않고 도망치기에 급급하다(16:8). 이 이상한 장면은 마가복음의 청중에게 직접 말하는 것으로 볼 때 가장 이해가 잘 된다.[131] 여인들과 마찬가지로 청중들도 빈 무덤 이야기를 알고 있지만, 그들 역시 두렵고 어떤 반응을 보여야 할지 잘 모른다. 마가가 그들에게 던지는 도전은 개인적으로 대가를 치르더라도 계속 믿고 따

---

129 따라서 또한 Collins, *Mark*, 147.

130 다음을 보라. R. M. Jensen, *Living Water: Images, Symbols, and Settings of Early Christian Baptism* (Leiden: Brill, 2011), 26-29.

131 Hays는 마가가 청중에게 직접 질문하거나 권면하는 것으로 단락을 마무리하는 것을 좋아한다는 점에 주목한다. 예. 8:21; 13:37. 여기서도 깔끔한 마무리가 없다는 점은 청자들의 적극적인 반응을 촉구한다(*Moral Vision*, 90).

라야 하며, 이제는 자신의 삶이 이 이야기의 연장 선상에 있다는 것을 알아야 한다는 것이다.[132] 그렇다면 마가복음의 이 중단된 이야기는 그리스도인의 삶과 완벽하게 일치한다. 이 이야기는 모든 신자들의 삶이 시작되는 지점, 곧 세례와 함께 시작되며, 마가 교회의 많은 신자들이 이 이야기를 알고 있었음에도 두려움과 불확실성 및 박해의 위협에 너무 위축되어 공개적으로 말씀을 선포할 수 없었던 지점에서 끝이 난다. 마가복음은 이러한 사람들에게 힘을 주고, 예수의 삶을 진정한 그리스도인의 삶의 모델로 제시하며, 세상에서 계속 사명을 이어가도록 준비시키기 위해 기록된 것으로 추정된다.

또 하나의 구조적 패턴은 예수와 신자들의 삶을 연결하는데, 이 역시 세례자 요한과 관련이 있다. 요한은 마가복음에서 카메오 역할에 불과하지만, 삼중 패턴 중에서 결정적인 첫 번째 단계로 기능한다. 요한이 먼저 등장하여 말씀을 선포하고 체포되며(1:7, 14), 나중에 그의 처형과 장례에 대한 이야기가 나온다(6:17-20).[133] 다음으로 예수가 말씀을 선포하고(1:14) 체포

---

132 Hurtado는 부활 이후의 출현 장면이 없다는 점이 유일한 제자도의 모델인 예수에게만 초점을 맞추려는 마가의 의도를 강화한다고 제안한다. 신약의 다른 본문에서는 부활 이후의 출현 장면이 목격자들을 권위 있는 인물로 만드는 역할을 하지만(예. 고전 9:1; 15:3-11 또는 마 28:16-20), 마가복음에서는 예수의 독특한 의미가 마지막까지 보존된다. "Following Jesus," 26-27.

133 요한은 아마도 마가 시대에도 여전히 중요한 메시아적 인물로 잘 알려져 있었을 것이다(1세기 말에 요세푸스는 여전히 그를 존경할 만한 인물로 여겼다). 아마도 이 사실은 1:7-8의 *synkrisis*를 필요로 했을 것이며, 마가가 예수가 그의 전임자보다 전적으로 우월한 인물이라고 주장하도록 만들었을 것이다(요한은 물로 세례를 주지만, 예수는 성령으로 세례를 줄 것이다).

되며(9:31, 10:33, 14:10), 그 역시 처형당하고 매장된다(15:21-47). 마지막으로 예수의 제자들과 추종자들이 직접 말씀을 선포하고(3:14, 13:10) 공회에 넘겨지고, 회당에서 매를 맞으며 총독과 왕들 앞에서 증언하게 된다(13:9-13).[134] 동사 "케리소"(kēryssō)와 "파라디도미"(paradidōmi)는 이 과정에서 각 참여자들을 연결한다. 노예와 같은 행동이라는 주제 역시 마찬가지다. 세례자 요한은 자신을 비하하며 "능력이 많으신 이"와 비교하여 자신이 전혀 합당하지 않다고 표현하고(1:7), 예수 역시 인자로서 거부당하고 죽임을 당하며(8:31), 제자들도 모든 사람의 종이 될 것을 요구받는다(10:44).[135] 물론 제자들의 운명은 이야기 너머에 있지만, 13장에 나오는 예수의 말씀은 청중들의 현재 상황을 예수의 삶—그리고 죽음—과 연결한다.

그렇다면 예수를 따르는 사람들은 무엇을 본받아야 할까? 지금까지 살펴본 바와 같이 복음서 전반부는 여러 가지 덕목을 지닌 예수를 소개한다. 제자들은 예수처럼 위대한 능력은 없었지만, 환자들과 귀신 들린 자를 향한 예수의 연민을 본받을 수 있었다. 그들은 부와 사치의 삶을 포기하고 스승처럼 겸손한 자세를 취할 수 있었다. 그리고 그들은 예수에 비해 논쟁 능력은 부족할지 모르지만, 그의 본보기는 그들이 반대자들을 마주할 때

---

134 다음을 보라. J. B. Hood, "Evangelicals and the Imitation of the Cross: Peter Bold on Mark 13 as a Test Case," *EQ* 81 (2009): 116-25: "십자가는 예수의 운명이다. 마가에게 이것은 또한 그를 따르는 모든 사람들의 운명이며 패턴이자 기대다"(119).

135 여기서 종-사자로서 세례자 요한에 관해서는 다음을 보라. R. F. Hock, "Social Experience and the Beginning of the Gospel of Mark," in *Reimagining Christian Origins: A Colloquium Honoring Burton L. Mack*, ed. E. A. Castelli and H. Taussig (Valley Forge, PA: Trinity Press International, 1996), 311-26.

그들에게 용기를 줄 수 있다. 그러나 중반부로 갈수록 예수의 가르침은 훨씬 더 어려워진다. 제자들은 자기를 부인하고 심지어 자기 십자가를 지고 따를 것을 요구받는다(8:34). 이야기가 전개되면 예수는 이 모든 것을 실행에 옮길 것이다. 성령을 소유하고 놀라운 능력을 지니고 있음에도 불구하고 그는 자신이 체포되는 것을 허용하고, 수난과 고독한 죽음에 이를 때까지 점점 수동적으로 변한다. 8:27-10:45에 서술된 제자도 이론은 모든 것을 아우르는 복음의 힘든 요구에 따라 끝까지 살아온 삶에서 현실이 된다.

하지만 마가의 청중들은 이것을 어느 수준까지 문자적으로 받아들여야 할까? 우리는 위인의 전기는 독자가 모든 면에서 영웅을 따르기를 기대하기 어렵다는 것을 이미 보았다. 즉 전기에서 기대하는 것은 존경하는 사람들이 전투나 정치 활동에 함께 참여하는 것이 아니라 그들이 **이러한 상황에서 영웅이 보여준 자질**을 추려내어 본받는 것이다.[136] 테레사 모건(Teresa Morgan)이 관찰한 바와 같이 플루타르코스는 독자들이 로마로 진군하거나 도시를 건설하는 것을 통해 그들의 영웅을 본받도록 한 것이 아니라 그의 이야기에서 시대를 초월한 미덕을 도출해내도록 했다. 독자들은 구체적인 행동 프로그램보다는 적용 가능한 이상이 필요했다.[137] 이와 비슷한 방식으로 우리는 마가복음에서 자기 십자가를 지라는 말씀을 누가복음

---

136 위 106-108을 보라.

137 T. Morgan, "Not the Whole Story? Moralizing Biography and *Imitatio Christi*," in *Fame and Infamy: Essays for Christopher Pelling on Characterization in Greek and Roman Biography*, ed. R. Ash, J. Mossman, and F. B. Titchener (Oxford: Oxford University Press, 2015), 353-66.

에서 이 말씀을 **날마다**(*kath hēmeran*; 9:23) 자기 십자가를 지라는 의미로 바꾼 것처럼 은유적으로 이해할 수도 있다. 그렇다면 (아마도 누가복음의 경우처럼) 청중들의 삶은 자기부인이라는 작은 사례들로 가득 차 있고, 그들의 자세는 세상의 부와 명예를 지속적으로 거부하고, 다른 사람들을 우선시하며, 가족과 예수를 따르는 데 장애물이 되는 것은 모두 버려야 한다는 의미로 해석될 수 있다. 마가복음은 지금까지 성서학자와 윤리학자 모두에게 이런 식으로 이해되어왔다.[138]

그러나 두 가지 요소가 마가가 예수의 가르침을 청중이 문자 그대로 이해하도록 의도했음을 암시한다. 첫째, 이어지는 8:35-37의 내용은 분명히 육체적인 삶과 죽음을 언급하고 있으며, 여기에서도 동일한 내용을 다루고 있음을 암시한다. 두 번째 요소는 복음서에 포함된 몇 가지 일화에 등장하는 핍박에 관한 언급이다.[139] 씨 뿌리는 자의 비유에 대한 해석은 박해를 씨앗이 실패한 원인 중 하나로 꼽는다(4:17). 나중에 예수는 베드로와 다른 제자들에게 **박해**와 더불어 그들이 포기한 모든 것을 백 배로 돌려받을 것이라고 약속한다(10:30). 그리고 야고보와 요한은 예수의 "잔"을 마시게 될 것이라는 말을 듣게 되는데(10:39), 대다수 학자들은 이것을 두 형제의

---

138 예를 들어 R. H. Gundry는 자신의 십자가를 지는 것은 십자가 처형을 당하는 데까지 예수를 따르는 것이 아니라 "그가 어디를 가든지 그를 따라감으로써 수치와 조롱에 자신을 노출하는 것 이상의 의미가 없다"고 본다. *Mark: A Commentary on His Apology for the Cross* (Grand Rapids: Eerdmans, 1993), 435. 또한 다음을 보라. J. Jeremias, *New Testament Theology* (London: SCM, 1971), 1:242.

139 박해에 관해서는 위 37-38을 보라. 여기서 문자적 해석에 관해서는 (다른 것 외에도) 다음을 보라. Collins, *Mark*, 408; Hays, *Moral Vision*, 80; Hurtado, "Following Jesus," 12.

순교를 암시하는 것으로 해석한다. 13장에서는 이제 구체적으로 내러티브 너머의 시대와 관련된 언급이 더욱 강해진다. 즉 전쟁, 지진, 기근이 일어나고(13:7-8), 신자들은 시련을 겪게 될 것이다(13:9-10). 마가복음의 예수는 성령이 그들을 인도할 것이라고 약속하면서도 가정이 분열되고 믿음 때문에 모든 사람에게 미움을 받게 될 것임을 경고한다(13:11-31a). 그러나 끝까지 인내하는 사람은 구원을 받을 것이다(13:13b). 우리는 마가의 수난 이야기의 많은 부분이 이러한 상황을 언급하고 있으며, 청중들에게 그들이 겪은 모든 고난이 이미 예수에 의해 예견되었을 뿐만 아니라 그가 친히 감내한 것임을 확인해준다는 것을 곧 6장에서 보게 될 것이다. 마가의 작품은 아마도 소크라테스, 카토 또는 로마의 "최후"(exitus) 문학의 죽음에 대한 기록과 거의 같은 방식으로 읽어야 할 것이다. 일차적으로 이러한 작품에는 궁극적인 희생에 대한 강력한 이야기, 미덕과 명예에 대한 이야기가 담겨 있어 폭넓은 독자들에게 공감을 불러일으키고, 일상생활에서 굳건함, 용기, 인내와 같은 고귀한 덕목을 고취시켜줄 수 있다. 그러나 마가의 이야기는 박해에 직면한 사람들에게 독자들이 말 그대로 고난 속에서 본받을 수 있는 고귀한 죽음의 청사진을 제공해주었다.

나는 마가복음의 예수가 자기 십자가를 지라고 지시한 것은 단순히 은유적인 표현이 아니라고 생각한다. 저자는 이미 신앙을 위해 목숨을 바친 사람들을 알고 있었고, 다른 사람들도 같은 길을 따라갈 수 있다는 현실적인 가능성을 염두에 두고 있었던 것으로 보인다. 이 작품은 제자들이 예수가 살았던 것처럼 살아야 하고, 그가 죽었던 것처럼 죽을 각오를 해야 한다는 점을 분명히 하고 있다. 모나 후커(Morna Hooker)가 지적하듯이 "그들은 그의 고통, 그의 수치심, 그의 약함, 그의 죽음에 기꺼이 동참해야 한다."[140] 마가는 예수의 삶의 방식뿐만 아니라 그의 죽음도 진정한 제자도의 본보기로 제시한다. 우리는 6장에서 예수의 죽음의 주제로 다시 돌아오겠지만, 여기서는 1세기 전기에서 언뜻 보기에 이상하게 생략된 것처럼 보이는 한 가지를 고려하면서 마무리하고자 한다.

예수의 모습

마가의 전기의 흥미로운 특징 중 하나는 마가가 예수에 대한 신체적 묘사를 전혀 하지 않았다는 점이다.[141] 예수의 하늘 영광이 드러나는 변용 장면에서도 예수가 제자들 앞에서 "변용"(*metamorphoō*)되었고, 그의 옷이 눈부시게 희게 되었다는 말만 있을 뿐, 얼굴이나 몸에 대해서는 전혀 구체적인 언급이 없다(9:2-3).[142] 이러한 관행은 고대 전기에서 전혀 생소한 것이 아

---

140 Hooker, *Not Ashamed*, 51; 따라서 또한 Moss, *The Other Christs*, 30-31; P. Middleton, "Suffering and the Creation of Christian Identity in the Gospel of Mark," in *T&T Clark Handbook to Social Identity in the New Testament*, ed. J. B. Tucker and C. A. Baker (London: Bloomsbury, 2014), 173-89.

141 J. Fitzgerald, "The Ancient Lives of Aristotle and the Modern Debate about the Genre of the Gospels," *Restoration Quarterly* (1994): 211; 또한 Hägg, *Art of Biography*, 185.

142 따라서 또한 눅 9:29. 마태는 예수의 얼굴이 해와 같이 빛났다고 덧붙인다(막 17:2). 비록 그것을 신체적 묘사로 볼 수는 없지만 말이다. 흥미롭게도 신약성경에서 예수의 모습을 유일하게 묘사하는 본문은 요한계시록의 부활한 그리스도의 모습이다. 그 어느 저자도 예수의 신체적인 모습에 대해 언급하지 않았다. 비록 후대에 많은 사변을 불러일으켰지만 말이다.

니었다. 예를 들어 크세노폰은 그의 후견인 아게실라오스와 개인적인 친분이 있었기 때문에 쉽게 묘사할 수 있었음에도 그를 전혀 묘사하지 않았고,[143] 디오게네스 라에르티오스는 일반적으로 그의 철학자들을 묘사하지 않았으며, 요세푸스는 자서전에서 자신의 (의심할 여지 없이 잘생긴) 외모에 대해 전혀 언급하지 않았다. 그러나 이것은 이례적인 일이었다. 대부분의 전기 작가들은 작품 서두에 주인공의 외모에 대해 언급하는 경우가 많았다. 코르넬리우스 네포스는 알키비아데스가 "가장 잘생긴 남자"이고(7.1), 이피크라테스는 "몸과 마음이 큰" 사람이며(11.3), 에우메네스는 "키가 크고 잘생긴" 사람이었다고 말한다(18.11).

이러한 묘사는 단순히 호기심을 충족시키거나 주인공의 말과 행동에 수반되는 어떤 지적인 이미지를 제공하기 위한 것이 아니었다. 그리스 사상에서는 외모와 성격을 오랫동안 연관지어왔으며, 따라서 "칼로스 카가토스"(*kalos kagathos*, 아름답고 선하다)라는 표현이 사용되었다. 그러므로 플라톤이 이상적인 통치자는 매우 잘생긴 사람이어야 한다고 말한 것은 전혀 이상한 일이 아니다(*Republic* 7.535A). 반대로 추함은 낮은 사회적 지위와 모호한 도덕성과 관련이 있었는데, 『아이소포스의 생애』에서 주인공의 추함은 첫 문단부터 그를 반영웅으로 등장시킨다. 사실 "사람의 성격을 신체적

이에 대한 흥미로운 논의는 다음을 보라. J. E. Taylor, *What Did Jesus Look Like?* (London: Bloomsbury, 2018).

143 코르넬리우스 네포스는 아게실라오스를 결코 돋보이도록 묘사하지 않는다(키가 작고, 다리를 절고, 매력이 없으며, 그를 처음 보는 이로 하여금 경멸을 불러일으키기 쉬운 사람, *Agesilaus* 17.8). 네포스는 심지어 그를 아는 사람들도 그를 존경하기 어려웠다고 말한다.

특징을 통해 체계적으로 진단하는"[144] "관상학"은 아리스토텔레스 이후 준과학적 지위를 획득했으며, (특히 스토아학파 및 에피쿠로스학파의) 철학자와 (외모를 유머 이론과 연관시킨) 의학자의 저서에서 즐겨 다루는 주제였다. 예를 들어 짧은 목은 교활함을, 크고 튼튼한 몸은 용기를, 부드러운 머리카락은 여성스러움을 나타내는 등 특정한 얼굴 또는 신체적 특징은 특정한 성격과 연관이 있었다.[145] 눈은 종종 밝고, 예리하고, 이글거리고, 신을 연상시키는 등 영혼을 들여다보는 창으로 여겨지기도 했다.[146] 하지만 일반적으로 신체적 균형과 조화는 훌륭한 남성을 나타내는 가장 좋은 지표였다.

성격(ēthos)에 대한 그들의 관심을 고려하면 전기 작가들이 주인공의 외모를 묘사하고 당대의 표준 관상학 이론에 의존하는 것은 놀라운 일이 아니다. 위에서 언급한 코르넬리우스 네포스의 예처럼 지나가는 말로 간단히 언급하는 경우도 있다. 하지만 전기 작가들은 엘리자베스 에반스가 말하는 "사진적"(photographic) 또는 "상징적"(iconistic) 묘사를 하는 경우도 종종 있다.[147] 타키투스와 플루타르코스도 인물의 초상을 제공했지만, 황제들에 대한 수에토니우스의 상세한 묘사가 가장 유명하다.[148] 그는 신성한 아

144　A. M. Armstrong, "The Methods of the Greek Physiognomists," *G&R* 5 (1958): 52. 또한 다음을 보라. E. C. Evans, "Physiognomics in the Ancient World," *TAPA* 59 (1969): 1-101.

145　다음을 보라. Evans, "Physiognomics." 그는 이러한 연결고리가 견고하지는 않았지만, 시간이 지남에 따라 또는 저자의 특정한 철학적 관점에 따라 바뀔 수 있다고 강조한다(예를 들어 세네카의 논의를 보라, 33).

146　호메로스가 가장 묘사하기 좋아하는 것은 눈이었다. 예를 들어 아가멤논의 제우스 같은 눈 (*Iliad* 2.478-79) 또는 오디세우스의 이글거리는 눈(*Odyssey* 6.131-32)을 보라.

147　Evans, "Physiognomics," 6.

148　역사가와 전기 작가의 작품에서 관상학을 사용하는 것에 대해서는 구체적으로 다음을 보라.

우구스투스에 대해 이렇게 말한다.

> 그는 개인적으로 꾸미는 데는 전혀 신경 쓰지 않았지만, 인생의 모든 기간 동
> 안 유별나게 잘 생기고 지나치게 기품이 넘쳤다.…대화할 때나 침묵할 때나 그
> 의 표정은 매우 차분하고 온화하여 갈리아 지방의 지도자 중 한 사람이 그의
> 동족들에게 그것이 그의 마음을 부드럽게 만들었다고 인정할 정도였다.…그
> 는 맑고 밝은 눈을 가지고 있었는데, 그는 거기에 일종의 신적인 힘이 있다고
> 생각하기를 좋아했고, 그가 누구를 예리하게 바라볼 때마다 마치 태양의 광채
> 앞에서 얼굴을 떨구기라도 하듯이 그를 무척 즐겁게 해주었다. 그러나 노년에
> 는 왼쪽 눈으로는 잘 볼 수 없었다. 치아는 벌어지고 작아 잘 관리되지 않았으
> 며, 머리카락은 약간 곱슬곱슬하고 황금색으로 변했으며, 눈썹은 서로 맞닿아
> 있었다. 귀는 적당한 크기였고, 코는 위쪽이 약간 튀어나왔다가 안쪽으로 약간
> 구부러져 있었다. 그의 안색은 어두운 색과 밝은 색 중간이었다. 그는 키가 작
> 았지만(비록 그의 노예 자유인이자 기록 보관자인 율리우스 마라투스는 그의 키가 5피트
> 9인치였다고 말하지만), 그의 몸매의 탁월한 비율과 대칭에 가려져 옆에 서 있는
> 키 큰 사람과 비교했을 때만 눈에 띄었다.[149]

(아마도 잘 알려진) 비교적 작은 키를 제외하면 아우구스투스에 대한 나머지

Evans, "Physiognomics," 46-58. 그녀는 플루타르코스의 묘사를 일부 나열한다. 57n131. 타
키투스는 그의 전기 끝부분에서 그의 장인에 대해 묘사한다(*Agricola* 44).

149 Suetonius, *The Divine Augustus* 79; Rolfe, LCL 31.

묘사는 최대한 가장 뛰어난 인물을 가리키며, 심지어 그의 외 눈썹은 종종 헤라클레스와 연관된 왕족의 고귀함을 상징하는 것으로 여겨졌다.[150] 반대로 "천성적으로 금기시되고 추한 얼굴", 극도의 창백함, 두꺼운 목과 다리, "넓고 험악한" 이마, 얇은 머리카락을 가진 수에토니우스의 칼리굴라 초상은 황제의 광기와 타락을 확실하게 보여준다.[151]

그렇다면 대부분의 전기와 비교했을 때 마가가 예수의 신체를 묘사하지 않은 점은 주목할 만하다. 이것이 그의 유대 배경과 무관하지 않다는 것은 유대 성경에서 자주 주인공에 대해 묘사한다는 사실에서 알 수 있다. 예를 들어 사울은 이스라엘에서 가장 키가 크고 잘생긴 사람이고(삼상 9:2), 다윗은 잘생긴 얼굴에 아름다운 눈을 가진 사람이며(삼상 16:12), 엘리는 눈이 멀고 늙고 몸이 무거운 사람이었다(삼상 4:15-18). 사라(창 12:11-15), 요셉(창 39:6), 에스더(에 2:7), 모세(출 2:2) 등 성경의 주인공이나 여주인공은 거의 필수적으로 외모가 아름다워야 했다. 하나님이 사울의 후계자를 선택

---

150 *Acts of Paul and Thecla* 3장은 바울도 키가 작았다고 기록한다. 아르킬로코스는 왜소함을 긍정적으로 보고, Pseudo-Aristotle의 저자도 그것이 지닌 이점에 대해 알고 있다. *Physiognomonica* 811a36-38. 이에 대한 논의는 다음을 보라. A. J. Malherbe, "A Physical Description of Paul," *HTR* 97 (1986): 170-75. 중앙에서 서로 만나는 눈썹에 관해서는 다음을 보라. Philostratus, *On Heroes* 33.39; Clement of Alexandria, *Protreptricus* 2.30(헤라클레스와 관련하여). **문학적** 초상은 로마 시대의 **시각적** 초상에 대한 큰 관심과 무관하지 않다. 저명한 로마인은 종종 그의 집을 그의 저명한 조상들의 조각상과 형상으로 장식했고, 각 도시는 조각상을 세워 위인들을 예우하는 것이 관례였다. 다음을 보라. M. J. Edwards, "A Portrait of Plotinus," *ClQ* 43 (1993): esp. 481-82.

151 Suetonius, *Gaius Caligula* 50. 이와 비슷한 묘사는 다음을 보라. Seneca, *On the Firmness of the Wise Person* 18.1 (cited by Evans, "Physiognomics," 29).

할 때 외모를 무시하라고 사무엘에게 지시하셨을 때도(삼상 16:7) 사무엘은 여전히 잘생긴 사람을 선택했다. 다소 후대의 요세푸스와 필론 역시 지도 자의 신체적 아름다움이 문화적 반향을 일으킨다는 사실을 알고 있었으며, 주인공의 외모를 묘사하는 데 주저하지 않았다. 필론은 모세의 뛰어난 신 체적 발달과 아름다움을 언급한다.[152] 요세푸스도 마찬가지로 모세가 아기 였을 때의 놀라운 몸집과 그를 본 모든 사람을 놀라게 한 "신적 아름다움" 에 대해 언급한다(*Jewish Antiquities* 2.224, 231-32; 3.83).[153] 그렇다면 유대 작가 들은 신체적 아름다움이 미덕과 신의 은총의 표시라는 광범위한 견해를 공 유한 것이 분명하다. 최소한 우리는 마가가 지나가는 말로라도 예수가 멋 진(*kalos*) 사람이었다고 언급했기를 기대했을 것이다.

예수에 대한 신체적 묘사가 마가복음에 없는 것은 어쩌면 토마스 해그 가 말한 "절제된 내러티브 스타일", 즉 구체적인 성격 묘사가 상대적으로 드문 스타일 때문일 수 있다.[154] 그럼에도 예수에 대한 명확하고 독특한 초 상이 없는 것이 가져다주는 한 가지 **효과**는 이것이 그의 파격적인 성격을 더욱 부각시킨다는 것이다. 달리 말하면 예수가 보여줄 수 있는 개인적 특

---

152 모세의 준수함에 대한 전승이 존재했던 것으로 보인다. 다음을 보라. Feldman, *Philo's*, 56-57.

153 Feldman이 제안하듯이 요세푸스는 모세가 나병에 걸렸다는 비난에 반론을 제기하기 위해 모세의 준수함을 강조했을 것이다. *Josephus' Interpretation*, 384-86.

154 이 표현은 Hägg, *Art of Biography*, 185의 것이다. Taylor는 복음서 저자들이 예수의 외모가 단순하고 평범하며 단정치 못했기 때문에 그의 외모에 대해 아무런 언급도 하지 않았다고 주장한다. *What Did Jesus Look Like?* 이것은 역사적인 차원에서 사실일 수도 있지만, 마가가 마음만 먹었다면 그를 칭찬하는 몇 가지 형용사를 그저 슬쩍 집어넣을 수도 있었을 것이다 (그때나 지금이나 아름다움은 개인의 취향에 따라 달랐다).

성이 적을수록 그는 사람들이 더 쉽게 본받을 수 있는 인물이 된다. 예수의 나이, 사회적 지위, 심지어 성별 등 마가복음에서 생략된 다른 많은 요소에 대해서도 생각해 볼 가치가 있다.

마가의 전기를 처음 읽으면 마가복음에서 예수의 나이가 언급되지 않는다는 사실을 놓치기 쉽다. 우리는 예수가 사역을 시작했을 때 "서른 살 정도"(눅 3:23)였다는 누가의 기록에 익숙할 뿐만 아니라 수 세기에 걸친 기독교 예술과 수십 년의 영화가 이러한 이미지를 강화해주는 데도 익숙하다. 그러나 마가는 그가 언제 태어났는지, 그의 사역을 시작할 때 몇 살이었는지, 죽을 때의 나이가 얼마였는지 우리에게 말해주지 않는다.[155] 마가는 예수가 인생의 전성기에 있는 남자, 즉 힘든 인생 여정에 대처할 수 있을 만큼 젊으면서도 지혜롭게 말할 수 있을 만큼 성숙한 사람이라는 **인상**을 준다[156] 마가복음에는 빌라도 총독 시절에 예수가 처형되었다는 것 외에는 시간이나 날짜에 대한 언급이 없기 때문에 예수의 모습은 10대 후반에서 60대 초반까지 시간을 초월한 느낌을 준다. 이와 마찬가지로 예수의 사회적 지위도 쉽게 가늠할 수 없다. 비록 목수이자 어부와 세리의 친구였지만, 그는 종교 당국자들과 대등하게 대화하고 왕이 될 사람으로서 죽음을 맞이한

---

155 이와 마찬가지로 포르피리오스는 그의 『플로티노스의 생애』에서 그의 스승의 출생지와 출생 시간에 대해 거의 언급하지 않는다. 그가 묘사한 내용은 3장에서 그의 죽음에 대한 묘사에 이에 나온다. 그러나 Edwards가 지적한 바와 같이 "신체적인" 세부사항에 대한 관심의 부족은 그의 플라톤 철학과 일치하는데, 마가복음의 저자는 이러한 성향을 공유하지 않았을 것이다. "Portrait," 480.

156 누가의 이 말은 그 정도의 나이로 본 목격자들의 역사적 기억으로 거슬러 올라갈 수도 있고, 그저 마가복음에 근거한 추측에 불과할 수도 있다.

다(15:26). 그리고 예수가 남자다운 미덕을 다양하게 보여주는 것은 보았지만, 성과 관련된 것은 거의 찾아볼 수 없었다. 우리는 그의 아내에 대해 들어본 적이 없고, 예수가 남성미가 넘치는 행동을 한다는 암시도 받은 적이 없다.[157] 이 모든 것이 의도적이든 아니든 간에 이러한 구체성이 결여된 것이 가져다주는 효과는 예수의 성격 중에서 본받아야 할 측면을 강화한다는 데 있다. 마가복음의 예수는 나이, 성별, 사회적 지위에 관계없이 다양한 신자들이 쉽게 받아들일 수 있는 인물이다.

여기서 우리가 발견한 "단조로움"(blandness)은 일반적으로 창시자들의 불가피한 특징일 수도 있다. 마크 토허는 술라, 율리우스 카이사르, 후대의 황제들과 달리 아우구스투스에 대한 확실한 성격 묘사가 문헌 자료에서 놀라울 정도로 부족하다고 지적한다. 수에토니우스와 다른 사람들은 "단순한 취향을 가진 보수적인 로마인"이라는 신중하게 구성된 인물에 대한 좋은 느낌을 제공하지만, 그의 실제 성격은 거의 나타나지 않는다.[158] 아마도 창시자들의 특성상 그들의 구체적인 성격보다는 새로운 생각과 가르침, 이전 인물들과 다른 점에 관심이 모아지는 경향도 있을 것이다. 그리고 창

---

157 남자다운 미덕은 여자들이 모방하기에 불가능하지만은 않을 것이다. 남자다움은 비록 여성에겐 드물었지만 높은 평가를 받았다. 다음을 보라. R. Darling Young, "The 'Woman with the Soul of Abraham': Traditions about the Mother of the Maccabean Martyrs," in *"Women Like This": New Perspectives on Jewish Women in the Graeco-Roman World*, ed. A.-J. Levine (Atlanta: Scholars, 1991), 67-81.

158 M. Toher, "Characterizing Augustus," in *Fame and Infamy: Essays for Christopher Pelling on Characterization in Greek and Roman Biography*, ed. R. Ash, J. Mossman, and F. B. Titchener (Oxford: Oxford University Press, 2015), 226-53. Toher는 또한 조지 워싱턴을 또 하나의 "색깔 없는 건국의 아버지"로 인용한다.

시자들이 다른 사람들의 모델이 될수록 그들은 덜 개성적인 인물이 될 것이다. 마가가 예수의 생김새를 알고 있었다면 그는 분명히 그것이 청중들과 관련이 없다고 생각했을 것이다.

마가는 "복음"이 예수의 삶과 사역까지 포함하도록 확장함으로써 청중이 일련의 신학적 사상이 아니라 특별히 예수라는 인격에 자신의 삶을 재차 헌신하도록 독려하려 했을 것이다. 이러한 전기 양식을 통해 마가복음의 청중은 예수의 행동을 보고, 그의 가르침을 듣고, 신앙의 창시자와 새로운 관계를 맺는 등 예수를 "실제" 인물로 경험할 수 있다. 청중들은 마가복음의 본문을 경험하면서 그리스도를 따르는 자의 의미, 공유된 신념과 가치관, 차별화된 행동, 본받아야 할 삶의 방식에 대해 더 명확하게 이해하게 될 것이다. 그들은 예수 그리스도에게 진정한 헌신을 다하기 위해서는 과거의 삶과의 연결고리를 완전히 끊어야 하며, 하나님이 아버지가 되시는 새로운 신자 "가족"에 합류해야 한다는 것을 알게 되었다. 그러나 가장 중요한 것은 그리스도께 헌신한다는 것은 예수의 삶을 본받아 그분의 가치와 행동을 따르고, 심지어 죽음에 이르기까지 그분을 따를 각오가 되어 있는 것을 의미했다는 점이다.

마가에게 예수는 기독교 선포의 내용일 뿐만 아니라 기독교 제자도의 모델이기도 하다. 그렇다면 마가복음에 등장하는 다른 인물들은 어떤 의미를 지니고 있을까? 제자들은 어떤 역할을 할까? 그리고 반대자들이나 단역 인물들은 어떤 역할을 할까? 우리는 다음 장에서 이런 질문에 대해 살펴볼 것이다.

5장

다른 등장인물들

전기에서 한 인물에 집중하는 스포트라이트 효과는 주변 인물들을 모두 그림자 속으로 밀어 넣는다. 이러한 부차적인 인물들은 역사적 측면에서 더 중요할 수 있지만, 주인공의 삶에 영향을 미치는 범위 내에서만 부분적으로 설명될 수 있다. 그 결과는 왜곡이다.

—빅토리아 글렌디닝(Victoria Glendinning)[1]

이전 장에서는 마가의 전기가 한 치의 망설임도 없이 예수의 인격과 성품에 빛을 비추는 방식을 탐구했다. 예수는 거의 모든 일화를 지배하고 거의 모든 동사의 주어가 되며, 그의 독특한 성격과 삶의 방식은 본받아야 할 모델로 청중에게 제시된다. 하지만 예수에게 전적으로 집중하는 것이 주변 인물들에게 어떤 영향을 미칠까? 과연 그들은 작품 내에서 의미 있는 역할과 기능을 하게 될까? 그리고 구체적으로 우리는 제자들을 어떻게 생각해야 할까? 예수 자신이 기독교 추종자들의 패러다임이라면 그들에게는 어떤 기능이 남아 있을까?

　서사비평의 인기로 인해 복음서의 "인물 묘사"에 대한 관심이 급증했

---

1 V. Glendinning, "Lies and Silences," in The Troubled Face of Biography, ed. E. Homberger and J. Charmley (London: Macmillan, 1988), 60.

5장 다른 등장인물들　309

지만, (이 장에서 살펴보겠지만) 1세기 청중은 현대 독자와 같은 방식으로 마가의 등장인물에게 반응하지 않았을 수 있다. 나는 "단역 인물"(walk-ons)부터 먼저 분석하고 좀 더 비중 있는 인물(헤롯 왕, 대제사장, 빌라도)로 넘어간 후 열두 제자와 소위 비주류 인물(시각 장애인 바디매오, 기름 부은 여인, 아리마대 요셉 등)로 넘어갈 것이다. 그 과정에서 조연 인물들이 다른 전기에서 어떻게 묘사되는지 살펴보고, "싱크리시스"(synkrisis 또는 비교)라는 수사학적 기법을 소개하며, 조연 인물들이 가끔 교훈(exempla)으로 사용되는 사례를 살펴볼 것이다. 전기에 등장하는 다양한 인물을 살펴보는 가운데 우리는 그 자체로 저자의 관심을 끄는 인물이 거의 없으며, 사실상 모든 인물(또는 집단)의 목적이 주로 예수가 보여준 특정한 자질을 드높이는 것임을 알게 될 것이다.

주변 인물들

마가의 광범위한 출연진의 대다수는 단역으로 채워져 있다.[2] 등장인물들은 청원이나 질문을 가지고 등장하여 한순간 주목을 받은 후 사라져 다시는

---

2   이 그룹은 "단역"(Seymour Chatman, *Story and Discourse: Narrative Structure in Fiction and Film* [Ithaca, NY: Cornell University Press, 1978], 138-39) 또는 "전형적인" 인물(Northrop Frye, *Anatomy of Criticism: Four Essays* [Princeton: Princeton University Press, 1973], 39-43, 171-77) 등 다양한 방식으로 알려져 있다. 복음서 이야기에서 그들을 사용하는 것에 관해서는 다음을 보라. D. Rhoads, J. Dewey, and D. Michie, *Mark as Story: An Introduction to the Narrative of a Gospel*, 3rd ed. (Minneapolis: Fortress, 2012), 117-36.

나타나지 않는다. 이전 장에서 고대 인물에 대한 모든 관찰은 단역, 조연에 대해서도 똑같이 유효하다. 이러한 인물은 어떤 깊이나 발전을 보여주지 않으며, 실제로 그중 많은 인물은 눈에 띌 만한 특성을 거의 보여주지 않는다. 베드로의 장모(1:29-31), 손이 마른 사람(3:1-6), 광야의 오천 명(6:33-44)과 같은 인물들의 유일한 목적은 예수가 기적의 능력, 관대한 은총, 권위 있는 가르침을 보여줄 수 있는 상황을 설정하는 것이다. 실제로 이러한 "인물"은 단지 "설정"의 연장에 불과하다고 할 수 있다.

조금 더 발전된 형태이긴 하지만, 예수의 반대자들은 대부분 같은 범주에 속한다. 갈릴리 사람들은 "바리새인", "서기관", "헤롯당원" 또는 "예루살렘의 서기관" 등의 다양한 조합으로 등장한다. 거룩한 도시에서는 "사두개파"와 "대제사장, 장로, 서기관"이 합류한다.[3] 그러나 갈릴리에서든 예루살렘에서든 이러한 "주요" 반대자들은 공공장소에서 예수 주위에 모여 쉽게 화를 내고, 비판하고, 도전하는 등 전형적인 방식으로 행동한다. 그러나 지난 장에서 보았듯이 그들은 예수의 적수가 아니며, 우리의 영웅은 토론에서 그들을 쉽게 물리치고, 자신의 명예를 높이며, 비판자들을 침묵시킨다. 이 모든 그룹 중에서 "서기관"이 가장 많은 관심을 받는다. 그들의 가

---

3   더 이전 세대의 학자들은 이와 다른 분류를 마가의 자료를 나타내는 것으로 취급했다. 다음을 보라. M. J. Cook, *Mark's Treatment of the Jewish Leaders* (Leiden: Brill, 1978). 그는 세 개의 문서 자료의 존재를 확인했다. 더 현대적인 연구는 다음을 보라. E. S. Malbon, "The Jewish Leaders in the Gospel of Mark: A Literary Study of Marcan Characterization," *JBL* 108 (1989): 259-81; M. A. Powell, *What Is Narrative Criticism?* (Minneapolis: Fortress, 1990), 58-67; Rhoads, Dewey, and Michie, *Mark as Story*, 123-30.

르침은 권위가 없고(1:22), 오도하거나(12:35-37) 인식이 부족하며(9:11-13), 인간성이 결여되어 있음에도 불구하고 대중의 찬사와 존경을 즐긴다(12:38-40). 그들은 한 명의 선한 서기관이 선명하게 돋보이는 부정적인 배경을 형성한다(12:28-34). 선한 서기관은 자만심을 경계하고 때로는 상황이 더 복잡할 수도 있음을 보여준다. 즉 야이로와 아리마대 요셉, 다른 종교적 "외부자들"과 같이 예수에 대한 관심은 가장 예상치 못한 곳에서 나올 수 있다.

종교 지도자들이 때때로 예수에게 끌릴 수 있다면 그의 가족은 "내부자"로 보였던 사람들이 때때로 반대자들보다 못하다는 것을 보여준다. 예수의 가족은 전기 초반에 등장하는데, 그들은 "미친" 예수를 집으로 데려가서 자신들의 체면을 지키려고 한다(3:21). 그러나 예수는 그들을 무시하고, 그들의 간청을 생물학적 관점이 아닌 신앙적 관점에서 자신의 "진정한" 가족을 재정의하는 기회로 삼는다(3:31-35). (3:19b-35에서 서로 밀접하게 연관되어 있는) 반대자들과 마찬가지로 예수의 가족은 하나님보다는 인간 편에 서 있다(8:33). 이러한 일차원적인 묘사는 마가가 **실존 인물**로서 예수의 가족에게 관심이 없음을 시사하며, 마가가 신뢰할 만한 역사적 전승을 가지고 있었는지에 대한 질문은 아마도 요점에서 벗어난 것일 수 있다. 오히려 마가복음의 이 장면은 예수의 가족과의 단절된 관계(예수를 따르는 사람들에게도 요구되는. 1:16-20, 10:28-30)와 하나님 나라를 기대하며 예수 주변

에서 형성되는 새로운 친족 집단의 출현을 강력하게 보여준다.[4]

그러나 때때로 마가의 특정 인물들은 다른 인물들과 구별될 정도의 색깔을 가지고 있다. 저자는 거라사인의 땅에 사는 귀신들린 사람의 가련한 상태, 즉 무덤들 사이에서 계속 자해하는 모습, 자신을 구속하려는 모든 시도를 극복하는 거의 초인적인("거의 군단 규모의") 힘, 예수를 보자마자 달려가 경배하는 모습에 대해 자세히 묘사한다(5:2-6). 우리는 하혈하는 비참한 여인의 내면(5:25-28), 수로보니게 여인의 영리한 대답(7:27-29), 부자의 슬픔(10:17-22)을 들여다볼 수 있는 특권을 누린다. 이 모든 장면은 작가로서 마가의 기술과 최소한의 단어로 생생한 장면을 만들어내는 그의 능력을 보여준다. 마가복음에 등장하는 예수는 고정관념에 사로잡힌 반대자들과 예민한 감수성을 지닌 군중들뿐만 아니라 사회로부터의 완전한 이탈, 절망, 어머니의 용기와 끈기, 돈에 대한 집착 등 실제 인간의 고민을 보여주는 인물들로 구성된 세상에서 활동한다. 마가의 청중들이 이들 중 마음에 드는 인물을 고르고, 그들의 이야기를 집에서 또는 관심 있는 외부자에게 들려주는 모습은 쉽게 상상할 수 있다. 그러나 이들의 생동감 넘치는 모습에도 불구하고 이들 역시 "실제" 인물과는 거리가 멀다.[5] 그들의 모습은 단순히 그들과 예수의 만남을 통해 드러난다. 그들은 특별한 인물로 등장하지만, 실제로는 예수에게 완전히 예측 가능하고 전형적인 반응(일반적으로 "믿

---

4   예수의 입양에 관한 나의 이전의 논평은 위 239-41을 보라.
5   물론 이들 가운데 **역사적인** 인물이 있는지는 또 다른 문제다. 마가 이전의 전승에 관한 논의는 위 202-16을 보라.

음"으로 표현됨)을 보인다.[6] 더 넓게 보면 지난 장에서 살펴본 것처럼 마가는 이 제자들을 통해 고통받는 자들에 대한 예수의 관심과 청원자들에 대한 자비를 강조할 수 있다.

지금까지 언급된 많은 출연진의 주목할 만한 특징은 그들이 자신들의 페리코페 안에 갇혀 있다는 것이다. 예수에게 간청하는 사람 중 그 누구도 한 일화에서 다른 일화로 이동하지 않고, 모두 자신의 틀 안에 갇혀 있다. 물론 이것은 에피소드 이야기에서 기대할 수 있는 것으로, 모든 일화를 하나로 연결하는 인물은 예수이며, 그는 거의 모든 장면에 등장한다.[7] 조연 배우는 개별 스토리에서 자신의 역할을 다하고 나면 기억 속에서 사라질 수 있다. 그러나 적대자나 예수의 가족처럼 일화의 경계를 넘나드는 것처럼 보이는 인물조차도 한 장면에서 다른 장면으로 이동하는 모습은 거의 보이지 않는다. 2:1-3:6에 나오는 일련의 논쟁이 좋은 예가 될 수 있다. 각 일화는 별개의 독립된 내용이며, 앞뒤의 이야기와 겹치지 않는다. 마가는 예수에 대한 적대감이 커지는 상황을 심리학적으로 사실적인 이야기로 묘사하는 데는 관심이 없다. 그러나 이 장면들이 이런 인상을 주는 것은 능숙하게

---

6 이 등장인물들에 대한 유용한 논의는 다음을 보라. D. McCracken, "Character in the Boundary: Bakhtin's Interdividuality in Biblical Narratives," *Semeia* 63 (1993): esp. 32-33. 히브리어 성경의 비주류 인물들에 관해서는 다음을 보라. U. Simon, "Minor Characters in Biblical Narrative," *JSOT* 46 (1990): 11-19; 그리고 그리스 소설에 관해서는 다음을 보라. A. Billault, "Characterization in the Ancient Novel," in *The Novel in the Ancient World*, ed. G. L. Schmeling (Leiden: Brill, 1996), 115-29.

7 다음의 논의를 보라. W. Shiner, "Creating Plot in Episodic Narratives," in *Ancient Fiction and Early Christian Narrative*, ed. R. F. Hock, J. B. Chance, and J. Perkins (Atlanta: Scholars, 1998), esp. 175-76, 그리고 위 199-200을 보라.

배열된 페리코페의 순서 때문이다. 첫 번째 장면에서 서기관들은 자신들의 의구심을 숨기고 있고, 그들의 마음을 알고 있는 예수만이 그들의 이견을 공개적으로 드러낸다(2:1-12). 이와는 대조적으로 마지막 장면은 긴장감을 고조시킨다. 이 장면에서 예수는 그들에게 직접적으로 도전하고, 반대자들은 침묵을 지키며 수모를 당한다. 따라서 그들이 나가서 헤롯당원들과 함께 예수를 죽이려고 음모를 꾸미는 것은 당연하다(3:6). 여기서는 전반적인 줄거리보다 비슷한 장면의 반복이 청중에게 예수가 지금 심각한 위험에 처해 있음을 시사한다.[8]

이와 비슷한 역학관계가 예수의 가족에게도 작용되고 있다. 우리는 이미 3:20-21, 31-35에서 그들이 처음으로 등장하는 장면을 보았는데, 여기서 그들은 예수를 집으로 데려가려고 왔지만 예수로부터 철저히 무시당하고 심지어 따돌림까지 당한다. 나중에 예수가 고향 나사렛으로 돌아왔을 때 가족들의 이름이 언급되긴 하지만, 아무도 나타나지 않아 이제는 그들이 예수를 버릴 차례라는 인상을 준다(6:1-6). 여기서는 두 일화 내에서 또는 그 사이에서 그 어떤 "인물 묘사"도 이루어지지 않는다. 설령 마리아와 그녀의 아들들의 이름이 언급되더라도 가족은 그림자 같은 존재로 남아 있다. 예수가 그들의 지지를 잃었음을 청중들이 인식할 수 있는 것은 오직 일화의 신중한 배열 덕분이다.

---

8   우리가 3장에서 보았듯이 일화적인 이야기들은 특히 주동자가 신의 영역에 있을 때는 인과관계에 거의 관심을 보이지 않는 경향이 있다. 위 199-200을 보라.

여러 일화에 등장하는 인물 중 하나는 세례자 요한이다. 어떤 면에서 요한은 마가복음에서 비교적 작은 역할을 맡는다. 그는 프롤로그에 등장하여 광야의 예언자처럼 묘사되고,[9] 예수에게 세례를 베풀고(1:1-11), 거의 즉시 체포된다(1:14). 하지만 이야기에서 일찍 퇴장했음에도 불구하고 세례자 요한은 전기의 여러 곳에서 계속 등장한다. 헤롯은 예수가 죽은 자 가운데서 살아난 요한이라는 소문을 듣고(6:14-16), 이 장면은 세례자 요한의 죽음에 관한 이야기로 이어진다(6:17-29). 변용 사건 이후 예수와 제자들은 엘리야의 귀환에 대해 세례자 요한을 상기시키는 방식으로 토론하며(9:11-13), 예루살렘에서 예수는 자신의 권위에 관한 질문을 세례자 요한에 대한 질문으로 바꾸어 반대자들이 꺼리는 질문을 던진다(11:27-33). 이번에도 세례자 요한에 대한 "인물 묘사"는 없지만, 마가복음 저자는 세례자 요한을 나중에 다른 일화에 다시 등장시킴으로써 그가 예수의 도래를 예고했을 뿐만 아니라 자신의 삶과 죽음의 윤곽이 더 유명한 후계자에 대한 청사진을 제공할 것임을 청중들로 하여금 깨닫게 한다. 9:12-13에 나오는 예수의 말씀이 가장 근접한 예이지만, 마가는 일화를 능숙하게 배열하고 작품의 주요 지점에 세례자 요한에 대한 언급을 배치함으로써 청중이 더 심오한 의미를 유추할 수 있도록 한다.

---

9   마가의 일부 청중들은 이미 여기서 엘리야와의 연관성을 포착했을 수도 있다. 참조. 왕하 1:8(엘리야의 옷차림), 더 일반적으로는 왕하 17-22장.

마가의 삽입: 싱크리시스의 한 형태?

이 모든 것은 마가복음의 특징인 이른바 샌드위치 구조 또는 삽입을 보여준다.[10] 여기서 저자는 이야기를 시작하고 다른 이야기를 하기 위해 잠시 멈춘 다음 원래의 이야기를 재개하여 완성한다(이를 A-B-A 구조라고 부른다). 마가복음 3:20-35, 5:21-43, 6:7-32, 11:12-25, 14:1-11, 14:53-72 등 여섯 개의 "고전적인" 본문에서 이러한 배열이 나타나지만, 학자들은 이 목록에 다른 일화를 추가하기도 하고[11] 특정 위치에 "이중" 또는 "삼중" 샌드위치를 제시하여 훨씬 더 복잡한 구조를 제시하는 경우도 있다.[12] 이러한 각각의 사례에서 마가는 완전히 독립적인 두 개 이상의 이야기를 한데 모으고, 한 이야기 안에 다른 이야기를 삽입하여 한 이야기의 의미가 다른 이

---

10 E. von Dobschutz가 주로 이러한 독특한 구조를 처음으로 인식한 학자로 인정받고 있다. 다음을 보라. "Zur Erzählerkunst des Markus," *ZNW* 27 (1928): 193-98. 더 최근의 연구로는 다음을 보라. F. Neirynck, *Duality in Mark: Contributions to the Study of the Markan Redaction* (Leuven: Leuven University Press, 1988), 133; J. R. Edwards, "Markan Sandwiches: The Significance of Interpolations in Markan Narratives," *NovT* 31 (1989): 193-216; G. van Oyen, "Intercalation and Irony in the Gospel of Mark," in *The Four Gospels, 1992*, ed. F. van Segbroeck, C. M. Tuckett, G. van Belle, and J. Verheyden (Leuven: Leuven University Press, 1992), 949-74; T. Shepherd, "The Narrative Function of Markan Intercalation," *NTS* 41 (1995): 522-40; S. G. Brown, "Mark 11: 1-12:12: A Triple Intercalation?," *CBQ* (2002): 78-89.

11 예컨대 Neirynck는 15:6-32을 추가하고(*Duality*, 133), Edwards는 4:1-20; 14:17-31; 15:40-16:8 등 세 본문을 더 추가한다("Markan Sandwiches").

12 14:1-31의 이중 구조는 다음을 보라. D. E. Nineham, *The Gospel of Saint Mark* (Harmondsworth: Penguin, 1963), 298, 398; E. Best, *The Temptation and the Passion: The Markan Soteriology* (Cambridge: Cambridge University Press, 1990), 91; Donahue, *Are You the Christ?*, 59. 가능한 삼중 구조는 다음을 보라. Brown, "Mark 11:1-12:12."

야기로 확대되도록 했다. 이 독특한 마가의 기법에 대해 많은 글이 저술되었지만, 그것이 정확히 어떻게 작동하는지에 대해서는 분명한 합의가 이루어지지 않고 있다. 그 "의미"가 이야기를 둘러싸고 있는 이야기에 있는가, 아니면 중심 이야기에 있는가?[13] 두 이야기는 항상 시간순으로 전개되는가, 아니면 14:53-72에서처럼 때때로 동시에 발생하는가? 아마도 우리는 모든 것을 지나치게 획일적으로 규정해서는 안 될 것이다. 요점은 마가가 의도적으로 두 개의 서로 다른 이야기를 병치함으로써 청중이 비교와 대비를 스스로 찾도록 유도하고, 그렇게 함으로써 등장인물과 그들이 처한 상황과 관련하여 생각했던 것보다 더 복잡한 의미를 인식하도록 했다는 것이다. 따라서 예를 들어 3:21에서 예수의 가족의 믿음 없는 행동에 대해 의문이 있었다면 그 의문은 예루살렘에서 서기관들이 도착하고 그들이 예수가 바알세불에 들렸다고 주장하는 내용(3:22-30)이 중간에 삽입됨으로써 해소된다. 따라서 이 이중 장면은 "내부자"(예수의 가족)여야 할 사람들조차도 가장 가혹한 반대자들과 쉽게 동조할 수 있음을 보여준다.

마가의 삽입이 모두 그 의미를 쉽게 드러내는 것만은 아니다. 야이로의 딸과 하혈하는 여인의 이야기를 예로 들어보자(5:22-43). 얼핏 보면 야이로와 여인이 서로 비교되는 것처럼 보인다. 권위 있는 회당 지도자로서 야이로는 적어도 자신의 요구가 받아들여질 것이라는 확신을 간직한 채 예

---

13 Edwards("Markan Sandwiches")는 중간 이야기가 거의 언제나 삽입의 신학적 의도를 해석하는 열쇠를 제공한다고 주장한다. Shepherd("Narrative Function")는 해석이 쌍방으로 이루어진다고 주장한다.

수에게 나아온 이름 있는 남성이다. 여인은 가난하고 부정한 사람이며, 예수의 몸이 아니라 그의 옷에 손을 대기 위해 자신의 요구를 숨긴 이름 없는 여성이다. 그러나 결국 두 사람 모두 신분이나 요구 방식에 관계 없이 믿음에 대한 보상을 받게 된다. 그러나 야이로의 딸 이야기가 마무리되면서 예수에게 치유를 받은 두 사람에 대한 대조가 사라지고 새로운 주제가 드러나기 시작한다. 두 여자는 모두 "딸"(5:23, 34)이며, 둘 다 숫자 12(5:25, 42)로 연결되어 있다는 점에서 청중은 두 인물 사이의 연관성에 주목하게 된다. 예수는 여인의 하혈을 치유함으로써 여인의 부정함을 제거하고 그녀를 사회로 회복시켰으며, 마찬가지로 죽음의 부정함과 유한함을 제거하고 어린 소녀를 가족과 재결합시켰다. 두 치유 모두 예수의 위대한 능력을 보여주며, 인간의 삶 속으로 들어오는 하나님 나라의 모습을 엿볼 수 있게 한다. 또한 두 이야기 모두 저마다의 방식으로 본문을 초월하여 하나님 나라에 들어갈 뿐만 아니라 새로운 생명으로 다시 살아나기를 소망하는 신자들의 삶을 가리킨다(5:41에서 야이로의 딸을 다시 살릴 때 사용된 그리스어 단어 "에게이로"[egeirō]는 16:6에서 예수의 부활을 가리킬 때 다시 사용될 것이다). 마가는 두 이야기를 하나로 엮음으로써 각각의 이야기를 따로 읽었다면 불가능했을 비교와 의미의 세계를 열어 놓았다. 다시 말해 이 삽입 기법은 두 이야기를 합친 것보다 훨씬 더 큰 의미를 제시한다.

학자들은 마가의 삽입 기법에 대한 여러 가지 문학적 선례를 제시했지만,[14] 가장 유력한 배경은 "싱크리시스"(*synkrisis*) 또는 비교라는 일반적인 수사학적 기법이다. 싱크리시스는 특히 연설에서 사용하기 위해 개발되었지만, 저술에서도 좋은 효과를 발휘할 수 있다. 특히 어떤 사람을 칭찬하거나 비난하는 데 적합했기 때문에 찬사(*encomium*)와 독설에서 모두 일반적으로 발견되었다.[15]

아리스토텔레스는 그의 『수사학』(*Rhetoric*)에서 사람을 칭찬하는 방법으로 "아욱세시스"(*auxēsis*, 과장 또는 증폭) 기법에 대해 설명한다. 그는 좋은 전략은 주인공을 다른 사람과 비교하여 호의적으로 묘사하는 것이라고 주장한다. 비교 대상으로는 저명한 사람이 가장 좋다. "왜냐하면 그것은 증폭의 근거를 제공하고, 만약 그가 가치 있는 사람보다 더 나은 사람임이 증명될 수 있다면 고귀한 것이기 때문이다." 그러나 평범한 사람들과 비교하는 것(*synkrinein*)도 여전히 유용하다. "왜냐하면 우월성은 미덕을 나타내는 것

---

14 예를 들어 Edwards는 마가가 신학적 메시지를 전달하기를 원한다는 근거하에 호메로스와의 유사점을 거부한다(호메로스의 글에서는 이것이 긴장감을 더하기 위함이다). 그는 히브리어 성경에서 더 나은 유사점을 발견한다. 예를 들어 그의 외도한 아내 이야기 중간에 호세아의 예언이 나온다든지(호 2장), 다윗-밧세바 이야기 중간에 나단의 예언이 등장한다든지(삼하 11:12-25) 또는 심지어 삼하 18:9-15에서 압살롬의 죽음이 나오는 것을 꼽을 수 있다("Markan Sandwiches," 199-203). 그러나 Edwards 자신도 인정하듯이 이 모든 경우에 중심 요소는 측면에 있는 이야기에 대한 의도적인 해설이다. 마가에서는 이것이 완전히 새로운 이야기이며, 그 연관성을 찾는 것은 청중의 몫으로 남겨진다.

15 싱크리시스에 관한 유용한 논의는 다음을 보라. F. Focke, "Synkrisis," *Hermes* 58 (1923): 327-68; C. Forbes, "Comparison, Self-Praise and Irony: Paul's Boasting and the Conventions of Hellenistic Rhetoric," *NTS* 32 (1986): esp. 2-8; M. W. Martin, "Philo's Use of Syncrisis: An Examination of Philonic Composition in the Light of the Progymnasmata," *Perspectives in Religious Studies* 30 (2003): 271-97; "Progymnasmatic Topic Lists: A Composition Template for Luke and Other Bioi?," *NTS* 54 (2008): 18-41.

으로 여겨지기 때문이다."[16] 마가와 비슷한 시기의 퀸틸리아누스는 찬사와 독설에서 비교(*comparationis*)의 위치에 대해 논의했다. 요점은 두 사람 중에 누가 더 낫고 누가 더 나쁜지를 묻는 것이라고 그는 말한다. 문제는 단순히 미덕과 악덕의 소유가 아니라 그 정도다(*Institutes of Oratory* 2.4.21). 테온과 같은 일부 수사학자들은 ("어느 쪽이 더 나은지 의심스러운 경우") 오직 비슷한 사람과만 비교하라고 조언했지만, 헤르모게네스와 아프토니오스 같은 다른 수사학자들은 싱크리시스에 다른 사람과의 대조까지 포함하는 것을 선호했다.[17] 다양한 주제가 비교의 대상이 될 수 있으며, 수사학자들은 출생 도시, 가족, 양육 과정, 행동 등등 적절한 주제 목록을 제시한다. 보다 공식적인 비교에는 이러한 여러 주제가 포함될 수 있지만, 저자는 더 짧은 다수의 비교를 작품 전반에 골고루 분산시킬 수도 있다.[18] 요컨대 비교에 사용하든 대조에 사용하든, 길든 짧든, 싱크리시스는 주인공의 자질을 강조하는 데 유용하고 널리 사용되었다.

싱크리시스는 역사가, 특히 주인공의 도덕적 성격에 큰 관심을 가진 역사가의 작품에서 흔히 발견된다. 따라서 테오폼포스는 비슷한 상황에 있

---

16 다음을 보라. Aristotle, *Rhetoric* 1368a. 이와 비슷한 생각은 다음에서도 나타난다. Pseudo-Aristotle, *Rhetoric to Alexander* 1440b.15; 1441a.28–33.

17 테온에 대하여: G. A. Kennedy, *Progymnasmata: Greek Textbooks of Prose Composition and Rhetoric* (Atlanta: SBL Press, 2003), 53; 헤르모게네스에 대하여: Kennedy, *Progymnasmata*, 83–84(이 단원의 일부는 그리스어 원문에는 없지만, 프리스키아누스의 라틴어 버전에서는 발견된다). 아프토니오스에 관하여: Kennedy, *Progymnasmata*, 113–15.

18 이 주제 목록에 대한 더 상세한 내용은 다음을 보라. Martin, "Progymnasmatic." 분명 작가의 목적에 부합하는 주제만이 강조될 것이다(Theon, *Progymnasmata* 111; Nicolaus, *Progymnasmata* 51, 61).

는 두 역사적 인물의 반응을 비교하는 것을 좋아했고, 요세푸스는 아그리 파 1세와 헤롯을 비교했다(*Jewish Antiquities* 19.328-31).[19] 싱크리시스는 히브 리어 성경에서도 어느 정도 발견되는데, 예를 들어 솔로몬의 지혜서의 특 정 본문(예. 10장)에도 등장한다.[20] 이야기 안에서는 기꺼이 집으로 돌아가 겠다는 오르바의 모습이 시어머니와 함께 남겠다는 룻의 결심과 대조를 이 루고(룻 1:6-18), 룻의 근친이 그녀를 받아들이기를 꺼리는 모습은 보아스 의 칭찬받을 만한 성품을 강조한다(룻 4:1-12). 오르바나 룻의 근친은 줄거 리에서 중요하지 않으며, 오직 주인공의 긍정적인 성격을 강조하기 위해 등장한다.[21]

하지만 싱크리시스가 본격적으로 등장한 것은 전기 작가들의 작품에 서였다. 이소크라테스는 에바고라스를 페르시아의 위대한 왕 키루스와 비 교하며 그를 호의적으로 묘사했다. 비록 키루스는 페르시아 군대를 이끌고 메디아를 정복했지만("그리스인이나 야만인도 쉽게 할 수 있는 일"), 에바고라스 는 "자신의 정신과 육체의 힘"으로 대부분의 업적을 달성했다. 그리고 비 록 키루스가 에바고라스가 직면한 위험을 충분히 견뎌낼 수 있었는지는 불 분명하지만, "에바고라스의 행적으로 보면 후자가 키루스의 공적도 쉽게

---

19 역사가의 싱크리시스 사용에 대해서는 다음을 보라. Focke, "Synkrisis," 348-51. 요세푸스에 관해서는 다음을 보라. L. H. Feldman, "Parallel Lives of Two Lawgivers: Josephus' Moses and Plutarch's Lycurgus," in *Flavius Josephus and Flavian Rome*, ed. J. Edmondson, S. Mason, and J. Rives (Oxford: Oxford University Press, 2005), 209-42.

20 다음을 보라. A. T. Glicksman, *Wisdom of Solomon 10: A Jewish Hellenistic Reinterpretation of Early Israelite History through Sapiential Lenses* (Berlin: de Gruyter, 2011).

21 Simon, "Minor," 16-18.

감행했을 것이라는 점은 모두에게 분명하다." 따라서 이소크라테스는 다음과 같이 결론짓는다. "만약 어떤 사람이 성공의 위대함이 아니라 각자의 본질적인 장점으로 판단하고자 한다면 그들은 키루스보다 에바고라스에게 더 큰 찬사를 보낼 것이다"(Evagoras 37-39).[22] 물론 여기서 요점은 키루스가 널리 존경받았다는 점이며, 에바고라스와 비교했다는 것은 그에게 정말 대단한 칭찬이었다.

필론은 그의 『모세의 생애』에서 그의 영웅을 다른 나라의 위대한 인물들과 비교한다. 그는 그리스와 이집트의 선생들은 소년 모세에게 아무것도 가르칠 수 없었고(1.21), 모세의 율법은 그리스인이나 야만인이 만든 그 어떤 것도 능가하는 세계 최고의 것이었다고 말한다(2.12).[23] 마찬가지로 요세푸스는 자신을 그의 경쟁자인 티베리우스의 유스투스와 비교하는데(Life 336-37), 이러한 비교는 (당연히) 역사가이자 지도자로서 자신의 우월성을 보여준다.[24] 누가는 그의 전기의 첫 두 장에서 예수와 세례자 요한 간의 상세한 싱크리시스를 전개하는데, 이러한 비교는 그의 전임자에 대한 예수의 우월성을 분명히 보여준다.[25] 필로스트라토스는 특히 티아나의 아폴로니

---

22 Van Hook, LCL 373.

23 Martin이 지적하듯이 이러한 비교의 목적은 아마도 모세의 우월성뿐만 아니라 유대인들의 우월성을 보여주려는 것이리라. "Progymnasmatic," 32-34.

24 Martin, "Progymnasmatic," 35.

25 Martin, "Progymnasmatic," 38-40. 싱크리시스는 또한 히브리서에서도 강하게 나타난다. M. W. Martin and J. A. Whitlark, "The Encomiastic Topics of Syncrisis as the Key to the Structure and Argument of Hebrews," *NTS* 57 (2011): 415-39. 교부들이 신약성경에서 확인한 싱크리시스와 그들의 해석학적 방법론에 대한 논의는 다음을 보라. D. J. Sheerin, "Rhetorical and Hermeneutic *Synkrisis* in Patristic Typology," in *Nova et Vetera: Patristic*

우스에 관한 긴 이야기에서 싱트리시스를 잘 활용했다. 그는 주인공과 다른 사람들(예컨대 피타고라스[*Life of Apollonius of Tyana* 1.1-2] 또는 헤라클레이토스 [1.9])을 계속해서 대조했을 뿐만 아니라 (철학과 특히 아폴로니우스에 대한 태도에 따라) 통치자들을 대조하는 것을 좋아했다. 따라서 인도 왕궁의 소박함은 바빌로니아의 화려함에 비해 더 호평을 받고(2.25), 베스파시아누스와 티투스(둘 다 아폴로니우스에게 좋은 정부에 대해 조언을 구함)는 종종 네로와 도미티아누스(둘 다 아폴로니우스에 반대함)와 대조되었다(4.35; 5.27-32; 6.29-33). 7.1-3에서 필로스트라토스는 폭군에 맞섰던 철학자들의 명단을 나열하는데, 모두 당대의 최고였지만 아폴로니우스처럼 도미티아누스에게 맞설 수 있었던 사람은 없었다고 말한다(7.1-3).[26] 따라서 필로스트라토스가 그리는 아폴로니우스의 초상은 상당 부분 대조를 통해 드러난다.

그러나 이 기법의 진정한 대가는 플루타르코스였다. 그의 『영웅전』 (*Parallel Lives*)은 한 쌍의 전기(그리스인 한 명, 로마인 한 명)로 구성되어 있으며, 각 전기는 공통의 프롤로그와 마지막 비교(또는 싱크리시스)를 공유하는 매우 특이한 구조를 선보인다. 크리스토퍼 펠링이 지적했듯이 각 쌍의 도입부는 주인공들 간의 유사점을 강조하는 반면, 다소 형식적인 싱크리시스는

Studies in Honor of Thomas Patrick Halton, ed. J. Petruccione (Washington, DC: Catholic University of America Press, 1998), 22-30.

26 이와 비슷한 평가는 다음을 보라. W. T. Shiner, *Follow Me! Disciples in Markan Rhetoric* (Atlanta: Scholars, 1995), 132-35. 필로스트라토스도 에티오피아의 무역을 그리스의 무역과 서로 비교하고(*Life of Apollonius of Tyana* 6.2) 인도의 지혜와 이집트의 지혜를 서로 비교한다(6.7).

그들의 차이점을 드러내곤 했다.[27] 그러나 "싱크리시스의 정신"은 전기 안에서 훨씬 더 정교한 수준에서 작동하므로 다른 사람과의 연속적인 비교를 통해 주인공의 성격이 명확해진다.[28] 특히 정교한 예로는 전략적 신중함의 화신인 파비우스 막시무스를 꼽을 수 있는데, 그는 다섯 명의 덜 신중한 지휘관들과 차례대로 비교된다.[29] 덜 직접적이긴 하지만, 클레오파트라와 옥타비아(로마의 가치와 의무의 세계를 대표하는 인물)의 대조는 두 여인 중 한 명을 선택해야 했던 안토니우스에 대해 무언가를 말해준다.[30] (안토니우스와 데메트리오스의 경우처럼) 종종 첫 번째 삶이 "규범"을 설정하고 두 번째 삶이 변형되는 경우가 있지만, 중요한 것은 두 사람의 삶이 분리된 두 전기가 아닌 하나의 완벽한 책으로 함께 읽힌다는 것이다.[31] 이 구조는 독자들이 두 사람의 삶과 그들이 궁극적으로 제기하는 도덕적 질문에 대해 성찰하도록 비교를 사용한다.[32] 플루타르코스는 다른 작품에서 자신의 방법에 대해 다음과 같이 성찰한다.

---

27   C. B. R. Pelling, *Plutarch: Life of Antony* (Cambridge: Cambridge University Press, 1988), 13-14. 플루타르코스와 『영웅전』에서 그가 사용한 방법에 대한 유용한 논의는 다음을 보라. D. A. Russell, "On Reading Plutarch's Lives," *G&R* 13 (1966): 139-54; *Plutarch* (London: Duckworth, 1973); T. Duff, *Plutarch's Lives: Exploring Virtue and Vice* (Oxford: Oxford University Press, 1999).

28   Russell, "On Reading," 150. 그는 이 기법의 축소판이 플루타르코스의 "한편으로…또 다른 한편으로"(*men ... de*)의 문장에서 작동한다고 본다. "On Reading," 151.

29   Russell, "On Reading," 150.

30   Pelling, *Plutarch*, 13-14.

31   Duff, *Plutarch's Lives*, 10.

32   Duff, *Plutarch's Lives*, 10.

위대한 예술 작품처럼 삶 옆에 삶을, 행동 옆에 행동을 두고, 세미라미스의 웅
장함이 세소스트리스와 같은 성격을 지니고 있는지, 타나킬의 총명함이 세르
비우스 왕과 같은 성격을 지니고 있는지 고려하는 것 외에는 남성과 여성의 미
덕의 유사점과 차이점을 다른 어떤 자료에서보다 더 잘 배울 수는 없다(*On the
Virtue of Women* 243).

다른 작가들은 싱크리시스를 좀 더 미묘하게 사용했다. 브라이언 맥깅
(Brian McGing)은 타키투스의 『아그리콜라』에서 싱크리시스가 수행하는 중
요한 역할에 주목했다. 타키투스는 주인공을 칭찬하기 위해 지속적으로 다
른 인물과 병치시켰는데, "비슷한 미덕과 업적을 지닌 인물과 '비교'하지
않고 열등한 인물과 '대조'하며" 그의 군사적 능력, 용맹함, 부패에 대한 저
항을 강조하는 대조법을 사용했다.[33] 타키투스는 때로는 자신의 문학적 목
적을 달성하기 위해 역사적 정보를 상당히 왜곡하기도 하는데, 예를 들면
브리타니아의 역대 총독이 모두 무능했다는 명백하고 개연성이 거의 없는
암시를 주기도 한다.[34] 그는 훨씬 더 깊은 수준에서 아그리콜라의 순종, 자
제, 절제와 도미티아누스의 비밀, 계략, 증오를 암묵적으로 대조한다.[35] 타
키투스는 도미티아누스의 폭압적인 통치 아래서 번영을 누렸던 사람들이

---

[33] B. C. McGing, "Synkrisis in Tacitus' *Agricola*," *Hermathena* 132 (1982): 15.
[34] McGing, "Synkrisis," 16-17. 타키투스의 초상에서 발견되는 역사적 난제는 다음을 보라.
      McGing, "Synkrisis," 19-20.
[35] McGing, "Synkrisis," 21.

어떤 비판을 받을 수 있는지 잘 알고 있었다(아그리콜라뿐만 아니라 타키투스 자신도 이 그룹에 포함되었다). 이 작품은 전반적으로 책임감 있고 도덕적인 시민이 어떻게 폭군이 지배하는 국가를 섬길 수 있는가에 대한 문제를 다룬다. 비현실적으로 폭정에 반대하고 화려한 죽음을 통해 공허한 영광을 누렸던 스토아 반대파 구성원들과 달리 아그리콜라는 실용적이고 현명하며 절제된 사람이었다. 그는 결국 도미티아누스의 손에 고통을 겪었을지는 모르지만(타키투스는 이 지점에서 약간 모호하다), "로마에 상당한 공헌을 하고" 죽었다.[36] 타키투스는 싱크리시스 기법을 통해 아그리콜라를 도덕적 본보기로 다른 사람들에게 제시할 뿐만 아니라 동시대 인물들과 우호적으로 대조할 수 있었다.

『아그리콜라』의 흥미로운 특징은 주인공이 비록 내레이터의 마음에서 결코 멀리 떨어져 있지 않았음에도 언제나 두 명의 비교 대상자 중 하나가 아니었다는 것이다. 예를 들어 타키투스는 아그리콜라에게 합당한 상대를 제시하기 위해 브리타니아인을 갈리아인과 호의적으로 비교한다(11.2- 4). 브리타니아인들은 또한 스토아 반대파와 비교된다. 두 집단 모두 자유를 박탈당했고, 타협하기보다는 기꺼이 죽음을 선택했다(아그리콜라의 순종과 절제와는 대조적인 입장). "브리타니아인들과 스토아주의자들은 모두 존경할 만하지만, 쓸데없이 용감한 행동 규범을 대표한다. 둘 다 용기 있고 유용한 아그리콜라의 삶의 방식의 가치를 강화하고 더 명확한 시각으로 바라볼

---

36   McGing, "Synkrisis," 22.

수 있게 한다."[37] 따라서 타키투스가 사용한 싱크리시스는 광범위하다. 표면적으로는 아그리콜라의 칭찬할 만한 자질을 부각하는 데 사용되지만, 더 깊은 수준에서는 정치적 비교를 통해 아그리콜라와 그와 같은 사람들을 비방하는 사람들 앞에서 그들의 행동을 옹호하는 데 사용되었다.

마가는 사람과 상황에 대한 어떠한 **형식적인** 비교도 제공하지 않았으며, 3장에서 살펴본 바와 같이 실제로 그렇게 할 수 있는 수사학적 훈련을 받았을 가능성도 거의 없어 보인다. 하지만 싱크리시스를 활용한 문학 작품을 자주 접했다면 그는 특정 미덕을 강화하는 방식으로 등장인물들을 조합할 수 있었을 것이다. 다양한 장면을 묘사하는 일련의 인물들이 특징적으로 등장하는 그리스 로마의 조각 작품 프리즈를 접했다면 마가는 일화 배치의 중요성도 깨달았을 수 있었을 것이다(위에서 인용한 본문에서 플루타르코스 역시 싱크리시스와 예술을 서로 연결한다는 점은 흥미롭다). 그가 어떤 방식으로 이 기법을 접했든 간에 결과적으로 마가는 이야기에 깊이와 정교함을 더할 수 있는 풍부한 이야기 태피스트리를 완성할 수 있었다. 물론 대부분의 비교는 예수와의 비교이며, 다른 인물들의 초상은 그의 뛰어난 자질을 강조하는 역할을 하지만, 때로는 다른 인물들이 예수에게 반응하는 과정에서 대조되기도 한다. 나는 이것을 헤롯, 그리고 대제사장과 빌라도라는 다소 긴 두 가지 예를 통해 설명하고자 한다.

---

37   McGing, "Synkrisis," 22-23.

"헤롯 왕"

이 짧은 이야기 또는 "디에게시스"(*diēgēsis*)의 길이와 세부 내용은 마가복음
에서 어느 정도 그 중요성을 암시한다(6:14-29). 그러나 얼핏 보면 이 이야
기는 예수의 성품 묘사에 거의 기여하지 않는 것처럼 보인다. 예수는 도입
부(6:14-16)를 벗어나면 모습을 드러내지 않으며, 제자들이나 적대자들도
등장하지 않는다. 대신 헤롯 왕과 그의 아내 헤로디아, 춤추는 딸, 갈릴리의
유명 인사 등 매우 다른 출연진이 등장한다. 유일하게 친숙한 인물은 세례
자 요한뿐이며, 적어도 표면적으로 이 이야기는 그의 죽음과 관련이 있다.[38]

많은 주석가들은 이 일화가 마가복음의 전후 문맥과 거의 관련이 없

---

38 대부분의 학자들과 더불어 나는 이 연회와 춤추는 소녀에 관한 이야기가 허구라고 추정한
다. 만약 이 이야기가 마가복음 이전의 형태로 존재했다면(상당히 가능함) 나는 마가가 이
것을 자신의 목적에 따라 각색했다고 추정한다. 이 본문에 대한 유용한 연구는 다음을 보라.
R. Fowler, *Loaves and Fishes: The Function of the Feeding Stories in the Gospel of Mark* (Chico,
CA: Scholars, 1981), 119-32; A. Stock, *Call to Discipleship: A Literary Study of Mark's Gospel*
(Wilmington, DE: Michael Glazier, 1982), 191-99; J. Delorme, "John the Baptist's Head—
The Word Perverted," *Semeia* 81 (1998): 115-29; C. Focant, "La tête du prophète sur un
plat, ou, L'anti-repas d'alliance (Mc 6.14-29)," *NTS* 46 (2001): 334-53; A. Smith, "Tyranny
Exposed: Mark's Typological Characterization of Herod Antipas (Mark 6:14-29)," *BibInt* 14
(2006): 259-93; J. A. Glancy, "Unveiling Masculinity: The Construction of Gender in Mark
6:17-29," *BibInt* 2 (1994): 34-50; R. S. Kraemer, "Implicating Herodias and Her Daughter
in the Death of John the Baptizer: A (Christian) Theological Strategy?," *JBL* 125 (2006):
321-49; R. A. Culpepper, "Mark 6:17-29 in Its Narrative Context: Kingdoms in Conflict,"
in *Mark as Story: Retrospect and Prospect*, ed. K. R. Iverson and C. W. Skinner (Atlanta: SBL
Press, 2011), 145-63; G. D. Miller, "An Intercalation Revisited: Christology, Discipleship and
Dramatic Irony in Mark 6.6b-30," *JSNT* 35 (2012): 176-95.

다고 가정한다.[39] 이 일화는 제자들의 파송과 그들의 귀환 사이의 공백을 메워주고, 우리가 마지막으로 그의 소식을 들었을 때 체포된 세례자 요한의 이야기(1:14)를 매듭짓는 플래시백으로 제시된다.[40] 그러나 더 넓게 보면 이 이야기는 요한의 죽음과 훗날 예수의 죽음을 연결하는 것으로 보인다. 몇몇 단어는 오직 여기와 예수의 수난 이야기에서만 나온다. "좋은 기회"(eukairos/eukairōs, 6:21; 14:11), 맹세하다(omnuō, 6:23; 14:71), 근심하다(perilypos, 6:26; 14:34), 잡다(krateō, 6:17; 12:12; 14:1, 44, 46, 49), 가두다/결박하다(deō, 6:17; 15:1), 죽이다(apokteinō, 6:19; 8:31; 9:31; 10:34; 14:1) 등. 그리고 두 이야기 모두 시체(ptōma)를 무덤에 둔다(6:29; 15:45-46).[41] 이 모든 것은 요

---

39 따라서 예컨대 M. D. Hooker, *A Commentary on the Gospel according to St Mark* (London: A&C Black, 1995), 158. 그녀는 마가가 이 두 이야기를 "서툴게" 끼워 맞춘 것으로 가정한다. 또한 R. Pesch, *Das Markusevangelium*, vol. 1, *Einleitung und Kommentar zu Kap. 1, 1-8, 26* (Freiburg: Herder, 1976), 344; D. E. Nineham, *The Gospel of Saint Mark* (Harmondsworth: Penguin, 1963), 172.

40 흥미롭게도 Focant이 지적하듯이 요한이 체포된 시기, 구금된 기간, 처형 날짜에 대한 자세한 내용은 없다. "La tête," 341. 이 모든 것은 역사적 정보를 제공하는 것이 여기서 마가의 요점이 아님을 시사한다. 마가의 이야기와 요세푸스의 이야기(*Jewish Antiquities* 18.116-19)간의 차이점은 다음을 보라. Focant, "La tête," 336-40, 그리고 특히 Kraemer, "Implicating," 325-40.

41 어떤 이들은 여기서 헤롯의 성격과 15:1-15의 빌라도의 성격 사이의 추가적인 연관성을 발견했다. 이 해석에 따르면 로마 총독도 예수에게 깊은 인상을 받고(15:5; 여기서 사용한 단어는 "놀라다"[thaumazō]임), 사람들이 요구하는 유월절 관습을 이용하여 곤란한 사건을 제거하려고 하다가 역풍을 맞고 예수를 십자가에 못 박을 수밖에 없는 처지에 놓인다. 다음을 보라. Fowler, *Loaves*, 123-24; M. McVann, "The 'Passion' of John the Baptist and Jesus before Pilate: Mark's Warnings about Kings and Governors," *BTB* 38 (2008): 152-57; Smith, "Tyranny," 282-83; Miller, "Intercalation," 179. 비록 두 인물 사이에는 분명한 연관성이 있지만, 아래에서 볼 수 있듯이 헤롯은 주로 예수와 대조된다.

한이 예수의 폭력적인 최후를 예시하는 원형으로 제시된다.[42] 그렇다면 이 기사는 아직 다른 등장인물들에게 알려지지 않은 정보를 청중들에게 알려 준다는 의미에서 마가복음의 프롤로그(1:1-15)와 비슷한 방식으로 기능한 다. 즉 이 경우에는 예수의 사명이 그의 죽음을 수반할 것이라는 사실을 청 중에게 알려준다는 점에서 그렇다. 프롤로그에서 청중에게 예수의 정체성 을 명확히 알려주어 다른 등장인물들이 미처 깨닫지 못하고 갈팡질팡하는 모습을 지켜보는 "내부자"의 느낌을 선사하듯이 다른 세계로의 플래시백 을 통해 청중들은 드라마 속 인물에게 아직 밝혀지지 않은 사건에 대한 사 전 지식을 얻게 된다.[43]

그러나 이 모든 것에도 불구하고 이 장면은 실제로 세례자 요한의 "수 난"이라고 할 수 없다. 그의 수난에 대한 언급이 없을뿐더러, 그는 주인공 도 아니며, 마지막에 그의 머리가 접시에 담겨 이 사람 저 사람에게 전달되 고 제자들이 그의 시신을 매장할 때까지 무대에 등장하지도 않는다(6:28-

---

42 이 이야기는 심지어 후자의 부활을 가리킬 수도 있다. 요한이 다시 살아났다는 것은 분명히 마가에게는 사실이 아니지만, 부활이 본문에 언급된 것은 이번이 처음이며, 죽은 자들 가운 데서 다시 살아날 한 인물을 가리키도록 설계된 것일 수도 있다. 크래머(Kraemer)는 이 이 야기가 "예수와 요한의 관계에 대한 초기 그리스도인들의 불안과 논쟁"에 대응하기 위해 만 들어졌으며, "단순히 세례자 요한이 부활했다는 주장뿐만 아니라 더 정확하게는 그의 목이 절단되어 적어도 육체적으로는 요한의 시체가 다시 살아날 수 없을 만큼 훼손되었다는 이야 기를 전함으로써 예수가 죽은 자들 가운데서 부활한 요한일 가능성을 완전히 배제하기 위해 만들어졌다고 주장한다. "Implicating," 341. 이 이야기가 초기에 그러한 목적으로 사용되었 을 가능성이 전혀 없는 것은 아니지만, 지금 우리가 가지고 있는 마가복음의 최종본에서는 예수와 헤롯 왕의 대조가 예수와 세례자 요한의 대조보다 더 두드러져 보인다.

43 따라서 또한 Focant, "La tête," 343.

29).[44] 이 장면의 주인공은 헤롯이 분명하다. 이야기는 예수의 신원에 대한 헤롯의 불안한 생각과 요한의 죽음에 대한 자신의 죄책감을 인정하는 것으로 시작하며(6:16), 그는 다른 어떤 인물보다 많이 언급되고, 이 장면에서는 그의 결정을 중심으로 긴장감이 고조된다. 그 자리에는 여자들도 등장하지만, 그들은 그 왕실에 속한 사람들이며 그들의 활동은 그에게 영향을 미친다.[45]

두 가지 특징이 이 본문을 이해하는 열쇠가 된다. 첫 번째는 6:14-16에 나오는 예수의 정체성에 관한 짧은 논의다.[46] 어떤 사람들은 그가 죽은 자 가운데서 살아난 세례자 요한이라고 말하고, 다른 사람들은 그가 엘리야라고 말하며, 또 다른 사람들은 그가 "옛 예언자" 중 하나라고 말한다. 헤롯은 이 중 첫 번째 가능성을 선호하며, 나머지 부분은 "가르"(gar)라는 단어로 시작되는 플래시백으로 세례자 요한의 죽음으로 이어지는 추악한 사건을 간략하게 요약한다.[47] 물론 청중은 제기된 가능성 중 어느 것도 적절하지 않다는 것을 알고 있지만, 이 선택지들은 예수의 정체성에 대한 질문이 본문 주변을 계속 맴돌게 한다.

---

44 따라서 또한 J. Marcus, *Mark 1-8: A New Translation with Introduction and Commentary* (New York: Doubleday, 2000), 403-4.

45 나는 요한이 중심인물이 아니라는 Focant의 견해에는 동의하지만, 중심인물이 헤롯과 그의 아내라는 그의 주장에는 동의하지 않는다("La tête," 338). 우리가 나중에 보게 되겠지만, 마가에게 헤로디아는 단순히 그의 남편의 외연(extension)일 뿐이다.

46 따라서 또한 Fowler, *Loaves*, 120, and Miller, "Intercalation," 177. 이 세 가지 선택지는 베드로가 빌립보 가이사랴에서 그의 중요한 고백을 하기 전에 8:28에서 다시 등장한다.

47 마가가 선호하는 역사적 현재는 이 장면에서 이제는 지난 과거임을 강조하는 부정과거와 미완료과거로 대체된다.

두 번째 특징은 유대 통치자를 "헤롯 왕"으로 지칭하는 것이다. 주석가들은 이 헤롯이 왕이 아니었으며, 그의 공식 직함은 사두 통치자(문자 그대로 한 왕국의 4분의 1을 다스리는 통치자)였다는 점을 빠르게 지적한다.[48] 그러나 이 본문에서 "왕"(basileus)이라는 용어가 헤롯의 왕국(basileia, 6:23)에 대한 언급과 함께 다섯 번(6:14, 22, 25, 26, 27)이나 광범위하게 사용되었다는 사실은 마가가 이 칭호를 상당히 의도적으로 사용했음을 암시한다. 이 전기에서 유일하게 "왕"으로 언급된 또 다른 인물은 물론 예수이며, 이 칭호는 15장에서 상당히 두드러지게 나타날 것이다(15:2, 9, 12, 18, 26, 32).[49] 비록 "왕"은 (15:2에서 알 수 있듯이) 예수가 스스로 선택하신 칭호는 아니지만, 아들의 진정한 지위에 대해 무언가를 확실히 포착한다. 여기와 15장에서 이 칭호가 사용된다는 점을 고려할 때 우리는 왕권을 행사하는 매우 다른 두 가지 방식이 여기서 서로 대조되기 시작한다고 해도 그리 놀랄 필요가 없다. 가브리엘라 젤라르디니(Gabriella Gelardini)의 말에 의하면 이 장면은 왕의 칭호를 놓고 벌이는 하나의 경합이다.[50]

마가의 청중 중 일부는 이 헤롯이라는 인물을 기억할 것이다. 어린 시절 안티파스로 알려진 그는 로마에서 자랐으며 아버지의 왕국 전체를 물려

---

48   다음을 보라. Josephus, *Jewish War* 2.93-95, 167-68, 183; *Jewish Antiquities* 17.317-20; 18.27, 136, 252.

49   마가복음에서 이 칭호가 유일하게 또다시 사용된 곳은 13:9인데, 거기서 이것은 제자들이 재판을 받게 될 불특정한 왕적 통치자들을 가리킨다.

50   G. Gelardini, "The Contest for a Royal Title: Herod versus Jesus in the *Gospel according to Mark* (6,14-29; 15,6-15)," *ASE* 28 (2011): 93-106. 그녀가 지적하듯이 "헤롯"이란 이름은 또한 영웅적 또는 심지어 반신적(semi-divine) 혈통을 암시한다(95).

받을 것으로 기대했지만, 유언장이 바뀌고 아우구스투스에게 여러 차례에 걸쳐 사절단이 파송되면서 극히 적은 지분만 물려받게 된다. 아이러니하게 도 왕이 되려던 그의 시도는 결국 기원후 39년에 가이우스에 의해 추방당 하는 결과를 초래했다.[51] 어떤 이들은 마가가 단순히 가장 유명한 유대 군 주인 헤롯 대왕에 대해 이야기하고 있다고 생각할 수도 있고, 마가가 글을 쓸 당시에도 로마에서 누이 베레니케(버니게)와 티투스의 불륜으로 물의를 빚고 있던 베스파시아누스의 친구 아그리파 2세와 혼동했을 수도 있다.[52] 어쨌든 여기서 "헤롯 왕"의 모습은 분명히 허세 가득한 헬레니즘 통치자를 나타낸다. 이 이야기는 타락과 부유함과 과잉을 적나라하게 보여주는 왕조 의 결혼과 정치적 음모의 장소인 왕궁을 배경으로 한다. 이 장면은 "왕족들 과 궁중 조신들과 갈릴리의 주요 인물들"이 참석한 통치자의 생일잔치에 서 벌어지는데, 이때 어린 공주가 춤을 추는 장면이 스캔들처럼 등장한다.[53]

---

51 그는 기원후 6년에 갈릴리와 베레아의 사두 통치자(tetrarch)로 확정되었고, 기원후 14년에 티베리우스가 권력을 잡았을 때 또다시 확정되었다(*Jewish War* 2.167-68); 또한 다음을 보 라. Strabo, *Geography* 16.2.46. 이 칭호는 "헤롯"이란 이름과 함께 그의 주화에 등장한다.

52 베레니케(버니게)는 적어도 기원후 69년부터 티투스와 가까웠다. D. C. Braund는 로마 에 있는 유대인 여왕에 대한 반감이 그녀가 75년까지 도시를 떠나 있었던 이유와 티투스 가 79년에 즉위하면서 그녀를 폐위한 이유를 설명해준다고 제안한다. "Berenice in Rome," *Historia* 33 (1984): 120-23.

53 크세노폰은 페르시아 왕인 키루스가 주최한 연회―제의적 춤과 귀빈석과 희생자들의 목을 자르는 행위가 수반되는―에서 만찬과 죽음이 비슷하게 뒤섞인 내용을 묘사한다. *Cyropaedia* 7.7. 리비우스, 키케로, 세네카는 모두 기원전 184년에 루키우스 퀸크투스 플라 미니우스가 정부(情夫)의 요청으로 만찬에서 죄수를 참수했다는 이유로 원로원에서 퇴출 당한 이야기를 한다. 더 자세한 내용은 다음을 보라. Kraemer, "Implicating," 337. 위에서 언 급한 다른 작가들처럼 마가도 그의 청중들이 나쁘게 행동하는 이색적인 귀족들을 좋아하는 것과 그들의 도덕적인 정의감을 이용한다.

주변 장면들과는 대조적으로 독자들은 갑자기 폭력적인 남자의 시선과 변덕스러운 권력 과시가 두드러지게 나타나는 에로틱한 상황을 접하게 된다.

이 장면의 중심에는 하나님의 의로운 사람을 박해하는 사악한 통치자의 모습이 있다. 히브리어 성경은 이집트의 바로(출 1:15-22; 5:1-23), 스가랴를 박해한 요아스(대하 24:20-44), 다니엘과 그의 친구들을 박해한 자들(단 3:12-20), 다리오 왕(단 6:10-18), 안티오코스 에피파네스(단 11:29-45; 마카베오2서 5:11-9:29) 등 많은 예를 제시한다.[54] 요세푸스 또한 그가 안티오코스 에피파네스를 묘사하고(*Jewish Antiquities* 12.246-359), 나중에 마태가 헤롯 대왕(마 2:1-18)을, 누가가 아그리파 1세(행 12:20-23)를 묘사할 때처럼 이러한 주제를 활용한다. 그러나 에이브러햄 스미스(Abraham Smith)가 지적하듯 이러한 "폭군"의 유형은 그리스-로마 세계에서도 똑같이 흔했으며, 연극에서뿐만 아니라 학교 실습과 정치적 선동에도 "단골 메뉴"로 등장했다.[55] 이러한 유형은 일반적으로 철학자들과 대비되었다. 그리스 세계에서 대표적인 예로는 히에로와 시모니데스 또는 시라쿠사의 디오니시오스 1세와 플라톤이 있다.[56] 로마인들 사이에서는 네로와 세네카 또는 다른 스토아 순교자들의 만남에서 전형적으로 나타났고,[57] 전기적 전통 안에서도 종종 발견된다(앞에서 살펴본 것처럼 필로스트라토스는 『티아나의 아폴로니우스』 7.1-3에

---

54 Culpepper는 성경의 병행 본문 도표를 유용하게 제공한다. "Mark 6:17-29," 148-49.

55 Smith, "Tyranny," 263-70.

56 히에로와 시모니데스에 관해서는 다음을 보라. Xenophon, *Hiero* 1.1-2; 디오니시오스에 관해서는 다음을 보라. Pseudo-Plato, *Epistles* 2.231a-b; 또한 Plutarch, *Dionysius* 4.3-4.

57 Tacitus, *Annals* 15.34-35, 60-64; Dio Cassius, *Roman History* 66.12.

서 이 모티프를 잘 활용한다). 그렇다면 마가는 세례자 요한과 폭군 헤롯의 만남에 관한 이야기에서 잘 알려진 문학적 주제를 활용하고 있는 것이 분명하다.

이 이야기에서 여성의 중요성은 자주 언급되어왔다. 마가복음에서 "착한" 여성은 도움과 치유를 필요로 하거나(1:29-31; 5:24b-34) 과도한 헌신을 보여준다(12:41-44; 14:3-9). 그러나 헤로디아와 (이름 없는) 딸은 매우 다르게 묘사된다. 이들은 자신의 위치를 모르는 통제 불능의 여자들이다.[58] 고대인들에게 여성은 항상 잠재적인 혼란의 원인이었으며, 마가의 청중들은 왕실 여성들의 행동이 두드러지게 나타난다는 것은 남성의 권력이 논의되고 있다는 확실한 신호라는 것을 알고 있었을 것이다. 요세푸스는 『유대 전쟁사』에서 이 주제를 잘 활용한다. 이 긴 작품에서 여성 인물은 오직 헤롯 대왕의 궁정 한 곳에서만 눈에 띄게 등장하며, 유대 역사가 요세푸스는 궁정 생활의 특징인 경쟁과 분노가 들끓는 상황과 절제력 또는 자제력을 모두 잃은 왕의 편집증을 묘사하는 데 지나치게 많은 지면을 할애한다. 요세푸스는 터무니없는 여성 인물들을 통해 가정을 전혀 통제하지 못하고, 여자와 정욕에 지배당하며, 따라서 통치하기에 절대적으로 부적합한 통치

---

58 "음모를 꾸미는" 여성들과 춤의 관능적인 성격(마가가 확실히 연연하지 않는 요소)을 즐기는 것으로 보이는 많은 가부장적인 해석에 대한 유용한 비평은 다음을 보라. Glancy, "Unveiling," 43-50. 또한 다음을 보라. T.-S. B. Liew, "ReMark-able Masculinities: Jesus, the Son of Man, and the (Sad) Sum of Manhood," in *New Testament Masculinities*, ed. S. D. Moore and J. C. Anderson (Atlanta: SBL Press, 2003), 93-135; Kraemer, "Implicating," 346-47; B. Baert, "The Dancing Daughter and the Head of John the Baptist (Mark 6:14-29) Revisited: An Interdisciplinary Approach," *Louvain Studies* 38 (2014): 5-29.

자의 초상을 제시할 수 있었다.[59]

이러한 이야기는 마가복음에도 등장한다. 여기서도 여자들이 어느 정도 눈에 띄게 등장하지만, 그들의 목적은 단순히 "헤롯 왕"에 대해 무언가를 말해주기 위한 것이다. 그리고 그 초상은 칭찬을 위한 것이 아니다. 이 장면에서 전형적으로 "남성적인" 방식으로 행동하는 사람은 헤로디아다. 그녀는 세례자 요한의 고발이 왕실 부부에게 가져다줄 피해를 알아차리고 복수를 꾀하는 정치적인 통찰력을 가지고 있다(6:17-19). 기회가 왔을 때 그녀는 기회를 놓치지 않고 남편을 곤경에 빠뜨려 그의 권위를 훼손할 수 있는 결과를 원한다. 반면 헤롯은 다양한 감정을 드러낸다. 그는 두려움이 많고 우유부단하며 자기 신념에 대한 확신이 부족하다. 그는 생일 파티의 과도함에 휩싸여 자신을 완전히 바보로 만들고 자신의 경솔한 약속으로

---

59 다음을 보라. H. K. Bond, "Josephus on Herod's Domestic Intrigue in the *Jewish War*," *JSJ* 43 (2012): 295-314. 흥미롭게도 요세푸스도 안티파스가 그의 아내에 의해 통치되고 있었다고 암시함으로써 그를 비방한다. *Jewish Antiquities* 18.240-55. 학자들은 종종 헤로디아에 대한 마가의 묘사와 엘리야를 제거하려고 음모를 꾸미는 이세벨(왕상 19:1-3) 사이의 연관성을 지적해왔다. 다음을 보라. D. M. Hoffeditz and G. E. Yates, "*Femme Fatale* Redux: Intertextual Connection to the Elijah/Jezebel Narratives in Mark 6:14-29," *BBR* 15 (2005): 199-221; S. A. Cummins, "Integrated Scripture, Embedded Empire: The Ironic Interplay of 'King' Herod, John and Jesus in Mark 6.1-44," in *Biblical Interpretation in Early Christian Gospels*, vol. 1, *The Gospel of Mark*, ed. T. R. Hatina (London: T&T Clark, 2006), 31-48; Culpepper, "Mark 6:17-29," 149-50. 다른 학자들은 에스더와의 연관성을 강조했다. 예컨대 R. Aus, *Water into Wine and the Beheading of John the Baptist: Early Jewish-Christian Interpretation of Esther 1 in John 2:1-11 and Mark 6:17-29* (Atlanta: Scholars, 1988), 41-66. 그리고 또 다른 학자들은 유대 성경에 등장하는 만찬, 여성, 죽음 간의 연관성을 더 폭넓게 탐구했다. 예컨대 N. Duran, "Having Men for Dinner: Deadly Banquets and Biblical Women," *BTB* 35 (2005): 117-24. 마가는 이 모든 이야기에서 어휘와 주제를 끌어왔을 수도 있지만, 그의 이야기는 근본적으로 이것들 가운데 그 어느 것에도 "의존하지" 않는다.

인해 스스로 함정에 빠졌다는 것을 너무 늦게 깨닫는다. 그는 "의롭고 거룩한"(6:26) 사람을 지키기보다는 신하들 앞에서 자기의 체면을 지키려 하고, 자신의 나약하고 연약한 모습을 드러내며 결국에는 타협한다. 헤롯은 자신의 집안이나 폭력적이고 모순된 내면의 감정을 통제할 수 없었고, 옳은 일을 하는 것보다 신하들 앞에서 명예를 지키는 데 더 급급했다. 1세기 청중들에게 이 이야기는 분명한 의미를 지니고 있었다. "왕" 헤롯은 남자답지 못하고 통치하기에 부적합하다는 것이었다.[60] 세례자 요한은 이 장면에서 자신의 머리를 잃었을지 모르지만, 실제로 남자답지 못하고 무능력하며 상징적으로 거세당한 사람은 다름 아닌 헤롯이었다.[61]

하지만 이 모든 것이 예수와 무슨 상관이 있을까? 우리는 앞 장에서 마가가 예수를 엘리트 남성, 심지어 왕실과 제국과도 친분이 있는 남성으로 묘사하고 있다고 언급했다. 예수는 반대자들을 물리치고, 청원하는 사람들에게 은총을 베풀며, 절제와 겸손함으로 처신한다. 헤롯 이야기를 구성하는 일화에서 예수는 제자들에게 자신의 권위를 부여하고 그들을 파송하여 복음을 선포하고, 병을 치유하며, 귀신을 쫓아내게 하는데(6:6b-13), 그들은 예수의 명령을 수행할 뿐만 아니라 모든 것이 예수의 말씀대로 이루어진다(6:30).[62] 비록 여기서 "나라"라는 단어가 사용되지는 않지만, 제자들이

---

60   따라서 또한 Miller, "Intercalation," 182-83.
61   Glancy, "Unveiling," 47; 또한 Liew, "Re-Mark-able," 123.
62   첫 단락의 거의 모든 내용(6:6b-13)과 사역을 마치고 돌아온 제자들에 대한 언급(6:30) 사
      이에 들어 있는 마가의 삽입은 여기서 특이하다.

하나님 나라를 받아들이는 모든 사람에게 그 나라를 제시하고 있음은 분명하다. 그리고 비록 예수가 "왕"으로 묘사되지는 않지만, 권위 있는 군주의 모습으로 행동하며 다른 사람들을 보내어 자기 뜻을 행하고 목표를 달성하도록 하는 것은 분명하다.[63] 예수와 "헤롯 왕"의 대조는 이보다 더 명확할 수 없다. 헤롯은 다른 (임명된) 이방인 통치자들과 마찬가지로 신하들 위에 군림하지만(10:42), 궁극적으로 나약하고 남자답지 못하며, 그의 나라는 폭력이 난무하고 의인들의 목소리가 억압당하는 나라다. 그러나 예수는 당당하게 행동한다. 헤롯은 사형 집행자들을 파견하지만, 예수는 치유와 구원을 위해, 그리고 매우 다른 나라를 세우기 위해 제자들을 파송한다. 예수는 여자의 속임수에 넘어가지 않고(수로보니게 여인의 말을 듣긴 하지만),[64] 친구들의 터무니없는 요구에도 흔들리지 않는다(10:35-40). 마가복음 전반에 걸쳐 그는 확고하고 단호하게 하나님이 정하신 길을 걸어간다. 마가복음의 청중들은 누가 진정한 왕인지 의심할 필요가 없다.

헤롯의 살인적인 연회와는 대조적으로 마가는 열두 제자가 돌아온

---

63 따라서 또한 Fowler, *Loaves*, 120. 동사 "프로스칼레오"(*proskaleō*, 소집하다, 불러 모으다)는 예수의 권위를 강조하며(R. H. Gundry, *Mark: A Commentary on His Apology for the Cross* [Grand Rapids: Eerdmans, 1993], 300-301), 고전 그리스어에서 "아포스톨로스"(*apostolos*, 6:30)는 군사 또는 해군 탐험에 가담하는 자들에게 사용될 수 있다(Hooker, *Commentary*, 162). 두 가지 의미 영역 모두 여기서 헤롯과 대조를 이루는 왕으로서 예수의 초상을 강화하는 경향이 있다. Gundry는 "예수의 왕권"이 이 페리코페에 등장하지 않는다는 이유에서 이 독법에 반대한다(*Mark*, 311). 그의 독법은 엄밀한 의미에서 맞지만, 내가 앞 장에서 증명했듯이 마가는 이 장면보다 훨씬 더 이전에 예수에게 엘리트, 심지어 왕/황제의 미덕을 부여한다.

64 하혈하는 여인은 예수를 속이지 못한다. 5:24-34.

직후에 오천 명을 먹이는 이야기를 들려준다(6:31-44). 이 장면에서 예수는 주인이 되어 자리를 배정하고 음식을 제공하고 축복하는가 하면, 제자들은 다시 한번 예수의 조력자 역할을 맡아 손님들에게 음식을 나눠준다. 이 장면은 광야의 만나, 열왕기하 4:38-44에 나오는 엘리사의 음식 공급, 메시아 시대의 연회 등 다양한 성경적 이미지를 떠올리게 한다.[65] 그러나 다른 의미도 있다. 데이비드 시크(David Sick)가 지적하듯이 마가가 "연회"(symposion, 6:39)라는 단어를 사용하고 사람들이 "기대어"(anaklinō, anapiptō, 6:39-40; 개역개정은 "앉다") 있는 모습을 언급한 것은 모인 사람들이 푸른 잔디에 기대어 있는 공개 연회를 암시한다. 생선은 아마도 말리거나 훈제하여 흔히 양념으로 먹었을 것이며, 빵과 함께 "고전적인 식사에서 표준 메뉴"를 구성했다고 그는 주장한다.[66] 따라서 마가가 묘사하는 것은 오천 명이 배부르게 먹을 수 있는 거대하고 호화로운 잔치다. 여기서 드러나는 예수의 초상은 위대한 후원자이자 자신의 백성을 먹여 살리는 부유한 자선가의 모습이다. 비록 이 연회는 남자들에게만 베풀어졌지만, 참석자들은 아마도 각계각층에서 온 것으로 추정되며, 동시대 연회에서 흔히 볼 수

---

65 이것은 사 25:6; 시 23:5; 63:5; 출 24:11; 신 16:15; 느 8:10-12; 슥 14:16 등 다수의 성경 본문에 약속되어 있다.

66 D. H. Sick, "The Symposium of the 5,000," *JTS* 66 (2015): 11. 요한은 마가의 "이크투스"(*ichthus*)를 "옵손"(*opson*, 조미료/양념)의 지소사인 "옵사리온"으로 수정한다(요 6:9, 11). 또한 제자들이 방금 잡은 "이크투스"가 아니라 예수가 훈제한 "옵사리온"(*opsarion*)이 메뉴인 요 21:9-13도 보라. Sick, "Symposium," 9. Sick가 지적하듯이 막 6장에 포도주가 없는 것은 의아하다. 그는 포도주의 존재를 가정한다(11-13절).

있는 계급이나 연령에 따른 뚜렷한 구분이 없다.[67] 반면 헤롯의 잔치는 오직 위대하고 선한 사람들에게만 열려 있고, 섬뜩한 분위기를 자아내며, 유일하게 제공된 "음식"은 쟁반에 담긴 한 예언자의 머리뿐이다. 다시 한번, 이야기의 병치는 두 사람을 예수에게 유리하게 대조한다.[68]

그러므로 마가가 "헤롯 왕"을 예수와 대조를 이루는 인물로 소개한 것은 분명하다. 이 이야기는 세례자 요한의 죽음을 서술하고 예수의 죽음을 예시하지만, "왕" 예수와 그의 나라를 "헤롯 왕"과 그의 나라와는 완전히 다른 방식으로 제시하는 더 깊은 대조가 배후에서 작동한다. 제프리 밀러 (Geoffrey Miller)가 지적하듯이 "예수는 다른 사람들을 섬기고 생명을 주기 위해 온 자애로운 왕이며"[69] 헤롯은 나약함과 명예에 대한 욕망으로 오직 죽음만 가져다주는 소심한 폭군에 불과하다.

대제사장/빌라도

마가의 재판 장면은 세심하게 설계된 단락을 구성하며, 로마의 재판(15:1-

---

67   마가는 5천 명의 남자(*andres*; 마 14:21; 눅 9:13-14과 대조하라)가 있었다는 것을 분명히 한다. 마가가 의도적으로 이 이야기에서 여자들을 배제했을 가능성도 있다. 만약 그렇다면 그는 헤롯의 이야기에서 희화화된 제멋대로 날뛰는 향연(*symposia*)과 달리 그리스도인들의 모임(곧 성찬식)은 여성들이 자신들의 위치를 아는 모임이라는 것을 보여주고 싶었을 것이다. 그러나 그러한 해석은 명확함과는 거리가 멀다. 헬레니즘적 대중 연회에 대해서는 다음을 보라. Sick, "Symposium," 19-25.

68   Focant은 또한 헤롯의 연회를 최후의 만찬의 패러디로 본다. "La tête," 352-53.

69   Miller, "Intercalation," 183-84.

20)이 그보다 앞서 진행된 유대 재판(14:53-73)과 평행을 이룬다.[70] 두 재판에서 심문은 두 가지 주제를 중심으로 전개된다. 유대 재판에서 예수는 먼저 그에 대해 서로 동의할 수 없는 많은 거짓 증인들에 의해 고발당한다. 마지막으로 어떤 사람들이 일어나서 그를 고발하며 그가 성전을 파괴할 뿐만 아니라 "손으로 짓지 않은"(acheiropoiēton) 성전을 사흘 안에 짓겠다고 위협했다고 말한다. 그러나 이마저도 결정적인 증거가 되지 못하고, 예수는 단호하게 침묵을 지킨다(14:60-61a). 이에 대해 대제사장은 새로운 주제를 제시하며, 이제 예수에게 그의 정체성에 대해 구체적으로 질문한다. "네가 찬송 받을 이의 아들 그리스도냐?" 예수의 대답은 분명하고 솔직하다. "내가 그니라. 인자가 권능자의 우편에 앉은 것과 하늘 구름을 타고 오는 것을 너희가 보리라"(14:62). 대제사장은 이를 신성모독이라고 선언하고, 모든 공의회 의원들(pantes; 14:64)이 그에게 사형 선고를 내린다.

빌라도 앞에서의 재판은 이 시점에서 더 짧게 진행되며, 두 가지 혐의를 중심으로 비슷하게 진행되지만 혐의가 뒤바뀐다. 빌라도는 예수의 정체성에 대한 질문으로 시작한다. "네가 유대인의 왕이냐?" 예수는 이 질문에 대답하지만, 그의 답변은 대제사장 앞에서보다 훨씬 더 조심스럽다. 그

---

70 이 본문들이 제기하는 많은 역사적 질문을 포함하여 이 본문들에 대한 자세한 논의는 나의 이전의 연구서를 보라. *Pontius Pilate in History and Interpretation* (Cambridge: Cambridge University Press, 1998), 94-119, 194-202; *Caiaphas: Friend of Rome and Judge of Jesus?* (Louisville: Westminster John Knox, 2004), 98-108. 마가가 의도한 두 재판 간의 유사성에 관해서는 또한 다음을 보라. F. J. Matera, *The Kingship of Jesus: Composition and Theology in Mark 15* (Chico, CA: Scholars, 1982), 7-8, 99.

는 "당신이 그렇게 말했소"(*su legeis*)라고 대답하는데, 이는 아마도 "그것은 내 말이 아니고 당신의 말이요"(15:2)라는 의미일 것이다.[71] 예수는 "왕"이 지만(다음 장에서 더 자세히 다룰 주제), 로마 총독이 이해할 수 있는 의미의 왕이 결코 아니다.[72] 대제사장들은 이제 "여러 가지"(*polla*)로 예수를 고발하지만, 예수는 이전과 마찬가지로 그들의 고발에 관여하지 않고 침묵을 지킨다(15:5a).

두 재판 모두 예수에게 제기된 혐의에 걸맞게 죄수를 조롱하고 학대하는 것으로 끝난다. 유대 재판에 이어 예수에게 침을 뱉고 얼굴을 가리고 때리며 "예언하라"고 요구한 것은 공의회 의원들인 것으로 보이며, 불특정 경비병들(*hupēretai*)은 예수에게 구타를 가한다(14:65). 로마의 법정 절차 이후의 더 자세한 기록에서 로마 군인들은 예수를 총독 공관(*praetorium*) 안으로 끌고가 채찍질을 한 후(15:15) 왕의 행세를 한다는 이유로 황제의 자주색 옷을 입히고 왕관을 씌우고 조롱의 의미의 경의를 표하는 등 모욕적인 조롱을 가한다(15:16-20).

마지막으로 두 장면에서 예수는 또 다른 인물과 대조된다.[73] 유대 재

---

71   11:27-33과 12:13-17에서 반대자들에게 응답했던 것처럼 예수의 말을 여기서 반문으로 읽는 J. Schwiebert의 독법은 옳을 수 있다. "당신이 그렇게 말하는 것입니까?"는 빌라도에게 그 말을 되돌려주는 것이다. "Jesus's Question to Pilate in Mark 15:2," *JBL* 136 (2017): 937-47.

72   자세한 내용은 아래 430-36을 보라.

73   다음을 보라. A. Borrell, *The Good News of Peter's Denial: A Narrative and Rhetorical Reading of Mark 14:54, 66-72* (Atlanta: Scholars, 1998), esp. 61. 그는 세 차례의 질문과 심지어 언어적인 연결고리를 포함하여 베드로의 부정과 로마 재판에서의 바라바 장면 사이에 존재하는 "공통된 기본 설계"에 주목한다.

판에서 제자들 중 홀로 예수를 따라 대제사장 집으로 가 불 곁에 서서 몸을 녹이고 있는 사람은 바로 베드로다(14:54). 예수가 대제사장 앞에서 재판을 받을 때 한 하녀(*paidiskē*)가 베드로를 알아보고 그도 나사렛 사람과 함께 있었다고 비난한다. 베드로는 이를 부인하고 불을 피해 도망치지만, 하녀와 다른 구경꾼들로부터 두 번 더 도전을 받는다. 이제 베드로의 거부 의사는 더욱 강해져 자신을 저주하고 맹세하며 "나는 너희가 말하는 이 사람을 알지 못하노라"(14:71)고 말한다. 우리는 이 장의 뒷부분에서 베드로에 대해 다시 다루겠지만, 여기서 마가의 청중들은 믿음에 대해 답해야 할 때 어떻게 대처해야 할지에 대한 두 가지 방식과 마주한다. 하나는 가장 강력한 종교 지도자 앞에서도 침착하게 자신의 정체성을 선언하는 예수의 방식이고, 다른 하나는 비천한 하인 앞에서도 예수의 제자라는 비난에서 벗어나려고 필사적으로 노력하는 베드로의 방식이다. 그들이 심문과 박해에 직면하고, 총독과 왕 앞에 서야 할 때(13:9-11에서 예언하듯이) 마가의 청중들이 어떤 모델을 따라야 할지는 자명하다.

로마 법정에서는 바라바와의 대조가 이루어진다. 갑자기 군중이 나타나 빌라도에게 평소의 관습을 존중하고 자신들이 선택한 죄수를 석방해 달라고 요청한다(15:6, 8). 마가는 처음부터 선택의 여지를 열어두고, 감옥에 갇힌 사람들 가운데 민란 중에 살인을 저지른 바라바라는 사람이 있음을 지적한다(15:7).[74] "유대인의 왕"을 석방하겠다는 빌라도의 제안에 우호

---

74   여기서 그리스어는 모호하다. 바라바도 살인자인가? 아니면 단순히 살인자들과 함께 옥에

적이었던 군중들은 대제사장들이 선동하자 자신들의 소원을 들어줄 때까지 계속해서 바라바를 외친다(15:9-15). 이 장면에서 "왕"이라는 호칭이 계속 사용됨으로써 두 사람 간의 선택에 어떤 문제가 걸려 있는지가 더욱 주목을 받는다. 유대 군중은 과연 예수를 그들의 왕이자 지도자로 선택할 것인가, 아니면 민란과 살인으로 얼룩진 반란군을 선택할 것인가? 기원후 66-70년의 비참한 전쟁 이후 유대인들이 정치 지망생과 무장 반란 세력을 실제로 신뢰했던 시기에 읽으면 마가의 이 극적인 장면을 이해하기란 어렵지 않다. 진정한 "왕"은 결국 다름 아닌 예수였다.

이러한 대비를 초월하는 또 다른 대비는 대제사장과 빌라도의 대비다. 일화식 서술이 강한 마가복음에서 늘 그렇듯이 마가는 두 재판 사이에 아무런 연결고리도 제공하지 않는다. 우리는 이미 유대 법정의 판결이 최종 판결이라는 암시조차 없이 예수에게 사형을 언도하는 모습을 보았다(14:64). 그러나 15:1에서 공의회는 예수를 결박하여 빌라도에게 넘기기 전에 다시 한번 심의를 하는데, 이때 예수에 대한 재판은 처음부터 다시 시작한다. 어떤 역사적 이유로 두 번의 심리가 필요했든지 간에[75] 마가복음은 각 재판에 동등한 비중을 두고 두 법정뿐만 아니라 두 재판관 간의 비교를 유도한다. 마가복음의 모든 등장인물 중에서 대제사장은 아마도 가장

갇혀 있는가?

75 유대 법정의 사행 집행권에 대해서는 다음을 보라. J. S. McLaren, *Power and Politics in Palestine: The Jews and the Governing of Their Land, 100 BC-70 AD* (Sheffield: JSOT Press, 1991).

불투명한 인물일 것이다. 그는 아마도 11:18과 14:1-2에서 예수를 죽이려는 음모를 꾸미고, 나중에 빌라도 앞에서 예수를 고발하고(15:3), 군중을 선동하고(15:11), 십자가에 달린 예수를 조롱하는 대제사장 집단(*hoi archiereis*)에 속한 인물로 추정된다(15:31). 그러나 유대 재판에서만 한 독자적인 "대제사장"(이제는 단수형이 사용됨, *ho archiereus*)이 등장하는데, 그는 예수에게 도전하고 사형을 확정지은 후 다시 대제사장 집단 속으로 사라진다. 대제사장의 이름은 명시되지 않을뿐더러 그는 색다른 성품도 전혀 보여주지 않는다. 우리는 마가가 그를 빌라도와 대조하기 위해 이 인물에 주목한 것이 아닌가 의심해볼 수 있다. 그리고 대제사장에 대한 묘사는 대충 윤곽만 그린 것이라 하더라도 그리 호의적이지 않다. 그는 동료들과 함께 예수를 구체적으로 사형에 처할 목적을 가지고 공의회를 소집하지만(14:55), 결과적으로 이 "캥거루 재판"은 혐의를 입증하는 데 어려움을 겪는다(14:56-59). 나중에 우리는 믿을 만한 증인을 통해 유대 당국의 동기가 시기심 때문이라는 것을 알게 된다(15:10, 12:12과 14:1-2에서 이미 암시된 혐의). 대제사장은 자신의 손으로 이 문제를 해결하고 예수의 입에서 "자백"을 받아낸 후에야 비로소 자신의 사악한 계략을 성공시킨다.

여러 면에서 빌라도는 대제사장과 정반대의 인물이다. 대제사장은 이름이 아닌 직책으로만 언급되는 반면, 빌라도는 이름만 언급되고 직책은 언급되지 않는다. 유대 총독(*praefectus*)으로서의 지위나 제국의 의무에 대한 언급은 없으며, 그의 공식적인 지위는 가능한 한 간략하게 묘사된다. 마찬가지로 대제사장의 유일한 관심사는 예수를 사형에 처하는 것인 반면, 빌라도는 그다지 서두르지 않는 것처럼 보인다. 대제사장은 다른 사람들에게 판결을 지시하지만(14:64), 빌라도의 법정에서 십자가형에 찬성표를 던지는 자들은 검투사 경기의 군중처럼 변덕스러운 유대 군중이다(15:13-15). 나는 다른 곳에서 여기서 빌라도가 우호적이거나 심지어 나약한 인물로 읽혀서는 안 된다고 주장한 바 있다.[76] 그는 무슨 일이 일어나고 있는지 잘 알고 있으며(15:10), 그가 "왕"이라는 칭호를 반복하여 사용한 것은 진정으로 예수의 석방을 보장하기보다는 사람들을 선동하기 위한 계산된 행동으로 보인다. 그러나 총독에 대한 마가의 묘사는 예수의 **십자가 처형**에도 불구하고 그의 죽음의 주동자가 로마 당국이 아니라 적대적인 유대 성전 당국자들이었음을 보여준다. 이로써 앞서 세례자 요한과 마찬가지로 예수는 살인적인 증오(헤로디아, 대제사장)와 자신의 권위를 위임하고 결국 삶과 죽음에 대한 중요한 문제까지도 다른 사람(춤추는 딸, 군중)에게 위임한 폭압적인 통치자(헤롯, 빌라도)의 치명적인 투합에 의해 죽임을 당한다.[77]

따라서 대제사장과 빌라도라는 "인물"은 마가가 전개해나가는 예수의 초상에 기여하는 한도 내에서만 간략하게 그려진다. 그들은 저자가 예수의 처형에 대한 책임 문제를 다루고, 세례자 요한, 예수, 그리고 적어도 일부 추종자들의 운명 간의 연관성을 강화할 수 있게 한다(13:9-11). 그렇

76　다음을 보라. Bond, *Pontius Pilate*, 103-16.

77　요한과 예수의 죽음 사이의 대조에 대한 유용한 연구는 다음을 보라. McVann, "The 'Passion'"; A. Simmonds, "Mark's and Matthew's *Sub Rosa* Message in the Scene of Pilate and the Crowd," *JBL* 131 (2012):733-54.

다면 보조 인물 중 가장 큰 집단인 제자들은 어떤가? 마가의 전기에서 제자들의 역할은 무엇일까?

열두 제자

마가복음의 등장인물들 중 예수의 제자들만큼 학문적으로 면밀한 조사의 대상이 된 집단은 없다. 마가복음에서 그들은 "그의 제자들/제자들"(*hoi mathētai autou*), "그의 주변 사람들"(*hoi peri auton*) 또는 "그를 따르는 자들"(*hoi akolouthountes*) 등 다양하게 불리고, 예수는 유동적으로 변하는 무리에 둘러싸여 있다. 그러나 여기서 나의 관심은 예수의 사역 내내 그와 동행하는 예수의 가장 가까운 동료인 "열두 제자"(*hoi dōdeka*)에게 집중된다. 현대 독자들에게 이 그룹에 대한 가장 인상적인 부분은 그들의 모호한 역할이다. 어떤 장면에서는 그물을 내려놓고 즉시 예수를 따르기도 하고 (1:16-20) 예수의 대리인 역할을 성공적으로 수행하는가 하면(6:7-13, 30), 또 어떤 장면에서는 예수의 사역을 이해하지 못하고(6:52; 8:32-3; 9:33-35; 10:35-41) 결국에는 그를 버리고 떠나는 모습을 보인다(14:50).[78] 제자들에 대한 이러한 복잡한 묘사는 다양한 방식으로 설명되어왔지만, 윌리엄 텔포드(William Telford)는 **논쟁적** 견해와 **목회적** 견해라는 두 가지 주요 해석 방

---

[78] 마가복음에 나타난 제자들에 대한 유용한 개관은 다음을 보라. C. C. Black, *The Disciples according to Mark: Markan Redaction in Current Debate*, 2nd ed. (Grand Rapids: Eerdmans, 2012), 36-45.

법을 유용하게 제시했다.[79]

　논쟁적 견해는 제자들의 부정적인 특성, 즉 그들의 이해 부족, 두려움과 비겁함, 개인적인 영광에 대한 욕망, 마지막에 스승을 버린 것(특히 집단 구성원들의 배신과 부인)에 큰 중점을 둔다. 이 견해는 1960년대의 편집비평가들의 연구와 함께 부상했으며, J. B. 타이슨(Tyson), 테오도르 위든(Theodore Weeden)과 가장 관련이 있다.[80] 두 학자는 마가의 작품을 그의 공동체 내에서 잘못된 기독론과 맞서 싸우기 위한 논쟁적인 문서로 간주했다. 이 논쟁에서 서로 대립하는 두 편은 각각 (잘못된 기독론을 주장하는) 제자들과 (마가의 올바른 견해를 대변하는) 예수를 대변한다. 그러나 이 기독론이 정확히 어떤 것이었는지는 전혀 명확하지 않다. 타이슨에 따르면 마가는

79　W. Telford, *The Theology of the Gospel of Mark* (Cambridge: Cambridge University Press, 1999), 131-37. 편집에 대해 특별한 관심이 있는 Black은 학자들이 마가가 그의 전승을 얼마나 잘 지켰는지를 추론하는 것에 따라 그들을 세 "유형"으로 나눈다. *Disciples*, 45-64. 우리의 목적에 가장 부합하는 것은 논쟁적/목회적 견해로 분류하는 것이다.

80　J. B. Tyson, "The Blindness of the Disciples in Mark," *JBL* 80 (1961): 261-68; T. J. Weeden, "The Heresy That Necessitated Mark's Gospel," *ZNW* 59 (1968): 145-58. 또한 다음을 보라. J. Schreiber, "Die Christologie des Markusevangeliums," *ZThK* 58 (1961): 154-83; W. H. Kelber, "Mark 14, 32-42: Gethsemane, Passion Christology and Discipleship Failure," *ZNW* 63 (1972): 166-87. J. D. Crossan은 이 논쟁을 예루살렘 교회까지 확대하여 예수의 가족에 대한 부정적인 묘사도 여기에 포함한다. "Mark and the Relatives of Jesus," *NovT* 15 (1973): 81-113. 이 견해에 대한 더 현대적인 변형은 다음을 보라. P. Middleton, "Suffering and the Creation of Christian Identity in the Gospel of Mark," in *T&T Clark Handbook to Social Identity in the New Testament*, ed. J. B. Tucker and C. A. Baker (London: Bloomsbury, 2014), 173-89. Middleton은 특히 열두 제자에 대한 강경한 태도를 보이면서 그들이 특정한 "이단" 집단을 대표하는 것이 아니라 열두 제자가 마가에게 모든 권위를 잃은 것이라고 주장한다. 따라서 그는 마가가 열두 제자와 **대조되는** 그리스도인의 정체성을 구성한다고 주장한다.

예수의 왕적(다윗적) 메시아 됨을 지나치게 강조하는 초기 예루살렘 교회의 기독론을 공격한다. 위든에 따르면 제자들은 예수를 기적을 행하는 신적 인간(*theios anēr*)으로 보는 승리주의적 관점을 선호하고 수난의 중요성을 부정하는 헬레니즘적 예수의 관점을 대변한다. 그러나 우리가 잘못된 기독론을 어떻게 설명하든지 간에 마가의 반응은 동일했다. 그는 예수의 고난과 죽음의 구속적 의미를 강조했다.

이 접근 방식의 근본적인 문제점은 마가의 작품이 그다지 논쟁적이지 않다는 점이다. 전기에서 존경받는 스승에 대해 다른 작품들에 대한 대안으로서 독특한 견해를 제시하는 것은 분명 가능했지만, 그런 관점을 이 작품에서 제시했다는 증거는 그 어디에도 없다.[81] 이 전기가 빠르게 좋은 소식인 "복음"으로 불리게 되었다는 사실은 일반적으로 이 전기가 격려와 지원을 수반한 더 건설적인 작품으로 받아들여졌음을 시사한다.[82] 더 중요한 것은 데이비드 도브가 지적했듯이 스승은 제자의 행동에 책임을 져야 했고, 스승과 제자 사이의 긴밀한 유대감은 제자들에 대한 비판이 예수 자신에 대한 공격으로 비칠 수 있다는 것을 의미했다.[83] 그리고 마지막으로 "논

---

81 스승에 대한 독특한 이야기를 소개하기 위해 전기를 사용하는 것에 대해서는 위 107-11을 보라.

82 E. Best, "The Role of the Disciples in Mark," *NTS* 23 (1976/77): 378. 물론 이것은 이 작품 안에 논쟁적인 본문이 없다는 것을 의미하지 않는다. 우리는 3장에서 마가가 그의 회중 안에 존재하는 특정한 전제와 신념(비록 이것이 어떤 것들이었는지를 파악하는 것은 쉬운 일이 아니지만)에 이의를 제기하고 싶었을지도 모른다는 것을 이미 살펴보았다. 그러나 지지 집단의 공통된 전제 안에서 영웅을 이해하는 새로운 방법을 제시하는 것과 강하고 지배적인 전제에 의도적으로 맞서 반대하는 것은 천양지차다.

83 D. Daube, "Responsibility of Master and Disciple in the Gospels," *NTS* 19 (1972/73): 1-15;

쟁적 견해"는 전기 전반에 걸쳐 나타난 제자들에 대한 많은 긍정적인 묘사와 잘 어울리지 않으며, 그들의 실패에도 불구하고 예수와 그들의 긴밀한 관계가 작품의 마지막까지 이어진다는 사실과도 잘 어울리지 않는다 (14:27-8; 16:7).

열두 제자를 **목회적으로** 해석하는 두 번째 견해는 오늘날 훨씬 더 일반적이며, 특히 문학적 관점을 채택하는 학자들의 지지를 받는다.[84] 이 접근 방식은 제자들의 실패를 강조하기보다는 마가복음에 나타난 모호함과 복잡성에 더 큰 관심을 기울인다. 이 접근 방식의 선구자는 1977년에 이와 관련된 글을 쓴 로버트 태너힐(Robert Tannehill)이다.[85] 태너힐은 마가의 (그리스도인) 독자들이 예수에게 가장 긍정적으로 반응한 내러티브 속 인물인 제자들과 당연히 동일시했을 것이라고 주장한다. 마가는 이것을 알고 있었고, "제자들의 이야기를 통해 독자들에게 우회적으로 말하기 위해…자신

따라서 또한 E. Best, "Role of the Disciples," 395; and A. D. Kaminouchi, *"But It Is Not So among You": Echoes of Power in Mark 10.32-45* (London: T&T Clark, 2003), 34. 따라서 예컨대 크세노폰은 천방지축인 알키비아데스는 항상 부패했고, 소크라테스는 그에게 도덕을 가르치지 못했다고 주장함으로써 아테네의 젊은이들을 타락시켰다는 소크라테스의 혐의를 벗기려고 시도했다.

84 다수의 편집비평적 접근법도 이 범주에 속하는데, 그중 가장 중요한 연구는 다음과 같다. D. Hawkin, "The Incomprehension of the Disciples in the Markan Redaction," *JBL* 91 (1972): 491-500; C. Focant, "L'incomprehension des Disciples dans le deuxieme Egangile," *Revue Biblique* 82 (1975): 161-68; E. Best, "The Role of the Disciples in Mark," *NTS* 23 (1976/77): 377-401.

85 R. C. Tannehill, "The Disciples in Mark: The Function of a Narrative Role," in *The Interpretation of Mark*, ed. W. R. Telford, 2nd ed. (Edinburgh: T&T Clark, 1995).

의 이야기를 집필했다."[86] 따라서 제자들은 처음에는 잘 시작했지만, 곧 그들의 부적절한 반응을 드러내기 시작한다. 그들은 중요한 문제를 놓고 예수와 갈등을 겪다가 결국 십자가를 지고 스승을 따르지 못하는 "비참한 실패자"로 드러난다. 독자들은 이에 충격을 받고 제자들과 거리를 두기를 원하지만, 여전히 초기의 동질감을 어느 정도 유지한다. 이러한 긴장감은 독자로 하여금 예수에 대한 자신의 반응을 살피고 제자들과는 다른 선택을 하도록 유도한다.[87]

태너힐의 에세이가 출간된 이래로 마가복음의 제자들에 대한 수많은 연구가 쏟아져 나왔는데, 대부분은 그의 초기 주장을 미세하게 조정하고 발전시키는 수준이었다. 예를 들어 데이비드 로즈(David Rhoads), 조애너 듀이(Joanna Dewey), 도널드 미키(Donald Michie) 등은 제자들을 예수를 따르기 위해 고군분투하면서도 자신의 이해 부족, 지위에 대한 집착, 경쟁적 본성 때문에 어려움을 겪는 "원만한 인물"(round characters)로 본다. 그러나 그들의 모든 실패에도 불구하고 "이 이야기는 독자가 제자들을 판단하되 그들을 거부하지 않도록 인도한다."[88] 이와 마찬가지로 엘리자베스 스트러더스 맬본(Elizabeth Struthers Malbon)은 제자들을 "신뢰할 수 없는 추종자들", 즉 옳은 일을 하기를 원하지만 결국에는 실패하고 마는 동정이 가는 인물

---

86   Tannehill, "Disciples in Mark," 175.

87   Tannehill, "Disciples in Mark," 190.

88   Rhoads, Dewey, and Michie, *Mark as Story*, 123–30, 『이야기 마가복음』(이레서원 역간).

로 본다.[89] 일부 학자들은 문학적 접근 방식과 역사적 접근 방식을 결합하여 복음서에 많이 등장하는 박해에 대한 언급에 주목하면서 제자들이 차별과 극심한 고통에 직면한 청중들에게 용기를 북돋아 준다고 주장한다. 첫 제자들이 실패할 수 있었다면 마가의 청중들도 자신의 실패로 너무 낙심해서는 안 된다는 것이다.[90]

이러한 독법은 이 기사의 모호함에 대한 깊은 이해를 보여주며, 현대 독자들이 상충하는 인물들의 특성을 이해할 수 있는 방법을 확실히 제시한다. 하지만 마가의 **1세기 청중**은 제자들의 역할을 과연 이렇게 이해했을까? 여기서 두 가지 점을 강조할 필요가 있다. 첫째, 이미 살펴본 바와 같이 (위 111-19) 전기의 인물들은 독특한 성격과 개별적인 인간적 연약함을 지

---

89 E. S. Malbon, "Fallible Followers: Women and Men in the Gospel of Mark," *Semeia* 28 (1983): 29-48; "'Reflected Christology': An Aspect of Narrative 'Christology' in the Gospel of Mark," *Perspectives in Religious Studies* 26 (1999): 127-45. 이와 유사한 주장은 다음을 보라. J. Hanson, "The Disciples in Mark's Gospel: Beyond the Pastoral/Polemical Debate," *Horizons in Biblical Theology* 20 (1998): 128-55.

90 예컨대 B. M. F. van Iersel, "Failed Followers in Mark: Mark 13:12 as a Key for the Identification of the Intended Readers," *CBQ* 58 (1996): 244-63. 그는 T. Radcliffe, "'The Coming of the Son of Man': Mark's Gospel and the Subversion of the Apocalyptic Image," in *Language, Meaning and God: Essays in Honour of Herbert McCabe, OP*, ed. B. Davies (London: Chapman, 1989), 15-36의 주장을 활용한다. 또한 다음을 보라. L. W. Hurtado, "Following Jesus in the Gospel of Mark—and Beyond," in *Patterns of Discipleship in the New Testament*, ed. R. N. Longenecker (Grand Rapids: Eerdmans, 1996), esp. 17-25. 일부 학자들은 마가가 성경에 나오는 인물들을 제자들의 모델로 삼았다고 제안했는데, 나는 이것이 덜 타당하다고 생각한다. 예컨대 S. Freyne은 다니엘의 "택함 받은 자들"과의 연관성을 발견하는 반면("The Disciples in Mark and the *maskilim* in Daniel: A Comparison," *JSNT* 16 [1982]: 7-23), R. Strelan은 창 6:1의 감찰자들과의 연관성을 발견한다("The Fallen Watchers and the Disciples in Mark," *JSP* 20 [1999]: 73-92).

닌 도덕적 행위자로 그려지기보다는 일종의 "유형"으로 그려지는 경향이 있었다. 작가들은 청중들이 주인공의 미덕을 배워 자신의 삶에 적용하도록 장려한다는 의미에서 주인공과 일정 수준의 "동일시"를 기대했지만, 조연에게도 같은 수준의 관심을 보이는 것은 드문 일이었다. 조연이 가끔 본보기가 되는 경우(이 주제는 아래에서 다시 다룰 예정임)를 제외하면 전기에서 다른 인물들은 단순히 주인공의 배경을 제공하기 위해 존재한다.[91]

둘째, 이미 살펴본 바와 같이 마가의 작품은 많은 전기와 마찬가지로 작은 일화들로 구성되어 있다. 이러한 일화들은 확실히 예술적으로 배열되어 있지만, 보조 인물들 간에는 통일성, 발전, 심지어 일관성이 거의 없다. 몇 가지 예외를 제외하면 마가복음의 제자들은 개인보다는 집단으로 행동하는 경향이 있으며, 그들의 내면의 삶이나 희망, 동기에 대해서는 전혀 알려진 바가 없다.[92] 제자들은 특정 장면에서 특정 요점을 전달할 만큼만 등장했다가 다시 모습을 감추기 때문에 전반적으로 단절과 분열의 효과를 연출한다. 이야기를 주도하는 것은 등장인물들의 행동과 결정이 아니라 하나님의 뜻을 따라 예루살렘과 십자가를 향해 나아가는 자의 냉혹한 행보다.

---

91   M. A. Tolbert는 마가복음의 등장인물들의 유형론적 특성을 인식한다. 그녀는 씨뿌리는 자의 비유에서 발견되는 서로 다른 네 가지 반응은 본문의 여러 인물들을 대표하고, 제자들은 "돌밭에 떨어진 씨"(베드로는 3:16의 "바위"와 연결됨)를 표현하는 것으로 받아들인다. 그들은 말씀을 기쁨으로 받아들이지만, 박해를 받으면 곧 떨어져 나간다. "How the Gospel of Mark Builds Character," *Int* 47 (1993): 347-57. 이 이론은 기발하지만, 내 생각에는 제자들을 너무 가혹하게 보는 것 같다.

92   유일하게 베드로의 말만 기록되어 있다. 8:29, 32; 9:5, 38(여기서는 요한과 함께); 10:28; 11:21. 베드로에 대해서는 아래 375-80을 보라.

이야기의 줄거리는 전기가 시작되기도 전에 이미 결정된다. 스캇 엘리엇이 관찰한 바와 같이 "등장인물들은 도착하기 전부터 이미 진행 중인 줄거리 속으로 들어가며, 줄거리는 그들이 떠난 후에도 계속된다."[93]

두 가지 예가 이러한 점을 설명해준다. 첫째, 6:7-13, 30에 기록된 제자들의 성공적인 임무 수행은 다른 부분, 특히 군중을 먹이는 바로 다음 장면(6:31-44)에서 드러나는 제자들의 이해 부족과 묘하게 불협화음을 일으킨다. 이를 통해 학자들은 6:30의 성공 사례에 대한 간략한 보고 내용을 자세히 검토하고, 나중의 실패로 이어질 저변의 아이러니를 발견하게 되었다. 따라서 프랜시스 몰로니(Francis Moloney)는 제자들은 마치 자신들이 상황의 주인인 것처럼 예수에게 자신들의 성과를 "발표"하고, 자신들의 성공이 전적으로 예수 덕분이라는 사실을 인정하지 않은 채 자신들이 행하고 가르친 모든 것을 보고한다고 말한다. 단순하고 긍정적인 것처럼 보였던 이 보고는 이제 "실패의 초기 징후"로 가득 찬 장면으로 바뀐다.[94] 그러나

---

93 S. S. Elliott, "'Witless in Your Own Cause': Divine Plots and Fractured Characters in the Life of Aesop and the Gospel of Mark," *Religion and Theology* 12 (2005): 408; Elliott은 『아이소포스의 생애』에서 이와 유사한 분열을 발견한다. 또한 다음의 유용한 논의를 보라. P. Merenlahti and R. Hakola, "Reconceiving Narrative Criticism," in *Characterization in the Gospel: Reconceiving Narrative Criticism*, ed. D. Rhoads and K. Syreeni (Sheffield: Sheffield Academic , 1999), 13-48, here 13-33; Shiner, *Follow Me!*, 3-8; O. Lehtipuu, "Characterization and Persuasion: The Rich Man and the Poor Man in Luke 16.19-31," in Rhoads and Syreeni, *Characterization*, 80.

94 F. J. Moloney, "Mark 6:6b-30: Mission, the Baptist, and Failure," *CBQ* 63 (2001): esp. 660-61; 또한 Miller, "Intercalation," 189-91. 이와 비슷한 맥락에서 Fowler는 6:36-38에서 제자들의 불만스러운 반응은 그들이 선교 여행에 빵과 돈을 가지고 갔다는 것을 암시하는 것이라고 해석한다. *Loaves*, 117-18.

이것은 분명 지나치게 간략한 보고(그리스어로 열여섯 단어에 불과함)를 지나치게 확대해석한다. 마가의 이야기에는 실패를 암시하는 것이 전혀 없다. 열두 제자는 여기서 모범적인 사도처럼 행동한다(그리고 이미 지적했듯이 마가는 예수와 헤롯 왕 간의 정교한 대조를 위해 그들을 하나님 나라의 사절로 소개한다). 우리가 오직 심리학적으로 일관성 있는 제자들의 초상을 강요하고, 그들의 행동을 페리코페 전반에서 이해하려 할 때만 그러한 전략이 필요해 보인다.

두 번째 예는 베드로에 관한 것이다. 우리가 그를 빌립보 가이사랴에서 마지막으로 보았을 때 베드로는 예수가 그를 "사탄"이라고 부를뿐더러 그가 하나님 편이 아닌 인간 편에 서 있다고 비난할 만큼 그로부터 엄중한 질책을 받았다(8:33). 그러나 그가 다시 등장하는 변용 사건에서는 엿새 전의 황당한 장면은 마치 없었던 것처럼 예수의 가장 측근 중 한 사람으로 등장한다(9:2-8). 우리는 이것을 어떻게 이해해야 할까? 우리는 베드로와 예수가 이 문제를 대화를 통해 완전히 해결했다고 가정해야 할까? 예수의 책망은 처음에 생각했던 것보다 덜 심각했던 것일까? 아니면 (내가 위에서 주장했듯이) 마가는 베드로나 다른 조연 배우들을 일관성 있는 인물로 묘사하는 데 관심이 없었다고 봐야 할까?

이 모든 것은 마가의 문학적 성과를 폄하하려는 것이 아니다. 만약 양식비평가들이 복음서의 일화적 디자인을 지나치게 강조하여 개별 페리코페가 무작위적이고 단절된 것처럼 보이게 했다면, 서사비평가들은 텍스트에 지나친 일관성을 부여하는 경향을 보였다. 현대의 대다수 서사비평가들은 마가가 줄거리, 설정, 인물 묘사에서 모두 일관성 있는 "하나의 통일된 이야기"를 썼다고 가정하는 경향이 있다.[95] 방금 확인한 것과 같은 어색한 비약, 즉 "서사적 안일함"(narratorial slumbers)[96]이 나타나는 경우에 그들은 독자의 상상력에 호소하며 그 간극을 메운다.[97] 여기서 위험한 점은 현대 독자들이 일관성 있는 문장을 기대하며 그 기대에 부응하는 방식으로 간극을 메우려 한다는 것이다(위에서 예시한 것처럼). 그러나 마가의 본문은 매우 다른 방식으로 통일성을 이루어낸다. 마가의 모든 일화를 연결하는 것은 바로 이 이야기의 중심인물인 예수다. 전기의 주된 목적은 **그의** 자질을 강조하고, 다른 사람들이 **그를** 본받도록 격려하며, 예수의 이름으로 모이는 모임에 합류하도록 유도하는 것이다. 마가의 관심은 온통 예수에게만 집중되어 있기 때문에 다른 인물들은 예수의 에토스와 미덕을 더 명확하게 보여주기 위한 목적에서만 존재한다. 휘트니 샤이너(Whitney Shiner)가 올바르게 관찰한 바와 같이 **"마가복음에 등장하는 인물들은 주로 예수의 모습을**

---

95 예컨대 다음을 보라. Rhoads, Dewey, and Michie, *Mark as Story*, 1-5. 인용문은 다음에서 가져옴. Tannehill, "Disciples in Mark," 171.

96 이 어구는 다음에서 가져온 것임. Syreeni, "Peter as Character," 149. Syreeni는 여기서 마태복음에 관해 이야기하지만, 요점은 마가복음에도 똑같이 적용된다.

97 Shiner가 풍자적인 어조로 지적하듯이 "개별 일화의 밋밋한 제자들이 '줄에 꿰인 진주처럼' 함께 묶여 있을 때 그들은 다면적으로 보일 수 있지만, 그것은 우리가 발견한 인물 묘사의 복잡성에 대한 현대적 성향에 불과할 수 있다"(12). 이것은 물론 독자반응 접근법과 함께 공유하는 전략이다. 이 두 접근법의 연관성에 대해서는 다음을 보라. J. L. Resseguie, *Narrative Criticism of the New Testament: An Introduction* (Grand Rapids: Baker Academic, 2005), 30-33. 고대의 "통일성"에 대한 다른 개념들에 대해서는 다음을 보라. Merenlahti and Hakola, "Reconceiving," 31-33. 이것은 Rhoads in "Narrative Criticism," 268에서도 인정한 점이다.

더 잘 묘사하기 위해 존재한다."[98]

　이 모든 것은 고대 청중들이 열두 제자를 제자도의 본보기로 삼는 것이 부적절할 뿐만 아니라 불필요했음을 의미한다. 이는 앞 장에서 살펴본 바와 같이 **그 역할을 예수 자신이 했기** 때문이다. 그러나 학자들은 마가복음에서 예수의 모범적인 모습에 주목하면서도 그 의미를 온전히 받아들이기를 꺼리는 경우가 많다.[99] 예수 자신이 본보기가 되어야 한다는 생각은 현대 독자들에게 직관적이지 않아 보이기 때문이다. 마태복음의 예수에 대한 마크 앨런 파월(Mark Allan Powell)의 논의가 이를 잘 보여준다. 파월은 "그 [예수]가 내재 독자들이 되고 싶어 하는 완벽한 모델"이라는 점에서 현대 독자가 자신을 예수와 동일시하는 것은 "이상주의적"이라고 지적한다. 그리고 이러한 동일시는 본문 자체(특히 마 18:15-20; 25:31-45; 28:20과 같은 본

98　Shiner, *Follow Me!*, 8(강조는 원저자의 것임), 또한 13, 29(그리고 그의 탁월한 저서 전반에 걸쳐). 이와 비슷한 요점은 또한 다음을 보라. Best, "Role of the Disciples," 399; Best, "Mark's Narrative Technique," *JSNT* 37 (1989): esp. 51-53; R. A. Burridge, *Four Gospels, One Jesus? A Symbolic Reading*, 2nd ed. (Grand Rapids: Eerdmans, 2005), 46-49; Burridge, *Imitating Jesus: An Inclusive Approach to New Testament Ethics* (Grand Rapids: Eerdmans, 2007), 163 and 182; Hurtado, "Following," 25-27; Borrell, *Good News*, 23; Lehtipuu, "Characterization," 73-105; and B. Witherington, *The Gospel of Mark: A Socio-Rhetorical Commentary* (Grand Rapids: Eerdmans, 2001), 3.

99　Tannehill은 예수가 제자들의 실패에 대한 긍정적인 대안이라고 말하면서도 예수를 본보기로 제시하는 것을 꺼리는 것으로 보인다. "Disciples in Mark," 179-80. 또한 그의 다음 소논문도 보라. "The Gospel of Mark as Narrative Christology," *Semeia* 16 (1979): 57-95. 이와 마찬가지로 J. F. Williams는 (예수에 견줄 만큼) 다른 모범적인 인물이 없음에 주목하면서 예수가 8:27-10:45에서 반복적으로 자신을 추종자들의 진정한 패러다임으로 제시한다고 지적하면서도 복음서 전반에 걸쳐 나타나는 예수의 모범적인 자질을 인정하지 않고, "비주류 인물들"을 제자도의 본보기로 보는 것을 선호한다. "Discipleship and Minor Characters in Mark's Gospel," *Bibliotheca Sacra* 153 (1996): 332-43.

문)에서 어느 정도 권장된다. 그러나 다른 측면에서 "예수의 성품은 내재 독자가 결코 소유할 수 없는 여러 특성에 의해 규정되기 때문에" "예수에 대한 공감은 심각하게 제한된다." 예수는 "내재 독자가 결코 열망할 수 없는 방식으로" 구원을 베풀고(1:21) "권위가 있으며"(23:8, 10) "영원히 현존하는"(18:20; 28:20) 존재다. 이를 근거로 파월은 마태복음의 독자들이 예수보다 제자들을 자신들의 인생 여정을 위한 모델로 삼을 것이라고 결론짓는다.[100] 물론 마가복음의 예수에 대해서도 비슷한 말을 할 수 있다. 본문은 추종자들에게 예수를 본받으라고 격려하면서도(앞서 살펴본 것처럼) 예수를 죄를 용서하고(2:5-12) 죽은 자를 살리며(5:35-43) 물 위를 걸을 수 있는 분으로 소개한다(6:45-51). 그러나 4장에서 살펴보았듯이 여기서 중요한 점은 전기에서 영웅을 본받는다는 것이 그의 삶의 세세한 부분까지 닮는 것이 아니라 그의 성품을 보고 삶의 본보기로 삼는 것을 의미한다는 것이다. 따라서 플루타르코스의 장군들 이야기를 읽은 독자들이 전투에 참여하거나 필로스트라토스의 『티아나 아폴로니우스의 생애』를 읽은 독자들이 기적적인 능력을 얻어야만 했던 것처럼 마가의 독자들도 물 위를 걸어야 했던 것은 아니다. 영웅이 그 뒤를 따를 인물보다 훨씬 더 뛰어나다는 것은 당연한 일이며, 중요한 것은 독자가 영웅의 인격과 삶의 방식을 배워 그것을 본보기로 삼는 것이다.[101]

---

100   Powell, *What Is Narrative Criticism?*, 56.
101   칼케돈 신조 이후의 우리 견해가 현대 독자들이 예수를 본받는 것을 온전히 고려하지 못하게 만들 수도 있다. 마가는 인간의 영역과 신의 영역 사이의 구분이 아주 극명하게 그어진

마가가 예수에게 핵심적인 역할을 맡김으로써 "열두 제자"에게는 훨씬 더 큰 자유가 주어진다. 그들은 "완벽한" 추종자일 필요가 없으며, 오직 예수의 가르침과 사역을 강조하기 위해서만 등장한다. 여기서부터 나는 이제 제자들이 마가복음에서 세 가지 주요한 역할을 수행한다고 주장할 것이다. (1) 그들은 마가가 모범적이고 권위 있는 스승으로서 추종자들을 모으는 예수를 제시하는 데 도움을 준다(이 경우에는 칭찬받을 만한 제자로서의 역할을 함으로써). (2) 그들은 특히 예수의 가르침이 점점 더 어려워질수록 예수가 그 가르침을 확대할 수 있게 한다(이 경우에는 그들의 질문과 오해를 통해). (3) 그들은 마가가 예수의 용기 있고 외로운 죽음을 강조할 수 있게 한다(그들의 비겁함을 통해, 그리고 반례를 제공함으로써). 우리는 이 모든 것을 차례로 살펴보겠지만, 먼저 아주 기본적인 질문 하나를 던져볼 필요가 있다. 마가의 청중들은 그의 전기 외에 제자들에 대해 무엇을 알고 있었을까?

마가복음의 제자들에 대한 대부분의 서사비평적 논의는 복음서 자체가 만들어낸 "이야기 세계"에 국한되는 경향이 있다. 로즈와 미키가 지적하듯이 "마가의 이야기는 고유한 완전성, 상상력이 풍부한 과거와 미래, 고유한 가치관, 고유한 의미를 지닌 폐쇄적이고 자족적인 세계를 담고 있다."[102] 비록 어느 정도의 역사적 정보는 필요하지만(트롤로프의 『바셋주 연대기』[Chronicles of Barsetshire]를 감상하려면 빅토리아 시대 잉글랜드의 성별, 계급 또

세상을 상정하지 않는다. 위 286-87을 보라.

102 Rhoads and Michie, *Mark as Story*, 4. 비슷한 견해들이 3판(Dewey와 함께)에서도 나타난다 (4-5).

는 성직자 규범에 대해 어느 정도 알아야 하듯이), 텍스트 밖에 있는 사건은 접근이 허용되지 않는다.[103] 이는 서사비평이 (대부분) 등장인물과 사건이 허구인 현대 소설 연구에 빚을 지고 있기 때문이다. 물론 마가의 작품은 소설이 아니다. 2장에서 살펴본 바와 같이 전기는 아무리 창의적이라 하더라도 현실 세계에 등장하는 인물과 사건을 다룬다. 게다가 이 작품은 기독교 이야기의 기본적인 윤곽을 이미 알고 있는 사람들을 위해 기록되었기 때문에 세례자 요한이나 빌라도에 대해 소개할 필요가 없었다.[104] 따라서 제자들에 대한 마가복음의 초상은 청중이 제자들에 대해 알고 있는 모든 것을 총체적으로 보여줄 수는 없다. 마가복음의 제자들은 이 사람들에 대해 널리 알려진 다른 전승과 함께 한 공간을 차지한다. 마치 빌라도, 헤롯 왕 또는 세례자 요한에 대한 마가의 초상이 해당 본문에 대한 청중들의 사전 지식에 의해 불가피하게 채색된 것처럼 말이다. 청중들이 마가복음의 제자들과 전기 밖에서 알고 있던 제자들을 서로 구별했을 개연성은 거의 없다.[105]

그렇다면 그리스도를 따르던 초기 청중들은 제자들에 대해 정확히 무엇을 알고 있었을까? 바울의 편지를 통해 우리는 그리스도인 그룹 대다수가 예수에게 열두 제자가 있었다는 사실과 베드로라는 인물이 특히 잘 알

---

103 따라서 Rhoads, "Narrative Criticism: Practices and Prospects," 268; Powell, *What Is Narrative Criticism?*, 20; Resseguie, *Narrative Criticism*, 29-30, 33.

104 위 116-17을 보라.

105 이와 비슷한 주장은 다음을 보라. J. R. Donahue, "Windows and Mirrors: The Setting of Mark's Gospel," *CBQ* 57 (1995): esp. 4-8; Merenlahti and Hakola, "Reconceiving Narrative Criticism," 34-48; 따라서 또한 K. Syreeni, "Peter as Character and Symbol in the Gospel of Matthew," 106-52. 그는 역사와 서사 사이의 중간적·상징적 세계를 주장한다.

려진 인물이라는 사실을 알고 있었을 것이라고 유추할 수 있다.[106] 바울은 갈라디아와 고린도의 그리스도 추종자들이 베드로에 대해 알고 있다는 것을 당연하게 여기며, 신학적인 차이점에도 불구하고(갈 2:11-14) 그는 항상 베드로에 대해 높이 평가하고, 자신의 사역을 시작하기 전에 그와 함께 시간을 보내는 것이 필요하다고 생각한다(갈 1:18). 바울은 청중들이 베드로의 선교 활동에 대해 알고 있고(고전 9:5; 갈 2:7-8), 예수가 베드로에게 먼저 나타났다는 전승도 알고 있다고 가정한다(고전 15:5). 그리고 그들이 베드로가 예루살렘 교회의 "기둥"으로 여겨졌다는 사실을 알게 된 것도 놀라운 일이 아니다(갈 2:9).[107] 이 모든 것은 마가의 청중들에게도 (그들이 어디에 있든지) 똑같이 잘 알려졌을 것이며,[108] 작품의 많은 암시를 통해서도 간접적으로 확인된다. 우리가 베드로(현시점에서는 시몬)를 처음 만났을 때 예수

---

106 예수의 동생 야고보는 바울 서신에서 모호한 역할을 한다. 갈 1:19; 2:1-10, 12; 고전 15:7을 보라. 흥미롭게도 6:3의 간단한 언급을 제외하면 야고보는 마가복음에서 전혀 나타나지 않는다. 야고보가 율법을 준수한다고 알려진 사실은 아마도 율법을 지키지 않는 이방인이 주를 이루는 마가의 청중들 사이에서 그에 대한 관심이 낮아지는 역할을 했을 것이다. 야고보에 관해서는 다음을 보라. *The Brother of Jesus: James the Just and His Mission*, ed. B. Chilton and J. Neusner (Louisville: Westminster John Knox, 2001).

107 갈라디아서와 고린도전서에서 바울은 베드로를 그의 아람어 이름인 게바로 지칭한다. 다음을 보라. M. Williams, "From Shimon to Petros—Petrine Nomenclature in the Light of Contemporary Onomastic Practices," in *Peter in Early Christianity*, ed. H. K. Bond and L. W. Hurtado (Grand Rapids: Eerdmans, 2015), 30-45.

108 만약 마가복음이 로마에서 기록되었다면 마가의 청중 가운데 일부는 적어도 베드로와 개인적인 친분이 있었을 수도 있다. 나의 다음 에세이를 보라. "Was Peter behind Mark's Gospel?," in Bond and Hurtado, *Peter in Early Christianity*, 46-61. 또한 베드로에 대한 "생생한 기억"이 마가복음 이전에 로마에 여전히 남아 있었을지도 모른다고 제안하는 M. N. A. Bockmuehl의 저서도 보라. *Simon Peter in Scripture and Memory: The New Testament Apostle in the Early Church* (Grand Rapids: Baker Academic, 2012), 141-50.

는 그와 그의 형제 안드레에게 "사람을 낚는 어부"가 되게 하겠다고 약속한다(1:17). 이 약속은 특이하게도 전기에서 명확하게 성취되지 않는데, 이 사실은 마가가 베드로의 **이후** 활동에 대한 청중의 지식에 의존하고 있음을 강력하게 시사한다. 따라서 휘트니 샤이너가 지적했듯이 제자들에 관한 이 내용은 부활 이후의 이야기에서 제자들에 대한 마가의 전체 논의의 근거가 된다.[109] 그들의 실패에도 불구하고 이 작품은 부활 이후 시대에 그들이 다시 회복될 것을 예고한다(14:28; 16:7). 마찬가지로 13장에 포함된 미래의 경고와 야고보와 요한의 운명에 대한 예언(10:35-40)은 예수의 시대 너머에 있는 미래의 신실함에 기초하여 이해하지 않으면 이해가 되지 않는다.[110] 이 모든 것은 저자가 제자들의 훗날 역사를 알고 그들을 존경과 명예로 대하는 사람들을 위해 썼다는 어니스트 베스트(Ernest Best)의 견해를 지지하는 경향이 있다.[111]

우리는 여기서 신중할 필요가 있다. 제자들이 현실 세계에 그에 상응하는 존재가 있다고 해서 그들이 마가의 창작물이 아니라는 의미는 아

---

109 Shiner, *Follow Me!*, 186. 마가에게는 십자가보다 부활이 더 결정적인 전환점이다. 특히 9:9-10과 Watson, *Honor among Christians*, 74-83의 상세한 논의를 보라.

110 따라서 또한 Hurtado, "Following," 23.

111 Best, "Role of the Disciples," 400; 또한 마가가 베드로의 실패를 가차 없이 강조하는 모습은 마가가 복음서를 기록할 무렵에는 베드로가 순교했다는 가정하에 가장 쉽게 이해된다고 주장하는 C. E. B. Cranfield도 보라. "처음에는 악의적으로 보였을지도 모르는 마가의 솔직함은 베드로가 순교한 후에는 연약한 제자들에게 주는 격려를 강조하는 것으로 긍정적으로 받아들여졌을 것이다." *The Gospel according to Saint Mark* (Cambridge: Cambridge University Press, 1959), 8. 만약 마가와 베드로 또는 마가와 로마(베드로가 잘 알려진 도시) 사이에 연관성이 있다면 이것은 이 문단의 논평을 강화해준다. 위 37-38, 206-207을 보라.

니다. 그들은 여전히 작가가 문학 작품의 필요에 맞게 오려낸 "종이 인간"(paper people)이다.[112] 그러나 청중들이 이들에 대해 긍정적인 반응을 보였다는 것은 제자들의 오해와 실패를 그들에 대한 비판으로 이해하지 않았을 가능성이 높다는 것을 의미한다. 청중들은 그들의 어려움에 놀라고 괴로워했겠지만, 이는 예수의 첫 제자들에 대한 존경과 심지어 경외심의 맥락에서 이해되었을 것이다. 제자들의 실패는 이 운동의 위대한 지도자들조차도 처음에는, 특히 부활 이전에는, 예수를 이해하는 것이 얼마나 어려웠는지를 잘 보여준다.

따라서 우리는 이 모든 것을 염두에 두고 열두 제자가 마가복음에서 새로 떠오르는 예수의 초상을 그리는 데 기여한 세 가지 주요 방식에 대해 살펴보고자 한다.

예수: 추종자를 모으는 모범적이고 권위 있는 스승

프롤로그 이후 예수의 첫 번째 행동은 주변에 제자들을 모으는 것이었다. 예수는 주도적으로 제자들을 부르고, 그들은 이에 즉각적으로 순종한다. 놀랍게도 마가는 어떤 사람은 부르고 어떤 사람은 부르지 않는 이유를 제시하지 않는다. 이전의 행실은 중요하지 않아 보이며, 예수는 세리 레위와 같이 일반적으로 평판이 좋지 않은 사람들도 기꺼이 제자로 부른다(2:14). 10:17-27에서 제자가 되고자 하는 사람이 스스로 예수에게 나아왔을 때

---

112 이 용어는 Elliott, "Witless," 401의 것임.

그는 거절을 당한다. 예수를 따르는 것은 예상치 못한 선물(4:11), 곧 예수가 거저 주는 은혜의 행위이며, 오직 긍정적인 응답만을 필요로 한다.[113]

예수의 제자들은 그가 갈릴리를 여행하는 동안 공개적으로 그와 동행하고, 그가 한산한 곳으로 자리를 피할 때 그를 찾아가며(1:36), 빈축을 살 만한 식탁 교제에 동참한다(2:15-17).[114] 그러나 예수는 3:13-19에 이르러서야 비로소 특정한 사람들을 특별한 동반자로 선택하여 열두 제자를 "세운다."[115] 그들은 예수와 함께하고 복음을 선포하고 귀신을 다스리는 권세를 행사하는 임무를 부여받을 뿐만 아니라 모두 이름이 명시되는데, 베드로로 시작하여 유다로 끝난다. 스승들이 제자들의 이름을 개명하는 것은 드문 일이 아니었으며(디오게네스 라에르티오스의 『생애』에도 몇 가지 예가 있다.),[116] 여기서 유다의 배신에 대한 언급은 아마도 예수가 이 초기 단계에서도 유다의 마음속에 무엇이 들어 있는지 알고 있었다는 것을 청중에게 확인시키기 위한 것으로 추정된다. 6:7-13, 30에서 열두 제자는 성공적인 임무를 수행하기 위해 짝을 지어 파송되어 병자를 고치고 귀신을 쫓아내는

---

113 E. S. Johnson, "Mark 10:46-52: Blind Bartimaeus," *CBQ* 40 (1978): 202; Shiner, *Follow Me!*, 246.

114 Hurtado가 지적하듯이 마가의 복수 동사 사용은 예수와 그의 추종자들 간의 긴밀한 연관성을 강조한다. Hurtado, "Following," 18(C. H. Turner의 연구를 활용함).

115 마가는 여기서 "포이에오"(*poieō*)를 사용하는데, 이것은 단순히 "임명되다"보다는 "창조되다"의 의미를 가지고 있다. 따라서 또한 Hanson, "Disciples," 138.

116 예컨대 아리스토텔레스는 그의 우아한 스타일 때문에 티르타무스 테오프라스토스의 이름을 바꾸었고(*Lives of Eminent Philosophers* 5.38), 크리시포스는 케라메이코스 지역에 있는 그의 조각상이 말 조각상에 의해 숨겨졌기 때문에 철학자 카르네아데스로부터 ("말을 탄"이라는 의미의) 그의 이름을 얻었다(7.179).

등 "사도"로서의 탁월한 능력을 입증한다. 이야기가 진행됨에 따라 이 열두 사람이 예수에 대한 개인적 애착이 깊고, 순회 설교자와 함께하는 삶을 위해 가족과 가정의 안락함과 안정감을 포기하고, 과거와 깨끗이 결별했다는 사실이 분명해진다(10:28).

이 관계에서 가장 눈에 띄는 것은 친밀감이다. 이것은 소피스트의 제자나 요세푸스와 그의 스승 바누스처럼 돈을 내거나 단기간만 함께하는 학생에게 교사가 특정 가르침을 전수하는 단순한 스승과 제자의 관계가 아니다.[117] 한스 베더(Hans Weder)가 관찰한 바와 같이 "제자는 단순히 스승에게 배우기 위해 존재하는 것이 아니라 스승의 삶 전체를 스승과 함께 나누기 위해 존재하는 것이다."[118] 다시 한번 강조하지만, 여기서 중요한 개념은 모방이다. 제자들은 그의 가르침뿐만 아니라 그의 삶의 방식을 통해 배우면서 예수에게 자신의 삶을 헌신한다. 여기에는 소크라테스와 그의 "동료들"(*hetairoi*)의 관계[119] 또는 피타고라스, 에픽테토스, 티아나의 아폴로니우

---

[117] 다음을 보라. K. Rengstorf, "μαθητης," *TDNT* 4:420. 요세푸스가 그의 스승 바누스와 함께 보낸 3년에 관해서는 그의 *Life* 11-12을 보라.

[118] H. Weder, "Disciple, Discipleship," *ABD* 2:207-10 (trans. D. Martin).

[119] 다음의 유용한 논의를 보라. Rengstorf, "μαθητης," esp. 415-26(그리스 세계에서의 *mathētēs*에 관하여). 소크라테스는 소피스트들과 그 학생들의 관계를 너무 많이 해친다는 이유로 선생/제자 모델을 거부했다. 그는 돈을 받지 않았고, 교육 그 이상의 것을 제공했다. 그를 중심으로 모인 자들과의 관계의 기초는 자기 자신이었으므로 그는 동료라는 이미지를 선호했다(다음을 보라. Plato, *Theaetetus* 150d; Xenophon, *Memorabilia* 1.4.19; 1.7.5). 디오게네스 라에르티오스에 의하면 크세노폰이 소크라테스에게 아테네 사람들이 선하고 명예로운 사람이 되기 위해 어디로 갔는지 말하지 못하자 소크라테스는 "나를 따르라. 그리고 나에게 배우라"고 말했다고 한다(*Lives of Eminent Philosophers* 2.48). 이와 같은 것은 히브리어 성경이나 후대의 랍비 학파에 존재하지 않았다(*mathētēs*라는 단어는 70인역에서 찾아볼 수 없

스를 중심으로 모인 결속력이 강한 종교 모임과도 유사한 점이 있다.[120] 제자는 스승처럼 되라는 소명을 받지만 결코 스승의 자리를 대신할 수 없다는 의미도 이와 비슷하다. 마가복음에서 제자가 성취할 수 있는 모든 것은 궁극적으로 예수에게서 비롯된다(6:7-13에서 분명히 알 수 있듯이).[121]

예수와 제자들 사이의 긴밀한 관계는 전기의 다른 인물들도 짐작하고 있다. 예수의 반대자들은 열두 제자에 대한 비판을 예수에게 직접 제기하고, 예수는 그들의 행동을 즉시 변호한다(2:18-22, 23-28).[122] 반대로 바리새파 서기관들은 제자들이 스승의 불미스러운 식사 자리를 충분히 해명할 수 있을 것으로 기대한다(2:15-17). 이러한 공개적인 장면에서는 스승과 제자 사이에 어떠한 틈도 허용되지 않는다.

이 모든 에피소드에서 열두 제자는 예수를 중심으로 한 모범 공동체를 상징한다. 그들은 마가의 시대에 "믿음의 가족"의 선구자이며(3:31-35), 6:7-13, 30에 기록된 그들의 행동은 예수 시대 이후의 기독교 선교사들의 행동을 예고한다. 그러나 가장 근본적인 수준에서 그들은 결속력이 강한

다). 엘리야와 엘리사, 그리고 예레미야와 바룩의 관계는 스승과 조수의 관계에 더 가깝다 (Rengstorf, "μαθητης," 426-31).

120 여기서 제자들이 그들의 지도자를 존경하고 그의 죽음에도 불구하고 살아 남을 수 있는 결속력이 강한 그룹을 형성한 그들의 현저하게 종교적인 차원에 대해서는 다음을 보라. Rengstorf, "μαθητης," 421-23(참고문헌과 함께). 루키아노스는 페레그리누스의 제자들이 그가 불을 지른 곳에 자신을 위한 성소를 세우는 것에 대해 이야기할 때 이러한 결속력이 강한 종교 공동체를 조롱하는 것 같다. *The Passing of Peregrinus* 28, 30, 29, 41.

121 따라서 또한 Weder, "Disciple," 208.

122 Daube가 지적하듯이 예수는 그의 제자들의 행동에 관해 질문을 받을 때 전혀 놀라지 않는 것 같다. "Responsibility," 4.

집단의 권위 있는 스승이자 부름에 즉각적으로 순종하는 제자들을 깊이 알고 헌신을 독려하는 예수의 초상을 그려내는 데 기여한다.

예수: 어려운 진리를 가르치는 스승

열두 제자가 공적인 자리에서 모범적인 제자의 역할을 했다면 사적인 자리에서는 다소 다른 역할을 맡는다. 사석에서는 질문자 역할을 하며 특정 주제를 가지고 예수에게 질문을 던져 예수가 그의 가르침을 더 깊이 있게 발전시킬 수 있도록 돕는다. 예를 들어 제자들은 예수에게 씨 뿌리는 자의 비유에 대해 질문하는데, 이 질문은 예수가 4장 대부분에서 계속 자신의 가르침을 이어갈 수 있게 한다.[123] 정결에 대한 제자들의 질문은 예수가 7:14-23에서 자신의 주제를 확대할 수 있게 한다. 10:10-12에서 예수가 이혼에 대한 가르침을 더 명확하게 설명할 수 있었던 것은 제자들의 요청에 따른 것이며, 소수의 제자들이 성전의 마름돌을 보고 놀라는 모습은 13:3-37에서 예수가 미래에 일어날 사건에 대해 가르칠 수 있게 한다.[124] 때로는 제자들의 오해 때문에 예수가 이방인을 향한 하나님의 약속의 확대(8:14-21),[125] 예수의 죽음의 필연성(8:32-33) 또는 진정한 위대함의 본질

---

123   비록 이 비유는 4:10-20에서 설명되지만, 이 가르침은 실제로 4:32까지 확대된다.

124   열두 제자 중에서 마가는 베드로, 야고보, 요한, 그리고 때때로 안드레로 구성된 더 작은 그룹의 존재를 확인해준다(5:37-43; 9:2-8; 13:3-37; 14:33-42). 이 그룹은 (아이로의 딸의 소생과 변용 사건과 같은) 특정 사건뿐만 아니라 특별한 가르침(예. 9:9, 그리고 13장에서)에 관여한다.

125   J. B. Gibson은 제자들의 일반적인 믿음 부족보다는 이것이 여기서 말하는 의미라고 (내 생각에는 설득력 있게) 주장한다. "The Rebuke of the Disciples in Mark 8:14-21," *JSNT* 27

(9:33-37; 10:35-45) 등을 더 상세하게 설명하게 되기도 한다.

열두 제자의 질문과 오해가 내부자로서 특권을 누리는 그들의 지위를 위협하지 않는다는 점을 인식하는 것은 중요하다. 그들이 예수의 가르침, 특히 예수가 확립하고자 하는 새로운 명예 규범을 이해하지 못하는 모습은 지배적인 문화적 규범에 갇혀 있던 마가의 동시대 청중들에게도 똑같이 이해하기 어려웠을 것이다. 열두 제자의 질문은 고대의 청중이라면 누구나 가졌을 법한 질문이다. 샤이너는 "제자들의 부족한 이해력은 특별히 부패한 집단의 비뚤어진 반응이라기보다는 일반적인 인간의 상태를 대변한다"고 말한다.[126] 제자들의 부족한 이해력은 사실 예수의 가르침이 복잡하고 반문화적이며 난해하다는 점을 강조하기 위한 것이다. 사실상 제자들의 질문과 오해는 마가복음의 청중에게 예수를 따를 때 수반되는 요구 사항을 숙고하고 마가가 이를 더 깊이 있게 설명할 수 있는 공간을 제공한다. 그렇다면 이것은 제자들이 만성적으로 이해력이 부족했음을 묘사하는 것이 아니라 청중에게 더 많은 가르침을 줄 수 있는 문학적 장치를 마가에게 마련해주는 것이다.[127]

(1986): 31-47.

126   Shiner, *Follow Me!*, 251.

127   따라서 또한 Best, "Disciples in Mark," 399; Telford, *Theology*, 131-32. 그는 "제자들에게 사적으로 말할 때 사실 마가복음의 예수는 복음서의 대상이자 그 공동체의 현실적인 필요에 따라 전승을 적용하고 있는 교회를 향해 말하고 있다"고 지적한다(132). 여기에는 A. 코난 도일의 셜록 홈스 소설에 나오는 왓슨 박사의 역할과 유사한 점이 있다. 거기서 그의 부족한 통찰력은 위대한 탐정이 사건을 해결해나가는 과정을 어느 정도 깊이 있게 묘사할 수 있게 해준다.

이 모든 것은 철학자들의 전기에서 흔히 볼 수 있었다. 버논 로빈스 (Vernon Robbins)는 마가복음과 크세노폰의 『소크라테스의 생애』를 자세히 비교하면서 소크라테스의 동료-제자들이 질문을 통해 가르침을 받는 방식을 강조한다. 그가 지적했듯이 간혹 일어나는 실패와 잘못된 시작 및 수정은 모두 이 특별한 관계에서 예상되는 측면이며, 히브리어 성경의 그러한 도덕적 무게감을 지니고 있지 않다.[128] 포르피리오스는 그의 『플로티누스의 생애』에서 종종 자신의 부족한 이해력을 언급하는데(10.31, 35-39), 이는 플로티누스의 철학이 이해하기 어렵다는 점을 강조하는 서사적 장치다 (포르피리오스는 스승의 작품을 더 많은 사람에게 알리려는 노력으로 보아 충실한 추종자임이 틀림없다).[129] 이와 마찬가지로 스승의 죽음에 반대하는 것도 전기의 일반적인 특징이다. 우리는 소크라테스의 임박한 죽음이 그의 동료들에게 야기한 고통을 생각하거나(Phaedo 116a, 117c-e) 페레그리누스가 자기 몸에 불을 지르려는 것 때문에 제자들이 겪은 고통에 대해 루키아노스가 매우 냉소적으로 표현한 것을 기억하기만 하면 된다(The Passing of Peregrinus 33).[130] 그렇다면 독자들은 8:32에서 베드로가 스승의 임박한 죽음에 저항하는 모습에 별로 놀라지 않을 것이다. 이보다 더 놀라운 것은 베드로와 다미스(필로스트라토스가 쓴 티아나의 아폴로니우스의 이야기에 나오는 인물) 사이에 유사점

---

128   Robbins, *Jesus the Teacher*, 125-69; 또한 다음을 보라. Best, "Role," 384.
129   G. Miles, "'I, Porphyry': The Narrator of the *Vita Plotini*," in *Open Access Australasian Society for Classical Studies Proceedings, 2-5 February 2010* (Perth: University of Western Australia, 2010), 3-4.
130   Shiner, *Follow Me!*, 256-57, 271-73.

이 있다는 것이다. 다미스는 아폴로니우스의 첫 번째 제자이자 가장 아끼는 제자였지만, 종종 이해력이 부족하거나(*Life of Apollonius of Tyana* 1.21-22; 2.22; 7.37) 두려움이 많은 인물로 묘사되며(6.25; 7.31) 아폴로니우스에게 질책을 받기도 한다(7.26).[131] 다미스의 실패는 스승을 돋보이게 하며, 아폴로니우스가 자신의 철학적 가르침에 충실했다는 점을 강조한다.[132]

유대 묵시 문헌의 일반적인 모티프도 이와 관련이 있을 수 있다. 존 마클리(John Markley)는 다니엘, 에녹1서, 에스라4서, 바룩2서 같은 작품에서 그가 "신이 계시한 신비 앞에서 드러나는 인간의 무지각"이라고 부른 것을 확인한다.[133] 이러한 텍스트에서 천상의 중재자들은 인간 선견자가 자신에게 계시된 내용을 파악하지 못하는 것에 대해 종종 당황하거나 놀라는 반응을 보인다. 그러나 이러한 반응의 목적은 (종종 명시적으로 매우 의로운 자라고 말하는) 선견자를 폄하하려는 것이 아니라 "선견자가 누군가의 도움 없이는 이해할 수 없는 한계를 확인하기 위한 것"이다.[134] 이 모티프는 계시된 내용의 천상적 특성을 강조하여 그 가르침이 선견자 자신의 지성에서 비롯된 것이 아니라 하나님으로부터 직접 온 것임을 분명히 한다. 비록 묵시 문

---

131   Best, "Disciples in Mark," 395-96에서도 이것을 지적한다. C. H. Dodd는 헤르메스 신화에서도 이와 비슷한 부족한 이해력을 발견한다. *Historical Tradition in the Fourth Gospel* (Cambridge: Cambridge University Press, 1963), 319-21.

132   따라서 또한 Shiner, *Follow Me!*, 132-35.

133   J. R. Markley, "Reassessing Peter's Imperception in Synoptic Tradition," in Bond and Hurtado, *Peter in Early Christianity*, 101. 또한 그의 광범위한 연구도 보라. *Peter—Apocalyptic Seer* (Tübingen: Mohr Siebeck, 2013), esp. 41-114.

134   Markley, "Reassessing," 101.

학은 전기와 매우 다른 장르이지만, 마가의 작품에는 묵시 문학적 요소가 들어 있으며(특히 13장), 저자는 이 시점에서 제자들을 묘사할 때 이 두 장르를 모두 활용했을 수도 있다. 예수가 계시한 것은 하늘의 "비밀"(4:11)로서 심지어 가장 가까운 제자들도 이해하는 것이 거의 불가능했다.

그렇다면 전반적으로 반복되는 제자들의 질문과 오해는 고대 청중들에게 "실패"의 표시가 아니라 종교적 스승과 제자들 사이에서 예상되는 상호작용의 일부로 보였을 것이다. 마가복음에는 분명 질문과 오해가 담긴 일화가 많이 포함되어 있지만, 그 주된 목적은 예수의 가르침이 얼마나 어려운지, 그리고 그것이 제자들의 아둔함보다는 신적 계시라는 점을 강조하기 위한 것이었다.[135] 열두 제자가 겪는 혼란은 예수의 가르침이 더욱 분명하게 드러나도록 하며, 예수가 제자들에게 얼마나 많은 것을 요구하는지, 그리고 그 길을 직접 따르기 위해서는 얼마나 많은 대가를 치러야 할지를 강조한다.

예수: 용기 있고 고독한 죽음

예수가 예루살렘에 도착하자(11:1-11) 제자들은 더 이상 혼란스러워하지 않는다. 이 마지막 부분에서 제자들의 "실패"는 초조함 때문인 것 같다. 그

---

135 J. Dewey는 제자들에 대한 "부정적인" 묘사는 아마도 활자화된 텍스트에 익숙한 현대 독자들보다 1세기 청중들이 덜 심각하게 받아들였을 것이라고 올바르게 지적한다. "Mark as Interwoven Tapestry: Forecasts and Echoes for a Listening Audience," *CBQ* 53 (1991): 235-36.

들은 예수가 죽을 수밖에 없다는 사실을 받아들였지만, 베드로(그리고 그를 이어 다른 사람들)는 자신이 굳건히 이겨낼 수 있다고 생각한다(14:29-31). 그러나 예수는 그에 대해 더 잘 알고 있으며, 그들 중 한 명이 예수를 배반하고 베드로가 그를 부인하고, 모두가 그를 떠날 것이라고 예언한다(14:26-31). 이야기가 진행됨에 따라 이 예언은 모두 현실이 된다.

하지만 여기서 우리는 다시 한번 열두 제자를 너무 가혹하게 판단하는 것을 경계해야 한다. 그들이 궁극적으로 예수를 버리고 떠난 것은 그들이 **그럴 수밖에 없었기** 때문이다. 14:26-28에서 그들이 예수를 버리는 모습은 이미 성경에서 하나님이 예견하신 것이며(슥 13:7), 하나님의 더 큰 목적의 일부였다. 우리는 다음 장에서 마가복음의 예수가 홀로 십자가의 길로 가는 것을 보게 될 것인데, 이는 오직 그만이 그렇게 할 수 있기 때문이다. 오직 그만이 끝까지 견딜 수 있고, 오직 그만이 무서운 악의 세력에 맞설 수 있으며, 오직 하나님만이 그를 다시 살리실 것이다.[136] 이야기의 현 단계에서는 베드로도, 나머지 열한 제자도, 그 누구도 예수의 뒤를 따를 수 없다. 전반적으로 이야기의 초점은 제자의 삶의 완벽한 본보기인 예수에게 맞추어져 있다. 앞에서처럼 제자들은 예수를 더 강하게 드러내는 역할을 한다. 앞에서 제자들의 자만심과 지위 경쟁이 예수의 겸손함을 드러내보여주었던 것처럼 이제 제자들의 나약함과 비겁함은 예수의 힘과 용기를 극명하게

---

[136]   Tolbert, "How the Gospel of Mark," 356.

드러낸다.[137] 그렇다면 이 시점에서 제자들의 이탈은 예수가 주목을 받고, 죽음에 직면한 예수의 존엄성과 결단력을 높이며, 하나님의 뜻에 대한 예수의 전적인 순종을 강조하기 위함이다. 예수가 죽은 자 가운데서 부활한 후에는 다른 사람들도 그의 뒤를 따를 수 있는데, 이 전기에서는 이 역할이 열두 제자에게 주어졌다. 예수는 14:28에서 갈릴리에서 제자들에게 나타날 것을 분명히 예언했고, 그것에 대한 두 번째 약속은 무덤에서 천사 같은 청년의 메시지의 핵심적인 요소를 형성한다(16:7). 제자들이 예수의 고통스럽고 외로운 죽음에 함께하지 못했음에도 불구하고 마가는 훗날 열두 제자가 맡게 될 역할을 분명히 직시하고 있다. 그들은 다시 회복될 것이며, 이번에는 죽음에 이르기까지 그들의 스승을 따를 수 있을 것이다(10:35-40과 13:9-13에서 분명히 알 수 있듯이).

스승을 돋보이게 하기 위한 역할로 제자들을 활용하는 모습은 다른 전기에서도 유사하게 나타난다. 슬픔에 빠진 소크라테스의 친구들은 스승의 차분한 결단과 목숨에 연연하지 않는 모습에 안도감을 느낀다(Plato, *Phaedo* 115e, 117d-e). 그리고 필로스트라토스의 『티아나의 아폴로니우스의 생애』에서는 영웅의 용기와 추종자들의 수많은 실패가 자주 대조된다. 아폴로니우스가 네로 치하에서 처음으로 로마에 갈 때 그의 동료 34명 중 8명만이 그를 지지했으며(4.37), 끊임없이 두려워하는 다미스의 모습은 자주 철학

---

137   Best, "Disciples in Mark," 399.

자의 담대한 결의를 강조한다(7.13-15, 31, 38, 41).[138]

이 부분에서 마가는 두 제자의 행동에 특히 주의를 기울이며 청중에게 그들을 부정적인 본보기로 제시하는데, 첫 번째는 유다이며, 두 번째는 베드로다.[139] 우리는 이미 그리스-로마 교육 시스템에서 본보기가 널리 알려져 있으며 역사와 전기 모두에서 널리 사용된다는 점에 주목했다.[140] 이러한 짧은 삽화는 일반적으로 용기, 충성심, 친절 등 한 인물의 특성을 강조하며, 본받아야 할 행동의 패러다임이나 피해야 할 점에 대한 경고를 강조하는 등 긍정적일 수도 있고 부정적일 수 있다. 이러한 예는 헬레니즘적 색채를 띤 유대 문학(예. 솔로몬을 모범적인 현인으로 제시하는 벤 시라, 47:13-18)과 초기 기독교 문헌(예. 히 11장; 약 2:21-26; 행 4:34-5:11)에서 흔히 찾아볼 수 있다. 그러나 로마의 작가들은 부정적인 예로 알려진 "악당"을 자주 활용하는 경향이 있었지만, 유대 작가들은 위대한 영웅의 실패를 훨씬 더 적극적으로 활용했던 것 같다.[141]

유다와 베드로는 마가의 청중이 피해야 할 행동 유형의 부정적인 예를 제공한다. 유다는 스승의 적들과 결탁하여 예수의 체포를 계획하는 불충직한 추종자, 즉 "배신자"의 역할을 맡는다(14:10-11). 현대 독자들이 알고 싶어 하는 많은 세부사항(특히 그의 행동의 동기)은 서술되지 않는다. 여기서 마

---

138 Shiner, *Follow Me!*, 132-35에서도 이 점을 다시 한번 지적한다.

139 Shiner, *Follow Me!*, 16.

140 위 103-105을 보라.

141 Best, "Disciples in Mark," 396. 그는 유대 작가들이 다윗 왕을 활용한 것에 대해 언급한다.

가의 관심은 철저하게 배신행위에 국한되어 있다. 저자가 유일하게 허용한 외적 세부사항은 유다가 "열두 제자 중 한 사람"(14:10)이었다는 점을 상기시키는 것뿐인데, 이는 이 장면의 비극적인 분위기를 증폭시킨다. 유다는 가장 가까운 추종자라도 배신자가 될 수 있음을 보여준다. 유다가 이런 행동을 할 수 있었다면 누구라도 잠재적인 유다가 될 수 있다.[142] 마가복음의 예수는 이미 가족(아마도 기독교 신자)이 분열되어 사람들이 서로를 죽음에 넘겨줄 것이라고 경고했는데(13:22), 이 구절은 마가복음 청중 중 많은 사람이 이미 배신을 경험했음을 암시한다고도 볼 수 있다.[143] 만약 그렇다면 유다의 예는 매우 현실적이고 불길한 색채를 띠며, 마가의 시대에 모든 사람이 동료 신자를 배신하려는 유혹에 빠질 수 있음을 경고하는 역할을 한다.[144]

---

142 Stock, *Call to Discipleship*, 194-95.

143 Van Iersel, "Failed Followers," 256. 만약 마가복음의 기원이 로마라면(위 36-38을 보라) 여기에는 동시대 사건들과의 강한 연관성이 있다. 타키투스는 네로의 박해 기간 동안 많은 순교자들이 다른 사람들의 증언으로 유죄 판결을 받았다고 말한다(*Annals* 15.44). 비록 50여 년 후에 쓴 글이지만, 여기서 그의 증언을 의심할 만한 강력한 이유는 없다. 다음을 보라. C. P. Jones, "The Historicity of the Neronian Persecution: A Response to Brent Shaw," *NTS* 63 (2017): 146-52.

144 학자들은 일반적으로 켈수스에 대한 후대의 비판(Origen, *Against Celsus* 2.12, 18)과 "당혹스러움의 기준"을 근거로 유다의 배신이 마가 이전의 전승에 속한다고 추정한다. 그러나 이에 대한 사전 증거는 없다. Fowler가 지적하듯이 바울 서신에 나타난 "파라도시스"(*paradosis*)에 대한 언급은 반드시 제자의 배신을 가리키는 것은 아니다. 고전 11:23은 단순히 예수의 체포를 의미할 수 있다. 롬 4:25과 8:32은 하나님이 예수를 넘겨주신 것을 의미하는 것으로 보이며, 갈 2:20은 예수가 자신을 스스로 넘겨주었음을 암시한다. 또한 바울은 유다가 자신의 특권적 지위를 잃었다는 사실을 전혀 알지 못했다. 고전 15:5에서 부활한 예수는 열두 제자에게 나타난다(*Loaves*, 136, 224n81). A. Y. Collins도 유사하게 유다의 이야기가 "예수가 모든 사람들에게 버림받았다는 것을 보여주는 사건"으로 만들어졌을 가능성

베드로가 예수를 부인한 행위도 이와 비슷한 역할을 한다. 베드로는 모든 제자 중에서 가장 먼저 부름을 받아 열두 제자의 수장이 되고, 가장 먼저 이름이 바뀌는 등 마가의 전기에서 가장 많은 주목을 받는다. 베드로는 예수의 내부 그룹 안에서도 항상 앞장서며(1:29; 5:37; 9:2; 13:3; 14:33), 주로 열두 제자의 대변인 역할을 한다(1:36; 8:29; 9:5-6; 10:28; 11:21; 14:29-31).[145] 그는 다른 제자들보다 더 오래 예수를 따르지만, 그가 예수를 버리는 장면도 다른 제자들에 비해 더 많이 부각된다. 예수는 그가 자신을 부인할 것을 예언하는데(14:30-31), 이 예언은 다소 길게 언급되고(14:66-72), 거기에는 심지어 이전의 예언(14:72)도 포함된다. 이 모든 것이 마가복음 특유의 세 번 반복이라는 느낌을 주는데, 이는 아마도 베드로가 예수를 부인한 사건이 얼마나 충격적인지를 크게 강조한다고 볼 수 있다.[146] 그러나 이 모든 서사적 관심에도 불구하고 베드로는 "원만한"(round) 인물로 바뀌지 않는

을 제기한다("From Noble Death to Crucified Messiah," *NTS* 40 [1994]: 492). 만약 이 학자들의 견해가 옳다면 마가는 배신의 위험을 경고하고, 또 베드로의 이야기와 짝을 이루도록 하기 위해 유다의 이야기를 의도적으로 만들어냈을 수도 있다.

[145] 유용한 개관은 다음을 보라. Black, *Disciples*, 37-45; E. Best, "Peter in the Gospel according to Mark," *CBQ* 40 (1978): 547-58; T. E. Boomershine, "Peter's Denial as Polemic or Confession: The Implications of Media Criticism for Biblical Hermeneutics," *Semeia* 39 (1987): 47-68; P. Merenlahti, "Characters in the Making: Individuality and Ideology in the Gospels," in Rhoads and Syreeni, *Characterization*, 49-72; R. Whitaker, "Rebuke or Recall? Rethinking the Role of Peter in Mark's Gospel," *CBQ* 75 (2013): 666-82. T. Wiarda는 여기에 제시한 것보다 특히 예수를 부인하는 일화에서 베드로에 대한 더 큰 수준의 "개인화"가 이루어지고 있다고 주장한다. "Peter as Peter in the Gospel of Mark," *NTS* 45 (1999): 19-37. 더 일반적으로 베드로에 관해서는 다음을 보라. M. Hengel, *Saint Peter: The Underestimated Apostle* (Grand Rapids: Eerdmans, 2010); Bockmuehl, *Peter*.

[146] 이 장면에 대한 철저하고 통찰력 있는 분석은 다음을 보라. Borrell, *Good News*.

다.[147] 베드로의 세 번 부인하는 모습이 더욱 절박해지고 지탄을 받게 되면서 대제사장의 안뜰에서 벌어지는 일은 전적으로 베드로의 부인 행위 자체에 초점이 맞추어진다. 유다와 마찬가지로 베드로도 예수가 경고한 상황에 처하게 되고(13:9-11), 마침내 압박감을 이기지 못하고 굴복한다. 마가복음의 청중들은 이러한 "시련"을 직접 경험했거나 그런 경험을 한 자들을 알고 있었을 것이다.[148] 어쨌든 작품에서 제자가 마지막으로 등장하는 이 일화는 예수를 따르는 것이 얼마나 힘든 일인지, 그리고 가장 헌신적인 제자조차도 시련을 당할 수 있다는 암울한 경고의 의미를 담고 있다. 따라서 베드로는 유다와 마찬가지로 여기서 특정 유형의 행동, 즉 피해야 할 행동의 본보기로 등장한다.

유다와 베드로는 여러 면에서 상반된 역할을 한다. 유다의 죄가 예수의 신원을 확인해준 것이라면 베드로의 죄는 그를 모른다고 자백한 것이다.[149] 그러나 저자는 두 사람을 다르게 취급한다. 유다는 특별한 화(woe, 禍)

---

147   따라서 "이 이야기는 정말 독자들이 베드로의 성격 또는 '인격'에 관심을 갖도록 유도하는가, 아니면 오히려 독자들이 상징적인 의미를 찾게 하는가?"라는 질문을 던지는 Syreeni도 참조하라("Peter as Character," 145).

148   2세기 초에 쓴 글에서 소 플리니우스는 비티니아 폰토스에 있는 의심스러운 그리스도인들에게 그들이 정말로 그리스도인인지 세 번 물었다고 트라야누스 황제에게 통보한다. 그는 이전에 그리스도인들의 재판에 참석한 적이 없기 때문에 재판이 어떻게 진행되어야 할지 확실히 알 수 없다고 말한다(*Letters* 10.96). 그러나 Jones가 지적하듯이 이것은 그가 아마도 로마의 네로 박해 기간에, 그러니까 더 이른 시기에 그러한 재판이 이루어졌다는 것에 대해 알고 있었음을 시사한다("Historicity," 152). 또한 다음을 보라. Middleton, "Suffering," 185; Whitaker, "Rebuke or Recall?," 678-82.

149   따라서 van Iersel, "Failed Followers," 260.

의 대상이다. 14:21에서 예수는 "그 사람은 차라리 나지 아니하였더라면 자기에게 좋을 뻔하였느니라"고 말한다. 그러나 베드로는 인자를 부끄러워했음에도 불구하고(8:28) 무덤에서 천사 같은 청년에게 두 번째 기회를 얻게 되는데, 이 청년은 여인들에게 예수와 재회할 것이라는 메시지를 베드로에게 전하라고 구체적으로 지시한다(16:7).[150] 여기서 중요한 차이는 베드로의 눈물이다(14:72). 엘리트 로마인들은 후회를 비굴함의 확실한 징표로 여기는 경향이 있었지만, 유대 전통은 일부 철학자들을 따라 회개의 더 긍정적인 측면과 함께 후회를 소중하게 여겼다.[151] 물론 이것은 예수가 그의 첫 번째 공적 선언에서 요구한 것이다(1:14-15). 그렇다면 베드로가 정작 구원을 받은 것은 유다와 달리 그가 회개했고, 그 결과 갈릴리에서 다시 시작하라는 부름을 받았기 때문이다(14:28; 16:7).

　　마가는 오직 이 두 가지 사례에서만 제자들에게 특별한 관심을 보이

150　아마도 마가에게 있어 부인(denial)은 배신만큼 비난받을 만한 것이 아니다. 부인한 사람은 언제나 다시 굳건하게 일어설 수 있다. 그렇다면 마가는 배교한 사람에게는 재기의 기회가 없다고 주장하는 히 6:4-6의 저자보다 오히려 더 관대하다. Best는 16:7의 "제자들"에 대한 언급에서 유다를 배제할 만한 근거가 없다고 주장한다("Role," 387). 이것은 맞다. 비록 14:21의 정죄와 함께 여기서 그에 대한 구체적인 언급이 없다는 점이 유다를 배제하는 듯 보이지만 말이다.

151　세부적인 연구는 다음을 보라. L. Fulkerson, *No Regrets: Remorse in Classical Antiquity* (Oxford: Oxford University Press, 2013), esp. 1-22. 그녀가 지적하듯이 일반적으로 회한은 낮은 지위의 사람들(여자, 어린이 또는 노예)과 연관되는 경향이 있다. 아리스토텔레스는 실수에 대한 수치심은 사람이 개선되는 데 도움이 될 수 있다고 믿은 반면, 플라톤은 특히 눈물을 자신의 잘못을 인식한 것으로 보았고, 따라서 그것을 극복하기 위한 첫 단계로 보았다. 다음을 보라. Aristotle, *Nicomachean Ethics* 1128b10-12, 15-21; R. Baumgarten, "Dangerous Tears? Platonic Provocations and Aristotelian Answers," in *Tears in the Graeco-Roman World*, ed. T. Fögen (Berlin: de Gruyter, 2009), 85-104.

며, 나는 여기서도 그가 제자들을 실제 인간으로 그리는 데는 관심이 없고, 청중이 피했으면 하는 특정 유형의 행동을 예시하는 데 그들을 활용하고 있다고 제안한다. 내가 다른 곳에서도 주장한 것처럼 마가는 예수의 초상을 묘사하는 데 열두 제자를 활용한다. 열두 제자는 이야기 전반에 걸쳐 서로 다른 방식으로 활용되기 때문에 때로는 모호하고 모순되는 모습을 보인다.[152] 전기의 서두에서 열두 제자는 예수가 헌신적인 추종자 집단의 권위 있는 스승으로 묘사되는 데 기여한다. 중간 부분에서 마가는 예수를 어렵고 반문화적인 사상을 가르치는 스승으로 묘사하는 데 초점을 맞추며, 여기서 열두 제자의 질문과 부족한 이해력은 예수의 메시지에 대한 "일반적인" 반응을 나타내며, 마가복음의 예수가 자신의 메시지를 더 깊이 있게 설명할 수 있게 한다. 결말 부분에서는 제자들의 두려움과 비겁함이 예수가 자기 죽음을 전심으로 받아들이는 것을 방해하는 걸림돌로 작용한다. 자칫 처참한 결과를 가져올 수 있었던 베드로의 예수 부인 행위는 대제사장 앞에서 자신의 신분을 온전히 수용한 예수의 모습과 극명하게 대조되며, 마가의 청중들은 여기서 어느 모델을 따라야 할지 전혀 의심할 필요가 없다.

"비주류 인물"

최근 논의에서 어느 정도 주목을 받고 있는 그룹은 소위 비주류 인물이

152　따라서 또한 Lehtipuu, "Characterization and Persuasion," 80.

다. 내가 이미 언급한 바 있는 1977년의 한 강령적 에세이에서 로버트 태너힐(Robert Tannehill)은 마가는 열두 제자의 완벽한 실패의 모습 대신에 참된 제자라면 어떠한 반응을 보여야 할지를 엿볼 수 있는 다양한 비주류 인물을 소개한다고 주장했다. 이 인물들은 책의 후반부에 등장하며(열두 제자가 점점 더 이해력이 떨어지는 가운데), 여기에는 주로 시각 장애인 바디매오(10:46-52), 기름 부은 여인(14:3-9), 구레네 시몬(15:21), 아리마대 사람 요셉(15:42-46)이 포함된다고 여겨지지만, 십자가에 옆에 있던 로마 백부장(15:39)과 무덤 곁에 있던 여인들(15:40-1; 16:1-8)도 포함된다는 견해도 있다.[153] 이 견해에 따르면 이 등장인물들의 목적은 수치를 당한 제자들을 대신하여 그들이 올바로 수행하지 못한 역할(예수에게 기름을 바르고, 그가 죽었을 때 그의 이름을 선포하고, 장례를 치르는 등)을 대신 수행하는 것이다. 바스 판 이에셀(Bas van Iersel)은 그들의 역할을 다음과 같이 요약한다. "그들은 예외 없이 예수의 지지자들이 실패한 부분에서 올바른 방식으로 행동하는 사람들이다. 제자들보다 오히려 그들이 이 전기의 독자들이 본받고 싶어 하는 역할을 하고 있지 않은가?"[154]

---

153 Tannehill, "Disciples," 190. 또한 다음을 보라. J. R. Donahue, "A Neglected Factor in the Theology of Mark," *JBL* 101 (1982): 582-86; Rhoads and Michie, *Mark as Story*, 129-35(거기서 그들은 "작은 사람"으로 불린다); Tolbert, "How the Gospel," 355; Middleton, "Suffering," 187. Williams는 마가복음의 등장인물 가운데 스물두 명이 군중 사이에서 벗어나 어떤 식으로든 예수를 만난다고 본다. 그는 비주류 인물들이 예수를 따르며 그의 가르침을 받아들이는 것이 무슨 의미인지를 예시하는 역할을 하는 여러 성장 단계를 특히 10:46-16:7에서 발견한다("Discipleship").

154 B. van Iersel, *Reading Mark* (Edinburgh: T&T Clark, 1989), 188. 그러나 Van Iersel은 이런 사람들을 "제자"로 묘사하지는 않는다(188, 201).

마가의 전기에 대한 이러한 독법이 매력적일 수는 있지만, 이 독법은 분명히 제자들을 "실패자"로 보는 관점과 밀접하게 연관되어 있다(나는 이전 섹션에서 이 관점에 이의를 제기하고자 했다). 내가 보기에 이 관점에는 두 가지 결함이 더 있다. 첫째, 이미 살펴본 바와 같이 마가의 독자들이 본받아야 할 모델은 열두 제자가 아니라 예수 자신이다. 수난 이야기로 넘어가면서 마가는 제자도는 온전한 헌신이 필요하며, 겟세마네에서 준비가 부족했던 것, 체포 당시에 도주한 것, 대제사장 뜰에서 베드로가 예수를 부인한 것 등 열두 제자의 실패의 주된 기능은 하나님의 뜻에 대한 예수의 흔들림 없는 결단과 순종을 강조하는 데 있다는 점을 보여준다.[155] 예수의 수치스러운 죽음이 부활을 통해 정당성을 입증받게 되면 다른 사람들에게 예수의 모범을 따르라는 명령이 주어질 수 있지만, 이에 앞서 예수는 홀로 행동에 임할 수밖에 없다. 따라서 열두 제자가 사라진다고 해서 그 자리를 다른 비주류 인물들이 메워야 할 만큼 제자도에 "공백"이 생기는 것은 아니다. 오히려 정반대다. 열두 제자가 사라짐으로써 청중은 예수의 고독한 죽음의 참상에 더욱 집중하게 되고, 자신도 그 죽음을 본받으라는 부름을 받을 수 있다는 사실에 더욱 현실적이고 긴박한 상황을 경험하게 된다(8:34-38).

이런 식으로 등장인물을 해석할 때 제기되는 중요한 두 번째 문제는 제자도에 대한 마가의 관점을 충분히 진지하게 받아들이지 못한다는 것이

---

155 따라서 또한 R. A. Burridge, "Reading the Gospels as Biography," in *The Limits of Ancient Biography*, ed. B. McGing and J. Mossman (Swansea: Classical Press of Wales, 2006), esp. 34-35.

다. 저자 마가에게 있어 예수를 따른다는 것은 근본적으로 자신을 부인하는 방식으로 삶을 영위하고 (필요하다면) 수치스러운 죽음까지 감수하면서 그를 따르는 것이다. 마가에게는 기적에 대한 믿음이 제자도의 적절한 근거가 아니며(첫 번째 제자들은 예수가 기적을 행하기 **전에** 부름을 받았다. 1:16-20), 오직 믿음만으로 제자가 될 수 있는 것도 아니다. 마가에게 중요한 것은 순교할 준비가 되어 있는 사람이다. 폴 미들턴(Paul Middleton)이 관찰한 바와 같이 "마가복음 8:34-8의 초대는 예수를 따르는 제자로서 지위에 대한 최종적이고 결정적인 시험을 의미한다."[156] "비주류 인물들"은 열두 제자처럼 시험을 받은 적이 없다. 그들은 "꼴찌"가 되는 것이 무엇을 의미하는지 이해하는 것을 요구받지 않았고, 예수에 대한 그들의 열정이 얼마나 오래 계속되었는지 우리는 알 수 없다(그들 중 누구도 자신이 등장하는 일화보다 더 오래 살아남지 못한다). 마가 자신이 분명히 말했듯이 제자도는 금방 포기하는 사람부터 믿음이 강한 사람까지 다양한 형태로 나타날 수 있다(4:13-20). 이 특정 인물들이 이 넓은 스펙트럼에서 어디에 속할지는 명확하지 않다.[157]

또한 이 모든 인물이 어떤 "그룹"에 함께 속해 있는지도 결코 분명하지 않다. 사실 자세히 들여다볼수록 그들 사이에는 상당한 차이가 드러나기 시작한다.[158] 이 중 몇몇은 14:10-11의 유다와 14:54, 66-72의 베드로

---

156   Middleton, "Suffering," 176.

157   Rhoads and Michie도 이 점을 지적하며 여인들이 마지막에 실패한 이유는 그들이 예상했던 것보다 더 많은 것이 그들에게 요구되었기 때문이라고 제안한다. *Mark as Story*, 134; 다음을 보라. Shiner, *Follow Me!*, 19.

158   따라서 E. S. Malbon은 열두 제자와 다른 등장인물들도 성공과 실패를 보여준다고 말한다.

처럼 비슷한 방식으로 본보기 역할을 한다. 그러나 이들이 예시하는 것은 일반적인 "제자도"가 아니라 예수를 따르는 자들에게 요구되는 구체적인 특성이다. 그것을 각각 차례로 살펴보는 것이 우리에게 유익할 수 있다.

시각 장애인 바디매오(10:46-52)

우리는 이미 8:22-10:45에서 예수의 가르침의 중요한 본문을 구성하는 두 개의 시각 장애인 치유 사건의 중요성에 대해 언급했다. 마가는 분명히 예수의 메시지에 귀를 기울이면 영적인 "시력"을 얻을 수 있다는 것을 보여주고자 했다. 그렇다면 바디매오 자신은 어떨까? 그는 확실히 예수를 따르지만, 그것이 과연 그를 제자의 역할로 캐스팅하기에 충분할까?[159]

바디매오는 치유 기적의 유일한 수혜자이며, 마가는 청중을 위해 그

그녀는 마가가 독자들에게 두 가지 메시지를 전달한다고 말한다. "누구나 추종자가 될 수 있지만, 그 누구에게도 그것은 결코 쉬운 일이 아니다." "'Fallible Followers': Women and Men in the Gospel of Mark," *Semeia* 28 (1983): 29.

159 Johnson은 그를 "직접 경험하고 구원받는 것이 무엇을 의미하는지 알아야 하는 그리스도인을 위한 모델"을 제공하는 "진정한 제자의 원형"으로 간주한다. "Mark 10:46-52," 201. 흥미로운 것은 여기서 바디매오의 이름이 밝혀졌고, 이 사실에 기초하여 R. Bauckham이 그가 잘 알려진 추종자(실제로 이 이야기에 대한 궁극적인 책임이 있는 목격자)였다는 주장을 했다는 점이다. "The Eyewitnesses in the Gospel of Mark," *SEÅ* 74 (2009): 19-39. 하지만 이름은 이보다 더 무작위적인 의미를 지닌 것 같다. 그리스 소설에 이름이 명시된 인물들을 분석한 A. Billault는 『다프니스와 클로에』(*Daphnis and Chloe*)에 나오는 거의 모든 인물이 이름을 가지고 있지만, 『아이티오피카』(*Aithiopika*)에서는 그 비중이 25%에 불과하다고 말한다. 게다가 이름이 없는 인물들은 이름이 있는 인물들에 비해 줄거리 전개에 있어 항상 덜 중요한 것은 아니다. 호메로스로 거슬러 올라가는 전통에 따르면 에베소의 크세노폰은 종종 그의 등장인물에게 아이러니한 이름을 지어준다(어쩌면 마가가 여기서 하는 것처럼). 다음을 보라. A. Billault, "Characterization in the Ancient Novel," in *The Novel in the Ancient World*, ed. G. L. Schmeling (Leiden: Brill, 1996), 123-24.

의 이름을 "디매오의 아들"로 번역한다. 지독한 가난 속에서 앉아 구걸하는 이 "명예의 아들"과 제자도에 대한 앞 장의 예수의 가르침 사이에는 어떤 연관성이 있을 수 있다. 그러나 이 이야기에서 놀라운 점은 치유의 종속적인 역할이다(특히 8:22-26의 벳새다 시각 장애인 치유와 비교할 때).[160] 저자는 오히려 바디매오에게 더 큰 관심을 기울인다. 중요한 것은 예수에 대한 그의 지식이 아니다. 그는 복음서에서 예수를 "다윗의 자손"이라고 칭송하는 유일한 인물이지만, 마가에게 있어 이것은 기껏해야 부적절한 신원 확인일 뿐이며, 그는 예수와 직접 대화할 때는 이 칭호 대신 "라부니"(선생님, 10:51)라는 호칭을 사용한다.[161] 폴 액트마이어(Paul Achtemeier)가 지적했듯이 바디매오가 보여준 것은 오히려 그의 **끈기**다. 그는 주변 사람들의 질책을 무시하고 자신이 가장 원하는 것을 얻을 때까지 예수의 관심을 끌기 위한 시도를 계속한다(10:51). 웬디 코터(Wendy Cotter)는 1세기 지중해 세계의 거지들에 대한 이야기에 기초하여 바디매오를 "평소에 시끄럽고 시끌벅적하며 아첨하고 성가시게 구는 거지"로 묘사하며, 바디매오를 어떤 식별 가능한 "유형"으로 본다.[162] 독자들은 예수가 그와 아무 관련이 없을 것이라고 기대했을 것이다(이야기의 구경꾼들이 처음에 기대했던 것처럼). 바디매오는 사회

---

160   따라서 P. J. Achtemeier, *Jesus in the Miracle Tradition* (Eugene, OR: Cascade, 2008), 146-47.
그는 이 이야기와 눅 5:1-11의 베드로를 부르는 장면 사이의 유사점을 지적하면서 이 이야기가 원래는 바디매오가 어떻게 예수의 제자가 되었는지를 보여주는 이야기라고 주장한다 (148-51).

161   따라서 Cotter, *Christ*, 48-51.

162   Cotter, *Christ*, 62-68, esp. 64.

적 예의범절에 얽매이지 않고 올바른 옷을 입었는지 확인하기 위해 멈추어 서지 않고 예수에게 가기 위해 서둘러 자신의 "히마티온"(겉옷)을 벗어 던진다.[163] 물론 이 이야기는 예수에 대해 많은 것을 말해준다. 그의 연민, 사회적·문화적 규범을 무시하는 능력, 사람에게 가장 필요한 것을 채워주는 능력 등 말이다. 하지만 바디매오는 짧은 예시로서 기능한다. 하혈하는 여인(5:25-34)이나 수로보니게 어머니(7:25-30)처럼 바디매오는 끈질긴 믿음의 본보기가 된다. 마가는 독자들에게 그러한 끈기는 반드시 보상을 받을 것이라는 점을 확인해준다.

기름 부은 여인(14:3-9)

예수에게 기름을 부은 익명의 여인의 이야기는 14:1-2에서 예수에 대한 대제사장들과 서기관들의 음모로 시작되는 마가복음의 고전적인 삽입 부분(intercalation)의 중간 장면이다. 이 장면은 공의회 의사당의 음모 현장에서 베다니의 나병 환자 시몬의 집에서 이루어지는 친밀하고 사적인 식탁으로 이동한다. 예수가 식사를 하고 있을 때 한 여인이 매우 비싼 향유 한 병을 들고 나타나 그것을 깨뜨려 예수의 머리에 붓는다. 어떤 구경꾼들(*tines*)은 화를 내며 왜 그 향유를 팔아 가난한 사람들에게 주지 않았는지 묻는다. 그러나 예수는 그녀가 "선한 일"(*kalon ergon*)을 했고[164] 심지어 장례를 위해

---

163 여기서 "히마티온"(*himation*)의 중요성에 대한 논의는 다음을 보라. Cotter, *Christ*, 69-71.
164 헤라클레스가 미덕과 악덕 가운데 하나를 결정하는 프로디쿠스의 이야기를 소개하는 크세노폰의 글에서도 이 표현이 등장한다. *Memorabilia* 2.1.31.

자신의 몸에 기름을 부었다고 주장하면서 그들을 침묵시킨다(14:6-8). 그러나 예수가 이 여인을 극찬한 직후에는 앞서 유다가 대제사장들에게 가서 예수를 넘겨준 이야기로 마무리된다(14:10-11).

이 장면에서 가장 눈에 띄는 점은 이 여인과 유다 간의 대조다. 엘리자베스 스트러더스 맬본(Elizabeth Struthers Malbon)이 지적하듯이 우리는 "예수를 위해 돈을 포기하고 그를 공경하기 위해 그 집으로 들어가는 익명의 여인(14:3-9)과 예수를 포기하고 그를 배신하기 위해 그 집을 나서는 남자 유다(14:1-11)"를 만난다.[165] 마가복음에서 자주 볼 수 있듯이 내부자들—심지어 "열두 제자 중 하나"라 할지라도—이라고 항상 신뢰할 수 있는 것은 아니며, 헌신은 예상치 못한 곳에서 나타날 수 있다.[166] 그러나 이 장면에서 우리는 본문이 허용하는 것 이상의 의미를 유추해서는 안 된다. 그 반대의 주장이 자주 제기됨에도 불구하고 여기서 여인이 예수의 메시아적 정체성을 인정한다는 의미에서 예수에게 "기름을 부었다"는 암시는 없다. 아델라 콜린스(Adela Collins)가 지적한 바와 같이 70인역에서 왕이나 대제사장에게 기름을 부을 때는 여기서처럼 향유(*myron*)를 사용하지 않고 올리브유

---

165 Malbon, "Fallible Followers," 40. 또한 다음을 보라. J. R. Edwards, "Markan Sandwiches," 208-9; L. Hurtado, *Mark*, 229-30; Collins, *Mark*, 641; Marcus, *Mark 8-16*, 937-43; J. A. Kelhoffer, "A Tale of Two Markan Characterizations: The Exemplary Woman Who Anointed Jesus's Body for Burial (14:3-9) and the Silent Trio Who Fled the Empty Tomb (16:1-8)," in *Women and Gender in Ancient Religions*, ed. S. P. Ahearne-Kroll, P. A. Holloway, and J. A. Kelhoffer (Tübingen: Mohr Siebeck, 2010), 87-89.

166 유다는 수난 이야기에서 일관되게 "열두 제자 중 하나"로 불리는데, 이는 아마도 그의 배신의 심각성을 반영하기 위함일 것이다. 참조. 14:18-21, 43-45.

(*elaion*)를 사용한다.[167] 또한 이 여인이 자신의 행동을 장례를 위한 기름 바름으로 이해하고 있다는 암시도 없다. 저녁 만찬에 침울한 분위기를 조성하면서 그녀의 행위를 이런 식으로 해석하는 사람은 바로 **예수**다. 따라서 여기서 그녀의 "제자도"에 대해 큰 의미를 부여하기는 어렵다. 이 장면에서 무엇보다 이 여인이 보여주는 것은 아낌없이 베푸는 모습이다. 그녀는 약 300 데나리온, 즉 거의 1년 치 임금에 해당하는 값비싼 향수 한 병을 완전히 허비하고, 자신의 미래의 필요는 개의치 않고 기꺼이 풍성하게, 그리고 아낌없이 즐거운 잔치를 위해 예수에게 기름을 붓는다.[168] 이로써 그녀는 12:41-44의 가난한 과부와 자신을 일치시켜 자신의 "생명"(*psychē*)을 바쳐 자기를 부인하는 섬김의 살아 있는 화신이 된다(8:34, 35-37).[169] 이 여인

---

167 Collins, *Mark*, 142. 그녀는 삼상(LXX) 10:1; 16:13; 레 8:12(대제사장 아론의 기름 부음)을 인용한다. 이것을 메시아의 기름 부음으로 보는 학자들은 다음과 같다. E. Schüssler Fiorenza, *In Memory of Her: A Feminist Theological Reconstruction of Christian Origins* (New York: Crossroad, 1983), xiii-xiv; H. Hearon, "The Story of 'the Woman Who Anointed Jesus' as Social Memory: A Methodological Proposal for the Study of Tradition as Memory," in *Memory, Tradition, and Text: Uses of the Past in Early Christianity*, ed. A. Kirk and T. Thatcher (Atlanta: SBL Press, 2005), 111; J. Dewey, "Women in the Gospel of Mark," *Word and World* 26 (2006): esp. 27; 또한 T. Matilla, "Naming the Nameless: Gender and Discipleship in Matthew's Passion Narrative," in Rhoads and Syreeni, *Characterization*, 162-63(Matilla의 논평은 마태복음의 기름 부은 여인에 관한 것이지만, 쉽게 마가복음에도 적용될 수 있다).

168 식사 초대 손님에게 기름을 바르는 관습에 관해서는 70인역 암 6:6; 시 22:5; 사 25:6-7을 보라. 또한 Josephus, *Jewish Antiquities* 19.239. Collins는 70인역 시 132편에서 아론의 머리에서 그의 수염을 거쳐 그의 의복으로 흘러내리는 *myron*이 풍요와 번영의 은유라고 말한다(*Mark*, 642).

169 마가는 여인의 선물이 잘못 해석되는 것을 우려하여 이야기 속에 몇몇 구경꾼들이 분노하는 모습을 삽입한다. 비록 이 전승이 이 구경꾼들을 열두 제자로 해석하는 방향으로 흘러갔지만(참조. 요 12:4, 그리고 다수의 주석가들, 예컨대 Hurtado, *Mark*, 229; Marcus, *Mark 8-16*, 940), 마가복음에는 그러한 암시가 없다. 비방하는 자들은 유월절 잔치에서 예수가 이러한

의 이름이 언급되지 않았다는 사실은 오히려 그녀의 행동에 주목하게 만드는데, 앞서 바디매오처럼 그녀는 예수를 따르는 사람들의 특징적인 행동의 한 측면을 보여주는 본보기가 된다.

구레네 사람 시몬(15:21)

마가의 비주류 인물들 중에서 이 구레네 사람 시몬만큼 제자로서 칭찬을 많이 받은 인물은 없다. 그의 이야기는 단 한 구절에 불과하지만, 이 구절에서 그는 예수의 십자가(또는 더 정확하게는 십자가 대들보)를 지고 십자가 처형 장소까지 간 것으로 전해진다.[170] 많은 사람들에게 그는 제자들에게 자기를 부인하고 자기 십자가를 지고 따르라는 예수의 핵심 요구(8:34)를 생생하게 구현하는 역할을 한다. 예를 들어 브라이언 블라운트는 그를 제자도의 전형적인 예로 보고 그가 "마가 공동체에서 본받을 만한 모델"로 기능한다고 주장한다.[171] 그는 이제 스승을 버린 또 다른 시몬, 즉 시몬 베드로의 자

낭비를 묵인하고 가난한 자들의 필요를 무시할 수 있다는 것에 격분한다. 그러나 예수의 대답은 2:18-22에서처럼 그가 항상 그들과 함께하지 않을 것임을 분명히 한다. 예수가 일단 이 세상을 떠나면 가난한 자들에게 베풀 시간은 많을 것이다.

170 십자가 처형 장소까지 대들보(*patibulum*)를 지고 가는 관습에 관해서는 다음을 보라. R. E. Brown, *The Death of the Messiah: From Gethsemane to the Grave; A Commentary on the Passion Narratives in the Four Gospels* (New York: Doubleday, 1994), 913.

171 B. K. Blount, "A Socio-Rhetorical Analysis of Simon of Cyrene: Mark 15.21 and Its Parallels," *Semeia* 64 (1993): 178. 이와 비슷한 해석은 또한 다음을 보라. Marcus, *Mark 8-16*, 1048; Witherington, *Mark*, 394n145; K. E. Brower, "'We Are Able,' Cross-Bearing Discipleship and the Ways of the Lord in Mark," *Horizons in Biblical Theology* 29 (2007): 177-201.

리를 대신한다.[172]

　이 견해는 매력적일 수는 있지만 여러 가지 난점을 지니고 있다. 가장 눈에 띄는 것은 마가가 강제성을 표현하기 위해 "앙가레우오"(*angareuō*)라는 단어를 사용한 점이다(마 5:42에서도 같은 단어가 사용되는데, 거기서는 로마 군인의 징집을 가리킨다). 여기서 시몬은 자발적인 행위와는 거리가 먼, 아마도 자신의 의지와는 상관없이 예수의 십자가를 강제로 지게 된다. 게다가 시몬이 어떤 식으로든 "자신을 부인"했다거나 나중에 예수의 추종자가 되었다는 암시도 없다.[173] 이 장면의 문법조차도 시몬의 행동을 과소평가하는 듯하다. 비록 그가 분명히 여기서 가정법 동사의 주어이긴 하지만("그가 지고"), 이 장면의 중심 배우들은 방금 예수를 조롱하고(15:15-20), 이제 그를 골고다로 데려가 거기서 그에게 몰약을 탄 포도주를 건네고, 그를 십자가에 못 박고, 그의 옷을 나누어 가질 불특정 "그들", 곧 로마 경비병들이다(15:22-24). 시몬을 둘러싼 풍부한 세부 내용에도 불구하고 그의 이야기는 골고다로 향하는 사형 집행자들의 행진과 죄수를 십자가에 못 박으려는 그

172　따라서 Myers, *Binding*, 385. 일부 학자들은 구레네 시몬은 베드로와 구체적으로 대조하기 위해 마가가 고안해낸 인물이라고 주장한다. 다음을 보라. S. Reinach, "Simon de Cyrène," in *Cultes, Mythes et Religions*, 5 vols. (Paris: Leroux, 1904-23), 4:181-88; 또한 R. Funk and the Jesus Seminar, *The Acts of Jesus: The Search for the Authentic Deeds of Jesus* (San Francisco: HarperSanFrancisco, 1998), 154-55, 261, 360.

173　시몬의 두 아들인 알렉산더와 루포에 대한 언급은 이 두 청년이 마가 공동체에 알려진 인물이었으며, 그들의 아버지의 행동은 단순히 역사적인 이유에서 여기에 기록되었다는 몇몇 학자들의 주장을 이끌어냈다. 따라서 G. Theissen, *The Gospels in Context: Social and Political History in the Synoptic Tradition*, trans. L. M. Maloney (Edinburgh: T&T Clark, 1992), 166-99; Brown, *Death*, 913-14.

들의 집요한 욕망에 휩싸여 있다. 시몬의 행위는 이제 군인들이 수동적인 예수에게 저지른 수많은 행위의 일부가 된다.

나는 다른 곳에서 시몬의 모습이 이 부분 전체를 지배하는 조롱의 일부라고 제안한 바 있다(다음 장에서 더 자세히 분석할 것이다).[174] 그는 예수가 병사 막사에 처음 등장할 때부터 처형 장소까지 이어지는 왕의 행렬의 잔인한 풍자극에서 예수의 자리를 대신한다. 좀 더 구체적으로 시몬은 집정관의 주권 표시인 권표(*fasces*, 공적 권력의 상징으로 막대기 묶음에 도끼를 동여맨 것)를 왼쪽 어깨에 두르고 집정관(황제든 하급 관리든) 앞에 가는 릭토르(고대 로마에서 죄인을 포박하고 처벌하던 하급 관리)의 역할을 강요받는다. 이 권표는 초기 제국 시대에 권력의 상징이었으며, 도시 관리들과 황제 숭배 사제들의 장례식에서 자주 발견된다. 실제로 알렉산드리아 폭도들은 아그리파 1세 왕을 조롱하기 위해 카라바스라는 사람을 가짜 왕으로 분장하고(마가복음의 군인들이 조롱한 것과 유사한 내용이 많은 본문에서) 양쪽에 막대(*brabdoi*)를 든 청년 두 명을 세워 수행원 역할을 하게 했다(Philo, *Flaccus* 38). 이런 식으로 읽으면 청중의 관심은 시몬이 아니라 십자가로 향하는 가짜 왕인 예수에게 집중된다. 시몬은 제자도의 모델을 제시할 필요가 없다. 그 역할은 여전히 예수 자신이 맡고 있기 때문이다.

---

174   H. K. Bond, "Paragon of Discipleship? Simon of Cyrene in the Markan Passion Narrative," in *Matthew and Mark across Perspectives*, ed. K. A. Bendoraitis and N. K. Gupta (London: T&T Clark/Bloomsbury, 2016), 18-35.

백부장(15:39)

예수가 십자가에서 숨을 거두자 예수 맞은편에 서 있던 백부장이 "진실로 이 사람은 [그] 하나님의 아들이었도다"라고 선언한다. 전통적으로 이 말은 기독론적으로 복음서의 정점을 나타내는 "고백"으로 여겨져왔다. "메시아의 비밀" 모티프를 지지하는 사람들은 이 말을 진정으로 예수를 고난받는 메시아로 이해한—그것도 이방인이— 최초의 사건으로 해석한다.[175] 그러나 최근에는 이러한 해석에 대해 의구심이 제기되고 있으며, 일부에서는 백부장의 말이 기껏해야 모호하고[176] 심지어 냉소적이기까지[177] 하다고 주장한다. 만약 그렇다면 백부장은 이야기의 다른 인물들과 마찬가지로 예수를 조롱하고 있으며, 마가의 독자들은 그의 말의 의미를 그저 역설적인 수준에서만 이해하는 것이 된다.

---

[175] 따라서 V. Taylor, *The Gospel according to St Mark*, 2nd ed. (London: Macmillan, 1966), 597; Collins, *Mark*, 765-67; Marcus, *Mark 8-16*, 1059; Matera, *Kingship*, 145; H. L. Chronis, "The Torn Veil: Cultus and Christology in Mark 15:37-39," *JBL* 101 (1982): 97-114; K. R. Iverson, "A Centurion's 'Confession': A Performance-Critical Analysis of Mark 15:39," *JBL* 130 (2011): 329-50. 비밀 모티프에 관해서는 위 272-76을 보라.

[176] W. Shiner는 백부장이 예수를 "헬레니즘 모델에 의거한 신적 존재 또는 신적 영감을 받은 존재"로 오해한다는 의미에서 그의 말을 "모호한" 발언으로 분류한다. "The Ambiguous Pronouncement of the Centurion and the Shrouding of Meaning in Mark," *JSNT* 78 (2000): 4.

[177] 이 해석은 학계에서 크게 주목을 받고 있는 것으로 보인다. 다음을 보라. D. H. Juel, *A Master of Surprise: Mark Interpreted* (Minneapolis: Fortress, 1994), 74; M. Goodacre, "Scripturalization in Mark's Crucifixion Narrative," in *The Trial and Death of Jesus: Essays on the Passion Narrative in Mark*, ed. G. van Oyen and T. Shepherd (Leuven: Peeters, 2006), 33-47; N. Eubank, "Dying with Power: Mark 15,39 from Ancient to Modern Interpretation," *Biblica* 95 (2014): 247-68. 후자는 다른 복음서와 초기 기독교 본문 및 해석(251-53)에 등장하는 이 본문을 유용하게 분석한다.

그러나 순교 문학이나 전기 문학에서 개종한 판사나 사형 집행인이 신실한 피해자를 옹호하는 내용을 자주 사용한다는 점이 더 긍정적인 해석에 힘을 실어준다.[178] 예를 들어 소크라테스에게 독약을 가져다주자 간수는 "나는 당신이 이곳에 온 모든 사람 중에서 가장 고귀하고 온화하고 용감한 사람이라는 것을 이번에 알게 되었다"고 말하며 눈물을 흘린다(*Phaedo* 116c). 우리는 아무리 강인한 간수라도 위대한 철학자의 존재에 영향을 받지 않을 수 없었다는 점을 분명히 이해할 필요가 있다. 유대 성경에서 느부갓네살 왕은 다니엘과 그의 동료들이 불타는 풀무 불을 견뎌낼 수 있다는 것에 놀라며 그들의 하나님을 축복한다(단 3:95-96 LXX). 마찬가지로 아폴로니우스가 로마에서 도미티아누스와 대결하기 위해 운명적인 마지막 여정을 떠날 때 황제의 신하 중 하나인 아엘리아누스와 친구가 되는데, 그는 아폴로니우스가 "그 무엇도 그를 두렵게 하거나 놀라게 할 수 없는 사람"이라는 것을 깨닫는다(*Vita Apollonii* 7.21). 그리고 사도행전에서 백부장 율리오는 바울과 다른 죄수들을 로마로 이송하는 임무를 맡았음에도 불구하고 바울을 잘 대접하고(행 27:3) 심지어 그의 목숨까지 구해준다(27:43).[179]

---

178 다음을 보라. J. Pobee, "The Cry of the Centurion—A Cry of Defeat," in *The Trial of Jesus*, ed. E. Bammel (London: SCM, 1970), 91-102. 그는 막 15장에서 다수의 순교 문헌 모티프를 발견한다. 또한 그리스-로마 문학과 유사한 점에 관해서는 다음을 보라. Iverson, "Centurion's 'Confession,'" 345; Shiner, "Ambiguous," 11-14.

179 이와 마찬가지로 요세푸스도 앞날을 예언하는 능력이 있는 한 이집트 서기관이 다른 모든 사람들보다 뛰어난 미덕을 가진 아이(모세)의 출생을 예언하는 이야기를 전한다(*Jewish Antiquities* 2.205); L. H. Feldman은 이 서기관이 외부자라는 사실이 그의 예언에 다소 무게감을 부여한다고 말한다. *Josephus' Interpretation of the Bible* (Berkeley: University of California Press, 1998), 377. 요세푸스의 다른 글에서 외부자들은 긍정적인 의미에서 유대인

마가의 이야기에서 백부장은 사형 집행단의 일원으로서 전장, 경기장, 십자가 처형장에서 오래 복무하면서 수많은 죽음을 목격했을 것이다. 빌라도가 나중에 예수가 실제로 죽었다는 사실을 그에게 확인하는 것은 매우 자연스러운 일이다(15:44-45). 그러나 15:39에 나오는 백부장의 선언은 예수가 수치스러운 죽음에도 불구하고 실제로 신적 권능의 소유자라는 사실(심지어 적대적인 로마도 인정한)을 보여준다.[180] 자신들의 눈앞에서 벌어지는 사건의 의미를 파악할 줄 모르는 다른 구경꾼들과 달리(15:35-36) 백부장은 마가의 이야기에서 하나님의 음성이 완전히 사라진 순간에 섬광과 같은 깨달음을 얻고 예수의 하나님 아들 됨을 증언한다. 정관사가 생략된 다소 이례적인 표현인 "휘오스 테우"(huios theou, 문자적으로는 "[어떤] 하나님의 아들")는 이것이 그리스도인의 온전한 신앙고백이 아님을 암시할 수도 있다.[181] 3:11에서 예수를 "하나님의 아들"(ho huios tou theou)로 인식한 더러운 영들처럼 백부장은 자신이 스스로 신자가 되지 않은 상태에서도 이런 선언을 한다. 그러나 마가의 독자들은 1:11의 예수의 신적 입양과 9:2-8의 하늘 영광의 예표를 떠올리며 이 어구를 예수가 진정으로 하나님의 사랑받는

들을 칭찬하는 데 사용된다. 다음을 보라. *Jewish Antiquities* 2.263; 4.117; 8.165, 149; *Against Apion* 114-15 (Feldman, 558-59).

180 역사적으로 빌라도는 주로 유대 지방의 이방인 도시에 파견된 예비군대만을 가지고 있었다(Bond, *Pontius Pilate*, 13-14). 그러나 마가는 이 백부장이 단순히 로마인으로 보이기를 원했을 개연성이 높다. 또한 다음을 보라. Collins, *Mark*, 764(백부장의 역할에 대해).

181 여기서 불완료 시제는 이것을 암시할 수 있다. 다음을 보라. Collins, *Mark*, 767. 반대 견해는 Pobee, "The Cry," 101.

유일한 아들이라는 의미로 온전히 이해할 수 있었을 것이다.[182]

따라서 로마의 사형 집행인은 예수에게서 깊은 영향을 받아 그를 영웅이나 반신반인(demigod, 半神半人)으로 여기지만, 대표적인 이방인 추종자로는 볼 수 없으며, "고난받는 메시아"가 실제로 무엇을 의미하는지를 최초로 완전히 이해한 사람은 더더욱 아니다. 죽음의 순간에 망자의 이름을 언급하는 것은 로마의 일반적인 관습이었으며, 따라서 여기서 백부장은 비문의 형식으로 예수의 진정한 "이름"을 언급한 사람이다.[183] 그러나 청중들이 예수의 죽음에 수반되는 끔찍한 징조들에 대한 설명을 기다리는 동안에도 초점은 계속 예수에게 집중되어 있다(15:33, 38).

아리마대 사람 요셉

날이 저물어 가자 아리마대 사람 요셉은 빌라도에게 시신을 매장할 수 있게 해달라고 요청한다. 요셉은 하나님의 나라를 간절히 기다리는 존경받는 공의회 의원으로 알려져 있다(15:43). 예수에 대한 요셉의 태도는 모호하다. 그의 행동은 그가 예수에게 어느 정도 동정심을 가지고 있다고 생각하게 만든다.[184] 물론 그가 공의회 의원이라는 사실(그가 지금은 *synedrion*의 일원이 아닌 *bouleutēs*로 묘사되고 있지만)은 그를 이전에 예수를 죽이려던 자들과

---

182   여기서 황제 칭호인 *divi filius*(*theou huios*)와의 언어유희를 발견하는 Collins의 견해는 옳을 수도 있다. *Mark*, 767-68. 위 241-45의 논의를 보라.

183   Burridge, *Four Gospels, One Jesus?*, 62.

184   전승에 나타난 요셉의 "기독교화"에 관해서는 다음을 보라. W. J. Lyons, *Joseph of Arimathea: A Study in Reception History* (Oxford: Oxford University Press, 2014).

연관 짓지만 말이다.[185] 요셉의 가장 중요한 관심사는 신앙심인 것 같다. 그는 다가오는 안식일 이전에 시신을 매장하여 땅을 더럽히지 않기를 간절히 바라고 있다(신 21:22-23). 그에게 용기가 필요했던 것은(15:43) 아마도 예수가 반역죄로 처형당했기 때문일 것이다. 장례식은 급박하고 형식적으로 이루어진다. 시신을 씻거나 향료를 뿌리거나 향유를 발랐다는 암시가 전혀 없다. 요셉은 단순히 세마포를 사서 그것으로 시신을 싸서 무덤에 둔다.[186] 앞서 세례자 요한처럼 예수도 매장된다. 요한은 제자들에 의해 매장되는 반면(6:29),[187] 예수는 낯선 사람에 의해 급히 매장된다.

무덤의 여인들

마지막으로 이 복음서는 이름이 거론된 세 여인이 빈 무덤에 있는 모습으로 끝난다.[188] 마가복음에서 이들의 주요 역할은 예수의 죽음, 매장지, 그리

---

185 Marcus가 지적하듯이 만약 요셉이 조력자였다면 우리는 그와 여인들 사이에 어느 정도 협력을 기대할 수 있을 것이다. *Mark 8-16*, 1074.

186 배후에 있는 역사적 사건에 대해서는 다음을 보라. H. K. Bond, *The Historical Jesus: A Guide for the Perplexed* (London: Bloomsbury, 2012), 162-65. 여기서 난해한 연대기(아마도 마가가 특별히 관심을 보이지 않았을 것 같은)에 대해서는 다음을 보라. H. K. Bond, "Dating the Death of Jesus: Memory and the Religious Imagination," *NTS* 59 (2013): 461-75.

187 여기서도 "소마"(*sōma*)와 "티테미"(*tithēmi*)라는 단어가 등장하는데, 이 사실은 청자들이 이 두 사람을 서로 연관 짓도록 유도한다.

188 여기서 여인들에 관해서는 다음을 보라. A. T. Lincoln, "The Promise and the Failure: Mark 16:7, 8," *JBL* 108 (1989): 283-300. Lincoln은 여인들의 실패를 과소평가하지 않으면서도 7절과 여인들(그리고 모든 제자들)이 실패를 극복할 수 있다는 확신을 강조한다. 또한 D. Catchpole, "The Fearful Silence of the Women at the Tomb: A Study of Markan Theology," *Journal of Theology for Southern Africa* 19 (1977): 3-10; L. W. Hurtado, "The Women, the Tomb, and the Climax of Mark," in *A Wandering Galilean: Essays in Honour of Sean Freyne*,

고 마침내 그의 시신이 사라지는 일련의 사건을 **목격**하는 것이다.[189] 그들은 예수에 대해 잘 알고 있었기 때문에(15:40-41) 갈릴리에서 설교했던 바로 그 예수가 십자가에 못 박혀 죽고 매장되었다가 다시 살아났다는 사실을 보증할 수 있는 중요한 위치에 있었다. 그러나 16:6-7에서 천사의 말을 듣고 나면 그들의 변증적 역할은 끝난다. 앞서 남자 제자들처럼 그들은 방금 목격한 엄청난 사건으로 인해 공포에 휩싸여 두려워 떨며 도망친다. 발설하지 말라는 요구(1:45, 5:43, 7:36-37 등)가 특히 많이 나오는 작품에서 이 여인들이 메시지를 선포하지 못한 것은 물론 매우 아이러니한 일이다.[190] 그러나 이것은 어쩌면 마가에게는 큰 관심사가 아니었을 것이다. 그의 전기는 이미 무덤에서 일어난 사건들뿐만 아니라 이 하나님의 아들의 전 생애와 그 의미를 알려주었기 때문이다. 이 작품은 제자들과 베드로(16:7)뿐만 아니라 모든 그리스도를 따르는 사람들에게 "갈릴리"에 기반을 두고 새롭게 시작하는 헌신의 삶을 촉구한다.

따라서 마가복음에 등장하는 소위 비주류 인물들은 다양한 기능을 수행한다. 바디매오와 기름 부은 여인은 인내와 헌신의 필요성을 강조하는 본보기 역할을 한다. 시몬은 군인들의 조롱거리가 되고, 백부장은 사형 집

---

ed. Z. Rodgers, M. Daly-Denton, and A. Fitzpatrick-McKinley (Leiden: Brill, 2009), 427-50; Kelhoffer, "A Tale," 89-95.

189 Edwards는 요셉과 여인들의 장면이 서로 얽혀 있는 것을 또 다른 마가의 삽입—하지만 "덜 중요한"—으로 여긴다. 그에게 있어 중요한 것은 여인들은 사건들을 지켜보지만, 요셉은 행동을 한다는 것이다. "Markan Sandwiches," 213.

190 Malbon, "Fallible Followers," 45.

행인에서 복음 선포자로 변신하는 변증적 역할을 한다. 예수의 시신은 요셉의 신앙심 덕분에 매장될 수 있었고, 세 명의 여인은 남자 제자들처럼 철저하게 예수를 버리기 전에 십자가와 빈 무덤을 이어주는 중요한 연결고리가 된다.

앞에서 분석한 내용을 통해 우리는 "열두 제자"(의 존재와 부재)에 초점을 맞추어 제자도에 대한 논의를 전개하는 것은 잘못된 것임을 알 수 있다.[191] 마가복음을 구성하는 다양한 에피소드가 전개되는 가운데 열두 제자가 성공하기도 하고 실패하기도 하는 것처럼, 다양한 인물들은 각기 제자도의 한 측면(믿음, 끈기, 관대함, 겸손 등)을 보여주기 위해 무대에 오른다. 그러나 마가복음에서 기독교 제자도의 모범을 일관되게 보여주는 인물은 다름 아닌 예수 자신이다. 예수는 가르침을 통해서뿐만 아니라 삶의 방식을 통해 하나님의 뜻을 분명하게 드러낸다.

요약

이 긴 장에서는 "단역"과 반대자에서부터 헤롯 왕, 빌라도, 열두 제자에 이르기까지 다양한 보조 인물들을 조사했다. 세 가지 특징이 눈에 띈다.

첫째, 소수의 제자를 제외하고는 마가가 특별히 관심을 둔 인물은 없으며, 모두가 예수에 대해 어떤 빛을 비추는지에 따라 각자의 역할이 부여

191　따라서 또한 Donahue, "Neglected," 585.

된다는 점이 가장 인상적이다. 어떤 인물은 예수의 사역을 가능케 하고, 어떤 인물은 예수를 반대하는 음모를 꾸미고, 어떤 인물은 하나님 나라의 가치를 모범적으로 보여주고, 어떤 인물은 예수의 성품을 드러낸다(특히 열두 제자의 경우). 앞 장에서 살펴본 것처럼 예수는 스승이자 모범이 되는 방식으로 자신의 가르침을 구현한다.

둘째, 이 장에서는 마가복음의 인물 묘사가 주로 작가의 의도나 심리적 공백 메우기에 의해서가 아니라 에피소드의 배치 및 병치에 의해 결정된다는 사실을 입증하고자 했다. 비교와 대조를 통해 마가의 텍스트는 표면적으로 드러나는 것보다 훨씬 더 많은 의미의 층위를 드러내고, 전개되는 이야기의 복잡성에 대해 청중이 더 깊이 숙고할 수 있도록 유도한다.

셋째, 그리고 마지막으로 몇몇 인물들은 실제 혈육의 사람들, 특히 예수의 가장 가까운 추종자 그룹의 일원으로 부름을 받은 사람들과 연관되어 있다. 비록 이것이 그들의 문학적 성격을 훼손하지는 않지만(그들은 여전히 마가복음의 창작물이다), 적어도 초기 기독교 전통과 가정이라는 더 넓은 배경에서 그들을 생각해보지 않고서는 그들의 행동을 완전히 이해할 수 없다.[192] 그런 의미에서 마가의 작품을 (대부분이 허구인) 소설이나 짧은 이야기가 아닌 **전기**로 분류하는 것은 매우 구체적인 해석학적 적용을 수반한다.

나는 여기에 요약된 해석 전략이 현대 독자들에게 무조건 매력적이지

---

192 어쩌면 열두 제자들에 대한 인식의 변화가 마가복음의 초기 해석자 중 일부가 베드로를 특히 더 부드럽게 묘사하도록 만들었을지도 모른다(마 16:17-20; 눅 22:31-32에서처럼).

만은 않다는 것을 잘 알고 있다. 현대의 독자들은 부족한 부분을 채우거나, 심리적으로 읽거나, 결을 따라가는 데 익숙해져 있다. 우리는 더 이상 "위인들"이 두드러지게 나타나는 것에 익숙하지 않으며, 여성이나 기타 소외된 인물 등 다른 사람들의 숨겨진 이야기를 적극적으로 찾아내려고 한다. 이제 우리 가운데 그 누구도 우리 문학이 도덕적 모범으로 넘쳐나기를 원하지 않는다(빅토리아 시대의 **전기**가 더 이상 유행하지 않는 데는 이유가 있다). 물론 저자의 손을 떠나(고대 세계에서는 오늘날보다 다소 더 어수선한 과정이었을 것이다) 다른 문화적 환경으로 이동하면 그 텍스트는 독자가 원하는 방식으로 읽힐 수 있으며, 우리는 아주 자유롭게 그 의미를 만들어낼 수 있다. 이 장에서 내가 의도한 것은 다른 읽기 방식을 "차단"하려는 것이 아니라 1세기 독자가 마가의 전기를 접했을 개연성이 가장 높은 독법을 제안하려는 것이다.

마가에게는 예수 시대와 부활 이후 시대가 나뉘어 있는데, 부활이 그 둘을 구분하는 역할을 한다. 예수가 죽은 자 가운데서 부활한 후에야 비로소 이야기의 전말이 전해질 수 있으며(9:9), 예수의 가장 가까운 제자들은 기독교 선교사 및 순교자로서의 진정한 잠재력을 실현할 수 있다. 그러나 예수 시대에는 아무도 현실을 제대로 이해하지 못했고, 따라서 예수 자신이 다른 사람들이 따를 수 있는 모범을 직접 보여주어야만 했다. 수난 이야기로 넘어가면서 예수의 성격과 행동은 먼저 다른 사람들의 성격과 행동과 대조되는데, 겟세마네와 재판 과정에서 더더욱 그러했다. 그러나 점점 예수를 따르던 제자들은 모두 떠나고, 예수는 굴욕적이고 고통스러운 죽음을 맞이할 때까지 홀로 남겨진다. 어떤 의미에서 예수는 홀로 십자가에 달려야만 했고, 그의 죽음은 구원의 의미를 지니고 있다. 그러나 예수의 죽음은 부활 이후의 시대에 예수를 따르고 믿음 때문에 핍박을 받아야 하는 다른 사람들에게도 모범이 될 것이다. 마지막 장에서는 바로 이 절정의 사건에 주목할 것이다.

6장

예수의 죽음

인간의 삶의 조건은 주로 그 첫날과 마지막 날에 의해 결정되는데, 그것은 어떤 후원을 받으며 시작되고 어떤 목적으로 종결되는지가 가장 중요하기 때문이다. 그러므로 우리는 빛을 적절하게 받고 조용히 돌려주는 것을 운명으로 타고난 사람만이 운이 좋았다고 판단한다.

―발레리우스 막시무스[1]

2장에서 우리는 고대 세계에서 한 사람이 어떻게 죽는지가 매우 중요했으며, (특히 전기 작가에게) 생명에서 죽음으로 이동하는 순간은 한 사람의 인격을 들여다볼 수 있는 매우 투명한 창이었음을 살펴보았다.[2] 철학자나 선생의 경우에는 더더욱 중요했는데, 그 사람의 최후는 그의 가르침과 일치해야 하며, 죽음은 단순히 그가 살아오면서 지켜온 원칙의 연장이기 때문이다. 좋은 죽음은 그의 가르침이 진실하고 본받을 만한 가치가 있다는 것을 입증했다. 그리고 그가 죽음을 맞이하는 방식, 즉 그의 불굴의 의지와 회복력, 그리고 그로부터 얻은 교훈은 그의 죽음의 원인보다 훨씬 더 중요했다.

---

1 Valerius Maximus, *Memorable Doings and Sayings* ("On Deaths Out of the Ordinary") 9.12 praef. Shackleton Bailey, LCL 493.

2 위 119-36을 보라.

기원전 399년 소크라테스의 죽음은 한 철학자의 죽음에 대한 궁극적인 패러다임이 되었다. 그는 가족과 친구들에게 작별을 고하고, 자신의 몸을 씻고, 마지막까지 철학을 논하는 등 용기 있는 정신으로 최후를 맞이했을 뿐만 아니라, 그의 죽음은 그의 가르침의 진실성과 일관성을 강조한 것이기도 했다. 그는 이미 평생 육신의 욕망과 오락을 멀리했다. 그는 고뇌하지 않고 더 나은 세상에서 영혼이 살아갈 것이라는 확신 속에서 두려움 없이 고귀하게 임종을 맞이했다. 독으로 인한 무감각이 발에서 온몸으로 퍼지면서 그의 삶은 서서히 사라졌고, 영혼이 육체의 감옥에서 풀려나면서 죽음의 순간을 거의 감지하지 못했다. 그는 이미 사실상 자신을 해방시켰기 때문에 폭력 없이 삶에서 풀려났고, 그에게 죽음은 이미 여행한 길을 따라 한 걸음 더 나아가는 것에 불과했기 때문에 마지막에는 그의 영원한 영혼을 구속할 것이 아무것도 없었다. 크리스토퍼 길(Christopher Gill)은 그의 죽음이 주는 고요함과 평온함을 "의식의 고요함, 육체의 감옥에서 영혼이 정화되는 '카르타르모스'(*kartharmos*)"라고 말한다.[3]

그러나 이미 언급했듯이 이것은 떨림, 경련, 구토, 그리고 마침내 장기부전을 포함하는 독미나리 중독의 영향에 대한 신뢰할 만한 묘사가 아니다. "역사적 소크라테스"가 어떻게 죽었든지 간에 그의 죽음은 이와 같지 않았다. 분명히 가장 중요한 것은 실제 사건의 진행 과정이 아니라 **그 이야**

---

3 C. Gill, "The Death of Socrates," *ClQ* 23 (1973): 28. 소크라테스의 죽음은 플라톤의 『파이돈』에 기술되어 있다. 유용한 개론서는 다음을 보라. H. Tarrant, *Plato: The Last Days of Socrates* (London: Penguin, 2003), 99-115.

기를 전달하는 방식, 즉 끔찍한 국가 처형조차도 고귀하고 칭찬받을 만한 것으로 바꾸어놓는 세부사항, 추가 또는 생략이었다. 같은 죽음도 누가 기술하느냐에 따라 매우 다른 방식으로 묘사될 수 있다. 그리고 앞서 살펴본 것처럼 전기 작가가 주인공의 죽음을 묘사할 때 어느 정도의 예술적 자유가 허용된다는 일반적인 기대가 있었다.[4] 특정 철학자들의 죽음에 대해 상당히 다양한 기록이 존재한다는 사실은 그들의 마지막 순간이 종종 논쟁의 대상이 되었으며, 그 인물과 그 메시지에 대한 추종자들이나 반대자들의 평가에 따라 그 내용이 달라졌음을 시사한다. 예를 들어 엠페도클레스가 한밤중에 큰 음성을 듣고 하늘로 들려 올라갔다고 주장하는 사람들은 이 철학자를 추종하던 사람들이었다고 추측할 수 있다. 그가 바다에 빠져 익사했다고 주장하거나 마차에서 떨어져 다리가 부러져 병으로 사망했다고 주장한 사람들은 그에 대해 다소 덜 호의적인 태도를 취했다. 그리고 그가 자신이 신이라는 말을 확인하기 위해 에트나의 불타는 분화구에 몸을 던졌다는 이야기(그의 독특한 청동 슬리퍼가 발견되면서 실패로 돌아간 계략)는 의심할 여지 없이 그에 대해 적대적이며 그를 경멸하는 사람들이 지어낸 이야기다.[5]

---

4 위 134-36을 보라.

5 디오게네스 라에르티오스는 엠페도클레스의 죽음에 대한 이야기를 다수 언급한다(*Lives* 8.67-74). 이와 마찬가지로 필로스트라토스도 아폴로니우스의 최후에 대한 이야기를 다수 기록한다(*Life of Apollonius of Tyana* 8.29-30). 이것은 철학자들에게만 국한된 것은 아니었다. 플루타르코스는 스키피오의 죽음에 대한 다양한 보고를 언급하는데, 어떤 보고는 그가 자연스럽게 죽었다고 하고, 다른 보고는 그가 스스로 독약을 마셨다고 하고, 또 다른 보고는 그의 원수들이 밤중에 그의 집에 침입하여 그를 질식사시켰다고도 한다(*Romulus* 26.4). 아

따라서 마가는 자신의 영웅에게 칭찬할 만한 최후를 선사하는 것, 즉 그에게 이전의 삶의 방식과 가르침을 계속 보여주고 반영하는 최후를 선사하는 것이 매우 중요했다. 하지만 이것이 정확히 어떻게 이루어졌을까? 이 마지막 장에서 나는 예수의 죽음에 대한 마가의 기사를 파헤쳐보고자 한다. 십자가에 못 박힌 사실에서부터 시작하여 마가가 자기 부인과 수치에 대한 예수의 초기 가르침을 강조함으로써 역설적이게도 그의 수치스러운 최후가 어떻게 그의 전기에 가장 적합한 결말이 되었는지를 살펴볼 것이다. 나는 또한 저자가 예수의 죽음을 다른 사람들이 본받을 모델로 제시하면서도 그의 죽음이 구원을 가져다준다는 의미를 어떻게 보존하고 있는지도 살펴볼 것이다. 하지만 이번에도 우리는 마가가 시작했던 곳, 즉 예수의 치욕적인 죽음에 대한 참혹한 실상을 제대로 인식하는 것으로부터 시작한다.

한 노예의 죽음

십자가형은 고대 세계에서 가장 수치스럽고 잔인하며 굴욕적인 형태의 사형 제도였으며, 노예, 강도, 제국의 통치에 반기를 든 자에게만 적용되었다.[6] 이 형벌은 다른 사람들을 제지하고 구경꾼들에게 볼거리와 오락을 제

---

6   리아노스는 또한 알렉산드로스의 죽음에 대한 이야기를 다수 언급한다(*Anabasis* 7.25-27).
    다음을 보라. M. Hengel, *Crucifixion in the Ancient World and the Folly of the Cross* (London: SCM, 1977); D. W. Chapman, *Perceptions of Crucifixion among Jews and Christians in the*

공하기 위해 공개적으로 거행되었다.[7] 이것은 사형 집행자들이 사형수들을 조롱하기 위해 더욱 끔찍한 방법을 고안해내면서 사형 집행자들의 변덕과 가학성이 마음껏 발휘되는 사형의 한 형태였다.[8] 사형수는 발가벗겨진 채 며칠 동안 극심한 고통에 시달리다가 질식과 탈진으로 마침내 자비로운 최후를 맞이할 때까지 굴욕과 수치를 당해야 했다. 십자가는 육체뿐만 아니라 그 사람의 정체성이 완전히 파괴되는 것을 상징했다. 일반적으로 사형수의 시신은 썩거나 짐승에게 잡혀먹히도록 방치되었고, 유해는 매장되지 않은 채로 남겨졌다. 당시 문명인들은 십자가에 대해 언급하는 것을 꺼렸고, 로마의 작가들 중에서도 십자가에 대해 자세히 다룬 사람은 거의 없었다.[9] 키케로는 십자가형을 "노예제도의 가장 큰 형벌"이라고 묘사했고 (*Against Verres* 2.5), 요세푸스는 십자가형을 "가장 불쌍한 죽음"이라고 표현

Ancient World (Tübingen: Mohr Siebeck, 2008); J. G. Cook, *Crucifixion in the Mediterranean World* (Tübingen: Mohr Siebeck, 2014).

7 조롱과 구경거리(그리고 공개 처형이 어떤 이유에서 군중들에게 설득력이 있었는지에 대한 사회학적 질문)에 대해서는 다음을 보라. K. M. Coleman, "Fatale Charades: Roman Executions Staged as Mythological Enactments," *JRS* 80 (1990): 44-73.

8 십자가와 조롱의 연관성에 대해서는 다음을 보라. Josephus, *Jewish War* 5.51; Seneca, *Dialogue 6: On the Consolation to Marcia* 20.3; Philo, *On Flaccus* 73-85; Suetonius, *Galba* 9.1. 더 구체적으로 패러디에 대해서는 다음을 보라. J. Marcus, "Crucifixion as Parodic Exaltation," *JBL* 125 (2006): 73-78. 십자가형과 "으스스한 농담"(gallows humor)에 관해서는 나의 소논문을 보라. "'You'll Probably Get Away with Crucifixion': Laughing at the Cross in the *Life of Brian* and the Ancient World," in *Jesus and Brian*, ed. J. E. Taylor (London: T&T Clark/Bloomsbury, 2015), 113-26.

9 따라서 Cicero, *For Rabirius* 16; 더 일반적으로는 다음을 보라. Hengel, *Crucifixion*, 37-38. 유대인들에 따르면 사형수는 그 땅에 저주를 가져왔다. 다음을 보라. P. W. Martens, "'Anyone Hung on a Tree Is under God's Curse' (Deuteronomy 21:23): Jesus's Crucifixion and Interreligious Exegetical Debate in Late Antiquity," *Ex Auditu* 26 (2010): 69-90.

했다(*Jewish War* 7.203).

예수의 십자가 처형은 마가에게 계승된 전승의 일부로 전해져 내려왔을 것이며, 아마도 너무 잘 알려져서 생략하거나 가볍게 지나치기 어려웠을 것이다. 어쨌든 바울 서신에서 알 수 있듯이 십자가의 구원 효과는 기독교 가르침의 중요한 부분이었다.[10] 주로 말씀의 연속인 Q와 같은 작품에는 예수의 죽음에 대한 일관된 설명이 필요하지 않았을 수도 있다(비록 여기에도 분명히 암시되어 있지만. 눅/Q 11:49-51).[11] 그러나 예수의 전기라면 이 문제를 명시적으로 다룰 수밖에 없다. 하지만 이것을 어떻게 다루어야 할까?

나는 이미 마가복음 이전의 수난 이야기에 대해 회의적인 견해를 밝힌 바 있다. 학계에서 이 주장이 끈질기게 제기되고 있음에도 불구하고 그것에 대한 증거는 거의 없으며, 마가가 그러한 가상의 일부 자료에 의존했다는 데 반하는 증거가 많아 보인다.[12] 물론 그렇다고 해서 마가가 예수의 죽음과 관련된 자료나 전승을 전혀 가지고 있지 않았다는 것은 아니다. 바울은 이미 50년대에 유월절 어린양(고전 5:7), 주의 종(빌 2:5-11), 희생양, 그리고 심지어 신명기 21:23의 저주(갈 3:13)와 둘러싼 다양한 개념을 활용했다.[13] 이 모든 것은 예수의 폭력적인 죽음을 받아들이고 이스라엘의 역사에

---

10   바울 서신의 십자가에 대해서는 다음을 보라. J. D. G. Dunn, *The Theology of Paul the Apostle* (London: T&T Clark/Continuum, 1998), 207-33.

11   Q에 기록된 예수의 죽음에 관해서는 다음을 보라. A. Kirk, "The Memory of Violence and the Death of Jesus in Q," in *Memory, Tradition, and Text: Uses of the Past in Early Christianity*, ed. A. Kirk and T. Thatcher (Atlanta: SBL Press, 2005), 191-206.

12   위 209-12을 보라.

13   더 상세한 논의는 다음을 보라. M. Hengel, *The Atonement: A Study of the Origins of the*

비추어 이해하며 이를 중심으로 독특한 기독교 이야기를 구성하기 위한 시도였다. 성찬식을 행하는 것은 마가의 그리스도인 모임 안에서 이러한 이해 중 하나 또는 그 이상이 반복적으로 표현되는 것을 보장했을 것이다. 이러한 해석 중 일부는 이미 기본적인 이야기의 틀을 가지고 유포되기 시작했을 수도 있다. 유대인 순교자들의 이야기들과 로마의 최후(*exitus*) 문학은 그러한 짧은 이야기의 모델이 될 수 있었을 것이다.

지금부터 나는 마가가 자신의 이야기에 필요한 다양한 전승과 일화를 가지고 있었지만, 때로는 상당히 많은 부분을 그가 직접 자료를 선택하고 각색했다고 가정할 것이다. 나는 예수의 죽음에 대한 마가의 이야기가 예수 전승을 매우 구체적으로 수용한 것으로서 예수에 대한 각기 다른 자료와 집단적 기억을 활용하여 특정 문학 장르의 기대에 맞게 변형한 것으로 본다. 전기, 특히 존경받는 스승의 전기에 적합하도록 자료를 각색하는 작업은 결코 기계적인 작업이 아니었다. 저자는 전승, 일화, 말씀의 가치를 따져보고 선별하여 적절히 배치해야 했으며, 여러 섹션을 연결해야 했고, 최종 결과물은 만족스러운 효과를 내면서도 예상 독자의 현재적 요구에 부응

Doctrine in the New Testament (London: SCM, 1981), 64, 71-73; D. R. Schwartz, "Two Pauline Allusions to the Redemptive Mechanism of the Crucifixion," *JBL* 102 (1983): 259-68(예수에게 적용된 희생양에 대한 논의가 포함되어 있음); S. McKnight, "Jesus and His Death: Some Recent Scholarship," *CR:BS* 9 (2001): 185-228; J. D. G. Dunn, "When Did the Understanding of Jesus's Death as Atoning Sacrifice First Emerge?," in *Israel's God and Rebecca's Children: Christology and Community in Early Judaism and Christianity*, ed. D. Capes, A. D. DeConick, H. K. Bond, and T. Miller (Waco: Baylor University Press, 2007), 169-81; A. J. Dewey, "The Locus for Death: Social Memory and the Passion Narratives," in Kirk and Thatcher, *Memory, Tradition, and Text*, 119-28.

할 수 있어야 했다.

우리가 마가의 십자가 이야기에 익숙하다고 해서 저자에게도 다른 많은 선택권이 있었다는 사실을 간과해서는 안 된다. 십자가 자체는 이미 알려진 사실이지만, 거의 모든 세부 내용을 다르게 기록할 수도 있었을 것이다. 예를 들어 마가는 예수의 죽음을 상당히 간략하게 기록할 수도 있었지만, 예수의 마지막 몇 순간을 오히려 길게 묘사했고 고대로부터 전해져온 십자가에 관한 기록 가운데 가장 긴 내용을 우리에게 남겼다.[14] 물론 어느 정도 기술이 필요했을 테지만, (독미나리 중독처럼) 십자가 처형도 생략될 수 있었다. 예수는 자신의 행동을 칭찬하는 하나님의 음성과 함께 마지막 순간 내내 용기와 평온함을 유지하면서 숨을 거둘 수 있었을 것이다. 좀 더 구체적으로 말하자면 예수는 숭고한 정신과 (스토아학파처럼) 죽음에 무관심한 반응을 보이며 (누가가 나중에 그의 자료를 각색한 것처럼) 죄 없는 순교자로 묘사되었을 수도 있다.[15] 그러나 비록 마가가 "숭고한" 요소(우리가 나중에 다룰)를 몇 가지 더 포함하고 있지만, 이것이 이야기의 지배적인 어조는 아니

---

14 따라서 또한 M. Goodacre, "Scripturalization in Mark's Crucifixion Narrative," in *The Trial and Death of Jesus: Essays on the Passion Narrative in Mark*, ed. G. van Oyen and T. Shepherd (Leuven: Peeters, 2006), 34. 마가의 수난 이야기의 길이에 관해서는 위 77-78을 보라.

15 누가복음에 기록된 예수의 죽음에 관해서는 다음을 보라. J. S. Kloppenborg, "'Excitus clari viri': The Death of Jesus in Luke," *TJT* 8 (1992): 106-20; G. Sterling, "Mors philosophi: The Death of Jesus in Luke," *HTR* 94 (2001): 383-402; P. Scaer, *The Lukan Passion and the Praiseworthy Death* (Sheffield: Sheffield Phoenix, 2005); K. Iverson, "The Present Tense of Performance: The Immediacy and Transformative Power in Luke's Passion," in *From Text to Performance: Narrative and Performance Criticisms in Dialogue and Debate*, ed. K. R. Iverson (Eugene, OR: Cascade, 2014), 131-57.

다. 우리는 마가의 이야기, 특히 십자가 처형 장면에서 예수의 죽음이 "선한 죽음"과는 정반대라는 인상을 결코 지울 수가 없다. 예수는 가장 기본적인 의식조차 치러줄 사람도 없이 혼자서 고통스럽게 죽음을 맞이한다. 아델라 콜린스의 말처럼 마가복음에서 예수의 죽음은 "고통스럽고, 인간적이며, 현실적"이다.[16]

우리는 마가의 십자가 처형 이야기를 더 전통적인 "숭고한" 범주에 빗대어 설명하기보다는 마가가 실제로 그의 자료를 다루는 방식을 살펴보는 것이 더 나을 것이다. 한 가지 눈에 띄는 특징은 긴 분량에도 불구하고 예수의 육체적 고통에 대한 서술이 의외로 적다는 점이다. 예수는 유대 공의회의 경비병들에게 매를 맞고(14:65) 로마 병사들에게 채찍질을 당하고(15:15) 십자가에 못 박히지만(15:24, 그리고 15:25에서 다시 언급), 마가는 이 부분을 길게 다루지 않는다. 유대인 순교자나 그리스인 아낙사르코스의 이야기에서 볼 수 있는 고문 또는 인내심을 찬양하는 것에 대해서도 전혀 관심이 없다. 그러나 마가가 강조하는 것은 오히려 사형수의 수동성, 조롱, 시신 유기 등 일반적으로 십자가 처형과 연관된 부정적인 측면이다. 이런 요소들은 각기 더 상세하게 살펴볼 가치가 있다.

마가복음의 예수는 이야기가 전개됨에 따라 점차 수동적으로 변한다. 한때 반대자들을 쉽게 물리치던 권위 있고 전투적이던 예수는 이제 이야기 속에서 점차 침묵한다. 그는 대제사장 앞에서 담대하게 말하면서도(14:62)

---

16   A. Y. Collins, "Mark's Interpretation of the Death of Jesus," *JBL* 128 (2009): 553-54.

빌라도 앞에서는 단 두 마디만 발설하고(15:2), 그 이후로는 십자가 위에서 고통스러운 절규를 토로하기까지 아무 말도 하지 않는다.[17] 또한 모든 것을 알고 있는 화자조차도 예수의 생각이나 감정에 대해 더 이상의 통찰을 제공하지 않는다.[18] 다른 사람들은 그를 체포하고(14:43-50) 때리고(14:65) 결

---

17 로마의 재판 장면은 마가의 청중들에게 다소 점강적인 인상을 주었을지도 모른다. 그들은 아마도 예수가 자신의 경건과 죽음 각오를 설토하며(소크라테스, 유대인 순교자 엘레아자르 그리고 수많은 다른 이들처럼) 로마 총독 앞에서 긴 연설을 할 것을 기대했을 수도 있다. 따라서 J. Taylor, "The Role of Rhetorical Elaboration in the Formation of Mark's Passion Narrative (Mark 14:43-16:8): An Enquiry," in *Greco-Roman Culture and the New Testament*, ed. D. E. Aune and F. E. Brent (Leiden: Brill, 2012), 16. 그 대신에 예수는 왕권에 관한 질문에만 답하고(그것도 다소 회피하는 방식으로), 대제사장들이 제기한 많은 혐의에 대해서는 침묵을 지킨다(15:3-5). 우리는 이것을 여러 가지 방법으로 설명할 수 있다. J. H. Neyrey가 제안하듯이 아마도 우리는 여기서 예수의 침묵을 명예와 수치의 맥락에서 읽어야 할 것이다. 그러면 예수의 태도는 빌라도와 대제사장들에 대한 경멸의 표시, 즉 "무시의 침묵"이 된다. "Questions, Chreiai, and Challenges to Honor: The Interface of Rhetoric and Culture in Mark's Gospel," *CBQ* 60 (1998): 657-81. Neyrey가 지적하듯이 명예/수치에 호소하는 해석이 예수의 침묵을 사 53:7의 고난받는 종에 대한 암시로 보는 일반적인 견해보다 더 타당해 보인다. 혹은 W. S. Campbell과 함께 우리는 여기서 예수의 침묵을 "합법적인 방어 전술"로 볼 수도 있다. "Engagement, Disengagement and Obstruction: Jesus's Defense Strategies in Mark's Trial and Execution Scenes (14.53-64; 15.1-39)," *JSNT* 26 (2004): 283-300. Campbell은 도미티아누스 앞에서 행한 아폴로니우스의 간결한 발언(*Life of Apollonius of Tyana* 8.2)과 예수 벤 아나니아스에 대한 재판(*Jewish War* 6.300-305)을 인용한다. 그러나 필로스트라토스는 아폴로니우스의 긴 변론을 그의 전기에 포함시킬 필요성을 느꼈고(비록 그것이 필요하지 않았지만!), 예수 벤 아나니아스가 변론을 하지 않은 것은 그가 미치광이라는 신호로 받아들여졌다. 하지만 나에게는 그 어느 것도 일종의 "전술"이 아닌 것 같다. 혹 우리는 긴 연설은 마가복음의 예수의 특징이 아니라는 점을 지적할 수 있다. 13장을 제외하면 그는 여러 문장을 길게 나열한 적이 거의 없다. 그러나 전반적으로 빌라도 앞에서 예수가 침묵한 것은 대체로 그가 이야기 안에서 점점 수동적이 되고 고립되고 있기 때문이라고 나는 생각한다.

18 다음을 보라. R. C. Tannehill, "The Gospel of Mark as Narrative Christology," *Semeia* 16 (1979): 80-81. 비록 매우 다른 이유에서이긴 하지만, 죽음이 다가올수록 소크라테스도 점점 더 거리감이 느껴지는 듯 보인다. 플라톤의 스타일은 점점 더 정제되어 영웅의 몸 안으로 한기가 스며들어 가면서 더 이상 기분과 감정을 자세히 묘사하지 않는다. 다음을 보라. G.

박하고(15:1) 채찍질하고(15:15) 옷을 갈아 입히고(15:16-20) 마침내 십자가에 못 박는 등(15:24) 예수의 몸에 자신들의 권력을 행사한다. 예수가 이 권위자 저 권위자에게 넘겨지는 과정에서 사용된 "파라디도미"(*paradidōmi*)라는 동사는 주체성이 결여된 그의 모습을 강조한다(9:31; 10:33; 14:10-11, 18, 21, 41-42; 15:1, 10, 15). 예수는 노예처럼 권한을 박탈당하고, 굴욕을 당하며, 수치를 당하고, 폭력을 당한다. 그의 남자답고 명예로운 모습은 이제 그 어디에서도 찾아볼 수 없다.[19]

아마도 여기서 더 눈에 띄는 점은 조롱하는 모습일 것이다. 그것은 이미 빌라도의 법정에서 시작된다. 총독은 "네가 유대인의 왕이냐?"라고 묻는데(15:2), 심지어 반란군 바라바를 선호한다고 분명히 밝힌 군중을 향해서도 이 표현이 반복적으로 사용되는 것은 조롱으로밖에 읽힐 수 없다.[20] 예수가 로마 병사들의 손에 넘겨지자 조롱은 더욱더 거세진다. 이제 그는

W. Most, "A Cock for Asclepius," *ClQ* 43 (1993): 97. S. S. Elliott도 이와 비슷하게 "자신을 창조한 이야기의 플롯에 함몰된" 주인공을 묘사하는 『아이소포스의 생애』와 유사한 점을 지적한다(비록 아이소포스의 죽음은 예수의 전기보다 그의 전기에서 훨씬 덜 중심적이지만). "'Witless in Your Own Cause': Divine Plots and Fractured Characters in the Life of Aesop and the Gospel of Mark," *Religion and Theology* 12 (2005): 407.

19 고대 세계에서 남자다움에 대해서는 다음을 보라. B. E. Wilson, *Unmanly Men: Refigurations of Masculinity in Luke-Acts* (Oxford: Oxford University Press, 2015), 39-75, 그리고 190-242(예수의 십자가형에 대해). Wilson은 누가의 버전을 논의하지만, 그녀의 논평은 심지어 마가복음에 더 적절하다. 또한 다음을 보라. T.-S. B. Liew, "Re-Mark-able Masculinities: Jesus, the Son of Man, and the (Sad) Sum of Manhood," in *New Testament Masculinities*, ed. S. D. Moore and J. C. Anderson (Atlanta: SBL Press, 2003), 93-135.

20 나의 저서를 보라. *Pontius Pilate in History and Interpretation* (Cambridge: Cambridge University Press, 1998), 99-119.

황제의 자색 옷을 입고 머리에 왕관을 쓰고, 병사들은 그에게 경례하며 때리고 침을 뱉고, 그의 앞에 무릎을 꿇으며 조롱의 경의를 표한다(15:16-20). 분명히 그들은 이런 사람이 "유대인의 왕"이 될 수 있다는 것이 완전히 우스꽝스럽다고 생각한다. 그들이 총독 공관에서 나오자 병사들은 구레네 시몬에게 예수의 십자가를 지고 가라고 명령한다. 이것은 종종 군인들의 선의의 제스처로 여겨지지만, 그런 주장에 대한 텍스트상의 증거는 없다. 이것을 시몬에게 강요하는 자들은 방금 예수에게 조롱과 학대를 가한 바로 그 자들이다. 그러므로 여기서 그들의 행동은 조롱의 연속으로 이해하는 것이 좋다. 시몬은 갈보리로 향하는 암울한 행렬에서 예수의 자리를 대신하여 권표(*fasces*)를 가지고 집정관을 동행하는 릭토르(*lictor*)처럼 사형수의 대들보를 지고 가야 했다.[21] 로마의 사형 집행관들은 몰약을 섞은 포도주를 진통제가 아닌 고문 수단으로 제공하는 등 잔인함을 멈추지 않았다.[22] 그리고 그들은 죽어가는 그의 육신 위에 최후의 모욕으로 "유대인의 왕"이라는 경멸적인 칭호를 붙인다. 십자가에 달린 상태에서도 조롱은 계속되고, 이제는 행인, 대제사장, 서기관, 심지어 그와 함께 십자가에 못 박힌 자들까지

---

21 위 389-91을 보라.

22 이것은 *b. Sanhedrin* 43a에 기초하여 일반적으로 진통제로 이해된다(비록 문제의 본문은 몰약이 아니라 유향을 언급하고 있지만). 그러나 다시 한번 본문에는 군인들이 예수에게 어떠한 종류의 자비라도 베풀고 싶어 한다는 암시가 전혀 없다. 고문의 형태로 사용된 몰약이 섞인 포도주에 대해서는 다음을 보라. E. Koskenniemi, K. Nisula, and J. Toppari, "Wine Mixed with Myrrh (Mark 15:23) and *Crurifragium* (John 19:31-32): Two Details of the Passion Narratives," *JSNT* 27 (2005): 379-91. 물론 예수는 이 포도를 마시는 것을 거부한다(15:23).

그를 비웃고 조롱한다(15:29-32).

마지막으로 예수를 버리는 장면이 크게 두드러진다. 불과 며칠 전까지만 해도 예루살렘에 입성할 때 열광적인 군중을 끌어모았던 스승(11:9-10)은 이제 "열두 제자 중 하나"인 유다(14:10-11)에 이어 나머지 제자들(14:50), 벌거벗은 청년(14:51),[23] 베드로(14:66-72), 군중(15:6-15)에게 모두 버림을 받는다. 마가복음의 예수는 십자가 위에서 버림과 비하의 커다란 고통을 견뎌내는데, 이는 70인역 시편 21편의 말씀을 통해 잘 표현된다. 십자가 처형 장면에서 중요한 역할을 하는 이 시편은 예수의 죽음을 반영하는 초기 단계로 거슬러 올라갈 수도 있지만,[24] 마가복음의 현 문맥 안에서는 완전히 황폐해버린 우리 영웅의 모습을 표현한다.[25] 이것은 예수의 마지막 외침에서 가장 강력하게 드러난다. "나의 하나님, 나의 하나님, 어찌하여 나를 버리셨나이까?"(15:34) 지금까지 이 구절에 대한 많은 글이 쏟아졌는데, 상당수의 학자들은 마가가 독자들이 낙관적으로 끝나는 시편의 결

---

23 모든 상황을 침착하게 받아들이는 예수의 모습과 대조를 이루는 벌거벗은 청년의 도망치는 장면은 다음을 보라. H. Fleddermann, "The Flight of a Naked Young Man (Mark 14:51-52)," *CBQ* 41 (1979): 412-18.

24 70인역 시 21편에 대한 암시는 15:24(시 22:18), 15:29(시 22:7), 그리고 가장 중요하게는 15:34의 예수의 외침(시 22:1)에서 찾아볼 수 있다. 더 자세한 내용은 다음을 보라. S. P. Ahearne-Kroll, *The Psalms of Lament in Mark's Passion: Jesus's Davidic Suffering* (Cambridge: Cambridge University Press, 2007).

25 유용한 논의는 다음을 보라 R. E. Brown, *The Death of the Messiah: From Gethsemane to the Grave; A Commentary on the Passion Narratives in the Four Gospels* (New York: Doubleday, 1994), 1455-65; K. S. O'Brien, *Use of Scripture in the Markan Passion Narrative* (London: T&T Clark/Continuum, 2010), esp. 147-54.

말에 비추어 이 외침을 이해하도록 의도했다고 주장한다. 그러나 마가복음 본문에는 그러한 견해를 뒷받침할 만한 내용이 전혀 없으며, 마가는 유대-그리스도인 청중조차도 그런 연관성을 제기할 만큼 이 시편에 익숙했으리라고 확신할 수 없었을 것이다. 실제로 스티븐 아헌-크롤(Stephen Aherne-Kroll)은 최근에 시편 22편(적어도 그리스어 버전인 70인역 시 21편)의 결말은 새로운 감사의 상황이 아니라 계속해서 하나님께 개입해 달라고 간청하는 것이라고 주장했다.[26] 결국 여기서는 마가의 텍스트를 액면 그대로 받아들이는 편이 더 낫다. 마가복음의 예수는 이전의 추종자들뿐만 아니라 하나님 자신에게까지 버림을 받고 완전히 황량한 상태에서 죽음을 맞이한다.[27]

전기적 전통 안에서 유언은 특히 중요했다.[28] 소크라테스가 아스클레피오스에게 수탉을 바치라고 명령한 것은 (그의 무신론적인 신념에도 불구하고) 그의 신앙을 표현한 것이며, 이제는 그가 육체적 존재로부터 "치유"되었다는 아이러니한 농담이었을 것이다. 루키아노스의 데모낙스는 지혜롭고 유머러스한 말을 입에 달고 죽었고, 수에토니우스는 항상 황제들에게 적절한 유언을 기록하는 데 심혈을 기울였다. 암살자의 칼에 찔린 폼페이

---

26 S. P. Ahearne-Kroll, "Challenging the Divine: LXX Psalm 21 in the Passion Narrative of the Gospel of Mark," in van Oyen and Shepherd, *Trial and Death of Jesus*, 119-48.

27 따라서 또한 M. D. Hooker, *Not Ashamed of the Gospel: New Testament Interpretations of the Death of Christ* (Grand Rapids: Eerdmans, 1994), 64. 특히 죽음을 맞이하는 마가복음의 예수라는 인물에 대해서는 다음을 보라. D. Rhoads, J. Dewey, and D. Michie, *Mark as Story: An Introduction to the Narrative of a Gospel*, 3rd ed. (Minneapolis: Fortress, 2012), 111-15.

28 다음의 탁월한 소논문을 보라. J. M. Smith, "Famous (or Not So Famous) Last Words" (2016년 애틀랜타에서 열린 SBL 연례 모임의 마가의 문학적 자료 섹션에서 발표함).

우스와 율리우스 카이사르처럼 남자다운 침묵도 칭찬받을만하다(Plutarch, *Pompey* 79.1-4; Suetonius, *The Divine Julius* 82.2). 이 모든 것과는 대조적으로 예수의 절망의 외침은 그가 로마의 십자가에서 노예처럼 처형당한 것과 완전히 일치하는 나쁜 죽음, 처절하고 비참한 최후를 의미한다.

이 생생한 장면에서 마가는 선하고 고귀한 죽음에 대한 통념을 완전히 뒤집어 놓았다. 그는 예수의 수동성, 그가 견뎌낸 조롱, 버림과 비하를 강조하기 위해 최선을 다했다. 마가가 묘사한 것처럼 예수의 장례도 낯선 사람의 손에 의해 이루어질 것이며, 부끄러운 장례는 아니더라도 가장 기본적인 것만 갖춘 형식적인 장례가 될 것이다(15:42-46). 마가가 여기서 전하고자 하는 바를 온전히 이해하기 위해서는 전기의 앞부분, 즉 첫 장들과 8:22-10:52의 주요 가르침으로 잠시 되돌아갈 필요가 있다.

결말 설정하기

3장에서 살펴본 바와 같이 마가는 유대인과 이방인 모두에게 매력적으로 다가갈 수 있는 예수의 초상을 그리며 전기를 시작한다. 예수는 하나님의 아들로 입양되고(1:9-11), 곧바로 자신이 강력한 존재임을 드러낸다. 그는 공적인 영역에서 친근감을 드러내면서 남자 동료들과 함께 갈릴리 전역을 활기차게 여행하며 가는 곳마다 적들을 제압한다. 그는 가는 곳마다 많은 군중을 끌어모으고 그가 하는 모든 일을 통해 놀라움을 선사하며(1:27-8; 2:12; 5:42 등) 수천 명에게 음식을 제공하고(6:30-44; 8:1-10) 자연의 힘을 통제하며(4:35-41; 6:45-52) 심지어 죽은 자를 살리는(5:21-24) 능력 있는 치유자다. 높은 명예를 얻을 만한 탁월한 인물임에도 불구하고 그는 작위와 대중의 존경을 거부하고 겸손하게 자신을 "인자"라고만 언급한다. 우리는 이 첫 장들에서 도움을 청하는 자들에게 은혜를 베풀고 엘리트 남자들이 소중히 여기는 많은 자질을 보여주면서 권위와 자제력을 겸비한 예수를 만나게 된다.

비록 사람들이 그를 "선생"이라고 부르지만, 그의 주된 가르침은 전기의 중심 부분인 8:22-10:52에 집중되어 있다. 여기서 마가복음의 예수는 명예에 대한 모든 세속적인 개념을 뒤집고, 그 당시 사회에서 일반적으로 부끄러운 것으로 간주하는 것에 지극히 반문화적인 대안을 제시한다. 제자들은 자신을 부인하고, 서로의 노예나 종처럼 행동하며, 지위나 명성에 전혀 신경 쓰지 말 것을 요구받는다. 제자들은 재물(10:17-22)뿐만 아니라 집과 가족(10:23-30), 심지어는 목숨(8:34-38)까지도 모두 포기할 것을 요청받는다. 예수를 중심으로 모인 공동체에서 진정한 명예와 위대함은 다른 사람에게 존경을 구하는 것이 아니라 수치스러운 섬김, 고난, 치욕에 기초한 명예를 새롭게 이해하고 받아들이는 데 있다. 그러나 중요한 것은 이러한 가르침이 다른 사람들에게만 적용되는 것이 아니라 결정적으로 예수의 삶의 방식과 궁극적으로 그의 죽음의 기초가 된다는 사실이다(10:42-45에서 분명히 밝히듯이).[29]

---

[29]   이 중간 부분에 대해서는 특히 다음을 보라. A. D. Kaminouchi, *"But It Is Not So among You"*:

마가복음이 수난 이야기로 접어들면서 예수에게는 자기 죽음에 대한 선택권이 있음이 분명해진다. 저자는 상황이 어떻게 끝날지 알면서도 하나님의 뜻에 순종하여 예루살렘으로 향하는 예수의 용기와 불굴의 의지를 강조한다(8:31-32; 9:30-32; 10:32-34). 예수는 친구들과 조용히 마지막 저녁 시간을 보내며 앞으로 일어날 일에 대해 차분하게 이야기하면서 제자들이 자기를 버릴 것을 예언한다(14:17-25). 겟세마네 장면도 같은 방향을 가리킨다. 켈수스 이래로 주석가들은 이 장면에서 예수의 격한 감정을 강조하는 경향이 있지만(마가는 "에크탐베오"[*ekthambeō*], "아데모네오"[*adēmoneō*] 동사와 시 42-43장의 언어를 사용함), 오리게네스가 지적한 것처럼 이 장면의 중요성은 확실히 예수가 마지막으로 아버지께 "나의 원대로 마시옵고 아버지의 원대로 하옵소서"(14:36)라고 한 말씀에서 찾을 수 있다.[30] 마가복음의 예수는 자신이 하고 있는 일이 무엇인지 모두 알고 있는 상태에서 자신의 잔인한 죽음을 그대로 받아들인다. "때"가 이르자(14:41) 예수는 만반의 준비가 되어 있었고, 조용히 위엄 있는 모습으로 자기를 체포하러 온 무리

Echoes of Power in Mark 10.32-45 (London: T&T Clark, 2003), and D. F. Watson, *Honor among Christians: The Cultural Key to the Messianic Secret* (Minneapolis: Fortress, 2010). 위 278-86을 보라.

30 Origen, *Against Celsus* 2.24. M. D. Hooker는 예수의 추종자들이 이러한 장면을 지어냈을 개연성은 낮고, 그 동기는 더 차분하고 평온한 이야기를 드러내는 데 있었을 것이라고 주장한다. *A Commentary on the Gospel according to St Mark* (London: A&C Black, 1995), 346. 내가 보기에는 최초의 그리스도인들이 무엇이 유용하다고 생각했는지 파악하는 것은 어렵고, 제자들이 자고 있었다는 마가의 말은 이 시점에서 그의 이야기의 역사적 정확성에 대해 많은 믿음을 불러일으키지는 않는다! 여기서 우리가 채택한 것과 비슷한 해석은 다음을 보라. A. Y. Collins, "From Noble Death to Crucified Messiah," *NTS* 40 (1994): 481-503.

를 맞이한다(14:43-50).[31] 이러한 예지력과 결단력은 전기적 전통에서 다수
의 유사한 사례를 찾아볼 수 있다. 예를 들어 아폴로니우스도 자신의 종말
이 언제인지 알고 있었고, 데모낙스도 그 시기를 앞당기기 위해 특정 조치
를 취했다.[32] 필론의 모세 역시 자신의 죽음뿐만 아니라 그 이후의 승천에
대해서도 분명하게 예언했다(Life of Moses 2.288-91). 그렇다면 이 "선한" 철
학자 또한 자신의 종말이 언제인지 알고 있으며 그것을 기피하지 않고 받
아들였음이 분명하다.

마가는 예수가 죽임을 당할 만한 일을 하지 않았다는 점을 분명하게
밝힌다. 그는 "시기심"(phthonos) 때문에 영웅에 대항하는 불의한 통치자의
모티프를 활용한다. 이 전통은 국가가 경건한 사람에게 부당하게 행동한
소크라테스의 사례에서도 예시되었지만(Apology 28a), 다른 수많은 전기 및
순교자 문헌에서도 발견된다(우리가 "헤롯 왕"과 세례자 요한과 관련하여 4장에
서 살펴본 바와 같이). 율리우스 카이사르는 동료 시민들의 질투심을 불러일
으켰고(Plutarch, Caesar 69), 코르넬리우스 네포스의 많은 장군들은 시기하는
동포들 때문에 죽음을 맞이했다.[33] 물론 "시기심"은 영리한 표현이다. 이 용
어는 그 어떤 비난도 근거가 없다는 것을 암시할 뿐만 아니라 시기를 받는

---

31 지정된 "때" 또는 신적 표시의 개념에 대해서는 다음을 보라. Droge and Tabor, *A Noble Death*, 31-35, 37, 41-42.

32 Philostratus, *Life of Apollonius of Tyana* 8.28; Lucian, *Demonax* 65.

33 이 모티프는 코르넬리우스 네포스의 전기에 널리 퍼져 있다. 예컨대 다음을 보라. *Thermistocles* 2.8; *Chabrias* 3; *Datames* 5; *Timoleon* 20.1; *Hannibal* 23.3. 클레멘스1서의 저자 는 베드로와 바울의 죽음을 시기심의 탓으로 돌린다(5.2.5). 물론 이것도 예수의 죽음에서 영감을 받았을 것이지만 말이다.

사람의 지위를 높여주는 역할을 하기도 한다.[34] 마가는 예수가 **결백하다**고 말하지 않는다.[35] 그의 혐의는 모두 참되다. 예수는 **찬송을 받을 이의 아들 그리스도이며**(14:61) 어떤 의미에서는 **왕이다**(15:2, 26). 문제는 반대자들이 그것을 보지 못한다는 것이다.

그렇다면 마가에 의하면 예수가 죽임을 당할 만한 일을 하지 않았음에도 아버지의 뜻에 순종하기로 한 그의 선택은 "모든 사람의 종"이 된다는 것이 무엇을 의미하는지를 궁극적으로 표현한 것이다. 데이비드 로즈(David Rhoads), 조애너 듀이(Joanna Dewey), 도널드 미키(Donald Michie)가 지적했듯이 예수의 "십자가 처형은 섬김의 삶과 자신을 구원하기 위해 다른 사람을 억압하는 것을 거부한 삶의 궁극적인 결과다. 그리고 (오해와 억울한 누명과 버림받음의 결과로 주어진) 이 비극적인 처형에서 예수는 그 누구보다도 가장 하찮은 존재다."[36]

마가는 바로 이 목적을 염두에 두고 신중하게 통합한 중심 장들을 구성한 것이 분명하다.[37] 그의 탁월한 구성은 예수의 가르침과 그의 죽음 사이에 어떠한 불일치도 없으며, 예수는 끝까지 자신의 가르침에 충실했다는 것을 보여준다. 그리고 마찬가지로 중요한 것은 그가 다른 사람들에게 요구한 것

---

34 비록 "시기심"이라는 용어가 15:10까지 등장하지 않지만, 그것이 처음부터 예수의 예루살렘 대적자들의 마음을 사로잡고 있었다는 점은 분명하다(참조. 11:18; 14:1-12).

35 누가에게는 예수가 "의인"(*dikaios*)이라는 사실을 강조하는 것이 중요하다. 참조. 눅 23:47.

36 Rhoads, Dewey, and Michie, *Mark as Story*, 111.

37 여기서 면밀한 구성에 대해서는 다음을 보라. N. Perrin, *What Is Redaction Criticism?* (Philadelphia: Fortress, 1970), 41-63.

이 자신이 기꺼이 감수할 것과 전혀 다르지 않다는 것이다. 그렇다면 마가복음에서 예수의 죽음은 정확히 무엇을 성취한 것일까?

의의

마가복음은 예수의 죽음의 원인을 정확히 파악하기 어려운 책으로 악명이 높다.[38] 매우 일반적인 수준에서 보면 예수가 죽어야 하는 것이 분명 하나님의 뜻이다. 8:31에서는 "반드시"라는 비인칭 동사 "데이"(*dei*)가 사용되어 신적 필연성을 암시한다(참조. 8:33; 10:32; 14:36). 또한 예수의 죽음은 분명히 성경에 따른 것이다. 즉 때로는 특정 본문이 인용되기도 하고(12:1-12; 14:27), 때로는 예수가 성경 전반을 암시하기도 한다(9:12; 14:21, 49). 그러나 두 본문은 그보다는 더 나아간다. 물론 현대 신학자들이 원하는 만큼 명확하진 않지만 말이다.

10:45에서 마가복음의 예수는 자신의 죽음을 "많은 사람의 대속물"(*lytron anti pollōn*)로 묘사한다. 일반적으로 알려진 바와 같이 "뤼트

---

[38] 이 주제에 관해서는 광범위한 문헌이 있다. 주석서 외에 유용한 논의는 다음을 보라. Hooker, *Not Ashamed*, 47-67; C. K. Barrett, "The Background of Mark 10.45," in *New Testament Essays: Studies in Honour of Thomas Walter Manson*, ed. A. J. B. Higgins (Manchester: Manchester University Press, 1959), 1-18; Kaminouchi, *"But It Is Not So among You"*; S. Dowd and E. S. Malbon, "The Significance of Jesus's Death in Mark: Narrative Context and Authorial Audience," *JBL* 125 (2006): 271-97; A. Y. Collins, "Mark's Interpretation of the Death of Jesus," *JBL* 128 (2009): 545-54; C. Breytenbach, "Narrating the Death of Jesus in Mark," *ZNW* 105 (2014): 153-68.

론"(*lytron*)은 70인역에서 노예나 포로를 해방시킬 때 지급하는 돈을 가리키는 전문 용어다.[39] 따라서 10:45에서 이 어구는 예수가 "많은 사람"을 대신하여 죽은 것을 암시한다. 그러나 사람들이 정확히 무엇으로부터 대속을 받는지는 덜 분명하다. 사탄으로부터인가? 죄로부터인가?[40] 인간을 노

---

39 "뤼트론"은 70인역 레 27:31과 잠 13:8에서 사용되고, 복수형("뤼트라")은 레 25:24, 51-52; 사 45:13; 출 21:29-30; 30:11-16; 민 3:11-13; 35:31-4에서 사용된다. 상세한 내용은 다음을 보라. A. Y. Collins, *Mark: A Commentary* (Minneapolis: Fortress, 2007), 499-504. 그녀는 또한 소아시아의 비문을 증거로 제시한다. 그녀는 이 용어에서 희생제사의 의미를 암시하는 속죄와 화해의 개념을 감지한다. 이와 비슷한 주제는 바울 서신(특히 롬 3:24-25)과 계 1:5b-6에서도 발견된다. 의인의 자기희생은 다른 사람을 구원하는 결과를 가져다준다는 대속의 개념은 예컨대 마카베오2서 7:37-38; 마카베오4서 1:11; 6:29; 17:21-22 등 다수의 유대 텍스트에서도 발견된다. 다음을 보라. M. de Jonge, "Jesus's Death for Others and the Deaths of the Maccabean Martyrs," in *Text and Testimony: Essays in Honour of A. F. J. Klijn*, ed. T. Baarda, A. Hilhorst, G. P. Luttikhuizen, and A. S. van der Woude (Kampen: Kok, 1988), 142-51; Droge and Tabor, *Noble Death*, 115; J. Klawans, *Josephus and the Theologies of Ancient Judaism* (Oxford: Oxford University Press, 2013), 123. 이와 비슷한 생각은 다음에서도 찾아볼 수 있다. Aristotle, *Nicomachean Ethics*, book 9, 8.9.1169a.

40 예수의 죽음이 사람들을 죄로부터 해방한다는 사상은 특히 여기서 사 53장과의 연관성을 발견하는 이들 사이에서 인기가 있다. 다음을 보라. C. H. Dodd, *According to the Scriptures: The Substructure of New Testament Theology* (London: Nisbet, 1952), 88-96; R. E. Watts, *Isaiah's New Exodus and Mark* (Tübingen: Mohr Siebeck, 1997), 257-87; Collins, *Mark*, 503; Marcus, *Mark 8-16*, 749-50, 751-57. 예수는 분명히 그의 지상 사역 기간에 죄를 용서할 수 있지만(2:1-12), 텍스트는 그 어디에서도 이것이 그의 죽음의 주된 목적이라고 말하지 않는다. 여기서 죄와의 연관성은 오직 사 52-53장을 활용할 때에만 유지될 수 있다(하지만 "뤼트론"이라는 특정 용어는 이 본문에 전혀 나타나 있지 않으며, 마가는 이 "종의 노래"를 인용하지 않는다); Dodd, *According to the Scriptures*, 123-25의 논의를 훨씬 더 신중하게 평가하는 M. D. Hooker, *Jesus and the Servant* (London: SPCK, 1959), 62-102과 대조해보라. 비록 사 40-55장 전체의 신학이 이 복음서 전반에 걸쳐 마가의 사고에 분명히 영향을 미치긴 했지만, 아마도 "사 53장이 이 말씀에 미친 영향은…심하게 과장되었다"는 Hooker의 평가는 타당할 것이다. *Commentary*, 249; 또한 다음을 보라. Kaminouchi, *"But It Is Not So,"* 142-55; Breytenbach, "Narrating," 164.

예로 만드는 모든 세력으로부터인가?[41] 아니면 심지어 장차 올 환난으로부터인가?[42] 아마도 이들 중 일부 또는 전부가 옳을 수도 있다. 나중에 예수는 죽기 전날 저녁 만찬에서 다음과 같이 선언한다. "이것은 많은 사람을 위하여 흘리는 나의 피 곧 언약의 피니라"(14:24). "언약"에 대한 언급은 하나님이 이스라엘을 선택하신 것을 상기시키고, 시내산(출 24:8)과 예레미야 31:31-34의 새 언약을 되돌아보게 하며,[43] "많은 사람을 위하여 흘리는"(*to ekchynnomenon hyper pollōn*)이란 표현은 사건에 희생적 의미를 부여한다.[44] 전체적으로 예수의 말씀은 그의 자발적인(그리고 희생적인) 죽음이 새 언약을 세우고, 잔을 나누는 사람들이 (성찬을 통해) 새로운 공동체를 형성할 것임을 암시하는 것으로 보인다. 요약하자면 마가복음에 "속죄"에 대한 명확한 이론을 부여하는 것이 부적절하겠지만, 예수의 죽음은 대속의 역할을 할 뿐만 아니라 그를 따르는 자들에게 하나님과 관계를 맺는 새로운 방법을 제공한다는 점에서 분명한 목적을 가지고 있다.

---

[41] 따라서 Dowd and Malbon, "Significance." 그들은 예수의 죽음이 대부분의 사람들을 "마귀의 세력과 인간 폭군"으로부터 해방한다고 주장한다(294).

[42] 따라서 Breytenbach, "Narrating." 그는 예수의 생명이 "많은 사람의 불운한 삶"을 위한 대속물이라고 주장한다(166). 예수는 인간이 줄 수 없는 몸값을 주었기 때문에 그를 따르는 자들은 최후의 우주적 재난에서 미래의 심판을 두려워할 필요가 없다.

[43] 비록 그 개념이 이 본문과 낯설지는 않지만(참조. 고전 11:25), 일부 사본에 포함된 "새"(new)라는 단어는 아마도 여기서 원문이 아닐 것이다.

[44] 마가복음의 예수가 제9시(오후 3시), 즉 오후 타미드 제사(성전에서 매일 드리는 두 번째 어린양 제사. *Jewish Antiquities* 14.64; 3.237; 행 3:1) 때 죽는다는 사실은 저자가 그의 죽음을 희생적으로 해석하고 있음을 암시할 수 있다. 따라서 Collins, *Mark*, 752-53.

그리고 나는 이것이 마가복음의 예수가 홀로 죽은 이유라고 생각한다. 앞서 살펴본 바와 같이 제자들은 마가의 전기에서 다양한 역할을 수행한다. 그들은 초반에 예수를 중심으로 공동체를 형성하고, 중반부에서 제자들의 오해는 예수의 가르침이 얼마나 이해하기 어려운지를 강조한다. 수난이야기로 넘어가면서 제자들의 부족한 용기는 아버지의 뜻을 따르려는 예수의 확고한 의지를 강조하는 데 도움을 준다. 그러나 예수가 십자가에 달린 후에는 이야기의 초점이 전적으로 예수에게 집중된다. 즉 자기를 부인하는 그의 행동, 수치스러운 그의 죽음, 인간 고통의 심연에 참여하는 그의 모습에 모든 관심이 집중된다. 예수는 바로 이 수치스러운 죽음을 통해 하나님과 새로운 언약을 세울 것이며, 따라서 마가에게 있어 이 죽음은 예수가 홀로 감내해야만 하는 것이다. 예수는 마치 하나님으로부터 버림받은 것처럼 보이는 가장 비참한 방식으로 생을 마감한다(15:34). 그러나 예수가 이 "잔"을 마시고 나면 다른 사람들도 그 길을 따를 수 있으며, 그의 죽음은 수치와 불명예에도 불구하고 다른 사람들이 본받을 만한 분명한 모델을 제시한다.

모방

우리는 이미 마가도 다른 전기 작가들처럼 예수의 가르침과 삶의 방식에 대한 이야기를 소개할 뿐만 아니라 그것을 다른 사람들을 위한 본보기로 제시하는 데에도 관심이 있었음을 살펴보았다.[45] 13장에서 예수는 제자들이 총독과 왕들 앞에 불려가고, 친구와 가족에게 넘겨지며, 모두에게 미움을 받을 것이라고 예언했다(13:9-13). 수난 이야기에서 예수는 일련의 대조(또는 싱크리시스)를 통해 제자들에게 기대되는 행동 유형을 예시한다.

첫 번째는 겟세마네의 장면이다(14:32-42). 여기서 저자는 아버지께 홀로 기도하며 "때"를 애타게 기다리는 예수와 소수의 제자 그룹(베드로, 야고보, 요한)을 극명하게 대조한다. 13장에서 "깨어 있으라"는 예수의 거듭된 경고에도 불구하고 제자들은 자신들이 처한 위기를 인식하지 못하고 잠에 빠져든다. 이 일화는 어리석고 상황 파악을 하지 못하는 제자들과는 대조적으로 죽음을 각오한 예수의 용기와 죽을 결의를 강조한다. 마찬가지로 칼과 몽둥이를 들고 온 경비병들을 침착하게 맞이하는 예수(14:48)는 놀라 도망치는 제자들과 심지어 밤중에 벌거벗은 몸으로 도망치는 청년(14:50-51)과 대조를 이룬다. 예수는 추악하고 불의한 유대 재판에서 대제사장 앞에서 자기 뜻을 분명히 밝히며 당당하게 대답한다(14:62). 그러나 베드로는 밖에서 하찮은 여종이 추궁하자 자신이 예수를 따르는 자임을 밝히지 못하고, 필사적으로 목숨을 구하기 위해 자신을 저주하기까지 한다(14:53-72).

---

45 유용한 논의는 다음을 보라. Hooker, *Not Ashamed*, 47-67; Rhoads, Dewey, and Michie, *Mark as Story*, 113-15; G. van Oyen, "The Meaning of the Death of Jesus in the Gospel of Mark: A Real Reader Perspective," in van Oyen and Shepherd, *The Trial and Death of Jesus*, 49-68.

만약 저자가 박해를 경험했거나 적어도 박해가 임박했음을 두려워하는 청중을 위해 글을 썼다면 그가 지도자의 전형적인 죽음을 강조한 것은 그리 이해하기 어렵지 않다. 그러한 청중들은 특히 예수의 죽음에 관심이 많았을 것이며, 공포와 고통에도 불구하고 예수가 끝까지 자신의 가르침에 충실했다는 확신을 얻고자 했을 것이다. 만약 그들이 궁극적인 희생을 요구받는다면 예수의 모범은 그들에게 청사진을 제공할 수 있었을 것이다.[46]

따라서 마가복음에서 예수의 죽음은 구체적인 구속의 수단인 동시에 추종자들을 위한 모델이기도 하다. 학자들이 마가복음에서 예수의 죽음의 의미를 한 가지로 규정하기 어려운 이유는 아마도 이 두 가지 개념 사이의 긴장 때문일 것이다. 이 긴장은 예수가 10:35-40에서 세베대의 아들들과 나눈 대화에서 잘 드러난다. 그들의 대담한 요구에 대해 예수는 그들이 그가 마시는 잔을 마실 수 있는지 또는 그가 받을 세례를 받을 수 있는지 묻는다. 비록 두 형제는 긍정적으로 대답하지만, 예수에게 기다리고 있는 운명을 그들이 실제로 견딜 수 없다는 것은 분명하다. 예수가 마셔야 할 "잔"은 오직 그를 위해서만 준비되었다(참조. 14:36). 그러나 일단 그 일이 끝나면 다른 사람들도 그의 뒤를 따를 수 있으며, 세베대의 아들들도 실제로 자신들의 모든 것을 바치도록 요구받을 것이다(10:39. 아마도 마가의 청중은 이야기 너머에 있는 이 사실을 알고 있었을 것이다).[47] 따라서 마가는 예수의 죽음의

---

46 이와 비슷하게 딤전 6:12-14은 빌라도 앞에서 이루어진 예수의 재판을 추종자들이 본받아야 할 원형적인 순교자의 관점에서 기억한다. 또한 참조. 벧전 2:20-25; 4:12-14.

47 비록 야고보의 죽음은 행 12:1-12에서 언급되지만, 신약성경에는 요한의 죽음에 대한 언급

서로 다른 두 가지 측면, 즉 그 죽음에 구속의 목적을 부여하는 것과 그 이후에 따라야 할 모범을 제공하는 것을 하나로 묶어 놓았다.

지금까지 우리는 마가복음에서 가장 분명하고 수치스러운 예수의 죽음에 초점을 맞추었다. 그러나 이것이 전부가 아니며, 고대의 독자라면 마가복음에 기록된 예수의 불명예스러운 죽음이 종말을 의미한다고 생각하지 않았을 것이다. 예수의 수난에 대한 각 예언에는 그 이후의 부활(8:31; 9:31; 10:34)이 포함되어 있으며, 예수의 변용과 대제사장 앞에서 그가 한 선언은 모두 그의 하늘 영광을 가리킨다(9:2-8; 14:62). 그러나 무엇보다도 십자가의 굴욕과 수치심을 상쇄하는 데 도움을 주는 것은 저자가 아이러니와 반전을 능숙하게 사용한다는 점이다. 다른 사람들이 수치스러운 죽음으로 보는 것은 사실 ("볼 수 있는 눈"을 가진 사람들에게는) 왕의 승리를 가리킨다. 우리는 먼저 이 장에서 예수의 숨겨진 왕권을 추적한 다음, 그의 죽음을 둘러싼 다소 노골적인 일련의 사건들을 살펴볼 것이다.

"유대인의 왕"

예수와 왕권 사이의 연결고리는 작품의 프롤로그에서부터 제왕적 시편(1:11, 시 2:7 인용)을 연상시키는 형태로 계속 존재해왔다. 작품 초반에 예수

이 없다. 사실 이레나이오스는 그가 오래 살았고 트라야누스 치하(기원후 98-117년)에 죽었다고 주장했다. *Against Heresies* 2.2.5; 3.3.4.

뒤에는 갈릴리, 유대, 예루살렘, 이두매, 요단강 건너편과 두로와 시돈 등 모든 지역에서 온 큰 무리가 따른다(3:7-8). 이스라엘 이야기에 익숙한 사람들은 이 지역들이 다윗과 솔로몬의 위대한 영광의 시대에 왕국의 영토였음을 알아차릴 것이다. 특별히 다음 장면(3:13-19)에서 열두 제자의 임명과 함께 읽는다면 여기서 열두 지파의 회복과 이스라엘의 재건이라는 더 큰 주제의 반향을 보지 못할 수는 없을 것이다. 6장에서 헤롯 "왕"의 궁정에 대한 장황한 설명은 세례자의 처형에 대해 이야기할 뿐만 아니라 새롭게 떠오르는 예수의 왕권과 살인적이고 무자비한 헤롯의 왕권을 대조하는 역할을 하는데, 군중이 목자 없는 양처럼 예수에게로 온다는 언급(6:34)은 왕의 리더십과 관련된 본문에서 흔히 볼 수 있는 직유를 통해 더욱 강조된다(왕상 22:17 참조). 왕의 이미지는 처음부터 비교적 긴 대화가 오가는 11장에서 다시 등장하는데, 거기서 예수는 예루살렘에 입성할 때 탈 나귀를 가져오라고 요구하면서 그 땅을 점령한 통치자의 역할을 맡는다. 군중들이 예수 앞에 겉옷을 내려놓고, 그를 찬양하는 노래를 부르는 가운데 예수가 거룩한 성으로 입성하는 모습은 그리스-로마 왕들과 장군들의 개선 행렬(마가의 청중들은 이것에 매우 익숙해 있었을 것임)을 모방한 것이다. 그러나 복음서 저자는 그의 독자들의 기대를 재빨리 뒤집는다. 왕의 모습을 한 이 통치자는 도시를 차지하지 않고 그냥 떠나며(막 11:11), 성전 정화를 통해 통치를 시작하는 대신 다음 날 다시 돌아와 성전의 멸망을 선포한다.[48]

---

48   P. D. Duff, "The March of the Divine Warrior and the Advent of the Greco-Roman King:

그러나 왕권에 관한 주제가 실제로 전면에 등장하는 것은 15장에 와서다. 이 장에서 예수가 끊임없이 조롱을 감내해야 했던 것은 주로 그의 암묵적 왕권 주장 때문이었다. 그는 빌라도(15:6-15), 로마 군인들(15:16-20a), 십자가 옆에 서 있는 대제사장들과 서기관들(15:31-32)에게 조롱을 당할 것이다.[49] 이 모든 것의 배후에는 강한 아이러니가 자리 잡고 있다. 예수는 보는 눈이 있는 자들에게는 정말로 왕이다.[50] 그는 로마에 대항하여 반란을 일으켜 명성을 얻은 자들과 같은 정치적 혁명가가 아니다. 예수는 빌라도 앞에서 자신을 변호하지 않지만, 예수와 바라바 간의 세심한 대조는 두 사람의 차이를 설득력 있게 표현한다. 예수는 "다른 사람들 위에 군림하지" 않을 뿐만 아니라(10:42) 그의 왕권은 최근에 국가를 재앙으로 이끈 정치적 반란군과 사이비 왕들의 호전적인 전제주의와도 다르다.[51] 마가의 역설적인 이야기는 십자가에 못 박힌 그리스도가 겉모습과는 달리 실제로 유대인의 왕임을 보여준다.

그러나 마가의 십자가 처형 장면은 여기서 한 걸음 더 나아간다. 얼마

Mark's Account of Jesus's Entry into Jerusalem," *JBL* 111 (1992): 55-71, 그리스-로마 행렬에 대한 많은 언급과 함께(슥 14장의 야웨의 행렬도 포함하여).

49 다음을 보라. F. J. Matera, *The Kingship of Jesus: Composition and Theology in Mark 15* (Chico, CA: Scholars, 1982); H. K. Bond, *Pontius Pilate in History and Interpretation* (Cambridge: Cambridge University Press, 1998), 100-101.

50 J. Camery-Hoggatt, *Irony in Mark's Gospel: Text and Subtext* (Cambridge: Cambridge University Press, 1992), 171-77, 수난 이야기에 관하여.

51 바라바에 대해서는 위 349-50을 보라. 또한 나의 소논문을 보라. "Barabbas Remembered," in *Jesus and Paul: Global Perspectives in Honor of James D. G. Dunn for His 70th Birthday*, ed. B. J. Oropeza, C. K. Robertson, and D. Mohrmann (London: T&T Clark, 2009), 59-71.

전 토마스 슈미트(Thomas Schmidt)가 지적했듯이 마가의 십자가 처형 장면에는 예수와 개선장군의 모습을 연결하는 데 도움이 되는 겉으로 보기에는 그리 중요하지 않은 세부사항이 많다. 여기에는 전체 호위대가 소집된 것(로마의 친위대 소집을 모방한 것임), 골고다라는 이름이 언급된 것(해골에 대한 언급은 카피톨리누스 언덕을 연상시킴), 몰약이 섞인 포도주를 거부한 것(개선장군이 포도주를 거부하고 제단 위에 뿌리는 것을 연상시킴), 다른 두 인물 사이에 중심인물이 배치된 것("즉위식" 분위기를 조성함) 등이 포함될 수 있다.[52] 우리는 슈미트와 함께 이 장면을 역설적으로 예수의 골고다 행렬을 개선장군(마가 시대에는 황제)의 승리로 제시하는 "반(反)승리주의"로 읽을 수 있다. 그러나 이것은 한 가지 중요한 요소를 간과하고 있다. 승리는 언제나 패배한 왕 또는 군대 지도자의 죽음을 수반한다는 점이다. 따라서 승리의 맥락에서 보면 심지어 죽음조차도 처형당한 자에게 왕권을 부여한다. 앨런 조지아(Allan Georgia)는 마가복음 이야기의 "개념적 이중화"를 지적하는 통찰력

---

52 T. E. Schmidt, "Mark 15.6-32: The Crucifixion Narrative and the Roman Triumphal Procession," *NTS* 41 (1995): 1-18. 개선식에 관해서는 또한 다음을 보라. L. Bonfante Warren, "Roman Triumphs and Etruscan Kings: The Changing Face of the Triumph," *JRS* 60 (1970): 49-66; H. S. Versnel, *Triumphus: An Inquiry into the Origin, Development, and Meaning of the Roman Triumph* (Leiden: Brill, 1970); M. Beard, *The Roman Triumph* (Cambridge, MA: Harvard University Press, 2009). 그리스도는 마가복음이 기록되기 이전에 개선장군으로 이해되었다. 참조. 고후 2:14. 비록 우리는 이 이야기의 세부사항을 너무 지나치게 해석하는 것을 경계해야겠지만, Schmidt의 전반적인 주장은 상당히 설득력이 있다(특히 마가복음이 기원후 71년 베스파시아누스와 그의 아들들의 승리가 마가의 청중들의 기억에 생생하게 남아 있을 때, 기원후 66-70년 전쟁 직후 로마에서 기록되었다면 더더욱 그럴 것이다. 이에 관해서는 다음의 긴 설명을 보라. Josephus, *Jewish War* 7.123-57).

있는 글을 썼다. 마가는 예수를 승리자이자 희생자, 승리한 자이자 죽어야 하는 패배한 왕으로 제시한다는 것이다. 따라서 골고다는 "승리한 개선장군으로서 예수의 역할의 정점이자 승리의 희생자로서 처형당하는 제단"이 된다.[53]

조지아는 동시대 문학에서 마가의 다층적 묘사와 유사한 점을 찾기 위해 심혈을 기울이는데, 결국 그는 마가의 작품이 "이례적"이며, 심지어 "전례가 없다"는 결론에 도달한다.[54] 내 생각에는 문학보다는 시각적 세계에서 더 많은 유사점을 찾을 수 있을 것 같다. 고대에서 죽음의 공통적인 측면은 연극성, 무대 연출, 화려한 볼거리였다.[55] 물론 이것은 마가가 글을 쓸 당시 인기가 절정에 달했던 검투사 경기와 무대 동물 사냥에서보다 더 잘 드러난 곳은 없었다. 그러나 단순히 사람의 죽음을 구경하는 것만으로는 인기가 없었고, 로마 무대에서는 죽음이 연출된 적이 없었으며,[56] 한낮의 경

---

53   A. T. Georgia, "Translating the Triumph: Reading Mark's Crucifixion Narrative against a Roman Ritual of Power," *JSNT* 36 (2013): 32.

54   Georgia, "Translating," 34. 그가 발견한 가장 유사한 점은 카리톤의 *Callirhoe* 8인데, 이 소설은 정교한 파루시아 이야기와 승리의 주제를 결합한다(26-29). 마가의 장면과의 광범위한 유사점과 관련하여 세네카는 로마로 향하는 드루수스(아우구스투스의 의붓아들)의 장례식 행렬을 따르던 군중들이 장례식을 마치 개선행렬처럼 보이게 만들었다고 말했다 (*Consolation to Marcia* 3.2).

55   로마 제국에서 죽음이 지닌 연극성에 관해서는 다음을 보라. Coleman, "Fatale Charades"; V. M. Hope, *Death in Ancient Rome: A Sourcebook* (London: Routledge, 2007), 28-37; C. Edwards, "Modelling Roman Suicide? The Afterlife of Cato," *Economy and Society* 34 (2005): 200-222.

56   Edwards, "Modelling," 207. 그녀는 로마인들은 죽음을 지켜보는 것보다 죽음에 대해 읽는 것을 더 선호했다고 말한다(예컨대 "최후" 문학은 "마음의 연극"에서 계속 남아 있었다). 이와 마찬가지로 죽음과 피 흘림은 그리스의 연극 무대에 등장하지 않았다. 다음을 보라. A.

기장 처형도 초기에는 인기가 없었다. 관객들은 참신함과 흥미진진함 또는 최소한 뛰어난 군사 기술을 보고 싶어 했다. 정오 처형의 인기를 높이기 위해 네로는 쇠퇴해가는 연극에 눈을 돌려 범죄자의 죽음에 드라마적 요소를 가미하여 칼린 바튼(Carlin Barton)이 "퇴폐 연극"(snuff play)이라고 부른 것을 만들었다.[57] 로마의 플라비우스 원형 극장은 역사적 인물이나 신화 속 인물을 모방하기 위해 고안된 여러 가지 죽음의 장면으로 문을 열었다(Martial, *On the Spectacles* 7). 사형수는 "오르페우스처럼 목이 잘리고, 프로메테우스처럼 내장이 찢기고, 파시파에처럼 관통당하고, 아티스처럼 거세당하고, 라우레올루스처럼 십자가에 못 박히고, 스카에볼라처럼 불태워질" 수 있었다.[58] 제임스 할리(James Harley)가 지적했듯이 이것은 사형수를 주연으로 내세운 "연극"이 아니라(그럴 시간이 거의 없었을 것이다) 관객이 상상력을 발휘하도록 처형 장면을 암시적으로 구성한 것이었다. 실제로 이것이 어떻게 이루어졌는지는 각기 다르다. 그것은 음악, 특정 의상 또는 암시적인 장면을 통해 이루어질 수 있었다.[59]

나는 마가가 이야기에서 다양한 수준의 의미에 대한 텍스트적 단서보다는 시각적 단서를 더 많이 제공한다고 생각한다. 그의 청중들은 그러한

Henrichs, "Drama and Dromena: Bloodshed, Violence and Sacrificial Metaphor in Euripides," *Harvard Studies in Classical Philology* 100 (2000): 177.

57 C. A. Barton, "Savage Miracles: The Redemption of Lost Honor in Roman Society and the Sacrament of the Gladiator and the Martyr," *Representations* 45 (1994): 41.

58 C. Barton, "Savage Miracles," 41.

59 J. Harley, "The Aesthetics of Death: The Theatrical Elaboration of Ancient Roman Blood Spectacles," *Theatre History Studies* 19 (1998): 89-97.

단서를 포착하고 머릿속에 그 장면을 시각화하여 다양한 수준과 다양한 방식으로 반응하도록 문화적으로 학습되어 있었을 것이다.[60] 그러나 로마 시대의 죽음이 구경거리가 된 것과는 달리 마가가 여기서 하는 일은 희생자(실제로는 그에게 주어진 영예를 누릴 자격이 있는 자)를 조롱하는 것이 아니라 위대함에 대한 당대의 관념을 패러디하는 것이다. 마가는 승리라는 구성 장치를 통해 외부 사람이 보기에는 고통과 굴욕, 심지어 거부감의 극치처럼 보이는 것이 실은 하나님의 아들의 승리였음을 보여준다. 마가복음에서 자주 볼 수 있듯이 권력과 왕권, 심지어 영광과 수치에 대한 전통적인 관념은 완전히 뒤집힌다. 저자는 여기서 로마의 권력 개념을 활용하여 그 의미를 와해시키고 그 자리에 "유대인의 왕"이 된다는 것이 무엇을 의미하는지에 대한 매우 전복적인 방식을 배치하는 것 같다.[61]

---

60 비록 여러 면에서 다르겠지만, 검투사의 모습은 수치심이 어떻게 영광으로 바뀔 수 있는지를 보여주었다. 검투사들은 모호한 사회적 지위를 차지하고 있었다. 사회적으로 경멸을 받았음에도 불구하고 그들이 지닌 자제력과 군사적 가치(진지함, 규율 등)에 박수를 보낸 이들은 스토아학파만이 아니었다. 검투사의 신성한 맹세는 로마 장군이 자발적으로 죽음을 받아들이겠다고 서약하는 것을 상기시켰다. 경기장에서 벌어지는 제도화된 집단 폭력이라는 구경거리를 통해 대중에게 즐거움을 선사한 이들은 생존을 통해 명예를 얻거나 죽음을 통해 영광을 얻을 수 있었다. 다음을 보라. Seneca, *Moral Epistles* 70.19-26; 또한 D. G. Kyle, *Spectacles of Death in Ancient Rome* (London: Routledge, 1999), 79-91. 경기장의 관객들은 쇼가 어떻게 끝날지를 결정할 수 있었다. 만약 죽음에 맞서는 검투사의 용기가 그들의 동정과 존경을 얻는다면 그에게는 사면이나 집행 유예/석방이 주어질 수 있었다. "범죄자는 스포츠의 대상(*ludibrium*)이지만, 인간을 초월하는 용기와 자신의 파멸을 수용하려는 결의를 통해 피할 수 없는 익살스러움을 뛰어넘은 자가 되기도 한다"(Barton, "Savage Miracles," 43). 물론 예수는 옛 장면을 떠올리도록 강요받지는 않았지만, 여기서 흥미로운 점은 청중들이 그들 앞에서 벌어지는 광경을 다양한 수준에서 이해하고, 다양한 방식으로 그들에게 동정심을 베풀거나 동점심을 거둘 수 있었다는 것이다.

61 H. Leander, "With Homi Bhabha at the Jerusalem City Gates: A Postcolonial Reading of the

예수의 죽음을 둘러싼 사건들

지금까지 우리는 마가의 이야기에 담긴 깊은 공명을 살펴보았다. 그러나 이야기의 수준에서 볼 때 그 잔인하고 불명예스러운 결말은 더 많은 설명을 요구한다. 예수가 큰 소리로 외치고 또 이에 대한 응답이 없었다는 것은 하나님이 그를 버리셨다는 것을 암시할 수도 있지만, 마가는 그의 죽음과 밀접하게 관련된 두 가지 특이한 사건, 즉 (1) 어둠이 이 땅을 덮은 사건, (2) 성전 휘장이 찢어진 사건을 묘사함으로써 이를 반박한다.

자연계에서 일어나는 비정상적인 사건은 종종 위인들의 죽음과 관련이 있는데, 위인 전기 작가들은 이를 자주 언급했다.[62] 예를 들어 율리우스 카이사르가 사망하자 7일 밤 연속으로 혜성이 나타났고 태양이 그 열기를 잃어버리는 등 일련의 기이한 현상이 발생했다. 이러한 현상은 적어도 평범한 사람들에게는 신들이 카이사르의 살인에 불만을 품었다는 것을 의미했다(Plutarch, *Caesar* 69.4-5). 마찬가지로 아우구스투스의 죽음은 나중에 징조로 받아들여진 여러 가지 특이한 사건으로 예고되었는데, 여기에는 원로원 건물이 불가사의하게 폐쇄되고 벼락이 카피톨리누스 언덕에 있는 아우구스투스의 조각상을 강타하는 사건이 포함되었다(Dio Cassius, *Roman History* 56.29.3-6). 플루타르코스는 죽은 스파르타 왕 클레오메네스의 머리를 감싸

'Triumphal' Entry (Mark 11.1-11)," *JSNT* 32 (2010): 323.

62   위 128-30을 보라.

고 있던 거대한 뱀에 대해 이야기한다. 어떤 이들은 이 현상을 좀 더 직설적으로 설명하기도 했지만, 대다수 관찰자들은 이 사건이 왕이 "더 우월하고 신들의 사랑을 받는" 존재임을 보여준다고 믿으며 두려움에 휩싸였다(Plutarch, *Cleomenes* 39).[63] 그리고 루키아노스는 페레그리누스의 죽음과 함께 일어났다고 주장하는 일련의 놀라운 사건(지진과 화장터에서 하늘을 향해 날아오른 독수리가 "나는 이 땅에 관한 일을 모두 마쳤다. 이제 올림포스로 가자"라고 외치는 장면 등)을 희화화하여 주인공과 그가 "바보와 멍청이"라고 부르는 사람들을 모두 조롱한다.[64] 그렇다면 위인의 죽음과 특이한 자연 현상을 서로 연관 짓는 것은 고대의 일반적인 소재의 일부였을 텐데, 마가는 이 기이한 현상을 통해 구체적으로 무엇을 보여주려고 했을까?

첫 번째 특이한 사건은 예수가 십자가에 달려 있을 때 일어난다. 마가는 예수가 숨을 거두기 전 마지막 세 시간 동안 어둠이 온 땅을 덮었다고 말한다(15:33). 이 기이한 현상은 종종 종말론적 시대의 어둠, 심판, 형벌과 관련된 모티프를 묘사하는 아모스 8:9과 연결된다.[65] 이와 유사한 개념이 마가복음 13:24-27에서도 발견되지만, 마가복음 13장의 나머지 부분

---

63   Perrin, LCL 102.

64   Lucian, *The Passing of Peregrinus* 39; Harmon, LCL 302. 루키아노스는 독수리에 관한 이야기를 한 노인이 이미 구경꾼들에게 전하는 것을 듣기 위해 축제로 돌아온다(40)!

65   암 5:20; 욜 2:31-32; 사 60:1-2 또한 어둠을 "주의 날"과 연결한다. 어둠을 언급하는 다른 성경 본문은 미 7:8(어둠이 심상치 않은 징조라는 암시가 전혀 없음)과 겔 32:7-8(이집트인들에 대한 하나님의 심판을 생생하게 묘사함)이다. 어둠은 『모세의 유언』 10:5에서 종말론적 레퍼토리의 일부다. 이와 비슷한 맥락에서 Pseudo-Philo, *Biblical Antiquities* 19:13은 하나님이 이 땅에 오시면 해가 빠르게 질 것이라고 선언한다.

을 보면 마가의 청중에게는 아직 미래의 일로 보이는 인자의 재림 사건이 분명히 묘사되어 있다. 더욱이 15:33에서 마가가 종말론적 시대의 시작을 **알리려고 의도했다면** 달이 어두워지거나 별이 떨어지는 등 종말론적인 글에서 자주 언급되는 다른 현상에 대한 암시 없이 태양이 어두워지는 현상만 언급한 것은 의아하다. 따라서 내 생각에는 마가의 청중들이 이 어둠을 일식을 나타내는 것으로 이해했을 가능성이 더 높다. 대(大) 플리니우스는 일식과 월식을 자연계에서 가장 경이롭고 불길한 현상이라고 말한다. 그는 이러한 현상이 어떻게 일어나는지 알고 있지만, 일반 사람들은 일식을 범죄나 죽음과 연관 지어 두려워한다는 것을 잘 알고 있다.[66] 필론 역시 "일식은 왕의 죽음과 도시의 멸망을 알리는 것"이라는 사실을 알고 있었다.[67] 전기적 전통에서 일식은 종종 왕이나 영웅의 죽음과 연관되어 있다. 율리우스 카이사르가 죽었을 때(Plutarch, *Caesar* 69.4-5),[68] 아우구스투스(Dio Cassius, *Roman History* 56.29.5-6)와 헤롯(Josephus, *Jewish Antiquities* 17.167)이 죽기 직전

---

[66] Pliny, *Natural History* 2.45-46, 53-58.

[67] Philo, *On Providence* 2.50 (Colson, LCL 363). 일식은 또한 전투의 결과를 암시할 수도 있다. Herodotus, *Persian Wars* 7.37(여기서 마케도니아인들과의 전투에서 승리를 거둔 크세르크세스에게는 좋은 징조다); Plutarch, *Aemilius Paulus* 17.7-11(여기서도 그것은 아이밀리우스가 마케도니아인들을 무찌른다는 의미의 좋은 징조다); Plutarch, *Pelopidas* 31.1-3(여기서 펠로피다스는 전투에서 이기지만, 그의 목숨은 잃는다). 일식은 또한 장차 일어날 배신을 경고할 수도 있다. 예를 들어 베르길리우스는 어두운 봉기가 위협하고, 배신과 숨겨진 전쟁이 힘을 얻을 때 태양이 경고한다고 주장한다(*Georgics* 1.461-65).

[68] 베르길리우스가 시적으로 태양이 연민으로 바뀌는 것으로 해석한 사건(*Georgics* 1.466-68). 이와 유사한 생각은 다음을 보라. Diogenes Laertius, *Lives* 4.64.

에,[69] 철학자 카르네아데스가 죽었을 때도(Diogenes Laertius, *Lives* 4.64) 일식이 일어났다고 전해진다. 이러한 사건은 신의 불쾌감의 표시 또는 신이나 자연이 고인을 애도하고 있다는 표시로 다양하게 해석될 수 있다.[70]

이와 밀접하게 연관된 두 번째 징조는 예수가 마지막 숨을 거두는 순간에 일어난다.[71] 본문은 성전의 휘장(*katapetasma*)이 위로부터 아래까지 둘로 찢어졌다고 말한다(15:38). 그렇다면 이 기이한 사건의 의미는 무엇일까? 학계에서는 두 개의 성전 휘장, 즉 지성소의 가장 안쪽을 감싸고 있던 안쪽 휘장과 성소 건물의 황금 문 위에 걸려 있던 바깥쪽 휘장 중 마가가 어느 것을 염두에 두고 있는지에 대한 논의에 몰두해왔다.[72] 그러나 30여

---

69 요세푸스는 헤롯의 마지막 질병을 묘사하기 직전에 월식을 간략하게 언급한다. *Jewish Antiquities* 17.167.

70 유용한 논의는 다음을 보라. Marcus, *Mark 8-16*, 1053-54; Collins, *Mark*, 751-53.

71 Lee는 이 고풍의 단어 *ekpneuō*가 15:37에서 "이 장면에 위엄과 엄숙함을 부여하는" "보기 드문 완곡어법"이라고 말한다. 마찬가지로 대체로 사용되지 않는 동사 *boaō*(거의 *krazō*에 의해 대체된)는 15:34에서 이 최후의 순간에 더 위엄 있는 어조를 부여할 수 있다. 다음을 보라. J. A. L. Lee, "Some Features of the Speech of Jesus in Mark's Gospel," *NovT* 27 (1985): 25. 이 동사를 이전에 주신 성령의 은사를 암시하는 것으로 보는 J. E. Aguilar Chiu는 아마도 이 특이한 동사에 너무 많은 의미를 부여하는 것 같다. "A Theological Reading of ἐξέπνευσεν in Mark 15:37, 39," *CBQ* 78 (2016): 682-705.

72 내부 휘장을 선호하는 견해는 예컨대 다음을 보라. Collins, *Mark*, 760; J. Marcus, *Mark 1-8: A New Translation with Introduction and Commentary* (New York: Doubleday, 2000), 1057; D. M. Gurtner, "LXX Syntax and the Identity of the NT Veil," *NovT* 47 (2005): 344-53; 또한 그의 소논문을 보라. "The Rending of the Veil and Markan Christology: 'Unveiling' the ΥΙΟΣ ΘΕΟΥ (Mark 15:38-39)," *BibInt* 15 (2007): 292-306. 외부 휘장을 선호하는 견해는 다음을 보라. D. Ulansey, "The Heavenly Veil Torn: Mark's Cosmic Inclusio," *JBL* 110 (1991): 123-25; J. B. Chance, "The Cursing of the Temple and the Tearing of the Veil in the Gospel of Mark," *BibInt* 15 (2007): 268-91. 흥미롭게도 전승은 이 휘장을 (아마도 플라비우스 행렬의 일부를 형성했을 것으로 보이는) 로마와 연관 짓는다. *b. Gittin* 56b에 따르면 티투스는 예루살렘을 점령하고 나서 자신의 검으로 이 휘장을 베었고, 그것을 성소 안

년 전에 마리누스 드 용에(Marinus de Jonge)가 지적했듯이 마가가 어떤 휘장을 염두에 두고 있었는지 명시하지 않았다는 사실은 그 문제가 그에게 거의 관심의 대상이 아니었음을 시사한다.[73] 어떤 사람들은 휘장(일반적으로 가장 안쪽 휘장으로 이해함)이 찢어진 것이 하나님과 인간 사이를 구분하는 모든 것을 제거하는 것을 상징한다고 주장한다. 이 독법에 따르면 예수의 죽음은 모든 사람이 그리스도를 통해 평등하게 하나님께 나아갈 수 있게 한다.[74] 이것은 마가복음의 신학, 특히 성전이 "만민이 기도하는 집"(11:17)이어야 한다는 예수의 선언에 반하지 않을 것이다. 하지만 나는 이것이 여기서 마가복음의 주된 의미인지 의심스럽다. 나는 휘장이 찢어진 사건을 임박한 성전의 멸망의 징조로 해석하는 독법이 훨씬 더 개연성이 높다고 본다.[75] 이러한 징조는 당대의 문헌에서도 흔히 볼 수 있다. 다소 회의적인 시각에도 불구하고 요세푸스는 성전의 종말의 예고로 여겨지는 여덟 가지 징조를 열거하는데, 여기에는 "여기서 떠나자"라고 말하는 듯한 목소리, 밤

에 있는 성전 기구들을 포장하는 데 사용했다. 다음을 보라. D. M. Gurtner, "The Veil of the Temple in History and Legend," *JETS* 49 (2006): 107 and 110.

73 M. de Jonge, "Matthew 27:51 in Early Christian Exegesis," *HTR* 79 (1986): 67-79. De Jonge 는 오리게네스 이전에는 이 질문이 제기되지 않았다고 말한다(68, 78).

74 따라서 예컨대 H. L. Chronis, "The Torn Veil: Cultus and Christology in Mark 15:37-39," *JBL* 101 (1982): 97-114; L. W. Hurtado, *Mark* (Peabody, MA: Hendrickson, 1995), 268-69.

75 따라서 J. R. Donahue, *Are You the Christ? The Trial Narrative in the Gospel of Mark* (Missoula: SBL Press, 1973), 203; Hooker, *Commentary*, 377-78; Chance, "Cursing"; Marcus, *Mark 1-8*, 1066-67; Dowd and Malbon, "Significance," 296. 이러한 학자들 가운데 다수는 여기서 경계의 벽을 허무는 것을 이차적인 의미로 본다.

열두 시에 저절로 열리는 거대한 동쪽 문, 한밤중에 제단에 비치는 밝은 빛, 여러 가지 기이한 천체 및 자연 현상 등이 포함된다(*Jewish War* 6.288-331). 타키투스 역시 요세푸스(*Histories* 5.13)에 근거하여 랍비 자료에서처럼 유사한 징조에 대해 보고한다.[76] 이 모든 기이한 사건이 암시하는 것은 성전 파괴를 준비하기 위해 하나님이 성전을 떠나셨다는 것이다. 흥미롭게도『예언자들의 생애』(*The Lives of the Prophets*)는 성전이 서방의 한 국가에 의해 파괴될 것이며, 휘장은 작은 조각으로 찢어질 것이라고 예언한다.[77]

이러한 독법은 마가복음에서 여러 번 발견되는 성전 파괴 주제와 잘 어울린다. 가장 명확한 예언은 13:2에 나오는데, 거기서 예수는 돌의 크기에 놀란 제자들의 질문에 "돌 하나도 돌 위에 남지 않고 다 무너뜨려지리라"고 말한다. 시들어버린 무화과나무 이야기 사이에 끼어 있는 이 성전 사건은 분명히 행동으로 보여주는 임박한 멸망에 대한 예언이다(11:12-21). 포도원 소작인들의 이야기 역시 멸망의 위협으로 끝난다(12:1-9). 마지막으로 예수는 재판에서 성전을 파괴하고 "손으로 만들지 않은" 성전으로 대체하겠다고 위협한 혐의로 기소된다(14:58). 증인들의 주장은 거짓이지만, 아마도 그들의 잘못은 성전에 대한 위협보다는 직접 성전을 파괴하겠다는 예수의 주장에 있을 것이다. 그렇다면 휘장이 찢어진 것을 성전에 대한 하

---

[76] *y. Yoma* 6.3과 *b. Yoma* 4.1을 보라. 이 텍스트들에 관해서는 다음을 보라. R. L. Plummer, "Something Awry in the Temple? The Rending of the Temple Veil and Early Jewish Sources That Report Unusual Phenomena in the Temple around AD 30," *JETS* 48 (2005): 301-16.

[77] 이 문서는 대개 1세기 초에 기록된 것으로 추정되며, 관련 부분은 합 2:10-13에 기인한다.

나님의 심판의 시작으로 해석하는 것은 이러한 앞의 일화들과 완벽하게 일치한다.

(다양한 언어적·주제적 연관성이 있는) 세례에 관한 이야기와 마찬가지로[78] 이 장면은 마가의 청중을 위해서만 기록되었고, 이야기 속 인물들이 지금 무슨 일이 일어났는지 알고 있다는 암시는 전혀 없다.[79] 이 장면이 보여주는 것은 예수의 예언이 곧 실현되리라는 것이다. 예수는 하나님의 아들이자 하나님의 마지막 사자이며, 그의 죽음과 함께 하나님은 심판을 내리실 것이다. 성전과 대제사장부터 시작하여 열매를 맺지 못한 사람들은 모두 정죄를 받게 될 것이다. 만약 마가가 이 글을 로마와의 처참했던 유대 전쟁 직후에 썼다면 성전 파괴의 충격적인 현실은 더욱 절박하게 다가왔을 것이다. 실제로 성전을 전소시킨 것은 로마인들이었을지 모르지만, 그들은 하

---

78 막 10:38에서 예수는 자신의 임박한 죽음을 세례(바울도 롬 6:3에서 세례와 연결함)로 본다. 많은 학자들은 1:9-11과 15:35-38의 세례/입양 장면 간의 밀접한 언어적·주제적 연관성을 지적한다. 엘리야라는 인물은 예수가 "아들"임을 선언하는 하늘의 음성과 마찬가지로 두 본문에서 공통되게 나타난다. 15:37의 희귀한 단어 *ekpneuō*는 1:9의 성령(*pneuma*)이 내려오는 모습을 상기시키고, "찢다"(*schizō*)라는 동사 또한 이 두 장면에서 발견되며, 위로부터 아래까지 휘장이 찢어지는 장면은 1:10에서 하늘이 갈라지는 모습을 연상시킨다. (만약 마가의 청중들이 Ulansey가 제안하듯이 이 휘장이 하늘을 묘사하는 태피스트리로 알고 있었다면 [Josephus, *Jewish War* 5.212-14] 이 연결고리는 훨씬 더 강했을 것이다.) 다음의 연구를 보라. S. Motyer, "The Rending of the Veil: A Markan Pentecost," *NTS* 33 (1987): 155-57; H. M. Jackson, "The Death of Jesus in Mark and the Miracle from the Cross," *NTS* 33 (1987): 16-37; Ulansey, "Heavenly Veil"; L. E. Vaage, "Bird-Watching at the Baptism of Jesus: Early Christian Mythmaking in Mark 1:9-11," in *Reimagining Christian Origins: A Colloquium Honoring Burton L. Mack*, ed. E. A. Castelli and H. Taussig (Valley Forge: Trinity, 1996), 280-94.

79 따라서 또한 Collins, *Mark*, 760; 이것이 백부장이 본 것이라고 제안하는 견해에 대한 반론은 예컨대 다음을 보라. Marcus, *Mark 1-8*, 1057.

나님의 도구로서 성전을 불태웠으며, 적어도 마가복음에 따르면 성전이 파괴된 이유는 당국자들이 예수를 거부했기 때문이라는 것이 상당히 분명하게 드러난다.

찢어진 휘장은 이야기 세계 내에서 예수가 정당성을 입증받을 것이라는 첫 번째 힌트다. 예수는 하나님의 뜻에 전적으로 순종하여 십자가에 달림으로써 자신의 가르침에 따라 노예처럼 죽었다. 세상이 명예롭게 여기는 모든 것과 달리 예수의 진정한 위엄성은 그의 불명예스러운 죽음을 통해 드러난다. 온 땅을 덮은 어둠은 그의 침묵에도 불구하고 하나님(그리고 아마도 자연계 전체)이 이 사건에 대해 결코 무관심할 수 없었음을 보여준다. 그러나 휘장이 찢어지면서 그동안 침묵하셨던 하나님은 예수의 원수들을 심판하실 준비를 하고 계시며, 그 심판의 첫 번째 결과인 황폐한 땅과 황량한 성전은 마가의 청중에게 이미 너무나 잘 알려져 있다.

그리고 나는 이것이 백부장이 "본" 것이라고 제안한다. 그의 선언을 촉발한 것은 어둠도, 예수의 마지막 외침도, 심지어 성전 휘장이 찢어진 사건도 아니었다. 로마 백부장의 이 발언은 (마가가 분명히 밝히고 있듯이) 그저 예수가 어떻게 죽는지를 그가 관찰했기 때문에 발화된다(*idōn ... hoti houtōs exepneusen*; "그렇게 숨지심을 보고", 15:39).[80] 백부장은 예수를 바라보는 위치에서(*ex evantias autou*) 예수의 수치스러운 죽음이 "진실로"(*alēthōs*) 그의 가르침

---

80   Collins는 이 표현이 "재개의 의미"가 있다고 주장하면서 백부장이 구경꾼들과 달리 그들이 보지 못한 것을 정확히 보았다고 강조한다. 그녀는 이것을 마가의 싱크리시스의 한 예로 취급한다(*Mark*, 766-77).

과 인간이 하나님과 새로운 관계를 맺는 수단을 완벽하게 표현한 것임을 인식한다.[81] 이 "고백"이 예수에게 결코 호의적일 수 없는 사형 집행인의 입에서 나왔다는 사실은 매우 의미심장하다. 마가는 여기서 순교 문헌에서 흔히 볼 수 있는 수사(trope, 修辭)를 사용하는데, 거기서 사형 집행인은 자신이 사형을 집행해야 하는 사형수에게 영향을 받지 않을 수 없었다(예. Plato, *Phaedo* 116c를 보라). 이 고백은 가장 개연성이 낮은 인물에게서 나왔고, 그런 의미에서 더욱더 설득력이 있다. 그러나 이것이 예수의 이야기의 끝은 아니다. 마지막 일화에서 바로 이 하나님의 아들의 결백이 입증될 것이다.

시신의 실종

고대 청중들은 십자가의 희생자로서 예수가 매장되지 않았을 것이라고 추측할 수 있다. 십자가의 공포 중 하나는 시신이 수일 동안 매달려 있어 포식 동물의 먹이가 되고 산 자에게 경고의 역할을 한다는 것이었다.[82] 그러나 십자가의 희생자가 유대 지방에서 가끔 매장되었다는 암시가 있으며, 바울이 고전 15:4에서 매장에 대해 간략하게 암시한 것은 예수의 매장에 관한 전승이 일찍부터 전해 내려왔음을 시사하는 것 같다.[83] 마가복음의 예수는 오

---

81   여기서 백부장에 관해서는 위 392-95을 보라.
82   매장되지 않는 것은 끔찍한 일로 여겨졌고, 사람의 몸뿐만 아니라 정체성까지도 완전히 파괴되었음을 의미했다. 다음을 보라. Hope, *Death*, 109; Kyle, *Spectacles*, 130-33.
83   이 증거는 역사적 예수가 매장되었다는 것을 암시한다. 하지만 만약 그렇다면 시신은 아마도 일반적으로 장례식 절차—기름 바름, 연설, 무덤에서의 식사, 애도 기간—없이 깊지 않

직 14:8의 기름 부은 사건과 관련하여 장례에 대해 언급하고, 그의 수난 예고 그 어디에서도, 심지어 가장 명시적인 세 번째 예고에서조차도 언급하지 않는다(10:33-34).

예수의 매장은 마가에게 큰 관심사가 아니었던 것 같다. 그것은 예수가 실제로 죽었다는 중요한 변증적 요점을 강조하기 위한 것이다. 빌라도는 예수의 빠른 죽음에 놀랐지만, 그의 죽음은 그의 최후를 지켜본 백부장에 의해 확인된다(15:44-45). 이 장면은 또한 "존경받는 공의회 의원"이었던 아리마대 요셉과 예수의 사역 내내 예수와 함께했던 세 여인—막달라 마리아, 야고보와 요한의 어머니 마리아, 살로메—을 소개한다. 이 여인들은 십자가와 매장을 연결하고 매장과 빈 무덤을 연결한다. 나는 예수가 돌을 굴려 무덤 문을 닫은 돌무덤에 안치되었다는 기록이 본래 예수의 매장을 품위 있게 그리기 위해 고안된 것은 아니라고 생각한다(비록 일부 초기 그리스도인들은 이로 인해 위안을 얻었을 수도 있고, 특히 요한복음에서 이 전승이 이런 방향으로 발전하고 있지만 말이다). 더 중요한 것은 이 기록이 깊지 않은 무덤이나 대량 매장지에서는 불가능했던 방식으로 시신의 구체적인 위치를 제공한다는 점이다. 그리고 마가는 여인들이 일요일 아침에 바로 이 구체적인 장소로 돌아왔을 때 무덤이 비어 있었다는 사실을 우리에게 확실하게 보여

은 무덤에서 빠르게 처리되었을 것이다(Kyle, *Spectacles*, 128, and Hope, *Death*, 93-120). 상세한 내용은 나의 책을 보라. *The Historical Jesus: A Guide for the Perplexed* (London: Bloomsbury, 2012), 162-65; 그리고 이와 유사한 견해는 다음을 보라. R. E. Brown, "The Burial of Jesus (Mark 15:42-47)," *CBQ* 50 (1988): 233-45.

준다(16:1-8).

이상하게 보일지 모르지만 시체가 사라지는 일은 고대 문학에서 결코 드문 일이 아니며, 리처드 밀러(Richard Miller)는 "실종된 시신" 또는 "승천 설화"의 주제에 대해 이야기한다.[84] "로마 세계의 전형적인 승천 설화"는 7월 7일에 제국 전역에서 기념하는 로물루스의 이야기였다. 플루타르코스에 따르면 이 설화에는 여러 가지 버전이 존재했지만, 그가 선호하는 버전은 큰 폭풍이 일고 하늘이 어두워진 후 왕이 실종된 것으로 밝혀졌다고 주장한다. 왕이 사라지자 통치자들은 그가 하늘로 올라갔으며 이제는 자비로운 신으로 숭배받게 되었다고 선언했는데, 이 이야기는 "밝고 빛나는 갑옷을 입은" 왕을 만났으며 그가 퀴리누스 신이라는 말을 들었다고 주장하는 한 저명한 귀족의 말에 의해 확인되었다. 그리고 그날 이후로 사람들은 그를 역대 왕과 신으로 추앙했다(Romulus 27.3-28.4). 플루타르코스는 그리스인들뿐만 아니라 로마인들 사이에서 회자되는 이러한 설화를 독서 중에 많이 발견했다고 말한다. 그는 무두질 작업장에서 죽었지만 친구들이 장례를 치르러 왔을 때 시체를 찾을 수 없었던 프로콘네소스의 아리스테아스의 사례를 인용한다. 어떤 여행자들은 자신이 그를 보았다고 주장했고, 헤로도

---

84   R. C. Miller, "Mark's Empty Tomb and Other Translation Fables in Classical Antiquity," *JBL* 129 (2010): 759-76. 또한 다음을 보라. C. H. Talbert, *What Is a Gospel? The Genre of the Canonical Gospels* (Minneapolis: Fortress, 1977), 25-52; V. K. Robbins, *Jesus the Teacher: A Socio-Rhetorical Interpretation of Mark* (Philadelphia: Fortress, 1984), 192; F. G. Downing, *Doing Things with Words in the First Christian Century* (Sheffield: Sheffield Academic, 2000), 148-51; Collins, *Mark*, 791-93; G. Petridou, *Divine Epiphany in Greek Literature and Culture* (Oxford: Oxford University Press, 2015), 4.

토스는 7년 후 그가 다시 나타나 사람들에게 아폴로 제단 옆에 자신의 동상을 세우라고 지시했다고 기록한다.[85] 플루타르코스는 학교 지붕을 받치고 있는 기둥을 무너뜨려 수많은 어린 소년들을 죽인 폭력적인 아스티팔레아의 클레오메데스 사건도 언급한다. 그는 성난 시민들을 피해 아테나 신전 안에 있는 궤 속에 숨었는데, 시민들이 궤를 뜯어보니 안이 텅 비어 있었다고 한다. (파우사니아스의 말에 의하면) 델포이 신탁에 문의하자 다음과 같은 메시지가 돌아왔다.

> 마지막 영웅은 아스티팔레아의 클레오메데스다.
> 더 이상 필멸자가 아닌 그에게 제사를 드려라.[86]

헤라클레스 역시 하늘로 올라간다는 신호를 보내며 완전히 사라졌다. 디오도로스 시켈리오테스에 따르면 헤라클레스는 델포이 신탁을 믿고 장작더미 위로 올라갔으며, 제우스는 벼락을 치게 하여 장작더미와 헤라클레스를 완전히 태워버렸다. 헤라클레스의 시신에서 뼈 조각 하나도 발견되지 않자 사람들은 "헤라클레스가 인간들 사이에서 신들의 곁으로 갔다"고 생각했다.[87] 디오게네스 라에르티오스는 엠페도클레스가 자신도 신으로 추앙

---

85 Plutarch, *Romulus* 27.4; Herodotus, *Persian Wars* 4.14.3.
86 Plutarch, *Romulus* 27.4–5; Pausanias, *Descriptions of Greece* 6.9.6–8 (Jones, LCL 272). 플루타르코스는 또한 비록 다소 짧긴 하지만 알크메네의 사례를 언급한다(*Romulus* 27.6).
87 Diodorus Siculus, *The Library of History* 4.38; Oldfather, LCL 303. 디오도로스는 제우스가 그의 신격화 이후에 헤라에게 자신을 그녀의 아들로 입양하도록 설득했다고 말한다(4.39).

받을 것을 기대하며 에트나 산에 몸을 던져 실종된 헤라클레스를 모방하려 했다는 초기 전승을 보존하고 있지만, 안타깝게도 그의 독특한 청동 샌들 한 짝이 불타는 분화구에서 나오는 바람에 모든 계략이 폭로되고 말았다.[88] 그리고 아리아노스는 알렉산드로스 대왕이 "자신이 이 세상에서 사라짐으로써 후손들이 자신이 신에 의해 태어났으며 신들에게로 돌아간다는 것을 더 신뢰할 수 있도록 하기 위해" 유프라테스강에 뛰어들 생각을 했다고 주장하는 한 작가 때문에 분개한다.[89] 이것은 루키아노스가 『페레그리누스의 죽음』에서 풍자적으로 묘사한 전승으로, 그의 반(反)영웅이 신의 영역으로 올라갈 수 있기를 바라며 화장을 위한 장작더미에 올라가는 장면과 유사하다.[90] 다소 다른 맥락에서 필로스트라토스는 크레타섬의 아테네 신전에서 아폴로니우스가 하늘로 올라간 이야기를 들려주는데, 이 작가에게 무덤이 없다는 것은 철학자의 환상과 함께 그의 신성을 확인해준다(*Life of Apollonius of Tyana* 8.30-31). 비록 이 저자들 중 다수가 이러한 이야기에 회의적이지만, 거의 모든 평범한 사람에게 시체가 사라진다는 것은 사람이 천상의 영역으로 옮겨져 그가 신의 예우를 받는 것이 적절하다는 신호임이 분명하다.[91]

---

88   Diogenes Laertius, *Lives* 8.69.

89   Arrian, *Anabasis* 7.27; Brunt, LCL 269.

90   우리가 본 바와 같이 루키아노스는 지진과 독수리에 대한 내용을 추가하면서 페레그리누스의 최후에 대한 이야기를 장난스럽게 미화한다. 그런데 얼마 지나지 않아 한 노인이 행인에게 흰 옷을 입은 페레그리누스/프로테우스가 머리에 야생 올리브 화관을 쓴 것을 보았다고 말한다(*The Passing of Peregrinus* 40).

91   L. H. Feldman이 지적하듯이 모세에 대한 요세푸스의 이야기의 마지막 장면은 그가 구름 속으로 사라지는 것을 보여주는데, 이 장면은 로물루스가 이 땅을 떠나는 모습을 강하게 연상시킨다(*Jewish Antiquities* 4.326-28); *Josephus' Interpretation of the Bible* (Berkeley: University

여기서 마가의 사고 세계는 그리스-로마적으로 보이며, 빈 무덤은 예수가 사후에 승천하여 신격화되었음을 결정적으로 보여준다.[92] 여기에 그는 예수가 세 번이나 선포한 부활, 즉 아나스타시스라는 유대 특유의 부활 사상을 덧입힌다. 대부분의 사람들은 오직 종말(에스카톤)에 부활하지만, 예수에게는 엘리야와 모세의 경우처럼 곧바로 부활이 일어난다.[93] 마가복음의 극적인 장면은 이제 예수가 대제사장에게 약속한 대로 권능의 우편에 앉아 있으며, 독자들은 그가 곧 "하늘 구름을 타고" 이 땅에 다시 오실 것임을 확신할 수 있다(14:62). 이런 엄청난 사건 앞에서 여인들의 두려움과 떨림은 당연한 일이다.[94] 그리고 마가가 모든 것을 알고 있는 화자의 페르소나로 이야기를 들려주었기 때문에 여인들이 직접 이야기를 전할 필요가 없었다. 이로써 이 마지막 일화를 끝으로 아들의 정당성은 완전히 입증된다.

결론

예수의 십자가 처형은 당시 통치자들이 그의 시신뿐만 아니라 그에 대한

---

of California Press, 1998), 397.

92 Miller가 지적하듯이 "우리는 마가의 마지막 일화에서 문자적이든 개념적이든 초기 유대교의 종말론적 부활의 일반적인 특성을 찾을 수 없다". "Mark's," 767.

93 이것이 아마도 예수가 변용되는 장면에서 이 두 인물과 연결되는 이유일 것이다. 모세가 단순히 신에게로 돌아갔다는 잘 알려진 전승은 다음을 보라. *Jewish Antiquities* 4.315-31.

94 여인들의 두려움에 관해서는 위 396-97을 보라. Miller는 여인들의 두려움이 로물루스가 승천할 때 캄푸스 마르티우스에서 사람들이 도망치는 모습을 반향한다고 말한다. "Mark's," 773.

기억까지도 완전히 말살하려는 시도였다. 마가의 전기는 여러 가지 면에서 로마의 형벌을 거부하고 예수의 삶과 죽음을 기억하는 방식을 새롭게 구축하려는 도전의 행위로 볼 수 있다. 그의 작품은 장례식 추도사를 대신하여 예수의 삶의 방식을 개괄하고 그를 계승하는 신자들의 가족을 지목한다.[95] 신분이 높고 세속적으로 명성이 높은 사람들은 비석을 세웠을지 모르지만, 마가는 그의 영웅에게 진정으로 가치 있는 삶에 대한 기념비적인 기록을 남긴다.[96]

마가는 시각적 효과가 뛰어난 그의 작품의 마지막 장에서 예수의 죽음을 공개적으로 조명한다. 마가복음의 예수는 하나님께 순종하고 자신의 가르침에 충실한 철학자의 죽음을 맞이한다. 그가 옹호하는 삶의 방식과 그의 죽음 사이에는 일관성이 있다. 그의 죽음은 단지 겸손과 타인에 대한 삶이 극한으로 치달을 때 나타나는 논리적 최후일 뿐이다. 어떤 면에서 마가복음의 예수의 죽음은 독특하다. 하나님으로부터 버림받는 수치심으로 인해 절망의 깊은 수렁에 빠짐으로써 예수는 자기 백성을 대속하고 하나님과 새로운 언약 관계를 맺을 수 있는 가능성을 확립한다. 그러나 마가는 예수가 외로운 길을 가면 다른 사람들도 그를 따르게 될 것이며, 예수의 죽음

---

95 장례식 추도사에 관해서는 다음을 보라. Kyle, *Spectacles*, 130-33; also Polybius, *Histories* 6.53-54.

96 Hope는 라틴어 단어 *monumentum*이 물질적인 구조와 기록 문서를 모두 의미할 수 있다고 주장한다. *Death*, 71. 타키투스는 문서에 기록되지 않은 모든 삶은 곧 잊힌다고 가정한다. "많은 사람들은 마치 이름도 명성도 없는 것처럼 망각의 세계로 들어갈 것이다. 그러나 후세에 전해질 이야기가 있는 아그리콜라는 살아 남을 것이다"(*Agricola* 46).

은 신자들에게 모범이 될 것임을 알고 있다. 그들도 굳건히 서서 공개적으로 사람들의 비난에 맞서고 기꺼이 자기 십자가를 져야 한다. 유다와 베드로의 사례에서 알 수 있듯이 자만할 여지가 없지만, 예수는 제자들이 필요할 때 성령이 그들과 함께하시며 그들을 통해 말씀하실 것이라고 약속한다 (13:11). 어쩌면 이것은 작은 위로일지 모르지만, 제자들에게 요구되는 것이 무엇인지를 온전히 인정하는 것이며, 예수 자신이 겪은 것 이상을 제자들에게 요구하지 않는다는 확신을 심어주는 말씀이기도 하다.

그렇다면 결국 마가는 예수의 죽음을 "고귀"하거나 통상적으로 "명예로운"것으로 묘사하는 것이 아니라 반문화적인 가르침에 완벽하게 부합하는 죽음이라는 것을 보여줌으로써 예수의 죽음을 만회한다. 훌륭한 철학자답게 예수는 자신의 이전의 삶의 방식과 연장선상에 있는 적절한 죽음을 맞이한다. 아마도 이것은 마가가 전기를 계획하는 가운데 예수가 예루살렘으로 향하는 가장 중요한 중간 부분에서 그의 가르침 중 어떤 측면을 강조할지 결정해야 할 때에도 처음부터 마가의 전략이었을 것이다. 우리는 그의 이야기가 기꺼이 납득할 수 있는 사람들에게만 설득력이 있었다고 의심할 수 있다. 하지만 예수의 죽음을 그의 초기 생애 및 가르침과 일치시키려는 마가의 시도는 향후 2천 년 동안 기독교 교회가 창시자를 기억하는 방식에 지대한 영향을 미쳤다.

마가는 그의 전기를 여기서 마무리하기로 결정한다. 많은 사람들은 그의 마지막 장면이 갑작스럽고 불안정하다고 여긴다. 그의 전기는 두려움과 떨림, 어색한 문법 구조로 끝난다(16:8의 마지막 단어가 *gar*, "그러므로"다). 부활한 예수가 갈릴리에서 제자들에게 나타날 것이라고 약속한 두 번의 출현(14:28, 16:7)은 기록되지 않고, 여인들은 복음서에 드리워져 있던 비밀의 안개가 걷히자 그들의 메시지를 전달하지 못한다. 학자들이 마가가 더 길게 쓰려고 했지만 그러지 못했을 것이라고 추측하거나[97] 더 긴 결말이 고대에 분실되었을 것이라고 제안하는 것은 어쩌면 당연한 일일지도 모른다.[98]

나는 마가복음을 전기로 읽으면 마가복음의 결말 문제가 해결된다고 주장할 수 없다. 전기(또는 유사 전기) 작품의 결말에 대한 W. L. 낙스의 자세한 조사를 통해 알 수 있듯이 고대의 전기가 이렇게 만족스럽지 못한 방식으로 끝나는 경우는 없다. 전기가 가장 일반적으로 끝나는 방식은 영웅의 미덕이나 위대함을 간략하게 요약하는 것이었다. 이것이 크세노폰의 『소크라테스의 회상』, 루키아노스의 『데모낙스』, 타키투스의 『아그리콜라』, 플루타르코스의 두 전기(『아기스』와 『갈바』)가 선호한 결말이었다. 어떤 경우에는 영웅의 장례식, "그 후로 모두가 행복하게 살았다"는 취지의 일반적인 언급 또는 필론의 『모세의 생애』에서 볼 수 있는 "성경에 기록된 대로 왕, 율법 수여자, 대제사장, 예언자였던 모세의 생애와 최후는 이와 같았

97　다음을 보라. W. L. Knox, "The Ending of St Mark's Gospel," *HTR* 35 (1942): 13-23; Knox 는 복음서가 끝나지 않았는지 아니면 원본이 손상되었는지 분명하게 밝히지 않는다.

98　이 견해는 오늘날 과거에 비해 훨씬 덜 흔하지만, 다음을 보라. B. Witherington, *The Gospel of Mark: Socio-Rhetorical Commentary* (Grand Rapids: Eerdmans, 2001), 62. 상세한 논의는 다음을 보라. N. C. Croy, *The Mutilation of Mark's Gospel* (Nashville: Abingdon, 2003). 그는 고대 코덱스 사본의 취약성 때문에 원래의 결말이 (앞의 단락과 함께) 사라졌다고 주장한다. 마가복음이 16:8에서 끝난다는 견해에 대한 최근의 변론은 다음을 보라(작품의 전기적 성격을 신중하게 고려하면서). E. E. Shively, "Recognizing Penguins: Audience Expectation, Cognitive Genre Theory, and the Ending of Mark's Gospel," *CBQ* 80 (2018): 373-92.

다."(2.292)와 같은 문장으로 작품이 끝날 수도 있다. 또 다른 작품들은 영웅에 대한 예우, 이야기 속 인물의 후속 행동, 영웅 가족의 운명 등 중요한 세부사항을 정리하는 것으로 끝을 맺기도 하는데, 플루타르코스와 수에토니우스는 일반적으로 그들의 전기를 이렇게 마무리한다.

그러나 두 가지 점은 언급할 필요가 있다. 첫째, 마가복음이 어떤 특정장르에도 속하지 않는 독특한 작품으로 여겨졌을 때 사람들은 일반적으로 이 작품의 중심 주제가 케리그마, 즉 예수에 대한 기독교 선포였다고 가정했던 것 같다. 이러한 견해는 분명히 예수의 부활에 대한 결정적인 소식이 제자들에게 전해지고 공개적으로 선포되는 결말을 기대했을 것이다. 이 독법에 따르면 결말에 가서 의사소통에 문제가 생긴다는 것은 매우 심각한 문제였을 것이다. 하지만 마가복음을 전기로 본다면 이러한 어려움은 어느 정도 해소된다. 영웅의 죽음과 함께 그 뒤에 일어난 특이한 일들(찢어진 휘장, 백부장의 고백, 빈 무덤)을 묘사함으로써 이제 마가의 이야기는 완성되었다. 또한 이러한 독특한 징조들은 고대 청중에게 예수가 굴욕적인 죽음을 맞이한 후 정말로 하나님으로부터 정당성을 입증받았고, 이제는 하늘에서 하나님의 우편에 계신다는 것을 아주 확실하게 보여주었을 것이다. 천사 같은 청년이 한 말(16:7)은 독자들에게 이 점을 확실히 못 박아주었을 것이다.

둘째, 마가의 전기가 그리스도를 따르는 청중이 이미 알고 있는 내용과 상호 작용한다는 사실도 여기서는 중요하다. 우리는 마가복음의 내재 청중이 제자들에 대해 호의적이며, 그들이 훗날 존경받는 선교사("사람을 낚는 어부")가 된다는 사실을 알고 있었다는 것을 이미 살펴보았다. 우리는 그들이 부활한 예수가 가장 가까운 제자들에게 나타났다는 사실도 알고 있다고 추정할 수 있다(따라서 고전 15:5-8, 처음부터 기독교 선포의 핵심 내용이었을 가능성이 높다). 따라서 이 전기는 제자들에게 수수께끼(부활한 예수가 제자들에게 나타날 것인가?)를 남기는 것이 아니라 그들이 이미 성취된 것으로 알고 있는 사건에 대한 약속을 남긴다. 실제로 마가가 전기를 쓴 주된 이유 중 하나가 예수의 삶과 사명을 "복음"이라는 용어에 담기 위해서였다는 우리의 초기 관찰에 큰 의미를 부여할수록(위 215-16을 보라) 마가는 부활하신 주님이 제자들에게 나타나신 것과 같은 전통적인 자료들을 언급할 필요가 없었다.

이렇게 읽으면 여인들이 두려워 떠는 모습은 여전히 난해하지만, 이제 이 두려움은 그리스도인의 증언을 가로막는 요인이 될 수 없다는 경고로 작용할 수 있다. 마가복음에는 해피엔딩이 없지만, 박해를 경험했거나 두려움에 떨었던 마가의 주된 독자들의 상황은 스승의 이야기가 경솔하게 또는 순진하게 마무리되는 것을 결코 허용할 수 없었을 것이다. 마가는 예수를 따른다는 것이 힘든 일이며 제자가 되려는 사람들에게 많은 것을 요구할 것임을 계속해서 강조했다. 제자들도 예수처럼 원수들에게 넘겨지고, 공의회에 회부되고, 회당에서 매를 맞고, 총독과 왕들 앞에서 증언해야 하고(13:9-13), 심지어 순교자의 길을 요구받을 것이다(8:34-38). 마가복음의 청중이 처한 상황이 결코 쉽지만은 않지만, 저자는 그들에게 그의 이야기가 아직 끝나지 않았다고 확신시킨다. 예루살렘과 그 성전이 멸망함으로써 예수의 원수들에 대한 하나님의 보응이 시작되었지만, 청중들은 굳건히 서서 아들의 영광스러운 재림을 기다리며 "지켜보아야" 한다(13:24-27). 마가복음의 청중은 그들보다 먼저 "갈릴리"로 간 기독교 선교사들과 제자들의 무리에 합류하라는 부름을 받는다. 그들의 제자도는 예수의 구속적 죽음의 의미를 깊이 깨닫고 그들에게 보여준 삶과 죽음의 모범을 본받는 바로 그 자리에서 시작되어야만 한다.

마지막 소감

모든 전기는 자서전의 한 형태다.

—허마이어니 리(Hermione Lee)[1]

이 책의 주장은 마가의 전기가 초기 예수 전승에 대한 매우 구체적인 수용(reception)이라는 것이다. 저자는 전기라는 장르를 사용하여 예수의 죽음과 부활에만 집중했던 기존의 좁은 초점에서 벗어나 이제는 그리스도 추종 선포("복음")를 창시자의 삶의 방식까지 포함하도록 확장했다. 예수를 전기의 중심에 두는 것은 필연적인 발전이 아니라 오히려 예수의 삶과 죽음을 본보기로 하여 기독교 제자도의 급진적인 형태를 개괄하기 위한 대담한 조치였다. 아주 기본적인 수준에서 보면 고대의 전기는 주인공에 대한 기억을 영원히 보존하여 그의 삶과 가르침에 대한 문학적 기념비를 세운다. 그러나 그것은 또한 그 인물에 대한 특정 견해를 정당화하고 작가와 청중을 그 기억에 대한 적절한 "문지기"로 자리매김하기 위한 시도이기도 하다. 존경받는 스승에 초점을 맞춘 전기는 공유된 가치와 약속을 명확히 하고, 집단의 정체성을 형성하며, 과거의 이야기를 현재의 관심사와 미래의 희망으로

---

1   H. Lee, *Biography: A Very Short Introduction* (Oxford: Oxford University Press, 2009), 12.

결합하는 데 특히 적합해 보인다.

예수의 최초기 전기

마가가 예수의 **첫 번째** 전기 작가인지 우리는 물론 말할 수 없다. 그는 확실히 현존하는 예수의 최초기 전기 작가이며, 아마도 그의 작품이 가장 성공적인 초기 전기라고 주장하는 것도 지나친 억측은 아닐 것이다. 앞에서 나는 마가의 작품을 신흥 기독교 책 문화에서 가장 초기에 위치시키려고 노력했다. 바울 서신, 유대 성경에서 발췌한 본문들, 그리고 아마도 다른 어록 모음집이나 간략한 보고서와 함께 마가의 작품은 유대 회당에서 경전에 관심을 기울였던 것처럼 **텍스트**를 중심으로 그리스도를 따르는 자들의 정체성을 창조하는 데 도움이 되었다. 앞서 살펴본 바와 같이 마가는 의도적으로 구어체의 단순한 산문을 선호했다. 상황적 세부사항이 부족한 크레이아 형식은 오랜 구전 전승의 흔적이 아니라 일반적으로 일화적 전기에서 사용되는 구성 요소다. 일부 자료는 이미 이러한 문학적 형태로 마가에게 전해졌을 수도 있지만, 마가는 초기 자료들을 자신의 목적에 맞게 재구성하고 이전의 많은 구전 전승을 직접 각색했을 수도 있다. 나는 이 강력한 짧은 일화들은 흥미롭고 쉽게 기억될 수 있었기 때문에 마가의 청중들은 이를 마음속 깊이 새기고 다시 전달하면서 예수의 삶에서 비롯된 말씀과 사건과 상황에 기초한 초기 기독교 파이데이아를 만들어나가기 시작했다고 주장했다. 이전에는 다소 자유롭고 느슨했던 전승이 이제는 역사화되어 예수의 전기에서 (좋든 나쁘든) 어떤 특정한 시기 및 장소와 연결되었다.

비록 마가복음은 전형적인 그리스-로마 장르를 채택하고 있지만, 작품 초반부터 나타나는 갑작스러운 시작과 프롤로그의 부재로 인해 우리는 이것이 평범한 전기로 전개되지 않을 것임을 분명히 알 수 있다. 마가는 이스라엘의 하나님께 입양된 그의 영웅에게 아주 명망 높은 혈통을 선사한다. 이 작품 전반부에 나오는 기적들은 예수가 성령으로 충만한 하나님의 아들, 곧 무시할 수 없는 강한 존재임을 확인시켜준다. 이 초반 장들에서 그는 자신의 절제력(sōphrosynē)과 타인에 대한 애정(philanthrōpia)을 끊임없이 드러내는 명예롭고 심지어 엘리트적인 남성으로 묘사된다. 당연히 예수의 권위와 큰 인기는 반대자들의 관심을 불러일으켰고, 이들은 논쟁을 좋아하는 남성들의 공적 세계에서 예수의 명예를 실추시키려다가 계속해서 수모를 당한다. 그러나 전기가 진행됨에 따라 마가복음의 예수는 당대의 명예와 영광에 대해 매우 전복적인 견해를 가지고 있음이 분명해진다. 그는 끊임없이 사치스러운 삶을 경멸하고 다른 사람들이 바람직하다고 여길 수 없는 사람들과 어울린다. 비록 그는 큰 명예를 누릴 자격이 있지만, 자신의 진정한 정체성을 감추고 겸손과 절제를 보여준다. 가르침이 주를 이루는 중심 부분에서 그는 명예에 대한 전통적인 생각을 완전히 부정하고 청중들에게 근본적으로 다른 세계관을 공유하도록 촉구한다. 추종자들은 모든 것을 포기하고, 서로에게 노예처럼 행동하며, 심지어 예수처럼 목숨까지 내놓을 것을 요구받는다. 전기 전반에 걸쳐 예수는 다른 사람들에 대한 관심, 겸손과 절제, 명예와 존경에 대한 당대의 관념 거부, 그리고 마침내 굴욕적인 죽음 등으로 추종자들에게 모범을 제시해주었다. 이것은 예수를 "따르라"는 끊임없는 초대뿐만 아니라 작품의 구조, 특히 세례자 요한, 예수, 신자 간의 삼중 병행 구조, 세례로 시작하여 제자도에 대한 새로운 소명으로 마무리되는 작품의 구조에서도 분명하게 드러난다. 나는 예수의 신체적 묘사가 없는 것도 예수를 본받으라는 요구에 영향을 미쳤다고 생각한다.

내가 5장에서 주장했듯이 다른 인물들은 주로 예수의 고귀한 성품을 드러내는 역할을 한다. 때때로 그들은 하나님 나라의 가치(인내, 풍성한 기부 등)를 예시하기도 하지만, 더 일반적으로는 예수를 한층 더 드러내는 역할을 한다. 마가의 "인물 묘사"의 대부분은 에피소드의 신중한 배치와 병치, 비교와 대비를 유도하는 패턴에 기인한다. 예를 들어 우리는 "왕" 헤롯을 둘러싼 정교한 싱크리시스에서 폭압적인 군주와 새롭게 떠오르는 예수의 초상을 대조하여 후자를 왕과 제국의 자질을 갖춘 이상적인 엘리트 남성으로 더 확고히 자리매김하는 것을 보았다. 또한 열두 제자의 역할은 모범적인 제자가 되는 것이 아니다. 예수 자신이 모범의 중심인물로 자리 잡고 있기 때문에 그들은 모범적인 면에서도 미흡할 뿐만 아니라 그럴 필요조차 없었다. 오히려 열두 제자가 종종 모순되고 모호한 인물로 묘사되는 것은 예수의 성품과 삶의 방식을 더 잘 부각시키기 위한 것이다. 나는 열두 제자가 다음 세 가지 주요 역할을 한다고 제안했다. 첫째, 그들은 예수를 주변에서 추종자들을 모으는 모범적이고 권위 있는 스승으로 제시한다(여기서는 칭찬받을 만한 추종자 역할을 함). 둘째, 그들은 특히 예수의 가르침이 점점 어려워질 때 예수가 자신의 가르침을 확대할 수 있도록 한다(여기서는 마가복음의 예수가 질문을 하고 그들이 들은 내용을 오해함으로써 그가 가르침을 계속 이어나가도록 함). 셋째, 그들은 마가가 예수의 용감하고 고독한 죽음을 강조할 수 있도록 한다(그들의 비겁함을 통해 피해야 할 행동의 모범을 제공함). 다른 전기의 경우와 마찬가지로 마가는 자신의 작품이 다른 기독교 전승과 함께 읽히기를 기대했을 것이다. 열두 제자를 너무 가혹하게 묘사했다고도 볼 수 있는 그의 작품은 훗날 제자들의 위대한 선교 업적에 대해 알고 있는 그리스도 추종자 그룹의 맥락에서 읽어야 하며, 예수를 부인한 베드로의 부끄러운 모습은 훗날 그의 순교에 비추어 해석되어야 한다.

역설적이게도 마가의 전기의 예수에게 유일하게 어울리는 결말은 부끄러운 결말이다. 6장에서 우리는 예수의 죽음이 구원을 가져다준다는 것을 살펴보았다. 오직 예수만이 하나님의 사랑받는 아들로서 자신을 가장 비천한 자리까지 낮추어 "많은 사람을 위한 대속물"로서 홀로 고독한 죽음의 길을 갈 수 있다. 그러나 그가 불명예스러운 처형을 당하고 하나님으로부터 정당성을 인정받으면 타인을 섬기는 그의 죽음은 다른 사람들이 본받아야 할 모범이 된다. 8장-10장의 가르침이 명예/수치에 대한 관념을 뒤집어놓은 것처럼 저자는 고귀한 죽음에 대한 기존 관념을 완전히 뒤집어놓는다. 실제로 마가는 이 작품의 결말에서부터 그의 작품을 계획한 것으로 보이며, 주인공의 수치스러운 죽음은 가르침의 중심이 되는 반문화적 내용에 큰 영향을 미쳤을 것으로 보인다. 이처럼 마가는 예수의 삶과 죽음을 하나로 어우러진 작품으로 제시하는데, 예수가 다른 사람들에게 설교하고 그대로 삶으로 구현한 가치관은 또한 그의 죽음을 정의하는 가치관이기도 하다. 그는 훌륭한 철학자로서 자신이 설교한 바대로 죽는다.

아우토미메시스

마지막으로 이 책을 쓰는 내내 나의 흥미를 끈 것이 하나 있다. 나는 옥스퍼
드 대학의 영문학 교수이자 전기 분야의 탁월한 전문가인 귀부인(Dame) 허
마이오니 리(Hermione Lee)의 말을 인용하면서 이 책의 마지막 장을 시작했
다. "모든 전기는 자서전의 한 형태다."[2] 물론 그녀의 말이 옳다. 전기에 관
한 주제 선택은 자의적이거나 무작위적이지 않다. 전기 작가는 자신이 중
요하다고 생각하는 인물, 작가가 존경하거나 공감할 수 있는 인물, 현대의
독자들에게 중요한 이야기를 들려줄 수 있는 인물에 대해 글을 쓴다. 일반
적으로 전기 작가가 특정 주제에 끌리는 데에는 공감의 불꽃이나 공유된
상황과 같은 지극히 개인적인 요소가 있다. 하지만 주제를 선택할 때 개인
적인 취향이 작용하는 것은 아니다. "전기"를 구성하는 행위, 시작점과 끝
점을 선택하고, 무엇을 포함하고 무엇을 생략할지 결정하고, 사건을 일관
된 이야기로 연결하는 방법을 결정하는 것 자체가 주제만큼이나 전기 작가
자신에 대한 많은 것을 드러낸다. 인물이 생존하지 않고 주요 증거가 너무
빈약하거나 모순되는 경우, 전기 작가는 자신의 가치와 관심사에 따라 그
공백을 메우고 싶은 유혹을 받는다. 이 과정은 전기에만 국한되지 않고 다

---

2   Lee, *Biography*, 12.

양한 유형의 예술과 풍부한 상상력을 요구하는 작업에도 똑같이 적용된다. 이것은 심지어 아우토미메시스(*automimēsis*, 자기 모방) 또는 전이(transference) 라는 이름을 가지고 있다.[3]

성서학에서 이에 대한 분명한 예가 바로 역사적 예수 연구다. 이 특정한 학문적 추구에서 일반적으로 알려진 함정 중 하나는 역사가가 자신의 모습대로 예수를 재구성하려 한다는 것이다. 조지 티렐(George Tyrrell)이 남긴 유명한 말은 모든 예수 비평가들의 마음속에 불길한 반향을 일으킨다. 그는 개신교 탐구자들이 발견한 것은 깊은 우물 수면에 비친 개신교 해석자의 얼굴이었다고 비꼬았다.[4] 더 정확하게 말하자면 예수 비평가들이 흔히 발견하는 것은 자신의 가치와 관심사를 구현하는 예수, 자신이 중요하다고 생각하는 것을 대변하고 자신이 믿고 있는 것을 믿는 예수일 수 있다.

고대 전기에서도 똑같은 특징을 발견할 수 있다. 크세노폰의 『소크라테스의 회상』과 플라톤의 『파이돈』에서 묘사하는 소크라테스의 모습이 서로 다르다는 것이 좋은 예가 된다. 두 저자 모두 소크라테스에게 씌워진 혐의에 면죄부를 주려고 노력하지만, 소크라테스를 자신들만의 독특한 철학을 대변하는 사람으로 내세우기도 한다. 크세노폰 역시 아게실라오스를 칭찬하면서 그가 어떤 특성을 소중히 여기는지 드러내고 있으며, 토마스 해

---

3   T. Hägg, *The Art of Biography in Antiquity* (Cambridge: Cambridge University Press, 2012), 5-6.

4   G. Tyrrell, *Christianity at the Crossroads* (London: Longmans, Green, 1913), 44(Tyrrell은 자신의 주장을 구체적으로 Adolf von Harnack에게 겨냥했다). A. Schweitzer, *The Quest of the Historical Jesus* (London: A&C Black, 1954), 4도 이와 비슷한 생각을 공유한다.

그가 지적했듯이 "자신의 이상을 주인공에게 강요했다는 비난을 받을 수도 있다."[5] 마찬가지로 『키로파에디아』(*Cyropaedia*)는 위대한 페르시아 왕에 대한 것만큼이나 리더십에 대한 크세노폰의 이상을 많이 드러낸다(주인공과 전기 작가 간의 친분이 적을수록 전기 작가는 주인공을 자신의 이미지로 만들기가 더 쉬웠다).[6] 이소크라테스는 에바고라스의 온화함과 절제력을 강조하면서 자신의 윤리적·정치적 이상을 반영했음이 분명하다. 많은 사람들은 데모낙스가 너무 노골적으로 루키아노스의 목소리로 말하는 것처럼 보였기 때문에 그가 실제로 존재했는지조차 의심했다.[7] 그리고 (성경적 근거 없이) 모세가 학문에 전념했다는 필론의 언급(*Life of Moses* 1.20)을 두고 "필론은 성서 속 영웅들을 자신의 이미지로 형상화했을 수도 있다고 생각하게 만든다"라고 말한 루이스 펠드먼의 생각은 결코 무리가 아니다.[8]

이러한 비교는 우리가 마가복음을 조금 더 깊이 성찰하게 만들 수도 있다. 지금까지 거의 제기되지 않는 질문은 복음서 저자가 예수를 어디까지 자신의 이미지로 그렸는가 하는 것이다. 달리 말하면 마가복음의 예수는 마가 자신의 가치와 관심사를 어느 정도까지 드러내고 있는가? 복음서 저자들이 개별적인 전승을 편찬한 사람에 지나지 않는다고 여겼을 때 이러

---

5   Hägg, *Art of Biography*, 49.

6   Hägg, *Art of Biography*, 29, 33-34, 49, 64-66.

7   D. Clay의 개관을 보라. "Lucian of Samosata: Four Philosophical Lives" (Nigrinus, Demonax, Peregrinus, Alexander Pseudomantis), in *ANRW* II 36.5, 3406-50.

8   L. H. Feldman, *Philo's Portrayal of Moses in the Context of Ancient Judaism* (Notre Dame: University of Notre Dame Press, 2007), 48.

한 질문은 무의미했을 것이다. 그러나 마가가 근본적으로 창의적이며 풍부한 상상력을 요하는 예술에 종사하는 전기 작가로 여겨질수록 이러한 질문은 더욱더 중요해진다. 1912년에 조지 버나드 쇼(George Bernard Shaw)는 마태가 "대다수 전기 작가들처럼 그의 영웅의 의견과 편견을 자신의 것과 동일시하려고 했다"고 자신 있게 주장할 수 있었다.[9] 이것은 전승 자료를 처음으로 전기의 형태로 집필한 마가복음의 경우라면 더더욱 그러했을 것이다. 마가복음 저자는 예수의 헌신적인 추종자였으며, 스승의 수치스러운 최후에 대해 오랫동안 깊이 성찰하고 제자도와 섬김의 삶 사이에 중요한 연관성을 간파했던 사람임이 분명하다. 역사적 예수의 경우가 어떠했든지 간에 마가에게 있어 예수의 가르침에서 가장 중요한 측면은 그의 반문화적인 메시지, 명예와 수치 개념의 재정의, 그리고 새로운 섬김의 규범 준수를 통해 스스로 자신을 규정하라는 예수의 명령이었다. 마가는 이러한 기억을 바탕으로 혼란스러운 전승에 자신만의 패턴을 부여하고, 그것을 가장 부당하고 굴욕적인 죽음조차도 극복한 위대한 스승의 강력한 이야기로 재탄생시켰다.

이 모든 것이 의미하는 바는 마가의 개성과 상황이 그의 작품과 완전히 분리될 수 없다는 점이다. 마가는 자신의 특별한 관심사 때문에 예수에 대한 이야기를 특정한 방식으로 표현하기로 선택했으며, 아마도 그가 의도

---

9   G. B. Shaw, preface to *Androcles and the Lion* ("On the Prospects of Christianity"), in *The Bodley Head Bernard Shaw: Collected Plays with Their Prefaces* (London: Max Reinhardt/Bodley Head, 1972; orig. 1912), 4:487.

한 청중이 자신의 관심사를 공유하고 자신의 작품을 통해 유익을 얻을 것이라고 기대했을 것이다. 따라서 복음서의 저자, 기록 연대 및 장소를 묻는 것으로 복음서 연구를 시작하는 일반적인 역사비평 방법론은 (결과가 아무리 빈약하더라도) 결코 부적절한 것이 아니다. 또한 우리는 왜 마가의 작품이 최종본이 아니었는지에 대한 단서를 여기서 찾을 수 있다. 전기의 특성상 오직 잠정적일 뿐 "완전한 전기"란 결코 존재할 수 없다. 모든 전기는 저자의 인상뿐만 아니라 집필 당시의 상황과 의도된 대상의 인상을 담고 있다.[10] 따라서 새로운 전기 작가들이 마가복음에서 영감을 얻되 각자의 고민을 가지고 새로운 상황과 맥락을 염두에 두면서 각자 자신의 고유한 버전을 저술하는 것은 불가피한 일이었다. 따라서 마가의 작품이 마태, 누가, 요한의 작품에 영감을 준 사실은 그리 놀라운 일이 아니다.

결국에는 문학적 인물이 그에 상응하는 역사적 인물을 따라잡기 마련이다. 아무리 노력해도 우리는 마가의 기록을 따라잡을 수 없다. 왜냐하면 역사적 예수와 마가의 창조물 간의 소통은 너무 혼란스럽고 모순적이며 취약하기 때문이다. 그렇다면 왜 우리는 마가의 기록 외에 다른 것을 원하는 걸까? 역사적 예수를 재구성하는 것은 훌륭한 학문적 작업이며, 그에 대한 왜곡된 주장에 대응하는 측면에서도 고무적일 수 있지만, 역사적 인물은 (아무리 재구성한다 하더라도) 마가복음이 지난 2천 년 동안 해온 방식처럼 수

---

10 따라서 E. Homberger and J. Charmley, *The Troubled Face of Biography* (London: Macmillan, 1988), xi. 259

백만 명의 신자들의 마음을 움직일 수는 없을 것이며, 당연히 앞으로도 계속 그럴 것이다. 마가의 전기는 예수의 이야기를 어떻게 전달해야 하는지에 대한 윤곽을 영원히 설정해놓았다. 따라서 좋든 싫든 예수의 이야기는 **마가**의 예수 이야기다.

참고문헌

Achtemeier, Paul J. *Jesus and the Miracle Tradition*. Eugene, OR: Wipf & Stock, 2008.

_____. "Omne Verbum Sonat: The New Testament and the Oral Environment of Late Western Antiquity." *JBL* 109 (1990): 3-27.

Adams, Sean A. *The Genre of Acts and Collected Biography*. Cambridge: Cambridge University Press, 2013.

_____. "Luke and Progymnasmata: Rhetorical Handbooks, Rhetorical Sophistication and Genre Selection." Pages 137-54 in *Ancient Education and Early Christianity*. Edited by Matthew Ryan Hauge and Andrew W. Pitts. LNTS 533. London: Bloomsbury T&T Clark, 2016.

_____. "Luke's Preface and Its Relationship to Greek Historiography: A Response to Loveday Alexander." *JGRChJ* 3 (2006): 177-91.

_____. "What Are *Bioi/Vitae*? Generic Self-Consciousness in Ancient Biography." *The Oxford Handbook to Ancient Biography*. Edited by Koen De Temmerman. Oxford: Oxford University Press, 2020.

Aguilar Chiu, José E. "A Theological Reading of ἐξέπνευσεν in Mark 15:37, 39." *CBQ* 78 (2016): 682-705.

Ahearne-Kroll, Stephen P. "Challenging the Divine: LXX Psalm 21 in the Passion Narrative of the Gospel of Mark." Pages 119-48 in *The Trial and Death of Jesus: Essays on the Passion Narrative in Mark*. Edited by Geert van Oyen and Tom Shepherd. CBET 45. Leuven: Peeters, 2006.

_____. *The Psalms of Lament in Mark's Passion: Jesus's Davidic Suffering*. SNTSMS 142. Cambridge: Cambridge University Press, 2007.

Ahearne-Kroll, Stephen P., Paul A. Holloway, and James A. Kelhoffer, eds. *Women and Gender in Ancient Religions*. WUNT 263. Tübingen: Mohr Siebeck, 2010.

Alexander, Loveday. "Ancient Book Production and the Circulation of the Gospels." Pages 71-111 in *The Gospels for All Christians: Rethinking the Gospel Audiences*. Edited by Richard Bauckham. Edinburgh: T&T Clark, 1998.

_____. *The Preface to Luke's Gospel: Literary Convention and Social Context in Luke 1.1-4 and Acts 1.1*. SNTSMS 78. Cambridge: Cambridge University Press, 1993.

_____. "What Is a Gospel?" Pages 13-33 in *The Cambridge Companion to the Gospels*. Edited by Stephen Barton. Cambridge: Cambridge University Press, 2006.

Alexander, Philip S. "Rabbinic Biography and the Biography of Jesus." Pages 19-50 in *Synoptic Studies: The Ampleforth Conferences of 1982 and 1983*. Edited by Christopher M. Tuckett. JSNTSup 7. Sheffield: JSOT Press, 1984.

Anderson, Hugh. "The Old Testament in Mark's Gospel." Pages 280-306 in *The Use of the Old Testament in the New*. Edited by James M. Efird. Durham, NC: Duke University Press, 1972.

Anderson, Janice C., and Stephen D. Moore. "Matthew and Masculinity." Pages 67-92 in *New Testament Masculinities*. Edited by Stephen D. Moore and Janice Capel Anderson. SemeiaSt 45. Atlanta: SBL Press, 2003.

Armstrong, A. M. "The Methods of the Greek Physiognomists." *G&R* 5 (1958): 52-56.

Arnal, William. "Major Episodes in the Biography of Jesus. An Assessment of the Historicity of the Narrative Tradition." *TJT* 13 (1997): 201-26.

Ash, Rhiannon. "Never Say Die! Assassinating Emperors in Suetonius' *Lives*." Pages 200-216 in *Writing Biography in Greece and Rome*. Edited by Koen De Temmerman and Kristoffel Demoen. Cambridge: Cambridge University Press, 2016.

Ash, Rhiannon, Judith Mossman, and Francis B. Titchener, eds. *Fame and Infamy: Essays for Christopher Pelling on Characterization in Greek and Roman Biography*. Oxford: Oxford University Press, 2015.

Assmann, Jan. "Form as a Mnemonic Device: Cultural Texts and Cultural Memory." Pages 67-82 in *Performing the Gospel: Orality, Memory, and Mark; Essays Dedicated to Werner Kelber*. Edited by Richard A. Horsley, Jonathan A. Draper, and John Miles Foley. Minneapolis: Fortress, 2006.

Aune, David E. "Genre Theory and the Genre-Function of Mark and Matthew." Pages 145-75 in *Mark and Matthew I, Comparative Readings: Understanding the Earliest Gospels in Their First Century Settings*. Edited by Eve-Marie Becker and Anders Runesson. WUNT 271. Tübingen: Mohr Siebeck, 2011.

_____. "Greco-Roman Biography." Pages 107-26 in *Greco-Roman Literature and the*

New Testament. Edited by David E. Aune. Sources for Biblical Study 21. Atlanta: Scholars Press, 1988.

_____. *The New Testament in Its Literary Environment*. LEC 8. Philadelphia: Westminster, 1987.

_____. "The Problem of Genre of the Gospels: A Critique of C. H. Talbert's *What Is a Gospel?*" Pages 9–60 in *Studies of History and Tradition in the Four Gospels*. Edited by R. T. France and David Wenham. Sheffield: JSOT Press, 1981.

Aune, David E., ed. *Greco-Roman Literature and the New Testament*. Sources for Biblical Study 21. Atlanta: Scholars Press, 1988.

Aus, Roger. *Water into Wine and the Beheading of John the Baptist: Early Jewish-Christian Interpretation of Esther 1 in John 2:1-11 and Mark 6:17-29*. Atlanta: Scholars Press, 1988.

Bacon, Benjamin W. "The Prologue of Mark: A Study of Sources and Structure." *JBL* 26 (1907): 84–106.

Baert, Barbara. "The Dancing Daughter and the Head of John the Baptist (Mark 6:14–29) Revisited: An Interdisciplinary Approach." *Louvain Studies* 38 (2014): 5–29.

Bagnall, Roger. *Everyday Writing in the Graeco-Roman East*. Berkeley: University of California Press, 2011.

Baltzer, Klaus. *Die Biographie der Propheten*. Neukirchen–Vluyn: Neukirchener Verlag, 1975.

Baragwanath, Emily. "Characterization in Herodotus." Pages 17–35 in *Fame and Infamy: Essays on Characterization in Greek and Roman Biography and Historiography*. Edited by Rhiannon Ash, Judith Mossman, and Frances B. Titchener. Oxford: Oxford University Press.

Barton, Stephen, ed. *The Cambridge Companion to the Gospels*. Cambridge: Cambridge University Press, 2006.

_____. "Can We Identify the Gospel Audiences?" Pages 173–94 in *The Gospels for All Christians: Rethinking the Gospel Audiences*. Edited by Richard Bauckham. Edinburgh: T&T Clark, 1998.

Bassett, Sherylee R. "The Death of Cyrus the Younger." *ClQ* 49 (1999): 473–83.

Bauckham, Richard. "The Eyewitnesses in the Gospel of Mark." *SEÅ* 74 (2009): 19–39.

_____. "For Whom Were the Gospels Written?" Pages 9–48 in *The Gospels for All Christians: Rethinking the Gospel Audiences*. Edited by Richard Bauckham. Edinburgh: T&T Clark, 1998.

_____, ed. *The Gospels for All Christians: Rethinking the Gospel Audiences*. Edinburgh: T&T Clark, 1998.

_____. *Jesus and the Eyewitnesses: The Gospels as Eyewitness Testimony*. 2nd ed. Grand Rapids: Eerdmans, 2017. 『예수와 그 목격자들』(새물결플러스 역간).

_____. "Response to Philip Esler." *SJT* 51 (1998): 249–53.

_____. *Testimony of the Beloved Disciple: Narrative, History, and Theology in the Gospel of John*. Grand Rapids: Baker Academic, 2007.

Baumgarten, Roland. "Dangerous Tears? Platonic Provocations and Aristotelian Answers." Pages 85–104 in *Tears in the Graeco-Roman World*. Edited by Thorsten Fögen. Berlin: de Gruyter, 2009.

Beard, Mary. *Literacy in the Roman World*. JRASup 3. Ann Arbor: University of Michigan Press, 1991.

_____. *The Roman Triumph*. Cambridge, MA: Harvard University Press, 2009.

Beavis, Mary Ann. *Mark's Audience: The Literary and Social Setting of Mark 4.11-12*. JSNTSup 33. Sheffield: Sheffield Academic, 1989.

Beck, Mark. "Lucian's *Life of Demonax*: The Socratic Paradigm, Individuality, and Personality." Pages 80–96 in *Writing Biography in Greece and Rome*. Edited by Koen De Temmerman and Kristoffel Demoen. Cambridge: Cambridge University Press, 2016.

Becker, Eve-Marie. *Das Markusevangelium im Rahmen Antiker Historiographie*. WUNT 194. Tübingen: Mohr Siebeck, 2006.

_____. "Dating Mark and Matthew as Ancient Literature." Pages 123–43 in *Mark and Matthew I, Comparative Readings: Understanding the Earliest Gospels in Their First Century Settings*. Edited by Eve-Marie Becker and Anders Runesson. WUNT 271. Tübingen: Mohr Siebeck, 2011.

Becker, Eve-Marie, and Anders Runesson, eds. *Mark and Matthew I, Comparative Readings: Understanding the Earliest Gospels in Their First-Century Setting*. WUNT 271. Tübingen: Mohr Siebeck, 2011.

Becker, Michael. "Miracle Traditions in Early Rabbinic Literature: Some Questions on

Their Pragmatics." Pages 48–69 in *Wonders Never Cease: The Purpose of Narrating Miracle Stories in the New Testament and Its Religious Environment*. Edited by Bert Jan Lietaert Peerbolte and Michael Labahn. LNTS 288. London: T&T Clark, 2006.

Beneker, Jeffrey. "Nepos' Biographical Method in the Lives of Foreign Generals." *CJ* 105 (2009): 109–21.

Bennema, Cornelis. "A Theory of Character in the Fourth Gospel with Reference to Ancient and Modern Literature." *BibInt* 17 (2009): 375–421.

Berger, Klaus. "Hellenistische Gattungen im NT." *ANRW* II 25.2:1031–1432.

Best, Ernest. "Mark's Narrative Technique." *JSNT* 37 (1989): 43–58.

_____. "Mark's Readers: A Profile." Pages 839–58 in *The Four Gospels, 1992: Festschrift for Frans Neirynck*. BETL 100. Edited by Frans van Segbroeck, Christopher M. Tuckett, Gilbert Van Belle, and Joseph Verheyden. Leuven: Leuven University Press, 1992.

_____. "Peter in the Gospel according to Mark." *CBQ* 40 (1978): 547–58.

_____. "The Role of the Disciples in Mark." *NTS* 23 (1976–7): 377–401.

_____. *The Temptation and the Passion: The Markan Soteriology*. 2nd ed. SNTSMS 2. Cambridge: Cambridge University Press, 1990.

Betz, Hans D. *Nachfolge und Nachahmung Jesu Christi im Neuen Testament*. BHT 37. Tübingen: Mohr Siebeck, 1967.

Billault, Alain S. "Characterization in the Ancient Novel." Pages 115–29 in *The Novel in the Ancient World*. Edited by Gareth L. Schmeling. Leiden: Brill, 1996.

Bird, Michael. "The Markan Community, Myth or Maze? Bauckham's 'The Gospel for All Christians' Revisited." *JTS* 57 (2006): 474–86.

Black, C. Clifton. *The Disciples according to Mark: Markan Redaction in Current Debate*. 2nd ed. JSNTSup 27 Grand Rapids: Eerdmans, 2012.

_____. *Mark: Images of an Apostolic Interpreter*. Studies on Personalities of the New Testament. Edinburgh: T&T Clark, 2001.

_____. "Mark as Historian of God's Kingdom." *CBQ* 71 (2009): 64–83.

Black, Matthew. "The Use of Rhetorical Terminology in Papias on Mark and Matthew." *JSNT* 37 (1989): 31–41.

Bloomer, W. Martin. *Valerius Maximus and the Rhetoric of the New Nobility*. Chapel Hill: University of North Carolina Press, 1992.

Bockmuehl, Markus N. A. *Simon Peter in Scripture and Memory: The New Testament Apostle in the Early Church*. Grand Rapids: Baker Academic, 2012.

Boeft, Jan den. "Asclepius' Healings Made Known." Pages 20-31 in *Wonders Never Cease: The Purpose of Narrating Miracle Stories in the New Testament and Its Religious Environment*. Edited by Michael Labahn and B. Jan Lietaert Peerbolte. LNTS 288. London: T&T Clark, 2006.

Bond, Helen K. "Barabbas Remembered." Pages 59-71 in *Jesus and Paul: Global Perspectives in Honor of James D. G. Dunn for His 70th Birthday*. Edited by B. J. Oropeza, C. K. Robertson, and Douglas Mohrmann. LNTS 414. London: T&T Clark International, 2009.

――――. *Caiaphas: Friend of Rome and Judge of Jesus?* Louisville: Westminster John Knox, 2004.

――――. *The Historical Jesus: A Guide for the Perplexed*. London: Bloomsbury, 2012. 『역사적 예수 입문』(CLC 역간).

――――. "Josephus on Herod's Domestic Intrigue in the Jewish War." *JSJ* 43 (2012): 295-314.

――――. "Paragon of Discipleship? Simon of Cyrene in the Markan Passion Narrative." Pages 18-35 in *Matthew and Mark across Perspectives: Essays in Honour of Stephen C. Barton and William R. Telford*. Edited by Kristian A. Bendoraitis and Nijay K. Gupta. LNTS 538. Edinburgh: T&T Clark, 2016.

――――. *Pontius Pilate in History and Interpretation*. SNTSMS 100. Cambridge: Cambridge University Press, 1998.

――――. "Was Peter behind Mark's Gospel?" Pages 46-61 in *Peter in Earliest Christianity*. Edited by Bond and Larry W. Hurtado. Grand Rapids: Eerdmans, 2015.

――――. " 'You'll Probably Get Away with Crucifixion': Laughing at the Cross in the *Life of Brian* and the Ancient World." Pages 113-26 in *Jesus and Brian: Exploring the Historial Jesus and His Times via Monty Python's "Life of Brian."* Edited by Joan E. Taylor. London: Bloomsbury, 2015.

Bonfante Warren, L. "Roman Triumphs and Etruscan Kings: The Changing Face of the Triumph." *JRS* 60 (1970): 49-66.

Boomershine, Thomas E. "Peter's Denial as Polemic or Confession: The Implications of Media Criticism for Biblical Hermeneutics." *Semeia* 39 (1987): 47–68.

Boomershine, Thomas E., and Gilbert L. Bartholomew. "The Narrative Technique of Mark 16:8." *JBL* 100 (1981): 213–23.

Borgen, Peder. "The Place of the Old Testament in the Formation of New Testament Theology: Response." *NTS* 23 (1976): 67–75.

Boring, M. Eugene. *Mark: A Commentary.* Louisville: Westminster John Knox, 2006.

_____. "Markan Christology: God-Language for Jesus?" *NTS* 45 (1999): 451–71.

Borrell, Agusti. *The Good News of Peter's Denial: A Narrative and Rhetorical Reading of Mark 14:54, 66-72.* Translated by S. Conlon. Atlanta: Scholars Press, 1998.

Botha, Pieter J. J. "Mark's Story as Oral Traditional Literature." *Hervormde Teologiese Studies* 47 (1991): 304–31.

Bousset, Wilhelm. *Kyrios Christos: A History of the Belief in Christ from the Beginnings of Christianity to Irenaeus.* Translated by J. E. Steely. Nashville: Abingdon, 1970. Translation of *Kyrios Christos: Geschichte des Chirstusglaubens von den Anfängen des Christentums bis Irenaeus.* Göttingen: Vandenhoeck & Ruprecht, 1913.

Branscomb, B. H. *The Gospel of Mark.* London: Hodder and Stoughton, 1937.

Brant, Jo-Ann. "Divine Birth and Apparent Parents: The Plot of the Fourth Gospel." Pages 199–217 in *Ancient Fiction and Early Christian Narrative.* Edited by Ronald F. Hock, J. Bradley Chance, and Judith Perkins. SBLSymS 6. Atlanta: Scholars Press, 1998.

Braund, David C. "Berenice in Rome." *Historia* 33 (1984): 120–23.

Breytenbach, Cilliers. "Das Markusevangelium also Episodische Erzählung." Pages 138–69 in *Der Erzähler des Evangeliums: methodische Neuansätze in der Markusforschung.* SBS 118/119. Edited by Ferdinand Hahn. Stuttgart: Verlag Katholisches Bibelwerk, 1985.

_____. "Narrating the Death of Jesus in Mark: Utterances of the Main Character, Jesus." *ZNW* 105 (2014): 153–68.

Brown, Raymond E. "The Burial of Jesus (Mark 15:42-47)." *CBQ* 50 (1988): 233–45.

_____. *The Death of the Messiah: From Gethsemane to the Grave; A Commentary on the Passion Narratives in the Four Gospels.* 2 vols. New York: Doubleday, 1994. 『앵커

바이블 메시아의 죽음』(CLC 역간).

Brown, Scott G. "Mark 11:1-12:12: A Triple Intercalation?" *CBQ* (2002): 78-89.

Bruce, Iain A. F. "Theopompus and Classical Greek Historiography." *History and Theory* 1 (1970): 86-109.

Bryan, Christopher. *A Preface to Mark: Notes on the Gospel in Its Literary and Cultural Settings*. Oxford: Oxford University Press, 1993.

Bryskog, Samuel. *Story as History—History as Story: The Gospel Tradition in the Context of Ancient Oral History*. WUNT 123. Tübingen: Mohr Siebeck, 2000.

Bultmann, Rudolf. *History of the Synoptic Tradition*. 2nd ed. Translated by J. Marsh. Oxford: Blackwell, 1968. Translation of *Die Geschichte der synoptischen Tradition*. FRLANT 29. Göttingen: Vandenhoeck & Ruprecht, 1921.

———. "The Gospels (Form)." Pages 86-92 in vol. 1 of *Twentieth Century Theology in the Making*. Edited by Jaroslav Pelikan. Translated by R. A. Wilson. London: Collins, 1969.

Burnett, Frederick W. "Characterization and Reader Construction of Characters in the Gospels." *Semeia* 63 (1993): 3-28.

Burridge, Richard A. "About People, by People, for People: Gospel Genre and Audiences." Pages 113-45 in *The Gospels for All Christians: Rethinking the Gospel Audiences*. Edited by Richard Bauckham. Edinburgh: T&T Clark, 1998.

———. *Four Gospels, One Jesus? A Symbolic Reading*. 2nd ed. Grand Rapids: Eerdmans, 2005. 『복음서와 만나다: 예수를 그린 네 편의 초상화』(비아 역간).

———. *Imitating Jesus: An Inclusive Approach to New Testament Ethics*. Grand Rapids: Eerdmans, 2007.

———. "Reading the Gospels as Biography." Pages 31-49 in *Limits of Ancient Biography*. Edited by Brian McGing and Judith Mossman. Swansea: Classical Press of Wales, 2006.

———. *What Are the Gospels? A Comparison with Graeco-Roman Biography*. Cambridge: Cambridge University Press, 1992; 2nd ed., Grand Rapids: Eerdmans, 2004; 3rd ed., Waco: Baylor University Press, 2018.

Burkett, Delbert R. *The Son of Man Debate: A History and Evaluation*. SNTSMS 107. Cambridge: Cambridge University Press, 1999.

Butts, James R. "The Progymnasmata of Theon: A New Text with Translation and Commentary." PhD diss., Claremont Graduate School, 1987.

Campbell, William S. "Engagement, Disengagement and Obstruction: Jesus's Defense Strategies in Mark's Trial and Execution Scenes (14.53-64; 15.1-39)." *JSNT* 26 (2004): 283-300.

Cancik, Hubert. "Bios und Logos: Formgeschichtliche Untersuchungen zu Lukians 'Demonax.'" Pages 115-30 in *Markus—Philologie. Historische, literargeschichtliche und stilis tische Untersuchungen zum zweiten Evangelium*. Edited by Hubert Cancik. WUNT 33. Tübingen: Mohr Siebeck, 1984.

———. "Die Gattung Evangelium: Das Evangelium des Markus im Rahmen der antiken Historiographie." Pages 85-113 in *Markus—Philologie. Historische, literargeschichtliche und stilistische Untersuchungen zum zweiten Evangelium*. Edited by Hubert Cancik. WUNT 33. Tübingen: Mohr Siebeck, 1984.

Capes, David B. "*Imitatio Christi* and the Gospel Genre." *BBR* 13 (2003): 1-19.

Carter, Warren. "Cross-Gendered Romans and Mark's Jesus: Legion Enters the Pigs (Mark 5:1-20)." *JBL* 134 (2015): 139-55.

Castelli, Elizabeth A. *Imitating Paul: A Discourse of Power*. Literary Currents in Biblical Interpretation. Louisville: Westminster John Knox, 1991.

Catchpole, D. "The Fearful Silence of the Women at the Tomb: A Study of Markan Theology." *Journal of Theology for Southern Africa* 19 (1977): 3-10.

Chance, J. Bradley. "The Cursing of the Temple and the Tearing of the Veil in the Gospel of Mark." *BibInt* 15 (2007): 268-91.

———. "Fiction in Ancient Biography: An Approach to a Sensitive Issue in Gospel Interpretation." *Perspectives in Religious Studies* 18 (1991): 125-42.

Charlesworth, James H. "Can One Recover Aramaic Sources behind Mark's Gospel?" *Review of Rabbinic Judaism* 5 (2002): 249-58.

Christ, Matthew R. "Theopompus and Herodotus: A Reassessment." *ClQ* 43 (1993): 47-52.

Chronis, Harry L. "The Torn Veil: Cultus and Christology in Mark 15:37-39." *JBL* 101 (1982): 97-114.

Clark, Donald. L. *Rhetoric in Greco-Roman Education*. New York: Columbia University Press, 1957.

Clay, Diskin. "Lucian of Samosata: Four Philosophical Lives." *ANRW* II 36.5:3406-50.

Collins, Adela Y. *The Beginnings of the Gospel: Probings of Mark in Context.* Minneapolis: Fortress, 1992.

_____. "From Noble Death to Crucified Messiah." *NTS* 40 (1994): 481-503.

_____. "Genre and the Gospels." *Journal of Religion* (1995): 239-45.

_____. "The Genre of the Passion Narrative." *Studia Theologica* 47 (1993): 3-28.

_____. *Mark: A Commentary.* Hermeneia. Minneapolis: Fortress, 2007.

_____. "Mark and His Readers: The Son of God among Greeks and Romans." *HTR* 93 (2000): 85-100.

_____. "Mark and His Readers: The Son of God among Jews." *HTR* 92 (1999): 393-408.

_____. "Mark's Interpretation of the Death of Jesus." *JBL* 128 (2009): 545-54.

_____. "The Origin of the Designation of Jesus as 'Son of Man.'" *HTR* 80 (1987): 391-407.

Colson, Francis H. "Τάξει in Papias (The Gospels and Rhetorical Schools)." *JTS* 14 (1912): 62-69.

Conzelmann, Hans. "History and Theology in the Passion Narratives of the Synoptic Gospels." *Int* 24 (1970): 178-97.

Cook, John G. "Envisioning Crucifixion: Light from Several Inscriptions and the Palatine Graffito." *NovT* 50 (2008): 262-85.

Combes, I. A. H. *The Metaphor of Slavery in the Writings of the Early Church: From the New Testament to the Beginning of the Fifth Century.* JSNTSup 156. Sheffield: Sheffield Academic, 1998.

Cotter, Wendy. *The Christ of the Miracle Stories: Portrait through Encounter.* Grand Rapids: Baker Academic, 2010.

_____. *Miracles in Greco-Roman Antiquity: A Sourcebook for the Study of New Testament Miracle Stories.* The Context of Early Christianity. Oxford: Routledge, 1999.

Cox Miller, Patricia, ed. *Biography in Late Antiquity: A Quest for the Holy Man.* Berkeley: University of California Press, 1983.

Cranfield, Charles E. B. *The Gospel according to Saint Mark: An Introduction and Commentary.* Cambridge: Cambridge University Press, 1959.

Crawford, Barry S., and Merrill P. Miller, eds. *Redescribing the Gospel of Mark*. Early Christianity and Its Literature 22. Atlanta: SBL Press, 2017.

Cribiore, Raffaella. *Gymnastics of the Mind: Greek Education in Hellenistic and Roman Egypt*. Princeton: Princeton University Press, 2001.

Crossan, J. D. *The Historical Jesus: The Life of a Mediterranean Jewish Peasant*. San Francisco: HarperSanFrancisco, 1991. 『역사적 예수』(한국기독교연구소 역간).

Crowder, Stephanie R. B. *Simon of Cyrene: A Case of Roman Conscription*. New York: Peter Lang, 2002.

Croy, N. Clayton. *The Mutilation of Mark's Gospel*. Nashville: Abingdon, 2003.

Culpepper, R. Alan. "Mark 6:17-29 in Its Narrative Context: Kingdoms in Conflict." Pages 145-63 in *Mark as Story: Retrospect and Prospect*. Edited by Kelly R. Iverson and Christopher W. Skinner. Atlanta: SBL Press, 2011.

Damm, Alexander. *Ancient Rhetoric and the Synoptic Problem: Clarifying Markan Priority*. BETL 252. Leuven: Peeters, 2013.

D'Angelo, Mary Rose. "Abba and Father: Imperial Theology in the Contexts of Jesus and the Gospels." Pages 64-78 in *The Historical Jesus in Context*. Edited by A.-J. Levine, Dale C. Allison Jr., and J. D. Crossan. Princeton: Princeton University Press, 2006.

Darling Young, Robin. "The 'Woman with the Soul of Abraham': Traditions about the Mother of the Maccabean Martyrs." Pages 67-81 in *"Women Like This": New Perspectives on Jewish Women in the Graeco-Roman World*. Edited A.-J. Levine. Atlanta: Scholars Press, 1991.

Daube, David. "The Responsibilities of Master and Disciples in the Gospels." *NTS* 19 (1972/1973): 1-15.

Davies, Stevan. "Mark's Use of the *Gospel of Thomas*, Part One." *Neot* 30 (1996): 307-34.

Davies, Stevan, and Kevin Johnson. "Mark's Use of the *Gospel of Thomas*, Part Two." *Neot* 31 (1997): 233-61.

Deissmann, Adolf. *Light from the Ancient East: The New Testament Illustrated by Recently Discovered Texts of the Graeco-Roman World*. Translated by L. R. M. Strachan. London: Hodder and Stoughton, 1927.

De Pourcq, Maarten, and Geert Roskam. "Mirroring Virtues in Plutarch's Lives of Agis, Cleomenes and the Gracchi." Pages 163-80 in *Writing Biography in Greece and*

Rome. Edited by Koen De Temmerman and Kristoffel Demoen. Cambridge: Cambridge University Press, 2016.

De Temmerman, Koen. "Ancient Biography and Formalities of Fiction." Pages 3–25 in *Writing Biography in Greece and Rome*. Edited by Koen De Temmerman and Kristoffel Demoen. Cambridge: Cambridge University Press, 2016.

De Temmerman, Koen, and Kristoffel Demoen, eds. *Writing Biography in Greece and Rome: Narrative Technique and Fictionalization*. Cambridge: Cambridge University Press, 2016.

Dewey, Arthur J. "The Locus for Death: Social Memory and the Passion Narratives." Pages 119–28 in *Memory, Tradition, and Text: Uses of the Past in Early Christianity*. Edited by Alan Kirk and Tom Thatcher. Semeia 52. Atlanta: SBL Press, 2005.

—————. "'Time to Murder and Create': Visions and Revisions in the Gospel of Peter." *Semeia* 49 (1990): 101–27.

Dewey, Joanna. "Mark as Aural Narrative: Structures as Clues to Understanding." *Sewanee Theological Review* 36 (1992): 45–56.

—————. "Mark as Interwoven Tapestry: Forecasts and Echoes for a Listening Audience." *CBQ* 53 (1991): 221–35.

—————. "Oral Methods of Structuring in Mark." *Int* 43 (1989): 32–44.

—————. "The Survival of Mark's Gospel: A Good Story?" *JBL* 123 (2004): 495–507.

—————. "Women in the Gospel of Mark." *Word and World* 26 (2006): 22–29.

Dibelius, Martin. *From Tradition to Gospel*. Translated by B. L. Woolf. New York: Charles Scribner's Sons, 1935. Translation of *Die Formgeschichte des Evangeliums*. 2nd ed. Tübingen: Mohr Siebeck, 1933.

Dickson, John P. "Gospel as News: εὐαγγελ- from Aristophanes to the Apostle Paul." *NTS* 51 (2005): 212–30.

Diehl, Judy A. "What Is a Gospel? Recent Studies in the Gospel Genre." *CR:BS* 9 (2011): 171–99.

Dihle, Albrecht. "The Gospels and Greek Biography." Pages 361–86 in *The Gospel and the Gospels*. Edited by P. Stuhlmacher. Grand Rapids: Eerdmans, 1991.

Dixon, Edward P. "Descending Spirit and Descending Gods: A 'Greek' Interpretation of the Spirit's 'Descent as a Dove' in Mark 1:10." *JBL* 128 (2009): 759–80.

Dodd, Charles H. *According to the Scriptures: The Substructure of New Testament Theology*. London: Nisbet, 1952.

_____. *History and the Gospel*. London: Nisbet, 1938.

Donahue, John R. *Are You the Christ? The Trial Narrative in the Gospel of Mark*. Missoula, MT: SBL Press, 1973.

_____. "Introduction: From Passion Traditions to Passion Narrative." Pages 1–20 in *The Passion in Mark: Studies on Mark 14-16*. Edited by Werner H. Kelber. Philadelphia: Fortress, 1976.

_____. "A Neglected Factor in the Theology of Mark." *JBL* 101 (1982): 563–94.

_____. "The Quest for the Community of Mark's Gospel." Pages 817–38 in *The Four Gospels, 1992: Festschrift for Frans Neirynck*. BETL 100. Edited by Frans van Segbroeck, Christopher M. Tuckett, Gilbert Van Belle, and Joseph Verheyden. Leuven: Leuven University Press, 1992.

_____. "Windows and Mirrors: The Setting of Mark's Gospel." *CBQ* 57 (1995): 1–26.

Doran, Robert. "Narratives of Noble Death." Pages 385–99 in *The Historical Jesus in Context*. Edited by A.-J. Levine, Dale C. Allison Jr., and J. D. Crossan. Princeton: Princeton University Press, 2006.

Döring, Klaus. "Sokrates bei Epiktet." Pages 195–226 in *Studia Platónica. Festschrift für Hermann Gundert zu seinem 65; Geburtstag am 30.4.1974*. Edited by Klaus Döring and Wolfgang Kullman. Amsterdam: Grüner, 1974.

Dormeyer, Detlev. "Die Kompositionsmetapher 'Evangelium Jesu Christi, Des Sohnes Gottes' Mk 1.1. Ihre Theologische und Literarische Aufgabe in der Jesus-Biographie des Markus." *NTS* 33 (1987): 452–68.

_____. *Das Markusevangelium als idealbiographie von Jesus Christus, dem Nazarener*. 2nd ed. SBB 43. Stuttgart: Verlag Katholishces Bibelwerk, 2002.

_____. *The New Testament among the Writings of Antiquity*. Translated by R. Kossov. BS 55. Sheffield: Sheffield Academic, 1998.

_____. *Die Passion Jesu als Verhaltensmodell: literarische und theologische Analyse der Traditionsund Redaktionsgeschichte der Markuspassion*. Münster: Aschendorff, 1974.

Dormeyer, Detlev, and Hubert Frankemölle. "Evangelium als literarische Gattung und als theologischer Begriff. Tendenzen und Aufgaben der Evangelienforschung im 20.

Jahrhundert, mit einer Untersuchung des Markusevangeliums in seinem Verhältnis zur antiken Biographie." *ANRW* II 25.2 (1984): 1543–1704.

Dowd, Sharyn, and Elizabeth S. Malbon. "The Significance of Jesus's Death in Mark: Narrative Context and Authorial Audience." *JBL* 125 (2006): 271–97.

Downing, F. Gerald. *Doing Things with Words in the First Christian Century.* JSNTSup 200. Sheffield: Sheffield Academic, 2000.

_____. "A Genre for Q and a Socio-Cultural Context for Q: Comparing Sets of Similarities with Sets of Differences." *JSNT* 55 (1994): 3–26.

_____. "Quite Like Q: A Genre for 'Q': The 'Lives' of Cynic Philosophers." *Bib* 69 (1988): 196–225.

_____. "Word Processing in the Ancient World: The Social Production and Performance of Q." *JSNT* 64 (1996): 29–48.

Droge, Arthur J., and James D. Tabor. *A Noble Death: Suicide and Martyrdom among Christians and Jews in Antiquity.* San Francisco: HarperSanFrancisco, 1992.

Duff, Paul B. "The March of the Divine Warrior and the Advent of the Greco-Roman King: Mark's Account of Jesus's Entry into Jerusalem." *JBL* 111 (1992): 55–71.

Duff, Timothy. *Plutarch's Lives: Exploring Virtue and Vice.* Oxford: Oxford University Press, 1999.

Duling, Dennis C. "The Gospel of Matthew." Pages 296–318 in *The Blackwell Companion to the New Testament.* Edited by David E. Aune. Oxford: Wiley–Blackwell, 2010.

Dunn, James D. G. "When Did the Understanding of Jesus's Death as an Atoning Sacrifice First Emerge?" Pages 169–81 in *Israel's God and Rebecca's Children: Christology and Community in Early Judaism and Christianity.* Edited by D. Capes, A. D. DeConick, H. K. Bond, and T. Miller. Waco: Baylor University Press, 2007.

Duran, Nicole. "Having Men for Dinner: Deadly Banquets and Biblical Women." *BTB* 35 (2005): 117–24.

Driggers, Ira B. "God as Healer of Creation in the Gospel of Mark." Pages 81–106 in *Character Studies and the Gospel of Mark.* Edited by Christopher W. Skinner and Matthew R. Hauge. London: Bloomsbury, 2014.

Drury, John. "What Are the Gospels?" *ExpTim* 87 (1976): 324–28.

Earl, Donald. "Prologue-Form in Ancient Historiography." *ANRW* I 2:842–56.

Easterling, Patricia F. "Constructing Character in Greek Tragedy." Pages 83–99 in *Characterization and Individuality in Greek Literature*. Edited by Christopher B. R. Pelling. Oxford: Clarendon, 1990.

Edwards, Catharine. "Modelling Roman Suicide? The Afterlife of Cato." *Economy and Society* 34 (2005): 200–22.

Edwards, James R. "Markan Sandwiches: The Significance of Interpolations in Markan Narratives." *NovT* 31 (1989): 193–216.

Edwards, Mark J. "Gospel and Genre: Some Reservations." Pages 51–75 in *Limits of Ancient Biography*. Edited by Brian McGing and Judith Mossman. Swansea: Classical Press of Wales, 2006.

_____. "A Portrait of Plotinus." *ClQ* 43 (1993): 480–90.

Edwards, Mark J., and Simon Swain, eds. *Portraits: Biographical Representation in the Greek and Latin Literature of the Roman Empire*. Oxford: Clarendon, 1997.

Efird, James M., ed. *The Use of the Old Testament in the New and Other Essays: Studies in Honor of W. F. Stinespring*. Durham, NC: Duke University Press, 1972.

Ehrensperger, Kathy. "Speaking Greek under Rome: Paul, the Power of Language and the Language of Power." *Neot* 46 (2012): 9–28.

Ehrman, Bart. *The New Testament: A Historical Introduction to the Early Christian Writings*. 5th ed. Oxford: Oxford University Press, 2012.

_____. *The Orthodox Corruption of Scripture: The Effect of Early Christological Controversies on the Text of the New Testament*. Oxford: Oxford University Press, 1993; 2nd ed., 2011.

Elliott, Scott S. "'Witless in Your Own Cause': Divine Plots and Fractured Characters in the Life of Aesop and the Gospel of Mark." *Religion and Theology* 12 (2005): 397–418.

Ellis, Earl. "The Date and Provenance of Mark's Gospel." Pages 801–15 in *The Four Gospels, 1992: Festschrift for Frans Neirynck*. BETL 100. Edited by Frans van Segbroeck, Christopher M. Tuckett, Gilbert Van Belle, and Joseph Verheyden. Leuven: Leuven University Press, 1992.

Esler, Philip F. "Community and Gospel in Early Christianity: A Response to Richard Bauckham's Gospels for All Christians." *SJT* 51 (1998): 235–48.

Evans, Craig A. "Mark's Incipit and the Priene Calendar Inscription: From Jewish Gospel to Greco-Roman Gospel." *JGRChJ* 1 (2000): 67-81.

Eve, Eric. *Behind the Gospels: Understanding the Oral Tradition.* London: SPCK, 2013.

_____. *The Healer from Nazareth: Jesus's Miracles in Historical Context.* London: SPCK, 2009.

_____. "Spit in Your Eye: The Blind Man of Bethsaida and the Blind Man of Alexandria." *NTS* 54 (2008): 1-17.

Eyben, Emiel. "The Beginning and End of Youth in Roman Antiquity." *Paedagogica Historica* 29 (1993): 247-85.

Feldman, Louis H. *Josephus' Interpretation of the Bible.* Berkeley: University of California Press, 1998.

_____. *Philo's Portrayal of Moses in the Context of Ancient Judaism.* Notre Dame: University of Notre Dame Press, 2007.

_____. *Studies in Josephus' Rewritten Bible.* JSJSup 58. Leiden: Brill, 1998.

Fitzgerald, John T. "The Ancient Lives of Aristotle and the Modern Debate about the Genre of the Gospels." *Restoration Quarterly* (1994): 209-21.

Fitzmyer, Joseph A. "4Q Testimonia and the New Testament." *TS* 15 (1957): 513-37.

_____. "Crucifixion in Ancient Palestine, Qumran Literature, and the New Testament." *CBQ* 40 (1978): 493-513.

Fleddermann, Harry. "The Flight of a Naked Young Man (Mark 14:51-52)." *CBQ* 41 (1979): 412-18.

Focant, Camille. *The Gospel according to Mark: A Commentary.* Translated by L. R. Keylock. Eugene, OR: Pickwick, 2012. Translation of *L'évangile selon Marc.* Paris: Cerf, 2004.

_____. "L'incompréhension des disciples dans le deuxième évangile. Tradition et redaction." *Revue Biblique* 82 (1975): 161-85.

_____. "La tête du prophète sur un plat, ou, L'anti-repas d'alliance (Mc 6.14-29)." *NTS* 46 (2001): 334-53.

Focke, F. "Synkrisis." *Hermes* 58 (1923): 327-68.

Fögen, Thorsten, ed. *Tears in the Graeco-Roman World.* Berlin: de Gruyter, 2009.

Fowler, Robert M. *Loaves and Fishes: The Function of the Feeding Stories in the Gospel of Mark.* Chico, CA: Scholars Press, 1981.

Freudenburg, Kirk. "*Recusatio* as Political Theatre: Horace's Letter to Augustus." *JRS* 104 (2014): 105–32.

Freyne, Seán. "The Disciples in Mark and the *maskilim* in Daniel: A Comparison." *JSNT* 16 (1982): 7–23.

_____. "Mark's Gospel and Ancient Biography." Pages 51–75 in *The Limits of Ancient Biography*. Edited by Brian McGing and Judith Mossman. Swansea: Classical Press of Wales, 2006.

Frickenschmidt, Dirk. *Evangelium als Biographie: Die vier Evangelien im Rahmen antiker Erzählkunst*. TANZ 22. Tübingen: Francke, 1997.

Fulkerson, Laurel. *No Regrets: Remorse in Classical Antiquity*. Oxford: Oxford University Press, 2013.

Gaiman, Neil. "The Pornography of Genre, or the Genre of Pornography." *Journal of the Fantastic in the Arts* 24 (2013): 401–7.

Galinsky, Karl. "Continuity and Change: Religion in the Augustan Semi-Century." Pages 71–82 in *A Companion to Roman Religion*. Edited by Jörg Rüpke. Oxford: WileyBlackwell, 2007.

Gamble, Harry. *Books and Readers in the Early Church: A History of Early Christian Texts*. New Haven: Yale University Press, 1995.

_____. "The Book Trade in the Roman Empire." Pages 23–36 in *The Early Text of the New Testament*. Edited by Charles H. Hill and Michael J. Kruger. Oxford: Oxford University Press, 2012.

Geiger, Joseph. "Munatius Rufus and Thrasea Paetus on Cato the Younger." *Athenaeum* 57 (1979): 48–72.

_____. "Nepos and Plutarch: From Latin to Greek Political Biography." *Illinois Classical Studies* 13 (1988): 245–56.

Gelardini, Gabriella. "The Contest for a Royal Title: Herod versus Jesus in the *Gospel according to Mark* (6,14–29; 15,6–15)." *ASE* 28 (2011): 93–106.

Georgia, Allan T. "Translating the Triumph: Reading Mark's Crucifixion Narrative against a Roman Ritual of Power." *JSNT* 36 (2013): 17–38.

Georgiadou, Aristoula. "The 'Lives of the Caesars' and Plutarch's Other Lives." *Illinois Classical Studies* 13 (1988): 349–56.

Gibson, Jeffrey B. "The Rebuke of the Disciples in Mark 8:14–21." *JSNT* 27 (1986): 31–47.

Gill, Christopher. "The Character–Personality Distinction." Pages 1–31 in *Characterization and Individuality in Greek Literature*. Edited by Christopher B. R. Pelling. Oxford: Clarendon, 1990.

———. "The Death of Socrates." *ClQ* 23 (1973): 25–28.

———. "The Question of Character Development: Plutarch and Tacitus." *ClQ* 33 (1983): 469–87.

Gillliard, Frank D. "More Silent Reading in Antiquity: Non Omne Verbum Sonabat." *JBL* 112 (1993): 689–96.

Glancy, Jennifer A. "Unveiling Masculinity: The Construction of Gender in Mark 6:17–29." *BibInt* 2 (1994): 34–50.

Glasson, T. Francis. "The Place of the Anecdote: A Note on Form Criticism." *JTS* 32 (1981): 142–50.

Gleason, Maud W. *Making Men: Sophists and Self-Presentation in Ancient Rome*. Princeton: Princeton University Press, 1995.

Glendinning, Victoria. "Lies and Silences." Pages 49–62 in *The Troubled Face of Biography*. Edited by Eric Homberger and John Charmley. London: Macmillan, 1988.

Glicksman, Andrew T. *Wisdom of Solomon 10: A Jewish Hellenistic Reinterpretation of Early Israelite History through Sapiential Lenses*. DCLS 9. Berlin: de Gruyter, 2011.

Goar, Robert J. *The Legend of Cato Uticensis from the First Century BC to the Fifth Century AD: With an Appendix on Dante and Cato*. Brussels: Latomus, 1987.

Goldhill, Simon. "The Anecdote: Exploring the Boundaries between Oral and Literate Performance in the Second Sophistic." Pages 96–112 in *Ancient Literacies: The Culture of Reading in Greece and Rome*. Edited by William A. Johnson and Holt N. Parker. Oxford: Oxford University Press, 2011.

———. *Reading Greek Tragedy*. Cambridge: Cambridge University Press, 1986.

Goldstein, Jonathan A. *II Maccabees: A New Translation, with Introduction and Commentary*. AB 41A. New York: Doubleday, 1983.

Goodacre, Mark. "Scripturalization in Mark's Crucifixion Narrative." Pages 33–47 in *The Trial and Death of Jesus: Essays on the Passion Narrative in Mark*. Edited by Geert van Oyen and Tom Shepherd. CBET 45. Leuven: Peeters, 2006.

Gradel, Ittai. *Emperor Worship and Roman Religion*. Oxford: Oxford University Press, 2002.

Grau, Sergi. "How to Kill a Philosopher: The Narrating of Ancient Greek Philosopher's Deaths in Relation to Their Way of Living." *Ancient Philosophy* 30 (2010): 347–81.

Green, Joel B. *The Death of Jesus: Tradition and Interpretation in the Passion Narrative*. WUNT 2/33. Tübingen: Mohr Siebeck, 1988.

_____. "The Gospel according to Mark." Pages 139–47 in *The Cambridge Companion to the Gospels*. Edited by Stephen C. Barton. Cambridge: Cambridge University Press, 2006.

Grobel, Kendrick. "He That Cometh After Me." *JBL* 60 (1941): 397–401.

Guelich, Robert A. *Mark 1-8:26*. WBC 34A. Dallas: Word, 1989.

Gundry, Robert H. "εὐαγγέλιον: Gospel: How Soon a Book?" *JBL* 115 (1996): 321–25.

_____. *Mark: A Commentary on His Apology for the Cross*. Grand Rapids: Eerdmans, 1993.

Gurtner, Daniel M. "LXX Syntax and the Identity of the NT Veil." *NovT* 47 (2005): 344–53.

_____. "The Rending of the Veil and Markan Christology: 'Unveiling' the ΥΙΟΣ ΘΕΟΥ (Mark 15:38–39)." *BibInt* 15 (2007): 292–306.

_____. "The Veil of the Temple in History and Legend." *JETS* 49 (2006): 97–114.

Hadas, Moses. *Hellenistic Culture: Fusion and Difference*. New York: W. W. Norton, 1959.

Hadas, Moses, and Morton Smith. *Heroes and Gods: Spiritual Biographies in Antiquity*. Religious Perspectives 13. New York: Harper & Row, 1965.

Hägg, Tomas. *The Art of Biography in Antiquity*. Cambridge: Cambridge University Press, 2012.

_____. *Narrative Technique in Ancient Greek Romances. Studies of Chariton, Xenophon Ephesius and Achilles Tatius*. Acta Instituti Atheniensis Regni Sueciae 8, 13. Stockholm: Svenska institutet i Athen, 1971.

Halliwell, Francis S. "Traditional Greek Conceptions of Character." Pages 32–59 in *Characterization and Individuality in Greek Literature*. Edited by Christopher B. R.

Pelling. Oxford: Clarendon, 1990.

Hamilton, Nigel. *Biography: A Brief History*. Cambridge, MA: Harvard University Press, 2007.

Hanson, James. "The Disciples in Mark's Gospel: Beyond the Pastoral/Polemical Debate." *Horizons in Biblical Theology* 20 (1998): 128-55.

Hare, Douglas R. A. "The Lives of the Prophets: A New Translation and Introduction." Pages 379-99 in vol. 2 of *The Old Testament Pseudepigrapha*. Edited by James H. Charlesworth. New York: Doubleday, 1985.

_____. *The Son of Man Tradition*. Minneapolis: Fortress, 1990.

Harker, Andrew. *Loyalty and Dissidence in Roman Egypt: The Case of the ActaAlexandrinorum*. Cambridge: Cambridge University Press, 2008.

Harley, James. "The Aesthetics of Death: The Theatrical Elaboration of Ancient Roman Blood Spectacles." *Theatre History Studies* 18 (1998): 89-97.

Harris, William V. *Ancient Literacy*. Cambridge, MA: Harvard University Press, 1989.

Hauge, Matthew R. "The Creation of Person in Ancient Narrative and the Gospel of Mark." Pages 57-77 in *Character Studies and the Gospel of Mark*. Edited by Christopher W. Skinner and Matthew R. Hauge. London: Bloomsbury, 2014.

_____. "Fabulous Narratives: The Storytelling Tradition in the Synoptic Gospels." Pages 89-105 in *Ancient Education and Early Christianity*. LNTS 533. Edited by Matthew R. Hauge and Andrew W. Pitts. London: Bloomsbury, 2016.

Hauge, Matthew R., and Andrew W. Pitts, eds. *Ancient Education and Early Christianity*. LNTS 533. London: Bloomsbury, 2016.

Hawkin, David J. "The Incomprehension of the Disciples in the Marcan Redaction." *JBL* 91 (1972): 491-500.

Hays, Richard B. *The Moral Vision of the New Testament: Community, Cross, New Creation*. London: T&T Clark, 1996. 『신약의 윤리적 비전』(IVP 역간).

Henaut, Barry W. *Oral Tradition and the Gospels: The Problem of Mark 4*. JSNTSup 82. Sheffield: Sheffield Academic, 1993.

Henderson, John. "Was Suetonius' Julius a Caesar?" Pages 81-110 in *Suetonius the Biographer: Studies in Roman Lives*. Edited by Tristan Power and Roy K. Gibson. Oxford: Oxford University Press, 2014.

Hengel, Martin. *Crucifixion in the Ancient World and the Folly of the Message of the Cross*. Philadelphia: Fortress, 1977.

_____. *Saint Peter: The Underestimated Apostle*. Translated by Thomas H. Trapp. Grand Rapids: Eerdmans, 2010.

_____. *Studies in the Gospel of Mark*. Translated by John Bowden. London: SCM, 1985.

Henrichs, Albert. "Drama and Dromena: Bloodshed, Violence and Sacrificial Metaphor in Euripides." *Harvard Studies in Classical Philology* 100 (2000): 173–88.

Henten, Jan-Wilhelm van, and Friedrich Avemarie. *Martyrdom and Noble Death: Selected Texts from Graeco-Roman, Jewish and Christian Antiquity*. London: Routledge, 2002.

Hershbell, Jackson P. "Plutarch's Portrait of Socrates." *Illinois Classical Studies* 13 (1988): 365–81.

Hezser, Catherine. *Jewish Literacy in Roman Palestine*. TSAJ 81. Tübingen: Mohr Siebeck, 2001.

_____. "Private and Public Education." Pages 465–81 in *The Oxford Handbook of Jewish Daily Life in Roman Palestine*. Edited by C. Hezser. Oxford: Oxford University Press, 2010.

_____. "The Torah versus Homer: Jewish and Greco-Roman Education in Late Roman Palestine." Pages 5–24 in *Ancient Education and Early Christianity*. LNTS 533. Edited by Matthew R. Hauge and Andrew W. Pitts. London: Bloomsbury, 2016.

Hock, Ronald F. "Social Experience and the Beginning of the Gospel of Mark." Pages 311–26 in *Reimagining Christian Origins: A Colloquium Honoring Burton L. Mack*. Edited by Elizabeth A. Castelli and Hal Taussig. Valley Forge, PA: Trinity, 1996.

_____. "Why New Testament Scholars Should Read Ancient Novels." Pages 121–38 in *Ancient Fiction and Early Christian Narrative*. Edited by Ronald F. Hock, J. Bradley Chance, and Judith Perkins. SBLSymS 6. Atlanta: Scholars Press, 1998.

Hock, Ronald F., and Edward N. O'Neil. *The Chreia and Ancient Rhetoric: Classroom Exercises*. Writings from the Greco-Roman World 2. Leiden: Brill, 2002.

_____. *The Chreia in Ancient Rhetoric*. Vol. 1, *The Progymnasmata*. Atlanta: Scholars Press, 1986.

Hock, Ronald F., J. Bradley Chance, and Judith Perkins, eds. *Ancient Fiction and Early*

Christian Narrative. SBLSymS 6. Atlanta: Scholars Press, 1998.

Hoffeditz, David M., and Gary E. Yates. "*Femme Fatale* Redux: Intertextual Connection to the Elijah/Jezebel Narratives in Mark 6:14–29." *BBR* 15 (2005): 199–221.

Homberger, Eric, and John Charmley, eds. *The Troubled Face of Biography*. London: Macmillan, 1988.

Hooker, Morna D. *A Commentary on the Gospel according to St Mark*. London: A&C Black, 1995.

_____. "Isaiah in Mark's Gospel." Pages 35–49 in *Isaiah in the New Testament*. Edited by Steve Moyise and Maarten J. J. Menken. London: T&T Clark, 2005.

_____. *Jesus and the Servant*. London: SPCK, 1959.

Hope, Valerie M. *Death in Ancient Rome: A Sourcebook*. Routledge Sourcebooks for the Ancient World. London: Routledge, 2007.

Hopkinson, Neil, ed. *Lucian: A Selection*. Cambridge Greek and Latin Classics. Cambridge: Cambridge University Press, 2008.

Horsfall, Nicholas. "Rome without Spectacles." *G&R* 42 (1995): 49–56.

Horsley, Richard A. "Oral Tradition in New Testament Studies." *Oral Tradition* 18 (2003): 34–36.

Horsley, Richard A., with Jonathan A. Draper and J. M. Foley, eds. *Performing the Gospel: Orality, Memory and Mark; Essays Dedicated to Werner Kelber*. Minneapolis: Fortress, 2006.

Hultgren, Arland J. *Jesus and His Adversaries: The Form and Function of the Conflict Stories in the Synoptic Tradition*. Minneapolis: Augsburg, 1979.

Hurley, Donna. "Rhetorics of Assassination: Ironic Reversal and the Emperor Gaius." Pages 146–58 in *Suetonius the Biographer: Studies in Roman Lives*. Edited by Tristan Power and Roy K. Gibson. Oxford: Oxford University Press, 2014.

Hurtado, Larry W. *Earliest Christian Artifacts: Manuscripts and Christian Origins*. Grand Rapids: Eerdmans, 2006.

_____. "Fashions, Fallacies and Future Prospects in New Testament Studies." *JSNT* 36 (2014): 299–324.

_____. "Following Jesus in the Gospel of Mark—and Beyond." Pages 9–29 in *Patterns of Discipleship in the New Testament*. Edited by Richard N. Longenecker. Grand

Rapids: Eerdmans, 1996.

_____. "Greco-Roman Textuality and the Gospel of Mark: A Critical Assessment of W. Kelber's *The Oral and the Written Gospel*." *BBR* 7 (1997): 91–106.

_____. "Manuscripts and the Sociology of Early Christian Reading." Pages 49–62 in *The Early Text of the New Testament*. Edited by Charles H. Hill and Michael J. Kruger. Oxford: Oxford University Press, 2012.

_____. *Mark: Based on the New International Version*. Peabody, MA: Hendrickson, 1995.

_____. "Mark's Gospel—Evolutionary or Revolutionary Document?" *JSNT* 40 (1990): 15–32.

_____. "Oral Fixation and New Testament Studies? 'Orality,' 'Performance' and Reading Texts in Early Christianity." *NTS* 60 (2014): 321–40.

_____. "Summary and Concluding Observations." Pages 159–77 in *Who Is This Son of Man? The Latest Scholarship on a Puzzling Expression of the Historical Jesus*. LNTS 390. Edited by Larry W. Hurtado and Paul W. Owen. London: T&T Clark, 2010.

_____. "The Women, the Tomb, and the Climax of Mark." Pages 427–50 in *A Wandering Galilean: Essays in Honour of Sean Freyne*. Edited by Z. Rodgers, M. Daly-Denton, and A. Fitzpatrick-McKinley. Leiden: Brill, 2009.

Hurtado, Larry W., and Paul W. Owen, eds. *Who Is This Son of Man? The Latest Scholarship on a Puzzling Expression of the Historical Jesus*. LNTS 390. London: T&T Clark, 2010.

Hurtado, Larry W., and Chris Keith. "Writing and Book Production in the Hellenistic and Roman Periods." Pages 63–80 in *The New Cambridge History of the Bible: From the Beginning to 600*. Edited by J. Carleton Paget and J. Schaper. Cambridge: Cambridge University Press, 2013.

Huxley, George. "Aristotle's Interest in Biography." *Greek Roman and Byzantine Studies* 15 (1974): 203–13.

Iersel, Bas M. F. van. "Failed Followers in Mark: Mark 13:12 as a Key for the Identification of the Intended Readers." *CBQ* 58 (1996): 244–63.

Incigneri, Brian J. *The Gospel to the Romans: The Setting and Rhetoric of Mark's Gospel*. Leiden: Brill, 2003.

Iverson, Kelly R. "A Centurion's 'Confession': A Performance-Critical Analysis of Mark 15:30." *JBL* 130 (2011): 329–50.

_____. "Orality and the Gospels: A Survey of Recent Research." *CR:BS* 8 (2009): 71–106.

Iverson, Kelly R., and Christopher W. Skinner, eds. *Mark as Story: Retrospect and Prospect*. Atlanta: SBL Press, 2011.

_____. "The Present Tense of Performance: The Immediacy and Transformative Power in Luke's Passion." Pages 131–57 in *From Text to Performance: Narrative and Performance Criticisms in Dialogue and Debate*. Edited by Kelly R. Iverson. Eugene, OR: Cascade, 2014.

Jackson, Howard M. "The Death of Jesus in Mark and the Miracle from the Cross." *NTS* 33 (1987): 16–37.

Jacobi, Christine. *Jesusüberlieferung bei Paulus? Analogien zwischen den echten Paulusbriefen und den synoptischen Evangelien*. BZNW 213. Berlin: de Gruyter, 2015.

James, Warren. "Diogenes Laertius, Biographer of Philosophers." Pages 133–49 in *Ordering Knowledge in the Roman Empire*. Edited by Jason König and Tim Whitmarsh. Cambridge: Cambridge University Press, 2007.

Janson, Tore. *Latin Prose Prefaces: Studies in Literary Conventions*. Acta Universitatis Stockholmiensis 13. Stockholm: Almqvist and Wiksell, 1964.

Jensen, Robin M. *Living Water: Images, Symbols, and Settings of Early Christian Baptism*. Supplements to Vigiliae Christianae 105. Leiden: Brill, 2011.

Jeremias, Joachim. *The Eucharistic Words of Jesus*. 3rd ed. Translated by Norman Perrin. London: SCM, 1966.

_____. *New Testament Theology: Part I, The Proclamation of Jesus*. Translated by John Bowden. London: SCM, 1971.

Johnson, Earl S. "Is Mark 15.39 the Key to Mark's Christology?" *JSNT* 31 (1987): 3–22.

_____. "Mark 10:46–52: Blind Bartimaeus." *CBQ* 40 (1978): 191–204.

Johnson, M. D. "*Life of Adam and Eve*: A New Translation and Introduction." Pages 249–95 in vol. 2 of *The Old Testament Pseudepigrapha*. Edited by James H. Charlesworth. New York: Doubleday, 1985.

Johnson, William A. "Constructing Elite Reading Communities in the High Empire." Pages 320–30 in *Ancient Literacies: The Culture of Reading in Greece and Rome*. Edited by William A. Johnson and Holt N. Parker. Oxford: Oxford University Press, 2011.

_____. "Towards a Sociology of Reading in Classical Antiquity." *AJP* 121 (2000): 593-627.

Johnson, William A., and Holt N. Parker, eds. *Ancient Literacies: The Culture of Reading in Greece and Rome.* Oxford: Oxford University Press, 2011.

Jones, Christopher P. "The Historicity of the Neronian Persecution: A Response to Brent Shaw." *NTS* 63 (2017): 146-52.

Jonge, Marinus de. "Jesus's Death for Others and the Deaths of the Maccabean Martyrs." Pages 142-51 in *Text and Testimony: Essays in Honour of A. F. J. Klijn.* Edited by T. Baarda, A. Hilhorst, G. P. Luttikhuizen, and A. S. van der Woude. Kampen: Kok, 1988.

_____. "Matthew 27:51 in Early Christian Exegesis." *HTR* 79 (1986): 67-79.

Judge, Edwin A. *The Social Pattern of the Christian Groups in the First Century.* London: Tyndale, 1960.

Juel, Donald H. *A Master of Surprise: Mark Interpreted.* Minneapolis: Fortress, 1994.

Kaminouchi, Alberto de M. *"But It Is Not So among You": Echoes of Power in Mark 10.32-45.* JSNTSup 249. London: T&T Clark, 2003.

Karla, Grammatiki A. "*Life of Aesop*: Fictional Biography as Popular Literature?" Pages 47-64 in *Writing Biography in Greece and Rome.* Edited by Koen De Temmerman and Kristoffel Demoen. Cambridge: Cambridge University Press, 2016.

Kechagia, Eleni. "Dying Philosophers in Ancient Biography: Zeno the Stoic and Epicurus." Pages 181-99 in *Writing Biography in Greece and Rome.* Edited by Koen De Temmerman and Kristoffel Demoen. Cambridge: Cambridge University Press, 2016.

Kee, Howard C. "Aretalogy and Gospel." *JBL* 92 (1973): 402-22.

Keefer, Kyle. *The New Testament as Literature: A Very Short Introduction.* Oxford: Oxford University Press, 2008.

Keener, Craig S. "Assumptions in Historical-Jesus Research: Using Ancient Biographies and Disciples' Traditioning as a Control." *JSHJ* 9 (2011): 26-58.

_____. *The Gospel of John: A Commentary.* Vol. 1. Peabody, MA: Hendrickson, 2003. 『요한복음』(CLC 역간).

_____. "Otho: A Targeted Comparison of Suetonius' Biography and Tacitus' *History,* with Implications for the Gospels' Historical Reliability." *BBR* 21 (2011): 331–56.

Keith, Chris. "Early Christian Book Culture and the Emergence of the First Written Gospel." Pages 22–39 in *Mark, Manuscripts and Monotheism: Essays in Honor of Larry W. Hurtado*. Edited by Chris Keith and Dieter T. Roth. LNTS 528. London: Bloomsbury, 2015.

_____. *The Pericope Adulterae, the Gospel of John and the Literacy of Jesus*. NTTSD 38. Leiden: Brill, 2009.

Keith, Chris, and Dieter T. Roth, eds. *Mark, Manuscripts and Monotheism: Essays in Honor of Larry W. Hurtado*. LNTS 528. London: Bloomsbury, 2015.

Kelber, Werner H. "Conclusion: From Passion Narrative to Gospel." Pages 153–80 in *The Passion in Mark: Studies on Mark 14-16*. Edited by Werner H. Kelber. Philadelphia: Fortress, 1976.

_____. *Imprints, Voiceprints, and Footprints of Memory: Collected Essays of Werner H. Kelber*. SBLRBS 74. Atlanta: SBL Press, 2013.

_____. "Mark 14,32–42: Gethsemane, Passion Christology and Discipleship Failure." *ZNW* 63 (1972): 166–87.

_____. *The Oral and the Written Gospel: The Hermeneutics of Speaking and Writing in the Synoptic Tradition, Mark, Paul and Q*. Voices in Performance and Text. Reprinted with new introduction. Bloomington: Indiana University Press, 1997.

_____, ed. *The Passion in Mark: Studies on Mark 14-16*. Philadelphia: Fortress, 1976.

Kelber, Werner H., and Samuel Byrskog, eds. *Jesus in Memory: Traditions in Oral and Scribal Perspectives*. Waco: Baylor University Press, 2009.

Kelhoffer, James A. "'How Soon a Book' Revisited: ΕΥΑΓΓΕΛΙΟΝ as a Reference to 'Gospel' Materials in the First Half of the Second Century." *ZNW* 95 (2004): 1–34.

_____. "A Tale of Two Markan Characterizations: The Exemplary Woman Who Anointed Jesus's Body for Burial (14:3–9) and the Silent Trio Who Fled the Empty Tomb (16:1–8)." Pages 85–98 in *Women and Gender in Ancient Religions*. Edited by Stephen P. Ahearne-Kroll, Paul A. Holloway, and James A. Kelhoffer. WUNT 263. Tübingen: Mohr Siebeck, 2010.

Kennedy, George A. *Progymnasmata: Greek Textbooks of Prose Composition and Rhetoric*.

Writings from the Greco-Roman World 10. Atlanta: SBL Press, 2003.

Ker, James. *The Deaths of Seneca*. Oxford: Oxford University Press, 2009.

Kirk, Alan. "The Memory of Violence and the Death of Jesus in Q." Pages 191–206 in *Memory, Tradition, and Text: Uses of the Past in Early Christianity*. Edited by Alan Kirk and Tom Thatcher. Semeia 52. Atlanta: SBL Press, 2005.

Kirk, Alan, and Tom Thatcher, eds. *Memory, Tradition, and Text: Uses of the Past in Early Christianity*. Semeia 52. Atlanta: SBL Press, 2005.

Klawans, Jonathan. *Josephus and the Theologies of Ancient Judaism*. Oxford: Oxford University Press, 2013.

Klink, Edward W., III. *The Audience of the Gospels: The Origin and Function of the Gospels in Early Christianity*. LNTS 353. London: T&T Clark, 2010.

Kloppenborg (Verbin), John S. "*Evocatio Deorum* and the Date of Mark." *JBL* 124 (2005): 419–50.

———. *Excavating Q: The History and Setting of the Sayings Gospel*. Edinburgh: T&T Clark, 2000.

———. "'Excitus clari viri': The Death of Jesus in Luke." *TJT* 8 (1992): 106–20.

———. "Literate Media in Early Christian Groups: The Creation of a Christian Book Culture." *JECS* 22 (2014): 21–59.

Knox, Wilfred L. "The Ending of St Mark's Gospel." *HTR* 35 (1942): 13–23.

———. *The Sources of the Synoptic Gospels*. Vol. 1. Edited by H. Chadwick. Cambridge: Cambridge University Press, 1953.

Koester, Helmut. "From the Kerygma-Gospel to Written Gospels." *NTS* 35 (1989): 361–81.

———. "One Jesus and Four Gospels." *HTR* 61 (1968): 230–36.

Konstan, David, and Robyn Walsh. "Civic and Subversive Biography in Antiquity." Pages 26–43 in *Writing Biography in Greece and Rome*. Edited by Koen De Temmerman and Kristoffel Demoen. Cambridge: Cambridge University Press, 2016.

Koskenniemi, Erkki. "The Function of the Miracle Stories in Philostratus' *Vita Apollonii Tyanensis*." Pages 70–83 in *Wonders Never Cease: The Purpose of Narrating Miracle Stories in the New Testament and Its Religious Environment*. Edited by Michael Labahn and

B. Jan Lietaert Peerbolte. LNTS 288. London: T&T Clark, 2006.

Koskenniemi, Erkki, Kirsi Nisula, and Jorma Toppari. "Wine Mixed with Myrrh (Mark 15:23) and *Crurifragium* (John 19:31-32): Two Details of the Passion Narratives." *JSNT* 27 (2005): 379-91.

Kraemer, Ross S. "Implicating Herodias and Her Daughter in the Death of John the Baptizer: A (Christian) Theological Strategy?" *JBL* 125 (2006): 321-49.

Kurz, William W. "Narrative Models for Imitation in Luke-Acts." Pages 171-89 in *Greeks, Romans, Christians: Essays in Honor of Abraham J. Malherbe*. Edited by D. L. Balch, E. Ferguson, and W. A. Meeks. Minneapolis: Fortress, 1990.

Kürzinger, Josef. *Papias von Hierapolis und die Evangelien des Neuen Testaments*. Eichstatter Materialien 4. Regensburg: Putset, 1983.

Kyle, Donald G. *Spectacles of Death in Ancient Rome*. London: Routledge, 1999.

Labahn, Michael. *Der Gekommene als Wiederkommender: Die Logienquelle als erzählte Geschichte*. ABG 32. Leipzig: Evangelische Verlagsanstalt, 2010.

Labahn, Michael, and B. Jan Lietaert Peerbolte, eds. *Wonders Never Cease: The Purpose of Narrating Miracle Stories in the New Testament and Its Religious Environment*. LNTS 288. London: T&T Clark, 2006.

Larsen, Matthew D. C. "Accidental Publication, Unfinished Texts and the Traditional Goals of New Testament Textual Criticism." *JSNT* 39 (2017): 362-87.

Last, Richard. "Communities That Write: Christ-Groups, Associations, and Gospel Communities." *NTS* 58 (2012): 173-98.

Lee, Hermione. *Biography: A Very Short Introduction*. Oxford: Oxford University Press, 2009.

Lee, John A. L. "Some Features of the Speech of Jesus in Mark's Gospel." *NovT* 27 (1985): 1-26.

Lefkowitz, Mary R. "The Euripides Vita." *Greek, Roman and Byzantine Studies* 20 (1979): 187-210.

————. "Patterns of Fiction in Ancient Biography." *The American Scholar* 52 (1983): 205-18.

Lehtipuu, Outi. "Characterization and Persuasion: The Rich Man and the Poor Man in Luke 16.19-31." Pages 73-105 in *Characterization in the Gospels: Reconceiving*

Narrative Criticism. Edited by David M. Rhoads and Kari Syreeni. JSNTSup 184. Sheffield: Sheffield Academic, 1999.

Leivestad, Ragnar. "Exit the Apocalyptic Son of Man." *NTS* (1972): 243–67.

Leo, Friedrich. *Die griechisch-römische Biographie nach ihrer literarischen Form*. Leipzig: Teubner, 1901.

Levene, David. "Defining the Divine in Rome." *TAPA* 142 (2012): 41–81.

Lewis, Philip B. "Indications of a Liturgical Source in the Gospel of Mark." *Encounter* 39 (1978): 385–94.

Lewis, Robert B. *Paul's "Spirit of Adoption" in Its Roman Imperial Context*. LNTS 545. London: T&T Clark, 2016.

Liew, Tat-siong Benny. "Re-Mark-able Masculinities: Jesus, the Son of Man, and the (Sad) Sum of Manhood." Pages 93–135 in *New Testament Masculinities*. Edited by Stephen D. Moore and Janice C. Anderson. Semeia 45. Atlanta: SBL Press, 2003.

———. "Tyranny, Boundary and Might: Colonial Mimicry in Mark's Gospel." *JSNT* 73 (1999): 7–31.

Lincoln, Andrew T. *Born of a Virgin? Reconceiving Jesus in the Bible, Tradition and Theology*. Grand Rapids: Eerdmans, 2013.

———. *The Gospel according to John*. Peabody, MA: Hendrickson, 2005.

———. "The Promise and the Failure: Mark 16:7, 8." *JBL* 108 (1989): 283–300.

Lindars, Barnabas. "The Place of the Old Testament in the Formation of New Testament Theology: Prolegomena." *NTS* 23 (1976): 59–66.

Lindsay, Hugh. *Adoption in the Roman World*. Cambridge: Cambridge University Press, 2009.

Litchfield, Henry W. "National *Exempla Virtutis* in Roman Literature." *HSCP* 25 (1914): 1–71.

Longenecker, Bruce. "Socio-Economic Profiling of the First Urban Christians." Pages 36–59 in *After the First Urban Christians: The Social-Scientific Study of Pauline Christianity Twenty-Five Years Later*. Edited by David G. Horrell and Todd D. Still. London: T&T Clark, 2009.

Luhrmann, Dieter. *Das Markusevangelium*. Tübingen: Mohr Siebeck, 1987.

Lukaszewski, Albert. "Issues concerning the Aramaic behind ὁ υἱὸς τοῦ ἀνθρώπου: A

Critical Review of Scholarship." Pages 1–27 *Who Is This Son of Man? The Latest Scholarship on a Puzzling Expression of the Historical Jesus*. Edited by Larry W. Hurtado and Paul W. Owen. LNTS 390. London: T&T Clark, 2010.

Luke, Trevor S. "A Healing Touch for Emperor: Vespasian's Wonders in Domitianic Rome." *G&R* 57 (2010): 77–106.

Lund, Nils W. *Chiasmus in the New Testament: A Study in Formgeschichte*. Chapel Hill: University of North Carolina Press, 1942.

MacDonald, Dennis R. *The Homeric Epics and the Gospel of Mark*. New Haven: Yale University Press, 2003.

Mack, Burton L. *Rhetoric and the New Testament*. Minneapolis: Fortress, 1990.

Mack, Burton L., and Vernon K. Robbins. *Patterns of Persuasion in the Gospels*. Sonoma, CA: Polebridge, 1989.

Malbon, Elizabeth S. "Fallible Followers: Women and Men in the Gospel of Mark." *Semeia* 28 (1983): 29–48.

———. "History, Theology, Story: Re-contextualizing Mark's 'Messianic Secret' as Characterization." Pages 35–56 in *Character Studies and the Gospel of Mark*. Edited by Christopher W. Skinner and Matthew R. Hauge. London: Bloomsbury, 2014.

———. "The Jewish Leaders in the Gospel of Mark: A Literary Study of Marcan Characterization." *JBL* 108 (1989): 259–81.

———. *Mark's Jesus: Characterization as Narrative Christology*. Waco: Baylor University Press, 2009.

———. "'Reflected Christology': An Aspect of Narrative 'Christology' in the Gospel of Mark." *Perspectives in Religious Studies* 26 (1999): 127–45.

Malcolm, Norman. *Ludwig Wittgenstein: A Memoir*. Oxford: Oxford University Press, 1966.

Malherbe, Abraham J. "A Physical Description of Paul." *HTR* 97 (1986): 170–75.

———, ed. *Moral Exhortation: A Greco-Roman Sourcebook*. LEC 4. Philadelphia: Westminster, 1986.

Malina, Bruce J. "Were There 'Authors' in New Testament Times?" Pages 262–71 in *To Set at Liberty: Essays on Early Christianity in Its Social World in Honor of John H.*

Elliott. Edited by S. K. Black. SWBA 2/11. Sheffield: Sheffield Phoenix, 2014.

Marcus, Joel. "Crucifixion as Parodic Exaltation." *JBL* 125 (2006): 73–87.

_____. "The Jewish War and the Sitz im Leben of Mark." *JBL* 113 (1992): 441–62.

_____. *Mark 1-8: A New Translation with Introduction and Commentary*. AYB 27. New York: Doubleday, 2000.

_____. *Mark 8-16: A New Translation with Introduction and Commentary*. AYB 27A. New York: Doubleday, 2009.

Markley, John R. *Peter—Apocalyptic Seer*. WUNT 2.348. Tübingen: Mohr Siebeck, 2013.

_____. "Reassessing Peter's Imperception in Synoptic Tradition." Pages 99–108 in *Peter in Early Christianity*. Edited by Helen K. Bond and Larry W. Hurtado. Grand Rapids: Eerdmans, 2015.

Martens, Peter W. "'Anyone Hung on a Tree Is under God's Curse' (Deuteronomy 21:23): Jesus's Crucifixion and Interreligious Exegetical Debate in Late Antiquity." *Ex Auditu* 26 (2010): 69–90.

Martin, Dale B. *Slavery as Salvation: The Metaphor of Slavery in Pauline Christianity*. New Haven: Yale University Press, 1990.

Martin, Hubert. "The Concept of Philanthropia in Plutarch's Lives." *AJP* 82 (1961): 164–75.

Martin, Michael W. "Philo's Use of Syncrisis: An Examination of Philonic Composition in the Light of the *Progymnasmata*." *Perspectives in Religious Studies* (2003): 271–97.

_____. "Progymnasmatic Topic Lists: A Composition Template for Luke and Other Bioi?" *NTS* 54 (2008): 18–41.

Marx, F. A. "Tacitus und die Literatur der exitus illustrium virorum." *Philologus* 92 (1937): 83–103.

Mason, Steve. *Life of Josephus*. Leiden: Brill, 2003.

Matera, Frank J. "'He Saved Others; He Cannot Save Himself': A Literary–Critical Perspective on the Markan Miracles." *Int* 47 (1993): 15–26.

_____. *The Kingship of Jesus: Composition and Theology in Mark 15*. Chico, CA: Scholars Press, 1982.

_____. *New Testament Ethics: The Legacies of Jesus and Paul*. Louisville: Westminster John

Knox, 1996.

Matilla, Talvikki. "Naming the Nameless: Gender and Discipleship in Matthew's Passion Narrative." Pages 153–79 in *Characterization in the Gospels: Reconceiving Narrative Criticism*. Edited by David M. Rhoads and Kari Syreeni. JSNTSup 184. Sheffield: Sheffield Academic, 1999.

Mattingley, Harold. *Tacitus on Britain and Germany*. Translated by H. Mattingley. Harmondsworth: Penguin, 1948.

Matzko McCarthy, David. "The Gospels Embodied: Saints and Martyrs." Pages 224–44 in *The Cambridge Companion to the Gospels*. Edited by Stephen C. Barton. Cambridge: Cambridge University Press, 2006.

Mayes, Andrew D. H. "Biography in the Ancient World: The Story of the Rise of David." Pages 1–12 in *The Limits of Ancient Biography*. Edited by Brian McGing and Judith Mossman. Swansea: Classical Press of Wales, 2006.

McCracken, David. "Character in the Boundary: Bakhtin's Interdividuality in Biblical Narratives." *Semeia* 63 (1993): 29–42.

McDonnell, Myles. "Writing, Copying and Autograph Manuscripts in Ancient Rome." *ClQ* 46 (1996): 469–91.

McGing, Brian C. "Synkrisis in Tacitus' *Agricola*." *Hermathena* 132 (1982): 15–25.

McGing, Brian C., and Judith Mossman, eds. *The Limits of Ancient Biography*. Swansea: Classical Press of Wales, 2006.

McIver, Robert K. *Memory, Jesus, and the Synoptic Gospels*. SBL Resources for Biblical Study 59. Atlanta: SBL Press, 2011.

McKnight, Scot. "Jesus and His Death: Some Recent Scholarship." *CR:BS* 9 (2001): 185–228.

McLaren, James S. *Power and Politics in Palestine: The Jews and the Governing of Their Land, 100 BC-70 AD*. JSNTSup 63. Sheffield: JSOT Press, 1991.

McVann, Mark. "The 'Passion' of John the Baptist and Jesus before Pilate: Mark's Warnings about Kings and Governors." *BTB* 38 (2008): 152–57.

McWhirter, Jocelyn. "Messianic Exegesis in Mark's Passion Narrative." Pages 69–97 in *The Trial and Death of Jesus*. Edited by Geert van Oyen and Tom Shepherd. CBET 45. Leuven: Peeters, 2006.

Meggitt, Justin J. *Paul, Poverty and Survival*. Studies of the New Testament and Its World. Edinburgh: T&T Clark, 1998.

Meeks, Wayne A. *The First Urban Christians: The Social World of the Apostle Paul*. New Haven: Yale University Press, 1983.

Mendels, Doron. *Memory in Jewish, Pagan and Christian Societies of the Graeco-Roman World. Fragmented Memory-Comprehensive Memory-Collective Memory*. LSTS 45. London: T&T Clark, 2004.

Meyer, Eduard. *Ursprung und Anfänge des Christentums*. Vol. 1, *Die Evangelien*. Stuttgart: Magnus, 1921.

Middleton, Paul. "Suffering and the Creation of Christian Identity in the Gospel of Mark." Pages 173-89 in *T&T Clark Handbook to Social Identity in the New Testament*. Edited by J. Brian Tucker and Coleman A. Baker. London: Bloomsbury, 2014.

Miles, Graeme. " 'I, Porphyry': The Narrator and Reader in the Vita Plotini." *Open Access Australasian Society for Classical Studies Proceedings, 2-5 February 2010*. Perth: University of Western Australia, 2010.

Millar, Fergus. "Cornelius Nepos, 'Atticus,' and the Roman Revolution." Pages 346-72 in *Rome, the Greek World, and the East*. Vol. 1, *The Roman Republic and the Augustan Revolution*. Edited by Guy M. Rogers and Hannah M. Cotton. Chapel Hill: University of North Carolina Press, 2002.

Miller, Geoffrey D. "An Intercalation Revisited: Christology, Discipleship and Dramatic Irony in Mark 6.6b-30." *JSNT* 35 (2012): 176-95.

Miller, Richard C. "Mark's Empty Tomb and Other Translation Fables in Classical Antiquity." *JBL* 129 (2010): 759-76.

Mitchell, Margaret. "Patristic Counter-Evidence to the Claim That 'The Gospels Were Written for All Christians.'" *NTS* 51 (2005): 36-79.

Moeser, Marion C. *The Anecdote in Mark, the Classical World and the Rabbis*. JSNTSup 227. Sheffield: Sheffield Academic, 2002.

Moloney, Francis J. "Mark 6:6b-30: Mission, the Baptist, and Failure." *CBQ* 63 (2001): 647-63.

Momigliano, Arnaldo. *The Development of Greek Biography*. Cambridge, MA: Harvard University Press, 1971.

Moo, Douglas J. *The Old Testament in the Gospel Passion Narratives*. Sheffield: Almond,

1983.

Moore, Stephen D. "Why There Are No Humans or Animals in the Gospel of Mark." Pages 71–93 in *Mark as Story: Retrospect and Prospect*. Edited by Kelly R. Iverson and Christopher W. Skinner. Atlanta: SBL Press, 2011.

Moore, Stephen D., and Janice C. Anderson, eds. *New Testament Masculinities*. SemeiaSt 45. Atlanta: SBL Press, 2003.

Morgan, Teresa. *Literate Education in the Hellenistic and Roman Worlds*. Cambridge: Cambridge University Press, 1998.

———. "Not the Whole Story? Moralizing Biography and *Imitatio Christi*." Pages 353–66 in *Fame and Infamy: Essays for Christopher Pelling on Characterization in Greek and Roman Biography*. Edited by Rhiannon Ash, Judith Mossman, and Francis B. Titchener. Oxford: Oxford University Press, 2015.

Moss, Candida R. *The Other Christs: Imitating Jesus in Ancient Christian Ideologies of Martyrdom*. Oxford: Oxford University Press, 2010.

———. "The Transfiguration: An Exercise in Markan Accommodation." *BibInt* 12 (2004): 69–89.

Most, Glen W. "A Cock for Asclepius." *ClQ* 43 (1993): 96–111.

Motyer, Steve. "The Rending of the Veil: A Markan Pentecost." *NTS* 33 (1987): 155–57.

Moyise, Steve. *The Old Testament in the New: An Introduction*. T&T Clark Approaches to Biblical Studies. London: Continuum, 2001.

Müller, Mogens. *The Expression "Son of Man" and the Development of Christology: A History of Interpretation*. London: Equinox, 2008.

Musurillo, Herbert A. *The Acts of the Pagan Martyrs, Acta Alexandrinorum*. Oxford: Clarendon, 1954.

Naluparayil, Jacob C. "Jesus of the Gospel of Mark: Present State of Research." *CR:BS* 8 (2000): 191–226.

Neirynck, Frans. *Duality in Mark: Contributions to the Study of the Markan Redaction*. BETL 31. Leuven: Leuven University Press, 1988.

Neufeld, Dietmar. *Mockery and Secretism in the Social World of Mark's Gospel*. LNTS 503. London: Bloomsbury, 2014.

Neyrey, Jerome H. "Jesus, Gender and the Gospel of Matthew." Pages 43–66 in *New*

Testament Masculinities. Edited by Stephen D. Moore and Janice Capel Anderson. SemeiaSt 45. Atlanta: SBL Press, 2003.

_____. "Josephus' *Vita* and the Encomium: A Native Model of Personality." *JSJ* 25 (1994): 177–206.

_____. "Questions, Chreiai and Challenges to Honor: The Interface of Rhetoric and Culture in Mark's Gospel." *CBQ* 60 (1998): 657–81.

Nineham, Dennis E. "Eye-Witness Testimony and the Gospel Tradition I." *JTS* 9 (1958): 13–25.

_____. "Eye-Witness Testimony and the Gospel Tradition III." *JTS* 11 (1960): 253–64.

_____. *The Gospel of Saint Mark*. Pelican NT Commentaries. Harmondsworth: Penguin, 1963.

Norden, Eduard. *Die antike Kunstprosa: vom VI. Jahrhundert v. Chr. bis in die Zeit der Renaissance*. 2 vols. Leipzig: Teubner, 1898. Reprint, Darmstadt: Wissenschaftliche Buchgesellschaft, 1958.

O'Brien, Kelli S. *The Use of Scripture in the Markan Passion Narrative*. LNTS 384. London: T&T Clark, 2010.

Ong, Walter. *Orality and Literacy: The Technologizing of the Word*. London: Methuen, 1982.

Overbeck, Franz. "Über die Anfänge der patristischen Literatur." *Historische Zeitschrift* 12 (1882): 417–72.

Oyen, Geert van. "The Meaning of the Death of Jesus in the Gospel of Mark: A Real Reader Perspective." Pages 49–68 in *The Trial and Death of Jesus: Essays on the Passion Narrative in Mark*. Edited by Geert van Oyen and Tom Shepherd. CBET 45. Leuven: Peeters, 2006.

Oyen, Geert van, and Tom Shepherd, eds. *The Trial and Death of Jesus: Essays on the Passion Narrative in Mark*. CBET 45. Leuven: Peeters, 2006.

Parker, David. *The Living Text of the Gospels*. Cambridge: Cambridge University Press, 1997.

Parker, Holt N. "Books and Reading Latin Poetry." Pages 186–230 in *Ancient Literacies: The Culture of Reading in Greece and Rome*. Edited by William A. Johnson and Holt N. Parker. Oxford: Oxford University Press, 2011.

Parris, David P. "Imitating the Parables: Allegory, Narrative and the Role of Mimesis." *JSNT* 25 (2002): 33–53.

Pelling, Christopher B. R. "Aspects of Plutarch's Characterization." *Illinois Classical Studies* 13 (1988): 257–74.

_____. "Childhood and Personality in Greek Biography." Pages 213–44 in *Characterization and Individuality in Greek Literature*. Edited by Christopher B. R. Pelling. Oxford: Clarendon, 1990.

_____. *Plutarch: Life of Antony*. Cambridge: Cambridge University Press, 1988.

_____. "Plutarch's Method of Work in the Roman Lives." *Journal of Hellenic Studies* 99 (1979): 74–96.

Pelling, Christopher B. R., ed. *Characterization and Individuality in Greek Literature*. Oxford: Clarendon, 1990.

Peppard, Michael. "The Eagle and the Dove: Roman Imperial Sonship and the Baptism of Jesus (Mark 1.9–11)." *NTS* 56 (2010): 431–51.

_____. *The Son of God in the Roman World: Divine Sonship in Its Social and Political Context*. Oxford: Oxford Univeristy Press, 2011.

Pervo, Richard. "A Nihilist Fabula: Introducing the *Life of Aesop*." Pages 77–120 in *Ancient Fiction and Early Christian Narrative*. Edited by Ronald F. Hock, J. Bradley Chance, and Judith Perkins. SBLSymS 6. Atlanta: Scholars Press, 1998.

Pesch, Rudolf. *Das Markusevangelium. I. Teil. Einleitung und Kommentar zu Kap. 1, 1–8,26*. Freiburg: Herder, 1976.

_____. *Das Markusevangelium. II. Teil. Kommentar zu Kap. 8,27-16,20*. Freiburg: Herder, 1977.

Petersen, Norman R. "Can One Speak of a Gospel Genre?" *Neot* 28 (1994): 137–58.

_____. "'Point of View' in Mark's Narrative." *Semeia* 12 (1978): 97–121.

Peterson, Dwight N. *The Origins of Mark: The Marcan Community in Current Debate*. Biblical Interpretation 48. Leiden: Brill, 2000.

Petridou, Georgia. *Divine Epiphany in Greek Literature and Culture*. Oxford: Oxford University Press, 2015.

Pilch, John J. "Secrecy in the Gospel of Mark." *PACE* 21 (1992): 150–53.

_____. "Secrecy in the Mediterranean World: An Anthropological Perspective." *BTB* 24

(1994): 51-57.

Pitts, Andrew W. "The Origins of Greek Mimesis and the Gospel of Mark: Genre as a Potential Constraint in Assessing Markan Imitation." Pages 107-36 in *Ancient Education and Early Christianity*. LNTS 533. Edited by Matthew R. Hauge and Andrew W. Pitts. London: Bloomsbury, 2016.

Plummer, Robert L. "Something Awry in the Temple? The Rending of the Temple Veil and Early Jewish Sources That Report Unusual Phenomena in the Temple around AD 30." *JETS* 48 (2005): 301-16.

Pobee, John. "The Cry of the Centurion—A Cry of Defeat." Pages 91-102 in *The Trial of Jesus: Cambridge Studies in Honour of C. F. D. Moule*. Edited by E. Bammel. SBT 13. London: SCM, 1970.

Porter, Stanley. "The Use of Authoritative Citations in Mark's Gospel and Ancient Biography: A Study of P.Oxy. 1176." Pages 116-30 in *Biblical Interpretation in Early Christian Gospels*. Vol. 1, *The Gospel of Mark*. Edited by Thomas R. Hatina. LNTS 304. London: T&T Clark, 2006.

Price, Simon R. F. "Gods and Emperors: The Greek Language of the Roman Imperial Cult." *JHS* 104 (1984): 79-95.

_____. *Rituals and Power: The Roman Imperial Cult in Asia Minor*. Cambridge: Cambridge University Press, 1984.

Pryzwansky, Molly M. "Cornelius Nepos: Key Issues and Critical Approaches." *CJ* 105 (2009): 97-108.

Radcliffe, Timothy. " 'The Coming of the Son of Man': Mark's Gospel and the Subversion of the Apocalyptic Image." Pages 15-36 in *Language, Meaning and God: Essays in Honour of Herbert McCabe, OP*. Edited by B. Davies. London: Chapman, 1987.

Räisänen, Heikki. *The "Messianic Secret" in Mark's Gospel*. Translated by C. Tuckett. SNTW. Edinburgh: T&T Clark, 1990.

Rawson, Elizabeth. *Intellectual Life in the Late Roman Republic*. London: Duckworth, 1985.

Redman, Judith C. S. "How Accurate Are Eyewitnesses? Bauckham and the Eyewitnesses in the Light of Psychological Research." *JBL* 129 (2010): 177-97.

Reinach, Salomon. "Simon de Cyrène." Pages 181-88, in vol. 4 of Reinach, *Cultes, Mythes et Religions*, 5 vols. Paris: Leroux, 1904-23.

Renan, J. Ernest. *The History of the Origins of Christianity*. Vol. 1, *Life of Jesus*. Woodstock, Ont.: Devoted Publishing, 2016; orig. English ed. 1890. Translation of *Vie de Jésus*. 13th ed. Paris: Michel Lévy, 1864.

Rengstorf, Karl. "μαθητης." *TDNT* 4:415-60.

Rhoads, David M. "Narrative Criticism: Practices and Prospects." Pages 264-85 in *Characterization in the Gospels: Reconceiving Narrative Criticism*. Edited by David M. Rhoads and Kari Syreeni. JSNTSup 184. Sheffield: Sheffield Academic, 1999.

――――. "Performance Criticism: An Emerging Methodology in Second Testament Studies—Part 1." *BTB* 36 (2006): 18-33.

――――. "Performance Criticism: An Emerging Methodology in Second Testament Studies— Part 2." *BTB* 36 (2006): 164-84.

Rhoads, David M., and Donald Michie. *Mark as Story: An Introduction to the Narrative of a Gospel*. Philadelphia: Fortress, 1982. 『이야기 마가복음』(이레서원 역간).

Rhoads, David M., and Kari Syreeni, eds. *Characterization in the Gospels: Reconceiving Narrative Criticism*. JSNTSup 184. Sheffield: Sheffield Academic, 1999.

Rhoads, David M., Joanna Dewey, and Donald Michie. *Mark as Story: An Introduction to the Narrative of a Gospel*. 3rd ed. Minneapolis: Fortress, 2012.

Riddle, Donald W. "Mark 4.1-34: The Evolution of a Gospel Source." *JBL* 56 (1937): 77-90.

Riemer, Ulrike. "Miracle Stories and Their Narrative Intent in the Context of the Ruler Cult of Classical Antiquity." Pages 32-47 in *Wonders Never Cease: The Purpose of Narrating Miracle Stories in the New Testament and Its Religious Environment*. Edited by Michael Labahn and B. Jan Lietaert Peerbolte. LNTS 288. London: T&T Clark, 2006.

Robbins, Vernon K. "The Chreia." Pages 1-23 in *Greco-Roman Literature and the New Testament: Selected Forms and Genres*. Edited by David E. Aune. Sources for Biblical Study 21. Atlanta: Scholars Press, 1988.

――――. "Classifying Pronouncement Stories in Plutarch's Parallel Lives." *Semeia* 20 (1998): 29-52.

――――. "Interfaces of Orality and Literature in the Gospel of Mark." Pages 125-46 in *Performing the Gospel: Orality, Memory and Mark; Essays Dedicated to Werner Kelber*. Edited by Richard A. Horsley, Jonathan A. Draper, and J. M. Foley.

Minneapolis: Fortress, 2006.

_____. *Jesus the Teacher: A Socio-Rhetorical Interpretation of Mark*. Philadelphia: Fortress, 1984.

_____. "Pronouncement Stories and Jesus's Blessing of the Children: A Rhetorical Approach." *Semeia* 29 (1983): 43-74.

_____, ed. *The Rhetoric of Pronouncement*. Semeia 64. Atlanta: SBL Press, 1993.

Rodriguez, Rafael. *Oral Tradition and the New Testament: A Guide for the Perplexed*. London: Bloomsbury, 2014.

Rohrbaugh, Richard L. "Methodological Considerations in the Debate over the Social Class Status of Early Christians." *JAAR* 52 (1984): 519-46.

Ronconi, Alessandro. "Exitus illustrium virorum." *RAC* 6 (1966): 1258-68.

Rose, Herbert J. "Herakles and the Gospels." *ARW* 34 (1937): 42-60.

Roskam, Hendrika N. *The Purpose of the Gospel of Mark in Its Historical and Social Context*. NovTSup 114. Leiden: Brill, 2004.

Ruppert, Lothar. *Jesus als der leidende Gerechte? Der Weg Jesu im Lichte eines alt- und zwischentestamentlichen Motivs*. SBS 59. Stuttgart: Verlag Katolisches Bibelwerk, 1972.

Russell, Donald A. "On Reading Plutarch's Lives." *G&R* 13 (1966): 139-54.

_____. *Plutarch*. London: Duckworth, 1973.

Sailor, Dylan. "The Agricola." Pages 23-44 in *A Companion to Tacitus*. Edited by Victoria E. Pagan. Chichester: Wiley-Blackwell, 2012.

Sanders, Edward P. *The Tendencies of the Synoptic Tradition*. Cambridge: Cambridge University Press, 1969.

Sanders, Edward P., and Margaret Davies. *Studying the Synoptic Gospels*. London: SCM, 1989.

Sandnes, Karl Olaf. "Imitatio Homeri? An Appraisal of Dennis R. MacDonald's 'Mimesis Criticism.'" *JBL* 124 (2005): 715-32.

Scaer, Peter. *The Lukan Passion and the Praiseworthy Death*. NTM 10. Sheffield: Sheffield Phoenix, 2005.

Schenkeveld, Dirk M. "The Intended Public of Demetrius' *On Style*: The Place of the Treatise in the Hellenistic Educational System." *Rhetorica* 18 (2000): 29-48.

Schmidt, Karl L. *Der Rahmen der Geschichte Jesu: Literarkritische Untersuchungen zur ältesten Jesusüberlieferung.* Berlin: Trowitzsch, 1919.

_____. *The Place of the Gospels in the General History of Literature.* Translated by B. R. McCane. Columbia: University of South Carolina Press, 2002.

Schmidt, Thomas E. "Mark 15.6–32: The Crucifixion Narrative and the Roman Triumphal Procession." *NTS* 41 (1995): 1–18.

Schnelle, Udo. *The History and Theology of the New Testament Writings.* Translated by M. Eugene Boring. Minneapolis: Fortress, 1998.

Schröter, Jens. "Jesus and the Canon: The Early Jesus Traditions in the Context of the Origins of the New Testament Canon." Pages 104–22 in *Performing the Gospel: Orality, Memory and Mark; Essays Dedicated to Werner Kelber.* Edited by Richard A. Horsley, Jonathan A. Draper, and J. M. Foley. Minneapolis: Fortress, 2006.

Schüssler Fiorenza, Elisabeth. *In Memory of Her: A Feminist Theological Reconstruction of Christian Origins.* New York: Crossroad, 1983.

Schwartz, Daniel R. "The Pauline Allusions to the Redemptive Mechanism of the Crucifixion." *JBL* 102 (1983): 259–68.

Schweitzer, A. *The Quest of the Historical Jesus: A Critical Study of Its Progress from Reimarus to Wrede.* 3rd ed. Translated by W. Montgomery. London: A&C Black, 1954.

Schwiebert, Jonathan. "Jesus's Question to Pilate in Mark 15:2." *JBL* 136 (2017): 937–47.

Scobie, Alex. "Storytellers, Storytelling, and the Novel in Graeco-Roman Antiquity." *Rheinisches Museum für Philologie* 122 (1979): 229–59.

Scroggs, Robin, and Kent I. Groff. "Baptism in Mark: Dying and Rising with Christ." *JBL* 92 (1973): 531–48.

Seeley, David. *The Noble Death: Graeco-Roman Martyrology and Paul's Concept of Salvation.* JSNTSup 28. Sheffield: Sheffield Academic, 1990.

_____. "Rulership and Service in Mark 10:41–5." *NovT* 35 (1993): 234–50.

Segbroeck, Frans van, Christopher M. Tuckett, Gilbert Van Belle, and Joseph Verheyden, eds. *The Four Gospels 1992: Festschrift for Frans Neirynck.* BETL 100. Leuven: Leuven University Press, 1992.

Sellew, Philip. "Composition of Didactic Scenes in Mark's Gospel." *JBL* 108 (1989): 613–34.

Shaw, Brent D. "The Myth of the Neronian Persecution." *JRS* 105 (2015): 73–100.

Shaw, George B. *The Bodley Head Bernard Shaw: Collected Plays with Their Prefaces.* Vol. 4. London: Max Reinhardt/Bodley Head, 1972.

Sheerin, Daniel J. "Rhetorical and Hermeneutic *Synkrisis* in Patristic Typology." Pages 22–30 in *Nova et Vetera: Patristic Studies in Honor of Thomas Patrick Halton.* Edited by J. Petruccione. Washington, DC: Catholic University of America Press, 1998.

Shelston, Alan. *Biography.* The Critical Idiom 34. London: Methuen, 1977.

Shepherd, Tom. "The Narrative Function of Markan Intercalation." *NTS* 41 (1995): 522–40.

Shiner, Whitney T. "The Ambiguous Pronouncement of the Centurion and the Shrouding of Meaning in Mark." *JSNT* 78 (2000): 3–22.

———. "Creating Plot in Episodic Narrative." Pages 155–76 in *Ancient Fiction and Early Christian Narrative.* Edited by Ronald F. Hock, J. Bradley Chance, and Judith Perkins. SBLSym 6. Atlanta: Scholars Press, 1998.

———. *Follow Me! Disciples in Markan Rhetoric.* SBLDS 145. Atlanta: Scholars Press, 1995.

———. *Proclaiming the Gospel: First Century Performance of the Gospel of Mark.* Eugene, OR: Cascade, 2001.

Shively, Elizabeth E. "Characterizing the Non-human: Satan in the Gospel of Mark." Pages 127–51 in *Character Studies and the Gospel of Mark.* Edited by Christopher W. Skinner and Matthew R. Hauge. London: Bloomsbury, 2014.

———. "Recognizing Penguins: Audience Expectation, Cognitive Genre Theory, and the Ending of Mark's Gospel." *CBQ* 80 (2018): 373–92.

Shrimpton, Gordon. "Theopompus' Treatment of Philip in the 'Philippica.'" *Phoenix* 31 (1977): 123–44.

Shuler, Philip L. *A Genre for the Gospels: The Biographical Character of Matthew.* Philadelphia: Fortress, 1982.

Sick, David H. "The Symposium of the 5,000." *JTS* 66 (2015): 1–27.

Sim, David. "The Gospels for All Christians?" *JSNT* 84 (2001): 3–27.

Simmonds, Andrew. "Mark's and Matthew's *Sub Rosa* Message in the Scene of Pilate and the Crowd." *JBL* 131 (2012): 733-54.

Simon, Uriel. "Minor Characters in Biblical Narrative." *JSOT* 46 (1990): 11-19.

Skidelsky, Robert. "Only Connect: Biography and Truth." Pages 1-16 in *The Troubled Face of Biography*. Edited by Eric Homberger and John Charmley. London: Macmillan, 1988.

Skinner, Christopher W. "The Study of Character(s) in the Gospel of Mark: A Survey of Research from Wrede to the Performance Critics (1901 to 2014)." Pages 3-34 in *Character Studies and the Gospel of Mark*. Edited by Christopher W. Skinner and Matthew R. Hauge. London: Bloomsbury, 2014.

Skinner, Christopher W., and Matthew R. Hauge, eds. *Character Studies and the Gospel of Mark*. London: Bloomsbury, 2014.

Smith, Abraham. "Tyranny Exposed: Mark's Typological Characterization of Herod Antipas (Mark 6:14-29)." *BibInt* 14 (2006): 259-93.

Smith, Dennis E. "Messianic Banquet." *ABD* 4:788-91.

Smith, D. Moody. "The Use of the Old Testament in the New." Pages 3-65 in *The Use of the Old Testament in the New*. Edited by James M. Efird. Durham, NC: Duke University Press, 1972.

Smith, Justin M. "Famous (or Not So Famous) Last Words." Paper given to the Markan Literary Sources Section of the SBL Annual Meeting. Atlanta, 2016.

———. *Why Βίος? On the Relationship between Gospel Genre and Implied Audience*. LNTS 518. London: Bloomsbury, 2015.

Smith, Morton. "Prolegomena to a Discussion of Aretalogies, Divine Men, the Gospels and Jesus." *JBL* 90 (1971): 174-99.

Smith, Stephen H. "The Role of Jesus's Opponents in the Markan Drama." *NTS* 35 (1989): 161-82.

Soards, Marion L. "Appendix IX: The Question of a Pre-Markan Passion Narrative." Pages 1492-524 in vol. 2 of *The Death of the Messiah: From Gethsemane to the Grave; A Commentary on the Passion Narratives in the Four Gospels*. Edited by Raymond E. Brown. AYBRL. New Haven: Yale University Press, 1994.

Standaert, Benoit H. M. G. M. *L'Evangile selon Marc: Composition et Genre Litteraire*. Nijmegen: Stichting Studentenpers, 1978.

Stanton, Graham. *Jesus and Gospel*. Cambridge: Cambridge University Press, 2004.

_____. *Jesus of Nazareth in New Testament Preaching*. Cambridge: Cambridge University Press, 1974.

_____. "Matthew: βίβλιος, εὐαγγέλιον, βίος?" Pages 1187–1201 in *The Four Gospels, 1992: Festschrift for Frans Neirynck*. BETL 100. Edited by Frans van Segbroeck, Christopher M. Tuckett, Gilbert Van Belle, and Joseph Verheyden. Leuven: Leuven University Press, 1992.

Stark, Rodney. "The Class Basis of Early Christianity: Inferences from a Sociological Model." *Sociological Analysis* 47 (1986): 216–25.

Starr, Raymond J. "Reading Aloud: Lectores and Roman Reading." *CJ* 86 (1990–91): 337–43.

Stein, Robert H. *Mark*. BECNT. Grand Rapids: Baker Academic, 2008. 『마가복음』(부흥과개혁사 역간).

Sterling, Gregory. *Historiography and Self-Definition: Josephus, Luke-Acts and Apologetic Historiography*. NovTSup 64. Leiden: Brill, 1991.

_____. "Mors philosophi: The Death of Jesus in Luke." *HTR* 94 (2001): 383–402.

Stern, Rex. *The Political Biographies of Cornelius Nepos*. Ann Arbor: University of Michigan Press, 2012.

_____. "Shared Virtues and the Limits of Relativism in Nepos' Epaminondas and Atticus." *CJ* 105 (2009): 123–36.

Stock, Augustine. *Call to Discipleship: A Literary Study of Mark's Gospel*. Wilmington, DE: Michael Glazier, 1982.

Strecker, Georg. *History of New Testament Literature*. Translated by Calvin Katter with Hans-Joachim Mollenhauer. Harrisburg, PA: Trinity Press International, 1997.

Strelan, Rick. "The Fallen Watchers and the Disciples in Mark." *JSP* 20 (1999): 73–92.

Suhl, Alfred. *Die Funktion der alttestamentlichen Zitate und Anspielungen im Markusevangelium*. Gütersloh: Gerd Mohn, 1965.

Talbert, Charles H. *What Is a Gospel? The Genre of the Canonical Gospels*. Philadelphia: Fortress, 1977.

Tannehill, Robert C. "The Disciples in Mark: The Function of a Narrative Role." Pages 169–95 in *The Interpretation of Mark*. Edited by W. R. Telford. Edinburgh: T&T

Clark, 1995.

_____. "The Gospel of Mark as Narrative Christology." *Semeia* 16 (1979): 57–95.

Taylor, Joan E. *What Did Jesus Look Like?* London: Bloomsbury, 2018.

Taylor, Justin. "The Acts of the Apostles as Biography." Pages 77–88 in *The Limits of Ancient Biography*. Edited by Brian McGing and Judith Mossman. Swansea: Classical Press of Wales, 2006.

_____. "The Role of Rhetorical Elaboration in the Formation of Mark's Passion Narrative (Mark 14.43–16.8): An Enquiry." Pages 11–26 in *Greco-Roman Culture and the New Testament: Studies Commemorating the Centennial of the Pontifical Biblical Institute*. Edited by David E. Aune and Frederick E. Brent. NovTSup 143. Leiden: Brill, 2012.

Taylor, R. O. P. "Form Criticism in the First Centuries." *ExpTim* 55 (1944): 218–20.

Taylor, Vincent. *The Formation of the Gospel Tradition*. 2nd ed. London: Macmillan, 1953.

_____. *The Gospel according to St Mark*. London: Macmillan, 1952.

Telford, William R. "The Pre-Markan Tradition in Recent Research (1980–1990)." Pages 693–723 in *The Four Gospels, 1992: Festschrift for Frans Neirynck*. BETL 100. Edited by Frans van Segbroeck, Christopher M. Tuckett, Gilbert Van Belle, and Joseph Verheyden. Leuven: Leuven University Press, 1992.

_____. *The Theology of the Gospel of Mark*. New Testament Theology. Cambridge: Cambridge University Press, 1999.

_____. *Writing on the Gospel of Mark*. Guides to Advanced Biblical Research. Dorchester: Deo, 2009.

Telford, W. R., ed. *The Interpretation of Mark*. 2nd ed. Edinburgh: T&T Clark, 1995.

Thatcher, Tom. "Jesus, Judas and Peter: Character by Contrast in the Fourth Gospel." *BSac* 153 (1996): 435–48.

_____. "(Re)Mark(s) on the Cross." *BibInt* 4 (1996): 346–61.

_____. "Why John Wrote a Gospel: Memory and History in an Early Christian Community." Pages 79–97 in *Memory, Tradition, and Text: Uses of the Past in Early Christianity*. Edited by Alan Kirk and Tom Thatcher. Semeia 52. Atlanta: SBL Press, 2005.

Theissen, Gerd. *The Gospels in Context: Social and Political History in the Synoptic*

Tradition. Translated by L. M. Maloney. Edinburgh: T&T Clark, 1992.

_____. *The Social Setting of Pauline Christianity: Essays on Corinth*. Translated and edited by John H. Schültz. Philadelphia: Fortress, 1978.

Thomas, Rosalind. "Writing, Reading, Public and Private 'Literacies': Functional Literacy and Democratic Literacy in Greece." Pages 13–42 in *Ancient Literacies: The Culture of Reading in Greece and Rome*. Edited by William A. Johnson and Holt N. Parker. Oxford: Oxford University Press, 2011.

Thompson, Michael B. "The Holy Internet: Communication between Churches in the First Christian Generation." Pages 49–70 in *The Gospels for All Christians: Rethinking the Gospel Audiences*. Edited by Richard Bauckham. Edinburgh: T&T Clark, 1998.

Thwaite, Ann. "Writing Lives." Pages 17–32 in *The Troubled Face of Biography*. Edited by Eric Homberger and John Charmley. London: Macmillan, 1988.

Toher, Mark. "Characterizing Augustus." Pages 226–53 in *Fame and Infamy: Essays for Christopher Pelling on Characterization in Greek and Roman Biography*. Edited by Rhiannon Ash, Judith Mossman, and Francis B. Titchener. Oxford: Oxford University Press, 2015.

_____. "The 'Exitus' of Augustus." *Hermes* 140 (2012): 37–44.

Tolbert, Mary Ann. "How the Gospel of Mark Builds Character." *Int* 47 (1993): 347–57.

_____. *Sowing the Gospel: Mark's World in Literary-Historical Perspective*. Minneapolis: Fortress, 1989.

Tuckett, Christopher M. "Form Criticism." Pages 21–38 in *Jesus in Memory: Traditions in Oral and Scribal Perspectives*. Waco: Baylor University Press, 2009.

Tuckett, Christopher M., ed. *The Messianic Secret*. Issues in Religion and Theology 1. Philadelphia: Fortress, 1983.

Turner, Cuthbert H., and J. Keith Elliott. *The Language and Style of the Gospel of Mark: An Edition of C. H. Turner's "Notes on Marcan Usage" Together with Other Comparable Studies*. NovTSup 71. Leiden: Brill, 1993.

Turpin, William. "Tacitus, Stoic *Exempla*, and the *Praecipuum Munus Annalium*." *Classical Antiquity* 27 (2008): 359–404.

Tyrrell, George. *Christianity at the Crossroads*. London: Longmans, Green, 1913.

Tyson, Joseph B. "The Blindness of the Disciples in Mark." *JBL* 80 (1961): 261-68.

Ulansey, David. "The Heavenly Veil Torn: Mark's Cosmic Inclusio." *JBL* 110 (1991): 123-25.

Vaage, Lief. E. "Bird-Watching at the Baptism of Jesus: Early Christian Mythmaking in Mark 1:9-11." Pages 280-94 in *Reimagining Christian Origins: A Colloquium Honoring Burton L. Mack*. Edited by Elizabeth A. Castelli and Hal Taussig. Valley Forge, PA: Trinity, 1996.

Versnel, Henk S. *Triumphus: An Inquiry into the Origin, Development, and Meaning of the Roman Triumph*. Leiden: Brill, 1970.

Vines, Michael E. *The Problem of Markan Genre: The Gospel of Mark and the Jewish Novel*. Academia Biblical 3. Atlanta: Scholars Press, 2002.

Votaw, Clyde W. "The Gospels and Contemporary Biographies." *American Journal of Theology* 19 (1915): 45-73, 217-49. Reprinted as *The Gospels and Contemporary Biographies in the Greco-Roman World*. Philadelphia: Fortress, 1970.

Walker, Henry J. *Valerius Maximus, Memorable Deeds and Sayings: One Thousand Tales from Ancient Rome*. Indianapolis: Hackett, 2004.

Wallace-Hadrill, Andrew. "*Civilis Princeps*: Between Citizen and King." *JRS* 72 (1982): 32-48.

Walton, Steve. "What Are the Gospels? Richard Burridge's Impact on Scholarly Understanding of the Genre of the Gospels." *CBQ* 14 (2015): 81-93.

Wardle, Timothy. "Mark, the Jerusalem Temple and Jewish Sectarianism: Why Geographical Proximity Matters in Determining the Provenance of Mark." *NTS* 62 (2016): 60-78.

Watson, David F. *Honor among Christians: The Cultural Key to the Messianic Secret*. Minneapolis: Fortress, 2010.

Watson, Francis. *Gospel Writing: A Canonical Perspective*. Grand Rapids: Eerdmans, 2013.

_____. "The Social Function of Mark's Secrecy Theme." *JSNT* 24 (1985): 49-69.

_____. "Towards a Literal Reading of the Gospels." Pages 195-217 in *The Gospels for All Christians: Rethinking the Gospel Audiences*. Edited by Richard Bauckham. Edinburgh: T&T Clark, 1998.

Watt, Ian. *The Rise of the Novel: Studies in Defoe, Richardson and Fielding*. London: Chatto and Windus, 1957.

Watts, Rikki E. "The Psalms in Mark's Gospel." Pages 25–45 in *The Psalms in the New Testament*. Edited by Steve Moyise and Maarten J. J. Menken. London: T&T Clark, 2004.

Weder, Hans. "Disciple, Discipleship." *ABD* 2:207–10. Translated by Dennis Martin.

Weeden, Theodore J. "The Heresy That Necessitated Mark's Gospel." *ZNW* 59 (1968): 145–58.

Wehrli, Fritz. "Gnōme, Anekdote und Biographie." *MH* 30 (1973): 193–208.

Weinfeld, Moshe. "The King as the Servant of the People." *JJS* 33 (1982): 189–94.

Wendland, Paul. *Die Urchristliche Literaturformen*. 2nd ed. HNT 1/3. Tübingen: Mohr Siebeck, 1912.

Whitaker, Robyn. "Rebuke or Recall? Rethinking the Role of Peter in Mark's Gospel." *CBQ* 75 (2013): 666–82.

Whitmarsh, Tim, ed. *The Cambridge Companion to the Greek and Roman Novel*. Cambridge Companions to Literature. Cambridge: Cambridge University Press, 2008.

Wiarda, Timothy. "Peter as Peter in the Gospel of Mark." *NTS* 45 (1999): 19–37.

Williams, Joel F. "The Character of Jesus as Lord in Mark's Gospel." Pages 107–26 in *Character Studies and the Gospel of Mark*. Edited by Christopher W. Skinner and Matthew R. Hauge. London: Bloomsbury, 2014.

———. "Discipleship and Minor Characters in Mark's Gospel." *BSac* 153 (1996): 332–43.

Williams, Peter J. "An Examination of Ehrman's Case for *orgistheis* in Mark 1.41." *NovT* 54 (2012): 1–12.

Wilson, Brittany E. *Unmanly Men: Refigurations of Masculinity in Luke-Acts*. Oxford: Oxford University Press, 2015.

Winter, Paul. "Marginal Notes on the Trial of Jesus." *ZNW* 50 (1959): 221–51.

Wire, Antoinette Clark. *The Case for Mark Composed in Performance*. BPCS 3. Eugene, OR: Cascade, 2001.

Wischmeyer, O. "Forming Identity through Literature: The Impact of Mark for the Building of Christ-Believing Communities in the Second Half of the First Century

CE." Pages 355–78 in *Mark and Matthew I, Comparative Readings: Understanding the Earliest Gospels in Their First-Century Setting*. Edited by Eve-Marie Becker and Anders Runesson. WUNT 271. Tübingen: Mohr Siebeck, 2011.

_____. "Herrschen als Dienen—Mk 10,41–45." *ZNW* 90 (1999): 28–44.

Witherington, Ben, III. *The Gospel of Mark: Socio-Rhetorical Commentary*. Grand Rapids: Eerdmans, 2001.

Wrede, William. *The Messianic Secret*. Translated by J. C. G. Grieg. Cambridge: Clarke, 1971.

Wright, Arthur. "Τάξει in Papias." *JTS* 14 (1913): 298–300.

Wright, William M. "Greco-Roman Character Typing and the Presentation of Judas in the Fourth Gospel." *CBQ* 71 (2009): 544–59.

Yamada, Kota. "The Preface to the Lukan Writings and Rhetorical Historiography." Pages 154–72 in *The Rhetorical Interpretation of Scripture*. Edited by Stanley E. Porter and Dennis L. Stamps. JSNTSup 180. Sheffield: Sheffield Academic, 1999.

Zemler-Cizewski, Wanda. "The Apocryphal Life of Adam and Eve: Recent Scholarly Work." *AThR* 86 (2004): 671–77.

14:18   200, 415
14:18-21   387
14:21   160, 266, 379, 415, 424
14:24   426
14:26-31   373
14:27   160, 424
14:27-28   200
14:28   363, 374, 379, 453
14:29-31   373, 377
14:30-31   377
14:30   200
14:32-42   323, 428
14:36   220, 252, 421, 424, 429
14:41   266, 421
14:41-42   415
14:43-45   387
14:43-50   414, 422
14:44   330
14:45   266
14:46   330
14:48   428
14:49   330, 424
14:50   348, 417
14:50-51   428
14:51   417
14:51-52   189
14:53   211
14:53-72   170, 317-18, 428
14:54   344, 383
14:55   346
14:55-65   211
14:56-59   346
14:58   442
14:60-61   342
14:61   423
14:61-62   276

14:62   224, 266, 269, 342, 413, 428, 430, 450
14:64   342, 345, 347
14:65   343, 413-14
14:66-72   377, 383, 417
14:71   330, 344
14:72   377, 379
15:1   330, 345, 415
15:1-5   211
15:1-15   330
15:1-20   341-42
15:2   276, 333, 343, 414-15, 423
15:3   346
15:3-5   414
15:5   330, 343
15:6   344
15:6-15   417, 432
15:7   344
15:8   344
15:9   333
15:9-15   345
15:10   270, 287, 346-47, 415, 423
15:11   346
15:12   333
15:13-15   347
15:15   343, 413, 415
15:15-20   390
15:18   333
15:21-47   293
15:22-24   390
15:24   413, 415, 417
15:24-25   413
15:26   304, 333, 423
15:29   417
15:29-32   417
15:31   346

15:31-32   432
15:32   333
15:33   395, 438-39
15:34   220, 417, 427, 440
15:35-36   394
15:35-38   443
15:36-39   265
15:38   395
15:39   177, 273, 381, 392-95, 444
15:40-41   397
15:40-16:8   317
15:42-46   381, 419
15:43   395-96
15:44-45   394, 446
15:45-46   330
16:1-8   190, 208, 381, 447
16:4   220
16:6   291, 319
16:6-7   397
16:7   51, 351, 363, 374, 379, 381, 397, 453-54
16:8   291, 452-53

누가복음

1:1   39, 222
2:41-51   54, 237
3:23   303
4:16-21   160, 185
9:13-14   341
9:18   267
9:23   295
9:29   297
11:47   69
11:49-51   215, 410
12:22   215
22:31-32   399

예수의 첫 번째 전기

마가복음의 장르와 의미

Copyright ⓒ 새물결플러스 2023

1쇄 발행 2023년 9월 12일

지은이 헬렌 K. 본드
옮긴이 이형일
펴낸이 김요한
펴낸곳 새물결플러스

편 집 왕희광 정인철 노재현 이형일 나유영 노동래
디자인 황진주 김은경
마케팅 박성민
총 무 김명화 이성순
영 상 최정호 곽상원
아카데미 차상희

홈페이지 www.holywaveplus.com
이메일 hwpbooks@hwpbooks.com
출판등록 2008년 8월 21일 제2008-24호
주 소 (우) 04114 서울특별시 마포구 신촌로28가길 29
전 화 02) 2652-3161
팩 스 02) 2652-3191

ISBN 979-11-6129-261-8 93230

책값은 뒤표지에 있습니다.